출애굽기 코드 읽기
(EXODUS CODE READING)

역사학자가 본 출애굽기와 하나님 이해

김정일(인후) 지음

출애굽기 코드 읽기(EXODUS CODE READING)
역사학자가 본 출애굽기와 하나님 이해

발 행 일   2025년 8월 20일
지 은 이   김정일(인후)
편   집   구부회
발 행 처   도서출판 담아서
주   소   경기도 시흥시 배곧3로 27-8
전   화   0505-338-2009
팩   스   0505-329-2009
계좌번호   신한 110-240-197576 (예금주: 구부회)
등록번호   2021-000013호

ISBN 979-11-94121-27-5(93230)

독자의 의견을 기다립니다.
damaserbooks@naver.com

[정오표] 13p : cord → code

C.R.(CODE READING) 시리즈 [1]

출애굽기 코드 읽기 

EXODUS CODE READING

역사학자가 본
출애굽기와 하나님 이해

김정일 지음

담아서

| 목차 |

남광현 목사 (광성교회)

김인후 장로님은 우리 광성교회 교우들에게는 김정일 장로님으로 더 잘 알려져 있습니다. 인후는 필명이요, 정일이 본명인 것으로 알고 있습니다. 저 북녘땅을 고통케 했던 사람과 이름이 같아서 당신을 소개할 때마다 한두 마디는 주고받게 되는 이름입니다. 또한 그러기에 금세, 그리고 오래 기억되는 이름이기도 합니다. 그런데 장로님과 교제하다 보면 정일은 인후임을 알게 됩니다. 한자로는 이름이 어떠하실지 모르겠는데, 장로님의 성품과 삶은 인후, 어질 인(仁)에, 두터울 후(厚) 그 자체입니다.

가을동화에 나오는 준서처럼 아픈 아내의 곁을 오랫동안 지켜주다 주님 품에 앞서 보내고 홀로 삶을 지내오신 지 근 7년이 되십니다. 그러나 장로님은 당신의 시간을 아주 알차게 채우고 계신 분입니다. 매일 새벽 말씀과 기도로 주님과 교제하는 시간을 가지고, 또한 하나님 주신 몸을 가꾸는 육체의 연단에도 소홀함이 없습니다. 그리고 간단한 아침과 함께 서재에 드셔서 책을 읽고 생각하며 글 쓰는 일로 하루의 시간을 채우십니다. 물론 사람들을 만나 생각을 주고받는 것도 즐기시고, 노래하는 것도 좋아하셔서 교회에서는 시온찬양대원으로, 솔리데오 장로합창단 단원으로 활동도 하십니다. 또한 교회에서는 역사탐방 동아리를 섬기고 계십니다.

저는 개인적으로 주일 아침 장로님과 함께하는 식탁교제를 좋아합니다. 장로님과 함께하는 식탁은 역사에 무지한 제가 역사에 눈을 뜨는 시간입니다. 신문에서 원경왕후에 관한 기사를 보고 운을 떼면 장로님은 고려말부터 조선초의 역사적 배경 속에서 원경왕후 집안과 이성계, 이방원 등을 연결해서 설명해 주십니다. 얼마 전 호치민에 있는 참조은광성교회 신앙 사경회를 인도하고 왔는데, 제가 호치민이란 인물에 대하여 호기심을 보이자, 호치민 개인과 베트남 역사에 대해서도 너무도 재밌게 이야기를 해주셨습니다. 사전에 주제를 의뢰한 것도 아닌데, 그렇게 풍부한, 그리고 섬세한 지식으로 식탁 자리를 재밌는 역사 지식을 얻는 배움의 장으로 만들어주십니다.

이렇듯 역사를 좋아하시고 역사에 대한 풍부한 이해를 가지고 계신 장로님께서 이번에 [출애굽기]를 들여다보시고, "출애굽의 역사 속에서 우리가 만났으면 좋을 하나님을 소개해주신다"라고 하니 정말 기대가 됩니다. 목사가 아닌, 신학자도 아닌, 역사학자로서 보는 '출애굽의 하나님 이야기'인 것입니다.

제가 장로님 쓰신 글을 미리 받아서 보았을 때, 두 가지의 개념이 가슴에 와닿았습니다. 장로님은 그것을 '코드 읽기'(code reading)라 하셨는데, 역사를 읽을 때 우리가 발견해야 할 암호 같은 것으로 이해됩니다. 역사는 단순한 사건의 나열이나 기술이 아니요, 역사는 과거의 그 사건들과 오늘의 우리와의 대화라고 배운 기억이 있습니다. 저는 목사로서 '역사란 과거의 그 사건들 가운데 계셨던 하나님과 오늘의 우리와의 대화'라고 말하고 싶습니다. 역사는 인류의 역사이지만 동시에 하나님의 역사입니다. 역사(history)는 '그분의'(His) '이야기'(story)이기 때문입니다. 그분은 바로 역사의 주인이자 시간의 알파와 오메가이신 하나님이십니다. 그래서 우리는 역사를 읽을 때, 그 역사 속에서 그 중심을 흐르는 '맥'을 찾아야 합니다.

그러자면 그 역사의 배후에서 섭리하시고 일하신 하나님의 '뜻'을 발견해야 합니다. 그것을 찾아 보여주는 것이 그리스도인 역사학자가 할 일이고, 또한 나와 같은 목회자가 해야 할 일일 것입니다.

저는 김인후 교수님이 출애굽의 역사 속에서 중요한 두 가지 '코드'를 말씀하고 있음을 봅니다. 하나는 '회복'이란 코드이고, 다른 하나는 '약속'이라는 코드입니다.

성경의 역사를 하나님의 구속사(救贖史)로 보통 이야기합니다. '구속'(救贖; redemption)이란 말 자체가 회복입니다. 개인으로서는 죄로 인하여 망가진 하나님의 형상을 회복하는 것이요, 공동체로서는 죄로 인하여 무너진 하나님의 나라를 회복하는 것입니다. 그래서 성경의 역사는 에덴을 회복하시는 하나님의 이야기라 말할 수 있습니다. 그래서 성경의 처음 책 창세기 1장과 2장은 성경의 마지막 책 요한계시록의 마지막 두 장인 21장과 22장과 연결됩니다. 창세기 3장에서 죄가 들어옵니다. 그 죄의 문제를 해결하기 위한 하나님의 이야기가 바로 성경 창세기 3장부터 요한계시록 20장까지의 역사입니다.

그런데 이러한 '회복'의 역사에서 중요하게 기능하는 것이 있는데, 그것이 바로 '약속' 임을 김인후 교수님이 밝혀주고 있습니다. 소위 '언약'이라고 하는 것입니다. 교수님은 시내산에서 하나님께서 이스라엘 백성들과 맺으신 시내산 언약을 서문에서 밝혀주셨습니다.

> 세계가 다 내게 속하였나니 너희가 내 말을 잘 듣고 내 언약(계명, 약속)을 지키면 너희는 모든 민족 중에서 내 소유가 되겠고 너희가 내게 대하여 제사장 나라가 되며 거룩한 백성이 되리라(출 19:5-6).

이 언약은 아브라함과 맺은 언약(창 12:1-3, 17:1-8)의 연장선 상에 있는 것입니다. 하나님은 인간을 포함한 모든 민족을 회복하시기 위해 아브라함을 택하셨고, 그의 후손인 이스라엘 민족을 택하셨습니다. 그들을 제사장 나라 삼으셔서 모든 민족을 구원하시고, 그들과 다시 복된 교제를 나누기를 바라시는 하나님의 마음입니다. 그래서 모세를 통한 출애굽의 역사는 예수 그리스도를 통한 구속사의 모형이요, 그림자입니다. [출애굽 - 홍해 - 광야 - 요단강 - 가나안]의 여정은 [출세상 - 세례 - 성화 - 죽음 - 천국(하나님 나라)]의 여정을 그려줍니다. 이 모든 역사 속에서 확인되는 것은 언약에 신실하지 못한 우리 인간의 모습과, 그럼에도 불구하고 다시금 우리를 끌어안으시고 어린양 그리스도의 보혈로 덮으시고 사하시고 다시 세우시는, 언약에 신실하신 하나님의 '그 크신 사랑'입니다.

글을 쓴다는 것은 마치 누에가 실을 토해내어 고치를 짓는 것과 같다는 말을 들었습니다. 지나온 세월 주님과 함께한 모든 시간들, 그 만남과 교제, 그리고 역사학자로서 그동안 배운 모든 지식과 경험과 묵상이 이번에 이렇게 좋은 책으로 출간되게 됨을 기쁘게 생각합니다. 감사합니다. 이 책을 읽게 될 모든 분들이 출애굽기의 역사 속에서 우리를 아름답게 회복하시는 약속에 신실하신 하나님을 만나며, 고백하며, 노래하게 되기를 소망합니다.

| 축사 |

김대홍 원로장로 (서울숲중앙교회)

창세기에서 하나님의 비밀 코드는 언약(약속) 가운데 아브라함의 후손인 요셉을 통하여 예수 그리스도로 표상되었듯이 필자는 이번 『출애굽기 코드 읽기(Exodus Code Reading): 역사학자가 본 출애굽기와 하나님 이해』를 통하여 하나님의 비밀 코드인 '약속'의 내용을 알기 쉽게 접근하고자 하였다. 또한 약속의 이행 과정을 "왜?"라는 질문을 통하여 알아감으로 하나님의 속성을 이해하고 하나님의 인간에 대한 변함없는 사랑을 깨닫게 해 주었다. 말씀 속에 숨겨져 있는 많은 이야기를 새로운 시각으로 조명한 재미있고 유익한 책이라 생각된다.

이 책을 통하여 우리 성도들의 의식이 새로워지고 마음이 변화되었으면 좋겠다. 참된 믿음과 단순한 진리가 우리의 마음과 생각을 변화시키듯 세상에 동화되어 산만해진 형식적인 신앙생활을 멈추고 하나님의 자녀만이 지닐 수 있는 영광과 행복과 능력이 어디 있는지 확실히 보여질 수 있기를 바란다. 김 장로님의 여섯 번째 책 출간을 진심으로 축하드린다.

김행도 은퇴장로 (서울염광교회)

먼저 김정일 박사의 여섯 번째 저작 출간을 진심으로 축하드립니다. 성경 말씀은 인간에게 특별하게 계시해 주신 것이지만 우린 이를 다 이해하지 못합니다. 인문학 특히 문학과 역사학 그리고 기독교학을 전공하신 필자는 성경 출애굽기에 대해 매우 흥미롭게 여기시고 기회 있을 때마다 말씀해 주셨습니다. 만 7년여 전 솔리데오 장로합창단에 입단하신 이후 단 한 번도 결석한 적이 없는, 성실하며 진실된 인품의 저자를 만난 것이 저와 주변 사람들에게 축복이라 여겨집니다.

출애굽 과정에서 있었던 스펙터클한 스토리와 신의 임재 내러티브에 호기심을 떨칠 수 없었습니다. 특히 역사적 사실 속에 내재한 사적 종교적 의미를 찾고자 한 집필 동기와 하나님의 속성을 이해하고자 설정한 방향성에 공감하면서 독서의 즐거움을 새롭게 느끼게 된 점도 감사드립니다. 아울러 출애굽기 곳곳에 담긴 여러 상징 코드(Code)을 함께 찾아가는 즐거움을 독자들께서도 발견하시길 바라며 축하의 글로 대신하고자 합니다.

세상에 잡초라는 게 어디 있나요? 잡초는 아직 가치가 발견되지 않은 식물일 뿐이죠.

이는 시인 랄프 에머슨(Ralph Waldo Emerson)이 표현한 말이다. 출애굽기를 읽으며 '잡족'이란 단어에 눈길이 갔다.

이들이 누구며 왜 '잡족'이라 표현할 수밖에 없었을까?
이스라엘 백성과 함께 출애굽 한 '잡족', 이들도 아직 가치가 발견되지 않은 백성들인가?
역사 속에서 이들의 가치는 어떻게 드러났는가?

요셉이 백십 세에 죽으매 그들이 그의 몸에 향 재료를 넣고 애굽에서 입관하였더라(창 50:26)

창세기의 마지막은 이렇게 마무리가 되었다. 창세기는 여호와 하나님의 우주와 인간의 창조 세계, 그 가운데 운행하시며 통치하시는 하나님의 섭리를 담고 있는 '시작'(The Beginning)을 알리는 성서의 첫 책이다. 성서 66권은 한마디로 하나님의 인간에 대한 사랑과 관계의 설정을 말하고자 함이 주제다. 그래서 창세기도 단순히 하나님의 창조성과 위대함만을 이야기하지 않는다. 인간을 사랑하고 타락한 인간을 구원하기 위한 하나의 코드(Cord)를 언급하고 있다. 곧 '여자의 후손'이 장차 악의 원천과 그 악으로 말미암아 죄인 된 인간을 구원할 것임을 약속한 내용이 들어있다(창 3:15). 우리는 대부분 이를 '원시 복음' 또는 '구속사'의 원리로 간주하고 있지만, 핵심은 '언약'(약속)이다. 이 언약을 언급하기 위하여 수많은 서사와 역사를 다루고 있다. 기독교는 약속의 종교이다.

세상의 어떤 종교는 땅에 살고 있는 인간의 고통과 환란을 해결하거나 극복하기 위한 행위를 언급하며, 복락을 최고선의 가치로 설정하고 있다. 또는 그 과정의 도덕과 선을 최고의 삶의 목표로 인정하고 있다. 하지만 기독교는 약속을 이루기 위한 신의 변함없는 사랑과 끊임없는 인간의 기억을 매개로 삼고 있다. 결국, 유일신 하나님의 비밀 코드는 이 '언약'(약속, The Promise) 가운데 숨겨져 있다.

약속의 대상이 인간이기에 창조 설화에 인간의 족보가 등장한 것이다. 인간 가운데서도 장차 자신의 사랑에 대한 속성을 보여 주기 위한 도구로 메소포타미아와 근동 지방에서 가장 큰 존경과 신뢰의 대상이 된 한 인물 곧 아브라함을 등장시켰다. 이미 하나님의 최초 창조 인간인 아담이 있고, 아담이 관계 설정의 도구로 기능하였다면, 아브라함은 약속의 도구로 제시된 인식표와 같은 존재로 설정되었다.

창세기가 창세로만 끝나지 않고 인간의 족보, 특히 아브라함의 족보를 언급한 이유도 이 때문이다. 그리고 역시 창세기의 마지막도 아브라함의 후손이자 구속 주로 현현하신 하나님 예수 그리스도를 표상하는 요셉 이야기로 막을 내리고 있다. 그것도 애굽에서 …

출애굽기[1]를 통하여 하나님의 비밀 코드인 '약속'의 내용을 알고 약속

---

1   출애굽기의 히브리어 제목은 창세기의 경우와 같이 책의 서두에 나타난 두 단어로 '베

의 이행과정을 알아가는 것은 매우 중요하다. 그 긴 여정 가운데 발단 부분이자 약속의 주체인 하나님의 특성을 이해해야만 성서 전체를 관통하는 내러티브(서사)의 흐름을 놓칠 수 없기에, 필자가 좋아하는 추리소설 작가 코난 도일의 작품 속 주인공 셜록 홈즈 같은 관찰력으로 읽어보고자 하였다. 또 그의 증언자이자 친구였던 와트슨의 눈으로 통찰하여 기록해 보고자 하였다. 필자는 성서학자가 아니다. 신학자도 아니다. 더구나 목회를 전담하는 전문 목회자도 아니다. 단지 교회사를 가르치는 역사학자일 뿐이다. 전공도 문학과 기독교 역사학이었다. 이것이 어쩌면 기존의 틀에 갇히지 않고 성서를 읽게 한 요소이기도 하다. 역사학의 특징은 끊임없는 '왜'라는 질문 속에서 시작하고 '왜'라는 질문에 답을 찾고자 하는 노력의 일환으로 이루어진다. 반면 문학은 상상력에 기인하여 성서 속 당시의 상황에서 등장인물이 되어보기도 하고 그들의 불완전한 삶을 가능한 삶으로 이해하여 신의 뜻에 가깝게 다가서게도 한다. 이런 관점에서 출애굽기는 하나님의 속성을 이해하고 하나님의 인간에 대한 약속의 본질을 깨닫게 하는, 역사학자에겐 매우 매력적인 책이었다. 구약성경 39권 가운데 역사 인식으로 접근할 수 있는 가장 좋은 책이며 내러티브의 다양성도 가장 질박하게 표현된 책이 출애굽기라고 생각한다.

성경은 원전(원본)이 없다. 우리가 사용하고 있는 성경은 모두 사본일 뿐이다. 원본은 존재하지 않으며 구전으로 내려오던 제사 언어를, 사용 가능한 인간 언어로 활자화하였다고 볼 수 있다. 문제는 여러 다양하게 존재하였을 구전이 언제 어떻게 일반화되었을까 하는 것이다. 가끔 성경에서 해석

엘레 쉬모트'이다. 그 뜻은 '(그리고) 이것들이 그 이름들이다' 성경에는 "야곱과 함께 각각 자기 가족을 데리고 애굽에 이른 이스라엘 아들들의 이름은 이러하니"(출 1:1) 이처럼 주어와 서술어는 "아들들 이름은 이러하다"로 번영되었다. 원전에는 첫 시작 단어가 접속사 '그리고'로 시작한다. 이는 앞의 책 창세기와 이어진다는 의미이다.

이 곤란한 mysterious 한 사실에 대하여 성령, 섭리, 또는 은혜로 다루어버리는 경향이 성서학이나 신학에서도 존재한다. 그래야만 신의 뜻을 헤아리는 것이라 하였고 믿음이란 편리한 해석으로 단순화시키는 경향이 있었다. 하지만 본서는 성서학과 신학적 가르침, 특히 장로교 12 신조를 신앙의 지조로 배제하지 않으면서도 평신도의 관점에서 '왜'라는 질문을 끊임없이 가지면서 기존의 신학서나 성서 주석에서 다루지 않고 또 다루려고 하지 않는 내용을 역사학자의 관점에서 살펴보고자 하였다.

필자는 그동안 한국 교회사와 관련된 책만을 집필하였다. 쉽지 않은 저술의 고통을 이해하면서도 뭔가를 쓰고 남기지 않으면 하루를 살아가는 것 같지 않은 고질병이 새로운 도전을 시도하게 하였다. 소위 돈도 되지 않는 막연할 것 같은 도전을 하게 한 것은 일면, 필자의 성격일 수도 있지만 스스로 궁금한 것을 참지 못하는 본능이 이런 무모한 도전을 가능하게 하였다고 할 수 있다.

본서의 <프롤로그>를 쓰면서도 언제 집필을 마치고 마지막으로 다시 다듬게 될지 기약할 수는 없다. 본서가 필자의 인생 목표인 "평생 열 권의 책을 써 보겠다"는 목표 중 여섯 번째 책이 될는지 알 수 없다. 하지만 묵묵히 걸어가 볼 작정이다.

출애굽기에 천착한 직접적인 동기는, 성경을 상고하다 이스라엘 민족이 출애굽 할 당시에 지도자 모세가 들었던 '지팡이' 때문이었다. 갑자기 웬 지팡이냐고 하겠지만 출애굽기 사본 성경에서 때론 '모세의 지팡이' 때론 '하나님의 지팡이'로 다르게 표현한 경우가 있어 의문이 생겼다. 이는 출애굽기 기자가 둘이라는 뜻이 아니며 번역의 오류라고도 보지 않는다. 즉 기자의 저술 과정에서 앞서 구술되었던 원본에 다르게 사용된 야훼 신의 뜻을 발견하고 썼는지 알 수 없다. 단지 기자의 감정과 영감이 다른 데서 오는 서술의 차이가 아닌가 생각한다. 그러므로 여기엔 인간의 생각이 개입되었다기보다 신의 의도가 다르게 적용되어 있다는 방증이다.

일반적으로 알고 있는 '모세 저작설'을 부인하는 것은 아니지만 적어도 출애굽기가 문서로 기록될 때는 출애굽 동시대는 아니라는 사실이다. 마치 나관중의 삼국지가 원말(元末)에 기록되어진 것처럼, 출애굽기란 이스라엘 역사에서 가장 위대한 민족사의 출발이, 자기 민족이 가장 어려운 시기에 쓰였을 수 있다는 생각이다. 민족혼을 일깨울 뿐 아니라, 민족의식을 위대한 여호와 하나님과 연관된 하나의 줄기와 전통으로 세우기 위해서 기술했을 수 있다고 보았다. 마치 한국사에서도 단군신화가 고조선 시대가 아닌 원의 지배를 받았던 우리 민족의 수난기인 13세기에 기술된 것과 같은 맥락이다.

오래전 터키(현 튀르크에)로 여행을 가서 아름다운 블루 모스크 사원을 볼 기회가 있었다. 그곳 박물관에 모세의 지팡이라고 이름 붙여 전시한 유물을 보았다. 수많은 여행객이 그것을 보고 손을 모으며 기도하는 모습도 볼 수 있었는데 과연 이를 믿어도 될까 하는 의문을 여행 내내 가졌던 적이 있다. 모스크 사원에서 물론 상업적 목적으로 또는 포교적 목적으로 가져다 두었겠지만, 3,200여 년 전의 성서 인물이 지녔을 지팡이가 뭐길래, 또 '당시의 유물이 맞다면 역사적 가치가 얼마이며 사적(史的) 고증이 성서의 역사에서도 중요할까?' 하는 지극히 개인적인 질문을 스스로에게 한 적이 있다. 이런 지팡이가 출애굽기에는 여러 번 등장한다.

정년을 넘긴 나이에 새로운 도전에 직면할 때면 간혹 찬사가 따를 때도 있다. '그 나이에 어떻게', '그 연세에도 그런 생각을' 하는 등 주로 나이와 관련된 칭송이 대부분이다. 하지만 나이는 끝없는 수직 선상의 한 점에 지나지 않는다. 우리는 단지 몇 마디 점에서 다른 점으로 이동할 뿐이다. 하고 싶은 걸 할 수 있는 조건을 주신 분께 감사드린다.

아내도 하나님 곁으로 먼저 떠나고, 딸 아들도 각자 거처를 마련하여 독립한 지금, 나의 일상은 새벽 침실에서 간단히 묵상기도하고, 주방으로 나가 우유 한 잔 정도로 아침 식사를 대신한다. 다음 거실에 앉아 간단히 성경책이나 신문을 읽은 후 30년을 이어오는 헬스장 운동을 1시간 30분 정도 하고 집으로 돌아와 다시 내 서재로 출근한다. 이 방에서 저 방으로 가는 것이지만, 출근할 때는 편한 옷이 아닌 외출 복장을 하고 서재로 간다. 그리고 이 책을 썼다. 이것이 곧 나의 일이며 일기이기 때문이다. 이런 일상이 내게 주어진 선분의 길이를 다 걸을 때까지 이어가기를 바란다.

지금, 이 순간에도 많은 이가 보고 싶다.

I.

서문

야곱과 함께 각각 자기 가족을 데리고 애굽에 이른 아들들의 이름은 이러하니 르우벤과 시므온과 레위와 유다와 잇사갈과 스불론과 베냐민과 단과 납달리와 갓과 아셀이요 야곱의 허리에서 나온 사람이 모두 칠십이요 요셉은 애굽에 있었더라 요셉과 그의 모든 형제와 그 시대의 사람은 다 죽었고 이스라엘 자손은 생육하고 불어나 번성하고 매우 강하여 온 땅에 가득하게 되었더라(출 1:1-7).

출애굽기의 서문은 이렇게 시작한다. 앞서 창세기는 요셉의 죽음과 장사 입관으로 마무리가 되었다. 이어 출애굽기는 역시 야곱과 11명 아들과 식솔들이 애굽으로 이주하게 된 사실과 요셉과 그의 형제들이 등장하며, 다 죽고 난 후 자손들은 생육하고 번성하여 온 땅에 가득하게 되었다고 시작하고 있다. 즉 창세기와 출애굽기는 편년체 형식의 서사가 아닌데 요셉이라는 인물이 오버 랩 된 이유는 무엇일까? 이는 분명 하나님의 창조와 구속 사역에 있어 요셉이라는 인물이 하나의 모델 또는 프랙털 구조의 중심 인물로 설정되었다는 사실을 보여 준다. 성경 전체를 관통해 보더라도 예수와 가장 닮은 인물이 요셉이다. 예수의 구약적 예표와 상징이 요셉이라는 대유는 이스라엘의 역사에서 두 인물이 차지하는 비중이 그만큼 크다는 사실을 말하고 있다. 이와 같은 내용은 구속사의 세계관 속에서 물질계와 정신계 모두가 하나님의 통치 속에 있음을 보여 주고자 함이었다.

문학과 역사학 그리고 기독교학을 전공한 필자에게 출애굽기는 매우 흥미로운 성경책이었다. 분명 애굽에서 종살이하던 하나님의 선민(選民), 이스라엘 백성들을 해방시켰다는 이야기는 설화가 아닌 역사적 사실로 회자된다. 역사가 종교와 접목된 소재로 종교적 내러티브를 가미하여 형성된 책이 출애굽기다. 창세기는 히브리어로 '베레쉬트'(Bereshith) 출애굽기는 '쉐모트'(Shemot)라고 부른다. 이는 '태초에'와 '이름들'이란 말로 번역된다. 결국, 태초에 이름(인물)들을 중심으로 이루어진 하나님의 창조와 구속사의 시작은 성경 전체의 주인공인 어떤 한 인물을 위해 집중되고 있음을 알 수 있다. 그러므로 앞서 언급한 두 책의 공통된 인물이자 연결고리인 요셉을 주목해야 하는 이유이다.

그런데 왜 우리가 흔히 '믿음의 조상'과 하나님을 이야기하면서 "아브라함과 이삭과 야곱의 하나님"까지만 언급하고 그처럼 중요한 요셉의 하나님을 언급하지 않았을까?(창 28: 1-9) 의문이 남는다. 이는 출애굽기를 여행하면서 반드시 짚고 넘어가야 할 사안이다. 우리의 상식으로는 "아브라함과 이삭과 야곱과 요셉의 하나님"으로 불러야 하나님에 대한 '믿음의 조상' 계보가 완성되어 간다고 믿기 쉽다. 하지만 하나님은 창세기 28장에서 야곱까지만 믿음에 대한 축복과 조상을 언급하고 있다. 한마디로 오늘날 이스라엘은 요셉의 믿음으로 위기를 극복하였고 요셉의 헌신으로 민족적 자율성을 보존할 수 있었는데 왜 그랬을까? 이런 갖가지 의문에 대한 답을 찾아보고자 하는 마음에 집필의 동기가 있었다고 고백할 수 있다.

이를 위하여 필자가 접근할 수 있는 주석서도 때론 참고는 할 것이다. 신학과 성서학의 이해와 도움도 받을 것이다. 하지만 중심은 역사학의 관점으로 성서의 본문에 집중할 것이며 그 어떤 견해에도 치우치지 않는 독자적인 견해를 피력해 볼 생각이다. 이 같은 입장은 독'단이나 이단을 경계해야 하는 현실적 염려를 불식하고 이렇게도 볼 수 있지 않을까?' 하는 역사학자의 소신을 제시해 보고자 함이다. 다시 한번 언급하지만, 필자의 신앙은 정통주의와 개혁주의 신앙을 견지하고 있다. 지금까지 보수적인 신학 사조와 신앙에서 벗어나 본 적도 없다. 하지만 본서의 집필 과정에서는 방법론이든 접근방식이든 사고의 폭을 넓혀 볼 것이며 진보적인 신학 사조도 과감하게 참고해 볼 생각이다. 결코, 보수든 진보든 그 어떤 학자들과 신앙인으로부터 인식의 범위를 벗어나는 상상은 하지 않을 것임을 밝혀두는 바이다.

본서의 집필 의도는 히브리 백성들의 출애굽 과정에서 있었던 스펙터클한 이적과 기사를 읽으면서 이는 하나님의 위대성과 이스라엘 민족의 배신과 불순종이라는 이율배반적인 사실만을 드러내고자 하는 것은 아니라고 보았다. 목적은 오직 의문에서 시작되었다. 분명 하나님의 의도가 깊게 배인 역사적 사실(事實) 속에 내재한 사적(史的), 종교적 의미를 찾아보고자 하는 목적에서 출애굽기를 면밀히 살펴보았다. 그리하여 출애굽 과정에서 보여 준 하나님의 속성을 이해하고 오늘날까지 우리의 삶에 동행하시는 그분(하나님)의 위대성을 관찰하는 것이 무엇보다 중요하다고 생각하였다. 아울러 출애굽기서 곳곳에 하나님은 자신의 의도와 인간에 대한 사랑을 여러 Code로 표현하였음을 보았다. 그 뜻을 발견하는 것은 큰 즐거움이었다.

본서의 구성은 총 일곱 장으로 나누었다. 서문과 결론을 제외한 다섯 개 장의 주요 내용은 다음과 같다.

제Ⅱ장은 출애굽기의 배경을 다루어 볼 것이다.

연대기적 배경과 시대 상황을 이해하는 것은 굉장히 중요하다. 출애굽기를 하나의 대서사시로 간주하고 출애굽 당시 이집트의 역사적 환경과 이스라엘 민족의 형편을 살피는 것은 출애굽의 당위성을 이해하는 데 절대적으로 필요하다. 그래야만 하나님의 뜻과 인간의 의지를 상호 연관성 속에서 살펴볼 수 있기 때문이다. 출애굽(Exo -dus)은 역사적 사실로써 이스라엘 민족사에서는 굉장히 중요한 사건으로 기억되고 있다. 이스라엘 민족의 선민의식이 이로 말미암아 기인하였다고 할 수 있고, 민족사의 형성이 하나의 흐름 속에서 일관된 연속성을 가질 수 있다고 보고 있다.

애굽(이집트)은 창세기의 핵심 인물은 물론, 성서의 주제인 그리스도의 탄생과도 밀접한 나라이다. 애굽은 하나의 단일 왕조로 약 3,000여 년을 이어온 세계 유일의 최장수 왕국이었다. 이스라엘 민족과는 아브라함에게서부터 현재에 이르기까지 끊임없는 상호 연관성으로 이어오고 있다. 이스라엘 민족주의를 근본주의(Fundamentall-ism)보다 시오니즘(Zionism)이라고 통칭하는 이유는 가나안 땅에 대한 하나님의 명령과 책임이 '약속'이란 말속에 전제되었기 때문이다. 그리고 이를 위한 도구와 증언자로 애굽을 적절히 활용하였다. 그러므로 엑소더스(Exodus)의 배경을 이해하는 것은 하나님과 인간의 약속(언약) 관계를 이해하기 위한 필요조건이다.

또 하나 창세기를 이어오면서 족보와 인물이 약속을 이해하는 중요한 Key Word로 기능하는데 이는 기독교의 본질을 이해하는 중요한 단서가 된다. 기독교의 본질은 '부름에 대한 응답'과 '하나님의 약속'으로 인하여 '불가능을 가능'으로 믿는 믿음으로의 전향에 있다. 이를 '기독교 신앙의 원형적 묘사'(原型的 描寫)라고 칭하기도 한다. 마치 수학의 근의 공식과 같다. 이것이 창세기와 출애굽기를 통해서 그려지고 있다. 배경 이해는 그래서 중요하다.

제Ⅲ장은 이스라엘 민족에게 출애굽은 어떤 의미를 지니는가를 역사적 종교적 사회적으로 파악해보고자 하는 장이다.

우선, 역사적으로 출애굽 사건은 단순히 '해방'이나 '독립'을 의미하는 것에 그치지 않는다. 출애굽은 이스라엘 민족의 노예 상태 신음소리가 하늘에 닿아(출 2:23) 고통을 아신 하나님께서 들으시고 자신을 존증(存證, '존재하고 증명하다') 시켜 주신 사건이며, 시공을 초월한 만남이 이뤄진 시간이었다. 역사적 하나님은 B.C. 1,500년경, 하나님이 스스로 자신의 곁을 떠난 창조 인간을 다시 불러 세우는 현실의 장(場)으로 오셨다. 즉 출애굽기 현장은 하나님이 인간 세상에 직접 오셨음을 알린 시간의 현장이며, 하나님이 지정한 곳으로 돌아가야 할 '약속'이 공개적으로 이뤄진 곳이었다. 역시 약속의 의미를 절실히 인식시킨 장소가 출애굽 현장이었다.

역사적 의미란 사적(史的)으로 규명될 수 있는 부분을 중심으로 이스라엘 역사에서 출애굽이 지니는 의미를 이해 가능하도록 살피는 것을 말한다. 이스라엘 민족은 이집트 힉소스 왕조 시대 때 그곳에서 번성하여 살다가 왕조 교체(18왕조) 이후 그들을 이해하지 못하는 통치자로 인하여 노예와 같은 생활을 하게 되었다. 그리하여 그곳을 벗어나 해방 공간으로 찾아 나선 출애굽 사건은 언약 백성으로 이스라엘 민족사에서 Exodus가 지니는 의미를 사뭇, 크게 부각시키고 있다.

출애굽의 종교적 의미는 유월절 어린양과 구원의 상관 관계 즉 하나님의 구속사에 대한 의미 있는 가치를 제공한다는 점에서 중요하다. 물론 선딘 이스라엘 백성들을 불쌍히 여기신 하나님께서 그들의 신음소리를 들으시고(출 6:5), 신께서 지정한 젖과 꿀이 흐르는 곳으로 인도하셨다는 것과 믿음의 조상 아브라함이 이거(移居)한 땅으로의 회복과 구원의 약속 이행이라는 점에서도 중요한 의미를 지닌다. 물론 성경의 큰 주제인 '하나님과 인간의 약속'이 성취된다는 확실한 믿음이 전제되고 있다.

세계가 다 내게 속하였나니 너희가 내 말을 잘 듣고 내 언약(계명, 약속)을 지키면 너희는 모든 민족 중에서 내 소유가 되겠고 너희가 내게 대하여 제사장 나라가 되며 거룩한 백성이 되리라(출 19:5-6).

이 약속을 하나님은 성경의 마지막 책인 계시록에까지 기록하여 지키고 확증하셨다. 결국 "이기는 자는 이것들을 상속으로 받으리라 나는 그의 하나님이 되고 그는 내 아들(백성)이 되리라"(계 21:7)는 말씀에서 보듯 '구속사 언약'은 하나님과 인간 사이에 맺어진 소멸 시효가 없는 계약서'가 확실하다.

사회적 의미는 출애굽 과정에서 보인 인간의 행동 유형과 하나님의 현현이 가져다주는 다양한 관계, 그리고 인간 군상의 심리는 현대사회에까지 적용될 수 있는 효용 가치를 깨닫게 해 준다는 점이다. 민족의 정체성 확보가 종교적 신념과 어떤 연관성을 가지는가 하는 것은 이스라엘의 건국 과정에서도 매우 중요하다.

Ⅳ장은 본문에 좀 더 깊이 접근하는, 여호와 하나님과 인간의 관계를 구체적으로 살펴보는 장이다.

출애굽 장면 장면마다 하나님은 다양한 모습(Code)으로 인간에게 자신의 존재를 나타내 보여 주셨다. 인간 군상들이 표출한 온갖 불만과 불순종, 각양각색의 이기적 행동에 하나님은 다양한 모습으로 훈계하여 가르치시고 분노하시며 자애를 베푸셨다. 그리하여 여호와 샬롬, 여호와 이레, 여호와 라파, 여호와 닛시, 여호와 삼마의 모습으로 자신을 드러내셨다. 즉 자신을 포스팅하셨다. 인간이 하나님의 크고 아름다운 성품에 경배하고 그의 사랑과 은혜를 찬양하길 원하신 것이다. 그리하여 하나님과 인간의 관계를 어떻게 설정하느냐에 따라 출애굽 역사에서도 가치와 교훈을 하나님이 원하시는 방향대로 얻을 수 있을 것으로 본다. 역사의 의미가 가장 절실하게 표출된 시기도 이 시기다. 그러므로 현재까지 살아있는 역사의 본질이 존재의 공간으로 설정된 곳이 출애굽 공간이다.

V장은 출애굽기에 드러난 하나님을 이해하는 장이다. 어쩌면 이해라기보다 가까이 접근하는 장이다.

하나님의 계획은 인류 구원이라는 대전제 속에 자신의 백성들을 자신의 방식으로 본래의 자리로 돌아오게 하는 본질이 있었다. 자신의 형상대로 지음을 받은 인간이기에 "생육하고 번성하며 땅에 충만하라" 하셨다. 하지만 자유의지까지 부여받은 인간은 욕심과 타락이라는 배반의 길을 가게 되었고 자신의 방식대로만 생육하고 번성한 이들은 회복을 외면하였다. 끊임없는 배신은 에덴을 상실한 대신 독생자 예수 그리스도를 통한 구원이라는 하나님의 마지막 계획을 은혜로 받아들여야만 하였다. 그전 과정을 하나의 다큐멘터리로 보여 준 무대가 출애굽의 현장이었다. 여기에는 하나님이 불러 쓰시는 인간의 등장이 절대적으로 필요하였고 하나님의 연출에 등장하는 배우를 직접 픽업하셨다. 그래서 출애굽기의 히브리 원어 성경의 이름도 "이름들"이었다.

하나님이 자기 사람을 불러 쓰실 때는 하나의 특이한 패턴(방식)이 있다는 것을 알게 된다. 출애굽기 3장을 통해서 이를 확인할 수 있다. 즉 (부르심→소명→거부→확신→표징→항변→수용)이라는 유사한 과정을 그린다. 이는 비단 모세를 부르실 때만 적용된 방식이 아니었다. 오직 '하나님의 주권적인 방법' 일뿐이다. 지금의 우리도 마찬가지라 생각한다. 모세는 백성을 대표하여 하나님의 존재를 호칭하는 방법을 질문함으로써 하나님 스스로 이름을 가르쳐 주시게 하였다. "나는 스스로 있는 자"(출 3:14)라 하심으로 인간이 하나님을 이해하는 기준을 마련해 주셨다. 또 여호와가

“나의 영원한 이름이요 대대로 기억할 나의 칭호”(출 3:15)라고 가르쳐 주셨다.[1] 모세가 하나님의 이름을 물은 것은, 당시 애굽에 수많은 신이 있었기에 이들 신과 구별되는 여호와 신을 분명히 백성들에게 알릴 필요가 있었기 때문이었다. 모세는 자신에게 명령을 내린 당사자가 누구며 백성들을 이끌고 나와야 하는 이유를 알아야 했기에 하나님 스스로 자신을 알려주는 신뢰의 과정을 거치게 된 것이다. 이를 통해 하나님의 속성을 이해하는 중요한 단서를 얻게 되었다.

모세와 함께하시는 하나님은 인간 군상의 다양성만큼이나 다양한 모습으로 출애굽 현장에 등장하셨다. 문제는 한 하나님이 인간에게 접근하는 방식이 다양하다는 뜻이지 다신(多神)적 개념으로 등장하셨다는 의미는 아니다. 가령 모세와 함께하신 하나님은 모세의 지팡이를 통하여 구원과 명령의 방식을 행동케 하였다. 때론 자신의 지팡이로, 때론 모세의 지팡이로, 이는 번역의 오류가 아니라 깨달음의 방식을 다양하게 내보이시게 하기 위함이었다.

또한, 역사 속의 출애굽을 탐방하면서 고대 근동 지방 여러 민족에게 등장하는 다양한 신과 여호와 하나님은 어떤 차이를 가지시는가 하는 차별성도 함께 다루어 보고자 하였다. 창세기 1, 2장의 창조 기사는 고대 근동 지방 신화 속에 여러 모습으로 비슷하게 등장한다. 창세기에는 신화적 상징이나 문학적 표현이 존재하지만 다른 신화와 달리 하나님의 영감에 의하여 쓰인 역사적 사실로 인정할 수밖에 없는 요소들을 지니고 있다. 창세기의 창조 기사와 유사한 내용으로 고바빌로니아의 ‘에누마 엘리쉬’(Enuma Elish), 수메르의 ‘에리두 창조 신화’, 이집트의 ‘멤피스 창조신

---

1   전자의 표현은 히브리어로 ‘ehyeh asher ehyeh’로 표현되며 후자는 ‘yhwh’라고 되어 있다. 학자에 따라 견해 차이가 있지만 두 표현에 사용된 단어는 모두 영어의 ‘to be’ 즉 ‘이다’ 또는 ‘있다’를 뜻하는 hayah라는 동사와 관련이 있다.

화’ 등이 있다. 이들 신화 속에 등장하는 신은 유일신이 아닌 다신(多神)으로 존재한다. 하지만 성경은 유일신 하나님의 창조 기사를 말한다. 이 장에서는 이런 구별된 하나님을 만나볼 것이다.

Ⅵ장은 출애굽기 당시 이스라엘 민족과 함께하신 하나님은 오늘날 우리에게 어떤 하나님으로 다가오시는가 하는 점이다.

우리는 스스로 어떤 하나님을 그리고 있는가? 하나님은 스스로 존재하시는 분이라고 하였지만, 인간은 끊임없이 하나님을 우리 스스로 만들고 있지나 않은지 돌아보아야 한다. 왜냐하면, 출애굽의 현장, 40년간 광야 생활과 훈련 기간, 고난의 행군, 여리고 성과 아이 성 점령 사건, 가나안 입성 과정에서 보여 준 당시 인간의 요구와 행동은 현대사회의 역사 현실이나 인간 심리와 크게 다를 바가 없음을 증언한다. 그러므로 이 장은 적용의 문제 또는 신앙 행태의 표현이라고 할 수 있다. 출애굽기 서를 다루어 보는 또 다른 목적이다.

성경을 상고하고 설교를 듣고 외우며 심지어 필사하는 신앙인들까지도 출애굽기의 하나님과 오늘 우리가 신앙하는 하나님은 다른 하나님일 것이라 착각하는 경향이 있다. 이는 하나님이 우리를 선택했음에도 우리가 스스로 하나님을 재단하고 개인의 필요에 따라 요구를 충족시켜 주는 하나님으로 설정하려는 경향이 있기 때문이다. 다시 말하면 우리가 하나님을 선택하려는 경향성이 크다는 말이다. 그리하여 하나님과 나의 올바른 관계 설정을 출애굽기를 통하여 재설정해 보고자 하는 것이 본서의 핵심 논지이기도 하다. 간단히 말하면 구약의 하나님과 인간의 약속이 오늘날에도 유효한가 하는 지극히 기본적인 신앙의 본질을 정립하고자 하는 마음이다. 독일 신학자 몰트만은 하나님을 ‘미래의 하나님’으로 정의한 적이 있다. 매우 공감되는 설정이다. 그러므로 장차 우리를 어떻게 어떤 곳으로 하나님께서 인도하실 것인가를 기대하며 소망의 의지를 견지할 필요가 있다.

'쉬마 이스라엘'

들어라, 이스라엘아!

우리 하나님 여호와는 한 분이신 여호와시다.

너는 네 마음을 다하고 목숨을 다하고 힘을 다하여

네 하나님 여호와를 사랑해야 하고

내가 오늘 네게 명령하는 이 말씀들이

네 마음에 있어야 한다.

너는 그 말씀들을 네 자녀에게 반복하고

네가 집에 앉아 있을 때와 길에 걸어갈 때와

누워 있을 때와 일어나 있을 때 말해야 한다.

그리고 너는 그 말씀들을 네 손에 표징으로 매고

네 눈 사이에 성구함(聖句函)들로 두어야 하고

그 말씀들을 네 집 문설주들과 대문들에 써 붙여야 한다.

(말씀들 6:4-9)[2]

---

2   "들어라 이스라엘아"라는 이 시는 신명기에 기록된 히브리어 원문을 직역한 내용이다.

II.

출애굽기의 역사적 배경

1. 이스라엘 민족의 애굽 정착

2. 애굽 생활 이스라엘 백성의 삶

1. 이스라엘 민족의 애굽 정착

1) 요셉이란 인물과 애굽 정착

(1) 왜 요셉인가?

창세기의 마지막 50장 25-26절은 요셉 이야기로 막을 내린다.

> 요셉이 또 이스라엘 자손에게 맹세시켜 이르기를 하나님이 반드시 당신들을 돌보시리니 당신들은 여기서 내 해골을 메고 올라가겠다 하라 하였더라 요셉이 백십 세에 죽으매 그들이 그의 몸에 향 재료를 넣고 애굽에서 입관하였더라(창 50:25-26).

그런데 창세기의 마지막 50장은 이스라엘 민족에게 매우 중요한 의미를 전해주고 있다. 즉 하나님의 약속과 구속사의 의미, 출애굽의 내력과 당위성을 드러내 보여 주고 있는 장이기 때문이다. 15절 이하는 하나님, 요셉, 요셉의 형들이 주인공으로 등장하는 미래지향적 내용을 담고 있다. 드라마틱한 서사 구조를 지 니고 있다는 말이다. 먼저 요셉의 형들은 아버지 야곱의 죽음 이후 과거 자신들이 저지른 죄로 말미암아 애굽의 총리인 동생 요셉에게 보복당할 것을 두려워하였다. 지금까지 동생 덕분에 환란을

견디며 잘 살 수 있었음에도 과거 자신들의 잘못을 기억하는 동생에게 어떤 형태로든 죗값을 받게 되리라는 걱정과 두려움에 사로잡혀 있었다. 그동안 잘 살 수 있었던 것은 아버지 야곱으로 인하여 복수가 늦춰졌을 뿐이라는 생각이었다. 그리하여 그들은 아버지의 유언을 구실로 요셉에게 거짓을 고한다.

> 너희는 이같이 요셉에게 이르라 네 형들이 네게 악을 행하였을지라도 이제 바라건대 그들의 허물과 죄를 용서하라 하셨나니 당신 아버지의 하나님의 종들인 우리 죄를 이제 용서하소서 하매 요셉이 그들이 그에게 하는 말을 들을 때에 울었더라(창 50:17).

아버지의 말씀이 이와 같으니 우리 죄를 용서해 달라고 한 것이다. 여기서 몇 가지 기억해야 할 내용에 주목한다. 즉 용서를 구하며 하나님을 들먹였고 아버지를 들먹였다. 요셉은 눈물을 흘렸다. 이 눈물은 두 가지 이유가 있다. 하나는 아버지의 죽음 때문이고 또 하나는 형들의 어리석음에 대한 회한 때문이었다. 요셉은 형들이 "우리는 당신의 종들"(18절)이라고까지 고백하며 목숨을 부지하고자 하는데 실망감이 컸겠지만 "당신들은 나를 해하려 하였으나 하나님은 그것을 선으로 바꾸사 오늘과 같이 많은 백성의 생명을 구원하게 하시려 하였으니"(20절)라며 그들을 안심시킨다. 자신보다 하나님을 들먹인 것이다. 요셉은 구약의 인물 중 예수 그리스도를 예표하는 대표적인 인물이다. 그를 통하여 하나님이 어떤 하나님이신가 하는 것을 보여 주었다. 하나님의 구속사 가운데 복음의 핵심은 요한복음 3장 16절에서 예수 그리스도를 통하여 확증한다.

하나님이 세상을 이처럼 사랑하사 독생자를 주셨으니 이는 누구든지 저를 믿는 자마다 멸망하지 않고 영생을 얻게 하려 하심이라(요 3:16).

창세기 50장 20절의 내용과 요한복음 3장 16절의 내용을 하나의 표로 비교해 보면 아래와 같다.

<표 2-1> 창세기 50장 20절과 요한복음 3장 16절의 복음 비교

	창세기 50장 20절	요한복음 3장 16절
주인공	요셉	예수 그리스도
복음의 대상	요셉의 형들과 하나님의 백성	세상 모든 사람(누구든지)
복음의 이유	하나님의 백성을 사랑하심	하나님이 세상을 사랑하심
복음의 내용	악을 선으로 바꾸심	하나님의 독생자를 보내심
복음의 목적	많은 백성의 생명을 구원하시려	누구든지 멸망치 않고 구원하려
결과	속죄와 구원	속죄와 구원

거의 2천여 년의 시차를 극복하고 하나님의 구원 약속은 완벽하게 일치하고 있다. 하나님은 자신과 인간의 약속, 그 관계를 설정하는 비밀 Code를 성서 곳곳에 심어 놓았다. 하나님은 창조 이후 인간을 자신의 창조 세계에 주인 되게 하셨고 땅에서 번성하며 충만케 하셨다. 그리하여 자신의 형상대로 지은 인간을 지극히 사랑하셨건만 인간은 축복으로 부여받은 자유의지를 하나님의 권위에 도전하는 데 사용하였고 인간은 에덴에서 추방되었다. 그럼에도 불구하고 하나님은 인간을 부르고 찾으셨다. 히브리어로 "아이 에카" "네가 어디 있느냐?" 즉 하나님의 인간에 대한 최초의 질문은 "네가 어디 있느냐?"라는 말씀이었다. 하나님 아버지라고 부르는 당위성이 표출된 말씀이다.

하나님은 말씀에 시제가 없으신 분이다. 그는 과거에도 부르셨고 현재도 부르시고 앞으로도 부르실 분이다. 그러므로 하나님과 인간의 계약 곧 구원 약속을 위한 계약은 과거와 현재를 지나 미래 우리의 후손들에까지 동일하게 적용된다는 사실을 주지 시켰다. 요셉은 형들에게 용서는 이미 하나님이 하셨다는 사실과 "내가 하나님을 대신하리이까?"(창 50:19)라는 설의문으로 하나님의 백성, 하나님의 자녀는 회개하면 구원받을 수 있음을 상기시켰다. 또한 "당신들은 두려워하지 마소서 내가 당신들과 당신들의 자녀를 기르리이다"라고 미래시제를 사용하면서 위로하셨다. 당대와 다음 세대까지 이어질 하나님의 구원 약속이 미래에도 계실 하나님으로 규정되고 있다. 그러므로 창세기의 마지막 장에서 요셉을 통하여 보여준 구원 약속은 출애굽기를 통하여 적나라하게 현실화되고 있다. 이 과정에서 야훼 하나님은 몇 번이나 "이를 기록하여 기념하고 외워 들리라"(출 17:14)라고 하시며 출애굽의 전 과정에서 가장 극적인 부분을 역사로 기념하고 기록하게 하셨다. 그리고 후손들에게 이를 알게 하라고 하셨다. 홍해를 건널 때와 요단강을 건널 때, 여리고 성과 아이 성을 점령한 후에도 돌을 세워 기념하게 하였다. 이것이 역사다. "역사는 과거와 현재 그리고 미래 역사가와 역사 사실 사이의 끊임없는 대화"[1]라고 하였듯이 역사의 현장에 오신 하나님은 이를 알게 하셨다. 그러므로 출애굽의 과정은 역사 속에 오신 야훼 하나님을 현장 체험하는 과정이 되었다.

성경은 하나님의 묵시로 이루어진 책이며 일반 역사책과 다른 점은 철저히 계산된 '무시제(無時制)의 기록'이라는 점이다. 역사책처럼 인간과 나라의 흥망성쇠를 통한 교훈이라는 주제보다 하나님과 인간의 약속 이행이라는 영적 경과의 기록으로 구원이라는 주제를 가진다는 점이 확연히 다르다. 그리고 구원 주제의 핵심 주인공은 물론 예수 그리스도이지만 창세기를 통해 이를 미리 예표 해준 인물이 요셉이었다.

(2) 요셉의 애굽 정착 의미

현대사회에서 한 나라를 대표하는 통치자를 대통령이라고 하며 대통령으로서 갖추어야 할 기본 소양을 대통령학이라는 학문으로 연구하기도 한다. 반면 봉건왕조 시대의 통치자인 왕이 갖추어야 할 덕목을 연구하는 학문은 제왕학이라고 부른다. 이 제왕학의 기본 중 하나가 치수(治水)이다. 고대 사회로 갈수록 치수는 제왕학의 가장 가치 있는 필수 덕목이자 백성을 다스리는 수단이었다. 그러므로 왕으로서 훌륭한 군왕이 되기 위해선 어떤 형식이든 물을 다스려야 하였다. 물이란 많아도 걱정 적어도 걱정인 것을, 요셉은 하나님이 가르쳐 준 지혜자이자 치수 책임자로서 홍수와 가뭄을 다스렸다. 나일강은 상시적으로 가뭄, 평수위, 홍수 범람을 반복하였기에 아예 이름도 백나일강, 청나일강, 앗바라강 등의 별칭으로 불

리었다. 요셉이 총리대신이 될 수 있었던 결정적 동기가 하나님이 주신 지혜로 물을 다스렸으며 이에 능하여 나라와 백성을 구하였다는 데 있다.

요셉이 형들의 시기로 죽임은 면했지만, 대상(隊商)에게 팔려 애굽 왕실 수비대장 보디발 집에 종으로 들어가게 되었다. 이어 보디발 아내의 유혹을 뿌리치고 나오다 강간 미수죄 누명으로 억울하게 옥에 갇히게 된 사연은 너무나 잘 아는 성경 이야기다. 그리고 함께 갇힌 관원장의 꿈을 해몽해 준 것과 이후 바로 왕의 꿈을 해몽함으로 제왕학의 기본인 치수에 도움을 준 것으로 총리대신이 되었다는 이야기는 창세기 37장-41장의 기록에 자세히 등장한다. 성서 전체를 통틀어 가장 교육적인 장면이며 자녀 교육의 모델로 회자되곤 한다. 요셉은 당시 유일한 총리는 아니었다. 당시 이집트엔 파라오 아래 몇 명의 총리를 두고 있었다. 요셉은 이집트 역사를 통하여 B.C. 약 1805년부터 1695년까지 생존한 것으로 보이며 110세를 산 것으로 성경에 기록되어 있다(창 50장). 요셉의 나이 30세 무렵에 총리가 되었다면(창 41:46) 대략 B.C. 1775년 경이된다. 당시의 이집트는 힉소스(Hyksos) 왕조 시대로 이들은 가나안 지방에 살던 서부 셈족 계통의 사람들로, 세력을 키워 이집트 북쪽 나일강 델타 지역을 점령하고 B.C. 1650년경에는 자신들의 독자적인 왕조를 건설하였다. 이를 역사상 이집트 제15왕조로 지칭하고 있다. 그러므로 요셉은 13이나 14왕조 통치 시기에 총리대신이 되었고 당시 왕은 역사상 세누세레트 3세(Senuseret Ⅲ) 일 가능성이 크다.[2]

출애굽기(이름들)[3]를 분석하기에 앞서 창세기의 마지막을 장식한 인물

---

[2] 이는 전적으로 성서의 내용을 토대로 산정한 수치이다. 요셉이란 인물을 일반화할 역사 기록으로 뚜렷이 남아 있는 사료는 없다.

[3] 출애굽기는 후대 그리스 학자들이 편의를 위하여 붙인 이름이며 히브리어 원전에는 '이름들'이라는 이름이 붙어 있다. 그만큼 출애굽기서는 아브라함과 이삭 야곱 그리고 요셉으로 이어지는 가계도의 이름들이 중요하다는 뜻이며 야훼 신과 이들 이름을 가진 이스라엘 조상들과의 관계가 중요하다는 뜻을 가르쳐 주는 책이다.

요셉을 이해해야 하는 것은 성서 전체를 이해하는 만큼이나 매우 중요하다. 앞서 요셉과 오실 메시아인 예수 그리스도를 비교하며 하나님께서 계획하신 '구원 약속', '관계의 약속'을 기억해야 하는 이유를 언급하였다. 성서는 하나님의 말씀으로 성령의 인도하심 따라 기록되었다. 그러므로 성서 전체의 주어는 하나님이 된다. 하나님이 직접 말씀하실 때도 있지만 대부분 인간을 통하여 말하게 하셨다. 그러므로 요셉의 발언, 요셉의 말이나 대사를 잘 분석해 볼 필요가 있다.

요셉은 우여곡절 끝에 애굽의 총리대신이 되었고 형들은 식량을 얻기 위하여 애굽에 가서 총리인 요셉에게 꿇어 절하였다. 그러므로 요셉이 꾸었던 꿈이 이루어진 것으로 해석하거나 이해하고 싶어 하는 것이 일반적인 생각이다. 요셉이 꾼 꿈에 포인트를 맞추고 "꿈꾸는 요셉"이란 제목으로 아동을 가르치고 싶어 한다. 그래야 요셉을 통하여 내러티브를 만들고 교육적 동화로 꾸며 자녀 교육의 모델로 삼을 수 있는 것으로 보았기 때문이다. '성공과 출세' 그런데 왜 요셉은 "이는 내가 한 것이 아니라 하나님이 하신 일입니다"란 표현을 달고 사는가? 형들에 대한 용서도(창 50:20), 고난도(창 41:51) 바로의 꿈을 해석한 것도 하나님이 하셨음을 고백한다. 가령 "요셉이 바로에게 대답하여 이르되 내가 아니라 하나님께서 바로에게 편안한 대답을 하시리이다"(창 41:16)라고 표현하였다. 이유가 뭘까? 여기에 위대한 하나님의 계획과 뜻이 담겨 있다. 즉 요셉이란 인간을 통하여 하나님이 일하시는 모습을 보이신 것이며 하나님의 본체이신 예수 그리스도는 아직 이 땅에 오시기 전이므로 하나의 전형(요셉)을 통하여 구원의 모습을 보이고자 하신 것이다.

요셉이 꾼 꿈은 엄밀히 말하면 요셉이 꾼 것이 아니다. 하나님이 꾸게 하신 것이다. 요셉이 총리대신 된 것은 인간 승리가 아니라 이를 통하여 이스라엘 백성들을 구원하려는 하나님 계획의 일환을 보였을 뿐이다. 한

마디로 비유와 상징이다. 그렇지 않다면 창세기에서 약속하신 약속도 하나님의 부름도 의미 없는 것으로 되기 때문이다. 우리는 나무는 보고 숲을 보지 못하는 것처럼 인간 요셉 뒤에서 역사하시는 하나님을 보지 못하는 오류를 범하고 있다. 하지만 요셉을 통하여 이스라엘 백성을 환란에서 구원하게 한 사실은 창세기의 마지막과 출애굽기의 처음을 장식하고 있는 하나님의 '약속 이행 프로젝트'인 셈이다. 구약과 신약은 절묘한 '대칭 구조'를 띠고 있다. '주인공은 하나님'(예수님), '주제는 하나님의 인류 구원 약속', '제재는 관계성', '소재는 인간의 역사와 삶의 다양성'으로 해석해 볼 수 있다. 표를 통해 구원에 대한 신구약을 비교해 보면 다음과 같다.

<표2-2> 요셉과 예수의 생애를 통한 하나님 구원 약속 이행 모습

	요셉의 말과 행동	예수 그리스도의 구원 행위
구원 계획의 암시(발단)	요셉이 꿈꾸게 한 두 가지 꿈	천사를 통하여 현몽케 함
인간 생각의 오류(전개)	요셉 형들의 시기와 질투	바리새, 사두개인, 율법사 시기
하나님의 방법(위기)	요셉의 팔리심, 종살이	예수의 팔리심, 조롱받음
반전, 전환(절정)	애굽의 총리대신 되게 하심	이적과 기사, 백성의 추종
대반전(대단원)	가족들의 이거와 흉년 극복	십자가 고난과 부활
결론	출애굽과 가나안 입성	구원의 성취, 부활 소망

문학, 특히 소설의 5단 구성으로 서사구조를 펼쳐보아도 형식이 딱 맞아떨어진다. 간혹 중 고등학교 현장에서 문학을 가르치는 선생님들의 오류는 지나치게 형식적인, 때로는 공식에 맞춘 듯한 해석으로 저자의 본뜻을 왜곡하는 경향이 있다는 것이다. 심지어 저자가 생각지도 못한 해석으로 문학의 다양성과 자유를 그르치는 경우가 있다. 이렇게 가르치면 학생들의 무한한 상상력과 가능성을 망가뜨리는 결과를 낳게 될 수 있다.[4] 대단히

4　한때 입시를 준비하는 학생들에게 현대시를 가르치면서 선생님들이 붉게 타오르고, 푸르고 파란 색감의 단어는 거의 전부 '조국의 독립'을 의미한다고 가르친 것으로 알고 참고서도 그렇게 기록하였다. 문제는 선생님들도 고민 없이 참고서 해석대로 가르치는

애석하고 안타까운 학교 교육의 맹점이다. 문제는 사람의 영적 구원을 가르쳐야 할 목회 현장에서도 목회자들이 성서를 잘 못 가르치는 경우도 있다는 것이다. 생명을 다루는 사람들, 교사와 의사와 목사는 특히 조심해야 한다. 요셉은 역사적 인물이다. 그리고 B.C. 약 18세기 애굽에 정착하여 애굽 백성과 이스라엘 자손들을 흉년과 기근 가뭄에서 구원하였다. 하지만 이 모든 사실이 하나님의 약속 로드맵 속에 있었던 일이라면 의외다.

창세기 37-50장은 야곱의 약전(略傳) 즉 톨레도(tolède 문화유산) 또는 이스라엘 족보의 일부이다. 요셉의 인생 역정은, 소위 믿음의 조상 아브라함에게 허락한 하나님의 약속(창 12:1-3, 22:18)과 성취 연장 선상에서 이루어진 것이며, 본래 하나님의 백성들에게 주신 축복 1단계 이행과정의 본이다. 하나님은 두 가지를 약속하셨다. 먼저 '함께하셔서 창대할 것이라는 약속' 다음으로 '복의 근원이 된다는 약속'으로 이는 약속 실현의 '모델' 또는 약속 실현의 '현실'이 되었다. 심지어 요셉의 고난까지도 기획된 약속의 성취를 보여 주시기 위한 하나의 씬(scene)으로 작용한 것이다. 비유하자면 방대한 다큐 영화 중 한 씬을 보았을 뿐이다. 그러므로 창세기와 출애굽기는 각기 독립된 책이나 하나님의 말씀으로만 볼 것이 아니라 둘이 서로 연결된 시나리오로 본다면 이해가 좀 더 쉬워진다.

그러면 '하나님의 약속 실현의 무대가 왜 이집트(애굽)인가?'라는 의문이 생긴다. 이는 당연히 B.C. 20세기 이후 메소포타미아나 근동 지방, 지중해, 북아프리카를 통틀어 가장 문명이 발달한 곳이기 때문이며, 유일신을 섬기는 이스라엘 민족과 하나님이 보실 때 다신을 숭배하는 농경신, 잡신의 중심지인 애굽에서, 하나님의 존재를 밝힌다는 데서 그곳이었구나 하는 이해에 동의할 수밖에 없다.

경우가 많았다.

요셉이 꾼 꿈을 정치적인 야망과 관련된 꿈이라거나 제왕형 꿈이라고만 치부할 수 없는 것은 그들 가족이 살아야 할 방편이었다는 것과 요셉 스스로 모든 일이 하나님의 결정이고 하나님의 생각이었음을 밝히고 있기 때문이다. 또 두 번째의 꿈과 아버지에게 고하는 행위 등을 두고 '권력의지의 과시'라고 설명하는 이도 있지만[5] 신약에 와서 예수 그리스도의 전형으로 이해하면 이런 해석도 인간 편에서만 살핀 결과라고 할 수 있다. 총리대신 이후에 오게 되는 이스라엘 민족의 고난을 생각할 때 요셉과 가족들의 애굽 정착은 개인적으로야 어떨지 몰라도 불행의 시작일 수밖에 없다. 만약 권력에의 의지와 힘을 실어주는 하나님이라면 애굽을 이스라엘 민족이 점령하든지 대대로 권력자의 편에서 안주하면서 하나님을 찬양하고 출애굽도 하지 말아야 맞다. 이와 같은 논리는 아브라함도 마찬가지다. 왜 하나님은 비옥한 초승달 지역인 갈데아 우르를 떠나게 했을까? 아브라함의 떠남과 야곱, 요셉 후손의 떠남은 같은 맥락에서 살펴야 한다. 그러므로 죽음을 대신한 '팔려감→노예 생활→반전→성공→안정'이란 서사적 구조는 극적인 탈출(Exodus)을 위한 도구일 뿐이다. 요셉의 애굽 정착과 하나님의 위대한 계획은 죄, 악에서 벗어나야 한다는 '구별됨'을 가르치기 위한 유일신 여호와의 방법이었다. 구속사의 메타포가 여기에 있다. 문학적 용어로 복선과 유사하다.

(3) 출애굽의 연대 추정

모세는 이스라엘 민족의 영도자로 하나님의 부름을 받기 전부터 하나님의 4중적 약속 전승(땅, 자손, 복의 근원, 임재와 보호)의 담지자(擔持者)

---

5   김회권,『모세 오경1』(서울: 대한기독교서회, 2005), 181.

로서[6] 앞서 믿음의 조상들에게 약속하신 내용을 보전토록 길러졌고 인정 받았다. 그리고 애굽에 상주하며 애굽화 되고 노예 생활에 젖은 약 430년 동안, 하나님이 원하는 선민에서 멀어진 이스라엘 백성들을 다시 하나님 을 사랑하는, '하나님이 사랑하시는 자유 시민 공동체'[7]로 만들고자 하나 님의 뜻에 따라 훈련 장소로 삼으신 곳이 출애굽 광야였다. 이스라엘 백 성들의 삶의 방식은 노예근성에 찌들고 애굽식 이교도적 삶의 방식에 중 독되어 쉽게 치료되기가 어려운 환자 수준이었다. 1-2주 치료나 웬만한 쇼 크요법으로 치료되기가 어려웠다. 그리하여 40년이나 뺑뺑이를 돌려야 겨 우 경신을 차리고 그나마 그곳에서 나온 이들은 죽고 새로 태어난 자들로 만 약속의 땅에 들어가게 하였다.[8] 왜냐하면, 전적으로 애굽의 난삽한 삶 을 경험치 못한 젊은이들로 새 나라를 건설토록 한 것이었다. 이는 한번 빠지면 헤어나오기 어려운 마약중독자나 도박 중독자에게 하는 것과 같 은 극약 처방이었다. 자유를 주었으나 자유를 버리고, 작은 불편함도 감내 하지 못하여 노예 상태로 돌아가려 하는 이스라엘 백성들을 보시고 야훼 신은 어떤 생각을 하였을까?

학자들의 견해에 따르면 요셉이 애굽의 총리대신이 된 당시는 팔레스타 인 지방을 근거로 하고 있던 힉소스 족속이 애굽을 정복하여 지배 왕조를 형성한 B.C. 18세기부터 약 200년을 상정하는 기간으로 애굽의 13-14왕조 쯤으로 보고 있다. 이때 건설된 성벽을 통하여 고고학적으로 밝힌 추정연 대와 시점이 성경에 나타난 이스라엘 민족의 정착과 어느 정도 일치하는 점들도 있다. 그러다 1550년경 18왕조의 창건자 아모시스 1세는 힉소스 족 의 통치를 종식시키고 다시 이집트 원주민으로 왕조를 시작하였다. 그러

---

6   김회권, 앞의 책, 210.

7   우의 책, 211.

8   성서의 기록은 여호수아와 갈렙만 예외로 하였다.

므로 자연 요셉의 과거 행적을 잘 알지 못하였을뿐더러 팔레스타인인들에 대해 적대 감정이 컸을 것으로 짐작된다. 그리고 히브리 노예들을 압제하였다. 대표적인 바로(파라오)는 투트모세 3세(Thutmose Ⅲ, B.C. 1482-1450)와 그를 섭정했던 계모 하셉수트의 통치 기간(B.C. 1504-1482)을 포함한다. 결국, 투트모세의 전체 통치 기간인 B.C. 1504년에서 1450년까지 히브리 노예들은 압제에 시달려야만 하였다.

이어서 19왕조의 라암셋 1-2세(B.C. 1290-1224)도 역시 요셉을 모르는 왕으로 히브리 노예들을 혹사시켰다(출 1:8).[9] 그리하여 역으로 430년을 거슬러 올라가면 적어도 히브리 민족은 B.C. 17세기 중반 이전에 애굽에 정착했다는 계산이 나온다. 그리고 출애굽 시점은 B.C. 13세기 중반부에 일어나서 시나이반도를 40년 동안 돌며 연단의 과정을 쌓았던 것으로 추정할 수 있다. 또한, 이집트에서 발굴된 아마르나 서신[10]을 분석하면 이 시기는 이집트의 팔레스타인 지역에 대한 지배력이 현저히 떨어지던 때였음을 알 수 있다. 즉 팔레스타인 지역의 봉신들이 이 지역의 하비루(주로 히브리인)들의 저항으로 더 이상 강압 통치가 어렵다고 불평하는 내용이 서신 속에 담겨 있다. 결론적으로 두 가지 이유 즉 힉소스 왕조의 몰락과 가나안 지역에서의 지배력 약화가 역사적으로 규명할 수 있는 출애굽과 가

---

9   당시를 설명할 수 있는 고고학적 자료로 B.C. 1207년에 세운 이집트 왕 메르넵타의 비문인데 이 비문은 세울 당시 팔레스타인 일대를 정복한 내용을 담은 고대 비문이다. 이 비문에 따르면 이스라엘 백성들이 1207년 이전에 이미 가나안 땅에 정착하여 있었다고 하였다. 적어도 1207년+40+400=1647년이 된다.

10   지금으로부터 3,400년 전 고대 중왕국 18왕조의 아멘호텝 4세(Amenhotep Ⅳ, B.C.1375-1358)는 종교개혁을 단행하였다. 즉 다신교를 폐지하고 태양신 아톤(Aton)만 섬기는 일신교를 추구하였다. 자신의 이름도 이크나톤이라 개명하고 수도를 테베로부터 아마르나로 옮겼다. 하지만 개혁은 당대로 끝났다. 이 시대를 아마르나 시대라 한다. 아마르나 시대는 이집트, 바빌로니아, 앗시리아, 히타이트, 미탄니 등과 외교를 맺고 국제관계를 형성하는데 당시의 국제관계 정보는 '아마르나 서신'을 통해 알 수 있다. 이 서신은 1887년 나일 동편 텔 엘 아마르나(Tell el-Amarna)에서 32개 점토판으로 발견되었다.

나안 입성의 조건이었다고 볼 수 있다.

출애굽의 또 다른 연대 상정을 성경에 근거하여 보면 다음과 같다. 열왕기상 6장 1절을 보면 솔로몬 즉위 4년에 성전 건축을 시작하면서 "이스라엘 자손이 애굽 땅에서 나온 지 480년"이라고 기록하였다. 이 부분은 나름, 추정이 가능한데 앗시리아를 비롯한 주변국 역사 발굴자료를 비교해 볼 때 솔로몬의 즉위 연도는 B.C. 970년경으로 보는 견해가 일반적이다. 그러면 970+480=1450년, 그리고 즉위 4년 때였으므로 4년을 빼면 1445년이란 결과가 나온다.[11] 그런데 성경학자와 인류학자들의 견해를 보면 솔로몬 즉위 480년이라고 했을 때, 이는 오늘날의 시간 개념이라기보다 출애굽 한 때로부터 12세대의 시간 흐름으로 보고 1세대를 대략 40년으로 계산할 때 나오는 수치라는 것이다. 그러나 당시의 인간 수명을 연구한 학자들은 통상 1세대를 25년 잡아야 한다고 보며, 그러면 12×25=300년이란 세월의 경과가 되는데 이를 역으로 계산하면 970+300-4=1266년이 된다는 것이다. 이때는 이집트 역사에서 우리도 잘 아는 람세스 2세 통치기인 B.C. 13세기 통치기와 거의 때를 같이한다. 그리하여 대다수 학자들이 수용하는 출애굽의 연도는 B.C. 1250년쯤으로 잡고 있고 요셉의 일족이 애굽에 정착한 것은 성경에 근거하여 그로부터 약 430년을 거슬러 오른 B.C. 1680년 무렵 즉 B.C. 17세기 중후반 무렵으로 본다는 것이다. 그런데 앞서 언급한 대로 야곱이 가족을 거느리고 애굽에 정착하기 약 100년 전부터 애굽도 힉소스족(Hyksos)의 침입을 받았고 (이들은 가나안 지방의 서부 셈족들로 분류된다) 이후 일부 힉소스 족들이 애굽으로 이주해 간 숫

---

11 이스라엘 정부와 대다수 학자들은 고고학 증거와 기타 사료를 토대로 B.C. 13세기 설을 주장한다. 분명한 연대를 원하는 사람들을 위해 보수적인 연대를 참고하지만 200년 정도의 견해차를 규명 또는 일정 시점을 주장하는 근거를 역사학적으로 소개하고자 한다.

자가 점차 늘어나고 있을 때였다. 그리하여 B.C. 1650년경에는 힉소스 족의 독자적인 왕조가 이집트에 건설되었는데 이것이 이집트의 제15왕조로 불리고 있다. 이 15왕조의 근거지는 나일강 하류 델타지역이었고 수도는 아바리스였다. 그리고 세가 불어날수록 차츰 나일의 중상류지역으로 정복 활동을 전개시켜 나갔다.

힉소스 왕조가 통치하던 시기를 이집트 역사에서는 흔히 제2중간기라고도 부른다.[12] 이 중간기를 아우르는 새로운 왕조가 건설된 것은 B.C. 1570년경으로 이집트 인 18왕조가 시작되는 시점인데 18왕조 이후부터는 나일강의 중류 지역 테베스를 수도로 삼고 세계적인 도시를 건설하였다. 현재의 지명으로 '룩소르'라 불리는 곳이다. 이 지역 일대는 거대한 파라오(바로)들의 무덤이 있어 '왕들의 계곡'으로 알려져 있다. 너무나 유명한 람세스 2세의 무덤과 미이라, 황금가면 등이 발굴된 곳이기도 하다. 그러므로 성경에 나오는 "요셉을 알지 못하는 새 왕"은 18왕조를 창건한 아흐모세 1세(Ahmose I ,1539-1514) 이후 왕들을 가리킨다고 본다. 그리고 모세가 출생한 때는 요셉이 사망한 뒤 약 250년이 지난 B.C. 1330년경이었다. 이때 바로(파라오)는 제18왕조 말기의 투탕카멘이었다. 바로 그 유명한 황금가면의 주인공이었다.

역사적으로 람세스 2세는 19왕조의 정복 군주로 유명하다. 시나이반도를 지나 팔레스타인 지역의 여러 민족과 싸웠고 아라비아의 유목민족과도 빈번한 싸움과 성과를 내어 19왕조의 영광을 구축한 왕이었다. 이때 수많은 포로가 주변국들로부터 잡혀 왔다. 아마도 모세가 이스라엘 민족을 인

---

12 이집트의 정치사는 고왕조(B.C. 3100-2700)와 제1중간기, 중왕조(B.C. 2050-1750)와 제2중간기(B.C.1800-1570), 신왕조(B.C. 1570-1085)로 나누며 고왕조는 1-10왕조까지, 중왕조는 11-17왕조까지 신왕조는 18-20왕조까지이다.
차하순, 『서양사 총론1』(서울: 탐구당, 2006), 52.

도하여 출애굽 할 때 함께 나온 '잡족'이 이들이 아닐까 추측한다. 아니면 이스라엘 백성 가운데 애굽이나 주변인들과 혼혈된 백성일 수도 있다. 이스라엘 민족의 선민의식은 순혈주의 즉 같은 하나님의 백성끼리만 결혼해야 한다는 계율에 따라 혼인 성별을 했겠지만, 본의 아니게 혼혈된 경우 차별받았을 가능성이 크다. 그러므로 이들을 '잡족'이라 칭했을 수도 있다.

이미 언급한 대로 모세가 출생한 때는 요셉이 사망한 뒤 약 250년쯤 후인 B.C. 1330년 경이었다. 이때 애굽 왕은 제18왕조 투탕카멘이었고 모세가 미디안으로 갈 때쯤이면 19왕조로 바뀌어 그 유명한 람세스 2세의 치세에 들어갈 때였다. 그러므로 모세의 대결 상대, 엄격히 말해 하나님의 인도로 하나님의 백성을 이끌고 나올 당시 재앙, 출애굽, 추적의 주인공도 람세스 2세(1279-1213)였을 가능성이 크다.[13] 그는 정복을 통하여 가나안 지방과 북쪽 히타이트(헷)까지 세력을 확대하였는데 B.C. 1274년 시리아 지방의 카데사에서 벌어진 전투는 역사적 사료로도 입증된 전투로 유명하다.[14]

---

13 대체적으로 26세에 즉위하여 64년간 통치한 뒤 90세에 죽은 것으로 알려져 있다.

14 치세 전반기에는 히타이트와 팔레스타인을 사이에 두고 세력을 다투었다. B.C. 1274년 카데쉬 전투에서 직접 출정하여 히타이트 왕 무와탈리 2세와 전투를 벌였다. 이집트는 카데쉬 전투에서 거짓 정보에 속은 결과, 주력 군단이 괴멸당할 정도의 고전을 면치 못했다. 이후 전투의 결과에 대해서는 양측의 기록이 달라 아직까지 논란의 대상이다. 하지만 히타이트 세력을 팔레스타인에서 몰아내지는 못했다. 양쪽은 서로 상대를 물리치지 못하고, 장기간 전쟁을 계속하던 중 람세스 2세의 재위 21년째인 B.C. 1268년에 이집트와 히타이트 사이에 평화조약을 체결하고 휴전하였다. 람세스 2세는 히타이트 왕녀를 왕비로 맞이하였다. 이것은 세계사에서 최초의 평화조약이라 평가했다. 또한 카데쉬 전투에 대한 람세스 2세의 승리 선전은 이집트군의 군사 제도 개혁을 방해했기에 훗날 재앙의 불씨로 남게 되었다. 출애굽기에서는 파라오의 이름을 명시하지 않지만, 일부 성서학자들은 구약 출애굽기의 파라오를 람세스 2세로 추정하기도 한다. 람세스 2세가 비돔(탈 엘-레타바)의 요새와 신도시 라암셋(피람세스)를 건설하였다는 것과 제19왕조 동안 이집트에 거주하던 셈족들의 도시인 아바리스(탈 엘-다바)가 버려졌다는 것[3]을 출애굽기와 연결하여 아바리스의 도시가 버려진 시기를 제19왕조의 그의 치세 동안으로, 그리고 그 이유를 셈족들이 이집트를 떠났기 때문이었을 것으로 추정하여 출애굽의 역사성을 증명하려는 성서 학자와 복음주의 계열의 학자들이 있다. 하지만, 아바리스는 람세스 2세가 피람세스를 완공하고, 피람세스가 더욱 더 성장하자 아바리스가 압도당했기 때문에 아바리스가 버려진 것이라고 보는 것이 일반적이다.[4]

요셉 이후 이스라엘 민족의 애굽 정착 생활에 대해서는 좀 더 연구해야할 과제이다. 당시 인구 구성에 관한 인류학적 연구, 음식 제사 의복 등 생활사에 관한 연구, 이집트 왕조의 이민족에 대한 처우 문제 이집트인과 이스라엘 사람의 혼혈 관계 등도 연구 대상이다. 성경에서 보는 것처럼 이스라엘 민족의 순혈주의가 실제로도 가능했는지 알 수 없다. 이집트 왕조별로 통치 방법이 달랐을 것이기에 그때마다 다른 처우를 받았을 가능성이 크다.

출애굽 당시에 남자만 60만 명이라고 했는데 5인 가족이라고 치면 300만이며 4인 가족이라 쳐도 240만 명이다. 여기에 성경에 기록된 대로 잡족들까지 추가하면 족히 300-400만 명 이상이 이동한 셈이다. 당시의 환경과 조건 속에서 400만 명이 한꺼번에 이동한다는 것은 중세의 시작인 민족의 대이동보다 더 큰 변화가 몰아쳐야 마땅한 사건이다. 이런 계량적 추산도 추산일 뿐이지만. 한꺼번에 대규모 노동인구가 빠져버린다면 당시 이집트는 혼란 정도가 아니라 멸망 직전에 놓였다고 보아야 한다. 절대적 노동인구의 감소는 사회의 변화가 아니라 세기말적 변화를 일으키기 때문이다. 비근한 예로 중세의 종말을 고한 흑사병의 유행과 노동인구의 감소가 불러온 현실과 비슷하거나 더 이상이라고 말할 수 있다. 또 비슷한 예가 고대 사회의 종말을 가져온 로마의 흉년과 인구 감소에서도 예상해 볼 수 있다.[15]

또한, 람세스 2세를 출애굽의 파라오로 보는 설은 출애굽기에서 언급되는 지명들인 얌수프(갈대바다), 비하히롯, 믹돌, 바알스본 등의 지명이 제19왕조와 제20왕조의 기록들 (Papyrus Anastasi V, Papyrus Sllier IV, Papyrus Anastasi III)에서 등장한다는 것을 근거로 하고 있는 주장이기도 하다. 고센이라는 지명이 B.C. 5세기의 아라비아 왕 게셈으로부 터 유래했다는 것에 반대하는 학자들도 있다.

15 물론, 민족적 대이동이 일어났던 것은 이집트 기록과 고고학적으로도 B.C. 16세기의 아흐모세 1세의 힉소스 패퇴와 B.C. 12세기의 세트나크테의 셈족 축출 사건이 유일하 기에 대부분의 학자들은 출애굽을 람세스 2세의 시대에 일어난 사건으로 보는 보수적 인 성서학자들의 주장에 회의적인 입장을 가지고 있다. 하지만, 동시에 람세스 2세 시 대 때 있었던 적은 수의 셈족 노예들의 탈출 사건이나 그보다 후대에 있었던 일부 노예

인간의 상식으로 이해하기 어려운 사실이 성경 속에 기록되어 있다. 하지만 이를 과학적으로 증명할 수 없는 것은, 성서의 배경에는 신의 원대한 계획이 담겨 있고 이를 통하여 이루고자 하는 야훼 하나님의 인간에 대한 일방적인 결정이 있기 때문이다. 이를 이해하고 믿는 것이 믿음이다. 문제는 이런 신의 뜻을 바로 이해하는 것이 중요하지, 이를 과학적으로 증명하고자 하는 것은 신앙 외적인 문제이다. 그러나 성서의 위대한 점은 인간과 동떨어진 단순하고 영험한 기록물이라기보다 하나님의 인류 구원 스케줄에 철저히 맞춘 시나리오에 가깝다는 점에서 놀라움을 금치 못한다. 그러므로 출애굽의 서사와 진행의 시간적 추리는 어느 정도 가능하다고 본다.

또 한 가지 의문이 있다. 잡족이란 누구인가? 앞서도 잠깐 언급하였지만 좀 더 구체적으로 살펴보자. 이는 두 가지로 생각해 볼 수 있다. 이집트 왕조 교체의 역사 가운데, 힉소스가 세운 왕조 이후 새롭게 등장한 이집트 원주민들에 의해 세워진 왕조는 18왕조를 창건한 아흐모세 1세(Ahmose I, 1539-1514) 임을 언급하였다. 17왕조까지는 요셉의 치적에 대해 잘 알고 있었고, 또 이민족 동류의식이 있어 유대민족을 크게 차별하지 않았을 것이다. 그리하여 400여 년을 지나는 동안에 다수의 이스라엘 백성들이 애굽 원주민들과 혼혈되었을 가능성은 충분히 있다. 이는 바벨론 포로 시절에도 마찬가지였다. 혼혈족 사마리아인, 이들도 포로에서 돌아올 때 가나안으로 들어오지 못하고 사마리아 지방에 살고 있었으며 히브리인들은 이들과 상종도 하지 않았다는 사실이 있다. 심지어 예수님 당시의 "선한 사마리아인" 일화에서도 잘 이해할 수 있다. 그러므로 출애굽 당

들의 탈출 사건이 전승의 기원이 되었다는 주장에 대해서는 열린 입장을 취하고 있다고 한다. 참고로, 세트나크테가 이르수와 셈족을 축출했다는 이야기는 이집트가 아니라 가나안을 배경으로 하고 있을 것으로도 추정되는데, 이집트를 배경으로 하고 있다고 보는 학자들 만큼이나 많은 학자들이 이르수가 이집트의 정치적 혼란기 동안 이집트 제국의 영토인 가나안에서 패권을 잡은 군벌로 보고 있다.

시의 잡족도 시기의 차이는 있지만, 이스라엘 민족의 유일신 신앙만큼 특별한 종족의식에 따르지 못한 이들을 잡족이라 불러, 유대 민족주의에서 소외된 백성들로 갈라놓았을 가능성이 있다고 본다.

또 하나의 추론은 이집트의 파라오 정복 군주에 의하여 이집트에 잡혀 온 다수의 주변국 포로들이었을 가능성도 있다. 신왕조 이후 이집트는 나일강 중하류지역을 수도와 경제의 중심으로 삼고 본격적인 대외 정복에 매진하였다. 그리하여 북쪽으로는 히타이트와 가나안, 동쪽으로는 미디안으로 불리는 메소포타미아지역 서쪽으로 지중해 연안까지 세력을 확대하였다. 당시부터 가나안 지역은 빈번한 정복의 대상이었다. 그리하여 가나안의 원주민들이[16] 포로로 잡혀 오곤 하였다. 이들은 가나안을 목적지로 삼고 출애굽 할 때 그들도 역시 고향으로 돌아간다는 희망에 기꺼이 동참하였을 것이다. 애굽에 거주하는 다양한 인종들 가운데 히브리인과 가나안 원주민들은 상당한 동질감을 지니고 있었으리라 생각된다. 출애굽 이후 40년 광야 생활 가운데서 히브리인들과 잡족들 간의 마찰이나 갈등에 관한 기록이 없었던 것으로 볼 때 모세를 따라 함께 출애굽 한 이들은 동병상련의 인식을 지녔다고 본다. 또 천부장, 백부장, 오십부장 십부장 등 군사적 편재와 이동 시에서도 동등하게 대우받았던 듯하다.[17]

잡족을 이해하기 위해선 당대 역사를 조금 더 살펴볼 필요가 있다. 그래서 다시 언급하지만, 출애굽 당시의 연대 추정에는 크게 두 가지 방향의 가설이 설정된다. 하나는 B.C. 15세기란 '이른 연대'를 주장하는 견해와 13세기라는 '늦은 연대'를 주장하는 가설이다. 전자는 구약성서를 근거로 하여

---

16 성경에는 헷 족속, 히위 족속, 가나안 족속, 여부스 족속, 아모리 족속, 브리스 족속, 기르가스 족속 등이 언급 된다. 그러므로 애굽에 포로로 잡혀 왔다면 이들이었을 가능성은 굉장히 크다.

17 적어도 성경 속에서는 이스라엘 민족과 잡족 사이에 마찰이나 갈등이 있었다는 기록은 나오지 않는 다.

설정한 것이며 후자는 수집 가능한 역사 사실과 인류학에 기반한 세티 1세 (B.C. 1294-1279)와 라암셋 2세(B.C. 1279-1213)의 역사 기록물과 자료에 의해서 추정한 설정이다. 두 가지 자료에서 중요한 것은 이집트의 대공사와 노동자들의 대규모 이동에 관한 기록인데 사실 이집트의 공식 역사 기록에는 히브리인의 대규모 이동 또는 포로 귀환 등에 관한 기록은 남아 있지 않다. 이른 연대와 늦은 연대는 아무튼 200여 년이란 차이가 생기지만, 성경의 기록과 흩어져 있는 사료의 기록에서 노동자의 이동 또는 민족의 이동이 있었음은 분명해 보인다.

하지만 사실 자체가 있었냐 없었냐 하는 것이 우리가 앞으로 헤쳐갈 항해에서는 그렇게 중요하지 않다. 왜냐하면, 출애굽기의 역사는 전적으로 하나님과 인간의 관계 설정에 대한 고증 기간이며 약속이 현실화되는 공간이기 때문이다. 아울러 인간이 얼마나 많이 하나님을 배신하였고, 그럼에도 하나님의 변치 않는 인간에 대한 사랑과 이를 확증하는 시간과 공간의 장이 출애굽기였다는 사실을 믿음의 눈으로 보는 것이 중요하다. 잡족도 마찬가지다. 그들이 누구며 어떤 연유로 출애굽기의 히브리 노예들 속에 섞였고 어떻게 출애굽 사건에 동참하게 되었는지 사료(史料)로 뚜렷이 증명할 순 없지만 야훼 하나님의 구원 계획에 이들도 포함시켜야 한다고 보았기에 이들을 증인처럼 활용하였다.[18]

---

18 마치 추리작가 코난 도일의 작품 속 와트슨처럼 셜록홈즈의 활동을 증언하는 증인 역할을 하게 함으로써 독자로 하여금 신뢰감을 얻고 사실처럼 인식할 수 있게 한 작가의 의도였다.

2) 요셉을 통해 보여 준 하나님의 예정

(1) 하나님의 시제

이제 하나님을 좀 더 이해할 필요가 있다. 속성을 파악하기 전에 어느 정도는 이해할 수 있어야 우리가 접근 가능한 공간을 확보할 수 있기 때문이다. 앞서 창세기에서 하나님은 인간을 창조하시고 매우 흡족해하셨다. 이는 "보기에 심히 좋았더라"(창 1:31)라는 말속에 내면을 드러내신 것이다. 하나님의 언어는 우리 인간의 언어와 다르다. 정확히 말하면 표현 방식이 다르다. 하나님은 군더더기 없는 침묵의 언어를 사용하신다. 그리고 함축적이다. 수사와 수식이 없다. 하나님은 만물을 창조하시면서 우주 만물에 대해서는 그냥 "보시기에 좋았더라"고 하셨다. 하지만 하나님의 형상대로 인간을 창조하시고는 "생육하고 번성하여 땅에 충만하라, 땅을 정복하라, 모든 생물을 다스리라"(창 1:27-28) 하시며 이후에 모든 것을 보시고 "심히 좋았더라"고 처음으로 "심히"란 표현을 사용하셨다. 결국, 인간을 위한 모든 준비를 마치신 후 매우 만족하셨음을 알 수 있다. 즉 약속(계약) 당사자로 자신이 해야 할 일을 하신 셈이다. 이제 계약 상대인 인간이 약속을 이행하기만 하면, 약속 이후에 주어질 모든 축복 즉 "생육하고 번성하며 땅에 충만할 것"이라는 약속이 만족스럽게 인간의 것이 될 터였다. 하지만 인간은 계약 즉 약속을 지키지 못하였다. 만물의 주인 노릇도, 에덴의 주인 노릇도, 못하고 부끄러움 속에 숨게 되었다. 하지만 하나님은 인간을 부끄러움 속에 가린 모습으로 내버려 두지 않으시고 계약서를 찢어 버리지도 않으셨다. 그리고 다시 돌아오기를 기다리셨다. 이는 인류의 구원이라는 에덴의 회복을 위하여 과거에도 찾으셨고 지금도 찾으시고 앞으로도 찾으실 것을 미리 보이신 것이다.

하나님은 자신을 모세에게 소개할 때 "스스로 있는 자(I am Who I am)"라고 표현하셨다(출 3:14) 그리고 이스라엘 자손에게 "스스로 있는 자가 나를 너희(애굽 땅, 바로)에게 보내셨다"라고 모세에게 전언하라고 하셨다. 이어서 "너희 조상의 하나님 여호와 곧 아브라함의 하나님, 이삭의 하나님, 야곱의 하나님께서 나를 너희에게 보내셨다 하라 이는 나의 영원한 이름이요 대대로 기억할 나의 칭호니라"(창 3:15)라고 하여 하나님 스스로 자신의 존위를 명명하셨다. 하나님은 자신을 너희가 기억하는 아브라함, 이삭, 야곱의 그 조상의 하나님이라고 하셨다. 당연히 그게 맞다. 그러므로 후손인 우리가 믿음의 조상을 소개할 때는 "하나님의 아브라함, 하나님의 이삭, 하나님의 야곱"이라고 해야 옳다. 또 "하나님의 요셉"이라고 해야 하지 않는가. 마찬가지로 자신과 우리의 후손은 또 우리를 "하나님의 우리, 그 아버지 아무개"라고 해야 하지 않는가. 여기에 위대한 기독교적 하나님과 우리의 관계가 형성되어 있다.

첫째 아담이 하나님의 명령을 거역하고 에덴에서 선악을 알게 하는 나무의 열매를 먹고 스스로 벗은 몸의 수치를 느껴 무화과나무의 잎으로 자신을 감추고 숨었을 때 하나님은 "아담아 네가 어디 있느냐"라고 부르셨다. 이것이 하나님이 인간에게 하신 첫 번째 물음 곧 첫 번째 질문이었다. 하나님은 "너 왜 내가 먹지 말라는 것을 먹었느냐?" 또는 "너는 왜 하지 말라는 짓을 했느냐?"와 같은 질책이 아니라 "너는 어디 있느냐"라고 찾으셨다. 이처럼 하나님은 우리를 찾으신다. 또 하나님의 말씀은 시제(時制)가 없으시므로 "너는 어디에 있었느냐?(아이 에카)" "너는 어디 있느냐?" "너는 어디 있을 것이냐?"가 동일 시제로 적용되는 말씀이다. 여기에 하나님의 위대한 속성이 담겨 있다. 과거에도 계시고 지금도 계시고 앞으로도 영원히 계실 하나님, 그 하나님은 우리와 함께 계시며 우리를 돌보시고 살리려 하시는 분이다.

요셉의 유언에서도 하나님의 시제를 인식할 수 있다. 야곱이 세상을 떠나는 날 열두 명의 자식에게 축복하였다. 그리고 요셉에게도 축복하였다.

> 요셉은 무성한 가지 곧 샘 곁의 무성한 가지라 그 가지가 담을 넘었도다. 활 쏘는 자가 그를 학대하며 적개심을 가지고 그를 쏘았으나 요셉의 활은 도리어 굳세며 그의 팔은 힘이 있으니 이는 야곱의 전능자 이스라엘의 반석인 목자의 손을 힘입음이라 네 아버지의 하나님께로 말미암나니 그가 너를 도우실 것이요 전능자로 말미암나니 그가 네게 복을 주실 것이라 위로 하늘의 복과 아래로 깊은 샘의 복과 젖먹이는 복과 태의 복이로다. 네 아버지의 축복이 내 선조의 축복보다 나아서 영원한 산이 한없음같이 이 축복이 요셉의 머리로 돌아오며 그 형제 중 뛰어난 자의 정수리로 돌아오리로다(창 49:22-26).

이 유언은 요셉의 위대성과 이스라엘의 반석인 목자 곧 하나님이 함께 하셔서 도우시고 전능자의 도움을 받을 것임을 증언한다. 그리고 하늘의 복과 땅의 복을 함께 누리고 이 영원한 축복이 형제 중 가장 뛰어나 정수리가 될 것임을 축복하고 있다. 이 모든 것이 현재로부터 미래로 연결되고 있음을 말한다. 이는 그 형제들이 야곱의 죽음 이후 요셉이 혹시 우리를 미워하여 우리가 그에게 행한 모든 악을 다 갚지나 아니할까 염려하는 장면에서 좀 더 구체적으로 드러난다. 그리고 아버지를 업고 허물을 피하고자 하였다. 그러면서 형들은 요셉에게 엎드려 "우리는 당신의 종들이다"라며 선수(先手)를 쳐 조아린다.

> 요셉이 그들에게 이르되 두려워하지 마소서 내가 하나님을 대신 하리이까 당신들은 나를 해하려 하였으나 하나님은 그것을 선으로 바꾸사 오늘

과 같이 많은 백성의 생명을 구원하게 하시려 하셨나니 당신들은 두려워
하지 마소서 내가 당신들과 당신들이 자녀를 기르리이다 하고 그들을 간
곡한 말로 위로하였더라(창 50:19-21).

둘론 여기에도 과거 나를 해하려 하였지만, 현재 하나님은 나를 선으로
바꾸셔서 많은 백성의 생명을 구원하게 하셨고, 미래 당신들과 당신들의
자녀까지 기르실 것을 언급하고 있다. 앞서 창세기 3장 9절에서 인간을 부
르신 "네가 어디 있느냐"의 초월 시제가 그대로 적용된 것이다. 하나님께
서 특별히 요셉을 불러 각인시키신 것은 요셉이 '성 삼위' 하나님으로 성
자 예수님의 예표이며 '형상적 복선'이기에 인간에 대한 약속으로 기억시
킬 필요가 있었다. 하나님은 약속을 지키시는 분이다. 그러므로 '하나님과
인간의 근원적 약속 이행과 완결'이 성서의 주제이며 이 약속은 시간을
초월하며 대를 이어 가는 영원한 약속의 말씀인 것이다.

이른바 구속사의 관점에서 이 문제를 다루어 볼 때 모든 신학적 관점이
획일적으로 인식될 수 있다. 즉 성서의 대 주제인 하나님과 인간 간의 약
속이 결국 인간의 구원이라는 목표로 귀결되기 때문이다. 그런데 이 '구속
사'란 용어를 마치 전가의 보도처럼 남용하는 경우를 한국적 성서관과 신
학에서 종종 보게 된다. 이는 성경 이해를 위해 중요한 인식이기는 하지만
모세오경, 적어도 창세기와 출애굽기에서는 좀 더 다르게 보아야 할 것이
다. 왜냐하면, 창세기와 출애굽기는 구속도 구속이지만 '하나님 나라' 또
는 '하나님이 통치하시는 나라의 확립과 제도의 언약'이라는 개념이 크기
때문이다. 세상적 표현으로 제도와 법의 확립, 헌법의 제정 같은 개념으로
이해하는 것이 중요하다. 즉 하나님과 인간 간의 공적 관계 "이 계명을 지
키면 하나님은 이스라엘의 하나님이 되고 너희(이스라엘)는 하나님의 백
성이 되리라"는 출애굽 약속이 이로써 공적 효력을 지니는 '규정 언약'이

되기 때문이다. 이를 언급한 학자도 있다.

필자도 송재근 교수의 견해에 공감한다. 하나님은 창세기를 통하여 자신이 어떤 존재인가를 언급하였다. "스스로 있는 자"라고 하셨고 인간을 찾으시는 존재임을 보여 주셨다. 그리고 출애굽기를 통하여 관계 설정을 확립하셨다. 그 관계와 약속의 권위를 설명하는 현장이 출애굽 현장이었고 나머지 성경 전체는 법적 장치를 지속적으로 보여 주는 사실 혹은 판례인 것이다.

하나님과 인간의 약속, 곧 언약을 국가와 국가 간의 조약에 의한 주종(主從) 관계라고 보기엔 그 유대와 끈기가 약하다고 본다. 왜냐하면, 국가 간의 주종 관계는 종국(從國)이 주국(主國)의 계약이나 조공 약속을 이행하지 못했을 경우 반드시 그에 상응하는 징계, 내지 처벌이 따르기 때문이다. 반면 하나님은 한번 맺은 약속, 출애굽기 계명 약속인 계약을 맺은 후

---

19 송제근,『오경과 구약의 언약신학』(서울: 두란노, 2003.4), 20. 이러한 하나님과 인간의 관계를 고대 근동의 세 가지 관계 유추에서 언급하였다.
첫째, 남녀가 공적으로 남편과 아내의 결혼 관계가 형성된 것
둘째, 양자가 입양되어 공적인 부자 관계가 형성된 것
셋째, 강대국과 약소국 사이에 조약을 통하여 주국(主國)과 종국(從國)의 관계가 형성된 것으로 설정하였다. 그리고 송제근은 세 가지 가운데 하나님과 인간의 관계를 셋째에 해당하는 주국(主國)과 종국(從國) 사이의 조약과 유사하다고 설명한다. 하지만 필자의 생각은 조금 다르다.

로는 계약 일방의 수 없는 배신과 약속 불이행에도 불구하고 참으시고 용서하셨다. 이는 부모가 사랑하는 자식에 대하여, 아무리 거역하고 곁길로 갔다고 하여도 기다리시고, 오래 참으시는 사랑과 같은 개념이다. 신약 누가복음 15장 11-24절에 보이는 '탕자의 비유'에 등장한 아버지와 둘째 아들 탕자와의 관계와 같다. 차라리 송재근 교수가 예로 든 관계 중 두 번째에 해당하는 "양자가 입양되어 공적인 부자 관계가 형성된" 관계와 유사하다고 생각한다. 그런데 성서적 하나님과 인간의 관계는 양자(養子)도 아니다 애초에 하나님을 가장 많이 닮은 아버지와 자식의 관계라 생각한다. 다 주어도 아깝지 않은, 아무리 미워도 사랑할 수밖에 없는 끝까지 사랑하는 부자지간(父子之間)이다. 아니 그 이상이다. 단지 부자지간보다 더 진한 관계를 인간 세상에서 비유할 수 없을 뿐이다. 독생자를 십자가에 죽기까지 사랑하시는 아바 아버지시다.

그러나 성경의 언약은 이런 제도에도 없는 독특한 면이 있다. 예를 들면 언약이 파괴되었을 경우 회복의 방법으로 제시된 제사 제도가 그렇다. 성경의 제사 제도는 일반 종교에서 볼 수 있듯이 화난 신을 달래는 절차가 아니다. 그것은 언약이 파괴되었을 경우에 이 언약을 회복하기 위하여 나를 대신해서 피를 흘리는 희생 제물을 통해 언약을 깨뜨린 행위를 보상하는 제도인 것이다.[20]

번제, 소제, 화목제, 속죄제, 속건제의 5대 제사는 대부분 죄 사함을 비는 인간의 하나님에 대한 존경과 회개를 뜻하지만, 더 근본적인 것은 '하나님을 기쁘시게 하고자 하는' 인간의 '겸손과 관계 회복'이 목적이라고 생각한다. 하나님은 제사받기를 즐겨하시기보다는 제사하는 인간의 정성과 겸손을 보시고자 하는 것이다. 탕자가 자신의 분깃을 챙겨 타국으로

---

20 송재근, 위의 책, 21.

가서 허랑방탕한 생활을 하다가 완전히 버림받은 처지가 되었다가 아버지를 생각하고 다시 돌아올 때 스스로 "이제부터는 아버지의 아들이 아니라 아버지의 종으로 처신하겠다"는 겸손을 보였다. 즉 자기가 지은 죄가 있기에 스스로 자세를 낮추었지만, 아버지는 기다리던 아들을 환영하고 송아지를 잡고 손에 가락지를 끼워주었다. 이유는 아버지의 일방적인 사랑도 사랑이지만 아들의 깨달음(회개)이 우선이었기 때문에 주어진 보상이라고 보는 것이 맞다. 즉 "깨달음→돌아감→환영→잔치"의 모습은 조약으로는 설명할 수 없는 그 무엇인가가 말하고 있다. 선천적이든 후천적이든 부자 관계로밖에 설명할 수 없다. 마치 아담의 계약 위반을 '원죄'(原罪)라고 부르는 것처럼 '원천적 계약' 또는는 '원계약'(原契約), '원천 약속'(原約束)이라고 해야 할 것이다. 그리고 시내 산 언약과 모압(세겜) 언약은 이 원천 약속인 헌법의 하위법률 개념이라 할 수 있다.

더 근본적인 창세기적 겸손과 관계 설정은 가인과 아벨의 제사에서 생각해 볼 수 있다. 왜 하나님은 가인의 제사는 받지 않으시고 아벨의 제사를 받으셨을까? 성경에서는 분명 가인이 먼저 태어났고 아벨이 동생으로 태어났다고 하였다. 그런데 직업을 말하면서 "아벨은 양치는 자였고 가인은 농사하는 자였더라"라며 형제의 순서를 바꾸어 기재한다. 이는 다음을 말하기 위한, 의도였기 때문이라고 생각된다.

세월이 지난 후에 가인은 땅의 소산으로 제물을 삼아 여호와께 드렸고 아벨은 자기도 양의 첫 새끼와 그 기름으로 드렸더니 여호와께서 아벨과 그의 제물은 받으셨으나 가인과 그의 제물은 받지 아니하신지라 가인이 몹시 분하여 안색이 변하니 여호와께서 가인에게 이르시되 네가 분하여 함은 어찌 됨이며 안색이 변함은 어찌 됨이냐 네가 선을 행하면 어찌 낯을 들지 못하겠느냐 선을 행하지 아니하면 죄가 문에 엎드려 있느니라 죄가 너를 원하나 너는 죄를 다스릴지니라(창 4:3-7).

즉 아벨의 제사를 받으신 하나님은 태어난 순서에 상관없이 아들의 순서를 말하셨고 제물을 받으신 하나님은, 양과 같은 가축의 소산인지 땅의 소산인 농산물인지에 따른 취향 선택이 아니라, 둘 사이의 성향과 섬김의 행동에 있었음을 말하고 있다. 단서는 '선(善)을 행함'에 있었다. 가인에게 반문한 "네가 선을 행하면 어찌 낯을 들지 못하겠느냐 선을 행하지 아니하면 죄가 문에 엎드려 있느니라"고 한 하나님의 말씀에 주목해야 한다. 결국, 선행의 차이였다. 그리고 제물이 아니라 제사를 올리는 사람의 마음가짐에 있었다. 선한 마음을 가진 아벨을 받으신 것이었다. 다시 말하면 하나님 앞에서의 선행은 곧 겸손이었다. 이처럼 '선행=겸손'은 하나님 자녀 됨의 기본이다. 겸손한 제사를 드린 아벨은 하나님의 양자로 인정받는 덕목의 상징이 되었다. 하나님과 인간, 관계 설정의 공식도 여기에 있다.

하나님의 시제는 제한이 없음을 이미 보았다. 하나님이 인간을 찾으시되 과거에도 찾으셨고 현재도 찾으시고 미래도 찾으실 것이다. 소위 모세오경 안에서도 창세기의 계약 관계는 과거 시제로, 출애굽기 레위기 민수기의 계약 관계는 현재 시제로, 신명기의 계약 관계에서는 미래적 계약 시제로, 하나님의 백성이 앞으로도 하나님의 축복 속에 있을 것을 거듭 강조하고 있다. 이스라엘의 굴곡진 역사 속에서도 하나님은 언제나 미래적 시제로 하나님의 백성을 키우고 지킬 것을 강조하신 것이다. 이는 포로 시대를 살았던 예레미야와 에스겔을 통해서도 확증할 수 있다.

여호와의 말씀이니라 보라 날이 이르리니 내가 이스라엘 집과 유다 집에 새 언약을 맺으리라 이 언약은 내가 그들의 조상들의 손을 잡고 애굽 땅에서 인도하여 내던 날에 맺은 것과 같지 아니할 것은 내가 그들의 남편이 되었어도 그들이 내 언약을 깨뜨렸음이라 여호와의 말씀이니라 그러나 그 날 후에 내가 이스라엘 집과 맺을 언약은 이러하니 곧 내가 나의 법을 그들의 속에 두며 그들의 마음에 기록하여 나는 그들의 하나님이 되고 그들은 내 백성이 될 것이라 여호와의 말씀이니라(렘 31:31-33).

또 새 영을 너희 속에 두고 새 마음을 너희에게 주되 너희 육신에서 굳은 마음을 제거하고 부드러운 마음을 줄 것이며 또 내 영을 너희 속에 두어 너희로 내 율례를 행하게 하리니 너희가 내 율례를 지켜 행할지라 내가 너희 조상들에게 준 땅에서 너희가 거주하면서 내 백성이 되고 나는 너희 하나님이 되리라(겔 36:26-28).

이처럼 하나님과 인간의 헌법적 언약은 구약 전체를 통하여 시간을 초월하여 성립되고 있음을 알 수 있다.

(2) 요셉의 삶 예수의 삶

요셉의 생애를 두고 축복으로 귀결 지우면 하나님의 예정을 이해할 수 없다. 요셉이 애굽의 총리대신이 되었다는 것은, 구원의 예정 속에 있던 하나님의 백성을 삶 속에서 책임져 주시고, 포로 상태에서 끌어내 주시겠다는 계획의 일환이었다. 오히려 곤란과 역경의 삶으로 추적하여야 하나님의 예정을 이해할 수 있다. 요셉은 형들의 미움을 샀다. 미움을 산 원인은 아버지 야곱의 편애에 가까운 사랑 때문이었다. 아무리 요셉이 형들의 잘못이나 어긋난 일에 대해 고자질을 하였다 하더라도 야곱이 다른 자식들이 느끼지 못할 정도로 적당한 사랑을 나누어 주었다면 문제는 없었을 것이다. 성경에는 야곱이 요셉을 특별히 사랑한 이유를 기록하고 있다. 즉

"노년에 낳은 자식"이라고 하였다. 여기에는 이유가 있다. 자신이 본디부터 사랑한 아내감은 라헬이었지만 외삼촌의 계략으로 언니 레아를 먼저 얻었고 그에게서 여러 자식을 얻었다. 하지만 라헬은 오래도록 자식이 없었다. 라헬은 여자로서의 본능적 질투를 언니에게 하였고 남편 야곱에게 자식을 낳게 해달라고 졸랐다. 그렇지 아니하면 자신이 죽겠다고 투정하였다. 이때 야곱은 라헬에게 성을 내며 "그대에게 임신하지 못하게 하시는 이는 하나님이시니 내가 하나님을 대신하겠느냐"라고 반문하고 있다. 즉 하나님의 계획이 있으며 이는 야곱 자신도 알지 못한다는 것이었다.

그러면 하나님의 예정이 무엇인가? 성경 전체의 주제이기도 하지만 '하나님의 인간에 대한 지극한 사랑과 구원 계획'이라고 할 때 예정은 이를 이루기 위한 과정 또는 준비라고 보아야 한다.[21] 하나님은 인류를 구원하기 위하여, 죄의 노예가 되어 사망의 길에 있는 인간을 죄에서 끌어내고자 하였다. 결국, 죄 문제를 해결하지 않으면 하나님의 구원 계획 스케줄은 므용지물이 될 수밖에 없다는 뜻이다. 고대 이스라엘의 관습대로라면 개인의 죄, 이를 해결하기 위한 속죄의식으로는 속죄양과 같은 대속 제물이 필요하였지만 전 인류를 구원하기 위해선 일개 양으로 해결될 문제가 아니었다.[22] 결국 공공제(公共祭)를 위해선 모리아 산 이삭 제물과 같은,

---

21 요셉의 삶을 통해 본 예수 그리스도의 오심과 하나님의 구원 예정

	창세기 50장 20절	요한복음 3장 16절
주인공	요셉	예수 그리스도
복음의 대상	요셉의 형들과 하나님의 백성	세상 모든 사람(누구든지)
복음의 이유	하나님의 백성을 사랑하심	하나님이 세상을 사랑하심
복음의 내용	악을 선으로 바꾸심	하나님의 독생자를 보내심
복음의 목적	많은 백성의 생명을 구원하시려	누구든지 멸망치 않고 구원하려
결과	속죄와 구원	속죄와 구원

22 우대교는 율법을 지켜 행할 때 영생을 얻는다고 가르친다. 오직 율법의 준행만이 살길이라고 가르치지만, 율법 아래 죄인된 인간이 죄를 씻기 위해 할 수 있는 행동은 제사 외에 할 것이 없었다. 하지만 기독교는 이 문제를 예수 그리스도의 십자가 희생으로 해

하나님과의 계약이나 구원 원리에 맞는 확실한 희생 제물이 필요하였다. 이는 야훼(여호와) 하나님을 섬기는 모든 종교가 지닌 일반적인 구속의 원리라고 할 수 있다. 그리하여 성경을 텍스트(경전)로 하는 유대교와 기독교는 창세기로부터 성경 곳곳에 이 원리를 반복적으로 명문화하고 있다. 다시 말하면 코드화시켜 놓았다. 창세기의 약속, 출애굽기 신의 현현(顯現)하신 현장, 신명기의 언약, 선지자들의 예언, 천사 가브리엘을 통한 대언, 예수 그리스도의 나심을 통하여 하나님은 직접 말씀하시거나 명시하셨다. 심지어 이스라엘 파멸의 시대를 살다 간 예레미야나 포로 시대를 살다 간 에스겔을 통해서도 주지시키고 있다.

> 여호와의 말씀이니라 보라 날이 이르리니 내가 이스라엘 집과 유다 집에 새 언약을 맺으리라 이 언약은 내가 그들의 조상들의 손을 잡고 애굽 땅에서 인도하여 내던 날에 맺은 것과 같지 아니할 것은 내가 그들의 남편이 되었어도 그들이 내 언약을 깨뜨렸음이라 여호와의 말씀이니라 그러나 그날 후에 내가 이스라엘 집과 맺을 언약은 이러하니 곧 내가 나의 법을 그들의 속에 두며 그 마음에 기록하여(렘 31:31-34).

예레미야가 언급한 법은 곧 언약을 말하는 것이며 이스라엘의 역사 속에 또 그들 속에 기록하였다고 말하고 있다. Code를 심어 놓았다는 말씀이다. 또 에스겔을 통하여 포로 시대를 끝내고 이스라엘을 정결하게 할 것이란 하나님의 언약을 확약하였다.

결되었다고 하였다. 이것이 차이다.

또 새 영을 너희 속에 두고 새 마음을 너희에게 주되 너희 육신에서 굳은 마음을 제거하고 부드러운 마음을 줄 것이며 또 내 영을 너희 속에 두어 너희로 내 율례를 행하게 하리니 너희가 내 규례를 지켜 행할지라 내가 너희 조상들에게 준 땅에서 너희가 거주하면서 내 백성이 되고 나는 너희 하나님이 되리라(겔 36:26-28).

앞서 헌법으로까지 언급한 약속 계명을 에스겔을 통해서 다시 언급한 셈이다. 하나님이 주신 땅, 하나님의 백성이 의미하는 것이 무엇인가. 이는 구원이 약속된 땅, 구원이 약속된 하나님의 자녀임을 확인시킨 구원 코드(code)인 것이다. 더구나 절박한 포로 생활 가운데서도 "하나님이 함께 하신다"는 약속은 요셉의 삶을 통하여 예수의 삶을 복선(伏線)으로 보여 준 것처럼 하나님의 예정이었다. 이 예정은 너무나 큰 하나님의 구원 계획을 하나의 구도 속에 보여 주는 밑그림이었다. 그리고 출애굽기는 구원 주제에 맞춘 스토리 내지 하나의 그림이었다. 출애굽기를 통해 하나님의 현현(顯現)을 체험케 하셨다. 구원을 위해선 하나의 과정이 필요하고, 이 세상에서 하나님이 원하시는 세상으로 가기 위해선 험난한 다리를 건너야 했다. 과정에 놓인 강 곧 가나안을 들어가기 위해선 광야를 거쳐야 하는 원리다. 이스라엘 백성이 애굽에서 430년 동안 이방인의 습속에 젖어있었기에 정결케 되기 위해선 40년의 탈색 기간이 필요하였다. 비유하자면 땟물을 빼기 위해 강력하게 삶아져야 하였다.

요셉은 결코 성공적인 삶을 살았다고만 규정지을 수 없다. 그를 만든 것은 결국 하나님의 계획이었지만 민족과 형제를 살리기 위해선 죽음을 불사한 고난과 오해와 무고와 옥에 갇힘과 오래 참음이 있어야 하였다. 그리고 꿈을 꾸게 하셨다.

하나님이 정하셨음을 단정적으로 언급하고 있는 대목이다. 이는 바로
를 이용하여 하나님의 구원 계획을 성취하게 하심이니 신론의 '조직신학
적 존위'가 확연히 드러나는 대목이었다. 열왕기서의 시대적 배경과 이스
라엘과 유다의 존망이 주변국과의 관계 속에서 "들어 쓰시는" 하나님의
계획이 있었음을 수차례 볼 수 있었다. 이런 관계는 성경 전체에 드러나는
구원 계획의 코스웍(course-work) 같은 것이다. 요셉과 예수 그리스도의 삶
은 4천여 년의 시차를 두고 일어난 완벽한 '유사 이론'으로 볼 수밖에 없
다. 하나님의 예정에 의한 계획이었다. 하나님의 인간에 대한 사랑과 구원
계획은 시간을 초월한다. 좀 더 정확히 말하면 시제를 초월한다. 하나님은
내가 이런 방식으로 인류를 구원할 것이란 사실을 예고편처럼 보여 주셨
다. 성경에는 이런 방식으로 곳곳에 그의 '비밀 Code'를 문서화하였다. 아
울러 이런 하나님의 의도를 적나라하게 보여 준 현장이 출애굽 현장이며,
출애굽의 과정과 이해는 하나님을 가장 근거리에서 이해할 수 있는 실생
활 체험 삶의 현장이었다.

요셉의 형들이 야곱 사후 꾸민 처신은 사뭇 인간적이고 추하기까지 하
다. 그들은 오직 살기 위해 아버지의 유언을 날조하고 비굴하게 요셉 앞에
서 굽실대었다. "우리는 당신의 종이오니"라는 고백으로 목숨을 부지하고
자 하였다.

요셉은 이 유언이, 문서도 아니고 입으로 전해진 내용으로 그간 형들의 소행으로 볼 때 거짓이라는 사실을 알고 있었다. 하지만 요셉은 통곡한다. 아버지를 생각하며 울었고 또 그렇게도 변하지 않는 형들의 깨닫지 못한 무지를 탄식한 것이다. "두려워하지 마소서 내가 하나님을 대신하리이까"(창 50:19)라고 하면서 자신은 형들의 죄를 심판할 권리가 없음을 선언하고 심판은 하나님께 있다는 '하나님의 역설적 섭리'를 언급한다.[23] 심지어 그들도 이를 알고 미리 선수를 친 것이며 "당신 아버지의 하나님의 종들인 우리 죄를 이제 용서하소서"(17절)라며 족장 시대 함께 하셨던 하나님의 약속을 악용하고 있다. 다시 말하면 아브라함과 이삭과 야곱에게 허락하신 믿음의 유전과 축복을 유용한 것이다.

하나님이 믿음의 조상으로 인정하며 내린 창세기와 신명기적 축복 "나는 너희의 하나님이 되고 너희는 내 백성이 되리라" "너를 축복하는 자에게 복을 내리고 너를 해하려 하는 자에게 벌을 내리리라"는 약속을 들먹인 것이다. 하지만 "당신들은 나를 해하려 하였으나 하나님은 그것을 선으로 바꾸사 오늘과 같이 많은 백성의 생명을 구원하게 하시려 하셨나니 당신들은 두려워하지 마소서 내가 당신들과 당신들의 자녀를 기르리이다"(창 50:20-21)라며 하나님의 '역설적 섭리'를 다시 언급하였다. 하나님은 악을 제거하기 위한 목적으로 그를 덮어두신 것이 아니라 선으로 악을 이기게 하기 위하여, 나아가 악을 선으로 만들기 위하여 잠정 악의 제거를 유보하셨다. 악의 창궐을 두고 보셨다.[24] 아브라함과 이삭과 야곱으로 이

---

23 하나님의 역설적 섭리란 영원한 인간의 "왜 하나님은 세상에 악을 존재케 하고 악인을 용납하셨을까?"라는 질문에 "악의 존재는 인간의 선을 극대화하기 위한 하나님의 실험"이라는 창조적 작업이라는 신학적 이론이다.

24 "악을 선으로 만드는 이 창조적 작업은 고난받는 의로운 종들의 고통을 통하여 이루어진다." 김회권, 『모세 오경1-하나님 나라 신학의 관점에서 읽는-』(서울, 대한기독교서회, 2005), 207.

어지는 믿음의 조상 계보를 요셉으로 이어간다.[25]

　하나님의 '역설적 섭리'는 요셉의 삶을 통하여 예수 그리스도의 구원 섭리를 미리 투사하였다. "많은 백성의 생명을 구원하게 하시려 하셨나니 당신들은 두려워하지 마소서 내가 당신들과 당신들의 자녀를 기르리이다" 한 문장 속에 과거 현재 미래에 대한 약속을 다 언급하였다. 마치 예수님의 생애 그 자체였다. 다음 세대까지 책임지시는 예수 그리스도의 축복, 하나님의 예정을 그대로 보여 주고 있다. 용서 너머에 있는 하나님의 구원 계획은 자신의 안위와 보전을 위해 사는, 악에 속한 인간 사고 너머에 있었다. 요셉은 아버지의 유언까지 조작하는 형들, 여전히 깨닫지 못하고 하나님의 의도를 외면하는 이스라엘 백성을 보며 탄식하게 된다. 굳이 철학적 분석[26]으로 보면 요셉의 형들 행동은 이스라엘 민족의 행동 더 나아가 하나님의 피조물인 인간 행동의 축소판 프랙털 모델이었다. 결국, 요셉의 일생과 행동을 통하여 예수 그리스도를 읽을 수 있어야 한다. 출애굽기는 이처럼 하나님의 구원 계획 속에서 하나의 목표를 향하여 가는 거대한 '**구원 방정식**'이었고 하나님이 자기 백성 속으로 직접 들어가셔서 임마누엘 예수를 각인시킨 현장이었다.

25　"창세기의 열매 요셉도 110세의 나이로 숨을 거둔다. 요셉은 후손 4대까지 애굽에서 낳고 양육한다. 형제들에게 남긴 요셉의 기도는 아버지 야곱의 요청과 방불하다. 그는 하나님이 형님들을 권고하셔서 이 땅에서 인도하여 내사 아브라함과 이삭과 야곱에게 맹세하신 땅에 이르게 하실 것'을 예언한다. 김회권, 위의 책, 207.

26　프랑스 철학자 푸코의 '프랙털 구조'에 의하면 "부분은 천체의 축소판"이란 사회철학적 이해를 얻게 된다. 결국, 야곱의 아들들 즉 요셉의 형들이 보인 거짓과 위선 아부는 인간의 속성을 그대로 보여 준 축소판이라고 할 수 있다(필자 주).

2. 애굽 생활 이스라엘 백성의 삶

1) 애굽의 정치와 사회제도

B.C. 5000년경 이집트는 청동기 시대로 도시 형태의 집단 거주지를 중심으로 작은 부족국가 형태를 띠고 있었다. 이때는 왕조 이전 시대(Predynastic period)라 부를 정도로 정치세력화가 덜 구성되어 있었다. B.C. 3100년경 강력한 정치세력의 등장으로 군주 지배체제가 강화되었다. 흔히 왕을 파라오(바로 pharaoh)라고 불렀으며 고왕국 시대를 연 최초의 파라오는 메네스(Menes)라는 인물로 전해지고 있다. 역대 파라오는 세습적인 절대군주제를 지향하였으며 정치적 수장이자 종교적 최고 책임자이기도 하였다. 다시 말하면 메소포타미아지역이나 이집트지역이나 제정일치의 정치형태를 띠고 있었다. 파라오는 전 국토와 국민을 소유하고 치수, 관계, 토목공사를 지휘하였으며 강력한 중앙집권제와 관료제를 실시하였다. 그러나 점차 왕으로부터 분봉된 강력한 지방 귀족들의 세력이 커져 차츰 지방분권 상태에 놓이게 되었다. 그리고 상당한 혼란과 불안정의 시기를 거친 다음에 다시 중앙집권 체제가 회복되었다. 이처럼 이집트 정치사는 중앙집권에서 지방분권으로 다시 중앙집권으로 돌아가는 반복된 역사로 전

개되고 있었다.[1]

힉소스 민족의 침입은 이집트의 정치사 가운데 가장 큰 변화와 영향력을 미쳤다. 대내 문제의 약화를 틈타 '중 왕국'의 정치체제는 위기를 맞이하였다. 즉 B.C. 2,000년대 셈어족과 인도 유럽어족의 거대한 민족이동으로 시작되었다. 본래 아라비아반도에 살고 있었던 셈어족은 북메소포타미아, 시리아, 팔레스타인, 이집트 등으로 이동하였다. 이 가운데 힉소스 민족은 B.C. 1750년경까지 팔레스타인 지역에서 나일강 하류 델타지역으로 침입하여 B.C. 1580년경까지 이집트를 지배하였다. 힉소스의 지배 범위가 비록 델타지역을 넘어서지는 못했지만, 이집트 전체를 혼란에 빠뜨리기에는 충분하였다. 이를 이집트 제2중간기라 부른다.

한편 힉소스 민족의 침입은 이집트 문명을 풍요롭게 만드는 새로운 전기가 되었다. 청동제 그릇뿐만 아니라 청동제 도구와 무기에 이르기까지 새로운 제작 방법을 고안해 냈으며 지중해 문명권에 완전한 청동기 문화 시대를 도래케 하였다. 청동제 무기와 함께 말이 끄는 전차의 등장도 이때였고 전차로 말미암아 전술에도 혁명적인 변화를 가져왔다. 힉소스 민족도 이집트의 선진 문화를 받아들여 새로운 성장 문화를 일으키게 되었다.

힉소스의 지배로부터 벗어나고자 하는 이집트 제후들은 강한 유대와 결속력으로 단합하여 특히 테베 제후를 중심으로 해방전쟁을 시작하였다. 드디어 18왕조의 시작을 연 아흐모세 1세(B.C.1588-1533)가 힉소스 민족을 축출하고 새로운 이집트 단일 군주 지배 체제를 형성한 것이다. 이후에는 이전보다 더욱 발전하여 이집트 역사상 가장 번성한 '신왕국' 시대

---

1   차하순, 『서양사 총론1』, 위의 책, 53. 이집트 고왕국 제1-2왕조는 고졸기(古拙期)이며 가장 화려했던 영광의 시기는 제 3왕조 및 제 4왕조 시대였다. 하 이집트의 수도 멤피스를 중심으로 국가적 평화와 번영을 누렸다. 제4왕조의 파라오들은 기자에 거대한 피라미드를 건설하였다.

(B.C. 1558-1200)가 도래하였다. 현재까지 남아 있는 대부분의 역사 유물들이 이 당시의 것이다. 투탕카멘이나 투트모세 1세(B.C. 1540-1501), 하셉수트와 투트모세 3세(B.C.1501-1496) 때 정치의 안정과 행정조직의 정비, 농업과 무역의 발달, 대외 팽창 정책 등으로 이집트의 최고 전성 시대를 맞이하였다. 특별히 나일강의 범람을 막아 농업 생산성이 우수하였으며 외부로부터 공납을 받아들였고 무역으로 시리아, 소아시아, 크레타, 팔레스타인까지 영향력이 확대되었다. 막대한 부를 기반으로 문화가 발달하였으며 룩소르, 카르나크 지역에 거대한 건축물과 주신 '아몬-라'를 숭배하는 신전과 석상이 건축되었다. 그 영향력은 메소포타미아와 에게 문명에까지 크게 행사하였다. 제2중간기 때 요셉이 이집트(애굽)에 정착하였으며 그들의 가족을 고센 땅에 데려와 살게 하는 성서적 역사가 함께 이루어졌다. 이것이 일반 역사학의 내용이다.

사회적으로는 모든 부를 마음대로 처분할 수 있는 파라오가 정점에 있으며 소수의 왕족과 귀족들이 부를 독점하거나 하층민을 다스리며 세력을 독점하는 신분제를 기본으로 하고 있었다. 메소포타미아나 이집트 초기 고대 사회의 일반적인 제도처럼 최상층 계급에는 승려, 사제가 최고 신분을 유지하고 있었고 파라오의 관리들이 이들을 뒷받침하고 있었다.[2]

하층계급은 착취와 탄압의 대상이 되었으며 관리들의 자비에 맡긴 삶

---

2 로제타 스톤(Rosetta Stone)과 이집트학, 1799년 나폴레옹의 이집트 원정 때 영군군과 고전 중 프랑스 대위 부사르(Boussard)가 알렉산드리아에서 60여 킬로미터 떨어진 해변의 작은 마을 라쉬드 곧 로제타(Rashid, Rosetta) 근처에서 포대 건설공사를 하던 도중 땅속에서 검은 현무암 비석을 발견하게 되었다. 길이 121.8cm, 폭 75cm, 두께 27.94cm의 비석에는 세 종류의 글자가 새겨져 있다. 제일 윗단에 14행의 고대 이집트 성각문자인 히에로클리프, 둘째 부분에는 32행의 고대 이집트 민중문자인 데모틱, 셋째 부분에는 54행의 고대 그리스 문자로 프톨레마이오스 왕조에 관한 내용이었다. 로제타 비석은 1302년 프랑스와의 조약 제14항에 따라 영국으로 귀속되었다. 프랑스 학자 샹폴리옹이 1322년 그림문자 해독에 성공하여 고대 이집트 연구에 중요한 계기를 마련하였다. 이로 인하여 이집트학(Egyptology)이라는 말이 생기게 되었다.

을 살아갈 뿐이었다. 즉 선량한 관리를 만나게 되면 상대적으로 하층계급의 민중들이 좀 편히 살 수 있었고 악한 관리를 만나면 혹독한 노역에 시달리곤 하였다. 제2중간기로 들어오면서 요셉이 총리대신이 되었을 때 히브리 백성들은 이민자로서 삶이 상당히 편하고 야훼를 찬양할 수도 있었으며 후손을 번성시킬 수 있었음은 성경을 통하여 알 수 있다. 세금은 수확의 1/5을 바쳤으며 철저하였다. 비교적 다른 나라에 비해 나일강의 수혜를 크게 입어 풍족했으며 단지 강의 범람으로 홍수 피해를 입곤 하였다. 앞에서 언급한 바 있지만, 제왕학은 파라오가 이 강의 범람을 어떻게 다스리는가 하는 치수 문제로 중요하였기에 요셉의 조언대로 대비하여 크게 혜택을 보았음을 알 수 있다.

파라오 무덤 장식이나 벽면 기록 등을 보면 농민이나 직인들도 일하고 노는 즐거움을 만끽하고 있었음을 알 수 있다. 그리하여 특정 집단에 대한 탄압의 증거는 별로 발견되지 않고 있다. 또한, 노예는 신왕국이 되기 전에는 별로 발견되고 있지 않다. 인도와 같은 카스트제도나 인종 차별도 별로 보이지 않는다. 신왕국 이후에 종이라도 재능에 따라 높은 지위에 오를 수도 있었다. 이는 요셉의 이야기를 통하여 잘 알 수 있다. 신왕국이 등장하면서 사회가 크게 분화하고 경제가 발달하고 국력이 성하면서 차츰 포로, 상인들의 하수인, 외국 근로자 등이 종과 같은 처지의 노역을 감당하였다고 보인다.

중왕국 시대에서 신왕국으로 이전하며 막대한 부를 얻게 된 이집트는 문화에서도 창의적 활동을 뒷받침하며 다양하고 찬란한 그러면서 거대한 예술작품을 쏟아 내놓았다. 종교는 사회의 모든 분야를 지배하였고 특히 문화의 중요 동인(動因)이 되었다. 이를 두고 헤로도토스는 "이집트인이 세계에서 가장 종교적이다"라고 할 정도로 종교는 정치, 경제, 사회, 문화 모든 면에서 주도적이었다. 종교는 다신교였지만, 태양신 '라'(Ra)를 중심으로 애니미즘과 샤머니즘 토테미즘과 자연신을 숭배하고 농사와 밀접하며 다산을 상징하는 신들을 더욱 중시하여 숭배하였다. 히브리인들의 야훼 신앙도 그들의 다양한 신관과 사상으로 인하여 압제받지는 않은 듯하다. 또 이집트인들은 사후 세계에 대해 깊은 관심을 가졌다. 그들은 자신들과 꼭 같은 존재인 '카'(Ka)가 있어 사후 세상에서도 행복한 삶을 누릴 수 있다고 믿었다. 즉 영혼 불멸 사상이 있어 육체가 부패하지 않는 한 영생할 수 있다는 내세관을 가졌다.[3] 그리하여 미라를 만들고 사후의 삶을 위한 준비를 무덤에 같이 안치한 것도 그런 연유였다. 이 부분은 히브리인들이 야훼 하나님을 신앙하면서 영혼과 내세를 믿는 믿음과 어쩌면 상통한 면이 있었기에 신앙의 방식은 틀려도 크게 이질감을 느끼지 않은 것이 아닌가 생각된다.

2) 이집트의 종교개혁

B.C. 14세기 중반 이집트에 종교개혁이 일어났다. 이는 뜻하지 않은 변화였다. 이집트와 같은 다신교 사회에서 종교개혁이라 부를만한 변화가 일어났다는 것은 믿을 수 없는 사실이었다. 이 시기는 대내적 위기와 외부세력인 히타이트의 위협이 고조된 때였다. 아멘호텝 4세(Amenhotep IV B.C. 1379-1362)는 왕비 네페르티티의 조언을 받아 종교 제도를 바꾸려 하였다. 그는 태양신 '아톤'(Aton) 또는 아텐(Aten) 숭배에 기반을 둔 새 종교

3　이러한 내세관으로 인하여 파라오로부터 일반인에 이르기까지 시신을 미라로 만드는 풍습이 존재하였고 부패를 방지하기 위하여 두개골을 열고 해부를 하는 기술이 발달하여 심지어 병을 치료한 흔적까지 보인다. 거대한 피라미드나 스핑크스, 동굴식 무덤과 석상, 330m에 달하는 동굴 속에 65t의 석관을 제작하여 미라를 안치한 것은, 제왕의 힘을 과시하기 위한 것이기도 하지만 현재의 영광 상태로 고스란히 사후 세계에서도 살아나기를 바라는 믿음에서 이루어진 풍습으로 볼 수 있다.

를 선언하였다. 아톤 신은 삶의 근원이며 모든 존재물에게 태양의 빛으로 생명을 부여하는 신이라 믿었다. 심지어 자신은 이전에 섬기던 종교와 차별성을 갖추기 위하여 이름도 아텐 신을 기쁘게 한다는 의미로 아케나텐(Akhenaten)이라고 바꾸기까지 하였다.

아케나텐은 이전부터 섬기던 신들을 가짜라고 선포하고 숭배를 금지하였으며 수도도 테베에서 아케타텐(Akhetaten)으로 옮기고[4] 신전도 부수고 사제들도 쫓아냈다.[5] 물론 이러한 일신교적 종교개혁은 실패로 돌아갔지만, 그 시도는 대단히 주목할만한 내용이라고 할 수 있다. 전통을 완전히 지워버리고 유일신 신앙으로, 그것이 만약 히브리인 총리대신 요셉과 관련이 있었다고 한다면, 성경의 내용이 완전히 퍼즐처럼 맞춰지는 역사의 사실이 된다는 것으로 매우 놀라운 섭리라 할 수 있다. 모든 피조물에게 생명을 부여한 신은 야훼 하나님이며 역사의 주관자라는 신관은 구약성서 속 하나님 속성이기 때문이다. 요셉을 통하여 나라가 부강해지고 나일 강의 범람을 다스렸으며 무엇보다 백성의 기근을 해소하였고 식량을 비축하여 주변국으로부터 부러움의 대상이 되었을 때 왕은 이보다 더 큰 영화가 어디 있었을까. 성경에 의하면 바로는 요셉을 높이어 다음과 같이 최고 권력과 지위를 부여하였다.

바로가 그의 신하들에게 이르되 이와 같이 하나님의 영에 감동된 사람을 우리가 어찌 찾을 수 있으리요 하고 요셉에게 이르되 하나님이 이 모든 것

---

4 지금의 Tell el Amarna.
5 이때의 종교개혁을 두고 Amarna 혁명이라고 부른다. 이에 대한 역사학자들의 견해는 첫째 아케나텐 왕의 치적을 부각시키기 위함과 위대성을 자랑하기 위함이라고 하였고 둘째, 일연의 문화 성장과 그 과정의 산물로 보려는 견해이다.
  Fred Gladstone Bratton, *The First Heretic: The Life and Times of Ikhnaton the King*(1961). Leslie A. White, "Ikhnaton: The Great Man vs. the Cultural Process," *Journal of the American Oriental Society* 68(1948).

을 네게 보이셨으니 너와같이 명철하고 지혜 있는 자가 없도다. 너는 내 집을 다스리라 내 백성이 다 네 명령에 복종하리니 내가 너보다 높은 것은 내 왕좌뿐이니라 바로가 또 요셉에게 이르되 내가 너를 애굽 온 땅의 총리가 되게 하노라 하고 자기의 인장 반지를 빼어 요셉의 손에 끼우고 그에게 세마포 옷을 입히고 금 사슬을 목에 걸고 자기에게 있는 버금 수레에 그를 태우매 무리가 그의 앞에서 소리 지르기를 엎드리라 하더라 바로가 그에게 애굽 전국을 총리로 다스리게 하였더라 바로가 요셉에게 이르되 나는 바로라 애굽 온 땅에서 네 허락이 없이는 수족을 놀릴 자가 없으리라 하고 그가 요셉의 이름을 사브낫바네아라 하고 또 온의 제사장 보디베라의 딸 아스낫을 그에게 주어 아내로 삼게 하니라 요셉이 나가 애굽 온 땅을 순찰하니라(창 41:38-45).

이 같은 성경 내용에서 특별히 주목해야 할 몇 가지 핵심 사항들이 있다.

첫째, 바로는 요셉을 "하나님의 영에 감동된 사람"으로 표현하였다는 점. 다시 말하면 파라오가 요셉이 믿는 야훼 하나님의 영을 인정하고 있다는 것이다. 심지어 인정할 뿐만 아니라 그에게 감동되었다는 사실이다.

둘째, 바로는 요셉의 지위를 애굽의 2인자로 인정하여 모든 실권을 맡겼다는 점. 왕이라는 직함 외는 요셉보다 높을 수 없다는 것은 요즘 표현으로 국가 경영의 CEO로 전문 경영인 자리에 앉았다는 것이다. 맡겼을 뿐 아니라 모든 실무 행정과 사법, 인사권까지 맡긴 것이다. 마치 보디발이 집 안의 모든 금고 열쇠를 맡았듯이.

셋째, 바로의 인장 반지까지 끼고 세마포 옷에 금 사슬 목걸이를 걸고 왕만 타는 수레를 사용하였다는 점. 이는 '요셉=작은 왕'이라는 등식이 성립됨과 같다. 고대 전제 왕국 시절과 헬라, 로마 시대에 왕이나 장군이 자기

인장 반지를 빼어 끼워주었다는 것은 곧 후계자로 임명한다는 뜻이었다.[6]

넷째, 개명과 제사장의 딸과 결혼하게 하여 완전한 애굽화와 신격화에 가까운 신분을 갖게 하여 후대까지 최고 존엄 가문으로 인정하게 하였다는 점이다.

아무리 요셉의 성공담을 야훼 하나님의 구원 약속과 관련하여 전형적인 인물로 미화시킨 면이 있다고 하여도, 이와 같은 요셉의 신분이라면 요셉이 무슨 정책을 펴든 왕은 기뻐하고 즐겼을 것이다. 성경의 기록이 역사 사실이라면 이때 요셉이 무엇을 가장 먼저 하였을까? 요셉의 신앙과 어린 시절의 꿈을 생각하였을 때 애굽의 모든 잡신을 타파하고 하나님을 섬기는 유일 신앙 일신교로 전향시키지 않았을까? 앞서 역사 기록 속에 등장한 아멘호텝 4세(AmenhotepⅣ B.C.1379-1362)가 요셉을 총리대신으로 세운 왕이라면 모든 퍼즐이 꼭 맞아떨어진다. 아멘호텝 4세는 왕비의 조언을 따랐다고 하지만[7] 당시 왕비는 왕족에게서 구하는 근친혼의 관습대로 동생이거나 조카였을 가능성이 큰데, 그 왕비가 유일신을 권유했을 가능성은 희박하다. 오히려 "총리인 요셉의 권유를 받아들이자"는 동의성 조언을 했을 가능성이 커 보인다. 이때가 애굽의 전성기였다.

이후 요셉을 모르는 왕이 등장하여 이전의 풍습과 종교로 복귀한 후

---

6   영화 '벤허'에서 벤허가 구해준 로마 장군은 벤허를 아들로 인정하면서 자신의 후계자란 의미로 끼고 있던 인장 반지를 빼어 벤허에게 끼워주었고, 벤허는 로마인 마차 경주에 나서며 이 반지로 참가 도장을 찍는 장면이 나온다. 영화지만 당시의 풍습을 잘 보여 준 장면이라고 보여진다.

7   아멘호텝Ⅳ의 왕비 네페르티티의 조각상이라고 생각되는 두상이 1912년 12월 6일 나일강 변 사막도시 아켈타톤에서 독일 고고학 발굴팀을 이끄는 루드비히 보르하르트에 의해서 발견되었다. 이를 몰래 독일로 밀반출하였고 이를 베를린 알테즈 박물관에 전시하였다. 아름다운 여인의 두상으로 고대 이집트 클레오파트라, 아낙수나문과 함께 3대 미녀로 손꼽히는 인물이었다. 네페르티는 B.C. 14세기 10대 파라오 아크나톤이 가장 사랑한 왕비로 투탕카멘의 장모이자 양모로 알려져 있다.

히브리 민족이 종처럼 부려짐을 당하자 하나님께서 고통을 '보시고' 울부짖음을 '들으시고' 근심을 '아셔서', 애굽에서 건지신 출애굽의 역사는 다큐멘터리 사실로 인지되어, 우리 가운데 하나의 만남으로 기록된 것이다. 그리하여 역사학자가 출애굽기를 살펴보아야 할 나름의 이유가 여기에 있다고 할 수 있다.

성경을 역사적 사료로 크게 인정하지 않는 학계의 분위기지만 마땅히 사료가 많지 않은 B.C. 14-15 세기 역사라면 성경도 참고 자료로 살펴볼 필요가 있다. 이집트의 제2인자로, 국가의 전문경영인으로, 거의 모든 실권을 지녔던 요셉이 흉년에 대비하여 양식을 비축하고 백성들을 살려냈을 뿐 아니라 국가의 자존심까지 선양시켰다. 이것이 사실이라면 히브리인 출신으로서 이집트를 자신이 섬기는 야훼 신앙 국가로 개조시키고 싶지 않았을 리가 없다. 그래야 성경의 주제가 맞다. 왜냐하면, 당시 모든 신 중에서 인류를 보편적으로 사랑하는 신은 야훼 신밖에 없었기 때문이다. 야훼는 지역적, 민족적, 국가적 한계에 치우친 신이 아니었다. 이는 후대 요나와 니느웨성 구원을 통해 표방된 바였다. 앗수르를 회개시키고 구원시키고자 했던 야훼 하나님이, 과거 이집트(애굽인)인들을 구원시키고자 하지 않았겠는가? 오히려 여호와의 대리인인 요셉이 일종의 헤게모니를 쥐고 주도적인 사역을 하지 않았다면 성경의 역사가 신을 찬양하는 문서에 지나지 않았을 것이란 생각이 든다. 성경은 분명 약속을 성취하기 위한 인류 구원의 현장 체험서임에 틀림없다.

3) 이집트 히브리인의 생활

1) 성서를 통한 이해

요셉의 생전 이집트에서의 히브리인들은 이집트인들과 별 차이가 없이 생활하였다. 왜냐하면, 이집트 최고 실권자가 요셉이었고 히브리인들은 전부 야곱의 자손이었으며 요셉의 형들과 조카 손들이었기 때문이다.[8] 하지만 히브리인들이 고센에 정착한 후 약 430년을 살았기에 요셉 사후 거주 기간이 더 오래되었다. 요셉은 총리대신이 되었던 때가 30세 될 때였으므로 80년을 애굽에서 생존하였다. 이 기간에는 풍족한 생활과 이집트의 백성으로 살았으니 왕성한 번식으로 자손이 많았겠지만, 요셉이 세상을 떠난 후에도 요셉의 유언도 있고 해서 한동안은 여유롭게 살았을 것으로 추정된다. 물론 종교개혁이 실패로 돌아가고 투탕카멘이 왕이 된 후 대규모 토목공사에 히브리인들이 동원되었을 가능성은 충분하다. 18왕조가 끝나고 분명 요셉을 알지 못하는 왕이 즉위한 후 위기가 찾아오기 시작하였음을 볼 때 투탕카멘왕이나 최소 투탕카멘 다다음 왕까지는 요셉을 알고 있지 않았나 추정할 수 있다.[9]

---

8 히브리인, 이 말의 본래 의미는 국경을 넘나드는 사람들이란 말로 요즘 용어로는 '불법 체류자'들이다. 이들은 메소포타미아와 팔레스타인 그리고 이집트로 이어지는 비옥한 초승달' 지역에서 정착하지 못하고 경제적인 자유를 찾아 떼 지어 돌아다닌 사람들이다. 히브리인들은 인종적이거나 민족적인 개념이 아니다. 그런데 성서에는 출애굽기 12장 38절에 '온갖 잡족들'이 함께 나왔다고 구별하고 있다. 즉 성서에서 히브리인들은 이스라엘 민족을 대신하여 사용하고 있다. 배철현,『신의 위대한 질문』(서울: 21세기북스, 2016), 229.

9 투탕카멘 다음으로 아이(Ay 1323-1319 B.C.)왕과 호렘헵(Horemheb 1319-1292 B.C.)왕까지를 이집트 18왕조라고 한다. 그리고 소위 신왕조로 이어진다. 그러므로 18왕조와 19왕조는 모든 면에서 달랐을 것으로 간주된다. 그리고 히브리인들에 대한 처우도 현저히 달랐으리라 여겨진다.

완연히 달라진 왕조는 단지 요셉의 명성이 많이 희석되어 갔을 것이지만, 적어도 1세대 약 100년은 요셉의 명성이 지속되었으리라 생각된다. 430년 - 180년=250년,[10] 그리하여 250년 정도 종살이를 하지 않았나 생각된다. 19왕조에서 히브리인들은 확실히 이전과는 완연히 달라진 환경 속에서 왕조 찬양과 왕궁, 무덤의 축조 그리고 다신교 신전을 건축하는 등 대규모 토목사업에 하층 노동자로 투입되었고 그들의 고난과 신음은 날로 커지고 있었다. 성경은 그들의 실상을 다음과 같이 기록하고 있다.

요셉을 알지 못하는 새 왕이 일어나 애굽을 다스리더니 그가 그 백성에게 이르되 이 백성 이스라엘 자손이 우리보다 많고 강하도다 자 우리가 그들에 대하여 지혜롭게 하자 두렵건대 그들이 더 많게 되면 전쟁이 일어날 때에 우리 대적과 합하여 우리와 싸우고 이 땅에서 나갈까 하노라 하고 감독들을 그들 위에 세우고 그들에게 무거운 짐을 지워 괴롭게 하여 그들에게 바로를 위하여 국고성 비돔과 라암셋을 건축하게 하니라 그러나 학대를 받을수록 더욱 번성하여 퍼져나가니 애굽 사람이 이스라엘 자손으로 말미암아 근심하여 이스라엘 자손에게 일을 엄하게 시켜 어려운 노동으로 그들의 생활을 괴롭게 하니 곧 흙 이기기와 벽돌 굽기와 농사의 여러 가지 일이라 그 시키는 일이 모두 엄하였더라(출 1:8-14).

---

10 요셉의 이집트 거주 기간 80년에 사후 100년 해서 180년을 잡았다.

이집트에서의 히브리인 생활상을 이처럼 명확하게 보여 주는 자료는 없다. 왕실 분묘 벽화나 생활상을 묘사한 그림에서도 이처럼 분명하게 보여 주지는 못하였다. 아무리 성경이 종교적 기록물이라고는 하지만 출애굽기 자체가 거대한 다큐멘트리를 기반으로 한 신앙 기록물이기에 구약성경 가운데 가장 역사서에 가까운 자료로 보아야 한다. 더구나 지금으로부터 최소 3,500년 전의 이야기이기에 신뢰할 수밖에 없는 사료라고 본다. 성경의 기록 속에서 매우 독특한 내용을 볼 수 있다. 그 막강한 이집트 왕을 비롯한 지배층이 생각한 고민이다.

> 이 백성 이스라엘 자손이 우리보다 많고 강하도다(출 1:9).

이런 푸념을 어떻게 해석해야 할까? 우선 많다는 평가엔 다소 문제가 있을 수 있다. 출애굽 당시 성인 남자만 60만 명이었다고 하였다. 학자들의 견해는 히브리 백성의 숫자를 약 200만 명으로 추산한다. 그런데 인류학자들은 3,500년 전 출애굽 당시 순수 이집트 인구를 대략 350만 명에서 400만 명으로 계산하고 있다. 그러면 히브리인 200만 명으로 쳐도 이집트 인구보다는 많지 않다. 이는 단순한 추정 계산이지만 성경의 내용이 그리 허술하지 않다는 생각이 드는 건 여기에 분명 무슨 단서가 있으리라 보았다. 그 단서는 출애굽 때 히브리 백성들과 함께 나온 '잡족'에 있지 않을까 생각한다.

잡족이란 이집트 왕들의 정복 전쟁 결과로 잡혀 온 이방 민족이거나 혼혈족을 일컫는다. 메소포타미아 지방과 아라비아, 시나이, 지중해, 히타이트 지역의 전쟁 포로들이 같은 문화권으로 당시 강국이었던 이집트로 잡혀 와 살고 있었다. 이들 역시 최하층 신분으로 노예 노동에 종사하고 있었다. 이들도 가정을 이루고 동족 내외 혼혈과 결혼으로 자식을 번성시켰으리라 본다. 이집트 왕의 푸념대로 "이들이 우리보다 많고"라 하였을 때 여기엔 이스라엘 사람만을 의미한 것이 아니라 '히브리인+잡족'의 숫자를 염두어 두고 판단한 숫자라고 보여진다. '히브리인'이란 말 자체가 '이민자' 또는 '불법 체류자' 또는 이방인이란 뜻을 지니고 있다. 야곱의 가족 70명에서 시작된 이집트 정착민이 430년이 지나 200만까지 증가하였다는 것은 당시로서는 대단한 인구 증가였다. 같은 기간 이집트 원주민은 어떤 연유로 인구 추월을 당했을까? 아마도 자식을 덜 낳는 사회 풍조였거나 풍토병이 었지 않을까 생각된다.[11] 이집트 원주민에게 면역력이 약한 질병이 유행하더라도 히브리인들에게는 내성 강할 수도 있었겠고 음식이나 생활 습관이 어떤 고유의 질병에서 피할 수 있는 조건이 되었을 수도 있다.[12]

다음으로 "우리보다 강하다"라고 한 진의는 또 무슨 뜻인가? 이 발언이 왕을 위시한 지배계급이 공통적으로 인지한 사실이라 보고 체격보다 체질이 강하다는 뜻으로 해석하는 것이 옳다고 본다. 만약 히브리인들이 피지배계층으로 오랜 노예 생활에 종사하였다면 학대로 인하여 영양실조나 발육 장애로 허한 체력을 가졌겠지만, 강하다고 한 말에서 전체적인 건강 상태가 이집트 원주민, 지배계층보다 나았다는 뜻으로 해석할 수 있다. 다시 말하면 히브리인에 대한 처우가 요셉의 사후에도 그렇게 열악하지 않았다는 뜻이고 그들을 압제하고 견제하려 한 왕이 나타났을 때 상당한 곤란을 받았다고 여겨진다.[13] 이미 앞서 언급하였지만, 히브리인들이 고센

---

11 고대 사회 신생아 사망률이 어느 정도인지 정확히 알 수는 없다. 일반적으로 예방의학이 없을 고대 사회에서 영아 사망률은 대략 60-70%까지 보고 있다. 더구나 B.C. 14-5세기라면 더하면 더했지 덜하지 않았을 영아 사망률이었다.

12 주요 질병의 감염은 고대 사회에서 전염과 감염 원인, 치료에 한계가 있었기에 단지 질병에 체질적으로 유리한 인종이 있으면 생존 가능성이 커진다. 히브리인들은 유일신 신앙뿐 아니라 음식과 제사 규정이 대단히 까다로웠지만 이를 지키는 행위 자체를 신앙의 근본으로 삼았다. 이것이 정착하여 레위기의 규범이 탄생한 것이다.

13 우리가 일제의 36년 식민지배를 받았을 때도 우리나라의 식량은 대부분 일본으로 반

땅에 정착한 이후에 그들의 종교도 하나의 다신교 신앙의 한 가지로 크게 방해받지 않았다. 결국, 중 왕국에서 신왕국으로 바뀌며 본격적으로 히브리인들을 노예 신분으로 대하며 대규모 토목공사, 건축일에 이들을 학대하며 부리기 시작하였다. 그럼에도 강하다고 하였던 이유는 무위도식, 좌식계급으로 편안한 생활을 했던 이집트인들에 비해 중노동에 시달려도 이를 견뎌낸 히브리인들이 강했을 것은 당연하다. 아무리 이집트 군인이라고 하여도 전쟁 외 훈련으로 강한 체력을 유지하지 못하였다면 더했을 것이고 오랜 평화가 유지되었다면 이집트 원주민의 체력은 더 약했을 가능성이 크다. 여기에 그들에게만 있었던 질병마저 있었다면 상상 못 할 일이 벌어졌을 수도 있다.[14]

또 하나는 단결심이다. 고대 사회에서 약소국가나 민족이 생존하는 방법은 포로 생활을 견디어 내거나 그들이 믿는 신께 의지하여 구원의 때를 기다리는 방법밖에 없다. 그런 면에서 히브리 민족은 대단한 단결심을 지녔다. 그들은 아브라함의 후손으로 그들이 믿는 신 야훼 하나님의 백성이란 선민의식과 족장 아브라함이 갈데아 우르를 떠나 가나안에 정착할 때 신으로부터 받은 약속 곧 "하늘의 별과 같이 바다의 모래알 같이 충만할 것이며 너희를 축복하는 이에게 상을 내리고 너희를 저주하는 자에겐 벌을 내리리라"는 약속을 굳게 믿고 있었다. 이 믿음이 흔들릴 때도 있었지만 아브라함의 후손임을 자부하는 이들은 선민의식이 자리 잡고 있어 고

출되었고 우리 백성들은 치욕적 차별 속에 먹을 것이 없어 헐벗고 굶주렸기에 어린아이부터 성인에 이르기까지 체격과 체력이 좋지 못하였다. 현재 성인 남자의 평균 키는 172.5㎝, 몸무게 74.33㎏에 이른다. 일제 말기와 해방 무렵의 평균은 키는 164㎝ 몸무게 52㎏ 정도였다.

14 옛 마야나 잉카제국 그리고 고대 사회에서 질병으로 민족이 소멸된 예도 흔하다. 또 중세의 흑사병만 하여도 유럽 인구의 절반이 소멸하는 대재앙이었다. 현대사회에 들어오면서도 매독, 에이즈, 에즈볼라 같은 질병으로 부족이나 마을 단위로 거의 전멸하는 예는 수없이 많다.

난을 견디는 힘이 강하였다. 그리고 같은 신앙을 하면서 민족의식과 정신적 우대감을 강하게 유지하였다. 이런 정신력과 단결심을 보고 두렵기까지 하다고 고백한 지배층의 심경을 충분히 이해할 만하다.

다음으로 주목할 내용은 "이 땅에서 나갈까 하노라"란 구절이다. 히브리인들이 떠나가면 걱정거리가 많아진다는 내용인데 이는 또 무엇을 의미할까? 이는 국가의 거의 모든 생산이 그들에 의해서 이루어지고 있음을 의미한다. 250년 이상 히브리인들은 이집트 국가 경제의 대부분, 농사, 노역, 수공업, 주거 건축 등 거의 모든 실생활 분야에 투입되었음을 알 수 있다. 이들이 일시에 빠져버리면 이집트는 큰 혼란에 빠질 것이 분명하다. 물론 또 다른 포로를 잡아 와서 히브리인들이 하던 일을 대신 지우겠지만 오랜 기간 숙달된 이들이 빠지는 것은 큰 근심, 나아가 거의 두려워할 만한 일이 생긴다. 통치자로서는 대단히 골치 아픈 일이다. 모세를 통해 출애굽 당시 바로왕 앞에서 행한 놀라운 기적을 보고, 심지어 장자가 죽는 참상을 당하고 놀란 가슴에 "너희 백성을 이끌고 나가라"고 하소연하였다. 하지만 당장 귀족들의 불만이 터져 나오자 바로 자신이 민심을 수습하기 위하여 추격대를 구성하고 직접 마차를 끌고 노예들을 되돌리러 추격하였다. 결국, 내보내고 싶지 않은 일을 할 수 없이 허락했음을 느낄 수 있다.

이처럼 이집트에서의 히브리 백성들은 국가의 거의 모든 생산 활동에 종사하였고 국가 건설, 도시 건설, 국고성[15]의 건설에서 그들이 없으면 아무것도 할 수 없을 지경이라는 사실을 알 수 있다. "건축, 흙 이기기, 벽돌 만들기, 농사의 여러 가지 일"이라고 분명히 기록하였다. 그중에서도 가장 중요한 일은 농사와 벽돌 생산이었다.

---

15 국고성(國庫城)은 고대 기록에 간혹 등장하고 성경 외 고대 근동 국가들 기록에도 등장한다. 1년 농사를 수확하여 일정량을 비축하는데 이를 위해 일종의 곡식 창고 도시로 주로 지하에 지었다.

(2) 건축 노동

성경에서도 명시하고 있는 건축일과 벽돌 만들기는 고대 국가의 국력과 문화 성장 나아가 성곽, 도시 건설에 있어 핵심 중 핵심으로 여기는 사안이다. 왕궁에서부터 일반 주택에 이르기까지 벽돌로 지어지지 않은 건축물은 없다. 분묘나 신상 등 거대한 입석 구조물은 석조로 만들었지만, 성곽(城廓)과 각종 성(城)의 건축은 국가 안보와 삶의 질을 가늠하는 국력의 상징으로 대부분 벽돌로 건축하였다. 이런 건축 현장에서 이집트는 히브리인들을 동원하였다. 그리고 전적으로 그들의 육체 노동에 의존할 수밖에 없었다.[16] 우리가 아는 피라미드는 고왕국 시대에 건축된 구조물이기에 히브리 노예들과는 무관해 보인다. 하지만 이집트의 다양한 도시 건축이 수시로 이루어지고 있었기에 이에 필요한 노동 인력은 절대적이었다. 히브리인들을 학대하기 위하여 "노동의 강도를 높이고 감독을 강화하라"고 지시한 것으로 보아 이집트의 국력과 문화 수준에 맞는 건축 공사가 이집트 여러 곳에서 다발적으로 이루어지고 있었음을 방증한다. 거의 맨손으로 이루어져야 하는 건축 공사이며 원시적 도르래와 침목을 이용한 이동 수단이었음을 감안할 때 하나의 성을 건축하기 위해서는 얼마나 많은 인력과 시간이 소용되었을지 짐작하기 어렵다. 더 오래전의 건축물이지만 기자의 피라미드 건설에는, 하루 10만 명이 우기를 뺀 1년 3-4개월씩

---

16 테베와 룩소르 카이로 외에도 나얄강의 줄기를 따라 수많은 도시들이 건축되었다. 특히 중왕국과 신왕극 시절에도 화려한 왕궁과 도시 건축이 이루어졌고 요셉을 알지 못하는 왕들이 등장하고 난 후에는 더욱 강도가 깊은 노동에 의한 건축 활동이 이루어지고 있었다. 모세가 동포를 괴롭히는 건축현장에서 이집트 관리를 죽이고 난 후, 다른 날 동포끼리의 싸움을 중재할 때 "누가 당신을 우리의 재판장으로 세웠느냐"라고 대든 것은 같은 동포라 하지만 왕실에서 교육받고 잘 차려입은 모세가 자신들의 노예 노동을 생각할 때 아니꼽게 생각되어 반발한 것으로 보인다. 이는 히브리인들의 하루하루가 몹시 고달팠음을 간접적으로 보여 준다고 볼 수 있다.

일한다고 할 때 20년이 걸리며, 연인원 2-3억 명이 필요하다는 분석이 나왔다.[17] 물론 훨씬 더 후대의 일이지만 원시 노동에 의존해야 하는 건축일진 대 하나의 성이나 왕궁, 편의 시설을 건축하기 위한 일에 투여되는 노동 에너지의 양은 어마어마했으리라 여겨진다. 이 모든 일을 히브리인들이 했다고 친다면 파라오(바로)가 히브리인들이 떠난다는 도전에 심히 근심되었을 것은 자명하다.

그런데 최근의 연구 결과를 보면 이집트에는 노예 제도가 없었다고 한다. 엄밀히 말해 히브리인들은 노예라기보다 피지배층, 하층계급으로 신분제 피라미드의 5단계나 6단계 최하층에 존재하는 임금 노동자라고 보아야 한다는 것이다. 히브리인 입장에서 출애굽을 하나의 구원과 연관 지어 생각하여 어둠에서 빛으로, 죽음에서 삶으로 전환하는 하나의 '해방 투쟁' 또는 '해방전쟁'이라고 인식할 때 이전 생활을 노예와 같은 생활, 자유가 없는 억압된 삶이라고 표현할 수 있다.[18] 그리고 출애굽 직전에는 더 혹독한 억압과 감독이 있었음을 성서는 말하고 있다. "감독들을 그들 위에 세우고 그들에게 무거운 짐을 지워 괴롭게 하여"(출 1:11)라고 언급한다.

---

17 Gina Pyramid Complex, UNESCO World Heritage Site.

18 현재도 널리 부르고 있는 베르디 오페라 '나부코' 중 '히브리 노예들의 합창'은 너무도 유명하다. 그런데 이 작품의 배경은 바벨론 포로 생활을 그린 것으로 B.C. 6세기 배경이다. 이집트 노예는 아니다.

무거운 짐을 지운다는 말의 뉘앙스는 무엇인가. 건축을 말하면서 무거운 짐이라고 한다면 한 사람이 져야 하는 하루 일당 량이 많아지거나 더 과중한 책임량을 뜻할 것이다. 그러므로 벽돌을 날라도 더 많이 더 오래 날라야만 했을 것이다. 더구나 "괴롭게 하라"고 했다면 가혹한 노예 노동에 다를 바 없었을 것으로 생각된다. 히브리인들이 학대를 피해서라도 모세의 지도를 따랐을 가능성은 크다.

성경에 히브리인들이 당면했을 일들 가운데 건축을 제일 먼저 언급한 것은 그만큼 건축이 중요했다는 뜻으로 해석할 수도 있고 이로 인하여 건축 현장에서 히브리인들이 이집트 감독관에게 혹독하게 대우받고 있었다고 볼 수도 있다.

> 모세가 장성한 후에 한번은 자기 형제들에게 나가서 그들이 고되게 노동하는 것을 보더니 어떤 애굽 사람이 한 히브리 사람 곧 자기 형제를 치는 것을 본지라 좌우를 살펴 사람이 없음을 보고 그 애굽 사람을 쳐 죽여 모래 속에 감추니라(출 1:11-12).

바로 이 대목이 중요하다. 성경에 있는 기록만으로 상세한 정황은 잘 알 수 없다. 단지 히브리인들이 고되게 노동하는 중이었고 애굽 사람이 히브리 사람을 쳤다는 사실이다. 이 애굽 사람이 감독관일 가능성이 크다. 그리고 친다는 것은 채찍으로 때렸다는 뜻으로 볼 수 있다. 죽을 정도로 때리지 않고서야 지나던 모세가 분노할 리 없다. 그리고 애굽 사람이 나와 감독하는 노동 현장은 건축 현장일 것으로 추측된다. 아예 작정하고 히브리인들을 괴롭히고 엄하게 일을 시켜서 생활 자체를 힘들게 하라고 한 것은 한 마디로 학대의 현장이다. 건축 노동은 모든 일들 가운데 가장 위험하기도 하다. 또 한 건물을 지을 때는 전문성을 위하여 다른 형태의 건물

건축에 투입되지 않았다. 전문가를 키우기 위함이었다. 일의 효율성도 높이고 확실히 부려먹기 위함이었다. 그리하여 현장에서 사망하는 예가 허다한데 이 모든 일이 다분히 의도적이었다는 데 주목한다. 즉, 두 가지 목적, 하나는 히브리인들을 감독 학대하여 그들의 의도대로 움직이게 만들겠다는 목적이고, 또 하나는 육체적으로 심하게 다루어 생식 능력을 떨어뜨려 자손 증식을 막겠다는 목적이었다. 정황을 보면 후자 쪽에 좀 더 큰 의미를 둘 수 있겠지만 아무튼 히브리인들이 건축 현장에서 혹독하게 다루어졌을 가능성이 농후하다.

요셉이 세상을 떠난 후 그를 알지 못하는 왕이 등장하였을 때 히브리인들은 대략 200만 명으로 인구가 늘어났고 이들은 독자적으로 유일신 야훼 하나님을 섬겼으며 그들 나름의 도덕률을 기준으로 집단적 통제 기준을 따르고 있었다. 흔히 야훼께 제사를 드리고 그만을 경배하는 아브라함 종교를 신봉하고 있었다. 애굽의 고센 땅에 거주한 지 430여 년 히브리 곧 이스라엘 백성들은 강하여 온 땅에 가득하였다. 자손의 숫자가 불어났을 뿐 아니라 이집트 각 지역에, 적어도 수도 인근에 두루 거주하고 있었음을 추측할 수 있다.

> 야곱의 허리에서 나온 사람이 모두 70이요 요셉은 애굽에 있었더라 요셉과 그의 모든 형제와 그 시대의 사람은 다 죽었고 이스라엘 자손은 생육하고 불어나 번성하고 매우 강하여 온 땅에 가득하게 되었더라(출 1:5-7).

성경이 이스라엘 민족에 의해 구전되고 필사되고 전해진 종교 문서이지만 동시대 기록물은 아니더라도 역사 자료로 충분히 참고할만한 내용을 담고 있다. 당대 최고의 이스라엘 역사 자료인 요세푸스의 기록도 시간의 간격이 너무 크기 때문에 성경을 많이 참고하고 있다. 아무튼, 성서의 기록은 "이스라엘 자손은 생육하고 불어나 번성하고 매우 강하여 온 땅에 가득하게 되었다"(출 1:7) 하였다. 그런데 이 부분은 어디서 많이 본 기록이다. 역시 창세기 기록 가운데 야훼 하나님이 자신이 창조한 남자와 여자에게 그들에게 복을 주시면서 "생육하고 번성하여 땅에 충만하라, 땅을 정복하라"고 하였다. 또한, 소위 이스라엘 민족의 실질적인 조상 아브라함에게도 비슷한 축복을 하였다.[19]

여호와께서 아브람에게 이르시되 너는 너의 고향과 친척과 아버지의 집을 떠나 내가 네게 보여 줄 땅으로 가라 내가 너로 큰 민족을 이루고 네게 복을 주어 네 이름을 창대하게 하리니 너는 복이 될지라 너를 축복하는 자에게는 내가 복을 내리고 너를 저주하는 자에게는 내가 저주하리니 땅의 모든 족속이 너로 말미암아 복을 얻을 것이라 하신지라(출 12:1-3).

여호와께서 아브람에게 이르시되 너는 반드시 알라 네 자손이 이방에서 객이 되어 그들을 섬기겠고 그들은 400년 동안 네 자손을 괴롭히리니 그들이 섬기는 나라를 내가 징벌 할지며 그 후에 네 자손이 큰 재물을 이끌고 나오리라 너는 장수하다가 평안히 조상에게로 돌아가 장사 될 것이요 네 자손은 4대 만에 이 땅으로 돌아오리니(출 15:13-16).

여호와의 사자가 하늘에서부터 두 번째 아브라함을 불러 이르시되 여호와께서 이르시기를 내가 나를 가리켜 맹서하노니 네가 이같이 행하여 네 아들 네 독자도 아끼지 아니 하였은즉 내가 네게 큰 복을 주고 네 씨가 크

---

[19] 야훼께서 인간에게 구체적으로 이스라엘 민족에게 내린 축복의 원리는 생육하고 번성하여 충만하고 정복하라는 것이었다. 이는 (인간-아브라함-이스라엘-그를 믿는 백성)에게 공통적으로 적용되며 독자적인 해석을 가능케 하는 메시지로 받아들여지고 있다.

게 번성하여 하늘의 별과 같고 바닷가의 모래와 같게 하리니 네 씨가 그 대적의 성문을 차지하리라 또 네 씨로 말미암아 천하 만민이 복을 받으리니 이는 네가 나의 말을 준행하였음이니라(출 22:15-18).

이처럼 약속과 축복의 대상이었던 조상 아브라함의 후손이 야훼의 말씀대로 애굽의 종살이에 처하는 상황이 되었다. 야곱의 가족 이거 후 430년 만의 출애굽이 4세대 이후라고 한다면 야곱으로부터 증손에 이르는 기간을 말하는 것인데 그러면 대략 1세대를 110년 정도로 잡을 수 있다. 야곱과 요셉 그리고 요셉을 모르는 왕의 등장이라는 문구는 아무리 빨라도 자식 후대라고 볼 수 있고 300여 년의 종살이가 되는데 이것도 너무 빠르다고 생각된다. 따라서 야곱이 애굽으로 이주할 때의 나이가 이미 130살이었으므로 야곱을 한 세대에서 빼고 계산해야 한다. 요셉이 세상을 떠나기까지 80년을 제외한 350년을 3대로 나누면, 요셉 1대 이후 3대, 전체 4대가 되는 셈이다. 그리고 요셉 1대와 다음 자식 대 110년을 빼면 약 230년 정도가 요셉을 알지 못하는 세대가 나타날 가능성이 크다. 전체적으로 대략 200년 정도 이스라엘 백성들은 애굽에서 종살이에 가까운 노동력을 제공하였으며 갈수록 이들을 착취하는 정도는 커갔으리라 생각된다.

(3) 벽돌 굽기 노동

성경에는 흙 이기기와 벽돌 굽기라고 두 가지 일처럼 기록되었으나 엄밀히 보면 '흙을 이겨 벽돌 굽기'라고 표현해야 맞다. 물론 흙을 이겨 벽을 바를 수도 있고 다른 용도로 사용할 수도 있지만 주로 흙을 이겨 벽돌을 구웠으리라 생각된다. 그만큼 벽돌 굽기는 특별한 노동이었다. 그리고 건축을 위한 준비라 할 수 있다. 그러므로 히브리인들은 단순한 건설노동자가 아니라 재료 준비부터 건설 완공까지 모든 일과 허드레 잡일까지 도맡아 하였음을 알 수 있다.

> 여호와께서 아브람에게 이르시되 너는 정녕히 알라 네 자손이 이방에 객이 되어 그들을 섬기겠고 그들은 사백년 동안 네 자손을 괴롭게 하리니 (창 15:13).

성경 본문에는 이 모든 일이 야훼 하나님의 예정에 있었다는 것이다. 창세기와 출애굽기를 모세가 저작한 것으로 친다면 두 책의 기술 시점이 비슷하여, 구속사의 관점에서 상호 연관성 하에 기록되었음을 알 수 있다. 물론 신앙적으로 본다면 모든 말씀은 하나님의 묵시로 씌었음을 고백하지만, 역사학자의 눈으로 출애굽기를 다시 풀어본다는 포부를 밝혔기에 역사적 인과관계로 파악해보고자 하는 것이다. 이미 창세기 시점부터 후대에 이방의 객이 되어 그들을 섬기겠고, 그들은 또 자손을 괴롭게 하리라고 했는데 이 400년이 이집트에서의 400년인지 이스라엘 백성들이 당한 고난의 총 년 수를 지칭한 것인지는 불분명하다. 얼마든지 다양한 해석이 가능한 대목이다.

> 한편 고대 이집트의 건물들은 돌이나 진흙 벽돌로 지어졌다. 신전들은 일반적으로 오랜 세월을 견딜 수 있는 석재로 건축되었다. 반면 궁궐은 낮에는 시원하고 밤에는 따뜻한 흙벽돌로 안락하게 지었다.[20]

20　www.wikileaks.kr.org "이집트에서 400여 년 노예살이"

신전을 제외한 왕궁과 관청, 성과 성곽, 일반 주택에 이르기까지 전부 벽돌로 지었음을 알 수 있다. 이는 나일강 유역에서는 질 좋은 진흙을 얼마든지 구할 수 있었기 때문이다. 그러므로 벽돌의 수요는 엄청난 것이었고 모든 노동은 히브리인들의 몫이었기에 대부분 히브리 성인 남성은 벽돌 굽기와 건축 일에 투입되었으리라 생각된다. 그리고 고될수록 반발심은 커갔고 가나안을 그리는 해방 의지는 불타올랐을 것이다. 앞에서 언급한 대로 약소민족이 고대 사회에서 생존하는 방법은 노예 생활과 포로 생활을 억지로 견뎌 내는 것과 그들이 믿는 신에 의지하는 방법밖에 없다고 하였는데 출애굽 당시는 인내에 한계가 왔고 신께 의지하고 해방 투쟁에 나서고자 하는 의지가 고조되었을 것으로 인식된다.[21]

아무튼, 이집트에서의 벽돌 굽기는 국가의 주요 국책 사업이었으며 전쟁이 없던 시기에 일상적으로 전개하는 하나의 과업이고 생활 자체였다. 그러나 당시 피지배층의 과업이라는 것은 크게 두 가지인데 벽돌 굽기와 농사였다. 그리고 이 둘은 이집트 원주민들이 하는 경우보다 전쟁포로를 이용한 노예 노동을 통하여 이루어졌다. 그런데 히브리인들은 전쟁포로라기보다 일종의 이민자들인데 세월과 환경의 변화에 따라 처우가 달라졌다. 이유는 요셉이 총리로 재직할 때, 요셉의 치적을 인정하고 같은 백성으로 대우받으면서 살아갈 때는 이집트인과 별 차이 없이 살았지만, 세월이 흘러 요셉을 알지 못하는 파라오의 등장과 왕조 교체로 인하여 이민자가 아닌 노예와 같은 신분으로 바뀌었을 가능성이 크다. 앞서도 언급하였지만,

---

21 이집트에서의 히브리인들의 생활에 대해서, 이집트가 B.C. 18세기말 힉소스족의 지배를 받는 동안에도 히브리인들은 그들의 신변에 특별한 변화가 없었다. 그러나 B.C. 16세기 중엽 힉소스인들이 나일강 계곡에서 쫓겨난 이후 히브리인들은 이집트인 뜰의 노예로 전락하여 극심한 통 속에서 살아가야 하였다. 이들의 고난은 B.C. 1300년경 모세가 이스라엘 백성들을 인도하여 낼 때까지 계속되었다.
David A. Falk. *Biblical Archaelogy Society*. 2020.2.

이집트 사회의 신분제 피라미드 상, 5-6계급으로 대우받은 듯하다.[22]

이집트의 신왕국이 전개되면서 달라진 처우는 히브리인들로서는 견딜 수 없는 상황이었고 이를 벗어나고자 하는 노력이 모세를 통하여 이루어진 것이다. 히브리인들의 숫자가 많고 강하여 그들이 무슨 일을 꾸밀지 모르며 반란이라도 일으키면 어떤 사태가 벌어질지 몰랐으므로 왕과 관리들은 히브리인들을 더욱 옥죄어 옴짝달싹 못 하게 하고자 하였다. 노동의 강도를 높였을 뿐 아니라 감독으로 하여 더욱 학대케 하였으니 이중 삼중의 고통은, 건강을 해칠 지경이었고 이것을 이집트인 지배층이 노린 수법이었다. 즉 자녀 생산능력을 떨어뜨려 히브리 인구를 줄이려고 한 계획이었다. 성서를 보면 당시의 상황을 명확히 알 수 있다. 또 히브리인의 단합을 용이하지 못하게 하려는 의도를 지니고 있었다. 이에 대한 성경의 기록은 다음과 같다.

> 애굽 왕이 그들에게 이르되 모세와 아론아 너희가 어찌하여 백성이 노역을 쉬게 하려느냐 가서 너희의 노역이나 하라 바로가 또 이르되 이제 이 땅의 백성이 많아졌거늘 너희가 그들로 노역을 쉬게 하는도다 하고 바로가 그날에 백성의 감독들과 기록원들에게 명령하여 이르되 너희는 백성에게 다시는 벽돌에 쓸 짚을 전과 같이 주지 말고 그들이 가서 스스로 짚을 줍게 하라 또 그들이 전에 만든 벽돌 수효대로 그들에게 만들게 하고 감하지 말라 그들이 게으르므로 소리 질러 이르기를 우리가 가서 우리 하나님께 제사를 드리자 하나니 그 사람들이 노동을 무겁게 함으로 수고롭게 하여 그들로 거짓말을 듣

---

[22] 이집트 신분제 피라미드은 최상층 1신분은 파라오와 왕족, 2신분은 사제와 귀족, 3신분은 관리와 군인, 4신분은 일반 평민, 5신분은 농사와 생산 활동에 종사하는 농노, 6신분은 최하층으로 전쟁 포로와 노예로 나뉘었으며 히브리인들은 4신분에서 6신분까지 시대나 왕조에 따라 다른 대우를 받았다.

지 않게 하라 백성의 감독들과 기록원들이 나가서 백성에게 말하여 이르되 바로가 이렇게 말하기를 내가 너희에게 짚을 주지 아니하리니 너희는 짚을 찾을 곳으로 가서 주우라 그러나 너희 일은 조금도 감하지 아니하리라 하셨느니라 백성이 애굽 온 땅에 흩어져 곡초 그루터기를 거두어다가 짚을 대신하니 감독들이 그들을 독촉하여 이르되 너희는 짚이 있을 때와 같이 그 날의 일을 그 날에 마치라 하며 바로의 감독들이 자기들이 세운바 이스라엘 자손의 기록원들을 때리며 이르되 너희가 어찌하여 어제와 오늘에 만드는 벽돌의 수효를 전과 같이 채우지 아니하였느냐 하니라 이스라엘 자손의 기록원들이 가서 바로에게 호소하여 이르되 왕은 어찌하여 당신의 종들에게 이같이 하시나이까 당신의 종들에게 짚을 주지 아니하고 그들이 우리에게 벽돌을 만들라 하나이다 바로가 이르되 너희가 게으르다 게으르다 그러므로 너희가 이르기를 우리가 가서 여호와께 제사를 드리자 하는도다 이제 가서 일하라 짚은 너희에게 주지 않을지라도 벽돌은 너희가 수량대로 바칠지니라 기록하는 일을 맡은 이스라엘 자손들이 너희가 매일 만드는 벽돌을 조금도 감하지 못하리라 함을 듣고 화가 몸에 미친 줄 알고(출 5:4-19).

위의 성경 출애굽기 내용은 벽돌 굽기 노동 현장에서 이집트인 왕과 지배층 그리고 히브리인의 대립이 그려지는 매우 상세한 설명으로 이루어져 있다.[23] 파라오가 걱정한 것은 크게 두 가지였다.

첫째는 이집트와 대립 관계에 있는 히타이트족이나 힉소스족이 다시 쳐들어와 전투가 벌어졌을 때, 후방에 있는 히브리인들이 봉기하여 적국

---

23 성경의 사료적 가치를 언급하는 경향이 많지만 이런 기록은 역사적 사실에 근거하지 않으면 기록되기 어려운 매우 사실적이고 실제적인 내용이다. 그리고 이집트 옛 고분 벽화 그림에서도 비슷한 내용의 사실화를 발견할 수 있다.

들과 합세하여 양면 공격을 당하지 않을까 하는 점이었다.

둘째는 아예 히브리인들이 자신들의 정체성을 상기하면서 해방된 공간 즉 야훼 신이 약속한 땅인 본거지 가나안 땅으로 떠나버리는 국력 상실의 상황이 오지 않을까 하는 우려였다. 어찌 보면 두 가지 상황이 다 이집트로서는 상상할 수 없는 고민거리였음에 틀림이 없다. 그리하여 먼저 가시적인 성과를 위하여 히브리인들의 정체성 고양과 단합의 동인을 없이해야 한다는 노력을 기울였다. 그 내용이 성경 본문에 등장한다. 상당히 구체적이고 사실적이다.

모세와 아론은 자기 백성들을 구원하여 이끌고 신이 정해준 땅, 아브라함이 거주하였던 가나안으로의 귀환을 계획하고 있었다. 물론 이는 야훼 하나님의 계시와 명령에 따른 것이지만 역사 현장에서 당면한 것은 명분과 실리였다. 그리하여 하루도 쉬지 않고 노동에 시달리는 자기 백성들에게 제사를 핑계로 안식도 주어 민심도 얻고 야훼께서 일러 준 계획 곧 모세 자신의 계획도 설명하려 하였다. 그러면서 하나의 혈통적 유대와 종교적 결속력을 강화하고자 한 의도였다. 이것이 모세와 아론의 요구였다. 하지만 이집트 왕은 호락호락하지 않았다. 제사 운집을 막기 위하여 오히려 노동의 강도를 높였을 뿐 아니라 기발한 방법으로 더욱 탄압하였다. 즉 벽돌에 첨가하는 짚을 주지 않으면서 벽돌을 만들도록 하였고[24] 목표 수량을 감해 주지도 않았다. 여기서 히브리인들의 노동 현실이 적나라하게 드러나는데 만약 짚을 첨가하지 않으면 벽돌이 갈라지기도 하고 건조 과

---

24 이미 설명한 바와 같이 이집트 신전이나 분묘는 힘을 과시하기 위하여 석제를 사용하였으나 그 외 거의 모든 건축은 벽돌을 사용하였다. 그런데 벽돌이 갈라지는 것을 막고 진흙의 강도를 높이기 위하여 벽돌 사이에 짚을 넣어 만들었다. 이는 과거 우리나라를 위시하여 아시아 각국에서 흙벽을 쌓을 때 또는 회벽을 쌓을 때 짚을 넣어 강도를 더하였다. 심지어 미역이나 다시마 등 해조류도 넣었다.

정에 터서 쪼개지기도 하였다. 점토의 함량을 낮추면서도 강도 높은 벽돌을 만들려면 짚은 필수적이었다. 짚이 없으면 하루 할당된 벽돌 수량을 채우기도 어렵고 또 점토로만 만들면 무겁고 갈라져 건축 공사에 대단히 비효율적이었다. 한마디로 감당하기가 어려웠다. 짚이 없으면 하루 할당된 벽돌 수량을 확보하기 위하여 2-3배의 노동력을 더 투여하여야 할 형편이었다. 이를 노린 것이다. 모세의 지도력과 민심을 잃게 만들고, 일 자체에 매달려 신께 제사드리는 일을 잊게 만들고자 하는 전략이었다. 그동안 모세가 나타나기 전에는 제사드릴 엄두도 못 내다가 '모세의 리더십'에 의하여 히브리 민족의 하나님에 대한 경외심, 나아가 그들의 정체성까지 부각되기 시작하였다. 결국, 히브리인들은 감독과 기록원의 성화와 탄압을 견디지 못하여 산으로 들로 다니면서 짚 대신 쓸 곡초 그루터기를 구하러 다니느라 시간과 에너지를 쏟았고 이를 진흙에 섞어 벽돌을 구웠다. 할당량 채우기도 바쁜데 곡초 그루터기를 구하느라 시간을 소비하였으니 늘 쫓기고 쉴 시간 잠잘 시간조차 없었을 것이다. 그러니 원망이 쌓이고 벽돌 굽기에 매달려 육신이 몹시 시달리고 있었다. 죽지도 못하는 이 지옥 같은 중노동에 때로는 그들의 신을 원망하고 때로는 울부짖으면서 하소연의 기도를 드려 "우리를 구원해 주소서"(출 2:23)라고 야훼 하나님께 읍소하였다.[25]

이집트 감독관들이 히브리 감독관이나 기록원을 구타하면, 히브리 감독과 기록원들은 같은 동포를 역시 구타하거나 학대 채근하여 이스라엘 민족 간에 이간 짓게 하였고, 원망은 지도자 모세나 아론에게 돌아가도록 만들었다. 성경에 "화가 자기들 몸에 미친 줄 알고"(출 5:19)란 구절을 통해서도 짐작할 수 있다. 야훼 하나님은 약속의 백성 이스라엘 민족의 탄식 소리

---

[25] 아나스타시 파피루스3, 1-2장에 이런 기록이 있다. "사람들이 벽돌을 만들고 있다. 그들은 벽돌의 할당량을 매일 만들고 있다." B.C. 15세기 18왕조 '레크미르(Rekhmire) 무덤 벽에는 노예들이 벽돌 만드는 모습이 사실적으로 그려져 있다.

를 들은 것이다. 즉 출애굽의 종교적 접근성을 가능하게 하였다. 야훼 하나님의 관점에서도 출애굽 과정에, 강대국이자 다신교 국가인 애굽의 잡신들보다 힘과 능력이 탁월함을 보이지 않으면 안 되는 처지였기에 원망의 부상(浮上)이 이루어졌고 야훼는 절대적인 힘을 보임으로 신과 백성이 다 승리하는 성취의 종교, 승리의 종교, 해방의 종교로 부각되게 하고자 하였다.

성서를 통해 벽돌 굽기 노동 현장의 직제를 파악해 볼 수 있다. 히브리 백성들을 부리는 명령 계통으로는 다음과 같은 조직 라인으로 형성되어 있었던 듯하다.

(왕 → 총리 → 장관 → 행정관 → 애굽 감독 → 히브리인 감독 → 히브리인 기록관 →
히브리인 십장 → 현장 노동자)

애굽의 감독관은 주로 군인 신분의 고위 감독직이었다. 이들은 히브리인 감독을 학대하고 때렸다. 또 히브리인 감독은 또 히브리인 기록원들을 다그쳐 학대하였으며, 이 기록원은 십장 노릇을 겸하여 같은 동포를 괴롭히고 개인에게 할당된 벽돌 수량을 일일이 점검하여 기록한 것으로 보인다. 전형적으로 고대 사회에서 감옥의 죄수를 다룰 때나, 전쟁포로를 부리거나 노예로 다스릴 때 쓰는 방법이다. 어쩌면 같은 동포끼리 이간시키고 감시하고 감독하여 불신이 생기게 만드는 방법이었다. 심지어 기록원을 이용하여 백성들 사이에 반목이 끊임없이 생기게 만드는 구조였다.[26] 모세

---

26 벽돌 제조 노동 구조는 어떻게 보면 집단 농장제 비슷하다. 상위 통제와 하위 통제를 이중적으로 두면서 감시하고 기록원으로 노동량을 날마다 기록하게 하여 노동량만큼 곡식을 배분하는 성과급식으로 다룬 점이 비슷하다. 즉 벽돌 굽기에 짚을 주고 안 주고 하는 통제를 통하여 히브리인들을 꼭두각시처럼 부리고자 했는지 모른다. 또 짚까지 통제하였다는 것은 농사도 통제했을 뿐 아니라 수확물과 볏짚까지 철저히 통제하여 배급 형식으로 곡물을 나누어주어 길들였음을 보여 준다. 볏짚을 재활용하고 이를 감독하는 관리도 두었으며 감시하는 것도 감독의 업무영역으로 두었음을 의미하고 있다.

와 바로와의 대화로 인하여 더 막중한 일거리에 노동의 양만 2-3배 증가
된 상황을 만들어 모세를 동포에게 거짓말쟁이로 전락시키고자 한 것도
그런 계략이었다.[27] 그리하여 상위 감독기관인 이집트인 감독들은 하위 감
독인 히브리인 감독을 다그치며 학대하였고 또 히브리인 감독은 히브리인
십장 기록원을 다그쳤다. 그런 내용이 성경에 기록되어 있다. 굉장히 구체
적인 이런 기록은 성경이 사료(史料)적 가치를 지닌다고 말할 수 있는 대
목이기도 하다.

(4) 농업 생산과 육체 노동

고대 이집트의 번영은 전적으로 나일강 덕분이었다. 신이 인간에게 선
물한 거대한 자연은 너무나 많은 원시 자연의 선물을 제공하였다. 아프리
카 더륙 모든 나라가 굶어도 이집트는 굶지 않는다는 말이 있을 정도였다.
거대한 강은 비옥한 범람원을 생성하여 퇴적층에서 풍부한 농업을 가능
하게 하였다. 나일강은 매년 범람하였고 양질의 자양분을 쏟아부어 농작
물 재배에 이상적인 토양을 형성하였다. 이집트인들은 곡물, 과일, 채소를
재배하여 수확하고 귀족들의 생활을 풍족하게 하였으며 훌륭한 농업 문
명을 일구어 놓았다.

가나안으로 돌아오고 난 후 국토를 12지파에게 나누어주고 농업 수확물을 가문별로
할당해준 내용을 보면 애굽에서의 노동 형태를 배웠으리라 짐작된다. 현재도 이스라엘
은 키브츠와 모사브 같은 집단 농장제 형태의 농업을 유지하고 있다는 것은 오랜 역사
에서 전래 된 것임을 추측할 수 있게 한다. 우리나라도 실학기에 다산 정약용이 제시한
농업 개혁안 중에 '여전제'라는 제도가 이와 유사한 감독과 기록원을 두고 일일 노동량
을 계산한다는 것으로 상당히 독특하다.

27 모세가 지도자로 나서기 전 애굽인 감독이 자기 동포를 학대하는 현장을 보고 분개하
   여 쳐죽인 사건, 또 다음날 동포끼리 싸우는 현장에서 말리려다 욕먹은 사건 등이 이런
   노동 구조 때문인 것을 이해할 수 있다.

고대 이집트 왕조와 원주민들은 관계 시스템 즉 치수를 최대의 치적으로 인식하여 나일강 강물을 다스렸다. 성서에 등장한 요셉의 이야기를 통하여 알 수 있는 사실은 요셉의 꿈 가운데 7년 풍년, 7년 가뭄이라는 설정 자체가 치수, 곧 물 관리가 중요했음을 보여 준다. 운하라 부를 수 있는 수로와 저수지가 농지에 물을 공급하여 일 년 내내 농작물을 재배할 수 있게 하였다. 이집트의 기후는 건조한 사막기후였지만 일조량이 풍부하고 강변 토양이 비옥하여 농작물 생장에 이상적이었다. 그리하여 이집트인들이 남긴 벽화나 고고학적 유물을 분석한 기록을 보면 쟁기, 낫, 탈곡기에 해당하는 농기구가 이미 존재하였음을 알 수 있다. 이런 도구들은 농업 생산성을 높이는 데 크게 기여하였다. 놀랄만한 농사 기술들이 이미 B.C. 1,500년경에 이루어지고 있었음을 알 수 있다.

성경의 내용을 통하여 요셉과 출애굽 시대를 추론 분석하면 광야, 나일 강, 가축 기르기, 각종 농사, 짚 이야기 속에 농업이 굉장히 성행했음을 알 수 있다. 특히 짚 이야기가 많이 등장하고 이를 국가 감독관이 관리 공급했다는 사실은 농사에 관한 중요한 단서를 제공한다. 농사는 주로 피지배 층인 히브리인들이 담당하였고 잡족이라 부르는 주변 민족이나 전쟁 포로들이 감당하였다. 이들은 중세의 농노 신분에 해당하였으며 재산의 축적과 가정 구성은 가능하였으나 거주 이전의 자유는 없었다. 히브리인들에 대한 처우는 이미 정착에서부터 변모되어 가는 과정을 성서 출애굽기는 보여 주고 있다.

한편, 고고학적으로 이집트에 남아있는 무덤 벽화 등을 분석하면 힘든 농사일은 남성뿐 아니라 여성도 참여하였음을 알 수 있다. 18왕조의 무덤 벽화에는 남성이 벼나 밀을 수확하고 타작하면 여성이 이를 항아리에 담아 운반하는 내용이 그려져 있다. 농번기에 파종하고, 과일을 수확하고 포도를 따서 밟아 즙을 짜고, 포도주를 만드는 일련의 일을 여성들이 다양하게 참여하고 있음을 알 수 있다. 이처럼 농사에 중요한 일익을 담당한 여성들은 신분적으로 남성에 비해 크게 차별받지 않으면서 재산권도 행사할 수 있었다.

　나일강 유역은 다양한 자원을 제공하였다. 사막에는 풍부한 금, 은, 구리가 있었고 이집트인들은 이러한 귀금속으로 사치품, 장식품, 도구, 무기 제조에 활용하였다. 그러므로 자연 연금술이 발달한 것도 이러한 배경이 있었기 때문이다. 석회암과 사암 같은 건축 재료도 풍부하여 거대한 사원, 왕실 무덤, 피라미드를 건설할 수 있었다. 나일강은 농업뿐 아니라 풍부한 수자원으로 물고기도 제공하였고 갈대나 파피루스와 같은 문명에 필요한 소재를 제공하기도 하였다. 출애굽기에는 다음과 같은 내용이 기록되어 있다.

> 이스라엘 자손의 온 회중이 엘림에서 떠나 엘림과 시내 산 사이에 있는 신 광야에 이르니 애굽에서 나온 후 둘째 달 15일이라 이스라엘 자손 온 회중이 그 광야에서 모세와 아론을 원망하여 이스라엘 자손이 그들에게 이르되 우리가 애굽 땅에서 고기 가마 곁에 앉아 있던 때와 떡을 배불리 먹던 때에 여호와의 손에 죽었더라면 좋았을 것을 너희가 이 광야로 우리를 인도해 내어 이 온 회중이 주려 죽게 하는도다(출 16:1-3).

　성서의 내용을 통하여 짐작할 수 있는 사실은 비록 이집트에서 종살이와 피지배층 생산계급, 또는 예속민으로 모진 억압 속에 있었다곤 하지만 고기도 먹고 물고기도 취하여 단백질을 보충하였으며 배를 곯진 않았음을 알 수 있다. 아무튼, 히브리인들은 이집트에서 생산에 종사하고 농산물을 거두기까지 하였으나 모든 농업 생산물과 포도 등 과일까지 국가의 통제에 두어 지배층이 우선으로 사용하고 남은 식량이나 흠이 있는 식량을 취하였다.

고대 이짐트 사회에서 일반인들의 삶은 크게 어렵진 않았다. 워낙 물산이 풍족하여 삶의 질도 나쁘지 않은 것으로 파악된다. 하지만 신분제 피라미드의 5-6 계급에 해당하는 하층민들은, 히브리인이나 전쟁 포로 또는 노예로서, 삶이 녹녹지 않았다. 이들은 국가의 모든 생산 활동에 참여하여 노역 봉사를 하였다. 낮엔 농사나 건축 현장에 투입되고 해가 지면 내일을 위한 작업 준비에 몰두하였다. 이짐트의 계절에 따라 이들 생산 계층들은 농업 도구들도 바꾸어 가며 사용하였다. 이짐트인들은 나일강 주변에서 그들의 모든 농업을 회전시켰다. 이는 강의 범람과 관련이 있다. 나일강은 농작물에 풍부한 물과 비옥한 토양을 제공하였다. 앗바라강이라고 부르기도 하는 범람(Akhet라 부르는 홍수의 계절)[28] 시기에는 농경지 대부분을 침수시켰다. '페렛'이라 부르는 성장기에는(10월부터 이듬해 2월까지) 강바닥까지 줄었던 수량(水量)이 회복되면서 농경지는 흑토라고 부르는 비옥한 토질의 삼각주와 유기질 토를 형성시켰다.[29] 그러므로 범람기를 잘 관리하는 것이, 왕의 중요한 치적으로 다루어졌다. 성경에 보면 요셉이 이를 도운 것이다.

우경이 일찍부터 시작되었지만, 나일강 유역 전 지역이라기보다 일부 지역에서 소를 이용하였고 중 왕국 말까지 이짐트 전국 대부분 지역에서 인간의 육체 노동을 이용한 농업이 이루어지고 있었다. "여호와 신께서 그들의 신음소리를 들으셨으며 고통을 아시고 구원 계획을 세웠다"(출 6:5-7)라고 하는 것은 그만큼 히브리인들이 감당하는 노동의 강도가 심하였다는 뜻이고 압제와 학대로 극심한 고통 속에 시달리고 있었음을 말해 준다.

---

28 일 년 중 주로 6월부터 9월까지를 말한다.

29 차하순, 『서양사 총론』(서울: 탐구당, 2006), 56-58.

Ⅲ.

이스라엘 민족의 출애굽 의미

1. 탈출 혹은 귀환

2. 새로운 역사의 도래

1. 탈출 혹은 귀환

1) 고난의 감옥에서 탈출

출애굽을 흔히 엑소더스(Exodus)라고 부른다. 엑소더스라는 말에는 두 가지 뜻이 담겨 있다.

첫 번째 의미는 많은 사람이 동시에 특정 장소를 떠나는 사회적 상황이나 증시에서 투자금이 한꺼번에 빠져나가는 경우를 가리키는 경제 용어로 사용된다. 오히려 엑소더스는 경제 상황에서 자주 사용되는 용어로 대규모 자본 유출을 의미한다. 예를 들어 특정 국가나 시장에서 경제적 불 안정이나 위기가 발생했을 때, 투자자들이 자금을 대거 빼내는 현상을 '엑소더스'라고 한다. 이는 시장에 큰 영향력을 미칠 수 있는 중요한 지표 중 하나이다. 이처럼 오늘날에는 경제적 용어와 더불어 사회적 용어로 널리 사용되고 있다.

두 번째 의미는 종교적 의미로 성경의 '출애굽기'에서 모세가 이스라엘 민족들을 이끌고 이집트에서 탈출한 사건을 일컬어 일반적으로 널리 사용하고 있다. 본서는 후자의 의미를 구체적으로 살펴보고자 하는 목적을 지닌다. 그런데 엑소더스를 성경에서 출애굽기라고 부르고 있는데, 이는 이집트에서 노예 상태에 처하여 혹독한 압박과 박해를 당하던 히브리 민족을

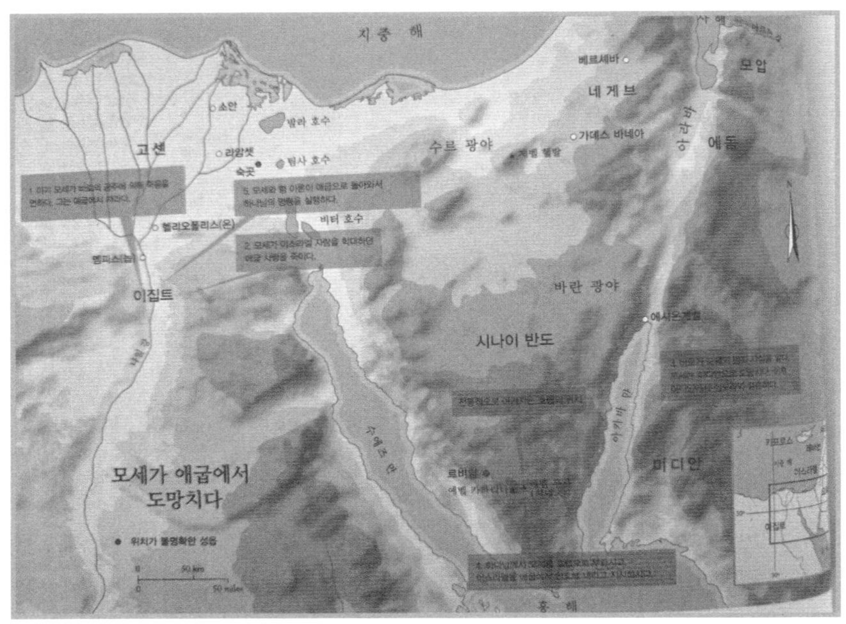

모세라는 민족 지도자를 통하여 이집트에서 나와 그들의 조상인 아브라함이 정착하였던 가나안으로 이동한 역사적 사건을 말한다. 그런데 이 사건을 출애굽기라 한 배경엔 유대교와 기독교의 경전인 구약성경을 후대 39권으로 정경화 하여 편집하는 과정에서 편의적으로 붙인 이름이었다. 애초에 오경[1]의 저자라고 하는 모세의 기록사본에는 출애굽기라는 제목이 없었다. 물론 대규모 민족의 이동이었으므로 엑소더스라 지칭해도 무리는 없다. 하지만 이 이동을 어떻게 규정하는가에 따라 다르게 볼 수도 있기에 신중하게 살펴볼 필요가 있다. 모든 내용을 신의 인도, 또는 신이 예정과 섭리라고 처리하면 단순하다. 설혹 그러하다 하여도 역사적으로 분석해 볼 필요가 있다. 이유는, 출애굽기에는 역사 사실과 부합하는 부분이 상

---

1   흔히 모세오경이라 하여 창세기, 출애굽기, 레위기, 민수기, 신명기의 다섯 권으로써, 이를 흔히 율법 또는 토라라고 칭한다. 그리고 어린이부터 탈무드란 이름으로 교육용으로 읽혀지고 있다.

당하기 때문이다.

　만약 이집트에서 히브리인들의 대규모 이동을 탈출로 본다면 인간의 자의적 의도가 상당히 내포된 이미지가 된다. 그렇게 되면 그들이 믿는 야훼 하나님의 개입이 상당히 제한적이다. 그런데 히브리인들이 출애굽 하기 위하여 모든 것을 전적으로 신께만 의지한 것은 아니었다. 창조 때부터 인간, 그중에서도 이스라엘 백성들은 자신들이 선민이며 특별히 자신들만 하나님이 사랑하신다고 자만하였지만, 하나님은 애초부터 히브리인들만 사랑할 생각이 없으셨다. 그리고 그들만 특별히 사랑할 이유도 없었다. 하지만 조상 아브라함의 은덕으로 거의 무임승차에 가까운 '구원 선'에 탑승하려고 한 것이나 마찬가지였다. 만약 출애굽을 민족의 이동이나 구속 상태에서의 탈출로만 본다면 탈출 이후의 삶의 기록이나 탈출 이후의 정착 과정은 그리 중요하지 않다. 왜냐하면, 이집트에서 나왔으면, 그리고 자유 없는 상태에서 자유로운 상태로의 회복이면 그만이고 탈출도 성공적이었기 때문이다.

　탈출의 사전적 의미는 "어떤 상황이나 구속 따위에서 빠져나옴"이라고 기록되어 있다. 구속 상태가 아니더라도 어떤 상황에서 빠져나오면 탈출이 된다. 그런데 이스라엘 민족은 출애굽 하기 전에 이집트에서 '종살이' 혹은 '노예 상태'에 있었음이 틀림없다. 성서의 여러 대목이나 정황, 히브리 민족이 하소연하던 내용 중에 "종으로 신음하던 소리"라는 기록이 이를 뒷받침한다.

　　여러 해 후에 애굽 왕은 죽었고 이스라엘 자손은 고된 노동으로 말미암아 탄식하며 부르짖으니 그 고된 노동으로 말미암아 부르짖는 소리가 하나님께 상달 된 지라 하나님이 그들의 고통 소리를 들으시고(출 2:23- 24).

이제 애굽 사람이 종으로 삼은 이스라엘 자손의 신음소리를 내가 듣고 나의 언약을 기억하노라(출 6:5).

이처럼 히브리 민족의 상태는 종의 신분, 노예 상태에 빠져있었던 것이 틀림없다. 이는 이집트인도 히브리인도 같은 인식을 지니고 처신한 것을 의미한다. 그래서 이런 사회적 지위에서 벗어난 것이라면 탈출이라고 해도 무방하다. 그러나 출애굽기서는 그냥 탈출의 과정을 이야기하는 것이라고 보기엔 시종 신의 개입이 적극적이고 또 주도적이다. 어쩌면 탈출 자체보다 탈출에서 이동해 나가는 중에 경험한 신비한 체험을 중요하게 다루고 있다고 할 수 있다. 아울러 40년 행진 끝에 그들의 목적지 가나안 입성까지의 전 과정에 이해할 수 없는 미스테릭 한 일들로 구성되어 있다. 그러므로 탈출로 인한 '누림'보다 '깨달음' 또는 '훈련'으로 정의할 수 있는 내용이 출애굽기의 주제라고 할 수 있다.

아무튼, 히브리 민족은 애굽의 종 된 상태를 벗어났다. 그리고 해방되었다. 그것도 종이 될 수밖에 없었던 원인을 벗어나기 위하여 특이한 해방전쟁[2]을 치르고 해방되었다. 흔히 아는 전쟁이나 투쟁이 아니라 바로 왕을 떨게 만드는 자연재해를 통하여 해방되었다. 그리고 그 기회를 이용하여 탈출하였다. 탈출이라 칭할 수밖에 없는 것은 보내고 후회한 애굽 왕이 다시 이들을 추적하여 잡으러 왔기에 탈출이 적절한 표현이라 보는 것이다. 성서에서도 유난히 '고통' '학대' '매 맞기'와 같은 단어가 많이 나온다. 종으로 살면서도 이와 같은 단어를 많이 상기한 것으로 보아 학대당

---

2 출애굽을 해방전쟁이라 명기한 것은 국가 대 국가의 싸움이 아니더라도 해방을 위하여 모세를 중심으로 애굽 왕을 협박한 것도 일종의 전쟁으로 인식하였기 때문이다. 해방을 위하여 민족의 대다수가 참여한 투쟁이었기에 투쟁보다 전쟁으로 지칭하는 것이 옳다고 본다.

한 히브리 민족으로서는 출애굽이 '고통의 감옥으로부터 탈출' 한 것으로 볼 수 있다는 것을 이해하게 된다.

2) 약속의 땅으로 귀환

출애굽을 탈출이라 정의하였을 때 여기엔 무작정도 포함될 수 있다. 일단 벗어난다면 탈출이 되는 것이다. 그런데 출애굽의 전 과정이 너무나 길고 장엄하다. 이는 어떤 목적이 있지 않고서는 파악할 수 없는 무엇이 있다고 봐야 한다. 그리고 그전 과정은 인간이 기획하고 설계했다고 말할 수 없는 신비로움이 있다. 그러기 때문에 이를 하나님의 개입과 구속사의 관점에서 파악해야만 한다고 종교인들은 말한다. 하지만 인간이 하나님의 존재를 깨닫게 되는 거대한 민족의 이동을 간단히 탈출이라고만 볼 수 없는 뚜렷한 이유가 직간접적으로 표출되고 있다. 그 이유 중 하나가 이스라엘 민족이 믿는 유일신 야훼 하나님이 자신을 인간들에게 깨닫게 해주고자 한 부분이 있기 때문이다. 이스라엘 백성들도 조상의 유전으로 하나님을 섬겨왔지만, 하나님이 어떤 분이신지 또 하나님이 어떤 속성을 지녔는지 아무도 알지 못하였다. 그들의 지도자 모세마저도 어느 날 호렙 산 떨기나무에서 불타는 형상 가운데서 신의 목소리를 들었을 뿐이다.

> 모세가 하나님께 아뢰되 내가 이스라엘 자손에게 가서 이르기를 너희의 조상의 하나님이 나를 너희에게 보내셨다 하면 그들이 내게 묻기를 그의 이름이 무엇이냐 하리니 내가 무엇이라고 그들에게 말하리이까 하나님이 모세에게 이르시되 나는 스스로 있는 자이니라 또 이르시되 너는 이스라엘 지손에게 이같이 이르기를 스스로 있는 자가 나를 너희에게 보이셨다 하라(출 3:13-14).

　신학적 종교적으로 해석하지 않더라도 출애굽의 역사는 단순한 이탈이 아니라 철저한 기획 의도 하에 전개된 원대한 목적을 위한 투쟁과정이며 절차였다. 연대기적 관점에서 뿐 아니라 주제적 측면에서도 '출애굽기는 창세기의 속편으로 보는 것이 옳다.' 두 책의 연결고리를 요셉으로 둔 이유도 이에 기인한다. 출애굽기에 와서 야훼 하나님은 비로소 자기 백성과 이들로 이루어진 나라의 창조 계획을 밝히셨다. 하나님의 방식 곧 그들을 '부르시고' '인도하시고' '만드시면서' 구원 스케줄을 이루어 가셨다. 이 과정에 야훼 하나님은 소위 그의 백성들과 계약을 맺으셨다. 이 계약의 조건은 쌍방 간에 이루어진 것이며 미덥지 못한 인간을 위하여 문서화시켰다. 그것이 '십계명' 돌비이다. 십계명에서 조금 확대된 것이 율법 곧 '토라'이다. 하지만 기본은 십계명으로 인간이 하나님을 유일신으로 섬기며 다른 그 어떤 형상도 만들지 않겠다는 야훼 하나님 자신의 존위를 확립하는 대신 이를 지켜 행할 때는 무한 보호와 인도라는 쌍방 계약 내용이 기록되었다. 창조주와 피조 된 백성 사이의 계약이기 때문에 백성 편에서는 전혀 손해 볼 일이 없는 쌍방 계약이었다. 하지만 하나님은 백성들이 꼭 필요할 때라도 자주 현현하지 않으시는 분이셨다. 그러므로 조급한 인간으로서는 이런 하나님을 못 미더워하는 경향이 있었다. 출애굽 현장에서도 마지못해 따라 나온 이들이 대부분이었다. 한마디로 소신이 없었다. 그런데 모세, 바로와 동격의 교육과 권위를 가진 지도자가, 이적까지 보이고 극단적 방법으로 장자(長子)의 죽음이라는 공포를 조성하자 그들이 살던 터는 번영과 은총의 땅이 아니라 졸지에 억압받는 고난의 유배지로 전락하였다고 믿어 지도자 모세를 따랐다. 충분히 설득된 상태가 아니라 일단 나가야 되나 하고 느낀 이들이 많았다.

출애굽 구원 사건, 해방전쟁의 본질은 홍해 도강 사건에 국한되지 않고 시내 산 계약 사건에서 온전히 밝혀진다. 하나님께서는 시내 산에서 히브리 노예들을 계약(출 19-24)에 묶어두시는 한편 당신 자신을 그들의 하나님으로 결박하셨다. 이렇게 하여 히브리 노예 집단은 비로소 한 무리의 계약 공동체로 창조되었다.[3]

이렇게 신과 선택된 그의 백성 사이 '계약 공동체'가 성립됨으로 이전 창세기의 모든 신화가 생명력을 얻게 되고 주술(主述) 관계의 흐름 속에 예사 공동체가 아닌 '책임 공동체'로서 정립되게 되었다. 그리고 확실한 정체성을 확립하게 되었다. 이 관계는 결국 이스라엘 백성들로 하여금 '그의 소유된 백성'이 되게 해 주었고 야훼는 '그들의 하나님'이 되셨다. 그러므로 출애굽은 단순한 탈출이 아니라 거룩한 사명이었으며 책임 있는 행동의 표현이었다. 시오니즘(Zionism)은 일반적인 국가 건설과는 성격을 달리한다. 차라리 약속의 땅으로의 귀환, 좀 더 정확히 말하면 야훼에 대한 순종 내지, 약속 이행이라고 보는 것이 옳다. 그래야 야훼는 "스스로 존재하는 이"가 되고 세상의 신들 위에 계시는 유일하신 분이 되기 때문이다. 이 계약 곧 '약속'은 단기간에만 유효한 약속이 아니었다. 피조된 인간이 가지는 한계와 속성 때문에 자신이 직접 말씀으로 창조하신 온 세상이 완전한 계약 속으로 들어올 때까지, 온 인류가 그의 '거룩한 백성'이 될 때까지 지속되어야 한다. 그러므로 출애굽은 시작에 불과하다.

에덴동산에서 아담과 하와는 하나님과 맺은 작은 약속도 지키지 못하는 인간의 나약함을 보였다. 그리고 신은 인간이 언제든지 자신을 배반할 수 있다는 사실도 알고 계셨다. 그리하여 제2의 에덴 건설 계획과 같은 출

---

3   김회권,『모세 오경1』, 위의 책, 212.

애굽을 통하여 하나님은 이스라엘 백성을 표준 모델 삼아 확실한 '계약의 모범'을 보이고자 하였다. 이것은 비준 절차나 마찬가지였다. 또 하늘에만 계셨던 하나님이 인간의 나약함을 아시고 지상에 거주하시는 하나의 장치를 마련한 것이 있는데 이것이 '성막'이다. 출애굽을 통하여 인간의 본질이 규명되면서 나약함에 맞추어 주신 것이다. 모세의 십계명과 '계약의 책'이 이스라엘 백성들에게 전달되었을 때 백성들은 이를 지키겠다고 서약하였다(출 24:3). 그리고 이미 지도자 모세를 통하여 수락된 계약이 문자로 기록되었고(출 24:4, 7) 법궤에 영구적으로 보관되었다. 이는 하나님의 존재를 모시는 것과 같았다. 이 쌍방 계약은 제사와 식사 규정 속에 의식을 거쳐 혈맹되었다(출 26:26-31, 31:43-45, 24:5).

출애굽은 이처럼 야훼 하나님과 그의 택한 백성이 '동행'한다는 의미로 받아들여야 한다. 모세가 산에 올랐다가 내려올 때 성막 설계도가 그의 손에 들여있었다는 사실은 하나님은 이제 성막 속에 거하시며 친히 이스라엘 백성과 동행하신다는 것을 의미한다. 결국, 출애굽의 역사는 '야훼의 이해'에 머물렀던 택한 백성이 '야훼와 동행'한다는 신의 현존을 경험하는 과정이라고 할 수 있다. 창세기에서 약속된 땅으로 '하나님과 인간이 함께 행진'하여 귀환하는 거대한 축제이기도 하였다. 그래서 인간은 지금도 하나님과 동행하며(marching with Jesus) 세상을 살아가야 하는지 모른다. 왜냐하면, 우리도 현재 약속의 땅을 향해 가는 성도이기에.

2. 새로운 역사의 도래

1) 구원과 구속의 이해

(1) 구원으로 가는 길

"역사적으로 고찰해 볼 때 창세기는 시작의 책이기는 하지만, 교리적인 면에서 볼 때 선택(election)을 다루는 책으로 볼 수 있다."[1]

이는 구원을 이루고자 하시는 창조주 하나님의 어쩔 수 없는 고민으로 이해될 수도 있기 때문이다. 이스라엘의 하나님 야훼께서는 창세기를 통하여 하나님 자신이 택한 백성을 자기 나라 백성이 되도록 지속적인 선택을 하게 하셨다. 아담과 하와의 고민부터 가인과 아벨의 제사 선택, 노아 아들의 선택, 아브라함의 이거 선택, 이삭의 선택, 야곱의 선택, 요셉의 선택과 애굽으로 이거, 에브라임의 선택(창 48:13-20) 등 끊임없는 선택의 과정이 창세기 전체를 관통하고 있다. 하나님은 왜 이와 같은 주제를 신을 알게 하는 첫 번째 책부터 다루고 있는 것일까? 야훼 하나님은 만신전의 전각 안에 전시된 수많은 신과 분명 다른 분이시다. 그리고 인간과 맺은

---

1   Arthur Walkington Pink,『Gleanings in Exodus』, 지상우 역, 『출애굽기 강해』(서울: 크리스천 다이제스트, 2016), 10.

약속을 이루어가시는 분이시다. 야훼 하나님은 자신의 형상을 닮은 인간을 창조하시고 그 인간이 자신의 원래 창조 목적에 부합하도록 이루어 내게 하셨다. 다시 말하면 첫 번째 아담의 범죄로 말미암아 타락한 인간은 창조주 하나님이 허락한 '자유의지'를 다른 방향으로 사용하였다. 교만으로 말미암아 창조주만큼 높아지고 밝아지고자 하는 욕망으로 그를 거역하였다. 마귀의 시험을 견디지 못한 인간은 사탄 마귀보다 귀하였건만 스스로 영귀(靈貴)한 존위를 상실해 버린 것이다.

전적 타락은 인간이 아담과 하와의 범죄로 말미암아 영원히 죄의 노예 상태에 있게 된 것을 말한다. 하지만 하나님은 인간을 자기 백성 삼고자 하였고, 타락한 아들이 죄에서 돌아왔을 때, 새 옷을 입히고 발을 씻기고 손에 다시 가락지를 끼운 아버지처럼, 기뻐 맞이할 준비를 하셨다.

창세기의 시간을 추정할 때 원시 고대 사회 즉 이스라엘의 족장 시대에서는 신의 의도가 인물 중심으로 이루어질 수밖에 없었다. 그리하여 구체적으로 아브라함의 선택 이후 자녀로 인하여 민족이 분화하고 거처가 설정되고 수용된 역사의 순간들이 다르게 나타나게 되었다. 인간의 우매함은 창조주 야훼 하나님의 직접적인 현현을 보았음에도 그 뜻을 제대로 이해하지 못하였고 여호와만큼 높아지고자 하는 교만을 바벨탑처럼 쌓아 올렸다. 피조된 인간이 스스로 돌이키도록 기다리셨지만, 인간은 이를 번번이 벗어났으며 결국 야훼 하나님이 직접 나서서 깨달아 돌아오게 하는 계획을 마련하셨다. 그 청사진을 때론 암묵적 계시로, 때론 직접적 계시로 설계하셨는데 그것이 성서이다. "하나님이 처음부터 너희를 택하사 성령의 거룩하게 하심과 진리를 믿음으로 구원을 받게 하심이니"(살후 2:13) 바울을 통하여 설명한 이해는 처음부터 택하셨다는 것과 믿음으로 구원 받게 하셨다는 사실이다. 그러면 처음부터 하나님은 인간이 타락할 것도 아셨고 일련의 훈련을 통하여 진리(하나님)를 알고 그분의 구원을 믿음으로 받아들일 수밖에 없음을 깨닫도록 계획하셨다는 것이다. 끊임없이 돌아가야 한다는 것은 역사 속에서 출애굽과, 바벨론으로부터와 바사로부터 돌아와 약속된 장소에 거한다는 것을 보여 주었다. 이 과정에서 이스라엘 백성은 순종과 준행을 교훈으로 배웠다.

창세기와 출애굽기는 같은 책 다른 챕터와 같다. 연속성을 가진다. 창세기에서 다룬 주제를 출애굽기로 이어간다. 한마디로 말한다면 구원에서 구속에로의 전향이다.

> 역사적으로 출애굽기는 애굽으로부터 이스라엘의 구원(deliverance)을 거론하지만, 교리적인 면에서 볼 때에는 구속(redemption)을 이야기한다. 마치 성경의 첫 번째 책이 구원(salva-tion)을 위해 하나님이 선택한다고 가르쳐주듯이, 두 번째 책은 하나님이 이른바 구속을 통하여 어떻게 우리를 구원하는지를 설명한다.[2]

선택은 전적으로 인간이 하지만 잘못된 선택으로 인한 책임을 하나님은 인간에게만 전가시키지 않으셨다. 그리고 아버지가 사랑하는 자식을 기다리듯이 타락이나 잘못된 선택을 스스로 깨닫게 하셨고 돌아올 길을 마련해 주셨다. 이것이 구원의 원리이다. 구원은 죽음과 고통과 죄악에서 건져내는 일을 말한다. 하지만 구속은 대속하여 구원함을 뜻한다. 전자는 화해와 용서가 이루어지지만, 후자는 이에 희생 제물이 더 필요하다. 출애굽의 역사는, 이스라엘 백성을 모델 삼아, 하나님이 택한 백성을 유월절 어린 양의 피로 말미암아 구원하신다는 원칙을 가르쳐 주고 있다. 구원으로 가는 길은 그저 하나님의 용서를 구하는 방법밖에 없다. 그리하여 타락한 인간은 무한한 고난을 감당할 수밖에 없었다. 가령 야곱과 그 자녀

---

2 아더 핑커, 지상우 역, 위의 책, 10.

들은 요셉을 판 형들의 타락으로 말미암아 굶어 죽을 수밖에 없었지만, 요셉의 선처로 애굽에 살게 되었고 무사히 극심한 가뭄과 기아 속에서, 구원받을 수 있었다. 이는 여전히 약속의 백성임을 알게 하신 것이다. 약속의 백성은 망하는 법이 없다. 창세기의 마지막을 요셉으로 마무리하고 출애굽기에서 다시 요셉 이야기와 요셉의 가계도를 상기시킨 이유는 무엇인가? 그것도 약속의 관계 설정을 이해시키기 위함이다. 이제 구원이 어떤 형태로 이스라엘 백성에게 임하는가 하는 것을 보았다면 구원 너머에 있는 하나님의 온전한 계획을 가르치고 싶었을 것이다. 이는 하나님의 온 인류에 대한 구원을 말하는 것이며 하나님이 직접 설계하시고 감독하시고 감리까지 하셨다. 그것은 하나님이 이스라엘 백성만 사랑하시는 것이 아닌 온 인류를 사랑하셔서 그분을 알고 그분을 찾는 모든 자에게 자신의 백성임과 구원의 계획에 들어오게 하신다는 사실을 가르치고 있다. 이를 굳이 예정론에 맞출 필요도 없다. 마치 요셉을 통하여 이스라엘 민족 전체를 구원하셨듯 예수를 통하여 인류를 구원하시고 사랑하신다는 야훼 하나님의 속성을 이해하게 된다. 이 기상천외한 하나님의 계획이 '구속'이다. 그리고 지금도 진행 중인 인류 구속사의 한 과정에 우리는 서 있다.

(2) 구속사의 모델 출애굽기

출애굽기는 "노역에서 예배로(from servitude to service), 하나님의 부재에서 임재로(from absence to presence), 하나님에 관한 앎에서 섬김으로(from knowing to serving)의 틀을 갖추고 있다"라고 언급한 학자도 있다.[3] 이는 성경을 통하여 보이는 그대로 언급한 내용이지만 출애굽은 분명 이해의

---

3 박철현,『출애굽기 산책』(서울: 솔로몬, 2015), 16.

하나님에서 예배와 섬김의 하나님으로 전향하는 과정이었음에 틀림이 없다. 뿐만 아니라 들어 아는 하나님에서 느끼는 하나님과 인간에 내주 하시는 하나님으로 전향하셨다. 하지만 구속 주 예수께서 십자가 형벌을 감당하시면서 자신을 대속 제물로 드리기까지 인간은 어리석어 하나님의 동행하심을 깨닫지 못하였다. 창세기를 통하여 약속과 구원을 가르치시면서 인류에게 하나님은 상호 교감의 언약을 하셨다. '하나님 됨과 하나님의 백성 됨의 상호 언약'은 불변하지만, 인간은 어겼다. 어겼을 뿐 아니라 배신하였다. 그러면 '상호 언약'에 의해 계약은 파기되고 영원히 인간은 죄악 가운데 살면서 징벌을 자초하게 되었다. 하지만 하나님은 자기 백성의 신음을 들으시고 불쌍히 보셨다. 아무런 책임이 없는 야훼께서는 장차 인류 구원 계획을 세우시고, 그 모델로 이스라엘 백성들을 먼저 구원하시고자 하셨다. 요셉이 살리고 모세가 인도하는 이 스펙터클한 출애굽 과정은 장차 요셉보다 더 완전하신 독생자 예수 그리스도를 통하여 인류 전체를 구원하시려는 계획의 축소판이었다. 흔히 현대의 사회철학인 프랙털 구조로 이해할 수 있다. 그러므로 출애굽 사건부터는 하나님의 원대한 스케줄에 의한 40년 수련 대행진이었다. 또 출애굽 당시의 백성은 부적합으로 모두 버린 채, 새로 난 자들로만(하나님 체험 세대) 가나안에 들어가게 하는 신생의 구속사 행진이었다.

출애굽기의 히브리어 제목 쉐모트(שְׁמוֹת)는 책의 첫 문장 יִשְׂרָאֵל הַבָּאִים וְאֵלֶּה שְׁמוֹת בְּנֵי יִשְׂרָאֵל הַבָּאִים מִצְרָיְמָה אֵת יַעֲקֹב אִישׁ וּבֵיתוֹ בָּאוּ 에서 '웨 엘레 쉐모트'를 따서 붙인 것이다. '이름들'이란 뜻을 지닌 이 말은 출애굽기의 저자가 '시작이 족보에서 비롯됨'을 주목하여 지었다. 왜 족보일까? 이는 창세기와의 연속성을 강조하기 위하여 삽입한 것임에 틀림없다.

'창세기 46장 8-27절'에 등장한 족보는 이스라엘 민족의 선민의식을 보여 주기 위함이었고 선택의 우위에 있었던 아브라함의 민족적 뿌리와 존경을 담기 위함이었다. 그리고 그 뿌리가 요셉으로 이어져 가문적 전통이 애굽에서도 여전히 유효함을 나타내기 위함이었다. 그래야 출애굽이 하나님과의 계약 이행이며 약속의 실천임을 드러내는 것이고 이것이 구속사의 한 모델임을 천명하는 것이기 때문이다. 출애굽기라는 제목은 헬라의 70인 역에 의한 것이지만 출애굽기 전체를 관통하는 이름으로 썩 적절해 보이지 않는다. 왜냐하면, 출애굽기는 앞에서 살펴본 것과 같이 이스라엘 민족이 애굽에서 종살이 노역에 시달리다가 모세의 영도하에 나와 광야 생활을 통하여 하나님을 알고 체험하는 과정이었기 때문이다. 일종의 교육 내지는 연단의 의미가 큰데 이를 출애굽기로만 한정할 수 없다.

출애굽기의 전 과정을 찬찬히 살펴보면 야훼 하나님이 자신의 존재를 끊임없이 드러내고 확인시키는 장면이 수시로 등장한다. 이는 '방목 상태에서 직접 양육 상태로' 자신의 백성들을 길들이는 과정이라고 할 수 있다. 뚜렷한 한 가지 목적을 이루기 위함이었다. 하나님 자신의 구원 계획에 종 된 이스라엘 백성들이 포함되어 있다는 것이다.

> 나는 너를 애굽 땅 종 되었던 집에서 인도하여 낸 네 하나님 여호와니라 (출 20:2).

이처럼 '종 되었던 백성을 구원'하시고자 하는 하나님의 계획은 확대해서 볼 때, 죄의 종으로 살아갈 수밖에 없는 인류를 구원하시고자 하는 당위성을 보여 주기 위함이었다. 그러므로 출애굽기에는 하나님의 구원 방정식을 풀어가는 '근의 공식'과 같은 '구원의 해법 공식'이 들어있다. 그러므로 출애굽기 방식을 따라가면 답이 나오는 방정식으로 이를 구속사의 한 행위 또는 과정이라 부를 수 있다. 만약 다른 시대 다른 환경에서 이 출애굽 공식 과정을 적용하였을 때 답이 나오지 않는다면 구속사가 아니다. 그러므로 출애굽기라는 이름보다 '구속사기'(救贖史記)가 더 적합한 듯하다. '육체적인 종의 상태'는 모든 인간이 직면하는 삶에서의 '죄의 종'에 비하면 미미한 전체의 일부분에 지나지 않는다. 그러므로 하나님의 구원 계획 속에서는 더 쇼킹한 방법을 이미 수립하고 계셨다. 그래서 '창세기 3장 15절'에서 살짝 힌트를 주셨다. 계획이 결국은 하나님 자신을 인류 구원을 위해 내어 주시는 것이었고 '대속'의 가장 강렬한 본을 만드셨다. 이를 모세에게 설명한다.

> 또 이르시되 나는 네 조상의 하나님이니 아브라함의 하나님 이삭의 하나님 야곱의 하나님이니라 모세가 하나님 뵈옵기를 두려워하여 얼굴을 가리매 여호와께서 이르시되 내가 애굽에 있는 내 백성의 고통을 분명히 보고 그들이 그들의 감독자로 말미암아 부르짖음을 듣고 그 근심을 알고 내가 내려가서 그들을 애굽인의 손에서 건져내고 그들을 그 땅에서 인도하여 아름답고 광대한 땅 젖과 꿀이 흐르는 땅 곧 가나안 족속, 헷 족속, 아모리 족속, 브리스 족속, 히위 족속, 여부스 족속의 지방에 데려 가려 하노라 (출 3:6-8).

그런데 하나님은 모세를 부르실 때 "나는 네 조상의 하나님"이라고 하셨다. 이는 혈통을 말함으로 조상과의 연결성과 유관성을 인정케 하셨다. 그리고 아무런 설명도 없이 창세기의 족장과 맺은 '약속'을 꺼내셨다(출 2:24-25, 3:7, 3:10). 하나님은 이를 근거로 히브리 백성들을 '나의 백성'이라고 브르시며 그들을 가나안 땅으로 인도할 것임을 선포하셨다. 이로써 창세기의 족장 신앙과 출애굽 신앙의 연결고리가 확보된 셈이다.[4] 종 된 히

---

4 김회권, 위의 책, 208.

브리 백성을 압제에서 이끌어야 할 이유가 믿음의 족장들과의 약속, 계약 때문임이 드러난 것이다. 우리나라의 독립은 원래 내 나라의 주권을 되찾기 위한 것이 목적이지만, 이스라엘은 하나님과의 약속(계약) 성취가 목적이었다. 이 계약이 구두에 의한 것이지만 하나님의 원칙이 있고 영원한 약속이었기에 스스로 존재한 하나님의 신적 우위와 절대성이 성취되는 한 모습이었다. 애굽에서의 약 430년은 전 시간을 두고 종 되었던 이스라엘 민족의 시간이 아니었다. 요셉이 죽고 난 후 그를 알지 못하는 왕이 나타난 후부터 종의 신분으로 전락된 것이다. 앞 장에서 요셉과 예수그리스도를 비교 검토한 바 있다. 요셉이 출애굽기를 통하여 장차 오실 메시아 예수 그리스도를 예표 한다고 하였을 때, 예수와 함께할 땐 자유자였다가 예수가 없는 상태에서는 우리가 죄의 종일 수밖에 없다는 사실을 현실적으로 보여 주었다. 성경에 나타난 구속사의 공식에 적용되어 답(근)을 얻게 되는 이 일련의 방정식은 하나님만이 설계해 놓으신 하나님 나라의 위대한 청사진이었다. 이를 '구속사'라고 한다.

구속의 전 과정이 하나님의 직접 통치하심에 있었음을 알 수 있는 대목이 있다. "내가 그 부르짖음을 듣고 그 근심을 알고 내가 내려가서"(출 3:7-8)라는 말씀이다. 모세의 지팡이를 두고 하나님은 때론 '내 지팡이', 때론 '너의 지팡이'라고 하신 이유가 드러난다. 하나님의 백성 이스라엘 민족을 인도하여 약속의 땅으로, 이미 다른 민족이 살고 있음에도, 직접 내려와 이끄신 것은 출애굽기 내내 확인이 가능하며 '구원의 약속에서 구속의 현장으로' 오셔서 직접 다스리셨음을 알 수 있게 한다. 이는 예삿일이 아니다. 창세기의 조상들에게도 하나님은 직접 내려와 가르치시고 지시하시고 인도하지 않으셨다. 말씀으로 요구하셨다. 이는 무엇을 의미하는 것인가, 출애굽기에서는 귀로 들었던 그들의 신 야훼 하나님이 믿음의 현장에 오셨음을 보여 주신 것이며 눈으로 확인시킨 역사의 증거 현장 모델하우스였다.

(3) 출애굽기의 텍스트와 컨텍스트 읽기

구원의 하나님이 출애굽기를 통하여 어떻게 내려오셔서 구속사 속에 역사(役事) 하시고 우리 가운데 거하셨던가를 이해하였다. 출애굽기가 가진 역사성을 이해하기에 앞서, 이스라엘 민족에게 야훼 하나님은 어떤 하나님이며 왜 히브리 노예들의 종 된 상태를 이해하셨고 어떻게 인도하게 되셨나 하는 것을 대략 살펴보았다. 이제 히브리 노예들 곧 애굽의 종 되었던 이스라엘 민족을 하나님께서 모세를 통하여 직접 인도하시고 이끄셔서 약속의 땅 가나안으로 정착하게 만드신 새로운 역사를 좀 색다른 접근으로 살펴보고자 한다. 필자는 대학에서 인문학을 가르쳤다. 인문학(humanities)이란 자연과학(natural science)의 상대적 개념으로 주로 인간과 관련된 근원적인 문제나 사상 문화 역사 등을 중점적으로 연구하는 학문을 일컫는다. 한마디로 사람이 살아가는 데 필요한 본질이나 삶의 이치를 깨닫도록 살피는 학문이다. 그런 가운데 종교[5]는, 신과의 관계로 인류 문명과 함께 시작된, 인문학 가운데 인간의 정신사를 지배한 중요한 핵심이었다. 그런데 신약 시대가 하나님으로 인간 세상에 오신 예수그리스도를 통하여 신의 뜻을 전달받았던 시대라고 한다면 구약 시대는 계시나 선지자를 통하여 전달받았고 경험한 시대였다고 할 수 있다.

텍스트로서의 출애굽기는 대단히 웅장하면서도 영웅적 색채가 강한 스펙터클 하고 서스펜틱 한 영화 같은 느낌을 주는 책이다. 그런데 시나리

---

5 종교의 사전적 정의는 신을 숭배하여 삶의 목적을 찾는 일로써 무한 절대의 초인간적인 신을 숭배하고 신성하게 여겨 선악을 권계하고 행복을 얻고자 하는 일이라고 정의하였다. 그리고 인간의 정신문화 양식의 하나로 인간의 여러 가지 문제 중에서도 가장 기본적인 것에 관하여 경험을 초월한 존재나 원리와 연결지어 의미를 부여하고 또 그 무한한 힘을 빌려 해결이 불가능 한 인간의 제 문제를 해결하려는 행위이다(지식 백과 사전).

오의 구성과 감독을 여호와 신이 직접 하셨다면 이는 이야기가 달라진다. 즉 인문학으로 접근하기가 벅차다. 하지만 신을 찾은 것도 인간이요, 신을 만난 이도 인간이요 신의 능력을 체험한 이도 인간이기에 성서의 인문학적인 접근도 필요하다고 생각한다.

텍스트로서의 출애굽기는 모세에 의한 기록이라지만 야훼 하나님에 대한 신앙과 역사 사실(史實)을 구분 지어 생각하기가 어렵다. 그래서 우리는 컨텍스트의 구조를 이해하고자 하였고 단순히 영웅들을 향한 시선이 아니라 한 사람 개개인에 대한 존엄성의 관점으로 이해할 필요가 있다고 본다. 성경은 영웅 서사시인 호머의 일리아드나 오디세이아와는 다르다. 성경 속에 등장하는 다수의 무리들 사이로 들어가 그들과 대화하며 그들의 생각을 이해해 볼 필요가 있다. 인문학으로 성경을 읽는다는 것은 인문학적 소양과 지식을 필요로 하는 성경 읽기가 아니라 성경 속에서 우리와 비슷하게 살아가는 사람들과의 대화를 통하여 우리의 현실을 돌아보는 성경 읽기를 말한다. 다시 말하면 '수용보다 적용'이 필요한 것이다.

흔히 우스개로 "조선 시대는 멀고, 로마 시대는 가깝다"라고 말하는 이도 있다.[6] 즉 지금으로부터 500여 년 전 조선 초 '계유정난'(癸酉靖難)을 배경으로 하는 "공주의 남자"라는 사극을 제작하려고 하면 역사학자의 조언과 사료를 살피고 나름, 고증하고 답사를 거쳐야 한다. 그래야 드라마를 보는 재미가 있다. 그런데 2,000여 년 전 로마 시대를 배경으로 하는 기독교 영화 "사도 바울의 일대기"를 만들 때는 별 고민 없이 성경을 차용하게 된다. 텍스트가 진리라고 믿기 때문에 컨텍스트의 분석은 별 의미가 없어진다. 성경이 처음 기록될 때(사본)도 구전을 문맥으로 기록한 두루마

6　이어령, "메멘토모리" 강연 중, 2021.

리였고, 단지 장, 절은 후대에 추가되었다.[7] 성경에서 문맥을 간과한다면 무엇이 남을까 인물과 교훈만 남을 수밖에 없다. 결국, 출애굽기도 모세나 여호수아 갈렙의 영웅적인 이야기 또는 순종과 불순종의 결과만 남는다. 그런데 교훈을 이끄는 야훼 하나님은 역사(歷史)를 언급하시고 후손으로 기념하게 하신다. 치밀하게 설계된 구원 예정의 고리를 펼쳐놓으셨다. 단편적인 장 절로는 이해하기 어려운 신의 뜻이 담겨 있는 것이다. 텍스트와 컨텍스트가 따로 놀거나 상반되어서도 안 된다. 현재의 우리가 하나님의 뜻을 이해하기 위해서는 모세가 되기보다 모세를 따르는 출애굽 민중이 되어보는 것이 빠를 수 있다. 그래야 야훼 하나님이 얼마나 위대한 신인가를 알 수 있기 때문이다.

이해할 수 없는 것 중 하나는 출애굽을 통하여 야훼 하나님께서 그렇게 존재의 위엄과 힘을 보였건만 이스라엘 백성들은 조금만 욕구불만이 생겨도 하나님을 거역하였다. 그리고 하나님이 가장 싫어하는 짓을 서슴지 않았다. 이를 통해 추측할 수 있는 사실은 출애굽이 하나님의 기획이며 모세의 영도하에 단행된 민족이동이라고 하지만 백성들이 전적으로 찬성하여 자발적으로 이루어진 일이 아님을 알 수 있다. 만약 그들이 하나님을 알고 어떤 신인가를 알았더라면 그렇게 허무하게 배신하거나 모세의 부재 시 황금 황소 신을 만들지 않았을 것이다. 그들에게 야훼는 만신

---

[7] 처음 성경이 기록되었을 때 즉 초기 사본에는 장, 절 구분이 없었다. 심지어 바울도 구약을 인용할 때 '이사야 서에' 이런 식으로 했다. 데단히 불편한 인용이었다. 차츰 성경을 읽는 학자들이 다르게 장을 구분하여 혼란이 생겼다. 이에 1228년 교수로서 나중 영국 켄터베리 대주교가 된 스티븐 랭턴이라는(Stephen Langton) 학자에 의해 최초로 공통된 장이 구분되었다. 300년 뒤인 16세기 중반에 프랑스 인쇄업자 겸 학자인 로베르 에스티엔에 의해 성경을 훨씬 더 쉽게 찾고 공부할 수 있도록 비로소 절이 구분하여 통일시켰습니다. 이때가 1553년이었습니다. 심지어 현대 성경은 제목까지 출판사에서 붙여 놓았다(필자 주). 박양규, 『인문학은 성경을 어떻게 만나는가』(서울: 샘솟는 기쁨, 2021), 39

전에 있는 다른 여느 신들 가운데 한 종류라고 생각했는지 모른다. 그들에게 야훼 하나님을 알게 하는 데는 40년의 세월이 필요하였다. 그러므로 이들 이스라엘 백성들을 이해하기 위해서는 성경의 텍스트가 아닌 컨텍스트 읽기가 필요하다. 텍스트에서는 '순종'이 요구되었다면 컨텍스트에서는 '선택'이 어떻게 이루어지고 있는가를 이해할 필요가 있다.

역사에 대한 정의 가운데 에드워드 할렛 카(E. H. Carr)[8]의 정의는 일반인들에게도 가장 친근하다. 역사란 역사가와 역사 사실 사이의 상호작용이라고 정의한다. 역사 사실은 역사가에 의하여 생명력을 부여받게 되는데 텍스트로서의 성경은 역사가가 아닌 설교자에 의하여 매우 다양하게 의미가 부여되고 이를 신의 뜻으로 청중에게 인식시키고자 하는 경향이었다. 하지만 적어도 역사가의 안목으로 컨텍스트를 분석하고 성경 시대와 오늘날의 우리가 대화할 수 있는 준비를 해야 할 필요가 있다고 보았다. 그래야 교훈을 얻을 수 있다고 생각한다. 출애굽기를 통하여, 우리가 교훈을 얻는 것은 모세의 행동보다 그를 따르는 백성들의 행동거지에서 더 큰 교훈을 얻는다. 역사도 성경도 현재를 사는 우리들이 사실(史實)을 통하여 교훈을 얻고자 하는 것이 읽기와 듣기의 목적이다. 전자는 삶의 지혜라고 말하며 후자는 우리가 믿는 신이 주시는 지혜 내지는 은혜가 된다. 신앙의 목적과 방법도 여기에 기인해야 하지 않을까. 이는 과거를 넘어 현재로, 현재를 넘어 미래로 나아가는 지혜이기도 하다.

우리가 주목해야 할 대상들은 영웅이 아니라 그들 주변에 있었던 '아무개'들이다.

8　Carr(1892-1982)는 영국 케임브리지대학 역사학 교수로 그의 명저 『What is History』는 1961년 1월부터 3월까지 케임브리지대학 강단에서 강연한 내용으로 그의 사후 발표되었다. "역사란 과거와 현재와의 끊임없는 대화"라고 규정한 정의는 역사학의 가장 명쾌한 답으로 인용되고 있다.

그들은 정말 우리처럼 선택을 고민했다. 아브라함 주변의 아무개는 '이주'를 고민했고 노아 주변의 아무개는 '이직'을 고민했다. 왜 그들은 그런 선택을 했는지 대화해 본다면 우리가 직면한 문제에 대해서도 중요한 지침이 무엇이며, 인생의 본질이 무엇인지 이야기해 줄 수 있을 것이다.[9]

컨텍스트 읽기를 고민한 흔적이 역력한 모습이다. 그리고 '무명의 인물'을 통하여 성경 시대를 이해하고자 하였던 모습이 공감된다. 우리가 교훈을 얻는 부분은 역시 영웅보다 무명의 인물인 듯하다. 왜냐하면, 그들을 통하여 현재를 보고 그들을 통하여 미래를 살아갈 용기나 지혜를 얻기 때문이다. 더구나 현재는 순종과 선택이 동격처럼 쓰이고 있기 때문에 더욱 그렇다.

또 어려서부터 성경을 알았나니 성경은 능히 너로 하여금 그리스도 예수 안에 있는 믿음으로 말미암아 구원에 이르는 지혜가 있게 하느니라 모든 성경은 하나님의 감동으로 된 것으로 교훈과 책망과 바르게 함과 의로 교육하기에 유익하니 이는 하나님의 사람으로 온전하게 하며 모든 선한 일을 행할 능력을 갖추게 하려 함이니라(딤후 3:15-17).

바울에 의한 텍스트로서의 성경이 컨텍스트와의 접점 또는 상호 관련성을 이처럼 적절히 언급한 기록은 없다. 믿음의 목적이 구원에 있고 구원에 이르는 지혜를 얻기 위해서는 하나님의 영감에 의해 기록된 책 속에 있는 교훈적 요소를 인간 삶의 방식으로 얻어야 한다는 것이다. "교훈과 책망과 바르게 함과 의로 교육하기에 유익한" 그 무엇을 인간 생활에 접

---

9   박양규, 『인문학은 성경을 어떻게 만나는가』(서울: 샘솟는 기쁨, 2021), 41

목시켜야 하는 것이다. 그래야 신의 백성으로 또 인간으로 선한 일을 행할 능력을 갖출 수 있기 때문이다. 할렛 카보다 2,000여 년 전에 살았던 바울은 역사의 의미를 할렛 카와 아주 유사하게 정의하고 있다. 그리고 성경의 컨텍스트 읽기를 제대로 언급하였다.

성경은 하나님의 감동(영감)으로 기록되었다고 말한다. 그러므로 텍스트로서 성경은 하나님의 뜻을 분별하는 기준이 된다. 성경을 컨텍스트와 연관 지어 이해하기 위해서는 해석과 판단이 중요하다. 텍스트에 국한하여 문자 그대로 해석하거나 이해한다면 컨텍스트와의 괴리가 생길 수밖에 없다. 사람으로 온전하게 되며 선한 일을 할 수 있게 하려면 '교훈'을 제대로 파악할 수 있어야 한다. 출애굽기도 마찬가지다. 다시 언급하지만, 교훈은 모세를 통해서라기보다 그가 이끈 히브리 노예인 이스라엘 백성들에게서 더 실감 나게 배울 수 있다. 이것이 역사의 의미며 역사의 현장이기도 하다.

2) 새로운 역사 이해

(1) 하나님은 왜 그러셨을까?

출애굽기 전 과정은 하나님이 기획하시고 계획하신 바대로 이끄신 구속사의 과정임을 이미 살펴보았다. 그러나 출애굽기 내용을 인간적으로 살펴볼 때 이해하지 못할 부분이 한, 두 가지가 아니다. 하나님의 방식을 인간이 어떻게 다 이해할 수 있겠냐만 하나님의 이끄심 자체보다 방식을 이해하지 못할 때가 있다는 말이다. 가령 출애굽을 위하여 하나님 자신의 힘을 바로에게 보여 줄 때(파라오와 밀당할 때) 열 가지 재앙을 보여 주었고 마지막엔 장자 재앙으로 마무리하였다. 결국, 장자 재앙에서 바로는 비로소 항복하였지만, 하나님은 왜 굳이 10가지의 재앙을 시험하듯이(자랑하듯이 더 맞는 것 같다) 보였을까. 처음부터 곧바로 장자 재앙을 실시하여 바로를 굴복시켰다면 좀 더 빨리 출애굽 하지 않았을까. 야훼 하나님이시라면 좀 더 쉬운 방법으로 출애굽이 가능하였을 텐데, 굳이 열 가지 재앙을 다 보여 주어야 했을까. 가령 아홉째 재앙인 흑암을 예로 들면 초자연적인 흑암이 애굽 땅에 임하였을 때 어둠이 너무 짙어 애굽인들은 집 밖으로 나올 엄두도 내지 못하였다. 하지만 재앙이 애굽인 집에만 임하였고 이스라엘 백성들은 완전 빛의 특권을 누리고 있었으므로 애굽을 걸어서 나올 수 있었을 텐데 왜 나오지 않았을까. 사흘 흑암이라면 처음 바로에게 제사를 위하여 광야로 나가 사흘간의 말미를 달라던 때의(출 5:3) 시간과 다를 바 없었다. 재물까지 챙겨 나올 수 있는 시간이었음에도 움직이지 않았다. 우주와 만물의 주권자이시면서도 "내 백성을 놓아주어라!"라고 명령하듯이 하지 않으셨다. 왜 그랬을까?

그 후에 모세와 아론이 바로에게 가서 이르되 이스라엘의 하나님 여호와께서 이렇게 말씀하시기를 내 백성을 보내라. 그러면 그들이 광애에서 내 앞에 절기를 지킬 것이니라 하셨나이다. 바로가 이르되 여호와가 누구이기에 내가 그의 목소리를 듣고 이스라엘을 보내겠느냐 나는 여호와를 알지 못하니 이스라엘을 보내지 아니하리라 그들이 이르되 히브리인의 하나님이 우리에게 나타나셨은즉 우리가 광야로 사흘 길쯤 가서 우리 하나님 여호와께 제사를 드리려 하오니 가도록 허락하소서 여호와께서 전염병이나 칼로 우리를 치실까 두려워하나이다(출 5:1-3).

하나님께서 우리가 말하는 의문, 혹은 인간적인 생각을 뛰어넘는 분이시라는 사실을 위의 본문을 통하여 파악할 수 있다. 즉 '하나님의 속성'을 어느 정도 짐작할 수 있게 한다. 우선 하나님은 이스라엘 민족만의 하나님이 아니라는 사실이다. 만약 이스라엘만 민족만의 하나님이시라면 굳이 바로를 설득하실 필요가 없다. 하나님은 만신전의 다른 잡신과 함께 계시는 신이 아니시다. 창세기를 통해 아담부터 노아, 아브라함에게 보이시고 나타나신 야훼 하나님은 우주의 주권자로서 파라오에게도 자신의 존재를 가르칠 필요가 있다고 보았다. 분명 모세는 바로에게 사정하듯 사흘을 부탁하고 있다. 왜냐하면, 전달사항이기에 지키고 안 지키고는 자신의 소관이 아니라고 생각했기 때문이다. 그리고 성경의 본문은 간접화법으로 모세의 입을 빌려 하나님이 바로에게 마치 대등 관계로 부탁하는 형식이다. 명령이 아닌 부탁의 화법을 사용하신 이유가 무엇일까?[10] 차츰 의문을 풀어가겠지만, 하나님의 뜻은 왜라는 질문과 역사 거꾸로 읽기에서 의외의 답을 얻을 수가 있다. 필자의 의도이기도 하다.

출애굽기 5장 1-2절의 화법과 3절의 화법은 다르다.

> 그 후에 모세와 아론이 바로에게 가서 이르되 이스라엘의 하나님 여호와께서 이렇게 말씀하시기를 내 백성을 보내라 그러면 그들이 광야에서 내 앞에 절기를 지킬 것이니라 하셨나이다 바로가 이르되 여호와가 누구이기에 내가 그의 목소리를 듣고 이스라엘을 보내겠느냐 나는 여호와를 알지 못하니 이스라엘을 보내지 아니하리라 그들이 이르되 히브리인의 하나님이 우리에게 나타나셨은즉 우리가 광야로 사흘 길쯤 가서 우리 하나님 여호와께 제사를 드리려 하오니 가도록 허락하소서 여호와께서 전염

---

10 세실 B. 데밀 감독의 <십계>나 스티븐 스필버그 감독의 <이집트 왕자>에서는 일단 명령조의 대화를 나눈다. "내 백성을 보내라" "내 백성을 놓아주어 가나안으로 돌아가게 하라!" 결코 "가도록 허락하소서"나 "사흘 길쯤 가서 여호와께 제사를 드리려 하오니"와 같은 사정조로 대사를 다루지 않았다. 전형적인 콘텍스트로 성경 읽기를 한 모습이다.

병이나 칼로 우리를 치실까 두려워하나이다(출 5:1-3).

1절에서 모세와 아론은 "여호와께서 이렇게 말씀하시기를"이라며 전령의 간접화법으로 전달하였고 3절에서는 그들의 생각이 직접화법으로 기록되었다. "모세와 아론이 이르되 우리가 광야로 사흘 길쯤 가서 우리 하나님 여호와께 제사를 드리려 하오니 가도록 허락하소서 여호와께서 전염병이나 칼로 우리를 치실까 두려워하나이다" 여기에는 하나님을 대하는 파라오와 모세, 아론의 태도가 확연히 다름을 알 수 있다. 하나님을 모르는 파라오(바로)는 한 마디로 "웃기는 소리 하지 말아라, 여호와가 누군데?"라는 투와 모세와 아론은 "그분 말씀을 안 들으면 우린 죽습니다"라고 절실함을 표하는 어투다. 여기서도 하나님을 이해할 수 있는 단서가 있다. 모세와 아론은 마치 대단히 무서운 상관을 둔 부하가 "만약 그분이 시키시는 대로 안 했다간 우린 다 죽어요. 그것도 치명적인 살상 무기 전염병이나 칼로 인해서 인해서요" 하는 분위기다. 그런데 그분의 무서움을 모르는 상대 바로는 "그분이 누군데 뭐 어쩌라고!" 하는 식이다. 이때 그분이 정말 세상 모든 사람이 무서워할 만한 두렵고 위대한 분이라면 그를 모른다는 이웃 바로를 어떻게 대할까. 여기에 그분의 위대성과 우주 주권자로서의 탁월성이 드러난다. 반전이 숨어 있다.

다시 본문으로 돌아와 말씀을 살펴볼 때 '왜 모세가 사흘간의 휴가를 간청해야 했는가'보다 '왜 모세가 간청하는 입장에 서야 했는가'가 더 근본적인 문제가 된다. 그래야 찾고자 하는 하나님의 속성을 이해할 수 있다. 모세와 바로의 협상 줄타기는 계속된다. 아니 하나님과 바로의 협상은 계속된다. 출애굽 이전의 이런 협상은 넷째 재앙인 파리 재앙 이후에 다시 한번 상대의 의중을 파악할 수 있게 한다. 역시 테이블 위에 놓인 의제는 '제사'이다. 출애굽 이전에 모세가 요구한 광야에서 하나님께 제사드릴 수 있도록 사흘의 말미를 달라는 바로 그 '제사'이다. 하지만 모세와 바로가 생각한 제사의 의미는 사뭇 달라 협상이 잘 진행되지 못했다. 광야 사흘 길 제사의 목적을 모세는 '하나님 백성으로의 정체성 확립과 민족의 단결'이라는 가치에 두었다면, 바로가 볼 때 제사는 핑계이고 '도망'이 목적일 것으로 생각하였다. 그 내용이 출애굽기 8장 25절 이하에 나온다. 네 가지의 다양한 재앙(핏물, 개구리, 이, 파리) 사례를 맛본 바로는 1차 모세의 사흘 길 제사 요구를 떠올렸고, 양보해서 허락한다는 것이 그냥 "애굽 안에서 제사드리라"는 것이었다. 그리고 현격한 문화 차이로 인하여 협상은 결렬될 위기에 놓였다. 야훼 하나님에게는 피의 희생 제물을 드리는 속죄제가 필요한 이유를 바로는 이해하지 못하였다. 결국, 타협안이라는 것이 광야에서 제사를 드리되 너무 멀리 가지 않는 선에서 드리고 "너희의 신 야훼께 바로도 좀 잘 봐 달라고 빌어달라"는 선에서 윈·윈(win win) 하자는 것이었다.

> 바로가 이르되 내가 너희를 보내리니 너희가 너희 하나님 여호와께 광야에서 제사를 드릴 것이나 너무 멀리 가지는 말라 그런즉 너희는 나를 위하여 간구하라(출 8:28).

간구는 물론 당장 파리 떼를 없애서 우리 백성들과 나의 불편함을 해소해 달라는 것이겠지만 이 장면만 놓고 본다면 마치 '그리스·로마 신화'를 보는 듯하다. 계속해서 드는 의문은 왜 이런 협상의 방법으로 바로를 설득하려 하는지, 또 하나님의 방법이 통할 때까지 계속하면서 바로의 마음을 점점 더 완악하게 하셨는지 쉽게 이해하기가 어렵다. 바로가 완악(頑惡) 하여진 것은 바로 스스로의 감정 표현이 아니었다. 열 번의 재앙 모두에 대하여 하나님이 내리시고, 바로가 굴복하여 또 없게 하시고를 반복하면서, 바로 스스로 짜증 내고 완악하여진 것이 아니었다. 대부분의 완악함을 하나님이 수단으로 만드셨다. 즉 자동사가 아니라 타동사로 표현되었다. "하나님이 바로의 마음을 완악하게 하사" 아니 왜 하나님이 바로의 마음을 완악하게 만드셨을까? 그런데 히브리 성서의 원어는 분명 '완악하여'가 아니라 '완고하여'로 기록되어 있다. 심경 또는 성격을 전달하는 단어의 선택으로는 '완고하여'로 표현하는 것이 훨씬 자연스럽다.[11] 당시의 상황을 표로 만들어 보면 다음과 같다. 그리고 '완고하게 하여'가 아니라 '완고하여'라는 자동사로 서술되어 있다.

<표 3-1> 재앙의 종류와 바로의 행동, 처리 후 심리 변화 추이

순서	재앙의 종류	바로의 행동(약속)	바로의 심리 변화
1	모든 물이 피로 변함	관심을 가지지 아니함	마음이 완악하여짐
2	개구리가 온 천지에 범람	내가 이 백성을 보내리니	마음을 완악하게 함
3	온 땅의 티끌이 이가 됨	너흰 광야로 가서 제사 드리라	마음이 완악하게 됨
4	파리로 땅이 황폐하게 됨	너무 멀리 가지 말고 제사하라	마음을 완악하게 함
5	애굽의 모든 가축의 죽음	약속 안 함	마음이 완악하여짐
6	사람, 짐승 악성 종기	약속 안 함	마음을 완악하게 함
7	벼락, 우박내려 피해막심	내가 너희를 보내리니	마음을 완악하게 함
8	메뚜기가 온 땅을 덮음	장정만 가서 여호와를 섬기라	마음을 완악하게 함
9	흑암이 애굽땅과 가정에	가축은 두고 사람만 가 섬기라	마음을 완악하게 함
10	모든 처음 난 것 죽음	너희 온 백성과 가축은 나가라	마음을 완악하게 함

성경이 잘못 번역된 것이 아니라면 야훼께서 바로의 마음을 완악하게 한 것이 일곱 번, 스스로 완악하여진 것이 세 번이다. 도대체 왜 하나님은 바로의 마음을 완악하게 하셨을까? "병 주고 약 주나?"와 같은 생각을 안 할 수가 없다. 심지어 "여호와께서 모세에게 이르시기를 바로가 너희의 말

---

11 이 부분을 성서 번역의 오류로 인정하고 대한성서공회의 개역 개정판도 수정하고 있다. '완악하여'를 '완강하여'로 번역하였다.
   대한성서공회 편,『개역 개정판 성경전서』, 2005, 4판.

을 듣지 아니하리라 그러므로 내가 애굽 땅에서 나의 기적을 더하리라 하셨고”(출 11:9) 이처럼 하나님은 장자 죽음 재앙 계획 이후에도 기적을 더 보여 주겠다고 하셨다. 무엇 때문인가? 하나님은 출애굽 게임을 즐기시나? 신과 인간의 끊임없는 사랑과 전쟁이 난무하는 ‘그리스· 로마 신화’와 다를 바 없다. 그런데 확실하게 언급된 사실은 애굽인 요술사나 관리 신하들에 의하여 “너희 하나님은 권능이 있다”는 고백과 이스라엘 백성에게 무교절보다 유월절 규례가 더 중요하게 인지되었다는 사실이며 ‘하나님의 창조와 안식일 개념이 기억에서 체험으로 정착’되었음을 말해주고 있다.

조상의 유전으로 내려오던 무교절이 ‘죽음에서 삶으로 승화하는 체험적 교훈’으로 바뀌게 된 것이 출애굽기와 열 가지 재앙이 가지는 구속사의 의미로 인식된다. 재앙 교훈을 통하여 지니게 되는 다양한 교훈은 Ⅲ장을 통하여 구체적으로 탐구해 볼 예정이다. 하지만 분명한 것은 인간, 파라오 스스로 이스라엘 민족의 하나님 야훼의 탁월하심과 위대하심을 깨닫게 하셨다는 사실이다. 이 또한 하나님의 속성 중 하나임을 부인할 수 없다. 그분은 ‘스스로 존재하는 분’이시지만 또한 피조 인간이 스스로 하나님의 위대하심과 높으심과 깊으심을 깨닫기를 기다리시는 분이시기도 하다. 극적인 상황, 인간으로서는 감당할 수 없는 위기의 상황에서 하나님의 존재는 빛을 발하신다. 이는 애굽의 요술사도 증언하였다(출 8:19).

출애굽 역사 전부를 통틀어 한 가지 원칙을 발견하게 된다.

우선, 이스라엘 백성들은 모세의 영도 하에, 바로가 가도 좋다고 말할 때까지 결코 애굽을 벗어나지 않는다는 원칙이다. 하나님은 마음만 먹으면 일거에 일시에 이스라엘 백성들을 떠나게 할 수 있는 만유의 주재이시지만 이 원칙을 깨뜨리지 않으신다. 야훼에게 왜 파라오의 동의가 필요했을까? 앞에서 이미 살펴보았지만, 이는 미스터리다. 하지만 여기엔 반전이 숨어 있다. 마치 역사의 이면에서 보는 숨겨진 진실이기도 하다. 하나님이 사흘간의 휴가를 요청한 것도 바로의 동의를 얻기 위한 일종의 교란 전술이었다. 하나님은 바로의 동의를 위해 그렇게까지 해야만 했을까? 하나님의 의도, 내지 목표는 무엇이었을까? 하나님의 의도는 단순한 이스라엘의 해방을 넘어 더 큰 무엇인가를 이루려고 하셨다.

하나님의 의도를 알기 위해 역사 연구 방법을 도입해 보자. 열 가지 재앙과 바로의 행동 패턴에는 공통된 하나의 공식이 작용한다. (재앙→모세 소환→고통 해결 요청→모세의 해방 요구→동의→재앙 소멸→해방 약속 번복)이란 공식이다.[12] 그런데 공식이 반복되면서 패턴이 조금씩 변형되어가고 있다는 사실을 발견하기는 어렵지 않다. 앞의 <표 2-3>에서 살펴본 바와 같이 바로가 자신의 마음을 스스로 바꾸는 것이 아니라 하나님이 개입해서 바로의 마음을 변화시켜 가신다. 왜일까? 이는 수많은 신학자 사이에서도 논쟁거리인데 그만큼 하나님의 뜻을 헤아리기가 쉽지 않다는 뜻이다. 그런데 행동 패턴이 조금씩 변화되어 가는 것이라면 이런 추리가 가능해진다. 즉 하나님은 부모님의 마음으로 바로가 스스로 깨닫게 되기를 가르치고자 한다는 것이다. 그리고 이를 통해 부모님(하나님)이 얼마나 훌륭한 분이신가를 체험케 하신다는 것, 부모의 입장으로 생각해 본다면 어느 정도 수긍이 간다.

(2) 바로는 왜 그랬을까?

그러면 '애굽 왕 바로의 행동 패턴을 역사학적 왜?'라는 공식에 대입시켜 보자. 출애굽 이야기에서 바로의 행동을 잘 분석하면 상당히 중요한

---

12 이 공식은 열 가지 재앙을 통하여 거의 같은 패턴으로 반복되고 있다. 그러나 자세히 보면 아주 조금씩 패턴의 차이가 있음을 알 수 있다. 가령, 1, 3, 5 재앙 때는 바로 스스로 완악하여졌을 때이고, 1, 2, 3 재앙 때는 애굽의 요술사가 같이 등장한다.

의미를 발견하게 된다. 이는 이른바 역사적 자료 즉 사료(史料)가 되는데 율법서뿐 아니라 고대 근동의 미드라쉬 지도자들도 출애굽 거래(게임이라고 보아도 된다)에서 바로가 보인 행동을 이상하게 생각하고 있다.

> 여호와께서 모세에게 이르시기를 내가 이제 한 가지 재앙을 바로와 애굽에 내린 후에야 그가 너희를 여기서 내보내리라 그가 너희를 내보낼 때에는 여기서 반드시 다 쫓아내리니 백성에게 말하여 사람들에게 각기 이웃들에게 은금 패물을 구하게 하라 하시더니…(중략). 모세가 바로에게 이르되 여호와께서 이같이 말씀하시기를 밤중에 내가 애굽 가운데로 들어가리니 애굽 땅에 있는 모든 처음 난 것은 왕위에 앉아 있는 바로의 장자로부터 맷돌 뒤에 있는 몸종의 장자와 모든 가축의 처음 난 것까지 죽으리니(출 11:1-4).

열 가지 재앙의 코스웍(coursework)이 하나님의 직접적인 기획임을 보여주는 분명한 말씀이 이 부분이다.

> 내가 이제 한 가지 재앙을 바로와 애굽에 내린 후에야 그가 너희를 여기서 내보내리라(출 11:1).

한 가지 재앙이란 처음 난 것의 죽음인데 그가(바로) 히브리 백성들을 반드시 다 쫓아내리라고 명확히 하신다. 그리고 그대로 이루어졌다. 그런데 모세 곧 하나님의 말씀은 그 시점을 "밤중에"라고 다소 애매하게 표현하였다. 밤중이라면 언제부터 언제까지를 말하는 것인가? 그리고 실제로 예언이 이루어진 시간도 '밤중에'(출 12:29) 일어났다고 기록되어 있다

(개역개정).[13] 그러나 1611년에 발행된 King James version 영어 성경에는 다소 다르게 기록되어 있다. "And Moses said, Thus saith the Lord, About midnight will I go out into the midst of Egypt:" 'About midnight'(11:4)라면 우리말로 '심야쯤에' 또는 '대략 한밤중'이 된다. 만약 히브리 원문이 이에 더 가깝다면 앞서 언급한 것처럼 출애굽 과정은 하나님과 이집트 파라오(바로)의 밀당임에 틀림없고 출애굽 거래(게임)로 보는 것이 정확하다. 그러므로 하나님의 입장(모세를 통한)만을 파악할 것이 아니라 바로의 입장도 면밀히 살펴보는 것이 역사적 연구 방법이라고 할 수 있다. 왜 하나님은 '대략 한밤중'이라고 했을까?

ㅇ 부분의 히브리 원문 성경과 번역본은 다음과 같다.

> 모쉐가 말하였다. "이렇게 야훼께서 말씀하셨습니다. '한밤중에' 내가 미쯔라임 가운데로 나가리니 미쯔라임 땅의 모든 맏아들, 곧 왕의 보좌에 앉은 파르오의 맏아들로부터 맷돌 뒤에 있는 여종의 맏아들까지와 모든 가축의 처음 난 것이 죽을 것이다"(이름들 11:4-5).

"밤중에"가 히브리어 성경에는 분명 '한밤중에' 대략 자정에라고 기록되어 있다. 시점을 한글 번역보다 훨씬 명확하게 잡는다. '밤중에'는 시간의 폭이 넓고 너무 두루뭉술한 감이 있다. '카하쪼트 하라옐라'(한밤중에), 이게 무슨 말인가? 두 가지 의문이 바로 생긴다.

첫째, 왜 하나님은 "한밤중에" 또는 "대략 자정에"라고 다소 애매모호하게 말씀하셨을까? 하나님의 속성은 분명하고 확실한 분이신데 왜 그랬

---

13 현재 필자가 보유 중인 모든 성경(1938년 죠선경성 성셔공회 발행 성경 이후 모든 우리말 성경에는 '밤중에'라고 번역되어 있다. 하지만 영어 성경에는 다 About midnight로 기록되어 있다.

을까? 둘째, 왜 한글 성경에는 이 부분을 그냥 밤중이라고 번역했을까?

이에 대한 해석과 풀이 과정이 이 책을 쓰는 이유가 될 수 있고 출애굽기의 주제를 제대로 파악할 수 있게 한다고 생각한다. 물론 모세의 입을 통해 말씀하신 것이지만 하나님은 재앙이 언제 내릴지 정확히 알고 계신다. 그 일을 주관하시는 분이시니 모를 리 없다. 재앙이 일어날지 안 일어날지 모르시는 분이 아니다. 그러므로 하나님답게 "재앙이 자정에 일어날 것이다"라고 하면 되지 않는가. 출애굽기 12장 29절에도 "밤중에 여호와께서 애굽 땅에서 모든 처음 난 것 곧 왕위에 앉은 바로의 장자로부터 옥에 갇힌 사람의 장자까지와 가축의 처음 난 것을 다 치시매"라고 기술되어 있다. 그런데 히브리어 원어 성경에는 "그리고 그 일이 자정에 발생했다. 하나님이 이집트 땅의 모든 처음 난 것을 치셨다." "바예히 바하찌 하라엘라 바도나이", 즉 그리고 그 일이 자정에 발생하였다고 되어 있다. "대략 자정에(한밤중에)"는 "자정에"로 더 명확하게 기록 사실화되었다. 이렇게 되면 더 큰 의문이 드는데, 이렇게 명확하게 이루어질 일을 왜 모세의 입을 빌려 재앙 발생 시점을 분명하게 언급하지 않았느냐는 것이다.

이전 우리나라에서 있었던 에피소드가 생각난다. '다미선교회'란 사이비 교회의 이장림 목사란 사람은 종말론으로 예수님의 재림과 휴거가 1992년 10월 28일 자정에 일어난다고 하였다. 그리하여 전국적으로 10만여 명의 신자가 있었고 성산동 본부에는 그날 밤 1,000여 명이 흰옷을 입고 대비하고 있었다. 이는 미국 CNN방송에도 보도된 적이 있다. 해프닝으로 끝났고 이장림 목사도 구속되어 일 단락 되었지만, 사이비 기독교 집단도 결정적인 날을 예언할 땐 정확한 시간을 말하기도 한다. 그런데 모세를 통해 왜?, 하나님은 "대략 자정에(한밤중에)"라고 하셨을까. 그런데 그 답은 의외로 가까운 곳에서 찾을 수 있다. 두 번째 재앙인 개구리 재앙 사건에서다. 이스라엘 백성을 보내겠다는 약속을 어긴 바로에게 하나님은 개구리 재앙을 내렸다. 바로는 모세와 아론을 불러 "너희 백성을 보낼 테니 여호와께 구하여 우리 백성들에게서 이 개구리를 떠나게 하라"고 하였다. 그러자 모세는 게임(거래)을 한다.

> 모세가 바로에게 이르되 내가 왕과 왕의 신하와 왕의 백성을 위하여 이 개구리를 왕과 왕궁에서 끊어 나일강에만 있도록 언제 간구하는 것이 좋을는지 내게 분부하소서(출 8:9).

"왕과 왕궁에서 끊어 나일강에만 있도록 '언제' 간구할까요?"라고 말하면서 능청스럽게 반문한다. 이 문장의 문맥을 이해해야 한다. 궁에서는 개구리가 나오지 않게 하고 나일강에만 국한해서 개구리가 있도록 하는데 언제 그렇게 해 볼까요? 야훼 하나님을 등에 업은 모세는 바로를 가지고 노는 듯하다. '개구리를 소멸하게 할까'가 아니라 '궁에서는 물리고 나일강에만 있게 해 드릴께요'라고 능청스럽게 딜(deal)의 조건을 내거는 모습이다. 왜 이런 딜을 했을까? 이유를 아는 것이 하나님 이해다. 성서에는 분명 개구리 재앙에서 "요술사들도 자기 요술대로 그와 같이 행하여 개구리가 애굽 땅에 올라오게 하였더라"(8:7) 하여 요술사들도 개구리 정도는 요술로 땅에 올라오게 할 수 있다는 것을 바로는 들먹인다. 그렇다면 모세는 하나님은 급이 다르다는 것을 보여 주고 싶었다. 그래서 '선택적 출현'을 언급하였다. 하나님은 다르시다는 것을 보여 주기 위하여, 그것도 바로의 궁에서는 물러나게 하여 "바로 당신은 편하게 해 줄게"라는 말로써 바로의 성질을 은근히 긁고 있다. 게임에서 모세가 주도권을 쥐겠다는 의도다. 그러면서 "시점도 당신 맘대로 정해 봐요" 하며 자신감을 보여 주고 있다. 그러자 바로는 "내일이니라"고 정확한 날짜를 언급한다. "내일"이라고? 지금 당장 불편하고 징그럽고 더러우니 우리 같으면 지금 당장이라고 말할 줄 알았는데 못 박듯이 "내일이니라"고 요구한다. 한글 번역에 어미 -이니라가 붙어 이 부분은 좀 더 단호해 보인다. 히브리 원어에는 "바요메르 르마하르" "그가 말했다. '내일'이니라", 이렇게 노름판에서 던지듯이 한 마디로 언급한다. 매우 흥미로운 성경 대목이다.

이를 볼 때 출애굽기는 분명 출애굽 게임이 맞다. 하나님과 바로는 게임을 하고 있다. 게임에는 조건이 분명하고 결과가 분명해야 상대방이 승복한다. 조금의 논란 여지가 있어서는 트집을 잡는다. 하나님은 바로의 성정(性情)을 알고 계셨다. 그리고 곧 트집 잡을 여지를 주지 않으려고 하셨다는 사실을 알게 된다. 인간 바로가 완전하게 여호와 하나님께 복종하도록 준비하셨다는 것, 심지어 그의 마음을 완악하게 만들어서까지 여호와 하나님을 알고 그를 섬기도록 만들기 위해서 그와 딜 또는 게임을 하는 것이 틀림없다. 그래서 '내일'을 콜 했다. 모세는 내심 옳거니! 속으로 외쳤는지 모른다. 그러니 그의 속 답도 "왕의 말대로 하여 그에게 우리 하나님 여호와 같은 이가 없는 줄을 알게 하리라"하였다.

분명한 확신 속에서 모세는 승리를 믿고 있었다. 이런 '내일' 결정 테스트는 이후에도 계속된다.[14] 바로 입장에서는 그만큼 여호와를 인정하고 싶지 않았다는 뜻이다. 바로와 모세는 왜 재앙의 '선택적 해소'와 '시점'을 두고 게임을 하고 있을까? 하나님의 위대성을 입증하기 위한, 방법은 얼마든지 있다. 하지만 '시점'을 두고 딜을 하였다. 그리고 이를 입증하였다. 'about' 대략이란 다소 모호한 시간 개념을 사용한 것은 바로와 모세 사이에 당시 '자정'을 인식하는 차이가 있었기 때문일 수도 있다. 하지만 분명한 것은 '자정'에 그 일이 분명 일어났다는 사실이다.

---

14 셋째, 넷째, 다섯째, 일곱째, 여덟째 재앙 사건 때도 바로는 내일 또는 내일까지라는 시간적 가이드 라인을 설정하고 있다. 하지만 두 번째 재앙에서 내일까지 재앙을 없이해 달라는 요구를 가장 분명하게 표현하고 있다.

역사 연구의 단서 찾기는 역사를 연구하기 위한 방법론의 일환이다. 그러므로 컨텍스트에 주목한다. 최근 역사 연구에는 미시사(微視史) 연구 방법이 각광을 받고 있다.[15] 즉 생활 가운데 개인 생활이나 소소한 장소, 아주 일상적인 사소한 물건 그림, 포스터, 일기, 선전 문구, 광고, 생활 습관까지 사료로 수집하는 경우가 많다. 그리고 이 가운데서 주요한 정보를 발견하기도 한다. 그러므로 바로의 심리를 알기 위해서는 그의 대화나 습관, 언어에, 대해서도 관심을 가질 필요가 있다. 이런 것이 컨텍스트 추적일 때 가능할 수 있다.

바로는 이 두 번째 재앙을 겪고 난 후에 처음 자기 입으로 "여호와"라는 이름을 사용하고 있다. 분명 이전까지는 야훼나 여호와 하나님이란 신의 이름을 들어 본 적도 없고 알지도 않는다고 하였다. 출애굽기 5장에, 모세와 아론이 바로에게 가서 "이스라엘 백성들이 광야로 가서 나에게 절기(저사)를 지킬 수 있도록 내보내라"고 하나님의 말씀을 전했을 때 바로는 "여호와가 누구기에 내가 그의 목소리를 듣고 이스라엘을 보내겠느냐"라고 응대한다. 이로써 바로는 여호와가 이스라엘의 왕이나 무슨 지도자 정도로 생각한 모양이다. 적어도 신이란 사실을 알았다면 "누구기에" 보다 "어떤 신이기에"라고 표현해야 맞다고 본다. 왜냐하면, 당시 이집트에는 스많은 신이 있었기 때문에 아무리 잡신이라도 신에게 누구라고 하지는 않았을 것이다. 하지만 두 번째 재앙까지 겪고 나서야 바로는 자신도 모르게 여호와를 말하게 되고 자기가 믿는 잡신들과는 다르다는 사실을 알게 된다. 야훼 하나님은 자존(自存) 하신 분이지만 스스로 자신을 드러

---

15 미시사(微視史, Microhistory)는 사건, 공동체, 개인, 마을 등 미시적 단위의 연구 대상에 초점을 맞추는 역사학의 한 장르이다. 그러나 그 목적에 있어서 찰스 조이너(Charles Joyner)는 "작은 장소에서 큰 질문을 던진다"는 점에서 단순한 사례 연구와는 구분될 수 있다. 사회사나 문화사와 연관이 깊다. 1970년대 카를로 긴츠부르그 등을 필두로 하여 이탈리아 학계에서 주목받기 시작한 주제이다.

내고 알아달라 하지 않으신다. 인간 스스로 알기를 기다리신다. 이 부분이 출애굽 게임에서 많은 시간을 요하게 한 원인이라고 생각한다.

그러면 앞서 두 번째 의문, 왜 한글 성경에는 하나님의 엄밀하심을 애매모호하게 "밤중에"라고 번역했을까? 하나님의 엄밀 무오한 계획을 먼저 믿은 우리가 더 못 미더워한 것은 아닐까? 하다못해 영어 성경도 "about midnight"라고 하였는데, 밤중을 일몰에서 다음 날 일출까지로 본다면 근 10시간 정도의 긴 시간이다. 이 사이에 하나님의 예언이 성취되었다면 당시의 바로가 하나님을 제대로 신뢰했을까? 그리고 그 게임에서 승복했을까? 단순한 실수는 아니라고 본다. 왜냐하면, 한글 초기 성경에서부터 지금까지 '밤중에'가 이의 수정 없이 사용되고 있는 것으로 보아서 문제의식을 못 가진 듯하고 문제의식을 못 가진 것을 넘어 하나님의 속성을 제대로 파악하지 못하고 있다고밖에 이해 못 할 것 같다. 더 구체적인 내용은 다음 장을 통하여 접근하고자 한다. 미시사적 접근은 이렇게 사소한 데서 분석을 요하고 동시대인들의 문서 하나에도 주목하여 역사를 풀어가고자 하는 것이다. 출애굽기는 하나님의 기획으로 이스라엘이라는 상징이 가문에서 민족으로 그리고 나라로 구체화되어, 분명 새로운 역사로 출발하려 하는 준비 과정이다.라고 말할 수 있다. 이런 가운데 여호와 하나님의 속성을 이해하는 것은 매우 중요하다. 그것도 일반 백성의 눈으로 이해하는 것은 역사를 뒤집어 보는 새로운 도전이 된다.

바로는 자신의 형제 같던 모세가 히브리인이었다는 것도 놀라웠고 애굽 감독관을 죽였다는 소식도 놀라웠고, 어느 날 히브리 민족을 이끌고 애굽을 나가겠다는 선언에도 놀라웠고, 열 가지 재앙을 그의 신 야훼 하나님을 대신하여 펼쳐 보인 데 대해서도 놀라웠을 것이다. 그런데 '나에게 왜, 우리 백성에게 왜, 피해가 얼마나?' 라는 의문보다 '그 예언이 실제로 일어났는가 아닌가'가 아니라, '그것이 언제 일어났는가?' 하는 약속의 시점(Timing)과 히브리 민족의 동네에도 일어났는가에 대한 의문을 더 강하게 표출한다. 왕이라면 당연히 해야 하는 자기 백성들의 피해 상황보다 이런 두 가지 사실을 확인하고자 했던 이유는 무엇이었을까? 이런 바로의 심리는 분명 열등감에 기인한다고 할 수 있다. 지금까지 알지 못하였던 신 여호와의 존재, 그리고 그 신의 우주적 권위와 능력에 대하여, 노예 민족 히브리인들의 신이 지배자인 바로 자기 만신전(萬神殿)에 있는 많은 신보다 월등하다는 사실에 열등감을 가졌던 것이 확실하다. 열등감에 놓인 게임 상대자가 경쟁자의 압도적 실력을 인정하고 싶지 않다면 끊임없이 그에게 조건을 제시하고 실수할 때까지 그 게임을 이어가고자 한다. 그러다 조금이라도 상대에게 빈틈이 생기면 그를 공격하고 열등감을 극복하고자 한다. 더구나 자신이 세상에서 둘째가라면 서러울 국가와 권력을 쥔 제왕이라면 더욱 그런 의식을 강하게 가질 것이다. 아니 어쩌면 그런 열등감을 표출하고 싶지 않을 것이다.

여호와는 출애굽 열 가지 재앙을 보여 바로를 압박하기 전에, 다시 말하면 본 게임을 시작하기도 전에 이미 게임은 끝난 것이다. 이집트 궁성에서 하나님의 지팡이는 모세 손에 들려서 뱀으로 변하여 바로의 요술사가 만든 지팡이 뱀을 모두 잡아먹어버렸다. 하지만 파라오는 신인 자신의 권위에 도전을 받았고 다른 만신전에 있는 모든 신이 히브리 노예들이 믿는 야훼 하나님에게 게임에서 압도적 차이로 밀린다는 생각을 했을 때 도저히 견딜 수가 없었을 것이다. 나일강의 경제력, 강한 군사력, 세상을 주도하는 이집트 문화의 주인인 자신의 권위보다 강력한 야훼의 힘과 권위를 믿을 수가 없었다. 그리하여 게임이 안 된다는 사실을 알면서도 열 가지 재앙, 마지막엔 처음 난 인간과 가축의 자식까지 죽는 모습을 보고, 그것도 정확한 날짜와 시간에 맞추어 내리는 것을 보고 항복할 수밖에 없었다. 이 과정에서 자신도 모르게 여호와를 불렀고 인정하였다. "가서 정한

시간에 재앙을 멈추고 애굽과 나를 위해서 그분(하나님)께 빌어달라"고까지 하였다.[16]

이스라엘 민족의 출애굽은 탈출이 되었든 귀환이 되었든 이스라엘 민족에게도 그리고 애굽 백성에게도 야훼 하나님이 어떤 분이신가를 과정을 통하여 분명히 알게 하셨다. 철저히 하나님의 기획에 따라 이루어졌다. 인간이 머리로 알던 하나님을 몸으로 알게 되었고 가슴에 담아두었던 하나님을 동행하여 보게 되었다. 바로가 출애굽 게임을 하면서 열등감에 더하여 견딜 수 없었던 또 하나의 이슈는, 한 나라 안에서 재앙을 내리되 히브리 민족의 마을, 그들의 거주지에는 재앙이 내리지 않는다는 사실이었다. 웬만한 술적(術的) 재앙은 애굽 요술사도 흉내는 내는데 한 나라 안에서 재앙이 구별되어 내리는 데는 강심장이었던 바로도 속수무책이었다. 그러므로 그가 할 수 있었던 게임의 조건은 재앙의 시점, 정확성을 요구하는 것뿐이었다. 만약 조금이라도 정한 시간에서 벗어난다면 트집을 잡을 심산이었지만 그것도 할 수 없었다. 인간 신 바로로서는 아무리 권력과 위세가 자자하여도 여호와는 상대할 수가 없는 신이라는 사실을 인정할 수밖에 없었다. 바로는 왜 그랬을까? 1-2회의 재앙 테스트를 통하여 어찌할 수 없는 상대라는 것을 알았다면 백성을 고생시키지 말고 진작 모세의 요구를 들어주지 않고 왜 고집과 변덕을 부렸을까? 그런데 더한 사실은 스스로 인지판단 능력조차 불가한 현실이었다. 왜냐하면, 바로 왕의 마음마저 여호와가 쥐고 있었으니, 어떻게 보면 짜고 치는 고스톱과 같은 형국이 된 셈이다.[17]

전체적인 바로의 심리 변화를 열 가지 재앙에 대처하는 자세로 비교해 보자.

---

16 이 부분은 마치 절의 스님이 계곡을 건너가다 물에 빠지게 되자 "아이고! 하나님!" 했다는 유머가 생각난다.

17 독자 제위의 이해를 돕기 위하여 잠시 속된 비유를 들었음을 이해해 주시기 바란다.

<표 3-2> 10가지 재앙과 바로의 약속과 심리 판단

순서	재앙의 내용	재앙 후 바로의 결정	심리 판단
1	모든 물이 피로 변함	관심을 가지지 아니함	무시
2	개구리가 온 천지에 범람	내가 이 백성을 보내리니	수용, 완고
3	온 땅의 티끌이 이가 됨	너흰 광야로 가서 제사 드리라	완고
4	파리로 땅이 황폐하게 됨	너무 멀리 가지 말고 제사하라	수용, 완고
5	애굽의 모든 가축의 죽음	약속 안 함	거부
6	사람, 짐승 악성 종기 발생	약속 안 함	거부
7	벼락, 우박 내려 피해막심	내가 너희를 보내리니	수용, 완고
8	메뚜기가 온 땅을 덮음	장정만 가서 여호와를 섬기라	미련, 완고
9	흑암이 애굽 땅과 가정에 3일	가축은 두고 사람만 가서 섬기라	미련, 완고
10	모든 처음 난 것(장자)의 죽음	너희 온 백성과 가축은 나가라	완전 굴복

열 가지 재앙과 이에 대처하는 바로의 입장과 심리는 묘하게 대칭 구조를 이루고 있다. 처음엔 관심도 가지지 않고 대수롭잖게 생각하였다가 차츰 하나님의 능력에 놀라고 출애굽을 수용하는 듯했다. 하지만 이스라엘 백성들의 신관(神觀)과 제사에 관해서는 전혀 무지하였음을 알 수 있다. 그리고 5, 6 재앙에서는 깊은 고민을 한 것 같다. 모세가 대신한 야훼 신과 바로의 출애굽 게임에서 어떤 결정을 해야 할지를 고민하고 있다. 그리하여 히브리 백성의 출애굽에 대하여 아무런 약속 없이 주저한다. 다시 일곱 번째 재앙부터는 항복하여 내보내되 경제적 피해를 최소화하고 자신의 위신 체면도 세워볼 심산을 하고 있다. 내보내되 장정만 가라, 가축은 두고 가라, 다 가지고 나가라는 식으로 심리가 변하는 것을 볼 수 있다. 바로도 인간이며 여호와를 인정하는 방법이 일반 인간과 다를 바 없었다. 버틸 수 있을 때까지 버티고, 양보도 점층적으로 진행시켜 나간다. 이 일련의 과정을 통하여 마침내 장자와 처음 난 것들을 잃고서야 완전 항복하고 있다. 여기서 한 가지, 그럼 바로가 초기에 항복하고 약속한 대로 히브

리 백성들을 내보냈더라면 애굽 백성들이 피해를 덜 입고 상황이 일찍 마무리되었을까? 아니다. 왜냐하면, 열 가지 재앙을 당하고 나서 바로가 뉘우치고 야훼 하나님을 인정하며 히브리 백성들이 나가 제사하도록 하는 모든 시나리오를 하나님이 이미 작성하여 감독하고 있었기 때문이다. 이를 위해 야훼 신은 "바로의 마음을 완악하게 하사" 또는 "완고하여"라는 표현을 쓰도록 출애굽기 기자에게 계시로 가르쳤다. 이것이 성서적 가르침이다. 아무튼, 기자는 신의 내주(內住)를 기획된 내러티브 속에 다양한 방식으로 삽입시켰다.

열 가지 재앙 스토리 가운데 바로의 행동에 특별히 주목해야 할 부분이 몇 군데 있다.

<표3-3> 재앙 이후 바로의 여호와 하나님에 대한 인식 변화

재앙 순서	바로의 여호와 하나님에 대한 인식	하나님 인식
1	관심도 가지지 아니함	무지
2	"여호와께 구해 나와 내 백성에게서 개구리를 떠나게 하라"	**여호와 호칭 처음 사용**
3	요술사가 "이는 하나님의 권능이니이다"	요술사가 인정
4	"신께 나를 위해 간구하라"	**하나님 권능을 인정**
5	"이스라엘 마을에 가보아라"	권능 의심
6	요술사들도 종기로 모세 앞에 나서지 못함	바로는 외면
7	"내가 범죄 하였노라 여호와는 의로우시고 나와 나의 백성은 악하도다"	**자신과 백성의 죄를 인정**
8	"내가 너희의 하나님 여호와와 너희에게 죄를 지었다. 여호와 하나님께 나의 죄를 용서해달라고 기도해달라"	**여호와 하나님 호칭사용과 중보 기도 당부**
9	"나를 떠나라, 다시는 내 얼굴을 보지 말라 네가 내 얼굴을 보는 날엔 죽으리라"	인정과 회피
10	"너희는 다 가지고 속히 떠나라"	하나님께 항복

표를 통하여 알 수 있는 사실은, 재앙이 진행될수록 바로는 야훼 하나님을 알지 못하던 상태에서 그분을 점차 알게 되고 야훼(여호와)의 권능

을 인정하며 지금까지 하나님을 알지 못했던 자신의 죄를 인정하고 있다. 여호와를 알지 못하였던 무지도 죄라는 사실을 스스로 고백하고 있다. 나아가 여덟 번째 재앙 이후에는 '여호와 하나님'이란 정식 명칭을 사용하고 있을 뿐 아니라 자신의 죄를 용서하는 중보기도를 모세에게 당부하고 있다. 우리가 생각하는 신앙인의 모범적 행동을 변화된 마음으로 표현하였다. 하지만 그를 사로잡고 있는 것은 역시 세상적 권위와 위신이며 자신의 나약함을 인정하고 싶지 않은 자존심이었다. 여기에 하나님의 의도 즉 바로 왕과 그의 백성까지 자신에게로 돌아오게 하신다는 사실을 보여 주고 있다. 또한, 바로의 행동은 세상 속에서 인간이 보여 주는 행동 양식의 전형(典型)이라고 할 수 있다.

(3) 출애굽 백성들은 하나님을 어떻게 인식하였을까?

① 430년 동안 애굽 거주가 변화시킨 이스라엘 백성의 정체성

흔히 아브라함 종교라고 하는 유대교와 기독교 심지어 이슬람교에서까지 출애굽 사건을 어떻게 받아들이고 있을까? 유대교에서 출애굽 사건은 그들의 토라 신앙과 맞물려 신앙의 기본이 정립되고 민족의 실제적 정체성과 시오니즘이 정착된 기준이 되었다고 본다. 앞서 역사적 연구 방법으로, 역사 뒤집어 보기나 지배층보다 피지배층의 눈으로 역사의 진행을 지켜볼 필요가 있음을 언급하였다. 출애굽과 광야 40년 행진을 백성들 전부 찬성하지는 않았을 것이다. 그들의 행동을 통해서 충분히 추리할 수 있다. 사실 말이 히브리 민족이니 하나님의 백성이니 하였지만, 이는 태생적인 혈통 관계일 뿐이다. 이집트에 거주한 지 430년이라면 삶의 방식, 언어, 문화, 음식, 풍습까지 이집트화 되었다고 보아야 한다. 흔히 뼛속까지 이집트인이 되어 버린 것이 확실하다. 과거 우리나라가 36년간 일본의 식민

지 되었을 때 언어가 동화되고 문화가 동화되어 거의 일본인이 되었다고 보아도 무방하다. 또 많은 한국인이 자발적으로 내지인(內地人) 일본인이 되려고 노력하였다. 하물며 이보다 무려 12배나 되는 시간을 애굽 땅에서 살아온 이스라엘 백성들은 혈통 빼곤 내지인 애굽인이 다 되었다고 보아야 한다. 이런 백성들을 이끌고 나온다는 것이 얼마나 힘든 일이었을까 하는 것은 얼마든지 추측해 볼 수 있다.

사실 히브리인들의 애굽인화를 가속시킨 장본인은 요셉이었다. 그는 히브리(하비루) 백성들을 고센 땅에 거주시킨 자랑스러운 조상이지만, 총리 대신이란 신분과 국가의 행정, 사법, 경제까지 좌지우지하는 실권자로서, 자기 백성들이 차별도 받지 아니하고 적어도 2세대에 걸쳐 큰 혜택을 누릴 수 있도록 배려한 장본인이었다. 그러므로 요셉이 생존했을 때는 오히려 내지인인 애굽인들이 볼멘소리를 할 정도였을 것으로 본다. 그러니 히브리 백성들이 얼마나 빨리 애굽인화 되었겠는가. 단지 히브리인의 정체성을 상기시켜 준 것은 부모로부터 전해 들었던 '야훼 하나님 이야기'와 '자랑스러운 조상 요셉 이야기'였을 것이다. 한편 요셉은 애굽인들도 인정한 인물이었기에 학습으로 현실 속에서 충분히 인지 가능하였지만, 야훼 하나님 신앙은 세대가 이어질수록 관념 속에서 습관적으로만 수렴해오지 않았을까 생각한다. 우리가 부모의 신앙을 이어받았다고 하여도 고백으로 체험하지 않으면 무의미한 것처럼 이들도 막연한 신앙으로 야훼를 생각하고 있지 않았을까? 그리하여 애굽인이 다 되어 버린 이들은 모세처럼 하나님을 직접 만나기 전에는 그분이 어떤 분이신지 정확히 알지 못하였다. 야훼도 이 부분에서 생각이 깊어지셨음에 틀림이 없다. "어떻게 해야 내 백성들이 나를 알고 나를 찾게 될까?" "내가 아브라함과 이삭과 야곱에게 전능의 하나님으로 나타났으나 나의 이름을 여호와로는 그들에게 알리지 아니하였고"(출 6:3)라고 하나님께서도 직접 언급하셨다.

그러므로 이스라엘 자손에게 말하기를 나는 여호와라 내가 애굽 사람의 무거운 짐 밑에서 너희를 빼내며 그들의 노역에서 너희를 건지며 편 팔과 여러 큰 심판들로써 너희를 속량하여 너희를 내 백성으로 삼고 나는 너희의 하나님이 되리니 나는 애굽 사람의 무거운 짐 밑에서 너희를 빼낸 너희의 하나님 여호와인 줄 너희가 알지라(출 6:6-7).

하지만 이스라엘 백성들은 그들이 보고 배운 바대로 야훼 신을 보고 싶어 했을 것이다. 가까이에 있는 신전에 가면 애굽의 온갖 신들을 직접 볼 수가 있었기에 자기들을 지극히 사랑하시는 야훼 하나님도 형상 속에 볼 수 있는 분이시기를 원했는지도 모른다. 그래서 기회가 되면 만들어 보려 하였다. 출애굽 과정에 하나님께서 직접 써서 내려 준 십계명 증거판에도 인간이 손으로 만든 형상 속에 거하시는 하나님이 아니라는 사실을 명시하였다. 출애굽기와 후대 열왕기에는 이스라엘 백성들의 우상 숭배 장면이 반복되어 나온다. 그들의 조상이나 부모들이 그렇게 혹독하게 징계를 받았음에도 불구하고 다음 세대는 또 그 짓을 반복한다. 이스라엘 백성들은 구제 불능이고, 단순 무식하며 생각이 없는 민족인가? 한심하기 짝이 없다. 하지만 '만약 우리가 그 시대에 살았다면 우리도 그렇게 행동했을까?'라고 반문한다면 생각이 깊어진다. 역사는 시간의 흐름 속에서 교훈을 얻는 것이지 현재에만 투사하는 것은 아니다. 그러므로 항상 현재에서 과거를 추론할 것이 아니라, 동시대 상황에서 그들의 입장, 당시의 역사 장면으로 돌아가 컨텍스트 위에서 돌아보아야 한다. 이른바 '지식 사회학적 관점'으로 되돌아보아야 할 것이다. 그들이 아는 것은 애굽에서 본 신들의 모습이었다. 바로 '사자의 서'에 그려진 그런 신처럼 하나님을 생각하였을 것이다. 이집트 문명을 통하여 우리 마음속에 우리가 원하는 신의 형상을 볼 수 있게 해 주었던 것처럼, 이렇게 단순하고 무지한 히브리 백성들의 입장에 서 볼 때, 오히려 출애굽 과정에서 경험한 하나님을 막연한 상태에서 조금 더 가깝게 느낀 계기가 되지 않을까 생각한다.

르네상스(Renaissance)를 이끌었던 그리스 문명과 헬레니즘(Hellenism)의 원천을 아프리카와 페니키아에서 찾고자 하였던 마틴 버넬(Martin Bernal)은 그의 저작 『블랙 아테나』(*Black Athena*)에서 "그리스 문명은 서구 문명의 원류다 그런 까닭에 신들의 모습은 백인으로 머리는 금발로 묘사되었다. 예수가 셈족이라 하면서도 영화 주인공은 백인이 캐스팅 된다"라고 역설하였다. 그러면서 그리스 주신 아테나 여신도 흑인의 모습이 되어야 한다고 하였다. 뒤집어 보기다. 하지만 주목해 볼 필요가 있다. 그리스 문화가 메소포타미아로부터 이집트를 거쳐 전파되었으므로 '블랙 아테나'란 제목을 붙였다.[18] 분명 그리스 문명의 원천은 수메르-악카드인들의 메소포타미아 문명과 이집트 문명의 연결성을 가진다. 두 문명의 연결고리는 힉소스인이라고 말한다. 가나안이 이들 지역과 멀지 않은 곳에 자리하고 있었으므로 예수가 셈족과 연결되었을 가능성이 매우 짙다. 이런 문화와 문명을 이끈 신들은 모두 인간이 만든 형상 속에 존재하였다. 그러므로 이스라엘 민족은 이런 주변 문명의 신관에 더 익숙하였을 것이다. 그들의 신도 인간의 손으로 만들거나 만져볼 수 있는 형상을 하였으리라 믿었다. 히브리 백성들 대부분은 앞서 살펴보았듯이 건축 노동과 농사를 병행하였다. 그러므로 그들이 보는 농업 신 바알은 가까웠고 야훼는 멀리 있다고 생각하였다. 그리하여 무지한 히브리 노예들은 해방의 시간이 왔어도 올바로 그 자유를 누리지 못하였고 본능적 욕구에 사로잡혀 불평을 늘어놓았다. 그리고 엄청난 하나님의 힘과 능력을 모세를 통해 보여 주었건만 늘 "하나님이 계신가 아니 계신가 하여" 의심하고 있다(출 17:7).

---

18 박양규,『인문학은 어떻게 성경을 만나는가』(서울: 샘솟는 기쁨, 2021), 108.

하나님의 구속사적 구원 계획은 초점이 파라오(바로)의 설득에 있는 것이 아니었다. 열 가지의 재앙을 보임도, 출애굽 과정의 미라클(miracle)하고 스펙터클(spectacle)한 이적과 기사도 바로의 설득보다 자기 백성 이스라엘 민족의 깨달음을 가져오고자 하는 것에 있었다. 그리하여 신명기적 약속이자 출애굽기의 약속인 "너희가 내 계명을 지켜 행하면 너희는 내 백성이 되고 나는 너희 하나님이 되리라"(출 6:7, 신 29:13) 하신 말씀인 율례적 가치이자 초헌법적 가치를 직접 몇 번이나 언급하셨다. 하나님은 "스스로 돌이켜"라는 문구를 수없이 되뇌시며 자기 백성들을 설득하려고 하였다. 아브라함과 이삭과 야곱의 하나님은 약속의 백성인 이스라엘 백성들이 과거 그들의 조상이 그랬던 것처럼 믿음의 후손이 되기를 희망하셨다. 하지만 430년이란 애굽 거주는 하나님의 기대와는 전혀 다르게 애굽에 동화되었고 보이지 않는 하나님보다 보이는 이집트 신들에 익숙해져 버렸다. 이를 제하기 위하여 하나님은 갖은 방법으로 그의 백성들에게서 이집트 물을 빼고자 하였다. 쉽게 말하여 뺑뺑이를 돌린 것이다. 마치 40년을 세탁기 탈수코스에 넣고 돌려도 돌려도 부족하여 아예 새로 난 자들로만 약속의 땅에 들어가 하나님 자신을 섬기는 나라로 만들려고 한 것이 출애굽기의 역사이다.

② 너희는 나를 누구라 하느냐

이스라엘 백성들이 애굽을 벗어나 '광야에서 머물렀던 40년'은 성경에서 큰 비중을 차지한다. 출애굽 사건은 이스라엘 역사의 전환점이 되었고, 이 시기는 신약 시대는 물론 현재까지 정치적, 사회적, 문화적 영향을 주기 때문이다. 언급한 바대로 이 시기에 유월절도 생겼고 이스라엘 민족의 정체성도 정립되었다. 가장 중요한 종교적 계율인 법이 형성되었다. 그리고 신화의 하나님이 역사의 하나님으로 이스라엘 민족과 함께 직접 전면에 등장하게 되었다.

종교학자들이 '신화'(myth)라는 말을 사용할 때는 사실과 다른, 그야말로 거짓을 뜻하지 않는다. 그와 반대로 신화는 사실에 있어 꼭 정확하지는 않더라도, 보다 깊고 중요한 의미에서 여전히 진실인 이야기이다. 신화는 상징이기에 본질적으로 진실이다. 상징은 그 상징 너머의 어떠한 진리를 가리키는데, 이 진리는 보통의 언어로는 표현하기 어렵거나 불가능할 수 있다. 그런 의미에서 신화는 이야기로 표현된 상징이다. 의례(ritual)가 행동으로 표현된 상징이듯[19]

종교학에서 '신화는 이야기로 표현된 상징'이라고 한 표현은 대단히 중요하다. 출애굽기의 모든 이야기는 다 독특한 상징성을 갖고 있다. 이 상징을 깨닫는 것이 하나님을 이해하는 데 필수적이다. 하나님은 약속의 하나님이시지만 히브리인들은 그 약속이 무엇이며 약속의 가치가 얼마나 중요한 것인지 인식하지 못하였다. 부모로부터 말로만 전해 들은 후손들은 아브라함의 하나님, 이삭의 하나님, 야곱의 하나님이 피부에 와닿지도 않았고 절실하지도 않았다. 신화 속에서 듣는 하나님이지 신화에 담긴 상징을 이해하지 못하였다. 그래서 야훼 하나님은 상징을 이해하지 못하는 이스라엘 백성들에게 상징보다 역사 속의 하나님으로 직접 만나러 오셨다. 그럼에도 출애굽 기간 내내 모세와 동행한 200만 백성들은 노예 상태에서 자유만 갈구하였지, 신을 갈구하지는 않은 듯하다. 이스라엘 백성들의 배

---

19 하비 콕스는 다음과 같은 예를 들었다. 아담과 하와 이야기가 신화라고 말할 때, 그것이 경험적으로 사실이 아닐지라도 여전히 인간의 형편에 관한 심오한 진리를 비춰주는 이야기라고 제안하는 셈이다. 오늘날 우리가 성서를 읽을 때 겪는 어려움은 대개 '문자주의'에서 온다. 신화의 심오한 진리를 음미하려 하지 않고 사실들을 찾으려는 데서 오는 오해 때문이다.
위의 책, 44

신적 행동에는 구원만 필요하였고 구속은 필요하지 않았다. 그리하여 야훼 하나님이 약속의 성취를 위한 최소한의 계율을 주었을 때 이를 소화하지 못하였다. 최소한 제1 계명도 지키지 못한 그들을 보고 화가 난 모세는 십계명을 던져 버렸다.

출애굽 백성들의 수준 낮은 이해와 속세에 찌든 모습을 보고 하나님도 어쩌면 그들에게 맞는 방법으로 자신을 드러내고자 하였는지 모른다. 가령 다말렉과 싸울 때의 해프닝(happening) 같은 모습을 보게 된다.

> 모세가 손을 들면 이스라엘이 이기고 손을 내리면 아말렉이 이기더니 모세의 팔이 피곤하매 그들이 돌을 가져다가 모세의 아래에 놓아 그가 그 위에 앉게 하고 아론과 훌이 한 사람은 이쪽에서 한 사람은 저쪽에서 모세의 손을 붙들어 올렸더니 그 손이 해가 지도록 내려오지 아니한지라 (출 17:11-12).

어떻게 보면 어린아이 같은 전쟁놀이를 보는 듯하다. 하나님은 이렇게 유치한 분이신가? 왜 이겼다 졌다를 반복하신 것인가? 그 답은 이스라엘 백성들 행위를 통해서 금방 이해하게 된다. 이스라엘 백성들은 앞에서 설명한 대로 눈으로 보는 신에게 익숙하여 있었고 그런 다신교적 하나님, 또는 일신교적 하나님으로만 생각하고 딱 그 수준만큼만 야훼 하나님을 평가하고 있었다.[20] 조금만 아쉽고 배고프고 목마르면 야훼를 원망하였고 차라리 노예 생활이 낫다고 불평하였다. 최악의 모습은 므리바에서 마실

---

[20] 길신교와 유일신교의 차이를 보면 일신교는 한 나라에서 다양한 신이 존재하지만, 그 중에서 하나의 신을 취사선택하여 섬기는 신앙관을 말하며 유일신교는 우주 만물 가운데 한 나라에서 백성들이 섬기는 신이 유일하게 한 분만 있을 때, 그리고 이를 백성들이 국교처럼 섬길 때 유일신교라고 한다.

물이 없을 때 "우리를 목말라 죽게 하려고 애굽에서 인도하여 우리 자녀까지 심지어 가축까지 목말라 죽게 되었다"라고 불평하였다. 차마 사람에게도 하기 어려운 불평을 모세의 면전에서(실제는 여호와께) 대놓고 불만을 터뜨렸다. 그러면서 하나님을 시험하여 이르기를 "여호와께서 우리 중에 계신가 안 계신가?" 하였다. 이런 정도의 수준은 기르는 가축만도 못한 모습이었다. 야훼 하나님은 "그래? 그럼 너희들 방식으로 내가 있다는 것을 보여 줄게"라고 하듯 아말렉과의 전쟁에서 모세의 팔을 사용하셨고 들면 이기고 내리면 지게 되는 초유의 극화 같은 장면을 연출해 보여 주셨다. 이스라엘 백성의 하나님 이해는 딱 이 정도 수준이던 것이었다. 결국, 광야 40년 행진은 애굽 백성으로 세속에 찌든 물을 철저히 빼는 기간이기도 하였고 하나님을 이해하는 학습의 기간이기도 하였다.

고대 근동의 다신교 신앙이 아닌, 서계(序階)가 있는 신도 아닌, 다양한 신 가운데 선택하여 하나의 신만 신앙하는 일신교의 신도 아닌, 오직 한 분밖에 없는 유일신을 신앙하는 이스라엘 백성들을 만들기 위한 훈련 기간이 출애굽 기간이었다. 그러므로 행진 기간 내내 충격 요법을 썼다. 하나님도 지치셨는지 가나안 입성 전 아예 물갈이를 해버리셨다. 일반적으로 여호와 하나님의 특성으로 다섯 가지로 본 이도 있다.

첫째, 노동을 중히 여기시는 하나님
둘째, 드리는 제물보다 제물을 드리는 사람의 삶의 모습을 먼저 보시는
　　　하나님
셋째, 권력자, 왕, 귀족 등 지배자가 아닌 약자를 귀히 여기시는 하나님
넷째, 자신만 유일하게 섬기기를 바라시는 하나님

다섯째, 아내 신이 없는 유일하신 하나님이다.[21]

고대 근동의 신화 속 신들과 하나님의 특성을 비교한 분석이다. 필자는 출애굽과 하나님을 돌아볼 때 이런 하나님의 모습을 찾았다.

첫째, 일과 예배를 동일하게 보신 하나님
둘째, 순종을 절기보다 중하게 보신 하나님
셋째, 약속을 중히 여기신 하나님
넷째, 늘 백성들의 목소리에 귀 기울이신 하나님
다섯째, 우상을 철저히 금하신 하나님

이 대목에서, 출애굽과 하나님 이해와 관련하여 몇 가지 주목할 필요가 있다. 노동(일)을 중히 여기시는 하나님은 예수의 말씀 속에서도 회자된다. 요한복음 5장 17절에서 "내 아버지께서 이제까지 일하시니 나도 일한다"라고 이는 기독교의 경제 원리처럼 작용한다. 고대 근동의 신들 가운데는 상, 하위 신들이 있어 상위 신은 일절 일하지 않고 하위 신만 일한다는 신화도 있다. 그래서 하위 신도 일하기 싫어 인간을 만들었다는 내용이다.[22] 하지만 하나님은 일하시므로 예수님도 일하고 인간도 일해야 함을 보여 주신다. 일한다는 히브리어는 '아바드'(avad)이다. 이 동사는 '예배하다'란 뜻을 내포한다. 근동의 다신교는 일과 예배를 별개로 보지만 이스라엘의 신앙은 일과 예배를 분리하지 않았다. 출애굽 과정에서도 안식일을 지키고 절기를 지키며 예배를 강조한 하나님은 백성들의 삶 속에서 여호

---

21 양진일,『구약성경, 책별로 만나다』(서울: 비아토르, 2023), 27-29.
22 맥컬리 R. 포스터, 주원준 역,『고대근동의 신화와 성경의 믿음』, 감은사, 2024, 20-25.

와를 찬양하는 법을 일처럼 가르치려 한 것이다. 그런데 이스라엘 백성들은 일과 예배의 동일시를 잘 실천하지 못하였다.

출애굽 백성들은 하나님이 어떤 분이신지 알지 못하는 상황에서 출발하였다. 애굽의 다신교적 하나님으로만 인식하였다. 그리하여 직접 보기를 원하였고 만지기를 원하였다. 하지만 하나님은 인간이 손으로 만들 수도 없고 만든 곳에 있지도 않았다. 무교절과 유월절 오순절의 절기보다 하나님은 자신의 계획 속에 있는 그의 백성들이 '순종'하기를 원하셨다.

> 여호와께서 또 모세에게 이르시되 내가 이 백성을 보니 목이 뻣뻣한 백성이로다. 그런즉 내가 하는대로 두라 내가 그들에게 진노하여 그들을 진멸하고 너를 큰 나라가 되게 하리라(출 32:9-10).

매우 의미심장한 말씀이다. 하나님이 이끌어 낸 자기 백성들을 한 마디로 "목이 뻣뻣한 백성"이라고 직접 언급하셨다. 오죽하면 이런 표현을 했을까. 이때는 금송아지를 만들었을 때이다. 하나님이 40년 내내 요구한 것이 순종이었다. 야훼 하나님을 믿고 모세를 순종하기만 하면 하나님은 그들의 하나님이 되신다는 것을 그렇게 일렀어도 목이 뻣뻣하였다.[23] 목이 뻣뻣하다는 것은 예나 지금이나 맞선다는 의미다. 말씀의 내용이 극단적이다. 하나님을 헤아리지 못하고 순종치 못하는 그들에게 진노하여 진멸할 것이고, 하나님의 명령을 순종한 모세는 큰 나라가 되게 하겠다는 것이다. 모세도 이스라엘 백성이 어떤 수준인가를 이미 파악하고 있었다. 그

---

23 목이 뻣뻣하다는 말은 생태학적 신체 메커니즘을 뜻하는 것이 아닌 상징적 언어로 더 많이 쓰이는 경향이 있다. '독단적이고 완고하다'란 뜻으로 많이 쓰인다. "목에 힘주지 마!"라고 할 때 고자세를 취하지 말고 예의를 갖춰!, 또는 교만하지 말고 겸손해!라는 의미로 쓰인다. 하나님은 겸손과 순종의 의미로 사용하였다.

리하여 하나님께 간구하였다.

> 이르되 주여 내가 주께 은총을 입었거든 원하건대 주는 우리와 동행하옵
> 소서 이는 목이 뻣뻣한 백성이니 이다. 우리의 악과 죄를 사하시고 우리를
> 주의 기업으로 삼으소서(출 34:9).

모세로 말미암아, 버림받을 수밖에 없었지만, 이스라엘 백성들이 구원을 받고 다시 언약 백성으로 살 수 있도록 재차 십계명을 내려주셨다. 하나님께 순종하지 않고 겸손하지 않은 것은 악과 죄라는 사실을 천명하고 있다.

출애굽 이스라엘 백성이 깨달은 세 번째 하나님의 특성은 약속을 중히 여기시는 분이시라는 사실이다. 세상 어느 백성들과도 약속한 바가 없지만, 아브라함으로부터 체결한 약속을 하나님은 끝까지 유지하고자 하셨다. 창세기로부터 내려온 인간과 하나님과의 약속은 어떻게 보면 쌍무계약이다. 다시 말하면 서로가 상대방에 대하여 지켜야 할 의무 또는 관계가 있다는 뜻이다. 인간은 하나님에 대하여 경배와 순종(계명의 이행)이 의무라면 하나님은 인간을 끝까지 책임져주시고 인간의 모든 필요를 충족시켜 주시어 유일신 구원자 되어 주시는 것이었다. 그런데 늘 인간은 의무를 이행하지 않았다. 하나님과 이스라엘 백성과의 언약은 분명 다른 땅의 백성들과 맺는 약속과는 다른 것이었다.

> 여호와께서 이르시되 보라 내가 언약을 세우나니 곧 내가 아직 온 땅 아무
> 국민에게도 행하지 아니한 이적을 너희 전체 백성 앞에 행할 것이라 네가
> 머무는 나라 백성이 다 여호와의 행하심을 보리니 내가 너를 위하여 행할
> 일이 두려운 것임이니라 너는 내가 오늘 네게 명령하는 것을 삼가 지키라
> (출 34:10-11).

'하나님의 언약'은 이스라엘 백성에게 두 가지 강력한 의미를 지니고 있다.

하나는, 세상 어느 민족들과도 맺지 않은 언약이며,
또 하나는, 세상의 어느 민족과도 맺을 수 있는 언약이다.

언약 이후에는 지금껏 행하지 않은 이적을 베푸신다는 것이었다. 쌍무 계약이라고 하더라도 인간 특히 이스라엘 백성으로서는 너무 큰 이득이 되는 계약이었다. 순종, 계명을 지켜 행하기만 하면 된다. 하나님과의 약속은 세상 약속과 다른 것이었다.

> 너는 삼가 그 땅의 주민과 언약을 세우지 말지니 이는 그들이 모든 신을 음란하게 섬기며 그들의 신들에게 제물을 드리고 너를 청하면 네가 그 제물을 먹을까 함이며(출 34:15).

그러면서 하나님은 스스로 질투의 하나님임을 천명하셨다. 십계명의 제1-2계명 "나 이외 다른 신을 섬기지 말며 만들지도 말고 절하지도 말라"고 하시는 것과 "나는 질투의 하나님이다"라고 천명하는 것 중 백성들에게는 전자보다 후자의 표현이 효과적으로 이해될 수 있다. 세상의 신은 음란하고 인간도 그런 신을 음란하게 섬기고 있다. 특히 농업 신은 더욱 그러하다.[24] 대표적으로 바알 신 아세라 신도 그런 종류이다. 야훼 하나님은 자기 백성들이 자신을 그런 종류의 신으로 인식하는 것을 용납하지 않으

24　고대 근동의 신들은 남녀 부부 신으로 등장하는 경우가 많다. 이시스(Isis)와 오시리스(Osiris), 마르둑(Marduk)과 이쉬타르(Ishtar), 바알(Ba'al)과 아세라(Asherah) 등이다. 바알 신앙은 인간의 욕망을 정당화 시킨다. 바알을 숭배하는 이유는 바알 신앙에는 윤리 도덕적 계명이 없기에 남성 예배자들이 제사 이후에 여사제들과 몸을 섞는다. 하늘이 열린 곳에서 행위를 하면 바알이 이를 보고 흥분하여 비를 내리고 풍요로워진다는 것이다.

시고 가장 크게 분노하셨다.

출애굽 백성들이 네 번째로 본 하나님의 모습은 인간의 기본 욕구와 필요를 채우시는 분이시라는 생각이었다. 출애굽 인간의 가장 기본적인 욕구는 잘 먹고, 목마르지 않고, 병에 걸리지 않는 행진이었다. 어차피 출애굽 하였고 추격하는 바로의 군대도 홍해에서 수장시켰고 돌아 갈래야 돌아갈 수도 없는 상황에서, 이제는 덜 배고프고, 덜 목마르며, 병에 걸리지 않으면서 가나안까지 가는 일밖에 없었다. 결국, 원초적 욕구와 불만만 남았을 뿐이다. 그리하여 수시로 불만을 표출하였고, 모세를 원망하였다. 모세도 때론 성질도 부리고 화도 냈지만 야훼 하나님은 그들의 필요를 채워주셨고 애굽 신과 다른 절대적 힘으로 그들을 감싸셨다. '마라의 쓴 물' '만나' '므리바의 물' 사건이 대표적이다. 이는 또 하나님의 상징이기도 하다. 하나님이 직접 말씀하셨다. 나를 섬기라 "내가 사자를 앞서 보내어 길에서 너를 보호하여 너를 내가 예비한 곳에 이르게 하리니"라고거듭하여 이 약속을 말씀하셨다. 이는 관계 정립을 위한 상기였다. 최소한의 의무를 말한 것이다. 앞서 언급하였지만 애굽 신이나 가나안의 다른 족속이 섬기는 신과 다른, 유일신 하나님만을 섬기라는 메시지였다.

> 내 사자가 네 앞서가서 너를 아모리 사람과 헷 사람과 브리스 사람과 가나안 사람과 히위 사람과 여부스 사람에게로 인도하고 나는 그들을 끊으리니 너는 그들의 신을 경배하지 말며 섬기지 말며 그들의 행위를 본받지 말고 그것들을 다 깨뜨리며 그들의 주상(柱像)을 부수고 네 하나님 여호와를 섬기라 그리하면 여호와가 너희의 식량과 물에 복을 내리고 너희 중에서 병을 제하리니(출 23:23-25).

네 하나님 여호와를 섬기라 그리하면 여호와가 너희의 식량과 물에 복을 내리고 너희 중에서 병을 제하리니", 이 얼마나 단순 명료한 메시지인가? 애굽에 살면서 본 신들은 모두 통치자를 위한 신이고 귀족들을 위한 신이었다. 그보다 세상의 모든 신은 다 지배자를 위한 신이었다. 그래서 힘이 센 지배자일수록 자신이 스스로 신이 되려고 하였다. 하지만 세상에서 유일하게 약자들을 위한 신은 여호와 하나님 한 분밖에 없다. 이는 성경의 가르침뿐 아니라 하나님 자신이 천명한 자신의 속성이기도 하다. 이에 대한 확실한 증거가 예수 그리스도이다.

수고하고 무거운 짐진 자들아 다 내게로 오라 그리하면 내가 너희를 편히 쉬게 하리라(마 11:28).

식량과 물 질병을 제하게 해 주신다는 메시지는 철저히 약자를 위한 상징 언어였다. 심지어 여기엔 '영원히'라는 메시지가 포함되어 있다.

내가 주는 물을 마시는 자는 영원히 목마르지 아니하리니 내가 주는 물은 그 속에서 영생하도록 솟아나는 샘물이 되리라(요 4:13-14).

다섯 번째 출애굽 백성이 느끼고 가르친 약속의 하나님은 우상을 철저히 배격하신 하나님이시라는 사실이다. 십계명뿐 아니다. 법을 만들고 언약을 세우고 명령을 준행하라 하신 본질이 우상을 멀리하란 내용이었다. 처음엔 출애굽 백성들이 이를 이해하지 못하였다. 만신전의 신들처럼 경배하고 우러러도 되는 분이신 줄 알았다. 우매한 히브리 민족은 노예 노동의 해소와 자유를 얻기 위한 동참으로 모세를 따랐기에 정치적 해방이 다인 줄 알았다. 하지만 해방 투쟁인 출애굽이 결국 우상 숭배에서 벗어나 여호와 하나님만 섬기는 민족으로 만들기 위해 출애굽 하게 되었다는 사실을 차츰 깨닫게 된 것이다. 40년 광야 생활은 이를 깨닫는 데 걸린 시간과 장소였다. 더 정확히 말하면 40년도 모자랐다. 한 세대가 더 필요한 백성이었다.

> 그들이 네 땅에 머무르지 못할 것은 그들이 네게 범죄하게 될까 두려움이라 네가 그 신들을 섬기면 그것이 너의 올무가 되리라(출 23:33).

이는 가나안에 거주하고 있는 여섯 족속을[25] 말함이며 이스라엘 백성들이 그들과 동거하지 못함을 미리 가르쳐 준 말씀이다. 하지만 좀 더 깊이 살펴보면 이미 터주로 있는 그들 이방 신들에 현혹될 것을 염려하여 경고한 말씀이다. 인도-동행-욕구 충족-법-언약 체결-성막과 예배 규칙-재언약-성막 봉헌의 출애굽기 전 과정은 내용보다 상징성에 주목해야 한다. 결국, 인간과 미래형 관계 정립까지 염두에 두시고 과정을 인도하셨다. 하나님은 어제도 계시고 오늘도 계시고 앞으로도 계실 분이기에 섬김과 예배를 가르치셨다.

> 너는 다른 신에게 절하지 말라 여호와는 질투라 이름하는 질투의 하나님이라(34:14).

우상 숭배를 금하는 것은 정체성의 원칙으로 천명한 것이지만 하나님의 속마음을 드러내었다고 본다.

---

[25] 가나안 족속, 헷 족속, 아모리 족속, 브리스 족속, 히위 족속, 여부스 족속을 말한다. 이들이 가나안 원주민이라 할 수 있다.

IV.

여호와 하나님과 인간의 관계

1. 하나님이 세운 언약

1) 하나님의 사랑 방정식

인간이 하나님을 이해하기는 쉽지 않다. 만유의 주재이신, 유일하신 창조주 하나님을 피조물인 인간이 쉽게 이해한다는 것은 어불성설(語不成說)이다. 인간은 자신도 제대로 모르는데 근원 되신 하나님을 안다는 자체가 말이 되지 않는다. 하지만 하나님 자신이 인간에게 자신의 하나님 됨을 여러 모양으로 보여 주셨다. 특히 피조물 중에서도 가장 하나님을 닮은 인간에게 특별한 사랑과 은총을 베푸셨다. 만물의 주인 되게 하셨고 땅에서 충만하며 정복하게 하셨다. 또한, 생육하고 번성하며 하나님을 찬양하고 저사하게 하셨다. 그런데 하나님은 종종 인간이 이해하기 힘든 방식으로 사람과 사랑을 구별하셨는데 이는 전적으로 하나님의 선택에 딸린 문제였다. 가인과 아벨의 제사도 아브라함의 이거도, 야곱의 도피도, 요셉의 결정도 다 하나님의 선택이었다.

필자는 앞서도 언급하였지만, 조직신학 측면에서 신론과 인간론을 다루려고 하는 것이 아니다. '역사학적 왜?'라는 질문으로 하나님을 이해하고 인간을 그 관계 속에서 보이지 않는 구도를 그려보고자 하는 것이다. 하나님의 사랑 방식, 특히 인간에 대한 사랑 방식은 유별나다. 분명 하나님은 이스라엘 민족의 하나님만은 아니라고 하였다. 이는 출애굽 시작과 더불어 일어나는 파라오(바로) 왕과의 게임에서도 다루었다. 야훼 하나님은 바로의 마음도 돌이켜 하나님을 알고 자신을 섬기며 제사하는 백성으로 만들고 싶어 하셨다. 이방 잡신들과 변신 게임을 하신 것도(모세의 지팡이) 다른 귀신 술사들과 내기 게임을 하신 것도 다 그런 이유 때문이었다. 그런데 한 가지 하나님의 사랑 방정식에는 늘 '공식'이 내포되어 있었다. 근의 공식과 같았다. 이 공식에 마치 상수 a와 같은 것이 '약속'이었다. 시작과 끝에 공통적으로 고려될 수밖에 없는 상수처럼 하나님은 인간을 다루실 때 약속을 언급하셨다. 하나님이 이스라엘 민족을 특별히 사랑해서라기보다 하나님의 사랑 방정식을 풀기 위한 하나의 '예제'로 이스라엘 민족을 다루신 것이다. 그러므로 근을 구하기 위하여 방정식에서 근의 공식을 대입하듯 우리 인간의 각자 삶의 자리에서 근의 공식을 대입하면 해(답)가 나올 수밖에 없도록 되어 있다. 만약 공식을 대입해도 해(解)가 구해지지 않으면 공식을 잘못 적용하였거나 적용할 수 없는 문제를 대입하였기 때문이다. 한 마디로 하나님의 사랑을 이해하지 못하는 죄의 상태에 놓이게 된 것이다.

히브리 민족, 애굽의 노예로 살던 이스라엘 백성들은 하나님의 사랑 방정식을 대입시키기 가장 좋은 예제의 삶을 살고 있었다. 그들을 미리 아시고 정하셨다.

> 하나님이 미리 아신 자들을 또한 그 아들의 형상을 본 받게하기 위하여 미리 정하셨으니 이는 그로 많은 형제 중에서 맏아들이 되게 하려 하심이라 또 미리 정하신 그들을 또한 부르시고 부르신 그들을 또한 의롭다 하시고 의롭다 하신 그들을 또한 영화롭게 하셨느니라(롬 8:29-30).

하나님의 작정을 인간이 헤아릴 수는 없다. 하나님의 의지와 계획에 따라 일관된 목적을 가지고 자신의 영광을 위하여 미리 정하셨다. 마치 근의 공식이 해를 얻기 위한 진리의 과정인 것처럼. 창세 이후 하나님은 인간에 대하여 특히 이스라엘 민족에 대하여 일찍부터 언약으로 계약을 맺으셨다. 그 구체적인 내용은 앞 장을 통해서도 설명하였다. 후대의 신학자들은 이 공식을 '소요리 문답'이라는 암기 과목으로 만들어 버렸지만, 이는 암기 과목이 아니고 수학(철학)에 가까웠다.

시내 산 언약은 하나님의 무 조건적인 구원 은총에 이스라엘 백성들이 어떻게 대응해야 하는 것을 규정하고 있는 자발적인 순종과 응답의 체계라고 볼 수 있다.

> 세계가 다 내게 속하였나니 너희가 내 말을 잘 듣고 내 언약을 지키면 너희는 모든 민족 중에서 내 소유가 되겠고 너희가 내게 대하여 제사장 나라가 되며 거룩한 백성이 되리라 너는 이 말을 이스라엘 자손에게 전할지니라(출 19:5-6).

예제는 방정식을 적용하기에 가장 알맞은 문제이며 선형적 모델을 보여 주는 문제를 말한다. 하나님이 이스라엘 백성을 선택하셔서 끝까지 돌보시고 인도하신 뜻이 있다. 그것은 하나님의 일관성과 독자성을 드러내 보여 주기 위함이었다. 시내 산 언약은 하나님과 인간 사이 관계를 정립하는 헌법적 규정이 된다. 하나님이 주신 언약을 지키면 그의 소유(맏아들)가 되고 제사장 나라가 되고 거룩한 백성이 될 수 있다는 것은 얼마나 큰 축복인가. 세상 어느 민족 백성에게도 허락하지 않은 약속을 이스라엘 민족과 맺어주셨다. 한 마디로 '예제의 삶'이다. 더 중요한 사실은 이런 초월적 약속을 자손에게 전하라고 하셨다. 이는 당대뿐 아니라 후대에까지 유효하게 적용될 것이라는 명령적 규범이다. 기억이 모두 역사가 되지는 않는다. 의미 있고 가치 있는 사실(事實)을 사실(史實)로 인정한다. 하나님께서 전하라고 하신 것은 그만큼 비중 있는 사인(sign)인 셈이다. 이를 후대에까지 기념할 필요가 있다. 언약은 하나님 사랑 방정식의 상수와 같다. 상수는 이차함수의 각도와 폭의 크기를 가늠한다. 한 마디로 그림이 만들어지는 값이다. 하나님의 인간에 대한 사랑의 크기와 폭 전체적인 관계 구도가 이 언약으로 결정된다.

"내 말을 잘 듣고 내 언약을 지키면", 하나님께서 인간에게 요구하시는 내용은 그렇게 복잡하거나 다양하지 않다. 목적어는 말과 언약이다. '동사'에 주목할 필요가 있다. 말은 "잘 듣고" 하였지만, 언약은 잘도 필요 없다. 그냥 "지키면"이라 전하였다. 말과 언약의 차이는 기록의 유무이다. 말은 인간이 순간순간 하나님으로부터 받는 전달사항과 같다. 출애굽 시대에는 하나님이 그의 백성을 직접 만나기 위하여 세상에 오셔서 가나안까지 동행하셨다. 하지만 인간이 바로 하나님을 대면할 수는 없었다. 워낙 거룩하시고 존재가 무궁하신 분이라 직접 대면하면 죽을 수 있었다. 모세를 통하여 전달하셨고 보여 주셨다. 이 전통은 출애굽 이후에도, 가나안 입성 이후에도 유지되었는데 바로 지성소 전통이었다. 하나님이 존좌 하신 지성소에는 매년 딱 한 번 대제사장만 들어갈 수 있었다. 일반인이 들어가면 죽었다. 하나님의 말은 일상적 가르침이었다. 동행을 의미하는 것이었다. 반면 '언약=계명'으로 돌비에 새긴 것이었다. 성경에 의하면 이는 하나님이 직접 써서 모세에게 내려 준 것이다. 계명은 하나님의 백성으로 특권처럼 지니는 정체성이다. 하나님과 동격으로 볼 수 있고 신학적으로 본다면 구약 시대 '성령의 임재'와 같다. 법궤를 메고 행진하고 법궤와 함께 전투했으며 법궤와 함께할 때 승리하였다.

하나님이 인간에게 베풀어주시는 혜택에 비하면 의무조항은 단순한 편이다. 시내 산에 강림하셔서 십계명을 주신 하나님께서 이스라엘 백성들에게 왕림하셨을 때 뭇 백성이 우레와 번개와 나팔 소리와 산의 연기를 보았다. 백성들은 무서웠다. 하나님의 존위와 분위기를 직접 느낀 것이다. 모세는 알고 있었다. 백성들이 하나님을 직접 대면하면 죽을 수도 있다는 사실을, 그리하여 자신을 통하여 하나님 임재를 알리고 말씀을 전하게 당부하였다. 그러자 하나님은 전하여 말씀하셨다. "두려워하지 말라 내가 임한 것은 너희를 시험하고 너희로 경외하여 범죄 하지 않게 하려 하는 것이다"(20: 20) 여기서 '시험'이란 단어를 사용하셨다. 시험하고 경외한다는 말은 우리가 쉽게 이해하기 어렵다. 하나님이 이스라엘 백성(인간)을 사랑하는 상호관계 방식이 '시험'과 '경외'라는 상반되는 명사에 있다는 점이다. 하나님은 인간을 시험하신다. 어떤 모양으로든 시험하신다. 목적은 훈련이다. 하나님의 백성이 되기 위해서는 하나님이 가르치시는 순간순간의 훈련을 통과해야 한다. 다시 말하면 출애굽의 역사는 하나님의 백성으로 살아갈 수 있도록 하기 위한, 마치 누에고치 속에서 나방이 날개와 더듬이가 찢어져도 두꺼운 고치를 뚫고 나와야 하는 것처럼, 인내와 고통을 감내하여야만 하였다. 자녀로 태어나 하나님을 아바 아버지로 부를 수 있게 되는 것이다. 그러므로 시험은 테스트가 아니다. 일종의 통과의례이다. 합격하면 하나님의 백성이 되고 불합격하면 남의 백성이 되는 것이 아니다. 부모의 자식이 되기 위해서는 어머니 뱃속에서 임신 기간을 거치고 산고를 겪고 나와야 한다. 산고를 겪지 않으면 건강하게 태어날 수 없다. (제왕절개는 없었을 때였다) 결국 하나님의 시험은 하나님의 자녀로서 훈련받는 과정을 의미한다.

이어서 '경외'의 주어는 백성이다. 우리(인간)가 하나님을 경외해야 한다는 것이다. 경외의 사전적 의미 속에는 '공경하다'와 '두려워하다'의 의미를 동시에 포함한다. 출애굽 백성이 자기들을 인도하신 야훼 하나님을 공경한다는 것은 너무도 당연하다. 더구나 애굽의 잡신들과는 다른, 가난하고 힘없는 백성의 하나님이기에 공경해야 하는 것은 당연하다. 문제는 '두려워하다'라는 동사이다. 왜 하나님을 두려워해야 하는가? 만약 인간이 창세기 에덴에서처럼 하나님을 두려워하지 않은 결과는 어떠했는가. 결국, 인간의 배신과 하나님의 실망이라는 결과만 낳은 것이 아니었다. '결별'이었다. 인간은 숨었고 스스로를 부끄러워하였고 하나님은 세상을 물로 쓸어버리려고 하였다. 그러나 하나님은 '스스로 계신 분으로' 약속을 떠 올리셨다. 대상이 노아였고 요셉이었다. 이는 단순히 하나의 스토리텔링으로 읽을거리는 아니다. 상호 신뢰의 본을 보여 주신 것이라고 할 수 있다. 만약 십계명이 신에 대한, 순종과 경외의 조약만 있었다면 애굽 만신전 신들과 다를 바 없었을 것이다. 하지만 인간과 인간에 관한 조약이 동시에 기록되어 있다. 이는 국가 형성과 사회적 안정을 위한 규범을 제시한 것으로 보아야 한다.

비근한 예로 한국사에 등장하는 '8조 금법'이라는 것이 있다. 3조만 전한다.[1] '살인자는 사형에 처한다' '도둑질한 자는 노비로 삼는다. 만약 죄를 대신하려면 50만 전을 내야 한다' '남을 다치게 한 자는 곡물로 배상한다'라는 내용이다. 이를 역사적으로 분석하면 당시 사회는 법률이 엄했다는 것, 인명을 중시 여겼다는 점, 노예제가 존재하였다는 것, 복수법의 성격을 띠었다는 점, 화폐가 사용되는 사회였다는 내용으로 해석이 가능하다. 이는 역사적 분석에 의한 안목이다. 이처럼 출애굽 동시대로 돌아가 당대의 관점으로 십계명을 분석하면 신정정치, 유일신 사상, 인간존중 사

---

1 고조선 사회의 8조 금법 또는 8조법이라고도 하는데 이는 중국의 역사지리서인 『한서 지리지』에 전하고 있다. 고조선 사회의 특징을 분석할 수 있는 역사적 자료로 매우 소중한 사료이다. 모두 8조로 되어 있지만 아쉽게도 이 가운데 3조만 전해지고 있다. 모두 형사사건에 해당하는 내용이다.

회, 1주일 시간 개념 사용, 안식일 개념, 신분제 사회, 사유재산제, 관습법적 사회[2] 모습임을 알 수 있다.

십계명에는 야훼 하나님의 인간에 대한 사랑이 지극하여 오직 하나님만의 방식으로 인간을 사랑하는 규정과 관계성을 1-4계명까지 네 가지로 담아 두었다. 인간의 배신과 한계를 보았기에 신뢰를 위한 장치를 마련하였다고 할 수 있다. 그러므로 출애굽기 기자는 관계성의 회복을 위하여 '공경'을 넘어 '두려움'을 신을 대하는 자세로 규정한 듯하다. "네 하나님 여호와의 이름을 망령되게 부르지 말라 여호와는 그의 이름을 망령되게 부르는 자를 죄 없다 하지 아니하리라"고 하여 제3조의 계명은 두려움의 일 예를 예시한 것으로 보인다. 하나님의 이름을 망령되게 부른다는 것은 무엇을 말함인가? 이는 존재의 유무나 권위의 강약도 있었겠지만 다른 잡신들처럼 동격으로 인정하고 비슷한 신으로 부르는 것을 말한다고 생각한다. '하나님이 그런 일도 할 수 있겠어? 하나님이 홍해 바다를 가를 수 있겠어? 그 강한 여리고 성을 어떻게 싸우지도 않고 함락시킬 수 있겠어?'라고 생각하는 의심도 일종의 망령되게 부르는 것이라 여길만하다. 하나님은 존재의 유일성, 권위의 광대성, 시제의 초월성을 인정받기를 원하신다. 이에 관한 엄격함이 '질투의 하나님'으로 자인(自認)하셨다. 존위의 인정으로, 상호존중과 보상이 동시에 이루어지도록 한 법적 장치가 하나님의 언약이며 사랑의 방정식이다.

---

2 십계명에는 여호와 하나님과의 관계 4가지와 인간과의 관계 6가지가 있다. 사적(史的)으로 인간과의 관계만을 두고 분석할 때 -말라고 규정한 내용은 복수법이 아닌 관습법으로 보아야 하며, 복수법으로 볼 수 없고 "거짓 증거하지 말라"는 내용으로 볼 때 사회가 상당히 다양하고 송사가 자주 있었다는 것을 알 수 있다. 고조선은 B.C. 10세기로 보며 출애굽 시대는 B.C. 13세기경으로 볼 때 출애굽은 고조선 사회보다 적어도 300년이 앞선다. 이는 십계명과 출애굽기의 기록 시점을 이해할 수 있는 단서가 된다.

2) 언약의 확장성

하나님께서 인간과 맺으신 약속의 대표성이 십계명이라면 하나님을 이해하는데 제한적일 수 있다. 하지만 아무리 법률이 충실하여도 인간 세상에서는 무한 다변한 일과 관계와 어긋남이 일어나는 것처럼 규정된 법으로는 사회와 인간을 신의 다스림 속에 다 담을 수 없다. 하나님과 인간이 맺은 언약은 무한 확장성을 가진다. 만약 야훼 하나님이 이스라엘 백성에게 내려 준 계명이나 언약이 출애굽 백성들만을 위한 것이라면 우리가 하나님을 동일하게 경배할 이유가 없다. 하지만 하나님은 인류 전체를 구원하실 계획을 이미 가지고 계시면서 하나의 샘플로 이스라엘 민족을 사용하신 것이다. 하나님이 모세를 부르신 목적이나 이유를 하나님은 '증거'라는 단어로 설명하셨다.

"내가 누구이기에 바로에게 가며 내가 누구이기에 이스라엘 자손들을 애굽에서 인도하여 내리이까?"

모세의 이 질문은 자신의 정체성을 근본적으로 되묻는 동시에 하나님과의 관계성에 관한 질문이다. 하나님의 답변은 "내가 반드시 너와 함께 있으리라"는 단순 명료한 문장으로 귀결 지었다. "자신이 누구이기에 바로와 맞짱 뜨며, 자신이 누구이기에 이스라엘 백성들의 지도자가 되겠습니까?"에 대한 구체적 답변이 "함께 하겠다"란 것이라면, 하나님은 굳이 모세가 아니라도, 능력자가 아니라도 하나님의 필요에 의하면 누구나 뽑으셔서 천하의 권세자나 힘 앞에 당당히 설 수 있도록 하신다는 사실을 알게 된다. 이것이 '하나님 언약의 확장성'이다. 아울러 "너희가 이 산에서 하나님을 섬기리니 이것이 내가 너를 보낸 증거니라"(3:9-12), 즉 하나님의 백성뿐 아니라 모든 인간이 하나님을 예배하고 섬기게 하고자 함이 '증거'(證據)라고 하였다. 다시 말하면 하나님이 '모세를 뽑으시듯 우리 인간에게 각자 역할과 일을 맡기신다는 사실'에 대한 근거가 이스라엘 백성, 모세 그리고 야훼 하나님과의 관계인 것이다. 그리고 우리가 드리는 예배인 것이다. 이 부분은 성경적으로도 역사적으로도 매우 중요하다. (관계=예배=증거) 이 구도는 '구속사'의 공식이 된다. 하나님이 직접 '증거'라는 단어를 사용하였다는 것은, 인간과 관계 맺은 이유이며 예배받기 합당한 분이시라는 사실을 직접적 목적으로 규정하였고 이를 확정하였다는 점에서 중요하다.

하나님

인간   모세

하나님의 존칭은 '스스로 있는 자' '아브라함의 하나님' '이삭의 하나님' '야곱의 하나님'이며 "이는 나의 영원한 이름이요 대대로 기억할 나의 칭호"라고 하나님이 직접 가르쳐 주셨다. 영원한 이름과 대대로 기억할 이름이라면 한 시대의 사실이나 1-2세대에 들려주실 이름은 아니라는 사실이다. '실낙원'한 인간은 창조주인 하나님으로부터 자격상실을 당하였다. 하나님의 가장 걸작품인 인간 스스로가 자초한 관계 상실을 하나님은 어떤 식으로든 깨닫게 하고 돌아오게 하고 싶었다. 이는 부모 마음이다.[3] 그리하여 인간을 맏아들로 여기시는 하나님은 큰 결단을 하셨다. 역사적인 첫 작업이 출애굽 사건이었다.

이스라엘 백성들은 '모세의 지팡이' 곧 '하나님의 지팡이'를 통하여 마

---

3 신약 시대 예수를 통하여 비유로 말씀하신 '탕자의 비유' 또는 잃었다 찾은 기쁨의 비유들이 이 부분을 설명하는 하나님과 인간의 관계에 대한 비유이다. 예수 그리스도는 비유로 말씀하셨지만 구약을 통하여 설정한 하나님과 인간의 관계에 대하여 (이탈-돌이킴-복귀-회복)이라는 구속사 공식을 보여 주셨다. 아는 하나님의 시제는 초월성을 띤다는 것을 말해준다.

치 보이지 않는 '와이파이'처럼 하나님과 모세가 연결되어 있음을 알게 되었다. 이는 놀라움의 시작에 불과하였고 바로에게도 긴장되게 하는 하나의 도구였다. 결국, 열 가지 재앙을 통하여 하나님의 구원 패턴과 공식을 보게 되었다. 마지막 10번째 '먼저 난 것의 죽음'을 통하여 애굽에는 여호와 신의 우월성을, 히브리 민족들에게는 유월절 하나님을 설정케 하였다. 출애굽 백성들은 홍해에서 약속의 장엄함을 얻었으며(출 1-15장), 만나와 메추라기를 먹고(16장), 므리바에서 갈증을 해소한 후(17장), 아말렉과의 싸움에서 승리를 거두었다(17:8-16). 이 과정에서 보인 이스라엘 백성들의 투정은 인간의 본능을 보여 주는 것이었고 하나님이 인간을 사랑하는 방식을 보여 준 것이었다. 이런 인간의 삶의 방식은 이스라엘 백성에 국한된 것이 아님을 안다. 출애굽 한 후 3개월 만에 200만 백성은 호렙 산(시내 산)에 도착하였다. 이 산에서 하나님은 모세를 중재자로 이스라엘 백성과 언약을 맺으셨다. 십계명의 법은 아브라함 이후로 지속되어 온 하나님과의 관계를 정식 '공인하는 끈'(매개)으로 공증이 되었다. 하나님 백성으로서의 회복이 공식화되었다고 할 수 있다.

'시내 산 언약'은 하나님의 무조건적 사랑(구원)을 확증한 것이었고 출애굽 백성은 자발적 순종으로 화답해야 함을 보여 준 것이다. 하나님은 이를 '증거'라고 표현하였다. 출애굽의 전 과정을 통하여 하나님은 역사를 강조하였다. 먹일 때도 이길 때도 건널 때도 "후대에 이를 기념하고 기억하게 하라"고 하신 이유가 무엇일까? 법(계명) 마저도 부숴버릴 수 있는 백성들이라면 언제든 하나님을 인간이 만든 신과 동일하게 처리할 수도 있음을 미리 아신 것이다. 그러므로 후손들에게 확실히 보여 줄 수 있는 것은 역사 기록이라고 본 것이다. 구체적으로 사료이다. 마치 경주나 부여 익산을 둘러보면 그곳이 왕궁지였음을 보여 주는 유물 유적이 남아있는 것처럼. 동시대에 살지 않았지만, 사실(史實)을 인정한다. 출애굽의 역사도 동일하다.

> 세계가 다 내게 속하였나니 너희가 내 말을 잘 듣고 내 언약을 지키면 너
> 희는 모든 민족 중에서 내 소유가 되겠고 너희가 내게 대하여 제사장 나라
> 가 되며 거룩한 백성이 되리라 너는 이 말을 이스라엘 자손에게 전할지니
> 라(출 19:5-6).

'하나님의 소유' '제사장 나라' '거룩한 백성'이란 표현은 개인, 국가, 신탁의 관계규정이자 언약의 실천이며 이를 법으로 확증한 말이었다(20장).[4] 그리고 중요한 사실은 "이 말을 이스라엘 자손에게 전할지니라"고 숙제까지 주문하셨다. 후대에 알리라는 것은 하나님의 명령이며 인간이 상기해야 할 과제이다. 신약의 베드로도 이 부분을 인용하면서 "이를 선포하게 하려 하심"이라고 미래형 시제를 사용하고 있다(벧전 2:9). 공통점은 '널리 전함'이라는 것이다. 이것이 '하나님 언약의 확장성'이다. 현재의 인간은 '예배'함으로 언약 백성임을 '증거'할 수 있다. 그리하여 한 마디로 출애굽 현장은 역사의 현장이 된다.[5]

---

[4] 사도 베드로는 이를 인용하고 있다. "그러나 너희는 택하신 족속이요 왕 같은 제사장들이요 거룩한 나라요 그의 소유가 된 백성이니 이는 너희를 어두운 데서 불러내어 그의 기이한 빛에 들어가게 하신 이의 아름다운 덕을 선포하게 하려 하심이라"(벧전 2:9)

[5] 출애굽기를 언제 기록 문서화 하였는가 하는 것은 상당히 관심거리다. 분명 구전되어 내려오던 것을 정리하였을 텐데 학자들에 의하면 대체로 B.C. 7세기 요시야 왕 때로 본다. 요시야는 종교개혁과 함께 영토확장에 전념하였다. 하지만 이때는 이집트도 강력한 국력을 바탕으로 이스라엘에 위협을 가할 때였다. 그리하여 궁중의 제사장들은 민족의 단합과 정신력 강화를 위하여 출애굽기의 서사시를 완성하였다고 말하고 있다. 이는 우리나라의 단군신화가 정립된 배경과 비슷하다.
Harvey Cox, 위의 책, 97.

2. 언약 (십계명)과 신인(神人) 관계

1) 법리적 특성

십계명은 분명 하나님이 출애굽 백성에게 내려준 헌법적 특성이며 인간에 대하여 관계를 설정한 법 중의 법이다. "하나님이 이 모든 말씀으로 말씀하여 이르시되 나는 너를 애굽 땅, 종 되었던 집에서 인도하여 낸 네 하나님 여호와니라"(출 20:1-2) 십계명의 전문 곧 헌법 전문이 이렇게 시작된다. 한 나라의 헌법 전문은 헌법의 취지와 목적 그리고 국가의 정체성을 나타낸, 국가에 대한 근본규범을 정하며 통치 조직과 '작용의 원칙'을 담고 있다.[1] 헌법과 건국 신화는 민족의 정신적 지주 역할과 정체성을 발현하는 중요한 두 가지 국가적 가치다. 한 마디로 국가를 지탱하는 버팀목이다. 십계명의 전문이 이같이 시작한다.

"나는 너를 애굽 땅 종 되었던 집에서 인도하여 낸 네 하나님 여호와라"

핵심어는 '나와 너' '해방' '하나님'으로 결국 관계의 설정을 규정한다.

1　우리나라 헌법 전문은 다음과 같다. "유구한 역사와 전통에 빛나는 우리 대한국민은 3.1운동으로 건립된 대한민국 임시정부의 법통과 불의에 항거한 4.19 민주 이념을 계승하고, 조국의 민주개혁과 평화적 통일의 사명에 입각하여 정의 인도와 동포애로써 민족의 단결을 공고히 하고 모든 사회적 폐습과 불의를 타파하며 자율과 조화를 바탕으로 자유민주적 기본질서를 더욱 확고히 하여 정치 경제 사회 문화의 모든 영역에 있어서 각인의 기회를 균등히 하고 능률을 최고도로 발휘하게 하며 저유와 권리에 따르는 책임과 의무를 완수하게 하여 …(하략).

십계명은 언약의 완성이며 여호와가 우리의 하나님 됨의 증거이고 영원히 예배를 받으시기에 합당하신 분이라는 사실을 공표한 법이었다. 법의 특성과 원리를 살펴보면 다음 표와 같다..

<4-1> 십계명(출 20:3-17)

계명 순서	내용	대상
제1계명	너는 나 외에는 다른 신을 네게 두지 말라	하나님
제2계명	너를 위하여 새긴 우상을 만들지 말고 또 위로 하늘에 있는 것이나 아래로 땅에 있는 것이나 땅 아래 물속에 있는 것의 어떤 형상도 만들지 말며 그것들에게 절하지 말며 그것들을 섬기지 말라 나 네 하나님 여호와는 질투하는 하나님인즉 나를 미워하는 자의 죄를 갚되 아버지로부터 아들에게로 3~4대까지 이르게 하거니와 나를 사랑하고 내 계명을 지키는 자에게는 천대까지 은혜를 베푸느니라	하나님
제3계명	너는 네 하나님 여호와의 이름을 망령되게 부르지 말라 여호와는 그의 이름을 망령되게 부르는 자를 죄 없다 하지 아니하리라	하나님
제4계명	안식일을 기억하여 거룩하게 지키라 엿새 동안은 힘써 네 모든 일을 행할 것이나 일곱째 날은 네 하나님 여호와의 안식일인즉 너나 네 아들이나 네 딸이나 네 남종이나 네 여종이나 네 가축이나 네 문안에 머무는 객이라도 아무 일도 하지 말라 이는 엿새 동안에 나 여호와가 하늘과 땅과 바다와 그 가운데 모든 것을 만들고 일곱째 날에 쉬었음이라 그러므로 나 여호와가 안식일을 복되게 하여 그날을 거룩하게 하였느니라	안식일
제5계명	네 부모를 공경하라 그리하면 네 하나님 여호와가 네게 준 땅에서 네 생명이 길리라	사람
제6계명	살인하지 말라	사람
제7계명	간음하지 말라	사람
제8계명	도둑질하지 말라	사람
제9계명	네 이웃에 대하여 거짓 증거하지 말라	사람
제10계명	네 이웃의 집을 탐내지 말라 네 이웃의 아내나 그의 남종이나 그의 여종이나 그의 소나 그의 나귀나 무릇 네 이웃의 소유를 탐내지 말라	사람

십계명의 제1~3계명은 하나님의 존위, 하나님의 속성, 이집트 만신전에 있는 인간이 만든 다른 신들과의 차별성, 신앙의 방법을 하나님 스스로 밝힌 헌법 전문에 해당한다. '신정정치'이되 유일신 사상이 어떻게 정립되었는가를 언급하고 있다. 한 마디로 이제 이후로 만들어지고 다스려질 나라에 대한 정체성과 통치의 취지와 목적, 다스려질 나라의 근본규범을 밝

혀놓았다고 할 수 있다. '3-1-6의 원칙'이 무엇일까? 3계명까지가 여호와 신의 위상이라면 5계명부터 10계명까지 여섯 계명은 인간이 인간과의 관계에서 지켜야 할 도덕적 윤리를 언급하고 있다. 사회가 분화하기 전에 볼 수 있는 기본법이다. 헌법적 성격이기에 여섯 개의 조문은 대표성을 띠는 계명으로 보아야 한다. 문제는 신을 섬기는 법과 인간이 지켜야 하는 법 사이에 들어있는 제4계명이다. 이 규정은 안식일과 예배다. 안식일 계명이 왜 하나님의 법과 인간의 법 사이에 들었을까? 십계명의 원리가 이 제4계명으로 여실히 입증된 셈이다. 마치 신과 인간을 연결하는 통로이자 교량 역할을 하듯 안식일을 규정하였고 거룩하게 수행할 것을 주문하고 있다. 안식일을 거룩하게 지킨다는 의미 속엔 예배를 포함한다. 앞서 언급하였 듯이 안식일 규정은 야훼 하나님이 인간에게 내린 창조의 축복이다. 야훼 하나님만 하실 수 있는 축복이자 언약 백성과의 관계에 대한 증거이다. 그리고 예배를 통하여 만나기를 원하셨다. 이것이 제4계명을 내려준 이유이다. 그리고 '기억'이란 단어를 사용하고 있다. '기억은 역사'이다. 과거에서 현재 그리고 앞으로도 계속 유지되기를 바라는 미래형 언어의 선택이다. 'memory history'가 언약 속에 내재 되어 있다.[2] 계명의 법리적 이해를 구체적으로 살펴보자.

첫째, 제1-2계명은 하나님의 속성과 함께 신정정치의 원리를 규정한 법이다. 신정정치란 신의 대변인인 사제가 지배권을 가지고 종교적 원리에 의하여 통치하는 정치형태로 생활의 모든 영역이 신의 의사와 신과의 계약에 따

---

2 야훼 하나님은 역사에 대한 의미를 크게 부각하고 있다. 하나님과 이스라엘 백성들이 출애굽 이후의 역사 속에서 관계를 맺은 거의 대부분의 일화들에 대하여 하나님은 기록하라, 정하라, 알리라, 기념하라, 자손에게 이르라 하는 식으로 역사 인식을 중요하게 다루고 있다. 역사의 하나님이다. "여호와께서 모세에게 이르시되 이것을 책에 기록하여 기념하게 하고 여호수아의 귀에 외워 들리라"(출 17:14)

라 규율되는 정치를 말한다. 그러므로 신정정치에서는 신의 의사를 옳게 받아들이고 이를 전할 지도자 또는 선지자나 왕을 내세운다. 출애굽의 과정과 가나안 입성 나아가 이스라엘 나라의 건설 과정에 신의 의사와 영향력이 절대적으로 작용한 것은 신정정치의 사례를 잘 드러낸 것이다.

비슷한 말로 '신권정치'와 비견될 수 있다. 신에 의한 정치이기는 하지만 신정정치와 신권정치는 약간의 차이가 있다. 전적으로 '신의 대리인'에 의한 정치란 의미가 크지만, 신정정치는 신에 의한 정치이면서 인간에게 나서는 것은 대리인이 아닌 '전달자'로서의 선지자, 제사장 또는 왕을 사용했을 뿐이다. 하지만 신권정치는 전적으로 신으로부터 위임받은 권한을 가지고 권력을 행사하는 정치이다.

이스라엘의 전 역사를 통틀어 법궤와 지성소는 신의 임재를 확인할 수 있는 장소로 1년에 한 번 대제사장만 들어갈 수 있었다. 다른 사람이 들어가면 죽는다고 한 터부(Taboo)는 신의 대리인을 통한 신의 직접 통치 곧 신정정치의 모습을 보여준 사례다. 심지어 여호와 하나님 스스로를 '질투하는 하나님'으로 규정한 것은 유일무이한 존재로서의 자신의 위상을 선포하고 이를 지키게 하기 위함이었다. 또한, 유일한 섬김의 대상임을 강조하고 있다. 그리고 이 점에 관한한 추호의 배려나 양보가 없는 <u>유일신교임</u>을 천명한 것이 신정정치이다. 출애굽 당시부터 십계명과 출애굽기가 문서화 되기 시작한 기원전 7세기 요시야 왕 때[3]는 지중해 연안이나 이집트 메소포타미아 전역 모든 국가가 다신교 국가였다. 그리고 이들 나라는 대부분 전제 왕정 체제였다. 사회 문화적으로도 신의 영향력은 크지만, 그 신은 인간 신이었고 왕 자신도 신으로 자처하였다. 이는 후대의 로마도 마찬

---

3 출애굽기서의 문서화 시기를 기원전 7세기 요시야 왕 때로 보는 설과 기원전 6세기 바빌로니아 포로 시기로 보는 설이 있다.

가지였다. 그러므로 십계명의 신정정치와는 차이가 있다.

한편 제1~2계명은 야훼 하나님의 차별성 또는 유일성을 규정한 법이다. '질투하는 하나님'이란 용어를 사용하여 언급하지만 "나를 사랑하고 내 계명을 지키는 자에게는 천대까지 은혜를 베푸느니라" 하여 '조건적 축복'을 첨가하고 있다. 법의 특성은 명령적 규범 또는 제한적 규범으로 이루어지는 것이 일반적이다. 십계명도 ~말라, ~하지라고 하는 술어 동사로 이루어지다 부가하여 내 계명을 지키면 천대까지 은혜를 베풀겠다고 한 것은 전형적인 신정정치의 모습을 보여주고 있는 대목이다. 물론 신과 인간의 계약이 법제화되는 과정이라고 할 수 있다. 야훼 하나님은 출애굽을 위한 해방 투쟁에서 백성들에게 직접 나타나, 가르치고, 인도하고, 보호하고, 먹이고, 지킨 절대적 존재로 비춰지고 있다. 그러면서 자신이 불러 세운 모세를 통하여 전달하며 가르친다. 모세는 신의 대리인이 아니다. 단지 신의 전달자일 뿐이다. 출애굽 내내 "여호와께서 모세에게 이르시되"라는 문장 표현으로 이를 잘 설명하고 있다.

둘째, 십계명의 제3계명은 여호와 신의 존엄성을 규정한 법이다. "여호와 이름을 망령되게 부르지 말라" 독재국가나 전제 왕국 심지어 북한 같은 폐쇄적 군사독재 국가에서도 최고 지존을 함부로 부르지 못하게 한다. 전제 권력일수록 지존의 존엄을 거룩하게 존칭하지 않았을 때 큰 범죄로 다스린다. 그들은 신처럼 대접받기를 원한다. 하물며 신정국가의 신을 망령되게 칭하였을 때 죄로 다스리지 않을 수 없다. 이는 인간의 인간에 대한 존숭(尊崇)과 구별될 수밖에 없다. 일반 헌법에서는 볼 수 없는 신의 존엄성을 규정하였다. 이런 호칭과 관련된 규정은 신정정치, 유일신교에서나 가능한 규정이다. 십계명은 분명 언약법전으로 천대(영원)를 이어가야 할 인간과 교회의 명령규범이다.

넷째 계명은 하나님과 인간의 영원한 관계성을 규정한 명령규범이다. "안식일을 기억하여 거룩하게 지키라" 창조규범으로 정한 안식일은 신이 인간에게 내려준 최고의 선물이다. 세상의 어떤 종교도 인간에게 안식을 규정하여 법으로 정한 종교는 없다. 그리고 인간에게 안식과 평안을 주는 종교적 원리는 있지만, 이스라엘의 민족 종교처럼 신앙의 대상 하나님이 상하 모든 사람, 가축이나 객이라도 안식일을 지켜야 한다는 언약법을 계명으로 정하여 준 종교는 없다. 안식일은 단순히 쉰다는 의미를 넘어서는 말이다. 유일신 하나님을 믿는 유대교에서는 안식일이 제사이며 오늘날 예배에 해당하는 출애굽 백성에 대한 약속 있는 증거였다. 그리하여 "기억하여 거룩하게 지키라" 이는 역사의 의미를 상기한다. 제1계명 시작 전부터 "너희를 애굽 땅 종 되었던 집에서 인도하여 낸"이란 역사 사실이 신의 섭리나 은총 속에서 이루어졌음을 기억하라고 명시하였다. 불가시적 신을 가시적 신으로, 수용하기 시작한 때가 이때부터였고 불확실성의 신을 확실성의 신으로, 비현실적인 신을 현실적인 신으로 받아들이기 시작한 때가 이때부터였다. 이날을 기억하여 거룩하게 지켜야 하는 이유도 신이 직접 언급하였다. 즉 "여호와가 안식일을 복되게 하여 거룩하게 하였으므로"라 하여 본을 보이신 이가 하나님임을 분명히 하였다. 본이란 창조의 주가 되신 하나님이 엿새 동안의 창조 행위 이후 일곱째 날을 안식일로 쉬었음을 의미한다. 그러므로 창조의 계획과 약속이 출애굽을 통하여 확인되었고 인간과의 영원한 언약 관계를 지속시키기 위하여 제사와 예배를 준비시켰다.

다섯째 계명은 "네 부모를 공경하라" 혈통의 존중과 인간의 본질(인간됨)을 강조한 법이다. 자신의 낳은 부모를 공경하는 윤리는 동서양을 막론하고 인간의 기본 도덕으로 강조하고 있다. 이는 단순히 태생의 중요성이라기보다 사회와 가정의 질서를 존중하는 기본법이다. 자연의 원리이며 생명 가치의 기본이다.

여섯째 계명은 "살인하지 말라" 인간존중, 인간 생명의 존엄성을 중히 여긴 법이었다. 자칫 인간 생명을 경시하는 계급과 차별을 노골적으로 드러낸 종교도 많다. 하지만 인간 창조를 신의 작품으로 여긴 이스라엘의 출애굽 종교는 인간을 신의 축소판(신의 형상대로 지음을 받은)으로 보고 있다.

일곱째 계명은 "간음하지 말라" 이는 가정의 소중함과 남녀평등을 강조한 법이다. 일부일처를 기본으로 하여 여성의 지위를 인정하고 여성도 한 사람의 인격체로 남자와 평등하게 보는 사상에서 유래하였다. 이 또한 창조의 원리이다. 가정의 평화와 안정은 신이 계획한 이상적인 모델이었다.

여덟째 계명은 "도둑질하지 말라" 이 법은 <u>사유재산 제도와 노동의 가치를 인정한 법이다.</u> 역사적으로 사유재산제도는 가부장제가 정착하는 청동기시대에 농경의 시작과 함께 등장한다. 출애굽 당시는 농업이 굉장히 활발하게 이루어지고 있었다. 이집트에서 노예 생활을 하던 이스라엘 백성들은 이집트인의 건축과 농사에 전적으로 투입되었다. 이들도 일정한 주거지에서 가정을 이루고 사유재산을 확보하였음을 역사적으로 증명할 수 있다. 이는 성경 외 파피루스 문서나 벽화 그림 등을 통해서도 확인할 수 있다. 같은 신앙공동체라 하여도 철저하게 사유재산제도가 존재하였고 이를 존중하였다. 도둑질은 건전한 노동에 대한 가치를 훼손하는 행위이다.

아홉째 계명은 "네 이웃에 대하여 거짓 증거 하지 말라" 이는 사회분화와 재판의 공정성, 정직을 강조하는 법이다. 또한, 송사가 자주 일어나며 재판정과 판관의 엄격함도 보여준다. 이러한 규정 자체는 사회가 상당히 복잡하며 분화되어 있음을 의미하고 있다.

열 번째 계명은 "네 이웃의 집을 탐내지 말라"(아내, 남녀 종, 가축, 소유물) 이는 철저한 사유재산제도와 계급사회의 도의적 규범을 규정한 법이다.

앞서 간음과 도둑질에 대한 계명이 있었기에, 이는 인간의 탐심, 질투를 법으로 규제하고 질서를 유지하기 위한 도덕적 규정을 가르치기 위한 법이다. 이를 통해 출애굽 시대를 기원전 15세기 혹은 13세기로 산정할 때 당시 선진국이라 할 수 있는 이집트나 고바빌로니아, 힛타이트 등에서 영향을 받았을 수도 있고 유사한 법이 존재함도 알 수 있다. 또한, 다양한 송사가 이루어졌음도 알 수 있다. 십계명을 받은 환경은 광야 생활 중이었다. 광야 생활은 주거가 천막이거나 노출된 환경이었다. 그러므로 이웃의 소유를 탐하거나 투기할 충분한 환경에 노출되어 있었다. 성경에서는 이에 대한 끊임없는 주의가 지속되고 있음을 행진 내내 볼 수 있다.

십계명의 법리적 해석을 종합하면 다섯 가지 특성으로, 분류가 가능하다.

첫째, 법의 신성성

둘째, 법의 무한성

셋째, 법의 형평성

넷째, 법의 인격성

다섯째, 법의 대표성

그런데 출애굽 백성에게 가르친 십계명의 법이 명령규범과 금지규범으로 표본을 제시하기 위한 헌법적 특성인 것은 다른 금법이나 함무라비법처럼 처벌 내용이 없다는 것이다.[4] 하나의 기준과 질서를 유지하기 위한

4　함무라비 법전은 BC 18세기 중엽 고바빌로니아 왕국에서 수립한 법전으로 현존하는 성문법전으로 가장 오래되고 완성된 형태의 법전이다. 특히 talio의 법칙이라 부르는 "눈에는 눈 이에는 이"라는 동해복수법의 원칙으로 잘 알려져 있다. 2,25미터 높이의 월기둥 섬록암에 282개의 판례법이 새겨져 있다. 이 또한 바빌로나아의 국가 신인 마르둑(Marduk) 신전에 세워진 것으로 보아 역시 신권정치의 수단으로 사회 질서를 유지하기 위한 법이었다. 주목할 것은 형벌 가운데 가해자의 신분에 따라 다른 처벌을 내리고 있다. 몇 가지 조문을 보면 다음과 같다.

기본 정신을 규정하였다고 볼 수 있다. 출애굽이 기원전 15세기에 이루어 진 사건이었다면 이보다 먼저 발표된 고바빌로니아 마르둑 신전의 함무라 비 법전이 있어 영향을 받았을 가능성도 있다. 메소포타미아 문명과 이집 트 문명은 발상에서부터 유사한 국가의 형성과 문화를 가꾸어 왔다. 물론 환경적 영향으로 전혀 다른 특질도 있지만, 신화의 형성, 제사의 방법, 신 앙의 방식에서 유사한 면도 있다. 하지만 출애굽 백성들에게 만들어 준 증 거판인 십계명은 하나님과 인간의 상호존중 관계를 입증한 헌법적 특성 을 가진 것이었다. 신에 대한 경외감, 인간존중, 남녀평등 사상을 내세운 법으로 처벌보다 신을 두려워하며 깨닫게 하는 데 목적이 있었다. 결국, 야훼 하나님은 그의 백성들에게 자신의 존재를 알리고 하나님의 백성으 로 거듭나기를 바라는 아버지의 심정으로 제시한 법이 십계명이었다.

2) 십계명의 사회 문화적 배경

십계명은 성경적 용어는 아니다. 성경에는 언약판, 증거판, 돌판, 법궤 등의 이름으로 사용되고 있다. 십계명은 출애굽 한 지 약 3개월이 지나 시

---

1. 만일 누군가 타인을 고소하고 소송을 제기했으나 사실을 입증하지 못하면 고소인은 처형당한다.
2. 만일 한 사람이 재판에 증인으로 나왔는데 그의 증언을 입증하지 못하였고 그 재판 이 목숨에 관한 재판이라면 그는 처형당한다.
3. 만일 누군가 황소나 양, 나귀나 돼지 혹은 배를 훔쳤는데 그것이 신전 또는 왕궁의 것이라면 30배 로 갚아야 한다. 만약 타인의 것이라면 10배를 갚아야 한다. 갚지 못 할 때는 사형에 처한다.
4. 만일 한 사람의 아내가 다른 사내와 동침하다가 잡혔다면 두 사람을 묶어 물에 빠뜨 릴 것이다.
5. 만일 자식이 자기 아버지를 때렸다면 그의 손을 잘라버린다.
6. 한 사람이 다른 사람의 눈을 상하게 했다면 그의 눈을 상하게 한다.
7. 만일 누군가가 타인의 뼈를 부러뜨렸다면 그 사람의 뼈를 부러뜨린다.
8. 만일 한 사람이 그와 동등한 지위의 사람 이빨을 부러뜨렸다면 그의 이빨을 부러뜨 린다.

내 산이라 부르는 호렙산에 이르렀을 때 모세를 중재자로 하나님과 이스라엘 백성 사이에 맺어진 중요한 언약을 공적인 문서 계약으로 약정한 공인인증서라 할 수 있다. 언약은 아브라함 이후 소위 믿음의 조상들과 그의 백성들에게 유전되어 온 신과 인간의 관계가 정식으로 법적 효력을 발생하게 된 통칭이었다. 그러므로 시내 산 계약 이후부터 이스라엘 백성들은 정체성을 가지고 하나님의 백성이 된 것이다. 모든 계약에는 법적 사회적 책임과 의무가 따른다. 그러므로 십계명은 출애굽 백성들에게 보여준 유일신 여호와의 사랑과 용서, 나아가 인간 구원의 신뢰를 바탕으로 하고 있다. 그리고 이스라엘 백성을 넘어 인류가 하나님의 구원 은총에 어떻게 응답해야 하는가를 규정한 원칙이었다. 인간의 의무는 자발적 순종과 응답이었으며 원칙을 지켜 행할 때만 인정 가능한 축복이 되기도 하였다.

> 세계가 다 내게 속하였나니 너희가 내 말을 잘 듣고 내 언약을 지키면 너희는 모든 민족 중에서 내 소유가 되겠고 너희가 내게 대하여 제사장 나라가 되며 거룩한 백성이 되라라 너는 이 말을 이스라엘 자손에게 전할지니라 모세가 내려와서 백성의 장로들을 불러 여호와께서 자기에게 명령하신 그 모든 말씀을 그들 앞에 진술하니 백성이 일제히 응답하여 이르되 여호와께서 명령하신 대로 우리가 다 행하리이다 모세가 백성의 말을 여호와께 전하매(출 19:5-8).

이 대목은 계약 상황을 그림이나 사진 보듯 설명하고 있다. 세계를 소유한 야훼 하나님이 갑, 출애굽 백성이 을이라면 모세는 중개인이라 할 수 있다. 이들이 한자리에 앉았다고 가정해보면 갑이 서명한 계약서를 모세가 들고 와서 백성의 대표인 장로들에게 보이니 "우리가 다 확인하였고 모두 행하여 지키겠습니다"라면서 서명한 형식이다. 그리고 이 내용을 다시 갑인 여호와에게 전하여 보여줌으로 계약이 공인되고 법적 효력을 발휘하게 된 모양이다.

족장 시대를 지나 출애굽 시대에 이르기까지 여호와의 말씀과 언약이 문서화 된 적은 없다. 십계명이 최초의 기록이다. 물론 메소포타미아에서는 더 이른 시기에 형법, 민법, 소송법에 관한 인류 최고의 성문법전인 함무라비 법전이 있었다. 고바빌로니아는 이미 전제 왕권이 확립된 나라이지만 이집트 노예 상태에서 해방된 이스라엘 백성들은 여전히 족장(제사장, 장로) 중심의 광야 천막생활 중이었다. 이때 중요한 것은 질서유지와 통일성이다. 출애굽 순간을 보면 모세를 통한 열 가지 재앙 이후 탈출만을 생각하고 얼떨결에 나온 백성들이었다. 이들에게는 편재도, 질서를 유지하기 위한 훈련도 없었다. 거기다 아이와 잡족 짐승까지 2백만 이상의 백성과 짐승을 거느린 상태로 백성들을 묶어줄 수 있는 것은 안식일과 절기 수행이 전부였다.[5] 안식일을 거룩하게 지키고 절기를 지키는 축제가 출애굽 백성들을 단합시키는 '이스라엘화'의 수단이었다. 앞 장에서도 언급하였지만, 출애굽 백성 중에는 야곱의 후손만 있었던 것은 아니다. 이들 중에는 잡족이 함께 하였다. 잡족은 야곱과 그 자손들을 제외한 이웃의 기존 가나안 6 족속과[6] 에돔인, 힛타이트인 등이 포함된 것이라 본다. 일 예로 후에 유다 지파에 편입된 갈렙이 있다. 갈렙은 그니스 사람으로 에돔의 후손이다. 출애굽 때 야곱의 후손을 따라 나오게 되었다. 그도 시내산 언약 체결 이후에 이스라엘이 되었고 12지파 가운데 유다 지파에 편입되

---

5 출애굽 백성들이 모세를 통하여 지키라고 가르침 받은 절기는 무교절, 칠칠절, 장막절의 3대 절기이다. 이는 후대 유월절, 무교절, 초실절(맥추절), 오순절(칠칠절), 나팔절, 대속죄일, 장막절(수장절, 추수절)의 7대 절기로 발전한다. 이외에 에스더와 관련된 부림절, 성전을 재건한 기념의 수전절, 안식년과 희년의 절기 등이 생겼다.

6 가나안 6 족속은 아모리 족속, 헷 족속, 브리스 족속, 가나안 족속, 히위 족속, 브리스 족속, 여부스 족속을 말하며, 잡족은 이들 외에 힛타이트나 에돔인 등 인근의 전쟁 포로들을 가리킨다고 본다.

었다. 나중엔 유다 지파의 대표까지 되었다. 여기서 이스라엘 민족의 정체성 나아가 이스라엘 민족의 종교와 사회와 문화까지 수용하여 민족 단위에 프함되는 행위 자체를 '이스라엘'이라 할 수 있다. 잡족이 이스라엘 될 수 있었던 환경은 물론 생존이지만 출애굽 과정에서 야곱 백성이 믿는 야훼 하나님의 인도하심과 모세의 영도력에 감복하였기 때문이었다. 하지만 야곱 백성과 잡족 사이에는 보이지 않는 이질감이 분명 상존하였다. 신과 인간의 접점, 시내 산 언약을 통하여 당시 이질적 사회 문화의 특징을 분석해보자.

첫째, 종교적 이해와 갈등이 여전하였다.

우선 야곱 백성과 잡족의 비율이 어느 정도인지는 알 수 없다. 하지만 모든 주도권은 야곱 백성이 지녔고 수많은 잡족은[7] 동행하고 동화될 수밖에 없는, 입장이었음이 분명해 보인다. 하지만 몸도 마음도 다 이집트화 되었던 체류 기간을 생각하면 종교적 이해 갈등이 상존하였음에 틀림없다. 시내 산 계약에 처음부터 야훼 하나님의 존재를 주지시키고 제1-제4 계명까지에 신앙의 대상, 신앙의 방법, 신앙의 영속성, 신의 호칭까지 언급하였다. 모세의 영도하에 있는 야곱 백성과 함께 출애굽 한 잡족들이 이스라엘이 되기 위해선 1차로 애굽식 종교관을 벗어나는 일이었고 2차로 서로 다른 자신들의 종교를 하나로 통합하는 일이었다. 이 문제는 모세의 부재 시 근송아지를 만든 백성들의 행동에서 여실히 드러난다.

백성이 모세가 산에서 내려옴이 더딤을 보고 모여 백성이 아론에게 이르러 말하되 일어나라 우리를 위하여 우리를 인도할 신을 만들라 이 모세 곧

---

7   출애굽기 12장 38절에는 수많은 잡족이라고만 되어 있다.

우리를 애굽 땅에서 인도하여 낸 사람은 어찌 되었는지 알지 못함이니라 (출 32:1).

"우리를 위하여 우리를 인도할 신을 만들라."

이처럼 순간을 참지 못하고 신을 만들자고 한 사람들은 야훼 하나님에 대한 신앙 의존도가 크지 못했음이 분명하다. 이를 인간의 속성이라고 하기 전에 당시 상황에서 백성들 사이에서는 종교적 이해와 갈등이 상당했음을 알 수 있다. 심지어 모세의 형 아론조차도 금송아지 제작에 앞장섰으니 일반 백성들이야 오죽했겠는가. 아무튼, 출애굽 백성들은 혼란한 종교적 갈등 속에서 유일신 이데올로기(Ideology)가 미처 정립되지 못하고 있었음이 확실하다.

둘째, 집단생활과 공동생활로 인한 이해와 갈등이 다양하였다.

출애굽 백성의 숫자는 성경에 의하면, 20세 이상의 장정 남자만 60만 가량이라고 하였다. 유아와 20세 이상의 남녀를 다 합하면 적어도 150만~200만명 가량이 된다고 볼 수 있다. 역사적, 인류학적으로 파악할 때 이 숫자를 어떻게 볼 것인가는 늘 관건이다. 출애굽의 연도를 기원전 15-16세기 이집트 18왕조 무렵으로 볼 때 이집트 전체 인구는 대략 50만 명 정도로 보고 있다. 그런데 출애굽 백성의 숫자를 150만~200만 명이라고 하면 이집트 백성의 3~4배나 된다. 왠지 현실적으로 맞지 않아 보인다. 성경에 기록된 숫자는 현재 사용하고 있는 아라비아 숫자로 기록된 것이 아니다.[8] 흔히 아라비아 숫자는 사실 인도에서 만들어져 아라비아로 전

---

[8] 고대 인도에서 사용하던 숫자를 동아시아 숫자라고 하여 아라비아로 전달된 것이 8세기 압바스왕조 때였다. 0의 개념은 AD870년쯤 고대 인도 그와 리오라는 도시의 사원 벽에 새겨진 기록이다. 그러므로 흔히 말하는 아라비아 숫자는 전부 인도에서 창안된

해졌지만, 히브리인들은 이를 사용하지 않았다. 히브리어에는 각자 자음에 해당하는 숫자가 있고 이를 통해 그 뜻을 해석하는 것을 '게마트리아'(gematria)라고 부른다. 성경의 60만을 가리키는 히브리어는 '쉐시 메오트 엘레프'(sheshi meot elef)이다. 곱하는 개념인데 쉐시는 6, 메오트는 100, 엘레프는 1,000을 의미한다. 해석하면 6과 100을 곱해서 600이 되고 이에 다시 1,000을 곱하여 600,000만에 해당한다고 본 해석이다. 이에 대하여 인구학자들이 문제를 제기한다. 그리고 '엘레프'를 숫자로 볼 수 없다는 것이다. 하나의 단위로 봐야 하며 대략 15명 정도라고 하였다. 그리하여 600에 15를 곱하면 약 9,000명 정도라고 하였다. 상당히 설득력 있는 해석이기도 하다. 하지만 성경에는 다음과 같은 구절이 있다.

> 요셉을 알지 못하는 새 왕이 일어나 애굽을 다스리더니 그가 그 백성에게 이르되 이 백성 **이스라엘 자손이 우리보다 많고** 강하도다(출 1:8-9).

애굽 왕이 이스라엘 백성의 수효에 두려움을 표한 것으로 봐서 전문가들의 견해인 50만 명보다 많았다고 볼 수 있다.

아무튼, 출애굽 백성들은 출발지 라암셋을 떠난 후 숙곳에서 숙영을 하게 되는데 이질적인 민족 구성원들이 광야 장막 생활을 하면서 집단으로 음식을 취하였다. 쫓겨 나오며 지체할 수 없어서 식량도 준비하지 못한 상태였기에 각자의 식량으로 가져나온 곡식이나 가루를 무교병으로 만들어 나누었다(출 12:39). 이는 성경에 유월절을 지키는 방법에서 어느 정도 분위기를 파악할 수 있다. 가족 식구에 맞춰 1년 된 정결한 숫양을 준비하

둔자 또는 숫자라고 할 수 있다. 최근에는 0의 개념을 바빌로니아에서 먼저 사용하였다는 설도 있다.

여 먹을 수 있도록 하되 식구가 적으면 이웃 식구들과 사람 숫자를 맞추어 준비토록 하였다. 만약 이런 유월절 절기를 위한 방법이라면 광야 천막 생활에서는 이웃들과 공존하거나 공동취사를 해야만 하였고 그러면서 차츰 이스라엘의 정체성이 되어 갔던 것으로 본다. 출애굽 한 야곱의 백성들과 잡족들은 터무니없이 식량이 부족하였다. 가정한 대로 200만 인구라면 한 끼 식량만도 엄청나다. 그리고 끌고 온 가축에게 먹일 사료는 더더구나 부족하였을 것이다. 전적으로 가축은 제사나 식용으로 쓴다고 하여도 살려두어야 먹을 수 있다. 광야 40년 생활은 양식과의 전쟁이라 해도 과언이 아니다. 그러므로 야훼 하나님의 인도는 전적으로 양식과 물의 생성에 초점이 맞추어질 수밖에 없다. 그것이 성서에 등장하는 만나와 메추라기, 마라의 쓴 물, 므리바의 물 사건이다. 이는 하나의 대표성, 한 단면을 보여주고 있음을 알 수 있다.

> 그들이 애굽으로부터 가지고 나온 발효되지 못한 반죽으로 무교병을 구웠으니 이는 그들이 애굽에서 쫓겨나므로 지체할 수 없었음이며 아무 식량도 준비하지 못하였음이었더라(출 12:39).

아무 식량도 준비하지 못한 출애굽 백성들이 과연 얼마나 버틸까? 바로가 군대를 동원하여 백성을 추적한 것도 이를 계산해서 한 것은 아닐까? 처음 마라의 쓴 물을 단물로 만들어 먹게 한 사건이 홍해를 건넌 지 3일째 되는 때였고, 만나와 메추라기를 먹인 사건은 신 광야에 이르게 된 때였다. 애굽에서 나온 지 둘째 달 15일이라고 하였다. 유월절의 시작을 가르친 게 첫째 달 10일이었으니 약 1달 이상이 경과 한때였다. 당시의 시간 개념이 어떻게 설정되었는지 모르나 30일이 경과 되었다고 친다면 이끌고 간 가축도 거의 다 소진되었다고 생각된다. 만약 출애굽기를 성경적 관점, 신의 무한

한 인도와 섭리를 제하고 본다면 불가능한 사건이다. 더구나 광야 40년 생활은 자체 생산력을 갖추기 전에는 불가능하다. 하나의 가족이 수많은 백성이 되고, 그 백성이 민족이 되며, 그 민족이 다른 민족까지 흡수하여 하나의 나라를 성립시켜 나가는 과정이 40년 걸렸다면 이는 천막 이동 생활만 40년이라기보다 시나이 광야에서 국가의 형태를 갖추어 가며 가나안으로 쳐들어가 입성할 준비 기간으로 보는 게 합당하다. 성서는 이 미스테리를 '만나'로 풀었다. "이스라엘 자손이 모세와 아론에게 이르되 우리가 애굽 땅에서 고기 가마 곁에 앉아 있던 때와 떡을 배불리 먹던 때에 여호와의 손에 죽었더라면 좋았을 것을"(출 16:3)이라며 여호와를 원망한다. 이는 당시 출애굽 백성의 광야 생활을 단적으로 보여준 내용이다. 한 마디로 생존을 위한 투쟁과 그들 신에 대한 원망 그리고 집단생활에서 오는 각종 갈등과 에피소드를 어떻게 해결할 것인가에 대한 고민이 있었고, 이에 하나님과 모세가 석판을 만들고 열 가지 계명을 적어 이를 법으로 공표케 하였다. 십계명에 대한 최고의 권위는 야훼 하나님으로부터 직접 받았다는 미라클한 설정이었다. '신학적 섭리의 존경심'이라고 할 수 있다.

셋째, 일상에서 관습법이 여전히 지배적인 사회였다.

신이 내려 준 열 가지 언약법인 계명은 전적으로 야훼 하나님에 대한 신앙 규정과 방법, 안식일 규정 그리고 인간의 기본 도덕에 관한 규정으로 제시된 것이었다. 하지만 민법상, 형법상 법을 어겼을 때 처벌 규정은 없다. 광야에서의 40년 생활은 국가 구성의 3요소 가운데 영토만 빠졌을 뿐 사실상 하나의 국가 구성이나 다를 바 없었다. 주권이 있었고 국민이 있었고 그들을 정신적으로 이끄는 종교 사상과 믿음이 있었다. 영토도 천막과 이동 생활이었을 뿐 출애굽 당시 시나이반도는 이집트의 영토도 아닌, 그어떤 다른 나라에 완전히 예속된 속지가 아니었다. 그러므로 출애굽 백성들에게는 민족의 정체성이 정립되어 간 시기였고 다민족 국가가 정립되어 가는 준비 기간이었다고 할 수 있다. 그러므로 이들에게는 질서를 유지하기 위한 민 형사상의 법이 필요하였다. 하지만 이웃한 국가들에게 있는 민 형사상 처벌 규정과 판례가 전혀 보이지 않는다. 십계명은 신정국가를 다스리기 위한 헌법과 같은 내용이지만 함무라비 법전과 같은 처벌 규정을 담은 법이 아니다. 그들에게는 지도자 모세와 제사장들이 성경과 히브리인의 관습에 따라 처벌하는 규정이 있을 뿐이었다.

성경에는 이스라엘인들이 지켜야 할 절기에 대한 가치와 규정을 기록하였다. 그런데 모든 규정의 시작은 "여호와께서 모세와 아론에게 이르시되"로 시작하고 있다.[9] 이는 무엇을 말하는가? 현실적으로 드러난 모든 법은 여호와께서 가르치고 지시한 내용이지만 이는 신적 통치를 설명한 관습법 규정이라는 것이다. 즉 하나님의 통치지만 인정하고 있기에 인간의 복잡미묘한 소송과 범죄에 관한 한 모두 관습법에 따라 처리하였다. 어쩌면 이스라엘 민족에게는 야훼 하나님만 섬기는 유일신 사상을 가졌기에 구체적인 법 자체가 필요 없다고 생각한 것 같다. 하지만 사회적으로 보면 출애굽 광야 생활은 관습법 사회였음이 틀림없다. 십계명과 함무라비법의 차이를 살펴보자.

<표4-2> 십계명과 함무라비법의 비교

	십계명 내용	함무라비법 내용	특징
살인자 규정	살인하지 말라	살인자는 사형에 처한다	신분에 따라 차별
절도자 규정	도둑질하지 말라	도둑질한 자는 10-30배 배상, 갚지 못하면 사형	신분에 따라 차별
간통 규정	간음하지 말라	두 사람을 묶어 같이 물에 빠뜨린다.	수장시켜 죽인다

9　출애굽 이후 이스라엘 백성들에게 전달하거나 처벌하거나 결정하거나 지켜야 할 일이 있을 때, 성경은 하나같이 "여호와께서 모세에게 일러 말씀하시되"라고 시작하고 있다. 이는 결국 세밀한 민 형법상 처벌 규정이나 치리 규정이 없었다는 것을 뜻한다.

	십계명 내용	함무라비법 내용	특징
거짓 증거	이웃에 대하여 거짓 증거하지 말라	재판에 증인으로 나왔는데 그의 증언을 입증하지 못하였고 그 재판이 목숨에 관한 재판이라면 그는 처형당한다.	무고죄 사형
이웃에 관한 법	이웃의 재물을 탐하지 말라	만일 누군가 황소나 양, 나귀나 돼지 혹은 배를 훔쳤는데 그것이 신전 또는 왕궁의 것이라면 30배로 갚아야 한다. 만약 타인의 것이라면 10배를 갚아야 한다. 갚지 못할 때는 사형에 처한다.	동해보복 원칙

십계명은 분명 '도덕률'인데 반하여 함무라비 법전은 처벌 규정이 나와 있는 '실정법'이며 일일이 사실을 기록한 판례법이었다. 또 십계명이 법의 대원칙과 금지규범만 명시한 것이라면 함무라비 법전은 민법, 상법, 형법, 소송법 등을 망라한 법전이었다. 그러므로 판례와 규정에 따라 처벌하였지만, 십계명은 도덕률과 법의 원칙만을 천명한 신적 통치의 가치와 도리를 규정한 것이었다. 그리하여 일상의 모든 복잡다단한 분쟁 사례는 여호와의 이름을 빌린 판례 즉 관습법을 준수한 사회였음을 알 수 있다. 관습법어 관한 내용은 십계명 이후부터 소개되고 있다.[10] '종에 관한 법' '폭행에 관한 법' '가축 임자의 책임' '배상에 관한 법' '도덕에 관한 법' 등이 세밀하게 소개되고 있다. 그런데 성경에서 이런 법을 소개하면서 "네가 백성 앞에 세울 법규는 이러하니라"고 하여 구체적인 사례(판례)들이 세세하게 소개되며 "-할 것이니라"고 하여 사후 조치에 관한 내용을 가르치듯 소개

---

10 출애굽기 21장 이후부터 관습법에 관한 자세한 내용이 언급되고 있다. 기록의 내용으로 이들이 문서화된 것이 아니었다. 이는 신명기에서 구체적으로 소개되고 있는데 본 고는 출애굽기서에 한해서 연구됨으로 성립 이전으로 보아야 한다. 성경 속에서 문서화의 분명한 언급은 십계명이 유일하다. 신명기의 기록이 백성들에게 전달되고 선포되어 졌지만 이는 가나안으로 들어간 후 백성들에게 하나의 규범으로 받아들여진 것이다. 이런 규범이 마련되기 전 서두는 "모세가 이스라엘 무리에게 선포한 말씀이니라" 또는 "우리 하나님 여호와께서 우리에게 명령하신 대로" "이스라엘아 이제 내가 너희에게 가르치는 규례와 법도를 듣고 준행하라"고 언급하고 있다.

하고 있다.

> 이는 곧 너희의 하나님 여호와께서 너희에게 가르치라고 명하신 명령과 규례와 법도라 너희가 건너가서 차지할 땅에서 행할 것이니 곧 너와 네 아들과 네 자녀들이 평생에 네 하나님 여호와를 경외하며 내가 너희에게 명한 그 모든 규례와 명령을 지키게 하기 위한 것이며 또 네 날을 장구하게 하기 위한 것이라(신 6:1-2).

이스라엘 백성 그들이 섬기는 하나님께서 가르치고 명령한 규례와 법도가 결코 세세한 조목의 법률일 수는 없다. 엄청나고도 수많은 인간의 갈등을 문서화하여 하늘에서 인간 세상에 내려주었을 리는 없다. 이는 곧 여호와 하나님의 신적 통치와 이에 따른 관계성 법률을 하나의 관습법으로 다스렸음을 증명한다. 그리고 최종 목표는 야훼 하나님을 잘 섬기는 것이었다. 하나님 입장에서는 섬기게 하는 것이었다. 그리고 인간의 관습법이 하나의 원천적 법 곧 하나님 잘 섬기는 법으로 목적성을 지니게 될 때 곧 하나의 엄격한 도덕률이 되는 것이었다.

> 우리가 그 명령하신 대로 이 모든 계명을 우리 하나님 여호와 앞에서 삼가 지키면 그것이 곧 우리의 의로움이니라 할지니라(신 6:25).

의로워지게 하는 법 그것은 도덕률이다. 즉 신께서 가르친 법(불문법)의 범위 안에서 스스로 자제하고 이웃을 섬기며 서로 사랑하는 법, 그것이 의롭다 인정을 받는, 그것이 불문법으로서 의(義)가 되는 것이었다. 하나님이 명령하신 계명은 하나님과 인간 간의 관계설정과 회복이었다. 명령하신 모든 법은 십계명의 큰 틀 속에서 기능하며 생활의 규범이자 가치

기준이 되었다.

결국, 야훼 하나님이 십계명마저 부인한 백성들에게 노하셨고 노여움의 결과 법이 없이는 신적 통치가 불가능함을 알고 십계명을 다시 내려주셨다. 그리고 다음과 같이 재차 확인시켰다.

> 이스라엘아 **네 하나님** 여호와께서 네게 요구하시는 것이 무엇이냐 곧 **네 하나님** 여호와를 경외하여 그의 모든 도를 행하고 그를 사랑하며 마음을 다하고 뜻을 다하여 **네 하나님** 여호와를 섬기고 내가 오늘 네 행복을 위하여 네게 명하는 여호와의 명령과 규례를 지킬 것이 아니냐(신 10:12-13).

짧은 말씀 가운데 '네 하나님'이란 표현이 세 번이나 등장한다. 하나님의 법의 목적이 여호와를 경외하며 그의 도를 행하고 그를 사랑하며 여호와를 섬기고 나아가 여호와의 명령과 규례를 지키는 것이었음을 강조하기 때문이다. 그것이 인간에게도 행복임을 상기시킨다. 거듭 확인된 것이다. 신을 섬기는 최고의 도덕적 가치를 실천할 때 법은 최소한의 신앙적 행동일 뿐이었다.

첫 번째와 마찬가지로 모세의 두 번째 돌판도 하나님이 직접 쓰셨다고 되어 있다.

> 여호와께서 모세에게 이르시되 너는 돌판 둘을 처음 것과 같이 다듬어 만들라 네가 깨뜨린 처음 판에 있던 말을 내가 그 판에 쓰리니(출 34:1).

이처럼 하나님의 법, 신적 통치를 위한 규범은 신의 직접적인 명령으로 받아들일 수밖에 없도록 기록되었다. 인간의 모든 세세한 문제들은 섬김의 행동으로 해소할 수 있다. 그리고 대원칙을 받아들일 때 즉 여호와를 섬기며 필요한 최소한의 도덕률과 신앙 안에서 가르침을 받아들이는 것으로 해결하였다. 사실 출애굽 백성들에게는 법(법률)이 필요 없었던 것으로 보인다.

이 말이란 시내 산에서 모세에게 두 번째 돌판을 주어 열 가지 계명을 다시 세울 때 한 것이며 이는 출애굽 백성들이 금송아지를 만들어 하나님을 노하게 만든 사건 이후에 언급하셨다. 그러므로 용서와 가르침이 핵심이다. 뿐만 아니라 새로운 언약의 체결에는 십계명의 법 외에도 무교절 규칙, 칠칠절 규칙, 유월절 규칙, 초생물 규칙을 동시에 일러 주셨다. 법률이 따를 줄 알았지만, 아니었다. 절기의 섬김이 이어졌다. 이스라엘의 신적 통치란 이처럼 야훼 '하나님으로부터'란 단서가 제시된 데서 짐작할 수 있는 것처럼, 사회를 지탱하는 기준이 제사장을 통하여 제시되는 종교적 규율과 관습에 의존하였음을 알 수 있다.

3) 십계명, 민족 정체성 함양

십계명의 정치적, 사회 문화적 배경과 상황에 관해서는 이미 살펴보았다. 중요한 것은 오합지졸 같은 출애굽 백성들이 어떻게 하나의 신앙, 하나의 사상, 하나의 민족으로 살아갈 준비를 하였나 하는 점이다. 이는 정체성의 확립 문제이다. 40년간의 광야 생활은 단순한 방황이나 하나님의 백성이 되기 위한 훈련 기간으로만 보는 것은 시야가 좁다. 신학의 범주를 조금 벗어나 40년간의 기간이 지니는 역사적 의미는 무엇일까? 이는 '민족 국가' 성립을 위한 준비 기간이라고 보는 것이 조금 더 타당하다. 출애굽 당시의 정확한 인구 구성은 알 수가 없다. 그리고 성경의 기록을 통한 출애굽 인구의 정확한 숫자도 애매하다. 고고학, 역사학, 인류학, 사회학적 분석이 필요하다. 출애굽은 역사적으로 중요한 팩트(fact) 이기에 이에 따른 과학적 연구가 필요해 보인다. 하지만 과학적 연구 방법에 따른 분석은 종교적 신학적 연구 자료에 비해 터무니없이 부족하다.

출애굽 한 히브리 민족은 재(在)이집트 이주민 전체를 통칭한다. 야곱의 후손인 이스라엘 민족만 출애굽 한 것이 아니다. 잡족이 함께 하였다. 정확하게 잡족이 어떤 민족인지는 알 수 없다. 미리 잡혀 온 포로인지. 나중에 잡혀 온 포로인지, 전쟁 포로인지. 상업 포로인지, 아프리카 종족인지, 오리엔트 메소포타미아 종족인지, 히타이트 백성인지 알 수는 없다. 역사적 기록에 의하면 히타이트(헷족)와 전쟁이 치열했기에 그 백성일 가능성이 조금 커 보이며 시나이반도나 오리엔트에 산재한 유목민일 가능성도 있다. 하지만 40년의 광야 생활 내내 이들은 야곱의 후손들과 동행하였다. 일차적으로 야곱의 후손들이 하나로 뭉치는 것이 핵심이며, 다음으로 잡족들이 하나로 뭉치는 것이 중요하고, 끝으로 야곱의 후손인 이스라엘 백성들과 뭉친 잡족끼리도 하나가 되는 일이 중요하였다. 이런 3단계의 통합이 40년이란 기간을 요(要) 하였던 것으로 인식된다.

출애굽기 34장에는 '국민'이란 단어를 사용하고 있다.

> 여호와께서 이르시되 보라 내가 언약을 세우나니 곧 내가 아직 온 땅 아무 국민에게도 행하지 아니한 이적을 너희 전체 백성 앞에 행할 것이라 네가 머무는 나라 백성이 다 여호와의 행하심을 보리니 내가 너를 위하여 행할 일이 두려운 것임이니라(출 34:10).

국민은 국가를 구성하는 3요소 중 가장 중요한 요소이다. 나머지 둘은 영토와 주권인데 영토는 아직 확보하지 못한 상태이고 주권은 여호와 신에게 맡겨져 이미 출애굽 한 상태로 자유를 얻었기에 소유하였다고 볼 수 있다. 이스라엘 민족 국가를 이루기 위하여 영토가 필요한 상태였다.[11] 그런데 히브리어 원전에는 정작 국민이란 단어가 없다.

> 그가 말씀하셨다. "보라 나는 언약을 맺고 이 땅 어디에도 어떤 나라에도 창조된 적이 없는 놀라운 일들을 네 모든 백성 앞에서 행하리니 내가 네게 행하는 그 두려운 행함을 네가 속한 그 모든 백성이 볼 것이다"(이름들 34:10).

곧 국민의 원어적 의미는 나라이다. 그러므로 '국민=나라' 라는 동격으로 사용하고 있다. 그만큼 민족 국가를 이루는 데는 국민이 중요한 요소임을 강조한 것이라 할 수 있다. 여호와 하나님의 입장에서는 그의 나라를 구성하는 주권은 확보하고 있으며 영토는 이미 확보해 놓은 상태로 보고 있기 때문이다. 그리하여 오직 가나안을 향하여 행진해야 하는 이유는 그곳이 야훼 하나님이 허락한 땅이기도 하였지만, 유일신을 섬기는 독자적인 민족 국가를 성립시키기 위해서는 절대적으로 가야 할 곳이었다. 아브라함에게 허락한 땅, 이삭에게 허용한 땅, 야곱에게 맹서한 땅 가나안으로 향한 이유다. 그리고 이스라엘 12지파들은 요셉의 유언대로 그의 해골을 메고 출애굽 하였다. 창세기의 마지막은 요셉의 유언으로 막을 내리고 있다.

---

11 국가는 일정한 영토를 차지하고 조직한 정치형태, 즉 정부를 지니며 대내 및 대외적 자주권을 행사하는 정치적 실체이다. 국가의 조건은 대체로 독립성의 인정과 국제협약 등이 필요하지만 몬테비데오 협약에 따르면 꼭 이런 조건이 필요치 않다. 통상 영토, 국민, 주권을 국가 구성의 3요소로 잡고 있다.
공희준, "통일의 반대말은 죽음이다", <시민일보>, 2016년 12월 24일 자.

요셉이 그의 형제들에게 이르되 나는 죽을 것이나 하나님이 당신들을 돌
보시고 당신들을 이 땅에서 인도하여 내사 아브라함과 이삭과 야곱에게
맹서하신 땅에 이르게 하시리라 하고 요셉이 또 이스라엘 자손에게 맹서
시켜 이르기를 하나님이 반드시 당신들을 돌보시리니 당신들은 여기서
내 해골을 메고 올라가겠다 하라 하였더라 요셉이 백십 세에 죽으매 그들
이 그의 몸에 재료를 넣고 애굽에서 입관하였더라(창 50:24-26).

여기서 주목할 것은 '아브라함과 이삭과 야곱에게 맹세하신 땅' '하나
님이 반드시 당신들을 돌보시리니' '내 해골을 메고 올라가겠다 하라'라
는 말이다. 그런데 세 번째 유언 "내 해골을 메고 올라가라"는 말의 진의
는 무엇인가? 올라가라는 말이 어디로 올라가라는 것인가? 출애굽 하란
말인가?

이스라엘의 역사에서 요셉은 가장 자랑스러운 하나님의 백성 그리고
하나님과 함께한 이스라엘의 정신 그 자체였다. 요셉으로 말미암아 살게
되었고, 요셉으로 말미암아 애굽으로 이주하였으며 요셉으로 말미암아
애굽 백성으로 살다 요셉으로 인하여 노예가 되었다. 그러므로 요셉의 해
골을 메고 올라간다 하는 것은 하나님의 백성 이스라엘 민족의 근본정신
을 망각하지 아니하고 언약 백성으로 하나님과의 영원한 관계를 상기하자
는 의미로 이해할 수 있다. 즉 '하나님의 인도하심'을 확증한다는 의미이
다. 또한, 하나님이 약속한 땅 그 땅은 하나님이 계신 곳이고 다스리는 곳
이라면 '올라간다'는 의미는 권위에 대한 존중의 표현이라고 볼 수 있다.
마치 '서울에 올라간다'라는 말의 연유와 비슷하다.

요셉은 하나님의 자존심이자 이스라엘 백성의 자랑이었다. 십계명에서
보인 하나님의 법은 "너희가 요셉처럼 행동할 것이냐"를 확인하는 법이었

다. 그러므로 계약 관계의 시작과 끝이었으며 이스라엘의 정체성을 확립하는 과정이었다. 하나님의 백성이 되려면 하나님의 백성다워야 한다. 이스라엘 백성이 되려면 이스라엘(야곱과 요셉)다워야 한다. 출애굽기 34장에서 말하는 '국민'[12]이 되기 위해선 여호와의 행하심을 의심하지 말아야 한다. 이를 가르치기 위한 광야 40년이며 이를 인식시킨 40년이었다. 이스라엘 민족 국가의 정체성 시작은 십계명 언약궤를 받은 이후부터였다.

---

12 '국가'의 개념에 대해서 막스 베버는 국내적 상황에 따라 정의할 수 있으며 일반적으로 "국가는 일정 영토 내에서 물리력을 단독으로, 그리고 합법적으로, 사용할 수 있게 되는 상황 발현에 성공한 인간의 무리"라고 정의하였다. 국가는 일정 지역 인간이 그들의 공동체 필요를 위하여 창설한 것으로 그 구성원들에게 일체성과 계속성을 가지고 구성원의 요청을 수행하며 내외의 적에게서 공동체를 지키고 유지하는 목적을 가진 조직이다. 일반적으로 국민국가를 지칭한다.
홍성방, 『헌법학』(서울, 현암사, 2007), 3-4.

3. 하나님과 인간이 꿈꾼 세상

1) 하나님이 계획한 그의 나라

(1) 인간의 나라 이집트(애굽)에서 신의 나라 가나안으로

출애굽 사건은 단순한 탈출이나 노예 해방 투쟁으로만 설명할 수 없는 신비스러운 점이 많다. 역사적 상황을 신학적 이해로 전환시켜버리기엔 숙고해야 할 일이 너무 많다. 우선 출애굽기를 통하여 말하고자 하는 인간의 나라인 애굽에 신이 인정한 야곱의 후손들을 그대로 내버려 둘 수가 없다는 생각에서 출애굽이 단행되었다.

> 여러 해 후에 애굽 왕은 죽었고 이스라엘 자손은 고된 노동으로 말미암아 탄식하며 부르짖으니 그 고된 노동으로 말미암아 부르짖는 소리가 하나님께 상달된지라 하나님이 그들의 고통 소리를 들으시고 하나님이 아브라함과 이삭과 야곱에게 세운 그의 언약을 기억하사 하나님이 이스라엘 자손을 돌보셨고 하나님이 그들을 기억하셨더라(출 2:23-25).

출애굽의 성경적 접근은 '언약'과 '기억'이다. 그런데 언약은 과거형이고 기억은 현재와 미래형이다. 그러므로 언약에 의한 약속 또는 계약은 과거 아브라함 때 맺은 내용으로 오래전에 맹세하신 것이었다.

> 내가 내 언약을 나와 너 사이에 두어 너를 크게 번성하게 하리라 하시니 아브람이 엎드렸더니 하나님이 또 그에게 말씀하여 이르시되 보라 내 언약이 너와 함께 있으니 너는 여러 민족의 아버지가 될지라 이제 후로는 네 이름을 아브람이라 하지 아니하고 아브라함이라 하리니 이는 내가 너를 여러 민족의 아버지가 되게 함이니라 내가 너로 심히 번성하게 하리니 내가 네게서 민족들이 나게 하며 왕들이 네게로부터 나오리라 내가 내 언약을 나와 너 및 네 대대 후손 사이에 세워서 영원한 언약을 삼고 너와 네 후손의 하나님이 되리라 내가 너와 네 후손에게 네가 거유하는 이 땅 곧 가나안 온 땅을 주어 영원한 기업이 되게 하고 나는 그들의 하나님이 되리라(창 17:2-8).

아브람에서 아브라함으로 이름의 변경은 언약의 확신과 상징이었다. 그리고 약속의 징표로 다음과 같이 축복하였다.

① 민족의 아버지가 되게 하며,
② 심히 번성하게 하며,
③ 여러 민족과 왕들이 나오며,
④ 후손에게 영원한 언약으로 삼고,
⑤ 가나안 온 땅을 주리라

만약 이 축복의 내용이 역사적으로 증명이 된다면 인간의 나라에서 하나님의 나라가 되리란 명제가 현실화되었다고 볼 수 있다. 이런 시각에서 볼 때 출애굽의 전 과정은 사실 하나의 스케줄(schedul)에 따라 진행되었음을 알 수 있다. 신적인 약속이 인간적인 약속으로 현실화되었다. 이로써 성서의 내용이 역사의 현장으로 들어와 성육신(Incarnation)함을 보여 준 것이다.[1] 신과 인간의 관계가 상상할 수 없이 멀기만 한 것이 아니라 상상할 수 있는 곳에서 함께 나눌 수 있는 이해라는 사실을 입증하였다. 너무나 감동적인 축복이다. 종교적인 하나님이 역사적인 하나님으로 우리 가운데 거하셨다.

우의 5가지 약속, 출애굽에서부터 가나안으로 입성하기까지를 하나의 프로세스라고 생각할 때 출애굽 사건은 인간의 나라에서 유일신 여호와가 다스리는 하나님의 나라로의 변신 또는 훈련 과정이라고 볼 수 있다. 나아가 제2 에덴의 실현이었다. "여러 민족의 아버지가 되게 하며" 아브라함에게 한 이 약속이 출애굽의 기치가 되게 한 이유는 무엇인가? 야곱의 후손들은 물론 아브라함의 후손이기도 하다. 뿌리가 거기에 있다. 출애굽의 시작 포인트, 약속을 기치로 들었다는 것은 여러 민족 가운데 애굽 백성은 하나님의 사랑과 별개로 약속의 범주에 들지 않는다는 사실이다. 즉 여호와 신과 인간 아브라함이 맺은 계약 속에 애굽 백성은 들어있지 않기 때문에 나올 수밖에 없다는 가르침이다. 여호와가 볼 때 애굽 사람이 믿는 신들은 하찮은 잡신이었고 그 나라의 통치는 철저히 인간 차별을 두는 통치였다. 곧 인간 왕이 신이 될 수 있다는 교만은 하나님 앞에서 용납될 수 없었고 이집트는 하나님의 법, 공의가 통용될 수 없는 땅이었다.

이집트(애굽)는 인간의 나라를 보여 주는 대명사였다. 거기엔 인간 신(파라오)이 있었고, 인간의 권력이 있었고, 인간의 계급이 있었고, 인간이 만든 만신이 있었고, 인간의 풍습이 있었고, 인간의 범죄가 난무하였다. 여호와는 이 속에 자신의 백성, 약속의 백성인 히브리 노예들을 그대로 둘 수가

---

1   Incarnation, 신적인 존재가 인간의 육체 안으로 들어와서 인간 가운데 거하는 것을 이르는 말이다. 종교 사학적으로 보면 대부분의 종교 가운데 기독교, 힌두교, 불교도 이를 언급하고 있다. 기독교의 성육신이 구원론과 밀접한 관계에 있음은 구약과 신약을 관통하는 중요한 가치 기준이 된다.
www.naver.com 지식백과.

없었다. 그리하여 그들을 번성하게 하여 20세 이상 남자들만 60만 이상이 되게 하였고, 애굽 왕 바로가 반란을 일으킬까 염려할 정도로 강성하게 만들었다. 여러 잡족들도 함께 하게 했으며, 이후 열왕기를 거치며 무려 26명의 왕이 나오게 하였다. 그리고 이스라엘은 신약 시대와 현재까지 약속의 왕 구주 예수 그리스도와 함께 살며, 가나안을 약속의 땅으로 받아 나라를 건설하였다. 대표 단수 이스라엘이 곧 국가가 된 것이다.

모든 역사는 떠남에서 시작된다. 진정한 변화를 가져오기 위해선 현재의 안락함을 떨쳐버려야 한다. 인간의 나라에 안주하고 있는 야곱(이스라엘)의 후손들은 애굽의 문화와 애굽의 음식과 애굽의 풍습, 애굽의 신관에 사로잡혀 있었다. 약 430년 동안 철저히 이집트화 되어버린 히브리인들은 노예 노동에 시달리더라도 안주하기를 원하였다. 심지어 모세조차도 자신의 정체성을 찾지 못하고 방황하였다. 모세는 신의 부름을 받았을 때 주저하였다. 그도 처음 낯선 야훼 하나님의 현현을 받아들이기 어려웠다. 동족에게조차 배척받았던 뼈아픈 기억에서 헤어 나오지 못하였다. 자신이 누구인지 알고 이를 받아들이지 않는 한 그 어떤 소임도 의미 없는 일이 되고 만다. 모세 스스로 변화되지 않으면 민족도 나라도 의미 없다. 그는 아브람이 본토와 아비와 친척을 떠난 것처럼 모든 기득권과 신분에서 떠났다. 애굽의 호화로운 왕궁을, 장인 이드로의 장막을 미련 없이 떠났다. 그리고 새로 탄생하였다.

출애굽 역사는 인간이 다스리는 통치에서 신이 다스리는 통치로의 변모를 시작한 출발점이었다. 어쩌면 역설적으로 보일 수 있다. 왠지 인간의 통치가 신적 통치보다 더 진보적인 국가 형태라는 인식이 들 수 있다. 신적 통치를 샤머니즘적 원시 신앙 형태로 인식할 수 있기 때문이다. 하지만 신정정치는 모든 통치형태 위에 사상적 기반을 마련한 정치를 의미한다. 가나안 '하나님의 나라'란 (제사장-사사-왕)의 통치를 거치면서도 신의 가르침을 따라 백성을 이끌고 나가는 도덕과 믿음이 살아있는 나라를 말한다.

출애굽기 21장에서 23장에 나오는 '언약 법전' 혹은 '계약법전'은 철저하게 약자를 보호하는 법이었다. 앞서 지적한 대로 함무라비 법전이나 고대 전제 왕국의 법은 모두 지배자를 옹호하기 위한 법이었다. 같은 범법행위라도 피해자의 신분에 따라 차등 처벌을 하였다. 고위 신분자가 피해자일 경우 가해자에게 훨씬 더 큰 처벌을 가하였다. 이것도 인간이 다스리는 나라에서나 가능한 법률행위이다. 하지만 하나님의 말씀과 권세가 다스려지는 나라에서는 약자를 보호하고 모든 인간을 같은 인격체로 인정하는 계약법을 사용하고 있다. 하나님은 애굽에서 노예 생활로 고통받는 약속 백성들의 신음과 탄식을 보시고 들으셨다. 히브리 백성들을 가나안으로 이끌어 그의 법도가 실현되는 나라를 만들고자 하셨다. 야훼 하나님이 모세에게 이집트 왕 파라오(바로)에게 나아가 아뢰라고 가르친 첫마디가 "히브리 사람의 하나님 여호와께서 우리에게 임하셨은즉 우리가 우리 하나님 여호와께 제사를 드리려 하오니 사흘 길쯤 광야로 가도록 허락하소서 하라"(출 3:18)였다. 신은 자신을 "히브리 사람의 하나님"으로 밝혔다. '히브리'라는 말은 특정 민족을 지칭하는 말은 아니다. 이 말은 고대 근동 지방 하층 노동자나 밑바닥 계급을 일컫는 말이었다. 역사적으로 유일하게 하층민을 위한 종교가 유대교였음을 신앙의 대상 하나님의 이름(히브리인의 하나님)을 통해서도 알 수 있다. 그러므로 히브리 언약 계약법은 약자를 보호해 주는 것이 법의 기본 정신이었다. 법 자체나 기득권자를 보호하는 것은 계약법의 정신과 어긋난다.

언약 법전 내용의 세밀함은 광야 생활이 아니라 정착 생활을 배경으로 하고 있다. 신의 가르침 또는 신의 말씀을 정신적 사상적 기반으로 하여 나라를 다스린다고 할 때 자칫 공상적 통치를 떠올릴 수 있기 쉽다. 하지만 신과 인간의 언약 관계, 계약 관계가 수립되고 다스려지는 나라는 법

이전에 인간을 보호하고자 하는 장치를 두었다. '도피성' 제도와 같은 '소도'를 두어 인간에게 말할 수 없는 억울함이나 분노를 신에게 하소연할 수 있게 하는 최후의 방호막을 두기도 하였다.[2] 그 외에도 개인의 재산 보호를 위한 배상에 관한 규칙, 남녀 간의 성관계를 다루는 도덕법, 나그네와 고아와 과부를 돌보라는 사회적 약자보호법 등은 출애굽 공동체의 나라 '국민' 되기 정신을 보여 주는 법이었다. 또 위증, 재판관의 자격, 원수의 가축에 관한 배려 등도 출애굽 이후의 공동체 성립, 새로운 세상 만들기 프로젝트에 속한다고 할 수 있다. 이런 세세한 법의 항목들과 실천 정신은 출애굽 백성의 최종 종착지가 가나안이 아니라 가나안 너머 새로운 세상의 건설에 있었는지도 모른다. 이것이 더 원대한 '하나님 나라'의 건설 프로젝트일 수 있다고 본다. 그리고 출애굽의 본질일 수도 있다.

(2) 새로운 나라를 위한 준비

"새 술은 새 부대에"라는 말이 있다.[3] 이는 새로운 프로젝트는 새로운 사람과 조직 그리고 새로운 환경이 필요하다는 말이다. 출애굽 한 백성들은 430년간의 습속을 버리고 몸과 마음이 하나같이 새로워져야 하였다. 하지만 인간은 쉽게 변하지 않는다. 430년 동안 살아왔던 삶의 방식을 하

---

2 도피성 제도는 매우 독특한 이스라엘의 법률적 구제제도를 설명한다. 인간이 가해자든 피해자든 억울함을 풀 수 있는 마지막 보루를 두었다. 신과의 언약법이 마련된 나라에서 실현되고 있다. 우리나라 삼한 사회에서 있었던 '소도'는 이와 유사한 제도로 설명될 수 있다. 앞장에서 설명 참조.

3 이 속담은 고대 팔레스타인 지방에서 유래하였다. 유대인들은 포도즙을 양가죽 부대에 담아 숙성시켜 포도주를 만들었다. 부대에 담긴 포도주는 발효하면서 부피가 늘어나기에 신축성이 양호한 새 가죽부대가 필요하였다. 만약 한번 사용한 헌 가죽 부대를 재사용하면 늘어지고 뻣뻣하여 발효 과정의 늘어나는 부피를 견디지 못하고 터져버리는 경우가 많다고 한다. 그러므로 새 술을 헌 가죽 부대에 담으면 포도주도 버리고 부대도 버리는 손해를 입기 마련이다.

루아침에 바꾸기는 무리였다. 히브리 백성들은 자신들의 신분이 하층계급으로 전락한 줄도 모르고 세월의 흐름과 함께 노예로 전락되어 갔다. 야곱과 자식들이 고센 땅에 이주한 지 대체로 100년 여부터 신분이 하락하였다고 보여진다. 요셉의 사후 요셉의 공로를 모르는 왕의 등장 이후부터 약 200년 동안은 노예 근성에 젖어 버렸다. 이스라엘 백성들이 정체성을 갖추어 자신들만의 나라 백성이 되기 위하여, 전체 이집트에 거주한 기간만큼 그에 걸맞은 기간이 필요하였을 것이다. 지도자 모세를 통하여 신이 주신 지혜로 계수한 기간이 얼마였을까? 40년으로 보았다. 전체 애굽 거주 기간 가운데 야곱 생전 30년을 새로운 환경에의 적응 기간이라 보고 총 400년으로 계산하면 40년은 딱 1/10에 해당하는 기간이다. 여호와 신이 다스리는 인도함을 따라 모세의 지도에 따라나선 출애굽 백성들은 어떤 과정으로 국민의 자격을 취득하였을까?

우선 모세가 지도자로 인정받기 전에 하나님의 백성 지도자로 인정받았던 과정을 보면 약간의 정보를 얻을 수 있다. 여호와 하나님과 줄 당기기 끝에 하나님의 의지를 받아들였다. 그는 기꺼운 마음으로 하나님의 역사에 동참한 것이 아니라 마지못해 동참하였다. 지금까지의 자신을 부정해야만 신의 백성이 될 자격을 얻게 됨을 깨닫기 시작하였다. 그리고 장인 이드로의 집에서도 떠났다. 그리고 자격(하나님의 대리인)의 상징물을 얻게 되었다. 그것은 늘 자신의 손에 들려있었던 지팡이였다. 하지만 이젠 물질로서의 지팡이(피시스)[4]에 신의 권능이 투여되었다. 그러므로 더 이상 무생물의 도구가 아니었다. 신과의 약속 이후 그의 지팡이는 '하나님의 지팡이'(세미오시스)[5]가 되었다(출 4:20). 성경적으로는 '성화'라고 할 수 있지

---

4 피시스(physis) 그리스 철학에서 자연 자체나 자연의 힘 또는 사물의 본성을 가리킨다.
5 세미오시스(semiosis) 기호와 상징계를 지칭하는 말로써 기호 현상 또는 물건이 유기체에 대하여 기호로서 기능하는 과정을 의미한다(필자 주).

만, 실존적으로 보면 '믿음'과 '자신감'이라고 할 수 있다. 감당할 수 없는 무게감으로 가족을 데리고 애굽으로 향할 때 숙소에서 모세는 이해할 수 없는 경험을 하게 되었다. 야훼 하나님이 갑자기 그를 죽이려고 하였다.

> 모세가 길을 가다가 숙소에 있을 때에 여호와께서 그를 만나사 그를 죽이려 하신지라 십보라가 돌칼을 가져다가 그의 아들의 포피를 베어 그의 발에 갖다 대며 이르되 당신은 참으로 내게 피 남편이로다 하니 여호와께서 그를 놓아 주시니라 그 때에 십보라가 피 남편이라 함은 할례 때문이었더라(출 4:24-26).

상식적으로는 이해할 수 없는 부분이다. 간신히 마음을 잡고 신의 요구에 순응하여 이스라엘 백성의 해방전쟁에 나선, 동포를 구하기 위하여 죽음을 불사하고 다시 그가 자란 애굽 왕궁으로 들어가는, 모세를 죽이려 하다니, 신의 의도는 무엇이었을까? 정황상 진짜 죽이지는 않았을 텐데. 다음 장면이 많은 의미를 준다. 아내 십보라가 그의 아들(장남) 포피를 돌칼[6]로 베었다. 분명 금속성 칼도 있었을 텐데 돌칼을 사용한 것은 고통을 감내하였다는 것이고 자식을 잃을 수도 있다는 암시였다.

그럼에도 이 같은 행동을 한 것은 성경적으로 는 '예표'이고 실제로는 '결연한 의지의 표현'이라고 봐야 한다. 아내인 자신을 포함하여 아들까지 내어놓으며 '피 남편'이라고 한 것은 죽음도 불사하고 순종하겠다는 의지의 표현이었다. 이를 성경에서는 '할례'(노모스)[7]라고 명명한다. 이것이 야

---

6 역사적으로 보면 돌칼은 청동기 시대 족장의 대표적 상징물로 사용되고 있다. 가령 고인돌에 부장된 유물 가운데 돌칼, 동경이 자주 출토된다. 출애굽의 시대 배경은 청동기 시대였다. 십보라가 사용한 돌칼이 지도자로서 모세의 상징물로 사용된 것은 아닐까 하는 생각도 해본다.

7 노모스(nomos) 그리스어로 사회, 제도, 도덕, 종교를 자연과 대립시켜 이르는 말(필자 주)

훼 신이 말한 자기의 '국민' 됨을 알리는 표식임을 가르쳤다. 물론 장자, 피, 죽음 이런 단어들은 장차 드러날 여호와 하나님의 힘과 구원의 상징 유월절을 떠올리게 하기도 하지만, 이처럼 출애굽 백성이 하나님의 백성 되는 자격을 미리 알게 한 셈이다. 그만큼 하나님의 백성 되기가 어렵다는 사실을 암시한 것은 아닐까. 그러면 하나님 나라 백성이 되기 위하여 출애굽 백성들이 어떤 과정을 거쳤는지 좀 더 구체적으로 보자.

첫째, 수용(인정)의 단계를 거쳤다.

일단 관념 속 조상들이 믿던 하나님을 히브리 백성들은 제대로 알지 못했으나 야훼 하나님은 그들의 형편을 "보시고-들으시고-아셨다." 그리고 역사 속으로 직접 내려오셔서 현현하셨다. 가장 낮은 자들의 하나님은 환상 속, 기도 속, 관념 속에만 머무르지 않으셨고 역사 속에서 사역하기를 원하셨다. 근엄하게 대접받기를 원하는 애굽 신들과 달랐다. 직접 가르치고 이끄셨다. 이에 출애굽 백성들이 맨 처음 취한 행동은 의심이었지만 차츰 모세의 말을 들었고 백성의 대표 장로들과 함께 바로에게 나아갔다. 첫 단계는 인정이었다. 자유를 얻기 위해서는 지금 현재 내 위치, 내 상태가 부자유인(不自由人)이라는 사실을 인정하는 것이 중요하다. 200년 이상 대대로 노예로 살아왔다면 스스로 자유를 인식하기가 쉽지 않다.[8]

더구나 자유를 얻어 당장 조상 때부터 살던 애굽을 떠나야 한다는 사실을 알았을 때 받아들이기가 결코, 쉽지 않았을 것이다. 그때까지 애굽은 세상의 전부로 인식하였다. 자신을 인정하기까지는 쉽지 않았다. 의심

---

8 과거 우리나라 1894년 갑오개혁 당시 노예제가 철폐되어 자유민의 신분으로 돌아가라 하였지만, 이들은 종의 신분을 벗어나지 못하고 오히려 내치지 말아 달라고 주인에게 대달렸다는 일화가 전해진다. 이는 떠날 준비가 되어 있지 않아서이기도 하지만 자유가 오히려 불편했기 때문이기도 하였다.

하고 믿지 아니하고 이 안정된 생활에서 떠나야 하는 타당성을 찾지 못하고 있었다. 모세를 따라나섰을 때 과연 살 수 있을까? 광야로 나섰을 때 먹거리 마실 물은 충분한가? 그동안 애굽에 살면서 모아두었던 재산은 가져갈 수 있을까? 어린아이나 노인네는 어떻게 부양하나? 애굽의 군대가 우리를 죽이러 오지 않을까? 키우는 가축은 어찌할 것인가? 이런 인간적인 생각들이 한없이 몰려왔을 것이다. 지도자로 부름받은 모세조차도 자신이 없었다. 왜냐하면, 스스로를 아니까. 한때 동족으로부터도 인정을 받지 못하여 모욕을 당한 경험이 있었던 그였다.

> 내가 누구이기에 바로에게 가며 이스라엘 자손을 애굽에서 인도하여 내리이까(출 3:11).

그러나 "내가 반드시 너와 함께 있으리라"는 약속에 그도 굴복하였다. 신을 인정하고 자신을 인정하였으며 소명을 인정하였다. 철학자 E. 칸트는 그 많은 사유와 독서를 통하여 자신과 주변을 통찰하였지만, 자신의 삶을 든든히 세워주었던 것은 "주께서 나와 함께 하심이라(*Du bist bei mir*)"는 네 마디 말이었다고 고백한 적이 있다. 세상 지식과 철학적 사유가 깊다고 하여도 여호와 하나님이 내 편이라는 믿음보다 강할 리는 없다.

둘째, 급히 떠났다.

자신들이 살았던 터전과 삶의 모든 근거를 두고 급히 떠났다. 열 가지 재앙 이후에 직면한 지시와 요구에 순종하였다. 떠나야 하나님이 설계한 그 나라에 들어갈 수 있다고 믿었다. 아직 그들이 맞이하게 될 광야의 행진에 대해서는 생각할 겨를이 없었다. 그런데 재미있는 현상이 발생하였다. 어느새 협상의 주도권은 애굽의 바로 왕에게서 이스라엘 백성에게로 옮겨졌다. 끈질긴 줄다리기에서 승리한 쪽은 모세였다. 신학적으로 보면 애굽의 인간 신들에게서 여호와 신이 승리하였다. 그러므로 바로의 "떠나라"는 표현은 허락이 아니라, 부탁에 가까웠다. 그리하여 분위기의 반전 속에 히브리 백성들은 빈손으로 떠나지 않았다.

> 내가 애굽 사람으로 이 백성에게 은혜를 입히게 할지라 너희가 나갈 때에 빈손으로 가지 아니하리니 여인들은 모두 그 이웃 사람과 및 자기 집에 거류하는 여인에게 은 패물과 금 패물과 의복을 구하여 너희의 자녀를 꾸미라 너희는 애굽 사람들의 물품을 취하리라(출 3:21-22).

그동안의 무보수 노예 생활에서 당한 압박과 설움을 조금이라도 보상받기 위하여 여인들은 애굽 여인들에게서 금은 패물을 요구하여 받아 챙겼다.[9] 애굽의 여인들은 온갖 재앙에 장자가 죽는 재앙까지 당한 뒤로는 히브리 백성들이 달라는 것은 몽땅 주어서라도 속히 내보내고 싶었을 것이다. 바로의 변덕이 또 어떻게 변모할지 모르기 때문에 히브리 백성들도 지체할 수 없어 발효되지 못한 반죽과 닥치는 대로 식량이 될만한 곡식과 가축을 이끌고 출발하였다. 이로써 이스라엘 백성들의 광야 생활은 시작되었다. 새로운 역사의 출발이었다.

중요한 결정 앞에서 야훼 하나님은 무작정 떠날 것을 명령하였다. 노아에게도, 아브람에게도 그리고 모세에게도, 이 전통은 신약 시대 예수도 제자를 부르실 때 사용하였다.

---

[9] 우리는 보통 금은 패물이라고 하지만 성경에는 쪽은, 금 패물이라고 은을 먼저 언급하고 있다. 출애굽 당대에도 분명 금이 은보다 더 귀했을텐데 은을 먼저 언급하는 것은 언어 습관인지 다른 뜻이 있는지 의문이다.

갈릴리 해변에 다니시다가 두 형제 곧 베드로라 하는 시몬과 그의 형제 안
드레가 바다에 그물 던지는 것을 보시니 그들은 어부라 말씀하시되 나를
따라오라 내가 너희를 사람을 낚는 어부가 되게 하리라 하시니 **그들이 곧
그물을 버려두고 예수를 따르니라**(마 4:18-20).

셋째, 건넜다.

홍해를 맞닥뜨린 출애굽 백성들은 죽음을 각오하였다. 그들의 탄식은
갇힘, 섬김, 완악, 두려움, 매장지, 죽음 같은 말들 속에서 떨고 있었다. 그
리고 탄식과 함께 원망을 쏟아내었다. 성서 출애굽기 14장 11절에 다음과
같이 푸념하였다.

그들이 또 모세에게 이르되 애굽에 매장지가 없어서 당신이 우리를 이끌
어 내어 이 광야에서 죽게 하느냐 어찌하여 당신이 우리를 애굽에서 이끌
어 내어 우리에게 이같이 하느냐(출 14: 11).

모세를 따라 출애굽 하였지만, 목적과 정체성이 형성되지 못한 히브리
백성들은 오합지졸과 믿음성도 부족한 아직 집단에 불과하였다. "우리를
이끌어 내어"라는 말속에서도 '타율적', '마지못함'이라는 의미가 내포되
어 있다. 이처럼 조금만 부족하면 원망하고 조금만 어려우면 노예 시절을
그리워하였다. 아직 '어찌할 수 없는' 선을 넘지 못하였다. 그러니 지금이
라도 돌아가라면, 잡아간다면 못 이기는 척하고 돌아갈 기세였다. 답답한
모세는 부르짖었다. "두려워하지 말고 가만히 서서 여호와께서 오늘 너희
를 위하여 행하시는 구원을 보라"고 외쳤다. 이어서 "가만히 있을지니라"
고 호소하였다. 이미 죽음을 초월한 하나님과의 언약 무게를 보았던 모
세는 스스로 투사된 힘과 능력으로 바로의 병거와 군대를 무너뜨리고 건

널 수 있었지만, 하나님을 찾았다. 그러자 여호와 하나님은 "너는 어찌하여 내게 부르짖느냐 이스라엘 자손에게 명령하여 앞으로 나아가게 하라"

고 지시하신다. 무한 능력을 주었건만 아직 이를 인식하지 못한 모세를 꾸짖는다. 야훼 하나님은 백성보다 모세가 더 답답하였다. 충분히 이해가 간다. 홍해는 '버림과 단절'의 상징이다. 이 바다를 건너지 않으면 결단코 변화가 없다. 그러므로 중요한 건 '의심을 건너고' '두려움을 건너고' '현실의 강도 건너야 한다.' 그래야 살길이 열리고 신의 백성, 국민이 되는 자격을 얻는다. 그래야 자유의 노래를 부를 수 있다. 그래서 모세도 노래하였다. 성서 출애굽기 15장 1-18절이 그것이다.

넷째, 믿고 의심하지 않아야 했다.

지금까지 경험해보지 못한 엄청난 사실을 출애굽 백성들은 목격하였다. 추격하던 바로 왕과 애굽 병거, 군대가 몰살당하는 엄청난 증거를 보았다. 모세와 야훼 하나님의 인도하심이 그들에게 어떻게 역사하는지, 신의 약속과 모세의 호언이 거짓이 아님을 확인하였다. 그리하여 이젠 돌아갈 수 없는 길을 가게 되었으므로 더 이상 모세와 하나님의 권위와 능력을 의심하지 말아야 했다. 하지만 홍해를 건넜음에도 이스라엘 백성들은 그렇게 하질 못하였다. 음식에 대한 욕심, 마실 물에 대한 불평이 끊임없었다. 홍해 도하 이전에 비해 돌이킬 수도 없는 상황이었기에 불평의 류(類)가 달랐다. 그때는 본질과 자격에 관한 문제였다면 이제는 삶의 질에 대한 불평이었다. 한마디로 "-해서 죽겠네" "차라리 애굽에서 잘 먹다 죽을걸" 하는 식의 푸념이었다. 엄청난 극한을 경험했음에도 불구하고 욕구에 대해 불평하는 모습은 신이 계획한 나라 백성이 되는 것이 얼마나 힘든가 하는 것을 보여 주고 있다.

이스라엘 백성들의 불만과 불평 모습은 이스라엘 백성의 모습으로만 국한되지 않는다. 의심은 끝이 없다. 불평하는 이스라엘 백성의 모습을 단적으로 보여 준 곳은 르비딤에서였다. 그들은 40년 동안 꿀 섞은 과자 같은 만나를 먹고도 불만을 폭발시켰다. "당신이 어찌하여 우리를 애굽에서 인도해 내어서 우리와 우리 자녀와 우리 가축이 목말라 죽게 하느냐"라고 원망한다. 여호와의 지시로 모세가 반석을 쳐 물이 나서 백성들이 먹었음에도 다투고 여호와를 시험하며 "여호와께서 우리 중에 계신가 안 계신가" 하고 의심하였다. 아무리 인간적인 나약함이라도 해서는 안 될 의심이 있다. 이런 푸념을 표현하는 백성들이란 미약하기 짝이 없다. 신과 인간의 관계를 적나라하게 보여 준 장면이다. 무한한 자비와 축복도 인간의 조그만 욕구불만에 존재의 유무를 시험한다. 신은 신의 방법으로 그들을 경책할 뿐이지만[10] 교훈적인 일화를 보여 주었다. 하나님의 백성이 되기 위해

---

10 이후 이스라엘과 아말렉의 싸움에서 모세가 팔을 들면 이기고 팔을 내리면 지게 되는 형국을 보게 된다. 그들이 여호와가 계신가 안 계신가를 시험하였기에 똑 같은 방법으로 깨닫게 해준 사건이다.

선 험한 광야를 지나야 하지만 척박한 환경보다 지혜와 믿음의 백성이 될 수 있도록 자격을 갖추는 것이 우선이다. 의심은 신의 백성이 버려야 할 가장 큰 부도덕이다. 하나님은 이런 사실을 책에 기록하여 후대에 기억하고 기념하게 하라고 가르치셨다.

　　다섯째, 계명과 약속을 준행해야 한다.

　　430년 동안의 애굽화는 이적과 기사로도 히브리 민족의 정체성을 되찾는 데 모자람이 있었다. 홍해를 건너고 추격자 바로 왕의 군대를 따돌리고서도 부족하였다. 불평은 여전하였던 것으로 보아 습속은 피보다 강해 보인다. 전지전능한 야훼 신은 자신의 백성 되기 위한 조건으로 십계명을 제시하였다. 언약의 완결이며 나라를 위한 구성 요소였다.

　　현대적 의미의 국가 구성 요소는 일정 지역을 지배하는 최고 권력에 의하여 결합된 인류 집단으로, 국민의 동의에 의한 사회계약으로 성립된다. 물론 국가에는 국가를 구성하는 자연인 전체 국민과, 일정 지역을 포괄적으로 지배하는 영토, 이들을 통할하는 통치 조직과 통치권으로 구성되어 있고 매개수단인 법으로 강제성을 부여한다. 셋째 조건에 해당하는 통치 조직과 통치권을 주권이라고도 한다. 결국, 주권에는 통치 조직과 통치권을 포함하며 그 권력은 국민으로부터, 나온다는 것을 헌법에 명시하고 있다.[11] 즉 주인 된 권력을 감싸는 것이 헌법인데 야훼 하나님의 주권이 미치는 나라의 백성들이 지켜야 할 합의된 약속의 결정이 십계명이었다. 그러므로 이를 지킬 때 국민이 되고 이를 어기면 국민의 자격을 상실당한다.

　　출애굽 후 홍해를 건넌 백성에게 돌이킬 수 없는 상황 속에서 열 가지

11　우리나라 헌법엔 1장 1조 2항에 "대한민국의 주권은 국민에게 있고 모든 권력은 국민으로부터 나온다"고 명시하였다. 주권재민 사상이며 국민국가와 민주주의 국가를 천명하고 있다.

계명을 내려주시고 절대 규범으로 규정하였다. 처벌 규정이 없는 "-말라"고만 한 것은 자격과 관계된 약속으로 쌍방의 합의를 상징하고 있다. 하나의 언약 문서, 계약 문서이다. 중계업무에서 양측이 합의하면 서명날인 하듯이 야훼가 날인 한 십계명 돌판을 모세가 들고 호렙 산(시내 산)에서 내려왔을 때 계약 일방인 출애굽 백성들은 금송아지를 만들어 "이것이 우리들의 신이다"라며 야훼 하나님을 속되게 표현하였다. 아니 욕되게 표현하였다. 분명 출애굽 이전부터 "나 여호와는 인간의 손으로 만든 형상(신)이 아니라"고 했으며 계명의 제2 조항이 이와 관련된 내용이 있음에도 불구하고 노예에서 놓임 받은 백성들은 계약 상대인 신을 노하게 만들었다. 계약도 싸인(sign)도 할 수 없는 상황, 조건 자체가 성립되지 않는 상황을 보고 중재자 모세는 분노하여 돌판을 던져버렸다. 이것이 시내 산 십계명 사건이다. 하지만 여호와는 용서하셨다. 그리고 나라의 통치 기초가 되는 법을 받을 준비가 되어 있지 않은 출애굽 백성에게 나라의 조각(組閣)마저 여호와 신은 주도권을 가지고 하나하나 일러 준비시켰다. 구체적인 민법, 소송, 도덕, 공평, 안식일, 절기, 성소와 성막, 제사와 제사장, 제단, 일일이 지적하고 가르쳐서 두 번째 계명(*nomos*) 돌판을 내려주셨다.

두 번에 걸쳐 가르친 이유는 국가의 구성 요소 가운데 통치의 질서와 규범이 없으면 주변 국가들로부터 인정받을 수 없기에 또 그들이 유일신을 믿는 나라라는 자부심을 구할 수 없기에 엄밀하고도 철저한 계약의 본을 보이고자 한 것으로 보인다. 그리고 두 번째 계명도 신이 직접 써서 내려주었다. 신적 통치를 기본으로 하되 국민의 자율적인 참여로 구성되는 약속의 나라는 신과 인간의 합의로 형성되었음을 강력하게 규정하고 있다. 모세는 40일을 시내 산에 머무르며 여호와 하나님과 최종 조율을 마쳤다. 40일은 40년의 광야 생활을 암시한다. 그 기간이 길고 험난할 것임을 상징한다. 신의 스케줄에 순종치 못하고 의심하며 불평한 결과이다. 하나님의 나라 백성 되기가 결코, 쉽지 않음을 주지시키신다. 중요한 건 언약이든 계약이든 이를 받아 수용할 준비가 되어야 한다는 것이다.

> 여호와께서 그의 앞으로 지나시며 선포하시되 여호와라, 여호와라 자비롭고 은혜롭고 노하기를 더디하고 인자와 진실이 많은 하나님이라 인자를 천대까지 베풀며 악과 과실과 죄를 용서하리라 그러나 벌을 면죄하지는 아니하고 아버지의 악행을 자손 삼사대까지 보응하리라(출 34:6-7).

성경의 문맥을 보면 여호와 신은 상당히 노하였음을 알 수 있다, 이스라엘 백성들에게 실망한 모습이 역력하다. 하지만 모세를 통하여 인내하고 계심을 알 수 있다. 출애굽 백성의 죄를 3, 4대까지 보응한다는 선언은 굉장히 무서운 징계라고 생각된다. 그만큼 계명의 엄밀함과 중대성을 천명한 것이다. 새로운 나라의 건설을 위한 훈계로 이만한 교과서가 없을 것이다. 모세는 거듭 신의 노여움을 풀고자 하였다. "이 백성은 목이 뻣뻣한 백성이니 이다. 우리의 악과 죄를 사하시고 우리를 주의 기업으로 삼으소서"라고 신께 하소연하고 있다. '주의 기업'이 무엇을 의미하는가? 기업은 근본이니 '그의 나라의 백성' 됨을 뜻한다. 약속 계명의 준수, 이는 필수적이다. 백성들은 이후엔 정체성 확립을 위한 준비작업에 돌입하였다.

2) 인간이 생각한 그들의 나라

(1) 하나님이 주신 '법치'(法治)를 외면하다

출애굽 백성들이 꿈꾼 나라는 한마디로 애굽의 축소판 작은 애굽을 희망한 듯하다. 그들의 꿈속엔, 무엇이든 풍족한 애굽을 떠나왔으니 애굽 보다 낮거나 적어도 애굽 만큼 배 주릴 염려는 없는 나라를 상상하였을 것이다. 사전 교육이 전혀 없는 상태에서 바로의 떠나라는 부탁과 함께 모세와 제사장, 장로들의 영도하에 급히 빠져나왔다. 이집트의 영화와 풍부를 뒤로 하고 나온 그들은 못내 그 여유로움을 아쉬워하였다. 이는 출애굽 과정 내내 백성들의 불평 속에서 느낄 수 있다. 이스라엘 백성들이 이해하기 힘들었던 부분 중 하나는 모세를 통하여 말하시고 일하시는 중에 "하나님이 바로의 마음을 완악(완고)하게 하여 이스라엘 백성들을 그 땅에서 내보내라 하여도 바로가 말을 듣지 아니할 것이라"는 전언이다.[12]

야훼 하나님은 자기 백성들을 출애굽 시킬 계획을 세웠음에도 왜 바로의 마음을 완악(완고)하게 하셨을까? 전적으로 하나님의 계획과 뜻이겠지만 이는 바로뿐 아니라 이스라엘 백성들을 훈련시켜 깨닫게 하는 방편이었다고 본다. 보다 성경적인 면으로 보면 모세조차도 하나님의 능력과 절대적인 힘을 온전히 신뢰하지 못한 데 대한 반대급부인 것으로 해석할 수 있다. 이는 마치 사명을 완수하기 위하여 결심하고 미디안에서 애굽으로 돌아가는 모세를 하나님이 죽이려 했던 상황과 유사하다. 출애굽기에 등장하는 여러 스토리텔링 가운데 비상식적인 화제는 전부 여호와 하나님의 전적인 계획, 또는 계약의 확인이었겠지만 인간의 지식으로 이해하기 어려운 부분들은 계약의 주체가 여호와 신이기에 시간을 초월하는 예정의 한 단면이라고 볼 수 있다. 철학적 사고 가운데 '프랙털 구조'란 이론이 있다. '부분은 전체의 축소판이며 자기 유사성을 가지고 하나의 파장처

---

12 모세가 바로와 협상하는 과정 내내 이 말씀은 계속 기록되어 있다. "여호와께서 바로의 마음을 완악하게 하사"라는 말씀이 반복되어 나온다. 이는 대적자인 바로의 마음까지 관장하시는 하나님이란 의미가 담겨 있지만 "완악하게 하신 이"의 주체가 하나님이신데 열 가지 재앙을 다 경험하고 나서야 하나님의 존재를 자각하고 그 힘과 권위에 무릎 꿇게 하겠다는 계획하에 출애굽이 진행되었다는 것을 말해주고 있다.

럼 끊임없이 이어진다'는 이론이다.[13] 그러므로 하나의 집단 또는 하나의 미세한 세포를 분석하면 전체 집단의 특성을 분석해 낼 수 있다는 사실이다. 이를 사회학에 적용하면 사회집단의 전체 특성은 의외로 그 사회에 속한 작은 단체의 속성을 파악하면 알 수 있게 된다. 또 이를 신학이나 성서학에 적용하면 인간과 신의 대화나 사역(부분) 가운데서 신(전체)의 큰 뜻이나 속성을 파악할 수 있다는 생각이다. 출애굽기 가운데서도 인간과 여호와 하나님의 언약, 언약의 성취를 위한 사역, 그리고 대화 가운데 성경 전체를 관통하는 하나님의 속성이 드러나 있다고 본 이론이다. 철학을 사회학이나 신학에도 적용시켜 볼 수 있다는 매우 획기적인 접근방식이다.

바로에게 보여 준 하나님의 두 번째 재앙을 통하여 패턴 공식을 도출하면 '이스라엘 백성의 출애굽 요구-바로의 거절-재앙-출애굽 허락-해소-바로의 마음 완악하게 하심-거부'(요구-거절-허락-완악-거부)라는 공식이 나온다. 이는 출애굽 과정에서 드러난 하나님과 인간의 계약 관계에 관한 전형이라고 할 수 있다. 인간은 숱한 신의 축복 가운데 있어도 이를 인정하기가 쉽지 않다. 원하는 바를 성취하여도 이를 신의 축복이라 여기기 이전에 자신의 능력으로 과신하기 십상이기 때문이다. 하나님이 정하신 첫째 달(아빕월) 10일에 유월절을 맞이하고 그 규례를 받았으며 자유와 새로운 나라 입성을 허락받았지만, 인간과 가축의 처음 난 것이 죽임을 당하고 재촉하여 제발 애굽을 떠나라는 부탁을 받고서는 금은 패물과 애굽인들의 의복에 욕심을 내었다(출 12:35-36). 보다 큰 것을 받았지만 출애굽 백성은 하나님의 은총을 약탈이라는 행위로 타락시켰다.[14] 인간을 하나

---

13 이 용어는 IBM의 Thomas J. Watson 연구센터에 근무했던 프랑스 수학자 만델브로트(Benoit B. Mandelbrot) 박사가 1975년 '쪼개다'라는 뜻을 가진 라틴어 '프랙투스'에서 따와 처음 만들었다. 이를 프랑스 사회 철학자 미셸 푸코가 사회학에 적용하여 집단의 현상을 설명하는 데 사용하였다. (필자 주)

14 성경 본문에는 36절에 취하였다고 기록되었지만 관주에 약탈의 뜻이 있다고 하였다.

님 나라 백성으로 만들기 위해 온갖 방식으로 권능을 보여 준 신을 철저히 배신하였다. 이들은 자신들의 뜻대로 자신들의 나라를, 굳이 가나안이 아닌 광야에서라도 세우길 원하였다. 이레 길이면 갈 수 있는 거리를 굳이 돌고 돌아 40년이나 헤매는 이유를 몰랐다. 430년이 끝나는 그 밤이 '여호와의 밤'이었던 이유를 출애굽 백성들은 잘 이해하지 못하였다. '여호와의 밤'은 곧 하나님 나라의 시작이었다.

인간의 나라는 신에 대한 원망과 불평에서 시작한다. 스스로 무엇이든 할 수 있다고 믿는 순간 신의 나라는 멀어지고 인간의 나라는 시작된다. 목이 마르고 고기가 먹고 싶다고 불과 둘째 달 15일, 그러니까 한 달 열흘 사이에 불평과 원망이 쏟아지기 시작하였다. 심지어 죽고 싶다고까지 하였다(출 16:3). 그들은 유월절과 무교절을 지키라고 한 여호와를 이해하지 못하였다. 한 나라가 이루어지기 위해서는 영토도 국민도 필요하지만, 질서가 있어야 한다. 법이 미치는 영역과 권위가 있어야 하고 절기도 필요하다. 이는 정체성을 확립하는 데 필수적이다. 마치 오늘날 국경일이 제정되고 공휴일이 있는 것과 같다. 가령 광복절이 있는 이유는 우리나라가 식민지 상태에서 해방되었음을 알려주는 것이며 대외적 주권재민의 표식이 된 것과 같다. 마찬가지로 이스라엘 백성들이 유월절과 무교절을 지켜야 하는 것은 자유와 해방을 상징하기 때문이다. 한 나라 백성으로 다른 나라와 구별되는 고유의 민족성이 이루어지는 요건이다. 그런데 출애굽 백성들은 엄밀한 신의 요구를 못마땅하게 여겼다. 애굽에서 먹던 유교병(有酵餠)이 더 맛있었고 애굽의 술과 포도주, 고기가 더 맛있었다고 생각하였다. 그러므로 '보이지 않는 자유의 고난'이 무의미한 것이 아님에도 불

여러 가지 정황으로 보아 열 번째 재앙 이후 헤게머니를 쥔 이스라엘 백성들은 재난을 탈출하기 위해 움추러든 애굽 백성들에게서 금은 패물과 의복까지 빼앗아 출애굽 하였다.

구하고 그들은 며칠 전까지 노예 신분에서 먹었던 음료와 고기가 더 고팠던 것이다. 그리하여 불평불만으로 한계를 드러내었다. 이래서는 신의 나라는커녕 인간의 나라도 요원해 보인다.

히브리인 노예들, 그 오합지졸 같은 이스라엘 백성과 잡족들은 홍해를 건넜음에도 상황을 인지하지 못한 듯하다. "홍해를 건넜다"라는 것은 굉장히 큰 상징성을 가진다. 홍해는 이집트 경계의 대표성을 띠는 단어이다. 그러므로 홍해를 건넜다는 것은 이집트와의 단절을 뜻한다. 마치 "요단강을 건넜다"라고 할 때 삶과 죽음의 경계를 넘었다는 의미로 받아들이는 것과 같다. 어차피 홍해를 건넜으면, 그것도 애굽의 추격대가 몰살당한 영토의 경계를 넘고서도 애굽을 그리워하거나 부러워하면 지는 것이다. 그런데 '마라'에서, '신 광야'에서, '르비딤'에서, '시내 산' 광야에서 여호와 신에게 불평하며 애굽 생활을 그리워하거나 회상하였다. 전형적인 인간의 나라에서나 가능할 법한 태도를 보였다. 홍해 도하 이후, 광야 이동과 시내 산 법을 받은 때와 각종 절기를 받은 것은 출애굽 백성으로 하여금 여호와 신만 바라보도록 하기 위한 당부였다. 그러나 인간의 법과 인간의 습속과, 인간의 온갖 추한 관습을 버리지 못하고 시선을 인간의 도구에 가두어버렸다. '금 송아지' 사건이 대표적이다. 지도자 모세 뒤에서 역사하시는 하나님을 보지 못하고 그가 보이지 않자 불안해하였다. 금으로 만든 송아지를 바라보며 신이라 열광하였다. 심지어 만드는 일에는 모세의 형 아론도 가담하였다.

하나님을 바라보는 일은, 유월절, 무교절, 맥추절, 수장절을 지키며 안식일을 성수(聖守) 하는 것이고, 한 마디로 여호와 신을 예배하는 일이다. 십계명을 내려준 이후에 성소와 증거궤, 성막과 성물과 제사장이 입을 옷까지 가르쳐 준 이유는 '신을 바라보게 하고 예배하게 하기 위한, 조치'였다. 예배 자리, 성소의 모습은 프랙털로 본 '작은 신의 나라'이다. 그러나 예배의 대상으로 금 송아지를 만든 것을 본 모세는 신이 직접 쓰신 계명의 법 돌판을 던져서 부숴버렸다. 신의 나라는 없고, 올곧이 인간의 나라만 혼란 속에 시끄러울 뿐이었다. 십계명은 가장 중요한 하나님 나라 통치를 위한 규범 곧 기준이었다. 여호와 신은 새로 세울 나라를 위하여 법치화(法治化)를 이루고자 하였다. 확실한 통치 규범이 없으면 그 나라는 혼란스러울 수밖에 없다. 하지만 법치화가 아닌 '사람의 지배'가 이루어지면 국론은 분열되고 갈등과 혼란은 계속될 수밖에 없다. 여호와 신은 이를 미리 경고하였다. '사람의 지배'가 가깝고 편했던 출애굽 백성들은 잠시 지도자 모세가 없을 때 스스로 법치를 깨버렸다.

> 여호와께서 이르시되 보라 내가 언약을 세우나니 곧 내가 아직 온 땅 아무 국민에게도 행하지 아니한 이적을 너희 전체 백성 앞에 행할 것이라 네가 머무는 나라 백성이 다 여호와의 행하심을 보리니 내가 너를 위하여 행할 일이 두려운 것임이니라(출 34:10).

그러나 여호와 신은 모세를 통하여 다시 신의 나라를 세울 것이며 약속한 그 땅에 나라를 세우되 이스라엘 백성들을 '국민'으로 만들어 가나안에 이미 거주하는 다섯 족속을 쫓아내어 줄 것임을 다시 약속해 주었다. 그리고 다시는 신을 노엽게 하는 어리석은 행동을 하지 않도록 재차 '국민의식'을 가르쳤다. 그것은 '예배'였다. 안식일을 목숨 걸고 지키라는 규례는 한 나라 백성이 지켜야 할 '국민의례'였다. 하지만 이 모든 일은 가나안 땅에 들어가서 이루어질 일들과 지켜야 할 가치를 명시한 것이었다. 인간의 나라와 풍습에 길들었고 인간의 욕심에 물들었던 출애굽 백성들은 결국 모세를 배신했고 나아가 여호와 하나님까지 배신하였다. 가나안에서 새로 세워질 나라는 십계명 외 인간의 문제를 다루는 다양한 민법, 형법, 소송법, 제사법을 두었지만 '법치화'의 규범은 이루지 못한 채 다음 세대로 넘어가 버렸다.

모세가 여호와께로 다시 나아가 여짜오되 슬프도소이다 이 백성이 자기들을 위하여 금 신을 만들었사오니 큰 죄를 범하였나이다 그러나 이제 그들의 죄를 사하시옵소서 그렇지 아니하시오면 원하건대 주께서 기록하신 책에서 내 이름을 지워 버려 주옵소서(출 32:31-32).

인간의 나라를 선택한 출애굽 백성들은, 자유는 좋았지만, 여전히 노예 상태에 있을 때의 안락함을 두고 떠나 온 것을 못내 아쉬워하였다. 그들은 외면적으론 자유를 얻었지만, 속까지 자유인이 된 것이 아니었다. 자유를 얻기 위해선 책임이 따른다는 사실을 인식하지 못하였다. 광야에서의 그들은 아직 수많은 시행착오와 훈련이 필요해 보인다.

(2) 인간이 다스리는 나라 백성들

시내 산을 내려온 모세를 본 이스라엘 백성들은 정작 모세의 손에 들린 십계명 돌판은 보지 못하고 우레와 번개와 나팔 소리와 산의 연기만 보았다. 아무리 하나님은 "그의 백성들을 시험하고 경외하여 범죄 하지 않게 하려 하심"(출 20:20)이라고 하여 백성을 가르치고 올바른 그의 나라 백성으로 길러 가길 원하였지만, 백성은 멀리 서 있을 뿐 하나님이 계신 곳과는 거리가 멀었다. 모세가 시내 산에서 40 일만에 내려올 때는 놀다 온 것이 아니었다. 기도하며 여호와 신을 만나고 새 나라를 위한 법궤를 지고 내려왔으며 여호와 신의 정기가 함께 하였다. 그 모습이 우레, 번개, 나팔 소리, 연기, 빛의 광채 같은 기이한 자연 현상으로 보였다. 인간 군상의 다양한 범죄로부터 백성을 보호하고 질서를 유지하기 위하여 헌법전(憲法典)을 완성하여 내려왔지만, 인간의 통치에만 길들어졌던 그들의 눈에 법은 보이지 않았다. 이어서 첫 번째 여호와 신의 요구는 "너희는 나를 비겨서 은으로나 금으로나 너희를 위하여 신상을 만들지 말라"는 것이었다. 또 두 번째 요구는 "토단을 쌓고 화목제를 드리라"는 것이었다. 이는 약속의 땅에서 약속된 백성으로 범죄 하지 않고 화목하여 살도록 유도하기 위함이었다. 그러나 모세가 "산에서 내려옴이 더딤을 보고"(출 32:1) 타락하여 신을 모독하였다. 인간의 모습은 400여 년을 종살이했으면서도 40일을 참지 못하여 금 신상을 만들었다. 그리고 이 일에 아론이 선두에 섰다. 이런 상황을 어떻게 이해할 수 있을까.

아론은 제사장의 모델이자 모세의 형이며 대변인이었다. 여호와 신으로부터 특별한 은총과 영험한 힘을 부여받았지만, 모세가 자리를 비운 사이에 금 신상을 만드는 일에 앞장섰다. 인간의 힘이 다스리는 나라, 곧 인간이 다스리는 나라는 이처럼 기회만 되면 자리를 탐하고 지도자를 내쫓고 그 지위를 차지하려 하는 욕망이 넘실대는 동물의 왕국과 같은 곳이 된다. 이미 여호와 신은 이를 알고 있었다.

> 백성이 모세가 산에서 내려옴이 더딤을 보고 모여 백성이 아론에게 이르러 말하되 일어나라 우리를 위하여 우리를 인도할 신을 만들라 이 모세 곧 우리를 애굽 땅에서 인도하여 낸 사람은 어찌 되었는지 알지 못함이니라 아론이 그들에게 이르되 너희의 아내와 자녀의 귀에서 금 고리를 빼어 내게로 가져오라(출 32:1-2).

모세는 형이자 대변인인 아론에게 백성을 맡기고 여호와를 만나기 위하여 시내 산으로 올라갔다. 그리고 이스라엘 백성을 다스리기 위한 법을 신의 인도와 기도로 고심하며 작성하여 하산하였다. 성경엔 "여호와께서 친히 쓰셨다"(출 34:28)고 기록하였다. 그러나 40일의 공백, 이 기간을 참지 못한 백성들은 자기들을 인도할 신을 만들자고 아론에게 요구하였다.

아론은 갈등도 주저도 한 기록이 없다. 백성의 요구가 있자 바로 금붙이를 가져오라고 요구한다.

> 모든 백성이 그 귀에서 금 고리를 빼어 아론에게로 가져가매 아론이 그들의 손에서 금 고리를 받아 부어서 조각칼로 새겨 송아지 형상을 만드니 그들이 말하되 이스라엘아 이는 너희를 애굽 땅에서 인도하여 낸 너희의 신이로다. 하는지라(출 32:3-4).

성경의 이 내용은 얼핏 보면 백성의 무지와 아론의 무모를 보여 주는 장면이지만 여러 가지를 생각하게 하는 부분이다. 여호와 신이 모세에게 분명 자신은 "스스로 존재하는 이"라는 사실을 알렸다. 그리고 시내 산에서 엄청난 권위와 무한한 힘을 느끼도록 하였다. 하지만 한 가지 분명한 사실은 백성들은 절대로 여호와 신 가까운 곳으로 오지도 못하게 하였고 보지도 못하게 하였다. 십계명을 내려주실 때 첫째 계명이 "나 외에 다른 신을 네게 두지 말라"는 것이었고 이어서 "우상을 만들지 말며 어떤 형상도 만들지 말라"는 것이었다. 그런데 백성들은 제1, 2계명의 내용을 어겨 모세와 여호와를 분노케 하였다.

백성의 무지는, 보이지 않고 볼 수도 없는 야훼 하나님을 그들의 손으로 만들어 보이는 상태에서 섬기고자 한 것이었다. 보이지 않는 신을 섬긴다는 믿음이 없었다. 지금까지 그들을 인도하여 홍해를 무사히 건너게 하고, 마라의 쓴 물을 먹게 하고, 만나와 메추라기를 내려 양식으로 삼게 하며, 그리바에서 마실 물을 얻게 하신 이가 야훼 하나님인 줄은 알겠는데, 그분을 보면서 섬기면 더 잘 믿겠다는 지극히 인간적인 생각을 한 백성들이었다. 시간으로 본다면 모세가 십계명의 돌판을 들고 내려온 시점보다 금 송아지를 만든 시점이 더 빠르다. 계명의 내용을 백성들은 듣지 못하였다. 그러므로 단순히 판단하면 아직 예배와 절기의 방법 가르침을 받기 전이므로 백성들에게 죄를 물을 수 없다는 생각도 할 수 있지만, 하나님과 모세의 진노는 여호와를 만신전의 인간 신과 동격으로 생각하였다는 점이다. 생각만으로도 용납할 수 없다. 이미 출애굽 후 시내 광야까지 오면서 하나님이 어떤 분이신가를 체험적으로 보여 주셨다. 하지만 금 송아지를 만든 것은 전적으로 애굽의 방식이었다. 만신전에서 본 수많은 신과 같은 부류의 하나님으로 알았기에 인간이 만들 수 있을 줄 알았다. 사실 이는 신탁을 빙자한 인간의 통치를 의미하는 것이다.

인간이 다스리는 나라는 인위적이다. 그리고 늘 탐욕이 난무한다. 시내 산 아래서 백성들은 손으로 금 송아지를 만들어 놓고 이튿날 번제를 드리고 화목제를 드리면서 앉아서 먹고 마시며 일어나 뛰놀았다. 이런 아이러니가 없다. 인간의 손으로 만든 신상 앞에서 여호와 하나님이 지키라고 가르쳐 준 절기를 지킨다는 이 '이율배반적인 행동'은, 이스라엘 백성의 민족사 속에 남아있는 하나님의 모든 가르침이 땅에서 구현될 때 신의 뜻과 다르게 성취될 수 있다는 사실을 예시적으로 보여 준 것이었다.

> 여호와께서 모세에게 이르시되 너는 내려가라 네가 애굽 땅에서 인도하여 낸 네 백성이 부패하였도다. 그들이 내가 그들에게 명령한 길을 속히 떠나 자기를 위하여 송아지를 부어 만들고 그것을 예배하며 그것에게 제물을 드리며 말하기를 이스라엘아 이는 너희를 애굽 땅에서 인도하여 낸 너희 신이라 하였도다(출 32:7-8).

이스라엘 백성들의 행동을 성서학적으로나 신학적으로 본다면 인간의 무지 이전에 여호와 하나님에 대한 배반과 우상 숭배가 선재한다는 사실을 지적할 수 있다. 하지만 있는 그대로 본다면 출애굽 백성들의 인간적인 무지와 미성숙이 그대로 노정되고 있다. 야곱의 자손들과 잡족들은 여호와 신을 섬기고 경배하는 법을 몰랐다. 즉 하나님이 어떤 분이시란 사실을 몰랐다. 그저 "조상의 하나님"이란 단순한 족보상 위상과 관계 외 아무것도 몰랐다. 설령 알았다고 하여도 430년이란 긴 세월 동안 애굽에 살면서 잊어버렸을 수도 있다. 곧 신의 백성이 철저히 인간의 백성이 되어버렸다. 아무리 그렇지만 금 송아지를 만들어 두고 "너희를 애굽 땅에서 인도하여 낸 너희 신이라"고 한 것은 해도 해도 너무 큰 무지의 소치였다. 아무리 보지 못하였다고 하여도 모세로부터 듣고 배운 것이 있는데 이렇게 오판할 수 있을까. 이해할 수 없지만, 인간의 방식에 젖어 버렸다. 야훼 하나님, 입장에서는 그들을 가르치고 길들이기 위해 광야 40년 세월이 필요했던 것이다.

아론은 비겁하게 모든 책임을 백성들에게 돌렸다. 모세가 볼 때 "백성이 방자하게 행동하게 된 것은 제사장 아론이 그들을 방자하게 대하였기에 가능하게 된 것"이라고 기록되어 있다(출 32:25). 그리하여 결국 원수에게 조롱거리가 되게 만들었다. 참으로 어이없는 사실이다. 이것이 인간의 적나라한 모습이다. 그리고 인간이 다스리는 나라의 모습이다. 아무리 구별된 백성이라 하여도 보고 듣고 배운 것이 인간에 의한 힘의 논리와 지배와 정복이라면, 본질적으로 지닌 아이덴티티(identity)는 점차 소멸될 수밖에 없다. 우리의 예를 보더라도 과거 일제 식민통치 36년 동안 일제는 집요하게 우리 한민족의 정체성을 말살하고자 하였다. 말과 글을 사용하지 못하게 하고 '창씨개명'까지 하게 했으며, 우리의 역사도 왜곡하고 배우지도 못하게 하였다. 그리하여 야곱 백성들이 이집트에 살았던 연한의 1/10도 채 되지 않는 기간이었지만 일본인화하거나 일본인이 되기를 원하는 백성들이 다수였다.[15] 이처럼 야훼 하나님을 보지 않고 믿기 어렵다는

---

15 이때의 상황을 소설로 잘 표현한 작품이 있다. 채만식의 '태평천하'와 '치숙'이란 소설이다.

인간의 한계는 인정하더라도, 금 송아지를 만들어 제사하고 경배하며 자기들을 애굽의 지배에서 이끌어 내신 하나님이라 한 행위는 참으로 야만적이고 무지한 행동이었다. 아무리 그래도 조상들로부터 들은 이야기가 있을 텐데 교육의 부재, 광야의 고통을 넘어 인간의 나약함을 노출시킨 사건이라 해석할 수 있다.

출애굽 백성들의 허무하고 나약한 모습을 본 모세는 먼저 아론에게 경위를 물었다. 인간의 여호와 신에 대한 범죄를 무지라고 하더라도 책임을 맡은 아론의 앞장선 행동엔 죄를 물을 수밖에 없었다. 모세가 아론에게 말하길 "이 백성이 당신에게 어떻게 하였기에 당신이 그들을 큰 죄에 빠지게 하였느냐"(32:21)고 물었다. 당연한 추궁이다. 그러자 아론은 스스로 자책하며 용서를 구하지 않고 "내 주여 노하지 마소서 이 백성의 악함을 당신이 아나이다"라고 응대한다. 이는 두 가지로 해석할 수 있다.

첫째, 원래 이 백성들이 악하여 나를 겁박하여 그 송아지를 만들게 하였다. 그러므로 나도 속수무책이었다고 책임 소재를 백성들에게 돌리는 변명이다.

둘째, 40일 동안 모세가 소식도 없이 하산하지 않으므로 사고로 생각하고 이제부터는 아론 자신이 최고 지도자로 자처하고자 하는 욕심이 발동하여 백성들의 민심을 자기에게로 돌리려 동의하고 앞장선 것이라 볼 수 있다. 오랜 역사 속에서도 이런 경우를 숱하게 경험할 수 있게 된다.

권력에 대한 인간의 욕심은 끝이 없다. 아론의 반성하지 않는 태도에도 성경은 크게 벌하지 않았다고 기록한다. 모세의 형이기 때문인가? 형을 벌하는 대신 모세는 여호와를 신뢰한 친위대와 같은 레위 자손들을 데리고 타락한 백성 삼천 명, 가량을 죽이는 것으로 처벌을 대신하였다. 이 부분은 이해할 수 없는 대목이다.[16] 여호와 하나님과 출애굽 백성들의 관계는 인간의 일상적 사고로는 판단하기 어려운 '애증 관계'가 아닌가 생각된다. 여호와 신은 용서할 수 없는 배신행위를 보았음에도 "내가 언약을 세우나니 곧 아직 온 땅 아무 국민에게도 행하지 아니한 이적을 너희 전체 백성 앞에 행할 것이라"(34:10)고 미래형의 시제를 사용하여 희망을 주고 있다. 이 또한 애증 관계의 모습이다. "온 땅 아무 국민에게도 행하지 아니한 이적"이 무엇일까? 그리고 온 땅 아무 국민의 범위는 어디까지일까? 그러나 미래시제를 앞서 언급한 구원 방정식에 적용한다면 요한복음 3장 216절의 '세상' 국민 곧 이 세상의 모든 백성 아닐까? 그리고 아무 국민에게도 행하지 아니한 이적이란 예수그리스도를 통한 십자가 부활이 아닐까 생각된다. 출애굽기의 큰 주제 곧 '하나님 나라의 건설과 인류 구원'을 생각하면 하나의 퍼즐이 맞춰진다.

십계명의 법을 '언약'이라고 재차 언급하는 것은 시행 여부를 두고 관계를 가늠하는 '약정 계약서'로 본다는 의미다. 그리고 전체적인 어조나 문구 내용이 처음 만들어준 십계명의 언약 수준보다 약간 단호하고 엄격하다는 것을 알 수 있다. 인간은 스스로 판 자신의 무지와 오판으로 인하여 여호와 신과의 계약 관계에 있어 자기 주장권 마저 상실해 버렸다. 이처럼 인간은 늘 실수하고 나약하며, 인간이 다스리는 나라도 늘 불안하여 자생적 문제의식을 안고 살아간다는 모습을 상징적으로 보여 준다. 이는 인간의 역사 속에서 현실적으로 증명된다.

---

16 성경에는 여호와가 진노하여 백성 삼천 명 죽인 것으로 그치지 않고 때가 되어 보응할 날에는 백성들의 죄를 보응할 것이라고 기록하고 있다. 여호와 하나님도 아론은 직접 거론하지 않는다. 이스라엘 백성들의 죄과를 묵과하지 않을 것이라고 한 것은 신학적으로 여러 가지 해석을 가능하게 한다. 이 대목을 이스라엘의 역사와 관련지어 해석하는 것은 원죄론적으로 해석하는 것은 비역사적 사고라 생각한다(필자 주).

V.

출애굽기에 드러난 하나님 이해

1. 출애굽 직전의 사역

1) 하나님의 계획

출애굽의 역사와 하나님 이해를 위하여 참고로 삼을 수 있는 사료는 많지 않다. 히브리어 성경이 우선이며 그 외에 이집트 역사서나 금석문, 고대 언어로 기록된 문서들이 일부 있다. 이들 자료로 B.C. 17세기 이집트 18왕조 당시의 사실을 더듬기는 수월치 않다. 히브리어 성경도 헬라어를 거쳐 영어와 한글로 번역된 번역본으로 언어의 역사성이나 문화의 차이만 볼 수 있을 뿐 큰 차이는 없다. 단지 언어 속에서 볼 수 있는 고유의 역사나 문화적 뉘앙스는 비교 분석해 볼 필요가 있다. 본격적인 성경의 본문을 탐색하기에 앞서 역사학자로서 사료의 문제를 다시 언급할 수밖에 없는 것은 필자의 연구가 신학적, 성서적 연구의 방법을 떠나 역사적 방법론으로 접근해보고자 하였기 때문이다. 다시 말하면 평신도 입장으로 성경 읽기를 진행할 때 다가오는 수많은 의문에 대하여, '왜 그러한가?'라는 궁금증에서 문제를 해결하고자 할 때 부딪히는 한계가 있기 때문이다. 문제의식으로 주제를 분석하고자 하는 하나의 접근방식이기에 필자는 더욱 성경 본문에 의존 깊이 관찰할 수밖에 없다.

앞 장에서도 언급하였지만, 출애굽기는 창세기의 마지막 장면들과 계속성을 가진다. 요셉의 유언과 죽음, 야곱 백성의 애굽 정착 이야기란 히브리인들의 뿌리 이야기로 마무리하고 다시 시작한다. 이는 애굽을 떠나야 하는 자기 나라, 자기 백성의 역사를 언급하기 위함이었다. 성경은 원래 책의 이름도 붙이지 않았고 장과 절도 없었다. 각각 이름을 붙인 것은 후대 성경 읽기의 편의성을 위한 것이었다. 심지어 최근엔 단락의 주제까지 붙여 놓았다. 그리하여 때론 주제를 붙인 것이 깊이 있는 이해를 방해하는 것이 아닌가 하는 생각을 해보기도 한다. 가령 출애굽기 1장에서 첫 제목은 "이스라엘 자손이 학대를 받다"라고 하여 1장의 내용을 요약하듯 다루고 있다. 2장은 "모세가 태어나다"라는 제목으로 10절까지 할애하였다. 하지만 "모세가 태어나다"는 정작 1장의 15절부터 다루어야 이해가 된다. "모세가 태어나 건짐을 받다"라고 제목을 정하고 1장 15절부터 2장 10절까지 나누었으면 이해하기가 훨씬 쉬울 뻔하였다.

이처럼 성경에 좀 더 친숙하게 접근하기 위하여 때론 믿음의 눈을 잠시 내려놓을 필요도 있다. 야곱의 자식 12명(12지파)과 70인이 이집트 고센 땅에 정착하게 된 이후 430년 동안 "생육하고 번성하여 매우 강하고 온 땅에 가득하게 되었다"라는 사실의 확인으로 출애굽기는 출발한다. 그런데 이스라엘 자손이 생육하고 번성하여 매우 강하고 땅에 충만하게 되었다는 사실은(창 1:28) 여호와 하나님이 사람을 만들고 축복한 내용의 성취와 일맥상통한다. 야곱 백성의 조상 아브라함에게 복을 준 내용과는 다르다. 이는 매우 주목할 내용이다. 아브라함에게 주신 축복은 다음과 같다.

> 내가 너로 큰 민족을 이루고 네게 복을 주어 네 이름을 창대하게 하리니 너는 복이 될지라 너를 축복하는 자에게는 내가 복을 내리고 너를 저주하는 자에게는 내가 저주하리니 땅의 모든 민족이 너로 말미암아 복을 얻을 것이라 하신지라(창 12:2-3).

출애굽기 백성들에게 주신 축복은 신이 인류 전체에게 하신 축복이며 후자는 아브라함과 후손에게 축복하신 내용으로 약간의 차이가 있다.

<표5-1> 하나님의 첫 인류와 아브라함에게 준 축복의 차이

	첫 인류에게 주신 축복	아브라함에게 주신 축복
1	생육하라	큰 민족을 이루리라
2	번성하라	이름이 창대하게 될 것이라
3	매우 강하라	너는 복이 될 것이다
4	땅에 충만하라	모든 민족이 인하여 복을 얻을 것이다

전자는 인류에게 축복한 내용으로 창조주의 의미 있는 축복으로 기념해야 할 내용이다. '생육' '번성' '충만' 이는 인류에게 절대적으로 필요한 요소들이며 문화사적으로도 하나의 문명을 이루기 위해, 인간에게 필요한 절대적 요소라고 할 수 있다. 반면 아브라함에게 주신 축복은 하나의 민족 또는 나라, 혹은 개인에게 내린 축복임을 느낄 수 있는 내용이다. 사실 출애굽 백성에게 필요한 축복은 둘을 놓고 볼 때 후자가 더 적합하다. 그런데 야훼 하나님은 후자가 아닌 전자로 출애굽 백성에게 축복하셨다. 여기엔 분명 중요한 하나님의 계획이 내포되어 있다고 생각한다. 노예 상태에 있는 야곱의 백성들에게 왜 하나님은 아담과 하와 첫 인류에게 주신 축복을 동일하게 내려주셨을까? 한 나라를 이루려 하시거나 민족을 이루는 것이 급선무인 이스라엘 백성에게 생육하고 번성하며 땅에 충만하라고 하시려면 애굽 이전에 또는 출애굽 이후에 해야 맞지 않을까? 왜 하필 노예 상태에 놓인 이스라엘 민족에게 이런 축복을 하셔서 종살이 백성의 숫자만 늘려 놓으셨을까? 많은 의문이 든다.

종살이 백성에게 이런 축복을 하심은 출애굽을 앞두고 분명 메시지를 주고자 함이 있다. 그러므로 출애굽은 단순한 탈출이 아니다. 출애굽이 인류 문명, 하나님의 나라, 나아가 진정한 하나님 역사의 출발점으로 보려는 것은 아닐까. 앞 장에서 '제2의 에덴 건설'이라는 하나님 나의 건설을 언급하였다. 또한, 신화의 시대에서 역사의 시대로 진행되며 하나님의 새로운 계획이 시작되었다고 볼 수 있다. 축복의 원천이 아브라함에게서 시작되었다면 후손에 대한 축복도 연속성을 가져야 성취라 할 수 있다. 그런데 그 후손이 애굽에 정착하게 되었고 정착 이후 430년간 "이 백성 이스라엘 자손이 우리보다 많고 강하도다"란 푸념을 들을 정도로 번성하였다면 그냥 이집트를 이스라엘로 만들어 버릴 수는 없었을까? 아무튼, 하나님의 계획은 아브라함에게 지시한 가나안에 목적지를 두었다. 그곳이 돌아갈 곳, 이스라엘이 조상 야곱의 이름에서 국가의 이름으로 자리 잡아야 할 곳임을 분명히 한 것이다.

이스라엘 백성들이 생각하기에 그들의 신 야훼 하나님의 생각은 인간의 생각과 달라 어떤 상황 속에서도 순종하면 복을 받을 수 있다고 믿었다. 실제로 바로가 히브리인의 아들을 죽이고자 하여 산파들에게 산모의 아이가 아들이면 죽이라고 명령하였지만, 이들은 히브리 여인들이 건장하여(히브리 성경 원문에는 매우 힘이 좋아서라고 기술하였다) 자신들이 도착하기 전에 이미 해산하였기에 어쩔 수 없었다고 핑계를 댄다.[1]

> 그 산파들이 파르오에게 말하였다. "참으로 이브리 여자들은 미쯔라임 여자들과 같지 않고 매우 힘이 좋아서 산파가 가기도 전에 아이를 낳습니다"(이름들 1:19).

1　여기서 이해할 수 없는 내용이 나온다. 바로 왕은 히브리인들의 생육이 왕성하므로 히브리 산파 둘에게 아이를 받을 때 남자아이면 죽이라고 명령하였다. 그런데 같은 히브리인 산파가 아이들을 죽일리도 만무하고 그 많은 히브리 백성의 아이 받는 산모가 둘밖에 없다는 것도 이해하기 어렵다. 또 산파를 쓰려면 애굽 여인들을 써야 수행 가능하지 않았을까? 하지만 성경은 이렇게 기록하고 있다. 그리고 "건장하여"보다 "매우 힘이 좋아서"가 훨씬 이해하기 쉽다.

히브리 여자들이 '건장하여'라는 표현보다 '매우 힘이 좋아서'라는 표현이 훨씬 설득적이다. 하지만 이 부분에서 번역이나 해석이 크게 중요하진 않다. 이들은 바로에게 벌을 받아야 할 처지였지만 오히려 야훼는 그들의 집안을 흥왕 하게 해 주셨다. 바로 왕은 아예 백성들의 아들을 죽이라고 명령한다. 성서의 기록은 '그의 모든 백성의 아들'이라고 하였지만, 이는 히브리인들의 아들을 지칭하는 것으로 봐야 한다. 그런데 과연 이스라엘 자손이 본토 애굽 백성들 숫자보다 많았을까?[2] 그러면 통치자 입장에서는 늘 불안하고, 아무리 노예라고 하더라도 이민자 출신이었기에 다루기가 쉽지 않았을 것이다. 어찌 보면 출애굽은 신의 계획이었지만 애굽 왕의 간접적 요구가 어우러진 사건이 아닌가 생각된다. '허락'이 '당부'로 바뀐 것이 출애굽 줄다리기의 성격으로 보기 때문이다.

모세의 탄생과 성장 과정의 이야기는 스토리텔링으로 한 영웅의 탄생을 설명하기에 충분하다. 히브리인이지만 바로 왕궁에서 성장하며, 그들의 고급한 교육을 받게 되고 후계자 경쟁 구도에도 서게 되었다는 것, 그러면서도 히브리인 친모의 젖을 먹을 수 있었다는 것 등은 충분히 신화적 서사 구조를 갖추고 있다. 그리고 이 모든 일이 야훼 신의 계획 가운데 있었다는 사실은 출애굽 백성으로 인하여 충분히 야훼 하나님에게 귀의할 수 있게 만드는 요소였다. 모세가 민족 갈등을 보며 살인죄를 짓고 광야로 나아갔다. 그곳에서도 불의를 두고 보지 못하는 용기로 말미암아 힘없는 여인들을 돕게 된다. 이런 정의감을 신은 보게 된 것이다. 그가 왕궁에서 수준 높은 교육을 받았기에 이스라엘 백성들의 지도자로 삼은 것이 아니었다. 하나님은 용기와 정의감을 중요하게 보셨다. 이어서 모세가 미디안

---

2   인류학자들은 B.C. 15세기 당시 이집트 인구를 대략 50만-60만 명 정도로 보고 있다. 그런데 출애굽 때 백성의 숫자가 장정만 60만 명이라고 하는 성경 기록은 현실적으로 의문이 많이 남는다.

광야로 가게 된 계기도 그리고 미디안 제사장 이드로(르우엘)[3]의 사위가
된 것도, 모세가 치던 양 떼를 광야 서쪽으로 인도하여 호렙 산에 이르게
한 것도 상당히 작위적이다. 하지만 광야, 미디안, 장인 이드로 그리고 호
렙 산은 마치 장차 이스라엘 백성들이 밟아 갈 땅에 대한 사전 답사 같은
느낌을 주며 이드로는 모세와 여호와 신의 만남을 주선하는 중매자 역할
같은 느낌을 주게 한다. 또한, 광야 미디안 족속을 우군으로 편입하게 되
는 계기를 만들어주었다.

모세의 탄생과 성장에는 야훼 신의 절대적인 도움이 있었지만 세 명의
여인이 새로운 역사를 위해 영웅처럼 등장한다. 아기 모세의 누이와 어머
니와 양자로 키운 어머니 애굽의 공주 하셉수트 여왕 언급하지 않을 수
없다. 이들의 행동은 신의 인도와 계획이라면 너무 상투적이다. 영웅 탄생
이라는 서사적 요소가 배어 있기는 하지만 그래도 여인들의 희생적인 노
력으로 새로운 이스라엘의 역사가 시작되고 있다는 사실을 말해준다. 앞
으로 만들어질 이스라엘의 나라는 이처럼 천대받았던 여인들에 의하여
새롭게 변화될 수 있다거나 당시 주변 국가들에서 볼 수 없는 인간 존중
과 평등사상이 허락될 수 있는 사회임을 암시하고 있다. 야훼 하나님이 출
애굽 백성들에게 가르치고자 했던 정신은 크게 두 가지다.

하나는, 절대적인 하나님 신뢰이며,
다른 하나는, 인간 존중 사상이었다.

---

3   르우엘은 "하나님의 친구"라는 뜻을 지니며 성경의 다른 곳에는 이드로라고 소개된다.
모세는 굉장히 우유부단한 사람처럼 묘사된다. 하지만 그가 신의 부름에 응답하여 바
로 앞에 나서게 된 것은 장인 이드로의 도움도 컸다. 모세가 어떻게 보면 안일하고 편
하게 필부로 살 수 있었지만 애굽으로 돌아가기를 원하는 마음을 알고 적극, 밀어준 사
람이 장인 이드로였다. 그가 양치기로 미디안에서 세월을 죽이고 있을 인물이 아니라
는 사실을 알아본 이도 이드로였다. 또한 아내의 지혜와 과감한 결단력도 크게 한몫하
였다.

십계명을 분석하든 광야에서의 훈계와 가르침을 보든 이 두 가지 사상을 근간으로 일관되게 행진을 지속시켰다. 그러므로 십계명의 헌법적 지침 다음으로 내려준 법이 제단과 종에 관한 법이었음을 주목할 필요가 있다. 제단에 관한 법이야 당연히 야훼 신을 섬기는 십계명의 연장선에서 제시한 것이지만 인간에 관한 법의 처음이 종에 관한 법이었고 그 종의 속량에 관한 규정이라는 것이 놀랍다. 또한, 일곱째 해에는 자유인의 신분이 되도록 규정하였다는 것은 고대 오리엔트 지방에서는 상상할 수 없는 인간 존중 사상을 가르친 매우 선진화된 법이라고 할 수 있다.[4]

> 네가 히브리 종을 사면 그는 여섯 해 동안 섬길 것이요 일곱째 해에는 몸값을 물지 않고 나가 자유인이 될 것이며 만일 그가 단신으로 왔으면 단신으로 나갈 것이요 장가들었으면 그의 아내도 그와 함께 나가려니와 (출 21:2-3).

한편, 앞서 언급한 세 여인은 죽음을 불사하고 새로운 역사를 창조하기 위한 도구로 사용되었다. 모세의 어머니와 누이는 민족을 살렸고 바로의 공주 양어머니는 이집트가 문명 강대국으로 남아있을 수 있는 동력이 어디에 있는가를 가르쳐 준 선각자였다. 이집트 곧 애굽에 대한 야훼 신의 진노가 이스라엘 백성들을 출애굽 시킨 이후 용서받을 수 있었던 것도 이 때문이었음을 가르치고 있다. 이와 같은 인간 존중과 남녀평등사상에 관한 규정이 야훼 하나님에 의해 이스라엘 백성으로 만들어갈 나라 모습이었으며 고대 오리엔트의 다른 나라들과 달랐음을 보여 주고 있다. 하나님

4 　우리나라는 1894년 갑오개혁 때 비로소 노비해방이란 법이 홍범 14조 등과 함께 발효되었다.

의 계획은 이처럼 섬세하고 구체적이었음에도 인간의 나약함과 이기적인 생각은 늘 배신과 탐욕, 안일과 편의로 여호와 신[5]을 실망시켰다.

야훼 하나님의 계획은 출애굽 백성들을 가나안으로 인도하는 것이었고 아브라함과의 약속을 원천 계약으로 인정하여, 그곳에서 택한 백성들로 신정정치와 자유와 인권이 살아있는 나라를 만들려는 것이었다. 왜 하필 가나안인가를 따지는 것은 무의미하다. 설령 그곳이 기대와 달리 젖과 꿀이 흐르지 않더라도 그곳으로 가야만 하였다. 하나님의 도움과 인간의 노력으로 그곳을 젖과 꿀이 흐르는 땅으로 만들고 큰 민족을 이루며 이스라엘이라는 이름을 창대케 하고자 하였다. 아브라함 자손으로 복의 근원이 되리란 유효성을 연장하고자 했다면 이해가 쉬웠을 것이다. 그런데 출애굽을 시작하면서 첫 인류에게 한 축복이 언급된 것은, 새로운 시작과 더불어 선택받은 백성으로 완전한 나라의 모델을 계획한 것이 아닌가 생각된다.

출애굽 직전에 모세의 족보가 왜 언급되었을까? 이는 신의 예정과 계획의 갈래가 이미 준비되어 있었음을 말하고자 함이었다. (모세와 아론-아므람-고핫-레위) 족보상으로 모세는 야곱의 아들 레위의 증손자이며 4대로 이어졌다. 그 시간이 430년에 이르니 1세대는 대체로 110년쯤으로 볼 수 있다. 모세 당대를 제외하고서도 이만한 세월이라면 백성들이 잊을 만하니 야훼 하나님은 "당신을 누구라고 소개할까요"라는 모세의 질문에 "스스로 있는 자"라 했지만, 이는 너무 추상적이었다. 그래서 신은 기회 있을 때마다 "나는 네 조상의 하나님이니, 아브라함의 하나님, 이삭의 하나님, 야곱의 하나님"(출 3:6)이라고 당신을 소개하신다. 그럼에도 불구하고 이 상황에서 하나님 자신이 창조한 아담과 하와를 떠올리신 건, 실낙원 하

---

5 본문에서 출애굽 백성=히브리 백성, 야훼=여호와, 하나님=이스라엘의 신, 출애굽 백성=이스라엘 백성으로 혼용하여 쓰고 있음을 양해 바란다. 글의 흐름과 분위기에 따라 사용하였다. (필자 주)

였지만, 인간을 사랑하시고 끝까지 함께 하겠다는 약속을 지키고자 한 것이 아닐까? 야훼 하나님 편에서는 가나안을 제2의 에덴으로 만들고 싶어 하셨음에, 틀림없다. 그렇지 않다면 히브리 백성들의 고통과 신음 탄식 소리를 들으시고, 불쌍히 여기셔서 인도하시고, 이끄시고, 먹이시고, 구원하셔서 약속의 땅에까지 안돈하게 할 이유가 없다. 잘난 것도 잘한 것도 없는 히브리 백성들 아닌가. 하지만 전적으로 약속 때문이었다. '구원 계획의 약속' 이는 프랙털 구조로 보면 이스라엘 백성이지만 확대해서 보면 인류의 구원 계획임을 확인할 수 있다. 이것이 출애굽 직전에 불쌍한 히브리 족속 곧 이스라엘 족속에게 아담과 하와의 축복을 동일하게 언급하신 이유가 된다. 실로 놀라운 유일신 여호와의 구원 계획임을 알 수 있다.

2) 모세의 지팡이, 하나님의 지팡이

여호와께서 모세를 부르시고 명령하신 이후 등장하는 것이 지팡이(physis)다. 이 지팡이는 모세가 미디안 광야에서 장인 이드로의 양을 칠 때부터 지니고 다니던 지팡이임이 틀림없다. 이 지팡이를 통하여 여호와 하나님의 힘과 능력을 보이셨다. 그런데 성서에는 이 지팡이를 모세의 지팡이라고 했다가 때론 하나님의 지팡이로 언급하고 있다. 이는 모세에게 여호와 신이 권능의 존재 방식을 일정 기간 양도한 대리자를 상징하는 증거이다. 좀 더 구체적으로 말하면 신의 권능이 모세를 통하여 발휘되고 있음을 설명한다. 그러나 여호와 신이 모세를 불러 "내가 네게 이르는 바를 너는 애굽 왕 바로에게 다 말하라"(출 6:29)라고 지시한다. 하지만 모세는 '입이 둔한 자'라고 하며 신의 요구를 거부한다. 이를 어떻게 보아야 할까? 정말 입이 둔하여 말을 잘못하는 사람인지, 아니면 핑계로 신의 부름으로부터 벗어나고자 함인지 생각해 볼 문제이다. '입이 뻣뻣하고 혀가 둔한

자'(4:10), '나는 입이 둔한 자'(6:12) '나는 입이 둔한 자이오니'(6:30)라는 말을 반복해서 핑계 대고 있다. 그리고 신이 바로에게 말하라고 할 때마다 반복한다. 정말 입이 둔하고 말을 하지 못한다면 히브리 백성들에게 말하라고 할 때도 같아야 할 언변이지만 유독 바로 왕에게 가서 전하라고 할 때만 같은 말을 하는 것은, 다른 이유가 있었던 게 아닐까? 어떻게 보면 바로 왕과는 형제처럼 자랐고 한때 왕위 계승의 라이벌이었던 모세와 바로 왕이다. 그리고 자신은 이미 살인죄를 저지르고 미디안으로 도망간 상태이다. 그러므로 자신의 불편한 입장이 그를 불안하게 한 것 아닐까 생각된다. 그곳은 자신이 자라고 배우고 성장한 곳이기에 왕자의 신분에서 히브리인들의 지도자, 신의 대리인으로 그곳에 서는 것이 웬만해선 거북한 장소였을 것이다. 그를 키운 양모도 있던 곳이다. 이런 인간적인 갈등이 스스로 피하고 싶은 마음에 입이 둔한 자로 자처한 것은 아닌가 하는 생각이 든다. 여호와 신은 이런 모세를 못마땅하게 생각했지만 그를 대신할 대변인으로 친형 아론을 내세웠다. 아론은 신의 대리인의 대변인인 셈이다.

성서에 의하면 여호와 하나님은 자신을 소개할 때 수없이 "나는 네 조상의 하나님이니, 아브라함의 하나님, 이삭의 하나님, 야곱의 하나님이니라"를 반복한다. 핵심은 '조상' '아브라함' '이삭' '야곱'의 이름인데 이스라엘의 조상이 이들 세 사람만 있는 것은 아니다. 하지만 이 세 사람을 언급한 것은 약속 때문이다. 3대에 걸친 세 사람은 여호와 신이 인정한 사람이며 이들을 통하여 약속의 성취를 이루고자 함이었다. 야곱 다음은 애굽에 정착하게 된 계기 즉 요셉이 있지만 '요셉의 하나님'은 언급하지 않는다. 이 또한 의문이다. 요셉은 창세기와 출애굽기의 핵심적인 주인공이고 신의 뜻을 가장 잘 대변한 인물이지만 소위 '믿음의 조상' 반열에 넣지 않은 이유는 앞 장에서 다루었듯이 그가 '신의 목적'이었기 때문이다. 요셉은 애굽의 총리대신이 되었고 애굽의 여인과 결혼하여 자손들은 애굽에 귀족으로 남았다. 히브리인들은 노예였고 약한 자 낮은 자들이었다. 단지 요셉의 유해만 가져 나오게 되었다. 여기서 야훼 하나님의 계획이 어떤 식으로 추진되는가를 보면 하나님을 이해하는 데 도움이 될 것이다.

첫째, 여호와 하나님은 분명 이스라엘 민족만의 하나님은 아니시라는 사실이다. 만약 히브리 즉 이스라엘 민족만의 하나님이라면 출애굽 당시의 적대 세력인 이집트(애굽)와 바로 왕을 꺾으시고 무너뜨려서라도 자기 백성을 이끌어내고자 하였을 것이다. 그러나 하나님은 바로 왕도 신의 뜻을 헤아리고 마음을 고쳐먹기를 원하셨고 애굽 백성들도 신관(神觀)을 고치고 만신전의 신이 아닌 참 신이신 야훼 하나님을 인정하도록 유도하는 것이 하나님의 뜻이었다. 모세를 통하여 자기 백성을 인도하여 낸 후 그들이 만난 호렙 산에서 출애굽 백성으로 하여 하나님 자신을 섬기게 하겠다고 거듭 강조하고 계신다. 그런데 더 중요한 것은 야훼 하나님은 이것을 '모세를 부른 이유'라고 하지 않고 '증거'라고 하신다. 굉장히 중요한 메시지라 생각된다.

증거란 '어떤 사실을 증명할 수 있는 근거'를 말한다. 그러면 사실은 무엇이며 증명은 무엇인가? 사실은 이스라엘 자손을 인도하여 내어 호렙 산에서 예배할 수 있게 된 것이며, 증명은 하나님이 반드시 모세와 함께하였다는 사실이다. 그러므로 불가능하리라고 본 출애굽이 가능하게 된다면 그 증거는 하나님이 반드시 언제 어디서나 모세와 함께하였기 때문이라는 사실이다. 다시 말하면 야훼 하나님은 자기 백성의 부르짖는 간구를 외면치 않으신 신이시고 '누구이든 자신을 찾는 자에게 반드시 함께한다는 약속을 지키시는 신'이라는 사실을 모세를 통하여 증거로 보여 주신다는 것이다. 이것이 성서에서 말하는 '증거'이다. 그런데 성서의 전체적인 맥락을 보면 하나님의 의도는 성서 밖, 일반 역사에서도 이런 증거를 보여 주고자 하시는 같다. 그것은 인류 전체에 대한 보편적 사랑을 계속해서 언급하고 있기 때문이다. 물론 그 결론은 '예수'와 '십자가'를 말한다.

모세는 미디안의 장인 집에 기거하며 이드로의 양을 치던 일개 목자로 광야 서쪽으로 양 떼를 인도하여, 호렙 산 떨기나무에서 하나님의 음성을 듣고 거룩한 그 장소에서 부르신 이가 누구인가를 알게 되었다. 모세로서는 지금까지의 막연함이 현실로 다가옴을 느꼈을 것이다. 바로 왕궁에서 그의 친모 젖을 먹으며 이스라엘 민족혼을 느꼈고, 성장하면서 자신이 정체성에 대해 고민하였다. 그런 고민이 동족을 위해 애굽 감독관을 죽이는 살인을 저지르고 광야로 도망쳐 십보라를 만나고 이드로의 사위가 되었다. 그러면서 친어머니에게 수없이 들었던 야훼 하나님에 관한 이야기를 관념적으로 알았지만 지금 호렙 산에서 직접 야훼 신을 대하자 두려웠을 것이다. "모세가 하나님 뵙기를 두려워하여 얼굴을 가리매"(출 3:6)라고 한 것처럼 신을 인식하는 자체가 얼마나 두려웠겠는가? 모세가 지금까지 상상한 신의 존재는 애굽 왕궁 옆에 있는 만신전에 안치된 인간이 만든 신들 모습이었다. 그들은 불러야 움직이고 춤추어야 흥분되게 하는 '자의적 최면에 지나지 않는 신들'이었다. 하지만 야훼 하나님은 등장부터 달랐다. 떨기나무에 불이 붙어 있지만, 나무는 타지 않고 사자(使者)가 먼저 나타나더니 모세가 다가서려 하자 여호와 신이 직접 음성으로 그를 제지하신다. 얼마나 놀라운 현상인가?

왜 하나님은 불타는 떨기나무 그러나 타지 않는 나무를 보고 다가서는 모세에게 "모세야 모세야 이리로 가까이 오지 말라 네가 선 곳은 거룩한 땅이니 네 발에서 신을 벗으라" 했을까? 여기서 보면 절대로 신이 인간과 함께 자리하지는 못한다는 것을 알게 된다. 신격은 엄연한 차이가 있다. 그러나 "신을 벗으라"는 요구는 중요한 의미 담고 있다.

신(靴)이 지니는 의미는 크게 두 가지다.

하나는, 지나온 삶의 궤적,

또 하나는, 속됨과 인간적인 삶(자아)의 모습을 의미한다.

여호와 신이 부를 때 신을 벗으라고 한 것은, 그러므로 모세라는 인간이 지금까지 살았던 삶의 모습을 벗어나 자아를 내려놓고 신의 대리자로서의 변신을 요구한 것이라 볼 수 있다. 인간적인 욕심, 번민, 분노뿐 아니라 지식, 신분, 명예까지 모두 내려놓고 신의 부름에 응하라는 의미다. 아무튼, 지금껏 경험해보지 못한 접신(接神)이 이루어졌다.[6] 놀란 모세에게 야훼 하나님이 하신 말씀의 순서는 (부르심-선을 그으심-신을 벗으라 명하심-자신의 소개-분부하심)[7]이다 이 장면은 장차 이스라엘 백성이 하나님을 섬길 때 또는 그를 대언(代言) 하는 선지자가 가져야 할 하나의 형식적절차이기도 하다. 야훼는 이때부터 자신을 구체적으로 소개한다.

네 조상의 하나님, 아브라함, 이삭, 야곱의 하나님이니라(출 3:6).

그리고 이 소개는 수시로 반복하여 말씀하신다.

모세는 이야기로만 듣던 야훼 하나님을 직접 만나고 난 후부터 고민에 빠졌다. "내가 누구이기에"라는 자기 정체성의 혼란을 겪는다. 히브리인의 자녀로 태어나 애굽 왕자로 살아온 세월, 사춘기의 고민과 청년기의 번민,

---

6   접신(接神)이란 단어의 선택은 신이 들었다. 또는 귀신 들렸다는 식의 표현이 아니라 '신을 만나다'란 의미로 사용한 단어이다. 실제 애굽의 만신전에서는 필요시 신을 만나는 일이 있었기 때문이다.

7   이 부분을 창세기의 인간 창조 이후의 장면과 비교하면 (사람을 만드심-에덴동산에 한해 거주를 두심-각종 열매는 먹되 선악과는 먹지 말라 명령하심-먹는 날에는 반드시 죽으리라 하심)으로 전개된다. 굳이 비교하면 유사한 과정을 밟고 있다. 소개 대신 "선악과를 먹으면 반드시 죽으리라"는 경고 자체가 하나님의 소개라고 할 수 있다(필자 주).

자신이 왕자가 아니라 히브리인이라는 사실을 알게 된 후의 심적 갈등, 죄수로 도망, 미디안 제사장 이드로의 사위로 살아가는 양치기, 이 순탄치 못한 삶의 과정에서 만난 야훼 하나님의 부름은 얼마나 당황스러웠을까 짐작이 된다. 또 자신을 부른 목적이 백성의 고통과 근심을 들으시고, 건져내고 인도하여 가나안으로 이끌기 위함임을 알게 되었을 때 얼마나 황당했을까. 그런데 하나님은 "이제 가라"는 간단명료한 말로 명령을 내린다.

한편, 출애굽기 과정을 통하여 수없이 반복되는 '하나님 자신의 소개와 목적'은 무엇을 의미하는 것일까? 앞서 출애굽 백성은 야곱의 후손들인데 이들에게 내린 축복이 야곱의 할아버지 아브라함에게 내린 축복의 연장선이 아니라 첫 인류인 아담과 하와에게 내린 축복과 동일함을 살펴보았다. 이는 하나님의 계획이 새로운 역사의 전개, 곧 가나안에서 하나님의 선택된 백성에 의한 새로운 나라의 건설이라는 목적으로 '제2의 에덴 창조' 계획이라는 사실을 알게 되었다. 다시 말하면 세상의 새판 짜기와 같은 개념으로 이해할 수 있다. 그러므로 바로와 애굽 백성도 스스로 깨닫게 하고 그들의 마음도 조정하면서 히브리 백성도 출애굽 시켜 온 인류의 하나님으로 예배받으시고자 계획하셨다는 사실을 알게 된다. 분명 하나님은 이스라엘 민족만의 하나님이 아니라는 사실을 여기서도 알게 된다. 신학에서 언급하는 구속사의 핵심이 여기 있다. '역사의 필연'이 '구속사의 필연'으로 전환하는 하나님의 계획이 출애굽기를 통해서도 보여진다. 그러므로 야훼 하나님의 거듭된 자기소개와 출애굽 목적의 상기는 '약속 이행'과 '구원 계획의 계속성'을 강조하기 위함이었다. 그리고 이것이 필연이라는 것이다.

둘째, 하나님은 인간 신들과 다른 절대적인 권위와 힘을 보여 주고자 하셨다. 야훼 하나님은 인간이 만든 만신전에 안치된 신들과 다르다는 사실을 알게 하였다. 먼저 모세에게 알게 하였고 다음으로 바로에게 알게 하였으며 끝으로 히브리인들에게 알게 하였다. 모세는 소심하고 불안하였다. 아무리 대면하여 설명하고, 하나님 자신이 어떤 신이라는 사실을 설명하고, 떨기나무 불꽃 현상을 통해서도 보여 주고, 조상들의 내력과 약속에 관해서도 설명하였지만 모세는 믿음을 가지지 못하였다. 여호와도 답답하였을 것이다.

> 모세가 대답하여 이르되 그러나 그들이 나를 믿지 아니하며 내 말을 듣지 아니하고 이르기를 여호와께서 네게 나타나지 아니하셨다 하리이다(출 4:1).

태어나서 한 번도 야훼 하나님의 능력을 체험하지 못한 모세로서는 당연한 푸념일 수 있으나 신은 이런 현상과 마음까지도 헤아리고 계신 분이었다. 그렇지 않으면 그리스·로마 신화에 나오는 다양한 신들과 다를 바 없다. 그들은 화부터 내고 인간과 싸우는 신이기 때문이다. 여호와는 그의 힘을 보여 주셨다.

> 여호와께서 그에게 이르시되 네 손에 있는 것이 무엇이냐 그가 이르되 지팡이니이다 여호와께서 이르시되 그것을 땅에 던지라 하시매 곧 땅에 던지니 그것이 뱀이 된지라 모세가 뱀 앞에서 피하매 여호와께서 모세에게 이르시되 네 손을 내밀어 그 꼬리를 잡으라 그가 손을 내밀어 그것을 잡으니 그의 손에서 지팡이가 된지라(4:2-4).

하나님의 능력을 실제로 모세에게 보여 주신 첫 번째 이적이다. 이드로 장인의 양 떼를 칠 때부터 항상 지니고 다니던 양치기 지팡이다. 갑자기 주변에서 가져온 지팡이가 아니다. 종래부터 손때 묻은 지팡이를 사용해야 신의 능력을 배가 되게 실감할 것이다. 늘 사용하던 그 지팡이를 던지자 뱀이 되었고 또 꼬리를 잡자 다시 지팡이가 되었다. 전후 다 "던지라", "잡으라"는 신의 말을 듣고 나서 이루어진 것이다. 그러므로 추호도, 모세 자신의 초능력이 개입될 여지는 없었다. 성서는 여기서도 조상의 하나님을 언급하였다. 신은 "아브라함, 이삭, 야곱 조상의 하나님이 모세 너에게 나타난 줄 믿게 하려 하심"이라고 하였다. 조상을 계속 언급함은 '약속 관계' 속에 모세를 끼워 넣어주신다는 엄청난 '선택의 축복'을 하신 것이다.

> 여호와께서 또 그에게 이르시되 네 손을 품에 넣으라 하시매 그가 손을 품에 넣었다가 내어보니 그의 손에 나병이 생겨 눈같이 된지라 이르시되 네 손을 다시 품에 넣으라 하시매 그가 다시 손을 품에 넣었다가 내어보니 그의 손이 본래의 손으로 되돌아 왔더라(출 4:6-7).

야훼의 두 번째 표적을 모세에게 보여 주신 장면이다. "만일 그들이 너를 믿지 아니하며 그 처음 표적의 표징을 받지 아니하여도 나중 표적의 표징은 믿으리라"(출 4:8)고 하였다. 이는 또 무슨 말인가? 지팡이를 뱀으로 만들었다가 다시 지팡이로 변화되게 하는 정도로는 인간의 의심을 가라앉히기에는 무리라는 뜻으로 들린다. 물론 이것도 인간적인 평가이다. 그렇다면 신은 모세 자신의 신체 일부를 이용하여 나병이 들게 하였다 깨끗하게 하셨다. 당시 나병은 천형(天刑)이라고 하여 아무나 걸리는 병이 아니라고 여기던 때이다. 하나님 자신이 하늘이기에 천병이라고 여긴 나병을 들게도 하고 낫게도 하신 것이다. 이는 신만이 하실 수 있다고 여긴 때문이다. 주저하는 모세를 설득하기에는 아주 적절한 표징이었다. 할 말이 없어진 모세는 또 언변을 들먹이며 부름에 응할 수 없다고 핑계를 댄다. 그러자 야훼 신은 형을 동원하여 아론이 대변하게 하였다.

너는 그에게 말하고 그의 입에 할 말을 주라 내가 네 입과 그의 입에 함께 있어서 너희들이 행할 일을 가르치리라 그가 너를 대신하여 백성에게 말할 것이니 그는 네 입을 대신할 것이요 너는 그에게 하나님같이 되리라 (출 4:15-16).

야훼 하나님은 이렇게까지 하면서 자신의 절대적인 힘을 모세를 통하여 보여 주고자 하였다. 심지어 "너는 그에게 하나님같이 되리라"까지 하였다. 최고의 배려요 신의 축복이었다. 모세에게 요구한 것은 하나님에 대한 복종이 아니라 '믿음'이었다. 신은 자신을 대신하여 히브리 백성을 고통 속에 신음하는 노예 상태에서 인도하여 가나안으로 이끌 대리인이 필요하였고, 모세는 백성의 지도자가 되어 쫓겨났던 애굽 왕궁으로 가서 바로(파라오)와 대결할 수 있는 능력을 갖추게 된 것이다. 어찌 보면 일종의 딜(Deal)이 이루어진 것이다. 하지만 관계가 이루지는 일의 순서를 보면 야훼 신의 일방적인 스케줄에 따라 진행되고 있음을 알 수 있다. 왜냐하면, 모세는 신의 권능을 보고 그에게 임하는 신의 능력을 힘입었음에도, 심지어 형 아론을 붙여주었을 때 "너는 그에게 하나님같이 되리라는" 엄청난 권한을 부여받았음에도 불구하고 부름을 피하고 싶어 하였기 때문이다. 또 대화 파트너인 바로의 마음까지 "완악하게 하여"라고 쉽게 히브리 백성들을 내보내지 않을 것을 미리 말한 것처럼 "모든 계획은 야훼인 내가 알아서 할 터이니 너는 내가 시키는 대로만 하라"는 식이었기 때문이다.

모세가 신의 확실한 증거를 보여 주었음에도 계속 주저한 이유가 무엇일까? 자신의 소양 때문인가? 용기가 부족했기 때문인가? 두려움 때문인가? 히브리 백성들과의 신뢰 때문인가? 전체적인 맥락을 보면 이 모든 인간적인 요소들의 총합인 것으로 추정된다. 심지어 야훼 신이 모세에게 마지막으로 준 선물이 "애굽으로 돌아가라 네 목숨을 노리던 자가 다 죽었느니라"(4:19)는 소식이었다. 이제 바로 앞에서 펼쳐질 하나님의 엄청난 능력이 모세를 통하여 발휘될 것이지만 자신의 대리인으로 부름을 받은 모세에게 그 능력의 일부를 먼저 보여 주고 있다. 애굽으로 돌아가기로 작정한 모세는 장인 이드로의 허락 또는 축복까지 받고 드디어 떠나게 되었다. 아내와 아들을 나귀에 태우고 미디안을 떠나는 모세의 오랜 지팡이는 이때부터 '하나님의 지팡이'(semiosis)(4:20)가 되어 손에 잡혀 있었다.

야훼 하나님은 자신의 위엄과 힘을 애굽의 바로 왕에게 보여 주었다. 이는 히브리인 노예들이 섬기는 신이 애굽의 만신전 신들과 다르다는 것을 보여 주기 위한 것이지만 누가 참신인가를 증거로 보여 주기 위함이었다. 모세를 통하여 보여 준 열 가지 재앙 중에서 애굽의 술사들도 비슷하게 흉내 낼 수 있는 능력이 있었다. 모세는 처음 바로에게 가서 백성들과 사흘 길쯤 가서 하나님께 제사드리겠다고 말을 하면 바로가 즉각 히브리 백성들을 내어줄 줄 알았는지 모른다. 하지만 하나님은 다 계획이 있으셨다. 과정과 절차가 남아있었다. 야훼 신의 절대적인 우월함을 바로에게도 보이고자 함이었다. 하지만 이 계획이 쉽게 이루어진 것은 아니었다.

여호와께서 모세에게 이르시되 이제 내가 바로에게 하는 일을 네가 보리라 강한 손으로 말미암아 바로가 그들을 보내리라 강한 손으로 말미암아 바로가 그들을 그의 땅에서 쫓아내리라 하나님이 모세에게 말씀하여 이르시되 나는 여호와이니라(출 6:1-2).

한 마디로 바로에게 야훼 하나님의 강한 힘을 보이겠다는 것과 이 일을 행한 이가 여호와시라는 사실을 인지시키는 것이 일차 목표임을 내비치고 있다. 그리고 "내가 내 손을 애굽 위에 펴서 이스라엘 자손을 그 땅에서 인도하여 낼 때에야 애굽 사람이 나를 여호와인 줄 알리라"(출 7:5) 하셨다.

분명 하나님은 바로와 애굽 사람들에게도 자신이 여호와임을 알리고자 하셨다. 야훼 하나님은 자신이 여호와란 사실을 이스라엘 백성에게도 바로와 그의 백성에게도 거의 동시에 나타내 알게 하셨다. 이스라엘 백성에게는 아브라함과 이삭과 야곱과의 약속을 들먹이면서, 바로와 그의 백성에게는 야훼 하나님의 손을 펴서 이적을 보임으로써 여호와란 사실을 알게 하셨다. 하지만 출애굽기 성서 기록에 의하면 여호와를 먼저 부르고 인정한 백성은 바로와 그의 백성들이었다. 이는 대단히 아이러니한 내용이다. 하나님이 인도하고자 하는 이스라엘 백성들은 조상과 땅과 나라를 약속하며 기업으로 삼아 그의 백성이 될 것이고 그분은 그들의 하나님이 될 것이라 전하는 모세의 말을 듣지 않았다(6:7-9). 하지만 바로는 두 번째 개구리 재앙을 겪고 난 후에 모세와 아론을 불러 "여호와께 구하여 나와 내 백성에게서 개구리를 떠나게 하라 내가 이 백성을 보내리니 그들이 여호와께 제사를 드릴 것이라"(8:8) 하였다. 이처럼 자신의 입으로 여호와란 호칭을 사용하고 있다. 하지만 이스라엘 백성들은 야훼(여호와) 하나님을 조상의 유전 속에서 관념으로만 또는 전달만으로 기억하고 들었지 나의 주 나의 하나님으로 고백할 준비가 되어 있지 않았다. 히브리 백성들이 여호와를 제대로 두려움 속에 찾은 때는 시내 산 광야에서였다. 그것도 답다한 하나님께서 직접 현현하여 보여 주신 다음이었다. 모세 뒤에 계신 여호와를 알지 못하였고 모세의 지팡이가 하나님의 지팡이 됨을 깨닫지 못하였다.

> 모세와 아론이 바로에게 가서 여호와께서 명령하신 대로 행하여 아론이 바로와 그의 신하 앞에 지팡이를 던지니 뱀이 된지라 바로도 현인들과 마술사들을 부르매 그 애굽 요술사들도 그들의 요술로 그와 같이 행하되 각 사람이 지팡이를 던지매 뱀이 되었으나 아론의 지팡이가 그들의 지팡이를 삼키니라(출 7:10-12).

바로의 요술사들도 지팡이로 뱀을 만들 수 있었지만, 아론의 지팡이 뱀이 그 요술사 뱀을 삼켜버렸다. 힘의 우위를 즉각적으로 보여 준 사례다. 이런 사례는 몇 번 더 반복된다. 나일강의 물을 피로 변화시킨 첫째 재앙, 개구리가 물에서 뭍으로 올라오게 된 둘째 재앙, 티끌이 이가 된 셋째 재앙 때도 애굽의 요술사는 만들 수는 있었다. 그러나 힘이 없는 허상이었다. 오죽하면 "요술사가 바로에게 말하되 이는 하나님의 권능이니 이다"(8:19)고 고백하였을까 하지만 바로의 마음이 완악하게 되어 그들의 말을 듣지 않았다. 애굽의 현자 요술사들도 야훼 하나님의 권능을 인정하였지만, 바로는 아직 깨닫지 못하였다. 하나님은 권능이 많으신 분이라는 사실을 이렇게 인정하게 만들어가고 있었다. 여기서도 하나님의 계획을 이해하게 된다.

셋째, 야훼 하나님은 결정적인 순간에는 인간사에 직접 개입하신다. 성경은 매우 독특한 서술과 상당히 계획적인 기획과 사고로 쓰이어졌음을 알 수 있다. 소위 모세오경이 바벨론 포로 시대에 쓰였다는 학설이 지배적이지만 이는 애국적 민족혼의 앙양이라는 목적을 넘어 유일신을 섬기는 민족의 자부심을 고양하고 신적 통치를 찬양하는 방향으로 서술되었다.[8] 그리고 세밀한 부분까지 빈틈없이 짜인 씨줄과 날줄의 천과 같이 상호 연관성으로 연결되어 있다는 사실도 발견하게 된다. 그렇다고 서술과 편집의 오류가 없는 것은 아니지만 굳이 이를 문제시할 필요는 없는 것

---

8 굳이 여기서 모세오경의 저자가 누구인가를 밝히지는 않겠다. 이는 필자의 집필 의도가 아니기 때문이다. 심지어 출애굽 자체가 역사이냐 아니냐를 따지지 않는다. 학계에서는 이에 대한 논란도 많다. 가령 이스라엘 고고학자 Finkelstein과 Nill Silberman이 공동 집필한 『성경: 고고학인가 전설인가』에서 출애굽을 증명할만한 그 어떤 고고학적 자료가 발견되지 않았다고 설명하고 있다. 그러면서 논문의 제목도 "출애굽은 실제 사건이었는가?"라고 붙이고 있다.
Finkelstein과 Nill Silberman, 『성경: 고고학인가 전설인가』, 2001, 61.

같다. 출애굽기의 서술 과정에 모세와 아론의 지팡이는 각각 다른 용도와 힘으로 변용되고 있음을 알 수 있다. 가령 모세의 지팡이가 하나님의 지팡이로 기록된 경우이다. 이는 은유라고 볼 수 있지만 이마저도 하나의 원칙이 존재함을 알 수 있다. 이를 표로 정리해 보았다.

<표 5-2> 출애굽기에 드러난 하나님, 모세와 아론의 지팡이 용도 비교

사용 현장	하나님 지팡이, 힘	모세의 지팡이	아론의 지팡이
미디안 호렙산		뱀으로 만들어 보임	
바로왕 앞에서			뱀으로 만들어 삼킴
나일강 가			모든 물을 피가 되게
바로의 궁			개구리가 올라오게 함
모세 아론의 처소			티끌이 이가 되게 함
바로의 궁	파리가 온땅에 가득		
바로의 궁	애굽 가축의 몰살		
바로의 궁	화덕재로 종기 발생		
바로 궁		들어, 우박이 내리게 함	
바로의 궁		들어, 메뚜기가 땅 덮음	
바로의 궁		손들어 흑암이 덮음	
함 밤중a	처음 난 장자 죽임		
홍허 앞		내밀어 갈라지게 함	
르비딤		반석을 쳐 물 나게 함	
아말렉과 싸움	모세가 들고 산에섬		

열 가지 재앙은 (아론의 지팡이-하나님 지팡이 또는 직접 관여하심-모세의 지팡이) 순서로 사용하셨고 모세의 양치기 지팡이는 처음 여호와가 부르실 때 능력을 보이시고 홍해를 건널 때와 르비딤에서 반석을 쳐서 물을 낼 대 사용하였다. 하나의 원칙을 찾는다면 이스라엘 민족이 출애굽의 마지막 장면이나 이민족과 싸움에서는 하나님이 직접 개입하셨다는 것이고 모세 지팡이를 사용하신 것은 백성들을 위기에서 구하실 때였다. 즉 외부

방어는 신이 직접 개입, 내부 결속은 모세를 활용했음을 표를 통해 파악할 수 있다. 재앙의 순서상으로도 아론은 야훼 신이 못 미더워하셨는지, 후반기 결정적인 일을 처리할 때는 모세의 지팡이를 들어 직접 일하게 하셨다. 역시 시내 산 언약[9] 이후 아론은 금 송아지 사건에 연루하여 실망을 안긴다. 왜 야훼 하나님은, 모세를 불러 쓰고자 하였고 또 그의 대리인으로 아론을 쓰게 했지만, 결정적인 일을 처리하실 때는 모세의 지팡이나 아론의 지팡이가 아닌 자신 곧 '하나님의 지팡이'를 사용하셨을까? 그러므로 새로운 나라 새로운 역사를 만들어가고자 하는 출애굽 사건에서 야훼 신의 입장을 이해하는 것은 매우 중요하다.

하나님은 모든 출애굽 계획을 직접 기획하시고 인간들의 마음까지 조정하고 있었다. 가령 바로가 열 번째 재앙을 당하고서야 히브리 노예들을 내보내리라는 것도, 그 사이 마음을 완악하게 가지게 된 것도 다 짜여진 판에서 나온 결과였다. 또 바로의 군대로 추적하게 한 것과, 홍해를 기적같이 건너게 한 것도, 또 출애굽 백성들로 40년간 광야를 행진하게 된 것, 가나안이 보이는 느보산에서 모세가 눈을 감게 된 것, 가나안 입성에 여호수아 갈렙 외는 전부 새로 난 백성들만 들어가게 한 스토리가 미리 짜여진 일정표 속에서 이루어진 사건이라는 것이다. 이 과정에서 유월절의 기적, 아말렉 족속과의 전쟁과 같은 신들의 전쟁 같은 순간에는 하나님이 직접 관여하셨다는 것을 알 수 있다. '신들의 전쟁'이란 이민족과 싸움으로 애굽은 애굽인의 만신을 믿는 신앙, 아말렉[10]은 아말렉인의 다신, 이들

---

9 시내 산 언약은 십계명을 뜻하는 것이고 이 언약으로 인하여 야훼 하나님과 이스라엘 민족 나아가 인간과 신이 맺은 직접적 계약 관계의 완성을 뜻한다. 이는 이미 앞 장에서 다루었다. 마치 새 나라를 성립시키는데 필요한 법의 기준을 정한 것과 같다.

10 아말렉족은 골짜기에 사는 자란 뜻으로 야곱의 형, 에서의 아들 엘리바스와 그의 첩 딤나 사이에서 태어난 아들(창 36:12)의 백성이다. 아말렉은 에돔 족의 족장이기도 하였다. 이들은 약탈을 일삼는 유목민족으로 야곱 때부터 히스기야 왕 때까지 주로 가나안 남쪽의 네게브 사막 일대에서 주로 살았다. 이스라엘과는 수시로 부딪쳐 싸웠고 사사

의 힘을 믿는 믿음에서 버텨온 왕과 군대와, 유일신을 믿는 이스라엘의 하나님과의 대결 양상이 된 싸움을 말한다.

가령 애굽에서 마지막 장자의 죽음 재앙, 바로 왕과 신하 심지어 요술사의 장자와 가축의 첫 새끼까지 죽이는, 그러면서 이스라엘 백성에게는 재앙을 피하게 하는 위대한 싸움은 하나님이 인위적 신들과 다르다는 것을 증명하고 있다. 또 아말렉과의 싸움도 농업 신 대(VS) 유목 신과의 싸움으로 볼 수밖에 없는 것이 출애굽 백성들은 무장 병력이 아니었다. 군대 편성도 하지 못한, 그냥 허겁지겁 뛰쳐나온 백성들이었다. 그러므로 광야에서의 싸움은 단순한 인간들의 대결이 아닌 야훼 신의 힘을 타민족 백성에게 보여 주는 '시범 전쟁'과 같은 싸움이었다. 그러므로 이를 '신들의 전쟁'이라 부를 수 있다는 것이다. 홍해 바다가 갈라질 때 바로는 자신들의 신을 부르지 않았으며, 모세의 팔이 올라갈 때마다 자신의 군대가 처참히 깨지는 장면을 본 아말렉 지도자는 또 자신의 신을 부르지 않았겠는가.

이 원칙은 이후 여호수아를 통하여 일하실 때도 그대로 실현되었다. 여리고 성을 함락할 때 여호와는 여호수아도 모세처럼 부르셨으며 신을 벗으라 명하셨고 피 흘리는 전투를 통해서가 아니라 신의 영역에 속한 방법으로 무너뜨렸다. 이스라엘 백성들이 직접 성을 공격하지 않고 제사장을 앞세우고, 법궤를 메고, 양각 나팔을 불며 성을 돌 때 비슷한 종교 행위가 성안에서도 그들 방식대로 일어나지 않았겠는가. 하지만 신(神) 대(對) 신(神)의 싸움에서 야훼 하나님의 신이 이겼다고 보는 것이다. 왜냐하면, 인간은 화살 한번 쏜 적도 없기 때문이다. 이때의 매개 행위는 '순종'이다. 이처럼 하나님은 결정적인 순간 인간사에 직접 개입하신다는 사실을 알게

시대, 사울, 다윗 왕 때도 대적하였다. 히스기야 왕 때 시므온 자손이 멸절시켰다. 에스더서에 나오는 하만이 아말렉의 후손이었다. (에 7:9-10)

된다. 하나님의 속성을 이해하는 중요한 대목이다.

야훼 하나님은 거의 모든 가르침과 지시 사항을 모세를 통하여 간접 전달하게 하셨다. 왜냐하면, 신과 인간의 관계가 성경에 의하면 에덴에서 무너졌기에 이후에는 직접 대면하지 못하게 되었다. 오직 모세만이 대리자나 대제사장의 신분으로, 면접을 가능하게 하였다. 인간이 느끼는 야훼 신의 현현은 "불과 우레와 번개와 나팔 소리와 산의 연기가 동반되는"(20:16) 자체의 두려움이었다. 그리고 법과 제사와 절기와 성막과 성소에 관한 규정을 자세하게 모세를 통하여 백성에게 가르치게 하였다. 유난히 이 부분을 강조한 것은, 야훼 신은 예배를 받으시기에 합당한 분으로 우러름의 대상임을 분명히 하기 위함이었다. 출애굽을 통하여 새롭게 전개할 신의 나라는 인간과의 관계가 아주 분명한 '신앙'과 '섬김'의 약속을 분명히 하기 위함이었다. 하나님은 모세에게 능력을 주시면서 "내가 너를 신 같이 되게 하겠다"(출 7:1)고 하였고 여호수아에게는 "너를 대적할 자가 없게 하겠고 모세와 함께 있었던 것같이 너와 함께 있을 것이라"(수 1:5) 하였다. 이는 가나안 입성을 계획하고 실현하는 목표 설정에 있어 절대적인 대리인을 염두에 두었을 때였다. 이 또한 직접 개입의 프로그램을 설정한 사전 정황이라고 할 수 있다. 또한, 여호와가 정한 축복의 규칙에서 벗어난 일체의 인간적 네트워크도 용납하지 않고 엄격하셨다. 이렇게 신의 권위나 대결 상황일 경우 직접 개입하심을 알 수 있다. 아말렉은 에서의 후손이었다.[11]

왜 그렇게 야훼 하나님은 "나는 너희 조상의 하나님, 아브라함의 하나님, 이삭의 하나님, 야곱의 하나님"을 자주 들먹였을까? 앞 장에서 이미

---

11 이스마엘의 후손인 이슬람 족속과의 관계도, 에서의 후손인 아말렉과의 관계도, 모압과 암몬 족속과의 관계도, 이런 맥락에서 생각해 볼 문제이다.

'약속'이란 사실을 언급하였다. 이를 '언약' 또는 '계약'이라고도 하였지만 선택한 백성의 기원을 아브라함에게서 찾았기에 오리엔트 종교에서 아브라함을 언급하지 않을 수 없었다. 그러나 오리엔트 아브라함 종교에는 장차 유대교, 이슬람교, 개신교가 포함되고, 심지어 유일신교가 이집트에서 시작되었다는 설도 있기에 구별성을 위하여 이삭과 야곱을 반복해서 언급하지 않을 수 없었다고 생각한다. 그런데 의외로 성서(창세기)에서 이삭의 비중은, 그렇게 많지 않다. 마치 야곱으로 건너가기 위한 과정처럼 언급되고 있다. 그러나 아브라함 못지않은 후손이 요셉이다. 그는 창세기 후반부의 주인공으로 등장한다. 그리고 그 요셉으로 인하여 이스라엘 백성이 애굽에 거주하게 되었다. 그런데 정작 신의 선택된 백성이 가나안에 정착하게 된 주인공들은 야곱과 그 자식 12지파들이었기에 야훼 신의 약속은 자신이 애굽 이주 이전에 확약한 야곱까지로 설정되었다. 그리고 분명한 신적인 영역과 신의 권위에 관한 문제는 하나님이 직접 개입하셨음을 출애굽 전 과정을 통해서 알 수 있다. 대리인인 모세나 아론 그리고 여호수아가 있지만, 법과 절기, 성소와 성막, 법궤와 제물까지 정체성과 관련된 일처의 제도에 대해서는 하나님은 직접 관여하고 있음을 알 수 있다. 성경적이고 신학적으로 보는 섭리나 인도하심과는 다른 자신의 나라를 만들기 위한 퍼즐 조각 맞춤과 같은 역사(役事) 임을 알 수 있다.

3) 열 가지 재앙-미리 짠 하나님의 출애굽 계획

(1) 1 모세라는 인물

모세는 이집트 18왕조 시기에 태어났다. 이때는 이미 요셉을 잘 알지 못하는 왕이 다스릴 때였고 앞선 이민족 17왕조와는 다른 이집트인 왕조가 시작되었던 때였다. 파라오(바로)는 급격히 늘어난 히브리인들을 노예처럼 부리면서도 두려운 존재로 생각하고 있었다. 그리하여 산아제한을 위하여, 강제 피임법을 알지 못하던 시대였기에 산파로 하여 남아 신생아를 죽이라고 명령했던 살벌한 때에 태어났다. 역청 바른 갈대 상자에 담겨 나일강에 띄워졌던 아이는 바로의 딸에게 발견되어 건짐을 받았다. 건짐은 곧 구원이었다. 모세(Moses)라는 이름이 "물에서 건져내다"라는 히브리어 뜻이라지만[12] 애굽 왕자들 이름에 모세는 돌림처럼 자주 사용되고 있었다.[13]

모세의 어머니와 누이 미리암은 아기를 풍요와 건강을 상징하는 성역인 나일강에 띄웠고, 아기는 떠내려가 나일강 중에서도 여인들이 종교의식으로 목욕하는 욕장 근처에서 하셉수트(Hatchepsut) 공주에게 발견되었다. 그녀는 18왕조의 창시자인 아흐모세(Ahmose)의 아들 아멘호텝 1세의 딸과 투트모세 1세(B.C. 1527년 경) 사이에서 태어난 무남독녀의 공주였다. 그러므로 이 귀한 공주가 요구하는 것은 무엇이든 들어주었을 투트모세 1세는 모세를 건져 키우겠다는 공주의 고집을 꺾을 수 없었을 것이다. 이렇게 모세는 건져져서 애굽의 왕실에서 성장하게 된다. 하셉수트 공주는 양어머니가 되고 왕자로 양육되었으며 이름도 공주가 애굽식 돌림자로 모세라고 지어 주었다.[14] 성서 히브리식 이름에 단지 모세를 물에서 건져내

---

12 '모세스'는 원래 히브리어가 아니라 '낳다'라는 뜻을 가진 이집트어에서 나온 말이었다. '모세'는 아흐모세나 투트모세와 같이 이집트 왕들의 이름 뒤에 자주 보이는데, 람세스라는 이름도 '라모세스'의 줄임 말로 태양신 라(Ra)가 낳았다는 뜻이다. 성경에는 이 이름이 히브리식으로 변형되어 '건져낸'이란 뜻을 가지게 되었다.

13 바로의 공주 하셉수트는 투트모세 3세의 어머니고 남편이 투트모세 2세였다. 투트모세 3세는 투트모세 2세가 후궁에게서 낳은 자식이다. 한편 모세가 출생한 것은 요셉이 사망한 뒤 약 250년쯤 지난 뒤인 B.C. 1330년경이었다. 그때의 파라오는 18왕조 말기의 투탕카멘이었다. 바로 황금 가면의 주인공이다. 그리고 모세가 장성하여 활동할 땐 19왕조로 넘어가 '위대한 람세스'라고 부르는 람세스 2세 (B.C. 1279-1213) 때였다.

14 투트모세처럼 모세도 이름 앞에 분명 왕족을 뜻하는 00모세라고 했을 가능성이 크다. 하지만 어떤 기록에도 모세의 풀 네임이 나와 있지 않다.

었기에 정한 것으로 알려져 왔지만 분명 이름은 양어머니 하셉수트 공주가 지어 주었다. 이것도 이스라엘의 역사와 신화적 요소가 가미된 성서적 내러티브이다. 이집트 왕자의 돌림 이름이 마침 히브리어의 출생 의미가 되었기에 신의 섭리라고 이해한다. 사실 영웅 설화는 대체로 신비롭고 신성한 스토리를 지니고 꾸며지는 경우가 많다. '난생설화'(卵生說話)나 '천신강림'(天神降臨) '수중구원'(水中救援) 설화와 같은 사례가 일반적이다. 모세의 탄생은 충분히 극적이며 신화적 요소가 있다.

하셉수트는 이복동생과의 사이에서 외동딸을 낳았으므로 모세가 한때 바로의 후계자 물망에 올랐다.[15] 남편이 죽고 권력을 장악하여 약 23년간 여황제로 통치하였으며 그녀의 통치가 끝나고 투트모세 3세가 즉위하였다. 그러자 모세는 위기에 처하게 되었다. 투트모세 3세는, 한때 자기보다 왕위 물망에 먼저 올랐던 이복형이었던 모세 더구나 출신도 모르는, 모세를 정적으로 여겨 제거하려 하였다. 마침 이집트 감독관을 살해한 모세는 살인자 낙인이 찍혀 제거 대상이 되어 쫓기게 되었다. 그리하여 미디안 광야로 도망하였고 40년을 양을 치며 '사색의 시간'을 보내고 있었다. 흔히 '숙려의 시간'이라고도 할 수 있는데 이 기간이 자신을 찾아가는 '정체성의 발견' 시간이었다고 할 수 있다. 이를 철학적 프랙털 의미로 관찰해 보면 정체성을 찾아가는 시간과 공간이라 할 수 있는데 똑같이 출애굽 백성들이 하나님의 나라 가나안에 들어가기 위해 숙려한 40년 광야 생활의 모델이라 할 수 있다. 미디안 생활 40년 후 아멘호텝 2세가 왕위를 이었을 때 모세는 하나님의 부름을 받아 결심하고 바로의 궁으로 돌아와 이스라엘 백성을 내보내 달라고 요구하였다. 그러므로 열 가지 재앙으로 야훼 하

---

15 하셉수트의 남편 투트모세 2세에게는 모세 외에 후궁 소생 투트모세 3세가 있었다. 하셉수트는 외동딸을 투트모세 3세와 결혼시켜 자신의 위치를 공고히 한 상태에서 남편이 죽자 10살의 투트모세 3세를 제치고 권력을 장악하였다.

나님의 힘을 보여 주었을 때 바로 왕이 아멘호텝 2세였으며, 장자가 죽는 재앙이 내렸을 때 바로의 장남 투트모세 3세도 죽고 차남이 왕이 되었다. 그가 투트모세 4세이며 기자의 대스핑크스를 모래 속에서 파낸 그 주인공이다.[16]

이처럼 모세는 신화적 인물로 드라마틱한 삶을 살았고 또한 신의 부름에 적합한 요소를 지닌 인물이기도 하다. 깊은 고뇌와 정의감, 신과의 대화가 가능한 신령함과 지식, 무엇보다 뛰어난 카리스마가 그의 장점이며 신의 호감을 살만한 인물이었다. 그가 40세가 될 때까지 왕자로서 어떤 교육을 받고 어떤 생활을 하였는지 알 수는 없다. 하지만 왕자로 자라고 한때 왕위 계승 후보이기도 했기에 제왕학을 공부하고 애굽의 역사나 지리 왕실의 내력을 배웠을 것으로 추측한다. 그리고 당시 주변국과 끊임없는 전쟁과 교류가 있었기에 무예나 병법도 익혔음에 틀림이 없다. 하지만 소심하고 우유부단한 성격을 지니고 있어 결정하는데 시간을 요하는 타입이었다. 더구나 성격이 급하고 화를 참지 못하는 성격을 띠고 있었다. 40살 먹도록 성서에는 결혼도 하지 않고 자식도 두지 않은 것으로, 기록되어 있는데 이는 사실 좀 비현실적이다. 보통 성인 남자로서 직업이 분명하다면 대략 20세쯤에 결혼하고 여자는 평균 13세에 결혼했다는 기록이 있다. 하지만 왕자라면 이런 룰에서 벗어날 수 있다고 보아야 한다. 그리고 왕족은 족내혼을 했던 게 일반적이다. 그러나 모세가 만약 결혼도 하였고 왕족과 혼인하였다면 이복 여동생이어야 하는데 그렇다면 출애굽기

---

16 이집트 18왕조 8대 파라오이며 B.C. 14세기 초 재위하였다. 출애굽 당시 파라오에 대해서는 여러 가지 설이 있어 성서적 흐름에 의하면 투트모세 4세가 설득력이 있다. 하지만 장자의 죽음으로 차남인 자신이 왕이 된 것인지 쿠데타로 형을 죽이고 왕이 되었는지는 확실치 않다. 하지만 성서의 기록이 훨씬 가능성이 크다. 출애굽기의 늦은 연대를 상정한다면 람세스 2세(B.C. 1279-1213) 이거나 람세스 3세일 가능성도 있다. 이는 아직 규명된 바가 없다. 필자는 개인적으로 람세스 2세 치세로 본다. 그는 이집트 최고 전성기 파라오로 노예 제도를 제도화시킨 파라오이기도 하다.

의 신화적 인물로 남지 않았을 것이다. 그보다 야훼 하나님이 그를 선택하여 부르지도 않았을 것이다. 마치 요셉이 하나님의 지극한 사랑과 돌보심의 주인공이었고 창세기 후반부와 출애굽의 원인 제공자였음에도 불구하고 '요셉의 하나님'이라 하지 않는 것과 같은 맥락이다. 요셉은 총리가 되고 나서 애굽식 이름 '사브낫바네아'라 불렸으며 애굽 제사장의 딸과 결혼하여 므낫세와 에브라임 두 아들을 두었다.[17] 어찌 보면 요셉은 모세와는 다른 신의 직임자였지 백성들의 인도자는 아니었다.

아무튼, 모세는 하나님이 불러 자기 백성들을 인도하여 낼 수 있는 지도자로 길러졌다. 어릴 때부터 몸에 밴 지도자 교육 그리고 백성을 다스리는 저 왕학, 무엇보다 자신을 돌아보며 스스로의 가치관을 성숙시킨 40년 동안의 미디안 광야[18] 생활은 시내 광야에 대한 자연과 지리의 숙지, 지역 이해까지 가능하게 만들었기 때문이다. 무엇보다 자기 정체성이 분명히 확립될 수 있었기에 출애굽의 당위성도 절실히 깨닫게 되었다. 모세가 야훼 하나님의 부름과 역할에 응하기까지 많은 시간과 주저가 있었던 이유는 성격도 한 요인이 되었지만, 애굽 왕자의 신분으로 자라면서 신을 대하는 방법에 익숙해졌기 때문일 수도 있다. 다신교의 신은 인간이 필요에 따라 만든 신으로서 만남과 접신(接神)이 자유로웠다. 그리고 언제든지 자신의 이기심에 따라 신을 조정할 수 있었다. 다시 말하면 주도권이 인간에게 있었다. 하지만 야훼 하나님은 인간이 만들지도 않았고 만나고 싶다고 만날 수 있는 신도 아니었다. 유일신이 주도권을 쥐고 인간의 생사화복을 다

---

17 과거 우리나라 일제 압제 시에 창씨개명을 하고 내지인(일본인)과 결혼한 정치 지도자와 같은 모습을 요셉의 신분에서 느낄 수 있다. 그런데 당시 이집트와 이스라엘은 우리나라와 일본과 같은 입장이라고 말 할 수는 없다.

18 미디안은 아브라함이 그두라 라는 후처에게서 낳은 아들 이름이며 그의 후손이 아라비아반도 서북부에 살면서 이룬 종족의 이름이기도 하였다. 이들은 요셉이 종으로 애굽에 팔려 갈 때 상인들로 등장하는 것으로 보아 북쪽 시리아에서 남쪽 이집트까지 대상과 교역에 종사한 유목민으로 살았다.

스리고 주관하였다. 어차피 인간이 만든 종교, 인간이 만든 신이라면 인간의 편리나 복리를 위하여 힘을 발휘하도록 역할을 부여하고 싶었을 것이다. 당연히 인간을 능가하는 능력이 있어야 숭배의 대상이 될 터였으므로 절대권을 지녀야 할 신비도 갖추게 할 필요가 있었다. 그러므로 인간이 지상에서 누릴 수 있는 절대 권력을 가지게 되면 하나 같이 스스로 신이 되려고 하였다. 이것이 다신교의 특징이다. 반면 이스라엘의 하나님은 인간의 편의성으로 만나게 된 신이 아니다. 인간의 생각과 신의 생각은 근본적으로 달랐다.

모세는 호렙 산 불타는 떨기나무에서 신을 만나게 되지만 결코 신을 볼 수가 없었다. 그리고 처음부터 신과 인간의 위격을 나누셨다. "네가 선 곳은 거룩한 곳이니 네 발에 신을 벗으라"고 엄격히 선언하신다. 모세는 당황스러웠을 것이다. 왜냐하면, 만신전의 신은 만날 때 신을 벗을 필요가 없었기 때문이다. 또 모세가 만나고 있는 야훼 하나님은 "스스로 있는 자"라고 하였지만 애굽의 요술사와 크게 다르지 않다고 생각했는지도 모른다. 그래서 신은 모세의 지팡이로 뱀을 만들어 보여 주셨고 꼬리를 잡으니 다시 지팡이로 돌아오게 하였다. 또 모세의 손을 품에 넣어 나병 들게 하였다가 다시 깨끗하게 되는 표적도 보여 주었다. 이런 일련의 과정은 하나님은 인간 신과 다르다는 것을 증명해 보여 주고 이 능력을 모세가 지닐 수 있도록 하겠다고 약속하기 위함이었다. 여기에 신뢰를 더하여, 지속적으로 족보와 조상을 들먹이며 조상과의 약속을 언급하였다. 그러고도 불안해하는 모세에게 대변인까지 붙여 바로 왕에게 나설 수 있도록 하였다.

모세의 출생 설화가 역사적 사실에 근거한 유일한 것이 아니라, "메소포타미아지역에 널리 유포되어 있던 유사 설화를 모방한 것에 지나지 않는다"는 주장이 제기되기도 하였다. 가령 악카드 왕국을 건설한 사르곤 왕(Sargon, B.C. 2371-2316)의 출생 설화와 매우 유사하다는 설이다. 사르곤의 어머니는 여사제로 결혼해서는 안 되는 신분이었지만 사르곤을 낳아 할 수 없이 역청을 바른 갈대 상자에 넣어 유프라테스강에 띄워 보냈다. 그 것이 이슈타르 여신의 정원사에게 발견되어 신전에서 자란 아르곤은 이후 수메르와 악카드의 대왕이 되었다는 이야기다.[19] 그런데 사르곤의 출생연 도를 보면 모세보다 약 1,000년이 앞선다. 물론 사르곤이 수치스러운 상황 에서 버려진 경우라면 모세는 히브리 남자아이를 전부 죽이라는 공포 속 에 버려진 경우가 다르다. 하지만 분명 창조 설화처럼 모세 탄생 이야기도 근동 지방의 영웅 탄생 설화에서 영향을 받았을 수 있다. 하나님이 '조상 의 하나님'을 반복해서 언급한 이유가 이런 논란을 불식시키기 위한 장치 로 사용되었을 가능성이 크다.

(2) 모세의 미디안 생활

모세는 미디안에서 어떤 사람으로 거듭나고 있었던가? 40살에 살인으로 도망자의 신분이 되었고 시나이반도[20]의 미디안 광야로 애굽에서 상당히 먼 거리까지 도망하였다.[21] 그리고 한 우물가에서 제사장 이드로의 딸들을

---

19 김호동,『한 역사학자가 쓴 성경 이야기: 구약편』(서울, 까치글방, 2016), 95-96.

20 시나이반도는 이집트가 위치한 아프리카와 가나안의 아시아를 잇는 교량 역할을 하는 중간지대이다. 시나이반도 북서쪽에는 수르광야가 있고 남서쪽에는 신 광야가 위치하 고 있다. 남고북저의 삼각형 모양이다. 면적은 60만 1,400㎢로 구름없이 맑은 날이 70% 이상 지속된다. 북부는 해안과 접하여 넓이 32km의 모래톱 평야이고 약간의 농업이 가 능하다. 중부는 고도가 높아지면서 사암과 석회암으로 된 평평한 고원지대를 이룬다. 남부는 화강암의 험산준령이 있어 고대로부터 터키석, 대리석, 구리를 생산하던 광산 이 있다. 광산에 세워진 하토르(Hathor) 신전에는 바로와 관련된 유적이 있다. 시나이 반도에는 이집트 삼각주에서 아시아를 향하는 4개의 길이 있는데 해변길, 술길, 메카 순례길, 세라빗 엘-카딤 길이다.
이문범, 위의 책, 113-114.

21 B.C. 14세기경 시나이반도 미디안 지역은 끝없이 펼쳐진 사막과 화산 활동으로 만들어 진 가파른 산이 전부였다.

만나 도움을 주게 된다. 이후부터 모세가 생각지 못한 삶의 변화를 맞보게 되었다. 모세의 미디안 광야 생활은 크게 알려진 바가 없다. 하지만 이곳에서의 생활도 크게 나누어 보면 세 단계 정도로 구분해 볼 수 있다.

첫째, 이드로의 딸들을 만나 인연을 맺다.
둘째. 이드로의 맏사위가 되어 양 떼를 돌보는 목자가 되다.
셋째, 호렙 산에서 하나님을 만난 후 자신의 거취에 대한 고민의 시간을 갖다.

모세는 왕자에서 살인을 저지른 죄수의 신분으로 쫓기는 신세가 되었다. 더구나 애굽 왕의 정적(政敵) 신분으로 제거되어야 할 대상으로 전락하였다. 미디안은 애굽의 동남부 아라비아에 가까운 황량한 벌판이었다. 홍해를 사이에 두고 동서로 산재된 곳에 미디안 족속이 살고 있었다. 막연히 도망쳐 온 이 광야에서 마음 둘 곳도 쓸 곳도 없었던 모세에게 처음으로 살아있음을 깨닫게 하는 사건이 벌어진다. 광야 우물가에서 르우엘의 일곱 명 딸들을 만나게 된 것이다. 르우엘은 "하나님의 친구"라는 의미를 지니고 있다. 그런데 미디안이라는 곳이 어떤 곳인가? 이곳은 아브라함의 자손 이스마엘의 후손이 사는 곳, 에서의 자손인 아말렉족들이 사는 곳이기도 하였다. 성경적으로 보면 이들이 이스라엘 자손들과 잘 지낼 이유가 없는 백성들이지만 하나님과 아브라함, 특히 아브라함과의 부정적 매개로 인하여 교류가 전혀 없는 지역이지만 외면된 사람들이 아니었다. 그러므로 모세가 이곳으로 도망을 간 것은 마치 야곱이 외삼촌 라반의 집으로 피신한 것과 크게 다르지 않은 상황이 된 것이다. 단지 야곱은 목적지가 뚜렷하였지만 모세는 그렇지 못하였다. 그리고 르우엘의 일곱 명 딸들을 만나게 된 것이다. 이름에서 보듯 르우엘은 그곳의 제사장이자 동족 지도자였고 상당한 재산을 가진 자였다. 그런 그의 딸들이 양 떼를 돌보고 있었다는 것은 미디안족은 "여자도 목동 일을 하였다"라고 단순하게 볼 것이 아니라 제사장 르우엘 집안에는 남자가 없어 딸들도 목동 일을 겸해서 하고 있었다고 볼 수 있다. 왜냐하면, 이 딸들을 해코지하러 온 이들이 남자 목자들이었기 때문이다. 목자들은 딸들이 먼저 도착하여 우물물을 양 떼에게 먹이려 하는 것을 빼앗고, 여자들에게 겁주고 있는 장면을 모세가 발견하였다고 성서는 기록하고 있다. 모세는 여자들을 도와주었다. 그리고 양들이 물을 먹을 수 있도록 배려해 주었다. 전혀 낯선 땅 미디안 평원에서도 모세는 불의를 보면 참지 못하는 '비분강개'가 발동된 것이다. 이미 전과가 있는 몸이지만 이를 아랑곳하지 않았다. 어쩌면 이런 모습을 하나님이 만들어 쓰시고자 했는지 모른다.

"어떤 애굽 사람이 목자들의 손에서 우리를 구하여 주었습니다"(2:19)라고 딸들은 낮의 일을 아버지에게 고하였다. 그러자 르우엘(이드로)은 딸들에게서 들은 '어떤 애굽 사람'에 신경이 쓰였다. 그리고 신세를 졌는데 그를 그냥 보냈다는 행동에 마음이 쓰였다. 미디안은 애굽의 영향권에 있는 지방이었다. 아무리 며칠이 걸렸다고 하더라도 모세의 복장은 애굽 왕자의 복장이었고 그 외모가 범상치 않았다고 딸들에게 들었기에 그냥 돌려보낸다는 것은 아무래도 개운치 않은 구석이 있었을 것이다. 그리하여 모세는 장차 장인 된 르우엘(이드로)을 만나게 된다. 제사장 신분에 미디안족의 지도자였던 이드로는, 먼지를 뒤집어쓰고 광야를 걷는 동안 고생으로 몰골이 수척하여도, 모세가 예사 신분이 아니라는 사실을 알게 되었다. 그리고 선뜻 큰딸 십보라를 아내로 맞이하도록 주선하여 자신의 집에 거주하도록 배려하였다. 낯선 사람을 집에 둔다는 것처럼 조심스러운 일이 없을 때이지만 사위의 인물됨을 알아본 것이다. 제사장이란 직업과 특수 신분상 처신을 잘 못 했다간 멸족을 당할 수도 있었을 텐데 이드로는 일종의 투자 내지는 모험을 한 셈이다. 하지만 혜택을 본 쪽은 모세였다.

그리고 장인은 모세에게 큰 힘이 되어 주었다.

　장인 이드로의 집에서 모세는 40년을 거주하였다. 40년이란 기간, 숫자는 출애굽기에 자주 등장한다. 모세 나이 40에 미디안 광야로 도망하고, 40년을 미디안에 거주했으며, 출애굽 백성이 40년을 광야 생활했으며, 시내 산에서 40일 후 하나님의 돌 증거판을 받아 내려왔고 이를 앞세우고 가나안으로 들어갔다. 시험 또는 연단으로 40일을 사용한 노아 홍수, 예수님의 40일 금식과 부활 후 40일을 생각하면 40은 상징하는 바가 크다.[22] 아무튼, 모세는 이 40년 미디안 생활에서 무엇을 꿈꾸었을까? 아내와 사랑만 나누고 자식 낳고 안돈 하지만은 않았을 것이다. 성서에는 이드로의 양 떼를 지키는 목자로 생활하였다고 짧게 기록하고 있지만, 이 기간 모세는 자신을 돌아보고 수양하고 성숙해 가는 시간을 보냈을 것으로 추측한다. 왜냐하면, 채워지지 않는 욕구가 있었기 때문이다. 지금까지 양모(젖어미)라고 여겼던 이가 친어머니였고 어머니라고 생각했던 애굽의 공주, 권력자가 양모였다는 사실을 알았을 때 얼마나 큰 충격에 사로잡혔을까. 자신이 히브리인의 자손이라는 사실을 안 것이 언제라고 정확하게 기록되어 있지는 않다.[23] 하지만 정황상 상당히 성장한 후에 알게 된 듯하다.

22　구약과 신약을 통틀어 40이란 숫자는 여러 번 사용되고 있다. 이를 분석하면 주로 기도와 금식, 연단과 수양, 시련과 기다림, 시험과 심판의 용도로 사용하고 있음을 알 수 있다. 여기서 유래하여 오늘날 사순절이 지켜지고 있지만 지나치게 상징적 의미를 두어서도 안 된다고 생각한다. 그렇게 되면 모든 것을 심판과 연단으로만 이해하기 쉽기 때문이다. 오히려 인간이 견딜 수 있는 한계 또는 극한일 수 있는 시간으로 보면 된 것이다. 최초로 등장한 창세기의 노아 홍수 40日 40 夜는 인간이 당면한 자연재해에서 더터볼 수 있는 극한 아닌가 생각된다. 가령 한국 현대 시에서 한때 푸르름, 해, 꿈 등은 무조건 조국의 독립이라고 교과서 해설에서 가르친 적이 있지만 지나친 와전일 수 있다(필자 주).

23　이 부분에 관해서도 신학자들 사이에 의견이 많은 것으로 안다. 바로 공주에 의하여 건짐을 받고 왕자로 길러지면서 젖어미로 친모가 들어가 젖을 물렸다. 이는 젖을 뗄 때까지이다. 인간이 엄마 젖을 먹고 자랐다고 어머니의 정체성이 투사되는 것은 아니다. 물론 끌리는 그 무언가가 있겠지만 오감으로 느끼며 인지력이 길러질 때 길러준 어머니에 대한 사랑이 깊어진다고 본다. 모세의 갈등은 자신이 히브리인이라는 사실을 확실

바로의 공주가 물에서 건질 때 "이는 히브리 사람의 아기로다"라고 하여 본인은 알았지만, 자신의 양자로 기를 때에 어린 아기를 두고 "넌 내 아들이 아니야 히브리 사람의 아인데 주워 길렀어"라고 할 리가 만무하다. 성서에는 "모세가 장성한 후에 한 번은 자기 형제들에게 나가서 그들이 고되게 노동하는 것을 보더니"(2:11)라는 말씀이 있다. 그리고 이 일 후에 애굽 감독관을 쳐 죽이고 미디안으로 도망하였다고 하였다. 그러므로 자신이 바로의 혈통이 아닌 히브리인이라는 사실도 이때로부터 가까운 시간 전에 알게 된 것이 아닌가 생각된다.

미디안 광야 생활, 구체적으로 이방 여인 십보라의 남편이 되고 이드로의 사위가 된 모세의 생각이나 생활을 알 수는 없다. 그런데 모세의 활동을 짐작할 수 있는 몇 가지 단서가 있다. 성서에는 장인 "르우엘(이드로)이 청하여 음식을 대접하고 청하매 동거하기를 기뻐하매 그의 딸 십보라를 주었더니"(출 2:21)라고 하여 이 장면에서 모세는 르우엘과 그의 가족과 동거하기를 기뻐하였다고 하였다. 대제국 애굽의 왕자로 자란 신분이 쫓기는 신세로 전락하였고 훌훌 단신의 몸으로 전락하였을 때 자신에게 손 내밀어준 이방인에게 선뜻 마음을 주었다는 것은, 절박한 상황일 뿐 아니라 몹시 주리고 목마른 신세였음을 알 수 있다. 비록 남루하였어도 눈빛이 살아있고 용모가 예사롭지 않음을 르우엘도 알았으리라 생각된다. 또 르우엘의 딸과 부부가 된 것은 그의 나이가 40으로 상당히 많았기에 절대적으로 필요하다고 생각한 것 같다. 또 아들을 낳아 '게르솜'이라고 이름한 뜻이 "타국에서 나그네 되었음이니라"(2:22)고 작명한 것으로 보아 나그네 생활의 고난에 지쳐있었음도 짐작할 수 있다.

모세의 미디안 생활은 기본 양치는 목자(牧者)로서의 삶이었다. 그 외

히 알고 난 이후라고 생각한다.

다른 정보는 없다. 그런데 모세는 이 시기에 자신을 죽이고 마음을 다스리는 법을 터득하였으리라 생각한다. 급한 성격, 불뚝 성격, 분 냄, 화풀이 이 모든 성정이 양 떼를 몰면서 상당히 정화된 듯하다. 40여 년을 목자로서 지낸 모세를 상상할 수 있겠는가? 어느 날 모세는 장인 이드로의 양 떼를 몰아 '광야 서쪽' 호렙 산에 이르게 되었다. 광야에서 양 떼를 몰 때 당일로 집에 복귀하는 것이 아니라, 풀을 찾아 광야를 돌아다니며 천막생활을 하고 여러 날 만에 집으로 돌아오곤 하는 것이 당시 목자의 삶이었다. 그런데 '광야 서쪽'이란 단서는, 집이 호렙 산의 동쪽에 있었다는 결론에 이른다. 그런데 호렙 산(시내 산)은 시나이반도의 동남쪽 거의 반도의 끝자락에 위치한다. 이 지역은 산악 지대로 광산이 있는 곳이고 산의 동쪽은 홍해와 접한다. 여러 자료를 검토하더라도 이드로의 천막이 해안가에 있었다는 기록은 없으므로 홍해 동편 미디안을 가리키는 듯하다.[24]

모세가 애굽을 떠나 시나이반도를 거슬러 홍해 부근까지 가는 동안 어떤 생활을 했을지, 며칠 만에 르우엘의 일곱 명 딸들을 만나게 되었는지 알 수가 없다. 또 기적적으로 가정을 꾸리고 난 후 매일 무엇을 했는지도 알 수가 없다. 단지 목자로서의 삶을 이어간 것으로 되어 있지만 르우엘이 남자 일꾼이 필요하여 모세를 들이지는 않았을 것으로 생각된다. 적어도 미디안족의 제사장이었고 지도자였기에 히브리인의 하나님을 알며, 애굽의 왕궁 이야기도 알고 있었으리라 생각된다. 사전(事前)은 아니더라도 사위가 된 후라도 그가 애굽 왕실의 왕자 신분이었던 사실을 알게 되었으리라 생각된다. 그렇다면 이드로[25]는 어떤 계획을 염두에 두고 모세를 기다려주

---

24 지리상으로 시내 산으로 부르는 산이 몇 군데 된다. 지금도 시내 산에 대한 상정 문제가 이슈가 되고 있다. 미디안 광야는 홍해의 양편에 나누어져 있었다.

25 성서는 매우 흥미롭게 출애굽기 2장까지는 모세의 장인을 르우엘이라고 기록하였다가 3장부터 이드로라고 기록하고 있다. 즉 모세가 호렙 산에서 하나님을 만날 즈음부터 이름이 바뀌어 기록된다. 이는 모세의 사명을 위하여 장인이 상당한 힘이 되어 줌을 의미있게 쓰기 위함이 아닌가 생각된다.

없는지도 모를 일이다. 그가 장차 큰일을 행하며 한 민족의 지도자가 될 것이라는 기대감을 가지고 있었을 수도 있다. 나중에 그가 하나님을 만나고 집으로 돌아와 "장인 이드로에게 돌아가서 그에게 이르되 내가 애굽에 있는 내 형제들에게로 돌아가서 그들이 아직 살아있는지 알아보려 하오니 나로 가게 하소서"라고 했을 때 이드로는 즉각 "평안히 가라"고 허락하였다. 모세가 말한 '내 형제들'이 과연 누구인가? 전체적인 문맥으로 보아서는 같은 모세라는 이름을 쓰는 애굽의 왕과 형제를 말함이다. 왜냐하면, 여호와가 모세에게 현몽하여 "애굽으로 돌아가라 네 목숨을 노리던 자가 다 죽었느니라"고 한 것으로 봐서 분명 애굽 왕실 가족을 말함이다. 장인 이드로는 현실적인 사람이다. 낯선 이민족 청년에게 귀한 맏딸을 주어 사위로 삼고 언젠가는 사위 덕을 보리라는 꿈을 가졌을지 모른다. 성격적으로 "이 모든 일을 하나님께서 계획하시고 예비하셨다"라고 해버리면 그만이지만 그렇게 되면 일의 전·후 진원을 이해하기가 어렵다. 이때까지도 이드로는 모세가 하나님의 사자(使者)인 것을 알지 못한 것이 확실하다.

그런데 가족을 데리고 애굽으로 향하는 모세를 중간에 왜 하나님은 죽이려 했을까? 여기서 할례의 본이 십보라에 의해 이루어지는데, 아무튼 모세를 신이 죽이려 했던 이유는 신학적으로도 미스터리다. 하지만 역사학자의 눈으로 이 장면을 재구성해 보면 (하나님의 지팡이를 든 모세→하나님이 보여 준 이적을 네 손으로 행하라는 당부→바로가 거절하면 네 장자를 죽이리라 하라→숙소에서 모세를 죽이려 함→십보라가 돌칼로 아들 게르손의 포피를 벰→모세의 발에 댐→모세를 살려 줌) 이 과정은 장차 유월절이 시작된 날 밤 이스라엘 백성들의 집 문설주에 희생양의 피를 발라 장자가 죽지 않는 구원의 날이 있음을 상징적으로 보여 준 사례였다. 하나님의 백성은 반드시 구원한다는 약속의 징표인 할례의 본을 체험케 한 사건이었다고 볼 수 있다.

장인 이드로와의 관계도 주목할 필요가 있다. 광야에서 이스라엘 백성들이 시내 산 근처에 진을 쳤을 때 모세의 장인 이드로가 방문하였다. 모세의 아내 십보라와 게르솜과 엘리에셀 두 아들까지 데리고 왔다. 즉 모세가 애굽에 들어가 바로와 대결할 때 가족을 처가로 돌려보냈기 때문이다. 모세와 가족의 해후 이후엔 그동안의 사연을 듣고 이드로의 고백(일종의 신앙고백)이 나왔다.

> 모세가 나가서 그의 장인을 맞아 절하고 입 맞추고 서로 문안한 다음 장막 안에서 사위로부터 여호와께서 이스라엘을 위하여 바로와 애굽 사람에게 행하신 모든 일과 길에서 그들이 당한 모든 고난과 여호와께서 그들을 구원하신 일을 다 말하매 이드로가 여호와께서 이스라엘에게 큰 은혜를 베푸사 애굽 사람의 손에서 구원하심을 기뻐하여(출 18:7-9).

모세도 장인 이드로도 얼마나 반가웠겠는가? 어떻게 보면 모세의 은인이며 피남편이라고 고백한 아내 곧 아들 할례를 통하여 하나님의 진노를 삭이고 남편을 살린 십보라와, 각각 '나그네 되다' '하나님이 구원하셨다'란 뜻을 가진 아들 게르솜과 엘리에셀, 이렇게 온 가족이 만났으니 눈물의 해후였을 것이다. 그리고 놀랍게도 이드로의 고백이 소개된다.

> 여호와는 모든 신보다 크시므로 이스라엘에게 교만하게 행하는 그들을 이기셨도다(출 18:11).

이런 신앙고백이 나온 것은 이드로가 감동하였기 때문이다. 더욱 사위에게 놀란 것은 엄청난 카리스마와 하나님의 사자로서의 권위를 본 때문이었다. 자신의 눈이 정확하였다는 사실을 알고 흐뭇했을 것이다. 애굽에 가서 바로를 이기고 왕이 되기를 바랐는지 모르지만, 그보다 더 큰 하나님의 사자가 되고 이스라엘 민족의 지도자가 된 사위를 흐뭇하게 바라보았다.

그런데 이드로가 생각하기에 사위가 잘못하는 일이 눈에 띈 것이다. 민족의 최고 지도자가 된 사위가 백성들 간의 송사나 재판에 관한 일까지 직접 관여하고 처리하는 것을 보고 사위나 백성들이 필경 진력이 쇠하게 되리라는 사실을 알게 된 것이다. 그리하여 조언하였다. "자네는 하나님과의 만남만 하고 모든 업무는 제사장과 지도자를 세워 분담하라"고 하였다. 그리하여 천부장, 백부장, 오십부장, 십부장을 세워 백성들을 재판하고 지도자로 삼는 행정조직을 갖추게 되었다. 그리고 모세는 장인을 그의 땅으로 돌려보내 드렸다.

이처럼 모세의 미디안 광야 생활은 깊은 묵상의 시간, 심연에서 울려오는 신의 음성을 듣고 그 음성에 귀 기울인 시간, 자신의 지난 삶을 돌아본 시간, 자신이 누구인가를 깨달은 시간, 자신이 장차 무엇을 할 것인가를 살핀 시간이었을 것으로 본다. 우리와 다를 바 없는 인간적인 고민을 한 시간이었음에 틀림이 없다. 무엇보다 큰 힘이 될 가족이 다시 뭉쳤다. 하지만 호렙 산에서 하나님을 만나고 난 후부터는 그의 삶이 180도 변하게 되었다. 모든 걸 버리고 하나님의 사자, 민족을 노예 상태에서 구원할 지도자의 삶으로 올곧이 변신케 된 것이다.

(3) 모세를 부르신 하나님-네 발에 신을 벗으라!

출애굽기 2장에서 신명기 34장의 마지막 단락에 이르기까지 오경의 가장 많은 부분이 모세와 관련된 이야기를 담고 있다. 모세에 관한 탐구는 B.C. 13세기 이스라엘 민족의 역사와 문학을 이해하는데 매우 중요하다. 구약신학적 관점으로 렌토르프 교수는 모세를 부름 받은 구원자, 토라 수

령자, 언약 중재자, 범례적인 예언자, 고난당하는 중보자, 하나님의 종, 이스라엘의 범례적인 지도자 등 일곱 가지, 신분 역할로 구분하여 분석하였다. 성서를 바탕으로 그의 역할을 망라하였다고 할 수 있다.[26]

> 모세가 그의 장인 미디안족[27] 제사장 이드로의 양 떼를 치다가 광야의 서쪽으로 인도하여 하나님의 산 호렙에 이르니(출 3:1).

동기가 궁금하다. 무던히 서쪽 광야까지 간 이유가 무엇일까? 장인 이드로의 장막에서 광야 서쪽 호렙 산[28]까지는 상당한 거리였음이 틀림없다. 광야에서 며칠씩 노숙하는 일이 다반사이지만 험한 산맥으로 이어진 호렙 산까지는 풀이 그렇게 많을 리도 없다. 그곳은 '세라빗 엘-카딤 길'이라고 애굽 광산 길이 있는 곳이다. 이곳 광산에는 미디안 족속들이 대부분 일하고 있었다. 미디안 광야는 애굽인들이 농한기에 미라를 만들 때 필요한 보석을 캐기 위하여 가끔 방문하는 곳이었다. 그리고 미디안 족속들은 유목민들로서 일부는 엘랏 부근과 그 동쪽 아카바만의 광산에 정착하기도 하였다. 미디안 땅은 대체로 아카바만 좌우이나 때로 모압 경계선 북

---

26 렌토르프,『구약정경신학』(서울: 새물결플러스, 2012), 243-266.

27 시나이반도에 고주한 미디안 족속은 셈 족속의 전통과 풍습, 종교에 깊이 영향을 받았다. 이들은 당시 고대 근동에서 권능자로 알려진 셈족의 하나님 '엘'(El)을 숭배했을 것이다. 모세의 장인 르우엘은 엘의 제사장이었다. 이름 속 르우엘도 '하나님의 친구'란 뜻을 담고 있다. 그러므로 이스라엘 민족과도 서로 통하는 점이 있다. 미디안 족속은 오늘날 홍해의 아카바만 동쪽에 살던 아랍 계통의 집단이었다. 이들 역시 히브리인들과 마찬가지로 셈족 언어를 사용하였으며 유목민들로 늘 물을 찾아 이동하며 생활하였다. 김호동,『한 역사학자가 쓴 성경 이야기』(서울: 까치, 2016), 97.

28 호렙산의 위치에 대해서는 여러 가지 설이 있다. 시내 반도의 남단 아카바만 인근으로 보는 설도 있지만 12가지가 넘는다. 현재의 '예벨 무사'로 모세의 장인 미디안 족(겐 족속)이 살던 곳으로 보는 설이 지배적이다. 인근에는 구리 광산이 있다. 이문범, 위의 책, 138-141.

부(민 22:4-7) 또는 시나이반도 일부까지 포함하고 있다.[29] 모세가 이런 길을 알고 갔는지는 모르지만 분명 끌림이 있었던 듯하다.

40년 동안의 목자 생활은 모세로 하여금 시나이반도 곳곳을 알게 한 중요한 계기가 되었다. 그리고 이 기간에 모세는 거듭나고 있었다. 사고의 기간, 숙려의 기간이라고 하였지만 아울러 훈련의 시간이기도 하였다.

> 모세를 영웅으로 훈련시킨 장소는 광야 사막이다. 사막의 히브리어는 '미드바르'(midbar'인데 '바람으로 단단히 다져진 장소'라는 뜻도 있지만 '신의 말씀(다바르)이 있는 장소'라는 의미도 있다. 신은 신에 대한 담론, 신을 위해 만든 종교보다 크다. 신은 종종 인간이 부수적인 모든 것을 버리고 자신에게 온전히 집중할 때 '말씀'을 들려준다.[30]

모세는 이런 장소와 시간과 과정을 거쳐 하나님을 만나게 되었다. 호렙 산이 있는 광야 서쪽 또는 뒤쪽은 어떤 곳인가? 애굽인들에게 서쪽은 생(生)의 반대되는 사(死)의 땅이란 의미가 있다. 피라미드도 나일강의 서쪽에 건립되고 죽은 사람들을 위한 무덤과 조형물도 서쪽에 두었다. 그러므로 스도도 마을도 나일강의 동편에 존재한다. 그런데 모세는 서쪽으로 향하였다. 그리고 척박하고 바위투성이 산맥 가운데 있는 호렙 산(시내 산)으로 올라갔다. 무엇을 보고자 하였을까? 모세 광야 40년은 시나이반도를 일일이 숙지하여 장차 쓰임이 된 기간이었고 히브리 민족을 단결시켜 민족을 해방하고 민족 종교를 공고히 한 기간이다. 또한, 법을 만들어 야훼 하나님 나라의 기초를 닦은 시간이었다. 그가 갔다기보다 무언가에 이

29　이문범, 위의 책, 124.

30　배철현, 『신의 위대한 질문』(서울: 21세기북스, 2016), 212.

끌렸다고 보는 것이 분명하다. 아무도 가지 않는 곳 서쪽, 인간이 더 이상 갈 수 없는 곳 미지의 장소라고 일컫는 곳까지 올라갔다. 단순히 양 떼를 몰아 양을 먹이기 위하여 올라갈 리는 만무하다. 보이지 않는 곳, 그 너머에 있는 두려움의 장소, 신의 산으로 올라간 것이다. 그는 자신의 목숨을 내놓고 죽음의 장소로 간 것이다.[31]

언급한 대로 이집트 사람들에게 서쪽은 미지의 세계, 죽음의 장소, 사자(死者)의 언덕을 의미하지만, 히브리인에게 에덴에서부터 서쪽은 신이 거주하는 장소, 신이 임하신 곳이다. 신은 거주지 서쪽 호렙 산 꼭대기 떨기나무 가운데서 나오는 불꽃 안에서 모세에게 나타나셨다. 하지만 이는 하나님이 아니고 그의 사자(使者) 출현에 불과하였다. 그리하여 모세는 신비로운 체험을 하고 호기심을 가졌다. 떨기나무에 불이 붙었으나 떨기나무가 사라지지(타지) 않는 모습을 보았기 때문이다. 이때 "내가 돌이켜 가서 이 큰 광경을 보리라 떨기나무가 어찌하여 타지 아니하는고"(출 3:3)라고 하였다. 아직은 야훼 하나님의 현현을 접하기 전이다. 인간은 신을 느끼기 이전에 호기심으로 다가간다. 인간을 찾으시고 부르시는 하나님은 그의 사자를 통하여 우리가 신비롭게 느낄 수 있는 상황을 만들어 주신다. 문제는 느끼는 것이 중요하다.

"돌이켜 오는 것을 보신 하나님" 왜 성서는 "돌이켜 오는"이란 표현을 연속 사용했을까? '돌이키다'란 '깨닫다'와 '돌아오다'란 말이 합성된 단어이다. 모세가 신에게 그냥 가까이 간 게 아니라 돌이켜서 가게 된 사실을 강조한 듯하다. 신은 자아를 버려야, 나를 포기해야 만날 수 있음을 가르쳐주고 있다. 더구나 인간다움, 세상다움을 버려야 한다는 것을 가르쳐주신다. 왕자였던 모세, 등등했던 모세, 분노와 자만으로 뭉쳤던 모세, 살

---

31 배철현, 위의 책, 212.

인자 모세, 양치기 목자로 현실에 만족하지 못하고 있는 모세, 무엇보다 자신을 버리지 못하고 있는 모세의 변화를 원하고 있었다. 그리하여 40년 동안의 광야 생활이 모세를 연단시켰음을 알 수 있다. 그리고 이제 변화된 모세가 돌이켜 오는 것을 보신 것이다. 하나님께 오기 위해 깨달음이 선행되었다. 다가서는 모세를 하나님이 직접 부르셨다. "모세야, 모세야", 첫 음성이다. 자신을 버린 모세가 신의 음성 즉 내면의 소리를 들은 것이다. 내면의 소리란 다른 아무도 느낄 수 없는 특별한 자기만의 시선을 가진 능력을 의미한다. 인간이 자신의 내면의 소리를 듣지 못하는 이유는 그 소리가 신의 음성이라고 상상하지 못하기 때문이다.

> 인간이 자신의 내면의 소리를 듣지 못하는 이유는 그 소리가 신의 목소리라고 상상하지 못하기 때문이다. 인간은 공동체가 정한 규율이나 종교가 만든 교리가 권위 있는 목소리라고 생각해 무조건 승복하는 경향이 있다. 모세의 위대한 점은 자기 내면의 목소리를 소중하게 여기고 반응했다는 점이다.[32]

여러 정황으로 보아 모세가 올랐던 호렙 산은 상징적 의미가 크다. 40년 광야가 회막이라면 호렙 산은 성소이며 떨기나무는 지성소다. 대제사장이 1년에 한 번 대 속죄일에 유일하게 하나님을 만날 수 있는 장소이다. 그러므로 이 시간 이후부터 모세는 대제사장으로, 모세가 만난 하나님은 이스라엘 백성의 하나님으로, 호렙 산과 떨기나무는 "너와 함께 할 것"임을 약속하는 회담 체결 장소로 작용하였다. 지성소는 사회가 부여한 '페르소나'를 벗어야만 들어갈 수 있다.[33] 자신이 속한, 공동체가 부여한 지위나 명칭

---

32 배철현, 위의 책, 213.
33 위의 책, 216.
    '페르소나'(persona)는 지혜와 자유의사를 갖는 독립된 인격적 실체, 삼위일체론에 이용

과 기대를 버려야 한다. 다시 말하면 자신의 가장 소중한 것을 내려놓아야 만날 수 있고 들어갈 수 있다.

> 이리로 가까이 오지 말라 네가 선 곳은 거룩한 땅이니 네 발에서 신을 벗으라(출 3:5).

하나님이 하신 말이다. 신발은 유목민 특히 목자의 필수품이다. 또한, 신발은 모세의 오래된 자아이다. 자아를 버리지 못하면 신을 만날 수 없다. 자아를 버린다는 것은 거듭남, 새로 태어남인데, 하지만 신은 새로운 신이 아니다. 여전히 "조상의 하나님 곧 아브라함의 하나님, 이삭의 하나님, 야곱의 하나님"이다. 아브라함은 위대한 비전을, 이삭은 헌신을, 야곱은 깨달음을 상징한다.[34] 하지만 이들의 하나님은 오래전 "생육하고 번성하여 땅에 충만하라" 인간에게 약속하신 그 하나님이다. 그러므로 약속의 상존성을 의미한다. 신은 변하지 않았는데 인간이 변한 것이다. 히브리인의 애굽 430년은 신의 계산에 아무것도 아니다. 인간에게 주신 연단의 시간이다. 그러나 인간은 신이 설정한 시간을 이기지 못하였다. 탄식하며 울부짖었다. 야훼 신은 그의 백성들을 불쌍히 보셨다. 구원하는 그 일을 모세를 통하여 이루게 하셨다.

> 이제 가라 이스라엘 자손의 부르짖음이 내게 달하고 애굽 사람이 그들을 괴롭히는 학대도 내가 보았으니 이제 내가 너를 바로에게 보내어 너에게

되는 개념으로, 신의 존재 양식을 뜻한다. 어떤 사람이나 캐릭터가 다른 사람들에게 보이고자 하는 외면적인 모습이나 이미지, 본래는 연극배우가 쓰는 탈을 가리키는 말이었으나 점차 인간 개인을 가리키는 말로 쓰이게 되었다. 철학 용어로는 이성적인 본성을 가진 개별적 존재자. 인간, 천사, 신 등을 페르소나로 부른다.

34 배철현, 위의 책. 217

내 백성 이스라엘 자손을 애굽에서 인도하여 내게 하리라(출 3:9-10).

"바로에게 보내겠다"라고 일방적으로 말씀하신다. 이는 자신의 소리다. 자신이 자신의 내면에 외치는 소리다. "그 일을 내가 해야 하는 거 아닙니까?" 그런데 아직 능력이 부족합니다. 말도 잘하지 못합니다. 스스로에게 다짐한다. "하나님이 반드시 나와 함께 하시리라." 하지만 그들에게 "내게 능력 주시고 당신들을 인도하시는 위대한 야훼가 있음을 알아야 합니다." 이것이 모세의 마음이었고 제대로 알리고 싶은 생각이었다. 듣기만 들었지 제대로 알지 못하는 히브리 백성들에게 하나님을 어떻게 알려줄까? 마음으로 들리는 신의 음성을 듣는다. "야훼(YHWH)라고 불리는 당신은 누구십니까?" "당신을 누구라 말하리이까?" 그러자 신이 응답하시며 "스스로 있는 자"[35]라고 가르쳐 주었다.

> 하나님은 인간의 손에 의해 조종당하시고 필요에 따라 만들어지시는 신이 아니다. 그분 스스로 존재하시고 주관하시는 분이시다. 세상 신들과 다르며 모든 신 위에 뛰어나신 분이다.

이것이 모세의 '신앙고백'이었다. 그래서 모세는 "이는 나의 영원한 이름이요 대대로 기억할 나의 칭호"라는 신의 목소리를 자기 신앙으로 고백하였다. 이를 하나님이 모세에게 가르쳐 주었다고 성서는 기록하지만, 사실

---

[35] 1611년 흠정역 영어 성서는 히브리어 '에흐에 아쉘 에흐에'(ehye asher ahye)를 "I am that I am"으로 번역하였다. 문장에서 술어는 주어의 일부분으로 그것을 수식하거나 서술해야 하지만, 이 문장에서는 주어와 술어가 일치하기 때문이다. 신은 이때 자신의 속성을 가르쳐 준 것이다. 그래서 "나는 나 자신이다"가 아니라 "나는 스스로 있는 자"라고 한글 번역을 해 놓았다. 야훼는 여호와 또는 주로 번역된다. 히브리 원문 네 자음 YHWH을 테트라그라마톤(tetragra-mmaton)을 '신성사문자'(神性四文字)라고 한다. 배철현, 위의 책.

은 모세가 기억하고자 하는 하나님이요 믿음이라고 보는 것이 옳다. 마찬가지로 이런 믿음에 우리를 적용하여, 출애굽 백성에 우리도 포함돼야 하는 것이 우리가 믿는 종교요 신앙이요 믿음이 돼야 한다.

성서에서 신의 이름을 대놓고 물어본 이는 모세가 처음이었다. 감히 어떻게 스스로 존재하는 하나님의 이름을 물어볼 수 있을까.

하나님은 존재 그 자체 스스로 존재하시는 분으로, 세상의 그 어떤 수식으로 규정할 수 없는 존재로 모세에게 보이시고 말씀하셨다. 이는 절대적 권위를 뜻한다. 그러므로 인간 모세는 하나님 앞에서 신을 벗어야 했다. 신은 세상과의 접점, 인연을 의미하기도 한다. 자신의 가장 소중한 일부이면서 세상에서 가진 모든 평가와 자존심까지 내려놓아야 신을 만날 수 있다. 신의 위대성을 말하는 모든 종교의 신은 모두 인간 자신이 자신의 전부를 내려놓을 때 말씀하신다. 이를 '내면의 소리'라고 설명한다. 만약 신의 음성을 자신의 내면으로 듣는다면 야훼 하나님의 음성은 "너는 너 자신이다. 그러므로 너는 무엇이든 할 수 있다"라고 말씀하실 것이다. 모세에게 들려준 음성도 "바로 앞에 당당히 서라 그리고 내 백성이자 너

---

36 배철현, 위의 책, 220.

의 백성을 구하라.” 이 음성을 모세는 똑똑히 들었다.

처음 모세는 신비로운 떨기나무의 현상을 보고 어찌하여 타지 않는지 신기하여 접근하였지만, 신의 존재를 느끼고 위대함을 듣게 되었다. 이것이 깨달음이다. 그리고 그 깨달음이 깊은 당위성으로 변한 건 조상들이 맺었던 야훼 하나님과의 약속 때문이었다. 아브라함과 이삭과 야곱의 하나님이 약속한 땅에서 그들의 나라를 세워 에덴에서 실패한 새로운 나라를 다시 세우겠다는 건국 운동이 약속의 내용이다. ‘역사의 갱신’ 후대에 이를 이스라엘 백성들은 ‘시오니즘’이란 말로 표현하기도 한다. 이를 위해 학대받는 이스라엘 백성들의 신음을 외면하지 말아야 할 책임이 있다. 이것이 모세의 마음을 찔러 온 내면의 소리였다.

“7-라 바로에게로” 신의 음성, 내면의 소리를 듣고 모세가 반문한 첫 응대는 “내가 누구이기에 바로에게 가며 이스라엘 자손을 애굽에서 인도하여 내리이까?”라는 반문이었다. 이 말속엔 많은 의미를 담고 있다.

첫째, ‘내가 누구이기에’란 정체성의 문제
둘째, 나와 이스라엘 자손과의 관계
셋째, 애굽에서 인도하여 낼 방도
넷째, 자신의 능력과 자신감에 대한 의문

이에 모세는 첫째, 사안에 대하여 이미 미디안 광야 40년의 숙려와 고심의 시간을 통하여 자신을 발견하였다. 그리고 신이한 체험을 겪으며 히브리인의 하나님 야훼의 음성을 들었다. 신을 알게 되었다. 그리하여 신의 마음과 동일시되었다.

둘째, 왕자로 살아온 모세는 히브리 백성들의 고통을 알지 못하였다. 모세란 이름이 ‘물에서 건져진 아이’란 히브리어 뜻보다 ‘왕실 왕자의 돌림자 이름'으로 자랐다. 하지만 노예들과 같은 히브리인이라는 것을 알고 난 후 그들과 공동 운명체라는 것을 알게 되었다.

셋째, 인간이 가장 강해질 수 있는 순간은 자신을 포기했을 때이며 자신을 가장 잘 아는 신이 자신과 함께한다고 믿을 때이다. 그리고 이를 깨달았을 때 넷째 의미는 아무 문제가 되지 않았다.

이상 세 가지가 충족되었을 때 모세는 전혀 다른 사람으로 거듭나게 되었다. "스스로 있는 자가 나를 너희에게 보내셨다"(출 3:14)라고 고백하기만 하면 된다. 모든 방도를 마치 부모가 어린 자식에게 하나하나 가르치듯 그대로 전하기만 하면 된다고 믿었다.

(4) 모세와 바로의 대결 열 가지 재앙

성서의 사료(史料)적 가치를 논하는 문제는 오래전부터 수없이 지속되어 왔다. 그리고 뚜렷한 결론을 내지 못한 상태로 논자의 성향과 글의 방향성에 따라 달리 적용되고 있을 뿐이었다. 하지만 B.C. 16세기 혹은 B.C. 13세기에 전개된 것으로 보이는 출애굽 사건은 필경 역사적 사실로 인정해야 한다는 것이 필자의 견해이다. 이는 비록 이집트의 고대 금석문이나 기록물 어디에도 등장하지 않는다 하더라도 히브리 민족의 이동은 있었고 이집트(애굽) 거주도 역사적 진실로 받아들인다. 이집트인의 입장에서는 히브리 민족의 출애굽이 크게 중요하지 않다고 생각했거나, 당대의 기록이 사라져 버렸거나, 신과의 대결에서 졌다는 생각에 의도적으로 기록을 회피하였을 수도 있다. 이 일들이 적어도 3,200여 년 전 이집트에서였다면 기록이 없을 수도 있다. 당시 애굽과 가나안 지역은 지정학적으로 때려야 뗄 수 없는 관계를 유지하고 있었다.[37] 때론 전쟁으로, 때론 피난처로, 때론 교역 관계로, 두 지역은 상호 연관성을 유지하고 있었다.

성서의 출애굽기는 야곱과 그 자손들의 이주와 노예 생활에서부터 출애굽 하여 시나이반도 우하단(右下端) 시내 산(호렙 산)까지의 여정 기록이다. 이후 가나안 입성의 이야기는 민수기, 신명기, 여호수아를 통해 기록도고 있다. 출애굽기의 내용도 크게 3부작으로 제1부는 바로왕과 모세의 이스라엘 하나님과의 대결, 제2부는 광야 행군과 고난, 제3부는 시내산 법과 절기 그리고 성막 봉헌으로 구성되어 있다. 그러므로 굳이 출애굽기의 주제를 잡는다면 제3부와 연관된 '하나님의 인도와 시내 산 언약 체결'이라고 할 수 있다. 단순화하면 '인도와 언약'이다. 여기서 '인도'란 하나님의 직·간접적 개입으로 바로 왕과 애굽 술사의 굴복을 끌어낸 사연들을 의미한다. 그러면 출애굽을 위한 하나님의 열 가지 재앙에 담긴 하나님의 구원 스케줄을 살펴보면서 그것이 신의 짜여진 계획이었음을 사적(史的)으로 분석해보고자 한다.

<표 5-3> 재앙의 종류와 바로의 행동, 나일강의 환경적 특징[38]

순서	재앙의 종류	바로의 행동(약속)	환경적 특징
1	모든 물이 피로 변함	관심을 가지지 아니함	나일강이 범람한 9월에 피로 변함
2	개구리가 온 천지에 범람	내가 이 백성을 보내리니	물 빠진 후 개구리가 육지로 올라 옴

---

37 고대 사회로부터 현대에 이르기까지 두 지역의 관계는 끊임없는 이웃과 적대관계를 가지고 있다. 이집트 왕조와 가나안 헷 족과의 관계, 히브리 백성, 아브라함, 야곱, 요셉, 고대 헬라와 로마 통치, 이스라엘과 이집트와의 관계 등 간단없이 이어지고 있다.

38 출애굽을 위한 하나님의 열 가지 재앙은 모두 이집트의 지리적 상황과 밀접한 관련성이 있다. 시작은 나일강물에서 시작한다. 강을 숭배하는 이집트인들에게 행한 피의 재앙은 근원을 흔들어버릴 것이라는 예표였다. 10 가지 재앙이 다 연결성이 있다. 강물에서 시작하여 장자의 죽음에 이르기까지 물고 이어지는 일련성을 가지고 있다.

순서	재앙의 종류	바로의 행동(약속)	환경적 특징
3	온 땅의 티끌이 이가 됨	너흰 광야로 가서 제사드리라	개구리 사체와 습지에서 모기(이)가 발생
4	파리로 땅이 황폐하게 됨	너무 멀리 가지 말고 제사하라	사체에서 파리 기성
5	애굽의 모든 가축의 죽음	약속 안 함	불결한 환경에서 질병 발생
6	사람, 짐승 악성 종기	약속 안 함	주검에서 악성 종기
7	벼락, 우박내려 피해막심	내가 너희를 보내리니	채소 피해 소망 죽이는 우박 내림
8	메뚜기가 온 땅을 덮음	장정만 가서 여호와를 섬기라	곡식 피해-삶의 희망 상실
9	흑암이 애굽땅과 가정에 덮임	가축은 두고 사람만 가서 너희 신을 섬기라	태양신 숭배를 막으시는 절대적 공포
10	모든 처음 난 장자 죽음	너희 온 백성과 가축은 나가라	자식을 사랑하는 마지막 소망을 꺾음

재앙의 내용과 환경적 지리적 특징을 살펴보면 출애굽 당시의 역사성을 어느 정도 이해할 수 있다. 또 바로를 테스트하기 위한 재난 하나하나의 동기가 인과관계로 연결되어 있음을 알 수 있다. 이는 10가지 재난이 그때그때 즉흥적이고 독창적으로 시작된 것이 아니며, 하나의 스케줄 즉 치밀하게 짜인 프로그램에 따라 진행된 것임을 짐작할 수 있다. 열 가지 재난은 관점의 차이에 따라 해석이 달라지겠지만 <표 5-3>에서 보는 것처럼, 객관적으로 본다면 철저히 사람이 먹고사는 일과 연관되어 있음을 알 수 있다. 나일강은 이집트의 젖줄이다. 이 강을 통하여 마실 물과 생활용수를 얻고 농사를 지어 백성들이 먹고 살아갈 식량을 얻는다. 그러므로 애굽인들에게 나일강은 하나의 신앙의 대상이었다. 그러므로 왕들은 나일강을 잘 다스려야 했고 잘 다스릴수록 훌륭한 군주로 추앙받으며 거대한 피라미드의 주인공이 되곤 하였다. 또한, 죽어서까지 백성들을 다스리며 군림하기 위하여 미이라를 만들고 지하 궁전을 만들어 안치시켰다. 신

약 시대 로마 제국의 식량 70%가 이집트에서 나왔다고 한다. 그만큼 고래로부터 나일강은 풍요를 보장하는 강이었다. 애굽에서 이스라엘 백성은 400여 년 동안 인구가 폭발하여 애굽인의 인구를 능가할 정도가 되었다 (1:7).[39] 바로의 과장을 빌리면 자기 백성들보다 많아 전쟁 때 위협을 줄까 두렵다고 하였다(1:10). 이처럼 풍족의 근저에는 나일강의 풍부한 영양과 물산 때문임을 부인할 수 없다.

이런 나일강의 물을 피로 변화시켰다는 것은 야훼 하나님이 결국 인간의 생사화복을 주관하신다는 사실을 보여 주기 위함이었다. 성서에 보면 물을 피로 변화시키는 능력을 애굽의 술사들도 행하였다고 하였다. 그리고 이를 별거 아니라고 생각한 바로는 궁으로 들어가서 관심도 가지지 않는 모습을 보인다. 그러나 요술사들의 능력은 일시적이지만 하나님의 능력은 애굽의 모든 강, 하천, 호숫물은 물론 마실 물, 심지어 작은 그릇에 담긴 물까지 전부 피로 변화시켰고 받아 둔 모든 물도 전부 피로 변하게 하였다. 하지만 완악하게 된 바로는(성서는 야훼 신이 완악하게 하였다고 기록하였다.)[40] 약속을 외면하였다. 하지만 하나님의 계획대로 진행되었다.

그런데 성서에 따르면 고려해 보아야 할 몇 가지 문제가 있다. 강, 운하, 못, 호수, 나무 그릇, 돌그릇 안의 모든 물이 피로 변한 것은 하나님이 하신 일이다. 하나님→모세→아론 지팡이로 연결되어 팔을 내밀 때 이적이

---

[39] 야곱의 가족 70명이 고센 땅에 정착한 후 430년이 지나 장정만 60만, 전체 대략 200만 이라 보았는데 그렇다면 히브리 여인 1명당 약 24명의 자식을 낳아야 한다는 결론이 나온다. 사실 무리가 따르는 수치임에 틀림없다. 당시의 의료 수준과 신생아 사망률 등을 고려할 때 과장된 숫자라고 할 수 있다. 하지만 이집트에서는 분명 가나안이나 다른 근동 지방의 출산률 보다는 분명 높았으리라 짐작된다. 애굽을 '이스라엘의 자궁'이라고 부르기도 한다.
이문범,『역사 지리로 보는 성경』(서울: 두란노, 2018), 122.

[40] "하나님이 완악하게 하사"라고 기록하여 모든 일들을 야훼 하나님이 자신의 계획대로 이끌어 가심을 말하고 있다. 히브리어 성서 원문에는 '완고하게 하여'라고 기록하였다. 좀 더 설득적이다.

나타난 것이다. 이는 '가치 지향성', '신앙 지향성'을 말한다. 다른 의미로는 '의도의 적극성'을 말한다. 신을 믿는다는 것은, 신을 의지함이고 신을 의지한다는 것은 신과 하나가 된다는 것이다.

정의가 아쉬워 만날 때는 정의의 신이고, 몸이 아플 때 만나는 신은 치유의 신이다. 그러므로 신은 인간 삶의 온갖 정황을 다 드러내면서 어떤 것이든 될 수 있는 존재이다. 이처럼 의도의 적극성으로 신은 설정된다. 그러한 신을 우리는 '사람다운 신'이라고 부를 수밖에 없다.[41]

'사람다운 신'을 바꾸어 말하면 '신다운 사람'이다. 이는 일맥상통한다. 모세에게 지시한 분은 하나님이다. 이는 모세가 원하는 자신의 내면의 목소리다. 모세의 능력은 곧 하나님의 능력이며 자신이 간절히 원하는 바였다. 이 모든 걸 내 안의 신께서 하신 일이라고 자처할 때 신은 기뻐하신다.

마실 물이 없으면 인간은 죽는다. 강물이 피로 변한 지 이레가 되었다(출 7:25) 이레 동안 물을 못 마셨다면 애굽 사람이 다 죽어야 한다. 그러나 그들은 나일강 가를 두루 파서 물을 구하였다. 그러므로 물의 근원이 피로 변한 게 아니라 현상적으로 보이는 물이 피로 변한 것이다. 이는 분명 일시적인 현상이었다. 즉 신의 능력이라 믿을 수밖에 없는 엄청난 자연 현상이 몰아친 것이다. 이를 과학적으로 증명하고자 하는 학자도 있다.[42]

---

41 정진홍, 『신 이야기』(서울: EBS BOOKS, 2022), 87.
42 최근 이집트에서 출애굽 당시에 있었던 열 가지 재앙을 지질학적, 지구과학적, 역사적 자료를 근거로 규명하고자 한 학자가 있다. 분자생물학자인 시로 트레비사나토 박사는 자신의 저서 『이집트 열 가지 재앙의 비밀』에서 다양한 고대 문헌과 광범위한 과학적 연구 결과를 토대로 출애굽 사건과 병행하는 역사적 재앙을 과학자 시각에서 분석하였다. 그동안 전승이라는 이름으로 보존되어온 구약의 기사를 신화가 아닌 역사로 볼 수 있는 토대를 마련하였다. 한마디로 이집트 열 가지 재앙은 상상을 초월하는 막대한 위력으로 단기간 이집트를 강타했던 산토리니 화산 폭발의 결과라고 주장하였다. 산

중기 청동기 시대 B.C. 1613년부터 1612년까지 이루어진 산토리니 화산 폭발로 이루어진 연쇄적 사건이라는 연구 결과를 발표하였다. 하지만 출애굽기의 내용을 역사적 사건으로 규명하였다고 하여도 하나님을 과학적으로 증명할 수는 없다. 신의 존재는 인간과의 만남, 관계 맺기에 있기 때문이다. 단지 그 초월적인 힘과 현상을 보다, 친밀하게 접근할 수 있게 되었다. 그런데 출애굽 열 가지 재난은 출애굽기뿐 아니라 성서의 다른 부분에서도 등장한다. 이는 그만큼 가치 있는 교훈으로 인간에게 다가서려 한 하나님의 의도가 있었기 때문이었다. 그리고 지속적으로 이어지는 신과 인간의 관계 맺기는 '약속' 때문이었다.

열 가지 재앙은 사실 한 가지 재앙 이후 연쇄적으로 일어난 파생적인 사건으로 볼 수도 있다. 나일강물이 피처럼 변하여 먹을 수 없게 되자 7일 후 산소가 부족하여 개구리가 떼 지어 육지로 올라왔다고 본다. 개구리가 창궐한 직후 그 사체와 습지에서 서식한 모기(이)가 대거 번식하여 모든 동물을 괴롭히고 질병으로 죽게 하였다. 동물의 사체와 썩은 냄새는 파리를 들끓게 하였고 이런 불결한 환경은 각종 악질과 종기를 발생케 한 것이다. 그리하여 이제는 땅에서 자라는 식물에 소망을 둘 수밖에 없었다. 그런데 하늘에서 우박이 내려 모든 채소를 망쳐놓았다. 이는 바로의 신하나 백성에 이르기까지 막대한 손해를 끼쳤을 뿐 아니라 먹고 살길이 막히게 되었다. 그나마 영글었던 곡식은 메뚜기 습격으로 무지막지한 손실을 입혔다. 모든 것이 사라져 버린 것이다. 먹고 살길이 막막해졌다. 애굽인들이 그들의 신에게 하소연하기 위하여 고개를 들었을 때 하나님은 흑암으로

토리니와 나일강은 800㎞ 떨어져 있다. B.C. 1613년 늦은 여름부터 1612년 이른 봄까지 8개월에 걸쳐 점진적으로 이루어진 열 가지 재앙은 화산재로 강물이 붉게 물들고 물고기의 떼죽음과 악취로 변질된 강물 맛의 원인을 제공하였다고 하였다.
시로 트레비사나토, 김회권 역, 『이집트 열 가지 재앙의 비밀-고고학, 역사, 과학이 밝혀낸 출애굽의 비밀』(서울: 새물결 플러스, 2011), 23-25.

태양마저 가려버렸다. 인간들의 신은 힘을 쓰기는커녕 아예 나타나지도 못하고 어둠 속에 가두어져 버렸다. 그들이 손으로 만든 신을 바라보지도 못하게 만들어 버렸다. 이제 마지막으로 모세가 미디안 광야에 있을 때 약속받았던 모든 처음 난 것들, 곧 장자의 죽음으로 재앙의 대미를 장식하였다. 왕과 신하, 백성들과 가축의 처음 난 것까지 다 죽는 죽음의 재앙을 맞이하게 되었다.

> 너는 바로에게 이르기를 여호와의 말씀에 이스라엘은 내 아들 내 장자라 내가 네게 이르기를 내 아들을 보내주어 나를 섬기게 하라 하여도 네가 보내주기를 거절하니 내가 네 아들 네 장자를 죽이리라 하셨다 하라 하시니라(출 4:22-23).

이 성서 본문에서 주목할 문구는 "이스라엘은 내 아들, 내 장자"라는 표현이다. 이스라엘을 장자라 표현하는 말 가운데는 '상속'이란 의미가 동시에 표현된다. 그러므로 당신의 나라를 세우려는 하나님께서는 이스라엘 백성들을 어떻게 해서든 기업으로 삼아 가나안으로 인도하여 낼 방도를 구상하신다는 것이다. 그러므로 상속자 된 이스라엘 백성들로 제사받기를 원하시는 하나님이시고 이들이 광야 사흘 길을 가서 절기 지키도록 바로가 허락하라는 말씀인데 바로는 거절하고 있다. 그 첫 번째 이유가 "나는 여호와를 알지 못한다"였다. 이는 야훼 하나님, 입장에서는 굉장한 도전으로 받아들일 수 있는 발언이었다. 애굽의 수많은 신과 같지 않다는 사실을 천명하였지만 바로 왕은 이를 전혀 믿지 못하였다. 그리고 애굽 왕은 만신전에 있는 그들 신과 야훼(여호와) 하나님도 인간 신이라고 생각했기에 자신과 레벨이 같다고 본 것이다. 왜냐하면, 애굽 왕은 파라오 즉 태양신의 아들로 자신도 신이라고 믿었기에 여호와를 동격으로 본 것이다.

이것이 가장 큰 실수였다. 하나님은 엄밀하시다는 사실을 적시한다. 다시 말하면 바로가 여호와를 동격으로 보았다면 동격으로 보응하시는 신(神)임을 이 장면에서도 보여 주고 있다. 이스라엘이 자신의 장자였기에, 장자를 보내어 자신에게 절기를 지키지(예배하지) 못하게 방해한다면 "나 여호와는 '너의 장자' '너의 백성'을 못 움직이게(죽게) 만들겠다"는 '보응의 하나님'임을 분명히 하고 있다. 이처럼 성서는 출애굽기를 통하여 하나님의 속성을 곳곳에 명시하고 있다. 이를 하나의 거대한 이벤트 또는 야훼 하나님의 위대한 사역 정도로 이해한다면 성서 기자의 본래 의도를 제대로 파악하지 못한 것이라 볼 수밖에 없다.

"사흘 길을 가서 여호와께 제사드리려 한다"라고 요구한 것은 제사(예배)의 장소도 중요하다는 사실을 적시하고 있다. 애굽처럼 인간 신들을 섬기는 땅, 심지어 왕들이 그들 신을 만나고 싶으면 언제든지 만날 수 있는 그런 곳에서는 하나님께 제사드릴 수 없음을 가르치고 있다. 바로는 더욱 이해하기 어려웠을 것이다. 속으로 "무슨 제사를 사흘 길을 가서 드리나? 지금 이곳에서도 제사할 수 있는 것 아니냐?" 하는 식의 의문을 가졌다. 그리하여 "정 제사드리고 싶으면 이곳에서 드려라" 하며 마지못해 허락을 한다. 하지만 하나님께 예배하는 장소는 인간의 속된 터에서는 할 수 없는 것이다. 예배는 거룩한 곳에서 드려야 한다. 아마 사흘 길은 모세가 미리 하나님을 만난 거룩한 곳 광야 인근이 아닌가 생각된다. 만약 제사드리지 않으면 하나님께서 전염병이나 칼로 이스라엘 백성을 치실까 두렵다는 생각을 모세가 바로에게 전했을 때 바로는 단지 노역을 쉬고 싶어 하는 핑계로만 생각하였다. 하지만 이는 출애굽만큼 중요한 것이 예배임을 상기시켜 준 대목이다.

다음은 출애굽기, 신명기, 시편 성서에 다양하게 묘사된 출애굽 열 가지 재앙을 비교해 보자.

<표 5-4> 출애굽기, 신명기, 시편에 묘사된 10가지 재앙 비교

순서	출 7:14-13:16	신 28:23-42	시 78:43-51	시 105:27-36
1	핏빛 강물과 죽은 물고기	청동색 하늘, 비처럼 내린 먼지	붉은색 강물 독으로 오염된 강	붉은 강물과 죽은 물고기
2	개구리 떼	많은 종류의 독종들	개구리 떼	개구리 떼
3	모든 티끌이 이(모기)로 변함		기는 벌레들	기는 벌레들
4	곤충 떼	독종들	황충들	곤충 떼
5	죽은 동물들		뇌우로 죽은 동물	
6	피부병 발생			
7	우박으로 채소 상하여 먹지 못함	벌레먹힌 포도나무와 감람나무	우박과 서리로 포도나무와 무화과 상함	우박과 번개로 상한 포도와 감람나무
8	메뚜기 떼	메뚜기 떼		메뚜기 떼와 벌레
9	흑암	볼 수 없는 상황	분노와 질식	
10	장자의 죽음		장자의 죽음	장자의 죽음

순서는 다르지만, 출애굽기의 열 가지 재앙을 신명기와 시편에서도 비슷하게 언급하고 있다. 신명기는 백성들에게 출애굽을 통한 하나님의 사역을 '상기'할 필요가 있었기에 다루고 있지만, 시편에서는 여호와 하나님의 위대성과 인도하심을 '찬양' 하기 위하여 언급하였다. 그러므로 목적과 성격이 다르다. 하나님은 역사를 중요하게 다루신다. 중요한 사건을 기록하게 하셨고 기억하게 하셨다. 출애굽기 17장에는 아말렉과의 싸움 이후 그 싸움에서 승리하게 된 배경을 자세히 기록하여 후손들이 기억하게 하라고 가르쳤다.

여호와께서 모세에게 이르시되 이것을 책에 기록하여 기념하게 하고 여호수아의 귀에 외워 들리라 내가 아말렉을 없이하여 천하에서 기억도 못하게 하리라 모세가 제단을 쌓고 그 이름을 여호와 닛시라 하고(출 17:14-15).

이처럼 하나님은 역사에 관심을 두고 나타난 특이한 섭리를 기록하여 후대에 기억하게 하셨다. 이는 자신감과 신정 통치의 명확성을 보전하여 가르치기 위함이었다. 그러므로 야훼 하나님은 우리가 아는 인간 신들과 다르고 인간이 만든 신과 더욱 다르며 인간의 요구대로 움직이는 신이 아님을 증명하고자 함이었다.

아무튼, 열 가지 재앙은 인간의 교만함에 대한 경고였으며 미리 하나님 자신이 설계한 프로그램대로 진행된 출애굽 과정의 한 순서라는 것을 알 수 있다. 이 모든 일이 사전에 계획된 스케줄이었고, 신학적, 성서학적으로 '하나님의 위대성' 표현이라고 해버리면 그만이다. 하지만 자연 현상의 급격한 변화와 기이한 신이성이 나타난 것이라고 하여도 그와 같은 일로 말미암아 히브리 노예들이 출애굽 하게 되었다는 사실이 중요하다. 성서는 이 10가지 재난(재앙)[43] 과정에서 하나님이 "바로의 마음을 완악하게 하사"라고 하여 장자의 죽음에 직면하여 놀람과 고통을 당하기 전까지는 순순히 이스라엘 백성들을 내보내지 않고 있음을 보게 된다.

왜 바로의 마음까지 통제하였을까? 바로가 쉽게 허락하지 않아 연속적인 재앙이 내렸다고 해도 무방했을 텐데 굳이 바로의 마음까지 잡아두었다는 것은 앞 장에서도 언급하였지만 '여호와 하나님의 위대성'과 하나님이 세우고자 하는 그의 새 나라는 요술처럼 뚝딱 만든 것이 아니라 철저히 계획하시고 준비하여 만들었다는 사실을 가르쳐주기 위함임을 알 수 있다.

이전에 호렙 산에서 모세가 하나님의 이름을 물은 것도 당시 애굽에는 만신전 안에 수많은 우상들이 안치되어 있었기 때문에 이들과 구별되는

---

43 재난과 재앙은 같은 의미로 사용되고 있다. 자연의 현상이라고 보면 재난이지만 재앙 이라고 할 때 신의 작용이 느껴지는 단어 선택이다. 하지만 큰 차이가 없다.

분명한 이름을 히브리 백성들에게 알려줄 필요가 있었기 때문이었다. 모세에게는 지금 바로 왕과 대결하여 신이한 기적을 보여 주는 재앙들이 우리가 믿는 야훼 하나님을 통하여 나타난다는 사실을 백성들에게 알게 하는 것이 더 중요한 일이었다. 그리하여 모세에게 명령을 내린 당사자가 곧 말로만 듣던 하나님임을 계속해서 선포하고 가르쳤다. 히브리인들은 하나님 이름인 야훼(yhwh) 곧 여호와를 극도로 경외하여 입에 올려 말하거나 글로 쓰지 않고 yhwh 대신 *adonai* 즉 '나의 주'라는 용어를 사용하였다.[44] 아무튼 하나님은 인간이 섬기는, 인간이 만든 다른 신들과는 분명 다르다는 것을 계속 강조하고 있다. 이는 '하나님의 독자성' 또는 '하나님의 유일성'을 나타내기 위함이다.

역사적으로도 히브리인들은 이집트에서 거주하며 이민자 대우를 받지 못하고 노예로 대접받았으며 이를 벗어나 자신들이 약속받았던 가나안으로 들어가기 위한 여정이 사실(史實)로 확인된 바 있다. 그리고 열 가지 재앙이라고 흔히 말하는 내용도 가만히 보면 하나부터 아홉 번째 재앙과 열 번째 재앙은 성격이 다르다. 전자의 아홉 가지는 연쇄적인 파동으로 일어난 연결성을 가지고 있지만 열 번째인 장자의 죽음은 연결성이 아닌 독자적인 특성을 띠고 있다. 그리고 전자의 아홉 가지 재앙은 일종의 재난으로 자연적 현상, 이를테면 산토리니섬이나 주변에서 일어난 화산 폭발 등 자연 현상에서 기인한 원인이라고 해도 충분히 설득력이 있다. 하지만 모든 장자의 죽음, 심지어 처음 새로 난 동물의 죽음은 자연 현상으로 설명할 수 없는 그 무엇이다. 다시 말하면 신의 영역, 신의 개입이 아니면 설명할 수 없는 그 무엇이 있다.

---

[44] 우리나라에서 번역된 성경에는 yhwh를 그대로 여호와라고 번역하였지만 영어 성경에는 이를 'The LORD'라고 대문자를 써서 하나님의 이름을 대신하여 사용하고 있다.

필자는 출애굽기의 모든 내용을 과학적으로 규명하고자 집필을 시도한 것이 아니다. '출애굽기에 담긴 하나님을 어떻게 이해할 것인가' 하는 목적을 가지고 '역사학적 왜?'라는 질문을 끊임없이 제시해 보았다.

여호와 신이 애굽 가정의 모든 장자를 죽여서라도 바로를 굴복시키고자 한 본래 목적, 이스라엘 백성들을 출애굽 시키고자 한 것, 이라면 앞에서 일어난 아홉 가지 재난(재앙)을 두지 않고서도 할 수 있었을 텐데 열 가지, 전 과정을 거치고 나서야 성취된 이유가 무엇일까?

이는 전적으로 하나님의 계획이었다. 이를 위해 성서에는 재앙의 각 장면마다 하나님께서 "바로의 마음을 완악하게 하사"라는 표현을 지속적으로 언급하고 있다. 이는 앞 장에서도 살펴보았지만 바로와 애굽 백성들까지도 야훼 하나님을 위대한 유일신으로 인정하기를 원하셨고 이스라엘 민족뿐 아니라 애굽 백성 나아가 세상 모든 민족이 하나님의 백성임을 알게 하겠다는 계획이었다. 한 마디로 모든 인류의 하나님임을 깨닫게 하겠다는 목적을 두고 있었음을 알게 된다.

성서에는 셋째 재앙 (티끌이 이로 변하여 사람과 가축에게 생김) 이후에 애굽의 요술사들도 "이는 하나님의 권능입니다"라고 고백하였다고 기록하고 있다. 신통력을 부릴 줄 아는 이들이 먼저 하나님의 권능을 알아본 것이다. 하나님은 세상 모든 신과의 차별성을 어떤 식으로든 보여 주시어 그 힘과 권능을 인간으로 하여금 깨닫게 하신다는 사실을 알게 된다.

<표 5-5> 재앙의 종류와 바로의 행동, 나일강의 환경적 특징 II [45]

순서	재앙의 종류	바로의 행동(약속)	환경적 특징
1	모든 물이 피로 변함	무관심	나일강이 범람한 9월에 피로 변함
2	개구리가 온 천지에 범람	약속 후 배신	물 빠진 후 개구리가 육지로 올라 옴
3	온 땅의 티끌이 이가 됨	광야 제사 허락 후 배신	개구리 사체와 습지에서 모기(이)가 발생
4	파리로 땅이 황폐하게 됨	가까이 제사 허락 후 배신	사체에서 파리 기성
5	애굽의 모든 가축의 죽음	약속 안 함	불결한 환경에서 질병 발생
6	사람, 짐승 악성 종기	약속 안 함	주검에서 악성 종기
7	벼락, 우박내려 피해막심	약속 후 배신	채소 피해 소망 죽이는 우박 내림
8	메뚜기가 온 땅을 덮음	장정만 제사 허락 후 배신	곡식 피해-삶의 희망 상실
9	흑암이 애굽땅과 가정에 덮임	사람만 제사 허락 후 배신	태양신 숭배를 막으시는 절대적 공포
10	모든 처음 난 장자 죽음	온 백성과 가축 데리고 나가라	자식을 사랑하는 마지막 소망을 꺾음

<표5-5>를 통하여 알 수 있는 사실은 바로가 처음부터 9번째 재난 때까지는 두려움을 느끼고 불편해하였지만, 겁을 먹지는 않은 것처럼 보인다. 다시 말해 각종 재난이 귀찮고 생활에 여러 가지 어려움을 주긴 하지만 이 일로 인하여 여호와를 스스로 인정하거나 "위대한 유일신의 권능"이라고 고백한 요술사들의 생각에 동의할 마음이 없었음을 알 수 있다. 바로는 허락하기가 쉽지 않았다. 왜냐하면, 자기 스스로 태양신의 아들이요 위대한 신이라고 자부하고 있었기 때문이다. 그러므로 여호와 신의 대

---

45 재앙을 대하는 바로는 태도를 성서에 기록한 대로 조사한 자료이다. 특이하게 마지막 장자의 죽음 재앙을 제외한 9가지 재난 가운데 히브리 백성의 제사와 출애굽을 바로가 약속했다가 배신한 것이 6회이고 첫 번째 재난이 있었을 때는 아예 모세의 요구에 관심을 기울이지 않았다. 그리고 아예 약속조차 하지 않았던 때는 5-6 번째 재난 때였다. 이들을 분석해보면 특별한 공식이 없이 바로의 시분과 생각대로임을 알 수 있다.

리자인 모세에게 요구를 수용한다는 것은 자기와 자신들의 신이 능력에서 여호와 신에게 미치지 못한다는 사실을 인정하는 꼴이라고 여겼기 때문이다. '내 표징과 이적'이라고 야훼 하나님 스스로 말한 내용이[46] 재난이든 '표징과 이적'이든 이들이 모세와 바로의 대결 국면에서 전개되었다는 것으로 신의 개입이라고 보는 것이 종교요 신앙이다.

현실적으로 추론하면 첫 번째 재난 또는 재앙으로 말미암아, 나머지 8가지 재난이 뒤따라 거의 동시다발적으로 일어났다고 보아도 무방하다. 왜냐하면, 첫째 재난으로 인하여 연쇄적으로 일어날 수도 있는 자연 현상들이었기 때문이다. 중요한 것은 여호와 신의 개입으로 볼 수밖에 없는 "바로의 장자로부터 맷돌 뒤에 있는 몸종의 장자와 모든 가축의 처음 난 것"에 이르기까지 죽음에 이르는 대재앙은 어떤 자연적 현상과 과학적 이치를 동원한다고 하더라도 설명하기 어려운 재앙이었다. 그러므로 신이자 인간인 바로도 이 부분에 관해서는 두 손 들 수밖에 없었다.

성서 본문대로라면 이는 사전에 예고되었기에(출 4:23) 더욱 여호와의 영역에 속한다고 할 수밖에 없다. 바로가 모세와 아론의 말을 듣지 않을 것과 마음이 완악하게 될 것까지 다 여호와의 소관임을 명확히 하였다. 더구나 중요한 유월절의 이적이 나타난 것이 더욱 그러하다. 한날한시에 벌어진 이적(재앙)이 이스라엘 백성의 가정엔 전혀 해당하지 않았다는 것이 더욱 신비로움을 가중한다. 이것이 야훼 하나님에 의한 '출애굽은 인류 구속사의 징표'라는 것이다. 그러므로 하나님은 인류 구속을 위하여 새 에덴을 계획하셨고, 새 에덴을 야곱의 자손들 곧 히브리 백성들이 가나안 입성으로 이룰 나라에서 시작하고자 하였으며, '내 백성'을 심히 사

---

46 출애굽기 7장 3절 "내가 바로의 마음을 완악하게 하고 내 표징과 내 이적을 애굽 땅에서 많이 행할 것이나 바로가 너희 말을 듣지 아니할 터인즉"이라고 표징과 이적뿐 아니라 바로의 마음까지 여호와 소관임을 분명히 하고 있다.

랑하신다는 사실을 그들로 깨닫게 하고자 하였다.

장자의 죽음을 본 바로는 이제 더 이상 고집을 부릴 수가 없었다. 더구나 차별성 즉 애굽인 가정의 장자는 죽고 이스라엘 백성의 가정은 피해를 보지 않는 현상에 대해선 과거 애굽의 요술사들이 고백했던 것처럼 "이는 하나님의 능력"이라고 고백하지 않을 수 없었다. 더구나 자신보다, 만신전의 신들보다, 뛰어난 여호와 하나님임을 인정하기 싫었겠지만 이젠 인정하지 않을 수 없게 된 것이다. 야훼 하나님이 누구인지 전혀 몰랐던 바로는 낮아지게 되었다.

밤에 바로가 모세와 아론을 불러서 이르되 너희와 이스라엘 자손은 일어나 내 백성 가운데서 떠나 너희의 말대로 가서 여호와를 섬기며 너희가 말한 대로 너희 양과 너희 소도 몰아가고 나를 위하여 축복하라 하며 애굽 사람들은 말하기를 우리가 다 죽은 자가 되도다 하고 그 백성을 재촉하여 그 땅에서 속히 내보내려 하므로(출 12:31-33).

위 성서의 내용은 한 마디로 "다 챙겨 제발 속히 떠나라"는 표현과 분위기가 그대로 드러난 대목이다. 얼마나 다급했으면 양과 소도 다 챙겨가고, 애굽 사람들 마음을 움직여 은금 패물 의복까지 달라고 하면 다 주도록 하여 챙겨가라고 허락되었을까. 그런데 바로의 예상치 못한 표현이 나온다.

"다 가져가고 나를 위하여 축복하라."

이 부분이 열 가지 재앙의 하이라이트라고 해도 무방할 정도이다. 이 한마디에 바로의 굴복과 하나님의 위대성, 권세자 인간의 나약함이 모두 표현되었다고 할 수 있다.

바로가 축복해 달라고 한 말은 두 가지 뜻으로 해석할 수 있다.

첫째, "내가 너희를 다 내보내 주었으니 나에게 고마워해야 하는 거 아니냐'와,

둘째, "정말 너희가 섬기는 하나님은 대단한 신이구나 그분께 기도하여 그 권능의 손길로 장자 죽음으로 다 죽게 된 우리 백성들을 살려주고 내가 왕으로서 권위를 유지할 수 있도록 축복해 주시기를 부탁한다"는 사정 조로 보는 해석이다.

후자가 좀 더 그럴듯해 보이지만 진실은 알 수가 없다. 출애굽기의 기자가 어떤 의도에서 이렇게 서술하였는지 알 수는 없지만 어쩌면 출애굽기 전체에서 가장 뜨거운 마음으로 서술한 대목이라 생각된다.

바로의 "나를 위하여 축복하라" 문장의 표현대로라면 일종의 명령문이지만 정황은 사정 조다.

"그 나라에 죽임을 당하지 아니한 집이 하나도 없었음이었더라."

이것이 정황이다. 왕궁에서 백성 심지어 노예들에 이르기까지 모든 애굽 백성의 가정은 전부 죽음으로 인하여 슬픔과 두려움에 휩싸였다. 이는 전쟁과도 다르고 천재지변과도 달랐다. 예외 없이 모든 가정의 장남과 가축의 첫 새끼까지, 이는 상상을 초월하는 재앙이었다. 제왕학에 따르면 천재지변이 와도 왕의 책임이었다. 이 엄청난 재앙은 왕이 권좌에서 물러나야 할 정도의 큰 일이다. 이 상황에서 바로가 할 수 있는 일은 두려움의 대상인 여호와 하나님에게 살려달라고 비는 일이었고 왕의 권좌만이라도 보전할 수 있도록 도와달라는 구걸성 간구였을 것이다. 그것이 "나를 위하여 축복하라"는 당부였다. 자신도 명색이 신이었는데 이렇게 무능하게 당한다고 생각했을 때 충격은 엄청난 것이었을 것이다. 하지만 인간과 신의 경계를 넘나 든다고 생각한 바로 왕은 더 큰 권능 아래서는 연약한 인간으로 돌아올 수밖에 없었다. 애초 야훼 하나님의 계획과 뜻이 반영된

열 번째 재앙은 제국이라 자부하던 이집트의 자존심을 송두리째 빼앗았을 뿐 아니라 국가의 존멸이 달린 문제로 볼 수밖에 없다.

바로 왕의 평가에 의하면 자기 나라 백성들보다 수효가 많아진 히브리 백성들인데, 장자가 다 죽었으니 만약 광야로 보낸 히브리인들이 돌이켜 애굽으로 쳐들어온다면 상상도 못 할 일이 벌어질 것이라는 것쯤 알고 있을 터였다. 이 모든 상황을 종합한 바로의 결론은 "속히 이스라엘 백성들은 자기 백성들 가운데서 떠나가서 여호와를 섬기며 제사드려라"(출 12:31-32)는 명령 같은 요구를 할 수밖에 없었다. 그리고 드라마의 제2막 결론은 "나를 위하여 축복하라"였다.

이 모든 결론을 종합하면 결국 출애굽 하나님은 피조 인간의 예배(제사)를 원하시는 하나님이라는 사실이다.

2. 출애굽기의 상황별 특성 분류

1) 출애굽기의 단계별 분류

(1) 출애굽 준비기

지금까지의 서술을 통하여 출애굽기는 여호와 하나님의 인류 구속사와 새로운 에덴 즉 하나님이 다스리시는 나라의 건설과 새로운 역사의 시작이라는 관점에서 다루어 보았다. 그런데 출애굽의 장면과 상황이 마치 희곡처럼 명확히 구분되는 몇 가지 장면으로 나누어져 짐을 알게 된다. 상황을 주제별로 나누어 표를 만들어 보면 다음과 같다.

<표5-6> 출애굽기의 단계별 분류 비교

	출애굽 준비기	하나님과 모세의 만남기	1차 광야행 진기	시내산 언약 수용
바로	이스라엘 백성 증가에 두려움, 신생아살해 명령	전혀 알지 못함	10가지 재앙 홍해까지 군대로 추격	무관함
모세	출생과 애굽공주 양자로 성장	모압산에서 여호와 만남	10가지 재앙 지도자로 출애굽 십계명 언약	2차 10계명 언약과 절기, 법과 제사, 성막,
히브리 백성	노예 상태	노예 상태, 원망과 탄식	불평, 불만, 여호와 인식, 금송아지 사건	절기와 제사 법과 교육

제1단계는 출애굽 준비기로 창세기의 속 편으로 이어진다.

야곱의 족속들이 이집트의 고센 땅에 정착하게 된 배경과 요셉 총리 이후 그의 영향력이 줄어든 때 이스라엘 백성들의 노예 생활을 다루고 있다. 이 상황에서 야훼 하나님의 개입은 이스라엘 민족의 대표성을 띤 아브라함, 이삭, 야곱 조상과 맺은 약속의 연장선에서, 약속 이행의 필연성이 '해방 투쟁'이라는 애굽 왕과의 대결을 결론으로 상기한다. 무엇보다 민족과 민족의 대결, 야훼 신과 바로(신)의 대결 구

도가 형성된다. 그리하여 바로의 첫 액션은 히브리 민족의 출생률 저하정책과 남아 살해 명령이었다. 이에 대한 히브리 민족의 대응은 노예 처지에 속수무책이었지만 산파의 도움과 산모의 강건함으로 백성은 번성하고 매우 강해지게 되었다(출 1:20). 당시 세계 최강국 이집트(애굽)는 나일강의 경제력으로 풍요를 누렸고 강한 군사력으로 히브리 노예들을 부리며 신격에 가까운 전제 왕권을 누리고 있었다. 아직 야훼 하나님의 개입이 없는 단계이다. 그러므로 히브리 민족은 고통과 탄식 속에 부모에게 들었던 그들의 신 야훼 하나님에게 간구하는 기도를 드리며 도움을 호소하였다. 준비기는 열악한 환경, 노예 상태에 처한 히브리 백성들, 심지어 히브리인들의 수효를 줄이려는 바로의 가공할 학대가 대비되는 시간이었다.

절대 열세에 처한 히브리 민족에게 구원의 빛이 보이기 시작한 사건은 장차 지도자로 등장할 모세의 등장이었다. 이를 설화 또는 신화처럼 언급한 것은, 말 그대로 신의 도움과 섭리 속에 살아났고 왕자로 자랐으며 풍

부한 교육까지 받게 되었다는 신비적 요소를 지녔기 때문이었다.[1] 그는 레위 가족(족속)의 부모에게서 살벌한 시대 분위기 가운데 태어났다. 바로의 그 악명 높은 신생 남아 학살 명령이 있고 난 후 죽을 운명에 처하였지만, 부모와 누이의 기지로 생후 3개월 만에 이집트 18왕조(B.C. 1540-1295) 하셉수트 공주(나중 여왕)의 양자로 왕족 돌림 이름인 모세로 입적되었다. 그리고 양질의 교육을 받는다. 레위 지파 제사장의 피에, 세계 최고 수준의 왕실 교사에게서 왕자 교육을 받았다는 것은 신화적 지도자가 지닐 수 있는 신비적 카리스마까지 준비한 인물임을 암시하고 있다. 더구나 친모의 젖을 먹는다는 기적 같은 사연은 출애굽의 역사가 인간의 상식으로는 이해하기 힘든 신비로움을 간직하고 있음도 암시하고 있다. 하지만 왕자로

---

1   이와 유사한 설화가 메소포타미아 지방 고대 왕국의 지도자 탄생 설화가 산재하였기에 이렇게 언급하였다. 역사학자라고 무조건 부정하거나 역사학적 연구 방법으로 이를 입증하려 하는 것은 아니다.

자란 40년 모세의 행적은 전혀 알 수가 없다.

하나님은 손해 보시는 분이 아니다. 모든 것이 합력하여 선을 이루게 하신다. 모세가 바로의 궁에서 자랄 때 애굽 사람의 모든 지혜를 배워 말과 하는 일이 능했다(행 7:22). 모세는 지도자로서 최고의 리더십 훈련을 받았으며 기하학과 건축술도 배웠다. 이 지식이 모세오경을 쓰고 시내 산에서 성막에 대한 말씀을 받았을 때 말로써 이해하는 기반이 되었다.[2]

충분히 짐작할 수 있는 부분이었지만 분명 모세는 어떤 큰일을 하기 위하여 어린 시절부터 교육받고 양육된, 그야말로 길러진 삶을 살았다. 출애굽 기자가 히브리 민족의 엑소더스(Exodus) 사실을 기록하면서 관점을 야훼 하나님의 사역과 위대성에 초점을 맞추었기에 모세의 왕자로서의 삶은 크게 중요하지 않았다고 본 듯하다. 이는 부름에 응하여 만남과 약속이 이루어지는 역사가 중요했기에, 히브리 백성의 고통과 수난, 탄식과 하소연, 이를 들으시는 하나님으로 기억되기를 원하셨다. 이를 믿음의 조상과 맺은 언약과 기억이란 단어로 정리하였다.

한 마디로 출애굽 준비기는 다음과 같이 정리할 수 있다.

① 요셉을 알지 못하는 왕의 등장

② 이스라엘 백성의 혹독한 노예 생활

③ 야훼 하나님이 백성의 탄식 소리를 들으심

④ 바로 왕의 신생 남아 살해 명령

⑤ 모세의 출생과 바로 공주의 양자로 성장

---

2 이문범,『역사 지리로 보는 성경1』(서울: 두란노, 2018), 126.

(2) 하나님과 모세의 만남

제2기는 야훼 하나님과 모세의 만남 시기다. 엄밀히 말하면 하나님이 모세를 불러 사명을 지시하는 시기다. 모세는 죽을 형편에 처하였다가 나일강에서 극적으로 건짐을 받고 바로 왕 투트모세 1세의 딸 공주 하셉수트의 양자가 되었다. 그리고 왕자로서 40년을 특권 신분에 한때지만 왕위 계승자로 교육받았다. 하지만 이 모든 시간이 출애굽 제2기에 해당하는 하나님과 모세의 만남을 위해 예비된 시간이었다. 세계 최강대국의 지도자가 아닌 하나님 나라의 지도자로 세움을 받기 위하여 자신이 본래 있어야 할 신분과 장소로 돌아오게 되었다. 성서는 이 순간들을 매우 극적으로 서술하고 있다.

야훼 신은 모세를 일약 왕자 신분에서 살인자의 신분으로 전락시키고 쫓기게 만들었다. 이 대목을 피동문으로 처리한 것은, 출애굽 사건의 전체적인 주도권을 야훼 하나님이 쥐고 있었기에 신에 의한 기획과 스케줄대로 진행된 형식으로 보았기 때문이다. 하지만 역사학적 관점으로 본다면 모세라는 인물이 스스로의 정체성을 찾아가는 과정으로 이해할 수 있다. 그 과정에서 자신이 히브리 노예 신분과 같으며, 이스라엘 백성으로서 제사장 레위 지파의 후손이었고, 혈혈단신인 줄만 알았지만, 친형과 누이도 존재한다는 사실도 알게 되었다. 살인을 저지르게 된 뒤에는 왕자였다면 아무런 문제 될 것이 없는 사안이었지만 이젠 영락없는 살인자요 바로 왕 투트모세 3세[3]에게 쫓기는 신세, 즉 왕위 계승에서 밀린 정적의 신분이라는 사실을 인식하게 된 시기이기도 하다.

---

[3] 이집트 18왕조 아흐모세는 B.C. 16세기 힉소스의 지배를 벗고 이집트인의 신왕조를 설립하였다. 이 때 이집트(애굽)은 가나안 북쪽으로 세력을 확대하고 가나안의 해안 평야를 통제하였다. 15세기 중반에 가나안에서 반란이 일어나 애굽의 위상이 위협받자 투트모세 3세는 가나안 원정에 나섰다. 투트모세 3세는 모세가 40년 광야 생활을 하던 시기에 애굽을 다스린 바로 왕이다.

모세는 미디안 광야로 도망가게 되었다. 이 부분도 구분 지어 생각해 볼 필요가 있다. 모세가 미디안 광야로 간 것이 야훼 신의 인도하심인가, 아니면 모세가 살 궁리를 마련하기 위하여 생존 수단으로 도피한 것인가. 이 문제는 하나님의 구속사로 보는 측면과 역사적인 사실로 보느냐에 따라 다르게 해석할 수 있다. 하지만 출애굽기 전체를 관통하는 기저는 인간을 구속하기 위한 하나님의 예정과 인도하심이기에 이에 따른 성서학적 신학적 해석을 근저에 두고, '역사 인식의 왜?'라는 질문을 도입하고자 하는 것이 본서의 목적임을 이미 서두에서 밝혔었다. 그리고 이런 인간적인 질문이 출애굽기를 이해하는 데 도움을 준다는 사실도 발견하게 되었다.

미디안 광야는 시나이반도의 동남부 홍해 주변에 좌우로 넓게 펼쳐진 곳으로 마라와 신 광야와 르비딤과 시내 산이 있는 산악 지대를 넘어 동쪽으로 이동하면 만나게 되는 곳이다. 구체적으로, 모세는 고센의 라암셋→비돔→숙곳→신광야→시내 산맥→홍해 수에즈만→미디안 이런 경로를 거쳐 미디안에 갔을 가능성이 크다. 그리고 이 길은 출애굽 백성들도 거쳐 갔을 가능성이 있다. 어찌 보면 모세의 미디안 도피는 출애굽을 위한 사전 답사 성격을 띠게 되었다. 이 미디안에서 모세는 자신의 일생에 일찍이 경험하지 못한 낮아짐을 체험하였다. 애굽 왕궁의 왕자로 자라면서 낮은 자들의 생활을 보지도 경험하지도 못하였지만 쫓기는 자의 신분으로 단신 광야로 도피하였을 땐 어디로 어떻게 가야 할지 상상할 수 없었을 것이다. 하지만 보이지 않는 그 누군가의 손에 이끌려 미디안 광야 초원지대까지 이르게 되었다. 그리고 하나의 사건을 접하며 아내가 된 십보라와 그의 여동생들을 만나게 된다. 흔한 말로 인연 또는 운명적인 만남이 이루어지게 된 것이다. 양을 먹이러 온 미디안 족속의 제사장이자 지도자인 르우엘의 일곱 명 딸들이 우물가에서 남자 목자들로 인해 곤경에 처하였을 때, 그녀들을 도와 목자들을 쫓아내고 양에게 물을 무사히 먹이도록 도와주었다. 이

런 인연으로 모세는 르우엘(이드로) 집 식사 자리에 초대되었다. 아들이 없는 데다 범상치 않은 모세의 용모와 말투를 보고 르우엘은 큰딸 십보라를 주어 사위로 삼아 집에 머무르게 하였다. 살인자 낙인으로 바로가 죽이고자 하여 도망쳐 온 모세로서는 천군만마를 얻은 기분이었을지 모른다. 훌륭한 도피처를 얻었다. 여기까지는 하나님을 만나기 위한 준비도 아니고 그냥 인간적인 안식처를 얻은 초라한 중년의 모습일 뿐이다.

아들이 없던 이드로 장인 집에서 사위이자 아들이 되어 그의 양 떼를 치는 목자가 되어 하루하루 소임을 감당하고 있었다. 이 상황에서 모세의 입장으로 돌아가 본다면 그가 얼마나 답답한 처지였겠는가 하는 생각이 든다. 흔히 밥값이라도 해야 하는 처지에, 왕자로 자랐고 군주 수업을 받은 최고의 학식을 갖춘 그로서는 답답했을 것이다. 과거 가진 자로서의 자존감과 자신감은 오간 데 없고 양 떼나 쳐야 하는 자신이 자괴감 들었을 것이다. 양 떼를 몰고 들판에 나가면 양 떼를 풀어놓고, 깊은 침묵이나 상념에 사로잡혀 있는 일이 많았으리라 생각된다. 이러기를 한두 해도 아니고 무려 40년간 지속하였다. 수많은 시간 수많은 고민을 하는 동안 모세는 낮아지고 또 낮아지고 버리고 또 버려야만 했다. 과거의 영예, 애굽의 학식, 왕자 신분, 귀족 생활, 우월감과 자존감, 자신이 특별한 사람이라는 특권의식 등 모두 내려놓고 버려야만 하였다. 왜냐하면, 이 모든 것들은 양을 치는 목자에게는 아무짝에도 필요 없는 것이기 때문이다. 이를 버리는 데 40년이 걸렸지만 버림으로 비로소 보이는 자신의 정체성과 민족혼을 발견하는 계기가 되었다. 엄청난 자기 발견이었다. 혼자 고민하고, 깊은 심연의 바다에서 자신을 돌아보고 또 돌아볼 때 찾게 되는 존재감이었다. 이는 학교 교육에서도 배울 수 없는, 값으로 매길 수 없는 값진 경험이었다. 광야는 곧 심연의 바다, 상념의 학교였다.

이처럼 진리와 미래의 꿈을 깨닫고 찾는 데 40년이 걸렸다. 그리고 그 끝에서 하나님을 만났다. 이는 우리 인간이 하나님을 만나고 찾게 되는 하나의 공식과 같은 것이다. 하나님 앞에서 인간의 우월감이나 자존심은 접근 공식이 아니다. 성서에서는 미디안의 모세가 하나님을 만나게 된 사건이 하나님의 자의적 인도하심으로 이끄신 구원 스케줄의 일부로 파악되지만, 신중히 살피면 모세가 완전히 자신을 버렸을 때 하나님이 만나주셨다고 보는 것이 훨씬 자연스럽다. 그래야 하나님과 인간의 관계가 엄밀해진다. 사명도 가장 낮아진 인간에게 허락하는 신의 특별한 선택이라고 본다.

여행을 떠나면서 자신이 어디로 향하는지 모르는 사람은 없다. 우리는 보통 목적지를 선정하고 그곳으로 향하는 지름길을 찾는다. 그러나 대개의 영웅들은 남들이 가본 적이 없는 길을 선택한다. 지도에도 없고, 가본 사람도 없기에 조언도 들을 수 없다. 찰스 다윈, 헨리 포드, 아브라함 링컨, 알렉산더, 마리 퀴리, 라이트 형제, 모차르트 등 우리가 아는 대부분의 영웅들은 그들 스스로 내디딘 한 발짝 한 발짝이 새로운 길이 됐다. 아브라함, 모세, 예수, 무함마드도 마찬가지다. 이들의 공통점은 바로 '부정적 수용 능력'(negative capability)으로 설명되는 불안감, 초조함, 질시, 외로움, 경계성, 애매모호 함을 자신이 꿈꾸는 미래의 굳건한 발판으로 만들었다는 데 있다.[4]

'부정적 수용 능력'이란 영국 낭만주의 시인 존 키츠(John Keats)가 셰익스피어의 능력을 두고 표현한 용어이다. 혼돈을 있는 그대로 수용한다는 건 결국 낮아짐이라는 신학과 철학적 명제로 대언할 수 있는 표제다. 모세도 마찬가지다. 그의 심리와 상황으로 볼 때 '부정적 수용'을 적용시켜 볼 수 있다. 모세의 철학적 사고 '목적 없는 합목적성'을 지닌 형식에 비추어 본다면 가장 적합한 표현이라고 할 수 있다. 이 과정에 중요한 것은 '신과의 관계'이다. 자신이 얼마나 신 앞에 버틸 수 있는가 하는 인간의 어리석음은 끝없는 질문과 수용의 반복 속에서 자신을 버릴 때 얻게 되는 선물이기도 하다.

> 신비한 아름다움에 대한 감정은 다른 모든 생각을 극복하고 심지어는 제거해 버린다. 모세는 이 부정적 수용 능력의 화신이다.[5]

상당히 설득력 있는 관점이다. 하지만 모세에게는 '극복'보다 '포기'가 더 어울리는 표현이 아닐까 생각된다. 왜냐하면, 완전히 포기하게 되면 용기도 생기고 반문도 할 수 있기 때문이다. 그리하여 모세는 신에게 대들기도 하고 질문도 하게 되었다고 본다. 만남은 만남 있기 이전에 깊은 사연이 있기 마련이다. 모세처럼 깊은 사연을 간직한 인물도 드물다. 신화적 인물이었다. 이런 극적 인물은 찾기 힘들다. 그러므로 야훼 신과의 관계로

---

4   '부정적 수용 능력'이란 삶에서 흔히 마주하는 모순들을 기존 질서 안에서 쉽게 해결하려는 유혹을 뿌리치고 혼돈을 있는 그대로 자신의 삶의 일부로 가져가는 태도다. 배철현,『신의 위대한 질문』(서울: 21세기북스, 2016), 221-222.

5   위의 책, 222.

는 적합한 인물이었다. 성서는 이 모든 과정을 여호와의 계획 또는 부르심, 인도하심으로 서술하였다. "모세가 그의 장인 이드로의 양 떼를 치더니 그 떼를 광야 서쪽으로 인도하여 하나님의 산 호렙에 이르니" 분명 자동사를 사용하고 있다. 양 떼를 인도하고, 여호와의 산 호렙에 이르렀고, 사자를 보고, 질문하고, 영광을 보리라 한 성서의 기록은 여호와를 만나기 전 모든 서술이 주어 모세의 자동사로 처리되어 있다. 그러므로 여호와가 이끌었다기보다 모세가 갔다고 보는 편이 분명하다. 여기까지가 인간 모세의 세상살이였다. 이후에는 여호와께서 모세를 부르셨다. 민족의 지도자 모세, 영웅 모세의 출현이 시작되었다. 모세를 영웅으로 훈련시킨 장소는 광야 사막이다. 사막의 히브리어는 '미드바르'(midbar)이다. 이는 '바람으로 단단히 다져진 장소'라는 뜻도 있지만 '신의 말씀(다바르)이 있는 장소'라는 의미도 있다. 야훼 하나님의 말씀이 있는 장소에서 모세는 그의 현현과 그의 말씀을 듣는다.

첫 음성은 "모세야, 모세야"하는 부름이었다. 이름을 부른다는 것은 관심이다. 불특정인으로서 한 사람이 아니라 미리 작정하시고 그의 이름을 불렀다. 야훼 하나님의 첫 음성은 모세 이름을 부른 것이며, 모세의 첫 음성은 "내가 누구이기에 바로에게 가며 이스라엘 자손을 애굽에서 인도하여 내리이까"였다. 첫 소절은 "내가 누구이기에"란 자문형 질문이다. 신의 부름에 응하기 위해서는 자신이 누구인지 깨닫는 것이 첫째 필수요건이다. 이 진리는 너무나 중요하다. 신과의 관계는 자신이 누구인지를 알고 그 한계를 깨달을 때 설정되기 시작한다.

신은 그와 만나는 사람의 만남 동기에 따라 다른 모습을 드러냅니다. '관계'란 본디 그러합니다. 그것은 일방적이지 않습니다. 만남을 충동한 동기와 이에 대한 반응이 이어지면서 짓는 상황이 곧 만남이니까요. 이를테면 나는 내 병이 낫기를 종교학자의 이 말은 신과의 만남 특히 관계 설정의 중요한 단서를 제공한다. 모세는 스스로 여호와의 산이라 일컫는 호렙 산으로 갔고 거기서 신의 부름을 듣는다. 그리고 관계 맺기가 이루어졌다. 모세가 만난 신은 모세가 원했던 신일 수 있다는 암시를 준다. 성서 출애굽기가 모세에 의하여 써졌다면 더욱 그러하다. 말로만 듣던 그들 민족의 신 야훼 하나님을 만났고 그가 부른 목적을 듣는 형식이다. 그런데 이 목적은 모세가 왕자의 신분을 잃고 자신이 히브리 민족의 자손임을 알고 난 후, 또 동포를 힘들게 하는 어떤 애굽 사람(노동 감독관일 가능성이 큼)을 때려죽인 이후, 광야 사막으로 도망할 때부터 모세가 가진 삶의 동기와 일치하였는지도 모른다. 일치하였음에 틀림이 없다. 그리하여 야훼 하나님은 애굽의 신들과 다르며 바로를 능가하는 전능한 분으로 받아들여진 것이다. 그러므로 이 만남, 이 관계 맺기는 인간 모세와 야훼 하나님의 '동치'가 된 셈이다. 이후엔 신의 뜻에 따르는 순종만 남게 된다. 광야 사막에서 모세 삶의 방향은 그가 하나님을 만난 후에 신에게 제시한 질문에서 어느 정도 파악할 수 있다.

① 내가 누구이기에 바로에게 가며 이스라엘 자손을 애굽에서 인도하여 내리이까?

② 당신 이름을 무엇이라고 이스라엘 자손들에게 말하리이까?

③ 이스라엘 백성들이 나를 믿지 않고 여호와께서 내게 나타나지 않았다고 하면 내가 어떻게 해야 합니까?

---

6   정진홍, 『신 이야기』(서울: EBS Books, 2022), 83-84.

④ 나는 입이 뻣뻣하고 혀가 둔한데 바로 앞에 서서 여호와의 말씀을 어떻게 온전히 전할 수 있겠습니까?(출 3-4장)

첫째, "내가 누구이기에"란 질문은 이스라엘 민족의 하나님에게 자신이 지도자로 인정받고 자신의 존재를 명확히 하고자 하는 모세의 욕망에서 나온 질문이라 여겨진다. 모세는 비록 애굽 파라오의 후계자나 왕자의 신분은 잃었으나 이젠 애굽이 아닌 이스라엘 민족의 지도자로 인정받고 싶은 마음이 있었던 듯하다. 40년 동안의 깊은 상념의 시간이 새로운 일을 감당할 수도 있다는 의지를 지닌 것 같다. 단지 인정받는 것이 문제였다. 이를 야훼 하나님으로부터 인정받기를 은근히 바란 것이다. 더구나 질문의 상대는 하나님이시다. 자신을 알고 자기 이름을 불러준 신에게 자신만의 신으로 관계를 맺은 것이다. 온전히 자신의 이름을 불러준 야훼 하나님이 자신을 모를 리 없다. 하지만 "내가 누구이기에 이 일을 감당해야 하느냐"라고 되묻는 질문의 형식엔 자격 부여와 함께 특별한 힘을 요구하는 모세의 은근한 자존감이 드러나 있다고 볼 수 있다.

둘째, 여호와 하나님의 이름을 물은 것은, 자신을 인정한 분이 하나님이란 사실을 널리 알게 하기 위한 욕심도 있는 것으로 보인다. 이스라엘 백성들은 선대로부터 야훼 하나님 얘기는 많이 들었지만, 그분의 정확한 속성과 호칭을 알지 못하였다. 그러므로 조상의 하나님이 현재 나와 함께 하시고 우리와 함께하실 것이라는 사실을 설득하기 위하여 가장 적합한 하나님의 호칭을 알고 싶었으리라 여겨진다. 그리고 아직 야훼 하나님을 만신전의 신들처럼 보고 만질 수 있는 신으로 여겼기 때문에 한 질문이 아닌가 생각된다. 미처 하나님의 위대성을 깨닫지 못한 듯하다. 이때까지만 해도 하나님의 능력을 보기 전이었다. 하나님은 우선 자신의 이름을 혈통적 약속 가운데 주었던 일반적 호칭으로 가르쳐 주었다. 어쩌면 이는 이름보다 약속 보증이라는 조상을 들먹임으로써 자신의 속성을 먼저 드러내셨다. "아브라함의 하나님, 이삭의 하나님, 야곱의 하나님이라" 하심으로 신용 보험의 신뢰도를 강화하였다. 연후에 약속한 땅 가나안 이야기가 언급되고 "나는 스스로 있는 자"라는 독자적 이름을 가르쳐 주었다. 왜냐하면, 이스라엘 백성들의 기억 속 '조상의 하나님'으로서는 신뢰할 수 없다고 믿었기 때문이다. 조상 중 '야곱의 하나님' 그 아버지 '이삭의 하나님' 그 할아버지 '아브라함의 하나님'이셨지만, 현재 자신들은 애굽에서 종살이하고 있다는 현실을 받아들이기 어려웠기 때문이다. 그리하여 히브리 백성들에게 설득할 수 있는 이름을 가르쳐달라고 한 것이었다. 이는 모세의 신관(神觀)이기도 하다. 다시 말하면 모세는 아직도 야훼 하나님의 권능을 덜 신뢰하는 인간적인 면을 지니고 있음을 알 수 있다.

셋째, 이스라엘 백성이 나를 믿지 않으면 어떻게 합니까? 이 질문은 두 번째 질문의 연장선으로 볼 수 있다. 이미 애굽의 감독관을 때려죽이고 다음 날 동포의 싸움을 말리려 할 때 경험하였다. 아무리 자신이 애굽 왕궁에서 성장한 왕자의 행색을 가졌다 하여도 백성의 태도는 흔한 말로 "어쩌라고!"였다. 그때와 마찬가지로 이스라엘 백성들이 아무리 야훼 하나님을 만났다고 하여도 자신을 믿어주지 않으면 아무것도 할 수 없다는 것이 모세의 입장이었다. 그리하여 결국 보여 줄 수 있는 것은, 이적과 표징이었다. 이는 신약 시대 예수께서 "너희가 표적을 구하나 요나의 표적밖에는 보일 표적이 없느니라"(마 12:39)고 한 것처럼, 백성들은 아무리 유일신을 신앙한다고 하여도 눈에 보이는 표적, 표징을 보아야 믿는다는 사실을 알 수 있다. 모세도 이런 범주에서 결코, 벗어나지 않았다. 백성들을 핑계 댔지만, 이는 모세의 마음이었다. 그리하여 야훼 하나님은 모세의 지팡이를 뱀으로 변화시켰다 다시 지팡이로 돌아오게 하거나, 모세의 손을 나병으로 만들었다 다시 깨끗게 돌아오게 하는 이적을 보여 주었다. 이어 세심한 가르침이 다시 이어진다. 처음 표적의 표징은 몰라도 나중 표적의 표징은 믿을 것이라는 가르침이었다. 그래도 안 믿으면 나일강물을 떠서 땅에 부으면 피로 만들 것이라는 사실까지 언급하였다. 이런 사실은 질문을 통해 드러나는 이스라엘 백성들의 야훼 신에 대한 믿음 수준과 모세의 심리 상태를 보여 준다.

넷째, 나는 입이 뻣뻣하고 혀가 둔한데 어찌 바로 앞에서 하나님의 말씀을 전하겠습니까? 아무리 표적의 징표를 보고 여호와의 위대성을 확인하여도 이쯤 되면 모세도 문제 있는 사람이다. 아니 평범하기 그지없는 사람이다. 우리는 모세의 영웅성과 탄생 비화에 나타난 설화성에 주목하였다. 하지만 이 대목에서 보면 모세는 그저 한낱 목동에 지나지 않는다. 단지 그의 영웅성은 역사나 성서 속에서 출애굽을 하고 가나안에 입성하여 하나님의 나라를 세우기 전까지 민족을 이끌었던 그 모세를 떠올리기 때문에 나타난 현상이다.

또 하나 영화를 통하여 본 스펙터클 하고 장엄한 가운데 홍해를 내려치고 바위를 내려치고 바로와 맞서는 배우의 멋진 모습을 보아 그것이 전부인 것으로 믿고 싶어 하는 데서 오는 착각으로 생긴 오류일 수 있다. 모세는 그냥 모세였다. 평범하고 의심하고, 잘 믿지 못하고 마음과 여린 불뚝 성격을 지닌 중년 사내였을 뿐이다. 이렇게 생각한다면 모세의 질문이 오히려 설득된다. 얼마나 무서웠을까? 더구나 살인자 범죄자란 낙인이 찍혀 있는 처지라면 더욱 그러하다. 뿐만 아니라 바로의 정적이었기에 바로는 어쨌든 모세를 죽이고 싶어 할 것이 자명하다. 그러므로 모세는 이를 알고 있었고 바로에게 카리스마 있게 맞서며 신분도 보장받길 원했을 것이다. 그 방어기제가 표적과 표징이었다. 모세는 이를 장착하여도 자신의 말주변을 핑계 삼으며 바로 앞에 서는 것을 주저하였다. 그리고 하나님은 모세의 친형을 언급하며 함께 할 것이라고 가르쳐 주었다. 이 부분은 대변인을 요구하는 것 같은 모양이지만 분명 모세는 겁이 많았음을 표출한 것이다.

하나님→모세→아론→바로로 이어지는 소통 라인은 일견 불합리해 보인다. 왜냐하면, 하나님이 바로에게 직접 말씀하시거나 표징과 이적을 직접 보여 줄 수 있는 것 아닌가 하는 생각이 들기 때문이다. 하나님은 이미 바로의 마음까지 주장하고 그의 마음을 완악하게 하실 수 있었기에 모세의 이 네 번째 질문은 누군가 자기편이 한 사람 있어 주기를 바란 여린 마음에서 나온 일종의 푸념처럼 들린다. 죽음을 불사하고 바로 앞에 선다고 하여도 동행자가 있으면 훨씬 든든할 수 있는 것이 인간의 심리이다. 성서에는 하나님이 모세의 네 번째 질문에 대한 답으로 아론을 붙여주시며 다음과 같이 언급하셨다.

> 내가 네 입과 그의 입이 함께 있어서 너희들이 행할 일을 가르치리라. 그가 너를 대신하여 백성에게 말할 것이니 그는 네 입을 대신할 것이요 너는 그에게 하나님같이 되리라 너는 이 지팡이를 손에 잡고 이것으로 이적을 행할지니라(출 4:15-17).

특별히 주목할 말은 "네 입과 그의 입이 함께 있어"라는 말과 "너는 그에게 하나님같이 되리라"는 두 문장이다. 야훼 하나님의 엄청난 권능을 경험한 상태에서 든든한 권능의 지팡이를 통해 하나님이 함께 계심을 인식시켜 (하나님-모세-아론) 원 팀(One-Team) 임을 주지시키고 있다. 이로써 하나님이 인간의 역사 속에 내주 하실 때 존재적 기재와 팀 사역이 가능하게 하신다는 것을 알 수 있다. 그리고 모세는 미디안 광야 40년 생활을 통하여 자신을 비우기도 하였지만, 당당함과 자신감도 많이 잃은 듯해 보인다.

(3) 광야 행진기

제3단계는 광야 행진기다. 드디어 바로 앞에 선 모세와 바로의 대면, 하나님과 바로를 비롯한 술사들과의 대결, 열 가지 재앙과 유월절의 시작, 출애굽의 장정 시작, 그리고 십계명을 받기 전까지의 행진 과정을 1차 행진기로 보고 있다. 모세가 바로 앞에 서기 위하여 장인 이드로 집에서 가족을 데리고 떠나기 전에 한 말은 의외성을 지닌다. 행진기의 특성을 몇 개의 주제로 나눠볼까 한다.

모세의 형제?

이드로 집을 떠나기 전 모세는 말한다. "내가 애굽에 있는 내 형제들에게로 돌아가서 그들이 아직 살아있는지 알아보려 하오니 나로 가게 하소서"라고 성서는 기록하고 있다. 여기서 모세가 언급한 '내 형제들'은 누구를 가리키는 것일까? 그냥 단순히 생각하면 히브리 백성들을 가리킨다고 생각할 수 있다. 이는 바로 앞 문장에서 "아론이 너를 대신하여 백성들에게 말할 것이니"라고 하였기 때문이다. 그러면 형제들이란 히브리 백성들을 말함이라고 할 수 있다. 그런데 그 백성들이 40년을 지나는 동안에 누가 살아있는지 아니면 누가 죽었는지를 알고 싶은 마음이 모세에게 있었을까? 아니면 단순히 모세의 혈육을 가리킨다고 할 수 있는데 자신이 미디안으로 도피할 때 애굽에 남아있었던 형제가 아론을 제외하고 또 있었는지 성서의 다른 어떤 곳에도 기록되어 있지는 않다. 민수기에는 "아므람의 아내 이름은 요게벳인데, 레위가 이집트에서 얻은 딸이다. 이 요게벳이 아므람에게 아론과 모세 그리고 딸 미리암을 낳아 주었다"(민 26:59)라고 기록하여 모세의 형 아론과 누이 미리암 밖에 없음을 알 수 있다. 그러면 모세의 혈육은 아닐 가능성이 크다.

다음, 성서 기록에 의하면 미디안 광야로 도피하기 전에 모세가 히브리 백성들과 관계한 사람은 다툼이 일어났을 때 "누가 너를 우리의 재판관으로 세웠느냐?"라고 퉁명스럽게 응대를 한 청년뿐이었다. 그는 모세가 애굽 감독관을 때려죽일 때 옆에서 지켜본 살인사건의 목격자이기도 하였다. 그러면 살인사건의 목격자들을 가리키는 것일까? 이것도 성서 전체의 흐름을 볼 때 설득력이 떨어진다. 그러면 사건 이후 40년 동안 모세가 이전 살인사건의 범인으로 두려움 속에 살아왔고 야훼 하나님과의 대화에서, 바로에게 '갈 수 없다거나 스스로 내가 누구이기에?'라고 소극적으로 반응한 것이며, 입이 둔하다고 발뺌한 이유가 이 사실 때문인 것이 확실해진 셈이다. 이는 순전히 40년 전 살인사건 피의자로서 두려움 속에 있었다는 사실을 방증하는 것이라고 할 수 있다. 만약 그랬다면 분명 하나님은 이 문제를 다루고 넘어갔을 것이고 모세를 이 두려움에서 벗어나게 하셨을 것이다. 그러고 나서 사명을 부여하는 것이 순서로서 합당하다. 그런데 일절 하나님은 그 사건은 언급하지 않으셨다. 당시 문제 될 것 없는 상황이었음을 말해준다.

그렇다면 '내 형제들'은 누구인가? 히브리 백성들도 살인사건 목격자도 아니면 이제 바로 왕궁의 왕과 왕자들이 남는다. 이들은 과거 궁에서 같은 왕자 신분으로 형제였고 왕위 계승 경쟁자였으며 때론 친구들이었다. 성서 내용 가운데 "요셉을 알지 못하는 왕"의 등장이나, 왕자의 신분으로 성장한 모세 이야기가 신화적 서사로 기록되어 있기에 흐름상 형제들은 왕과 왕자들의 생존 여부를 두고 언급한 듯하다. 그리고 모세와 가족이 미디안을 떠난 직후 "여호와께서 미디안에서 모세에게 이르시되 애굽으로 돌아가라 네 목숨을 노리던 자가 다 죽었느니라"고 안심시키는 대목이 등장하는 것으로 보아 세 번째 생각이 주효했다고 본다.

피 남편?

애굽으로 돌아가는 중도의 숙소에서 여호와가 모세를 죽이려 했던 사건은 이미 앞 장에서 다루었다. 바로가 완악한 마음으로 여호와의 백성들을 놓아주지 않을 때 최후의 수단으로 여호와께서 바로의 아들 장자를 죽일 것을, 전하게 하라고 지시하신다. 이는 앞 절에서 "이스라엘은 내 아들, 내 장자라 아들을 보내어 나를 섬기게 하라 하여도 보내주기를 거절하니"가 장자 죽음을 선포한 이유가 된다.

이어서 갑자기 광야숙소에서 모세를 죽이려 했던 것은, 여호와의 장자 죽임 선포가 일단 예외 없음을 공지한 것이다. 하지만 여호와의 의도는 이스라엘은 자기의 장자이기에 죽일 수가 없었으므로 피를 바름으로 구원 받을 수 있음을 이스라엘인들의 전통인 할례의식으로 대유 하여 특정하였다. 그러나 아내 십보라 돌칼로 자신의 장남 게르솜의 포피를 잘라 그 피와 함께 남편의 발아래 두며 "당신은 참으로 내게 '피 남편'이로다"라고 하니 여호와께서 모세를 놓아주셨다. 여기서 '피 남편'은 분명 할례 때문이었다고 기술하고 있다. 그러므로 할례는 피의 희생을 상징하는 것이기도 하다. 십보라의 입장에서 '피 남편'이라고 지칭한 것은 하나님 앞에 남편은 언약 백성의 표상이며 아브라함과 이삭의 관계 즉 '모리아 산의 제물 사건'의 순종을 상징적으로 반영한 행동이라 생각된다. 이를 미디안 여인이었던 십보라를 통하여 고백케 한 것은 하나님 백성의 울타리 속에 이방인도 포함되어 있음을 대변하며 이스라엘 지도자의 현명한 아내이자 어머니의 표상을 보여 준 것으로 해석할 수 있다.

또한, 모세와 십보라는 혼인 관계가 아니라면 남이다. 아브라함의 뿌리이기는 하지만 같은 민족도 아니며 같은 신을 섬기지도 않는다. 하지만 두 사람은 부부이고 게르솜과 엘리에셀의 부모이다. 그런데 애굽으로 가는 도중 하나님이 갑자기 모세를 죽이려 하였고 십보라는 기지로 남편을 살렸다. '피남편' 이는 분명 상징적 메시지다. 히브리 원어의 '할례의 피 남편'이라 함은 하나님의 백성 됨과 사망에서 생명으로 인도하신다는 약속 백성 됨을 예증하는 징표를 보인 행동으로 해석할 수 있다. 하나님이 지금 막 부르신 대리인 모세를 죽이려 한 것이라기보다 아브라함 언약 백성의 표를 재현한 것이라고 볼 수 있다.

여호와의 언약

모세와 아론은 바로에게 가서 여호와께서 모세에게 일러 준 대로 아론의 입을 통하여 "내 백성을 보내라"고 전하였다. 그리고 명분은 "백성이 광야에 나가서 절기를 지킬 수 있도록"이었다. 절기의 의미는 앞 장에서 상세히 서술하였다. 하지만 바로는 모세와 아론의 요구에 대해 "노역을 쉬고자 하여 핑계를 대는 것"으로 생각하였다. 처음부터 난관에 부딪힌 것이다. 그리고 더 학대를 당하였다. 문제가 있을 때마다 모세는 여호와께 돌아와 대화를 나누고 하소연한다. 언제나 함께하심을 확인하는 순간이다. 광야 행진은 여호와 하나님이 정하신 시간에, 정하신 과정을 거친 후 정하신 방법대로 이루어진다는 것을 보여 준다. 분명한 것은 '백성의 신음 소리 들음=여호와의 언약 기억'이라는 하나의 등식이 성립된다는 사실이다. 해결책 제시 이전에 '언약'을 언급하셨다는 사실은 이미 오래전에 구원 계획을 준비하고 계셨음을 설명하신 것이다. 야훼 하나님의 약속은 인간의 약속과 다르다. 인간은 약속을 어길 때도 있고 약속을 취소할 때도 있다. 하지만 신의 약속은 '반드시'를 보장한다. 이 보장이 깨진다면 신으로 존숭의 대상이 될 수 없다. 여호와 하나님도 마찬가지다. 오래전 아브라함과 이삭과 야곱에게 한 (언약) 약속은 다음과 같다.

애굽인의 손에서 하나님의 백성을 건져내고 그들을 땅에서 인도하여 아름
답고 광대한 땅, 젖과 꿀이 흐르는 땅 곧 가나안 족속, 헷 족속, 아모리 족속,
브리스 족속, 히위 족속, 여부스 족속의 지방에 데려가려 하노라(출 3:8).

하나님의 약속은 크게 두 가지로 분석할 수 있다.

하나는 하나님의 백성을 애굽인의 손에서 건져내시겠다는 것이고,
또 하나는 젖과 꿀이 흐르는 땅 가나인으로 데려가겠다는 것이었다.

결국, 나라와 백성이 한 장소에 모이게 되고 이들을 중심으로 하나님의
나라를 세우겠다는 계획이 야훼 하나님의 약속이었다. 그러면 이스라엘
백성보다 먼저 그곳에 거주해 온 여섯 개 원주민들은 동화되어 함께 살든
지 아니면 이스라엘 민족이 그랬던 것처럼 피지배 백성으로 살거나, 가나
안에서 쫓겨나야만 하였다. 이는 또 다른 민족사의 문제이기도 하다. 하지
만 어떤 모습으로든 여호와 신은 이를 이루고자 하였고 그 과정의 한 사
건이 출애굽 사건이었다.

출애굽을 준비하기 전 하나님은 요셉 이후의 이스라엘 자손들에게 "생
육하고 불어나 번성하고 매우 강하여 온 땅에 가득하게 되는"(출 1:7) 축
복을 내려주셨다. 그런데 이 축복은 이미 창세기에서 최초의 인류인 아담
과 하와에게 주신 축복과 동일하다(창 1:28). 창세기에서 처음 에덴은 인
간의 불순종과 교만으로 실패하였다. 이 축복을 출애굽 직전의 이스라엘
백성에게 동일하게 내려주신 이유는 야훼 하나님이 '제2의 에덴', 즉 하나
님의 나라를 가나안에 세우시겠다는 의도를 갖고 계심 때문이었다. 또 출
애굽 백성뿐 아니라, 온 인류가 불순종과 교만을 버리고 하나님의 백성으
로 돌아오며 그를 인정해야 한다는 사실을 공표했다고 볼 수 있다. 이 약

속을 여호와께서는 출애굽 전 과정을 통하여 모세에게 수없이 반복하여 각인시키고 있다. 구약을 통해 야훼 하나님을 이해하는 것은, 인류에게 축복을 약속하셨고 현재도 약속을 확인하시고 미래도 약속을 지키실 하나님을 깨닫게 하는 것이라는 사실을 알게 된다.

모세의 지팡이, 아론의 지팡이

나는 여호와라 내가 네게 이르는 바를 너는 애굽 왕 바로에게 다 말하라(출 6:29).

야훼 하나님이 모세를 불러 표징과 이적을 보이며 사명을 주었던 첫 명령이 이 부분이었다. "바로에게 다 말하라"고 한 내용은, 노예 생활로 고통과 신음 속에 있는 이스라엘 백성들을 속박에서 인도하여 출애굽 하게 해 달라는 것이었다. 그리하여 모세는 열 가지 재앙을 통하여 바로에게 압박을 가하게 되었다. 하나님이 애굽의 현자, 마술사, 요술사와 다른 점, 특별히 신의 권능을 확인시킨 대목은 모세가 든 지팡이와 아론이 든 지팡이를 통하여 큰 권능으로 역사하신 점이다. 바로 앞에서 아론이 던진 지팡이가 뱀이 되었다. 그런데 그것쯤이야 하는 식으로 바로도 애굽 요술사를 부르니 요술사도 지팡이를 던져 뱀으로 만들었다. 하지만 야훼 신의 권능을 인간의 요술 따위에 비교할 수 있겠는가. 아론의 지팡이가 변한 뱀은 요술사들이 만든 뱀을 삼켜버렸다. 정상적인 인간이라면 이 하나의 현상만 보고도 손을 들어야 마땅하다. 인간의 능력, 인간이 만든 신은 바로를 비롯하여 아무리 힘이 있는 척하여도 여호와의 권능에 무력할 수밖에 없음을 알아야 한다. 인간의 무지와 한계를 가르쳐 준 사건이 열 가지 재앙을 통한 대결 상황이었다.

끊임없이 요구하는 "여호와 하나님께 드릴 제사"는 곧 예배이자 자유를 의미한다. 애굽에서 육체적 노동의 굴레에 매몰된 이스라엘 백성들은 거주 이전의 자유와 종교의 자유마저 박탈된 상태였다. 야훼 하나님과의 관계와 약속이라면 당연히 종교의 자유를 얻고 신에게 예배하는 인간의 겸손을 보여 주는 것이 최우선 과제이자 목표가 되어야 한다. 이를 얻기 위한 준비가 열 가지 재앙이라는 미션(mission)으로 언급되었다. 이 과정에서 유월절과 무교절이 탄생하게 되었다. 그러므로 예배와 절기는 하나님 나라를 세우는데 필요한 인간의 기본 자격이며 필수요건임을 알게 된다.

모세의 지팡이와 아론의 지팡이는 '여호와 하나님이 항상 그들과 함께하고 계심'을 인식시키는 상징물로 사용되고 있다. 그런데 지팡이의 용도가 조금 다르다. 바로와의 대결에서는 아론의 지팡이를 사용하였고 광야를 행진하며 백성을 인도할 때는 모세의 지팡이를 사용하여 하나님의 권능을 사용하고 계신다. 이는 일종의 '존재의 대유'인 셈이다. 신은 세상 가운데 특히 출애굽 당시 모세와 그의 백성 가운데 계시지 않는 곳, 계시지 않는 때가 없으며 내내 함께하셨다고 성서에 기록되어 있다. 이는 '존재에 대한 믿음'이다. 그리고 그 '존재에 대한 믿음'은 모세와 아론의 지팡이로 '존재의 대유'(對喩)를 표하셨다. 그리고 광야 행진 가운데서는 하나님과의 '동행' 의미로 '구름 기둥과 불기둥'을 상징적으로 보여 주고 있다. "여호와께서 그들 앞서가시며" "백성 앞에서 떠나지 아니하니라"(출 13:21-22)라고 출애굽기 기자는 기술하고 있다. 출애굽기가 하나의 민족 국가 성립의 과정을 보여 주었고, 출애굽기가 약 700년 뒤 이스라엘 민족의 바벨론 포로 생활기 이스라엘 백성에게 용기와 희망을 주기 위해 문서화되었다는 사실은 이를 뒷받침한다.[7] 한마디로 하나님의 '존재'와 '동행'이다.

---

7 바벨론 포로 시기에 이스라엘 민족혼을 일깨우기 위하여 당대의 최고 지식인 그룹이

바닷가에 장막을 치다.

출애굽한 이스라엘 백성들이 광야 행진 중에 가장 극적으로 여호와 하나님을 인식하게 된 사건으로 기자는 '홍해의 도해'를 기술하고 있다. 애굽의 고센 땅에서 가나안은 그렇게 먼 거리가 아니다. 하지만 하나님은 가장 가까운 직선거리의 해안 길로 인도하지 않았다. 모세로 하여 시내 광야를 돌아가게 하는 장거리 코스를 택하게 하였다. 모세가 이끄는 대로 따르는 백성들이었지만 백성의 눈엔 여호와의 현현이 구름 기둥 불기둥과 함께 있어 신비롭게 인도하는 것으로 보였다. 믿음의 눈으로 보아야 보이는 자연 현상이다. 하지만 출애굽 기자는 하나님이 이스라엘 백성을 광야 길로 인도하신 이유를 다음과 같이 기술하였다.

블레셋 사람의 땅은 길이 가까울지라도 하나님이 그들을 그 길로 인도하지 아니하셨으니 이는 하나님이 말씀하시기를 이 백성이 전쟁을 하게 되면 마음을 돌이켜 애굽으로 돌아갈까 하셨음이라(출 13:17).

바로의 추적이 두려워, 전쟁을 하게 되면 광야에서 죽을 터이고 그럴 바에야 차라리 애굽으로 돌아가 다시 노예 생활을 하는 것이 낫겠다고 생각할까 봐 광야 길로 돌아가게 하였다는 취지다. 이는 연단과 훈련이라는 주제와 상당히 거리감이 있다. 백성이 생각하는 출애굽과 하나님이 생각하는 출애굽의 목적이 서로 상이했음을 시사한다. 히브리 백성들이 노예 노동에서의 해방과 자유를 목적으로 하였다면, 하나님께서는 인류애와 하나님 나라=제2의 에덴을 건설하고자 하는 것이 목적이었다. 그러므로

었던 선지자나 학사에 의해서 구전되던 민족 구원의 신화적 이야기를 신의 영감에 의해 책으로 썼다는 학자들의 견해가 많다(필자 주).

이스라엘 백성들이 훈련되기를 원하셨고 세속적 인간의 때를 씻기를 원하셨다. 그리하여 광야는 훈련 장소였고 속세의 때를 씻는 장소였다.

광야 행진에서는 여러 가지 다양한 시험이 출애굽 백성들을 가로막았다. 그리고 이 시험을 헤쳐나갈 때마다 하나님을 기억하게 하셨다. 그 첫 번째 시험이 애굽 군대의 추격과 홍해 바다였다. 그리고 홍해를 하나님이 함께하시는 모세의 지팡이를 통하여 갈라지게 만들어 히브리 백성들은 전부 걸어서 건너가게 하시고, 애굽의 군사들은 병마와 함께 수장되게 하셨다. 하지만 히브리 백성들은 출발한 이후부터 불만과 불안을 표출하였다. 사실상 본격적 이동이 시작된 것이다. 그리고 제일 먼저 당면한 문제가 홍해를 건너가는 일이었다. 하나의 대서사시로 출애굽기를 쓴다면 이 장면은 엄청난 스케일의 하이라이트에 해당한다고 할 수 있다.

성서에는 여러 지명이 등장하기 시작한다. "이스라엘 자손이 라암셋을 떠나서 숙곳에 이르니"(출 12:37), "숙곳을 떠나 광야 끝 에담에 장막을 치니"(출 13:20), 두 부분의 기록으로 라암셋, 숙곳, 에담 세 군데 지명이 검증되면 좋겠지만 사실 현재까지 명확하지 않다. 앞서 이스라엘 백성들이 노예 생활을 하며 국고성 비돔과 라암셋을 지었다고 성서에 기록되어 있다(출 1:11). 그러면 라암셋은 그들의 거주지에서 멀지 않은 곳이라는 것을 알 수 있다.[8] 약 200만 명의 엄청난 백성들이 거주지 고센의 라암셋을 떠나서 최초로 거친 마을이 숙곳인 듯하다. 그들이 나일강 동쪽에 살았으므로 나일과 홍해의 수에즈만 사이 지명일 것이고 현재의 수도 카이로에서 그렇게 멀지 않은 곳이라는 사실을 짐작할 수 있게 한다. 그리고 숙곳은 라암셋에서 하룻길 정도의 거리라는 것을 알 수 있다. 왜냐하면, 수많

---

8 여러 다양한 주석가들이 라암셋의 위치를 추정하고 있으며 고센 땅에 속한 도기라고 하여 심지어 여행 답사 프로그램 속에 넣어두고 있지만, 그것 역시 추정일 뿐이다. 고대 이집트 기록에서도 정확하게 찾을 수 없다.

은 백성이 일단 숙영을 해야 했기 때문이다.

> 블레셋 사람의 땅의 길은 가까울지라도 하나님이 그들을 그 길로 인도하지 아니하셨으니 이는 하나님이 말씀하시기를 이 백성이 전쟁을 하게 되면 마음을 돌이켜 애굽으로 돌아갈까 하셨음이라(출 13:17).

그런데 성서에는 백성들이 다시 돌아가자 할까 하여 여호와 신이 '광야 길'로 인도했다고 하니 처음엔 해안 가장 빠른 길을 택했을 것이리라는 추리가 가능하다. 모세는 우선 최대한 바로의 영향력에서 벗어나길 원했을 것이고 이는 상식 중의 상식이었다. 따라서 라암셋을 떠나 동북쪽이 아니라 동남쪽으로 향하였다. 그리고 제일 먼저 도착한 곳이 숙곳이었다. 숙곳은 현재 투밀랏 강변에 있는 텔 알-마스후타(Tell al-Mas khuta)라는 지역에 해당되며 비돔에서 약간 동쪽으로 떨어진 곳에 위치하고 있다. 이후 에담에 장막을 쳤다는데 에담의 정확한 위치에 대해서도 논란이 있다. 지리적으로 보면 '팀사 호수'의 서안일 가능성이 크다. 그런데 거기서 갑자기 여호와가 모세에게 명하여 "이스라엘 자손에게 명령하여 돌이켜 바다와 믹돌 사이의 비하히롯 앞 곧 바알스본 맞은편 바닷가에 장막을 치게 하라"(출 14:2)고 했다. 다시 말해서 갔던 길을 되돌아오게 한 것이다.[9] 라암셋 거주지에서 처음 홍해 쪽이 아닌 지중해 쪽으로 방향을 잡았다고 본다. 그러면 처음엔 'ㄱ' 자 모양이나 'ㅅ' 자 모양의 행진이었음을 알 수 있다. 일단 숙곳은 나일강 하류 지역이고 에담은 홍해 가까운 넓은 모래가 펼쳐진 광야 즉 모래 평원일 가능성이 크다. 하루라도 물이 없으면 견딜 수 없는 것이 인간인지라 성서에도 여기까지 물 타박이 없는 것으로 보아

---

9   김호동, 위의 책, 106.

주변에 물을 얻을 수 있는 곳이 있었을 것이라는 추정도 가능하다. 어쩌면 여기까지가 본격적인 이동의 준비라고 해도 과언이 아니다. 그런데 홍해 가까운 곳이지만 해안 수에즈만 쪽은 아닌 듯하다. 왜냐하면, 홍해 수에즈만은 바다라서 마실 물은 얻지 못하는 곳이기 때문이다.

> 여호와께서 모세에게 말씀하여 이르시되 이스라엘 자손에게 명령하여 돌이켜 바다와 믹돌 사이의 비하히롯 앞 곧 바알스본 맞은편 바닷가에 장막을 치게 하라 바로가 이스라엘 자손에 대하여 말하기를 그들이 그 땅에서 멀리 떠나 광야에 갇힌 바 되었다 하리라(출 14:1-3).

이 장면은 출애굽 당시의 상황과 지리적 위치를 어느 정도 가늠할 수 있는 성서 내용이다. 성서 기자는 분명히 지명을 표시 기록하였다. 그런데 이집트의 고대 기록에 등장하는 지명도 있고 전혀 기록에 등장하지 않는 지명도 나온다. 먼저 바다와 믹돌 사이 '비하히롯'이라고 하였는데 '믹돌'은 히브리어로 높은 곳 '망루'[10] 혹은 '탑'이란 의미를 지니고 있다. 영토의 경계 지역에 설치한 망루라면 그 옛날에도 수비 초소나 경비초소 같은 지역이 아닌가 생각된다. 이런 유사한 유적들이 수에즈 북쪽 24㎞ 지점에 있는 아부-하산에서 발굴되었다.[11]

한편 '비하히롯'은 히브리어로 '골짜기 입구'란 뜻을 지니고 있다. 그러면 성서의 기록과 관련하여 바다 근처 산으로 연결되는 국경 경계초소가 보이는 골짜기 입구에 장막을 쳤다는 내용이다. 여기서 바다는 홍해로 이

---

10 망루는 군사적 목적으로 만드는 경우가 대부분이다. 우리나라도 서울 근교 아차산과 용마산 정상 부근에 '보루'라고 하여 삼국시대부터 적을 관찰하고 경비하는 목적으로 15-6개를 두었다. 1개 소대 병력 정도가 주둔하는 망루를 많이 설치해 두고 있었다.

11 Werner Keller, 『The Bible as History』, 조원영, 장병조 역, 중앙북스, 2010, 226.

어지는 수에즈만을 말하며, 바다와 산 또는 산맥으로 이어지는 넓은 평원과 골짜기에 진을 쳤다는 사실을 알 수 있다. 이는 어찌 보면 전략적으로 좋은 위치는 못 된다. 자칫 '전해후산'(前海後山) 또는 '배산임수'(背山臨水)의 위치로 구덩이에 들었거나 배수진을 치듯 절체절명의 위기에 죽기를 각오하고 최후의 보루로 진을 치는 거 같은 지형에 장막을 친 것이다. 그러므로 출애굽기 기자도 오죽하면 바로가 "그들은 광야에 갇힌 바 되었다" 생각할 것이라 기록했을까? 앞서 "그러므로 하나님이 홍해의 광야 길로 돌려"(13:18)라고 한 대로 바닷길 코스에서 광야 길로 변경하여 나일강 하류 동편에서 시내 반도의 남쪽 해안을 타고 광야로 내려가다 산맥 부근 바다와 산 사이에 장막을 친 게 분명하다. 수많은 백성을 이끌고 60만의 장정 외 부녀자와 노인, 어린이가 더 많았던 200만 명 이상의 히브리 민족이 숙영을 하기 위해서는 안온하면서도 물을 구할 수 있는 넓은 평원이 필요했을 것이다.[12] 이런 곳이어야 은폐하기 좋으며 그늘이 있고, 통제가 가능하다고 본다. 반면 추격하는 입장에서는 히브리인들의 진행 속도가 느리기에 바로 추격 군대는 기동력으로 공격하기 유리하다고 생각할 수 있다.

한편 바로의 마음까지 주장하시는 여호와 하나님은 바로와 그의 군대로 하여 추격하게 만들어, 어떤 계획하에[13] "애굽 사람들이 나를 여호와

---

[12] 출애굽 백성이 20만 명이라면 이들이 숙영할 위치도 마땅치 않다. 골짜기라면 더욱 협소하고 위험하다. 반면 해안 길이라면 숨을만한 장소가 못되고 오픈된 곳이라 노출될 위험이 상존했을 것이다. 여기서도 다시 한번 출애굽의 인구수에 대한 고증이 문제 되기도 한다. 이는 앞 장에서 다루었기에 재차 언급을 자제한다.

[13] 성서에는 일관적으로 "여호와가 바로의 마음을 완악하게 하사"라는 표현을 사용하고 있다. 열 가지 재난과 출애굽 과정, 이어서 홍해를 건넌 사건과 바로의 추적 군대가 수장 몰살당할 때까지 상황 상황마다 여호와가 주도권을 쥐고 바로의 마음까지 관여하여 자신의 힘과 권능을 보여 주려 하고 있다. 전적으로 신앙과 야훼 하나님에 대한 믿음의 눈을 가지게 하기 위한 성서 기록이다. 다시 언급하지만, 본서는 이를 부인하고자 하는 것이 아니라 이 신앙을 공고히 하기 위해선 어느 정도 역사적 이해와 질문이 필요하다고 생각하고 있다(필자 주).

인 줄 알게 하리라"(14:4)는 플랜을 짜 두었다고 성서는 기록하고 있다. 하나님으로선 자기 백성인 이스라엘 민족에게만 "자기 백성인 줄 알게 하고 싶었던" 게 아니라 이방인이고 이스라엘 백성을 종으로 부렸던 애굽 사람들까지 권능의 신 하나님을 여호와인 줄 알게 하겠다는 계획을 지니고 계셨다. 매우 중요한 성서 구절이다. 즉 보편적 하나님, 세상 모든 신보다 위대하고 능력이 많으신 '신 중의 신'이란 사실을 알게 하신다는 내용이다.

시나이반도(시내반도) 지형 이해

출애굽 백성의 정확한 이동 경로를 오늘날의 지명과 위치로 검증하기는 쉽지 않다. 워낙 많은 시간의 간격과 역사의 부침, 자연환경의 변화 등으로 훼파되거나 훼손, 또는 매몰된 유적이 많기 때문이다. 하지만 지금도 그대로 불리고 있으며 이스라엘과 이집트 사이의 분쟁 지역이기도 했던 시나이반도를 좀 더 구체적으로 살펴볼 필요가 있다. 시나이반도는 이집트 쪽의 아프리카와 가나안의 이스라엘, 소아시아를 넘어 유럽으로 들어가는 가교역할을 하는 지역이다. 시나이반도의 북쪽에는 수르(술, 에담) 광야가 있고 남서쪽에는 신 광야가 있다. 전체적인 표고는 남쪽 홍해 쪽은 높고 북쪽 지중해 쪽은 낮은 '남고 북저'의 역삼각형 모양의 지형을 이루고 있다. 면적은 60만 1,400㎢이며 맑은 날이 연평균 70%에 이르는 고온 건조한 지형이다. 지중해에 연한 북부 해안지대는 32㎞에 걸친 모래톱 평야가 있으며 약간의 농업도 가능하다. 중부지대는 고도가 높아지면서 사암과 석회암으로 이루어진 고위 평탄면 고원지대가 나타난다. 남부는 화강암으로 이루어진 험한 산악 지대로 이루어져 있으며 출애굽 당시에도 광산이 개발되어 금은, 터키석, 대리석, 구리 광산 등이 생산되어 이집트 왕실의 감독관이 파견되기도 하였다. 광산 지대에 있는 '하토르'(Hathor)라는 신전에는 오늘날까지 바로와 관련된 유물도 남아있다. 시

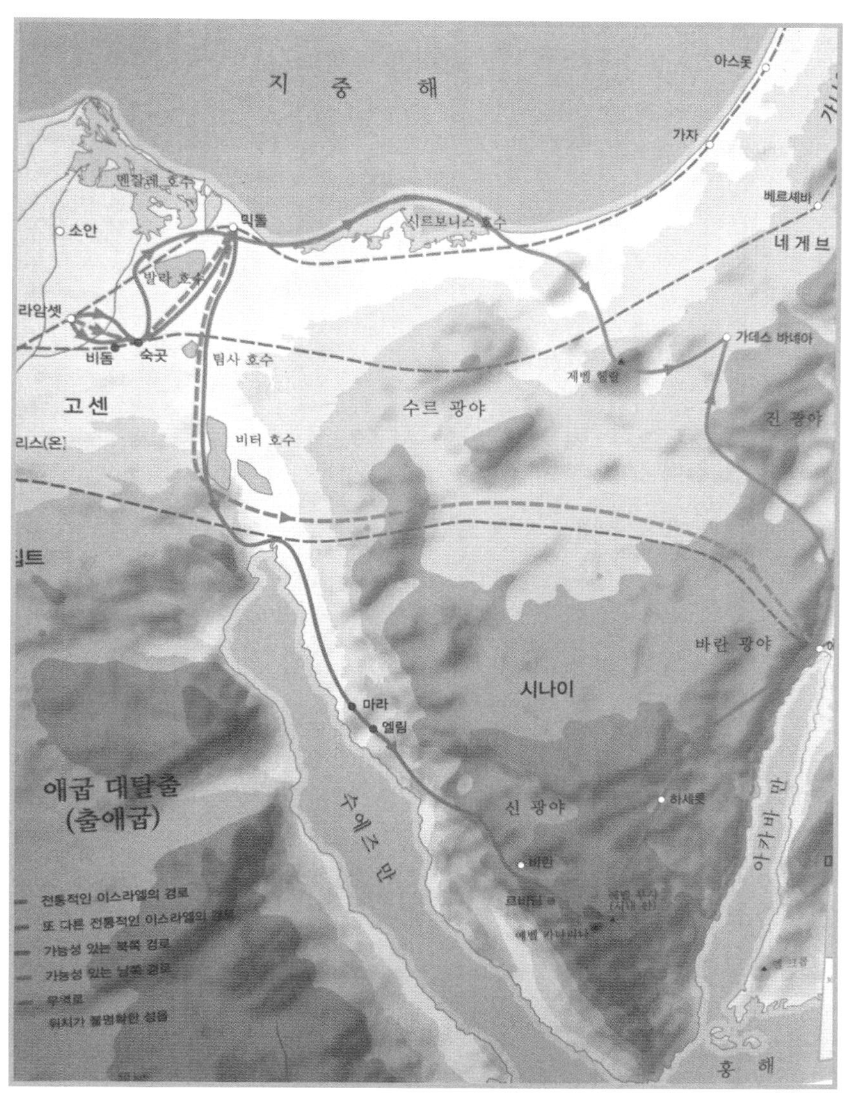

나이반도에는 고대로부터 이집트 삼각주에서 소아시아에 이르는 4개의 길이 있어 무역과 군사 도로로 활용되어 왔다.

첫째, 해변 길이다.

나일강의 동쪽, 반도의 북서쪽으로부터 지중해를 왼편으로 바라보는 해안을 따라 가나안 가사까지 들어가는 길을 말한다. 가나안으로 들어가는 가장 빠른 길이며 수월한 길로써 지중해 바다로 나가 배를 탈 수도 있는 길이다. 이집트에서 팔레스타인을 경유하여 유럽으로 들어가는 일급 루트로 일명 "블레셋 땅으로 가는 길"이라 불렸다. 출애굽 당시로도 이 길을 이용하면 애굽에서 대략 7-10일이면 가나안으로 들어갈 수 있는 길이다. 대신 경비가 삼엄한 길이었다.

둘째, 술 길이다.

술 길은 수르 광야에서 파생된 말로 수르를 줄여서 '술'이라고 부른 데서 유래되었다. 이는 애굽의 고센 지역에서 시내 반도 북동쪽에 있는 바란 광야 '가데스 바네아'를 거쳐 북쪽 신 광야[14]를 지나 왕의 대로를 거쳐 '브엘세바'까지 이르는 길이다.

셋째, 메카 순례길이다.

애굽의 삼각주 꼭짓점에 해당하는 '온'이라는 지역에서 반도의 중앙부를 통과하여 아카바만의 북단을 거쳐 미디안을 바라보고 아라비아로 들어가는 길이다.

넷째, 세라빗 엘-카딤 길이다.

이 길은 숙곳에서 마라로 마라에서 르비딤을 거쳐 시내 산 부근의 산악 지대를 통하는 길로 이 지역에 광산이 많았던 연고로 과거 출애굽 당시 거의 1년에 한 번 정도 사용하는 광산 길이다. 모세는 출애굽 백성의 지도자가 되기 전 이 길을 거쳐 갔을 가능성이 매우 크다. 그리고 이스라엘 백성

---

14 신(Zin) 광야는 시내 광야에 두 군데가 있다. 북쪽 '가데스바네아' 부근과 서남쪽 수에즈만 중앙쯤에 있는 두 군데 신 광야 이름이 있다.

들을 이끌고 출애굽 하여 이 길을 통하여 시내 산까지 도착한 것으로 보인
다. 시내 산 언약(십계명) 수령 이후에는 다시 북상하여 가데스 바네아 쪽
으로 올라갔다.[15]

이런 정황 등으로 시내 반도는 정치적 이해관계가 몰려 분쟁은 지속되고
있었지만, 특별히 다수가 거주하는 민족은 많지 않았던 것으로 짐작된다.
단지 시내 반도에 거주하던 유목민에는 대표적으로 미디안 족속과 아말렉
족속이 있었다. 모세가 도피하였던 미디안 광야는 아카바만 남서쪽이었는
데 과거, 장인 이드로의 양떼를 몰면서 40년을 피해 다니며 '숙려의 시간'
을 보냈던 지역이었다. 출애굽 한 이스라엘 백성들이 역시 거의 40년을 헤
매고 다닌 곳이다. 어떻게 보면 모세가 아주 잘 아는 길로 백성들을 인도하
여 갔던 것 같다.

홍해를 건너다?

출애굽 한 히브리 백성들이 모세와 아론의 지휘하에 바알스본 맞은편
바닷가 비하히롯에 장막을 친 후 바로 왕은 곧이어 애굽의 병거와 군대를
총동원하여 추격을 시작하였다. 애굽의 병거만 600대 이상에 모든 병력
과 지휘관이 전부 출동하여 그들의 노예요 생산 자원인 히브리 백성을[16]
추격한 것이다. 이들도 바알스본 맞은편 비하히롯 곁 해변 장막 친 부근까
지 이르게 되었다.

---

15 시내 광야는 삼각주 모양으로 생긴데다 최남단 시내 산이 있는 동남 아카바만 쪽에서
   북쪽으로 헤브론과 느보산 일대까지 길게 산맥이 뻗어 있다. 동고서저 지형이다.
16 이스라엘 백성이라 하지 않고 히브리 백성이라 한 이유는 출애굽 할 때 이스라엘 백성만
   나온 것이 아니라 비슷하게 노예 생활을 하던 이민족들도 잡족이라 하여 함께 나왔기 때
   문이다. 히브리는 헤브루 라고도 부르는 노예 계층을 일컫는 말로써 보통명사이다.

이스라엘 자손들은 자기들 뒤에 추격해 온 바로와 그의 군대를 보고 "우리를 매장지가 없어 우리를 이곳 광야에서 죽게 하느냐"라고 모세를 원망하였다. 절박한 상황에서 백성들은 여호와와 모세를 믿지 않은 것이다. 그들은 또 죽는 것보다는 애굽에서 노예로 섬기는 것이 더 낫다고 아우성을 쳤다.

이스라엘인들의 신관(神觀), 나아가 인간의 신관을 적나라하게 보여 준 장면이다. 현실적으로 불가능한 민족의 이동이었다. 성서의 기록이 사실이든 사실이 아니든 이를 확인하는 것보다 중요한 것은, 인간의 나약함과 한계를 인정하고 하나님의 권능에 의지해야 한다는 인간 본연의 자세를 배워야 한다는 것이다.

모세가 백성에게 이르되 너희는 두려워하지 말고 가만히 서서 여호와께서 오늘 너희를 위하여 행하시는 구원을 보라 너희가 오늘 본 애굽 사람을 영원히 다시 보지 아니하리라 여호와께서 너희를 위하여 싸우시리니 너희는 가만히 있을지어다(출 14:13-14).

성서 기록 가운데 이 부분의 말씀은 복음의 원리를 구약 시대 가장 잘 표현한 말씀이라 생각한다. 더구나 기록의 시점이 B.C. 6세기 초 바벨론 포로 시대였고 사건 배경이 B.C. 16세기말 이집트 18왕조가 시작된 이후라면, 약 900-1,000년의 시차를 두고 이스라엘 백성의 포로 시대 종말과 새로운 포로 시대의 시작이라는 극단적 양면을 접하게 된 사건이다. 마치 신약 시대의 요한복음 3장 16절을 대비시킨 기록이라고 믿는다. 삶과 죽음의 순간에 신이 인간에게 한 약속으로 이보다 더 간절하고 확고한 약속이 있을까 생각된다. 어쩌면 홍해를 건넌 기적보다 이런 약속의 말씀을 통하여 여호와 신이 인간을 얼마나 사랑하시며 하나님 나라 건설과 그의 백성 삼으려 노력했는지 깨달을 수 있게 한다.

홍해 도해에는 두 가지 견해가 있다. 하나는 말 그대로 홍해의 수에즈만을 통과했을 것이라는 일반적인 견해이며, 또 하나는 홍해라는 이름을 띤 호수를 건넜을 것이라는 역사 지리학적 견해가 있다. 일반적으로 시나이반도의 남쪽을 통과하여 '그레이트 비트 호수'(Great Bitter Lake)나 그 부근의 호수를 건넜을 것이라는 추정이 지배적이다.[17] 지리적으로 홍해는 사우디아라비아와 아프리카 사이의 바다를 가리킨다. 홍해의 북쪽 지중해 맞닿은 곳에 시나이반도가 있고 시나이반도의 서쪽은 수에즈만, 동쪽은 아카바만으로 명명하는 좁은 협만이 있다. 그러므로 두 만(灣)도 홍해의 일부이다. 이 홍해(Red Sea)라는 이름은 성서에 그대로 기록될 정도로 오래된 이름이다. 그리고 붉은 바다가 아님에도 홍해라고 하는 것은, 해변에 붉은 산호초가 펼쳐져 있었기 때문이라는 설과 주변 붉은 산맥이 바

---

17 3,000년 전의 지명과 현재의 지명은 많은 차이가 있다. 또한, 3,000년이란 세월은 자연 환경을 많이 변화시켰다. 그러므로 지명 고증으로 여기다 저기다 하는 어설픈 학설보다 놀라운 인간의 여정이 가져온 역사적 인간의 위대성을 살펴보는 것에 의미가 있다고 생각한다.

다에 비쳐 붉게 보인다는 데서 유래되었다는 설, 튀르크에서는 남쪽을 일반적으로 붉은색으로 표현하는 전통에서 유래되었다는 설 등이 있다. 아무튼, 홍해라는 이름은 아주 오래된 이름임이 분명하다.

히브리어로는 홍해를 '얌 쑤프'(Yam Suph)라고 기록한다. 그런데 얌 쑤프는 '갈대 바다'라고 하지만 이스라엘 사람들은 호수와 바다를 구분하지 않고 사용하고 있기에 '갈대 호수'로도 번역이 가능하다. 가령 '갈릴리 바다'라고 부르는 바다도 실제는 '갈릴리 호수'인 것과 같다. 이처럼 히브리 단어는 물이 많은 곳은 전부 바다라고 부르는 경향이 있다. 만약 얌 쑤프가 '갈대 호수'가 맞다면[18] 이는 앞서 언급한 그레이트 비트 호수(Great Bitter Lake) 일 가능성이 크다. 갈대 호수를 건너 광야 평지로 가서 남동쪽으로 내려가면 시내 산과 미디안 광야로도 갈 수 있다. 그런데 이 호수를 여호와께서 큰 동풍을 불게 하여 바닷물(호숫물)을 물러나게 하여 바닥이 드러나게 하여 이스라엘 백성들이 건너게 되었다고 성서는 기록하고 있다. 이는 과학적으로 설명하기가 불가능하다. 그야말로 신의 영역이다. 굳이 추리한다면 강한 동풍은 아라비아 사막에서 불어오는 건조한 바람으로 건기에 태풍 같은 바람까지 겹쳐 호숫물이 말라 바닥이 드러나 걸어서 건너갈 수 있게 되었다가, 이스라엘 백성들이 다 건너간 후 애굽의 군마와 군대가 호수에 들었을 때, 마차 바퀴가 눅눅한 바닥에 끼어 옴짝달싹하지 못하게 된 모습으로 설명할 수 있다. 반나절 후 호수에 연결된 남쪽 수에즈만 쪽의 바다가 만조가 되고 폭풍우까지 몰아쳐 일시에 바닷물이 범람

---

18 신약 성서에 나오는 '달랏사'라고 사용하는 단어는 바다나 호수에 두루 사용하는 단어
    이다. 그리고 고대 출애굽 당시 "블레셋 땅으로 가는 길" 남쪽에 있었던 '발라 호수'나
    람세스 2세 당시 수에즈만이 남쪽으로 '소태호수'와 연결되어 있었는데 이 지역은 한
    때 갈대 바다가 있던 곳으로 '소태 호수'에 이르는 몇 군데는 걸어서 건너갈 수 있쪽 정
    도로 수심이 낮았다.
    Werner Keller, 위의 책, 227.

하여 호수로 유입되어 애굽의 군대와 군마가 몰살되었다고 본다. 더구나 호수 바닥에 뻘처럼 박힌 마차는 밀고 당겨도 빠져나올 수 없었을 것이다. 하지만 이것도 어디까지나 추리며 이에 대한 기록은 성서 외엔 기록도 남아 있지 않다. 또 현재의 수에즈만 쪽에 해당하는 '에스-수웨즈' 마을 부근의 홍해를 건너 애굽을 탈출하지 않았나 추측하기도 한다. 이는 초기 기독교 순례자들에 의해 많이 회자되었던 이야기로 가끔 강력한 북서풍이 만의 북쪽 끝에서부터 바닷물을 세차게 밀어붙여 사람이 걸어서 건널 수 있기도 한 데서 유래되었다고 본다.

이런 사실을 통하여 주목할 만한 내용은 이스라엘 백성들보다 여호와의 권능을 애굽 사람들이 먼저 알아보고 인정하였다는 사실이다.

> 그들의 병거 바퀴를 벗겨서 달리기가 어렵게 하시니 애굽 사람들이 이르되 이스라엘 앞에서 우리가 도망하자 여호와가 그들을 위하여 싸워 애굽 사람들을 치는도다(출 14:25).

"마차 바퀴를 벗겨서"란 바퀴가 빠져 달아나버렸다는 뜻이다. 또 출애굽기 기자는 호수에 애굽 사람들, 바로의 말들, 병거들, 마병들이 들었다고 기록하였다. 즉 보병과 이들을 태운 말들, 마차들, 마차 병들을 의미하는데 모두 말과 마차를 이용한 기마병들이며 마차와 말이 없이는 기동이 불가능 한 군대라는 것을 알 수 있다. 이들이 호수의 질퍽한 바닥 뻘에 박혀버리면 오가지도 못하는 상황이 전개될 수도 있다. 그러므로 생사의 갈림길에서 애굽 병사들은 자신들의 운명을 생각할 때 이스라엘 백성을 이끄는 야훼 하나님이 두려울 수밖에 없었다. 그리하여 여호와를 인정한다고 고백한 것이다. 성서 '출애굽기에 드러난 여호와 하나님의 이스라엘 백성 구출 목적과 가나안 정착 과정은 보편적 사랑의 속성을 지닌 하나님의 인류애 표방과 존재의 위대성'을 밝혔다고 할 수 있다.

홍해를 건넌 이스라엘 백성들은 수르(술) 광야를 지나 사흘 길을 걸어 마라에 이르렀다. 이 길은 옛날 '세라빗 엘-카딤 길'이라 하여 광산을 감독하고 귀금속을 채취해 애굽으로 가져오던 길이었다. 마라에서 르비딤과 시내 산에 이르는 길이었다. 행진은 시내 산에서 일단 멈추고 이스라엘의 정체성을 회복하는 제사와 절기 법, 계명을 수용하였다. 앞서도 언급하였지만, 출애굽기는 애굽에서 노예 생활을 하던 히브리 즉 이스라엘 백성들이 모세의 인도하에 출애굽 하여 시내 산까지 이동한 여정의 기록이다. 이후의 가나안 입성 기록은 다른 모세오경인 레위기, 민수기, 신명기와 모세의 후계자 여호수아가 쓴 여호수아서에 기록되어 있다.[19]

마라의 쓴물-'여호와 라파'

출애굽 한 이스라엘 백성들은 이제야, 여호와 하나님을 볼 수는 없었지만, 경험을 통해 그분의 위대성과 권능이 많으신 하나님이시란 사실을 인지하기 시작하였다. 하지만 완전히 깨닫고 믿음을 가지지는 못하였다. 그리하여 조금만 불편해도 불만, 불안해도 불만, 배고파도 불만, 물이 없어도 불만, 고기를 못 먹어도 불만, 지도자 모세가 안 보여도 불안해하였다. 불만투성이 인간 군상의 모습을 적나라하게 보여 주고 있다. 이는 히브리 노예들, 이스라엘 백성들에게만 국한된 모습이 아닌 인간의 본성을 보여 주는 일반적 현상이라고 본다. 한 마디로 인간 나약함의 노출이다. 그러므

---

19 출애굽 연도의 설정을 다시 한번 언급한다. 대체로 보수신학자들은 성경에 의거 하여 "이스라엘 자손이 애굽 땅에서 나온 지 사백팔십 년이요, 솔로몬이 이스라엘 왕이 된 지 4년 시브월 곧 둘째 달에 솔로몬이 여호와를 위하여 성전 건축 하기를 시작하였더라"는 열왕기상 6:1 말씀을 그대로 받아들여 솔로몬 봉헌에서 480년을 역산하여 B.C. 1446년으로 주장한다. 그러나 이스라엘 정부와 대부분의 고고학 역사학자들은 고고 역사학적 증거와 사료들을 토대로 B.C. 13세기설을 주장하고 있다. 성경과 일반 역사학의 산정 차이가 약 200년 차이가 있다.

로 신을 의지할 수밖에 없고 신을 인정할 수밖에 없는 인간임을 확인시켜 주는 역사책이자 종교철학 책이 출애굽기라 정의할 수 있다.

나일강에서 시나이반도 산악 지대까지는 고대로부터 다져진 길이 있었다. 이 길은 B.C. 3000년대부터 시나이반도 산악 지대에서 구리와 터키옥을 캐내기 위해 동원된 광부들과 노예들이 무리 지어 지나던 길이었다. 그 후 1000여 년 동안 이집트 왕조의 부침에 따라 버려졌다가 다시 개발되곤 하였다. 모세가 이끈 길이 바로 이 길이었다. 이 길은 오늘날 멤피스에서 시작하여 수에즈 시가 있는 수에즈만의 최북단을 건너 남쪽으로 이어지며 오아시스나 샘이 하나도 없는 삭막한 도로로 약 72㎞나 이어진다. 성서에는 사흘이나 물을 구하지 못하고 마라에 도착하였다고 한 그 길이다.[20]

이스라엘 백성이 도달한 '마라'는 홍해의 협만인 수에즈만의 상류 해안가에 있는 마을이다. 그리고 샘도 있었다. 그런데 이런 곳에 있는 샘은 간혹 바닷물이 역류하여 물이 짜고 쓰서 먹지 못하는 물이었다. 성서에 의하면 백성들이 마실 물이 없어 모세를 원망하자 하나님께서는 모세에게 명하여 한 나뭇가지를 던지게 하였고 물이 달게 되었다는 내용을 기록하고 있다(출 15:22-25).

마라의 쓴 물 사건을 통해 3가지 교훈을 제시한다. '순종', '의', '계명과 규례'이고 공통된 술어는 '지켜 행한다'는 동사이다. 이 사건은 홍해를 건너 시내 광야를 행진하는 이스라엘 백성에게 야훼 하나님이 직접 보이시고 나타나시고 증거 하신 첫 번째 이적이었다. 그러면서 "주의 계명에 귀 기울이며 내 모든 규례를 지키면 내가 애굽 사람에게 내린 질병을 하나도 내리지 아니하겠다"(15:26)라고 약속하셨다. 이 약속을 '여호와 라파' 곧 '치료의 하나님'이라고 지칭한다.

20　Werner Keller, 위의 책, 231.

마라의 이적을 첫 이적이라 한 이유가 있다. 샘을 히브리어로 '아인'이라고 하는데 '아인'은 또 '눈'(eye)이라는 뜻도 가지고 있다.[21] 그러므로 히브리인에게 샘물을 변화시킨 사건은 또 다른 의미를 지닌다.[22] 곧 물이 변화되기 전에 인간의 눈이 먼저 변화되었다는 것이고 또 변화되어야 한다는 것을 말해주고 있다. 중요한 순간 하나님은 사물을 변화시키기 전에 인간의 눈을 밝혀 하나님의 피조물, 하나님의 백성 되는 자격을 갖추게 하셨다. 한 마디로 눈을 밝히셨다는 사실이다. 신학적으로 말하면 쓴 물이 단물로 변한 화학적 변화보다 더 근본적인 것은 '바로의 종' '세속의 종'으로서의 시각이 '하나님의 종'으로서의 시각으로 바뀌어야 한다는 것이다. 그런 연후에 하나님은 율례와 법도를 알려 주신다는 것을 보여 주셨다.[23] 하나님을 바라볼 때 구원을 주신다. 그분을 향한 마음과 구원의 확신 속에서, 인간이 그를 알고 그분만이 인간을 구원하실 수 있다는 믿음을 가질 때, 구원이 이루어진다는 사실을 가르쳐 주었다. 십자가가 구원의 상징인 것처럼.

질병의 두려움과 목마름이 해소되고 나서 백성들은 엘림에 이르러 맑은 샘 열둘과 종려나무 일흔 그루의 그늘 속에서 안식을 취할 수 있었다. '엘림'이란 말 자체가 종려나무란 뜻으로 마라와 남쪽 신 광야의 중간에 있는 오아시스를 말한다. 수에즈만 바다에서 멀지 않은 평원의 안식처였다. 여호와를 인정할 때 안식이 주어진다는 교훈을 준 현장이다.

---

21 홍해의 북쪽으로부터 70킬로미터를 내려온 지점에는 아직도 베두인들이 '아인 하와리'라 부르는 샘 이 있다. 가축 떼를 몰고 다니는 유목민들은 이곳에 머물기를 꺼렸는데 이유는 소금기와 유황 성분 이 많은 이곳의 수질 때문이었다. 이곳이 쓴 물로 유명한 성서의 '마라'라는 곳이다. 앞의 책, 232.

22 이문범,『역사지리로 보는 성경』, 두란노, 2017, 135.

23 성서에서 첫 번째 이적은 물의 변화로 시작하고 있다. 굉장히 큰 교훈을 주는 부분이다. 바로 앞에 선 모세의 첫 번째 이적, 엘리사의 여리고 샘 변화, 예수님도 물로써 포도주를 만들었고 제자들도 믿음의 눈을 가지게 되었다. 마라의 쓴 물을 단 물로 만들 때 모세가 던진 나무는 무슨 나무인지 성서에 기록되지 않았다. 신학적으로 이를 그리스도의 십자가 나무라고 구원론을 설명한다.

신 광야에서 만나를 맛보다

안식의 처소 엘림을 떠난 출애굽 백성들은 엘림과 시내 산 사이에 있는 신 광야에 이르렀다. 때는 애굽에서 나온 후 둘째 달 15일이었다. 이에 대한 시기의 의문이 있다. 성서에는 애굽에서 나온 후 둘째 달이라면 출발한 다음 달 15일인지 애굽에서 나온 지 45일쯤 지났을 때인지 애매하다. 현재의 달(月)과 날(日) 개념과는 다른 역법(曆法)을 사용했을 텐데 이 부분은 모호하다. 단지 현재의 관점에서 히브리어를 헬라어로 번역하였기에 최대 45일에서 최소 15일의 행진을 이어왔다고 볼 수 있다. 신 광야에서 민중들은 또 모세와 아론을 원망하게 된다. 성서에는 백성들의 불평을 다음과 같이 기록하고 있다.

> 이스라엘 자손이 그들에게 이르되 우리가 애굽 땅에서 고기 가마 곁에 앉아있던 때와 떡을 배불리 먹던 때에 여호와의 손에 죽었더라면 좋았을 것을 너희가 이 광야로 우리를 인도해 내어 이 온 회중이 주려 죽게 하는도다(출 16:3).

결국은 "주려 죽게 하는 도다" 즉 배고픔의 하소연이다. 불과 며칠 전 마라에서 먹지 못하는 쓴 물을 단물로 만들어 먹게 하시는 놀라운 하나님의 능력을 체험하였다. 그런데 놀라운 이적의 체험을 하고 엘림에서 편히 쉬게 되자 이젠 음식 투정을 하는 것이다. "고기 가마 곁에 앉아있던 때"는 종살이 백성들의 부스러기 섭취 모습을 말하며 "떡을 배불리 먹던 때"란 농사 후 양식을 사용할 수 있었던 기억을 떠올린 것이다. 배가 고프면 과거 섭취한 음식이 몽땅 떠오르기 마련이다. 그 가운데 고기와 떡(빵)은 가장 좋아하는 음식이었음을 알 수 있다. 배불리 먹을 수 있다면 종살이가 더 낫다는 푸념을 해대는 것이 인간이다. 종살이에서 자유를 얻게 하고 하나님의 백성으로 살 수 있도록 자유를 주었지만, 여전히 바로의 종으로 지낼 때가 좋다는 이 어리석음을 어떻게 설명할 수 있을까. 인간의 노예근성은 죄에서 자유를 얻게 하는 데도 큰 걸림돌이 된다. 이렇게 단세포적인 근성의 인간을 훈련시키기 위해선 충격 요법이 필요하다.

"보라 내가 너희를 위하여 양식을 비같이 내리리니"라고 하여 한 번 먹을 수 있는 양식이 아니라 "비같이 내라는 양식"을 주겠다고 하여 더 이상 할 말을 없게 만든다. 그리고 이런 양식을 가나안에 들어갈 때까지 40년간 내렸다면 신을 찬양하지 않을 수 없다. 이 양식이 무엇인가 곧 '만나'라 부르는 양식이다. 만나는 "What is this?"라는 뜻이다. 말 그대로 오묘한 맛을 지녔다고 하였다. 성분도 알 수 없다.

> 깟씨 같이 희고 맛은 꿀 섞은 과자 같으며(출 16:31),
> 만나는 깟 씨와 같고 모양은 진주와 같은 것이라 밤에 이슬이 진영에 내릴 때에 만나도 함께 내렸더라(민 11:7,9).
> 보라 내가 너희를 위하여 하늘에서 양식을 비같이 내리리니 백성이 나가서 일용할 것을 날마다 거둘 것이라(출 16:4).
> 백성이 두루 다니며 그것을 거두어 맷돌에 갈기도 하며 절구에 찧기도 하고 가마에 삶기 도하여 과자를 만들었으니 그 맛이 기름 섞은 과자 맛 같았더라(민 11:8).

민수기 구절을 보면 과연 그 만나가 맞는지 의문이 든다. 광야에서 발견된 만나라는 열매는 절구로 찧고 맷돌로 갈 수 있는 것이 아니고 가마에 삶을 수도 없었다. 특히 서리처럼 맺히는 것을 200만 명 이상의 이스라엘 백성들이 매일 먹을 수 있었다는 게 과연 가능한 일인가? 더욱이 이 작은 것을 1인 당 한 '오멜'(2L) 씩 거두어야 한다면 노동으로서도 고된 일이다.

한 사람에 한 오멜씩 거두되 각 사람이 그의 장막에 있는 자들을 위하여 거둘지니라(출 16:16).

그런데 이 만나(만)라는 식물이 실제로 있다. 출애굽 당시의 그 사건을 추억할 수 있는 같은 이름의 식물이 있다는 것만으로도 신기하다. 유대인들은 광야에 내렸던 만나의 흔적을 찾으려는 노력을 여러 번 시도했었다. 보다 과학적으로 접근한 것은 히브리대 식물학과 연구진이었다. 1947년 히브리대의 식물학과 '보덴 하이머' 교수는 시내 반도에 거주하는 현지 베두인들이 '만'이라고 발음하는 한 식물이 만나와 연관이 있지 않을까 관심을 가졌다. 그리고 오랜 시간 동안 이 식물에 맺히는 흰색의 고체 방울을 분석하였다.[24]

만이라는 식물에 주머니 깍지벌레과에 속하는 만나충이 나뭇가지에 기생하며 배설할 때 흰색 액체 같은 물질이 생성된다는 것을 알았다. 만나충은 나뭇가지에 붙어 수액을 흡수하는 데 필요로 하는 질소를 섭취하기 위해 다량의 불필요한 단맛을 체외로 배출한다. 이 배출물은 밤중의 건조하고 찬 공기 속에서 끈끈한 고체 방울로 변한다. 이것이 이른 아침 광야에서 발견되는 만나로 여겨진다. 만나의 화학적 성분은 당이 38% 수분이 14%로 단맛의 과자 같은 것이다. 사막의 베두인들은 이 만나를 주워 설탕이나 꿀 대용으로 사용한다.[25] 주로 5월에서 7월에 대대적으로 생성되지만 일 년 내내 발견된다고 하는데 이것이 과연 3,500여 년 전 출애굽 한 이스라엘 백성들이 먹었던 그 만나 인지는 의문이다. 더구나 40년 동안 시내 광야 거의 전역에서, 그것도 매일 먹었는데 생산의 차이나 시기

---

24 이강근, "만나는 지금도 내리고 있다" 이스라엘 유대학 연구소, <한국기독공보> 2021.11.09. 일자.
25 이강근, 위의 기사.

에 따라 다르게 내렸다면, 200만의 백성들이 어떻게 살아갈 수 있었을까? 그리고 일용할 양식으로 먹고 안식일에는 이틀 치를 먹었다는 성서의 내용을 어떻게 수용할 것인가? 그러나 식물성 만나는 다음날 썩는다는 기록은 없다.

그런데 의문이 생긴다. 배고픈 이스라엘 백성들에게 만나를 하루 치만 가져오라고 한 이유는 무엇일까? 인간의 욕망은 끝이 없다. 내일 일을 당장 모른다. 그러므로 아무리 하루 치만 가져오라고 하여도 욕심이 났을 것이다. 그런데 성서에는 하루 분량 이상을 가져오면 모두 상하여 먹지 못하였다고 기록하였다. 그렇지만 안식일에는 이틀 치를 허용했다는 자체가 '안식일'에 대한 규정과 '일용할 양식'이란 원시 기독교적 경제 개념을 가르치기 위한 교훈을 만들기 위하여 신비적 요소를 가미한 듯하다. 신약에 와서 예수께서도 직접 가르쳐주었던 교훈이다. 그리고 그의 '주기도문'에도 명시되어 있다.

매일의 수고 결국, 출애굽기는 단순한 고대 이스라엘 민족의 가나안 정착과 신정정치가 시작되는 역사만을 기록한 책은 아니다. 흔히 민족의식이라고 하지만 이스라엘의 역사에선 그에 앞서 그들의 신 즉 여호와 하나님과의 관계 설정이 더 앞선 과제로 중요시되어 기록되었다. 그러므로 제사, 절기, 안식일, 성막, 예배, 음식 규정 등은 신과의 관계 설정을 통하여 자신들의 민족의식을 일깨우는, 수레바퀴와 같이 동시에 굴러가는, 양면성을 지니고 있다. "여호와께서 모세에게 이르시되 어느 때까지 너희가 내 계명과 내 율법을 지키지 아니하려느냐"(출 16:28)라고 이른 대목에서 만나를 통한 하나님의 의도와 심경이 드러나고 있다.

그런데 한 가지 소홀히 여기기 쉬운 부분은 "저녁에는 너희에게 고기를 주어 먹이시고 아침에는 떡으로 배불리시니"(출 16:8)라는 성경 말씀이다. 이를 주목할 필요가 있다. 왜냐하면, 히브리 백성들의 원망은 단초적이어서 목마를 물을 해결해 주었더니 이젠 애굽에서 종으로 살며 얻어먹었던 고기와 떡이 생각나 모세를 원망하고 있다.

"우리를 주려 죽게 하려느냐."

이는 곧 하나님께 대한 원망이었다. 그들이 입에 올린 것은 고기 가마 곁에서 얻어먹던 고기와 곡식으로 만들어 먹었던 떡(빵)이었다. 이는 노예근성에서 벗어나지 못한 인간들의 푸념이다. 그러자 정확히 하나님은 그들에게 고기에 해당하는 '메추라기'와 떡에 해당하는 '만나'를 먹이신 것이다. 이스라엘 백성의 출애굽 사건은 계절적으로 봄에 이루어졌음을 알 수 있다.

이 시기는 철새들의 이동과 때를 같이 한다. 숨 막히는 아프리카의 여름 폭염을 피하여 새들은 태고로부터 두 갈래 경로를 통하여 유럽으로 이동하였다. 하나는 아프리카 서안을 경유하여 스페인 쪽으로 이동하였고, 또 하나는 동지중해를 날아 발칸반도로 가는 길이었다. 매년 해가 바뀌면 메추라기를 포함하여 수많은 종류의 새들이 서서히 움직이는데, 동쪽 루트를 택한 새들은 반드시 홍해 바다를 건너게 되었다. 장거리 비행으로 기력이 다한 새들이 홍해 주변 평평한 해안에 무더기로 내려앉아 충분히 휴식을 취한 후에 험준한 시나이반도 산맥을 넘어 지중해로 향하는 비행을 한다.[26]

위 내용에 나온 메추라기 떼를 출애굽 백성들이 먹게 된 것이다. 출애굽 당시에도 충분히 가능성이 있는 현상이었다. 인간이 생각지도 못한 방법으로 고기를 먹이셨다. 너무도 정확하고 엄격하신 하나님이다. 인간의 신앙과 믿음의 깊이만큼 행위대로 보응하시는 하나님이심을 보여 주고 있다.

---

26 Werner Keller, 위의 책, 234. 요세푸스도 그의 저작 『유대 고대사 Ⅲ』 1장과 5장에서 철새 이동에 관한 자신의 경험을 기록하고 있고 현지 유목민들이 봄과 가을에

르비딤-(맛사 또는 므리바) 물 사건과 '여호와 닛시'

신 광야에서 만나를 맛본 출애굽 백성들은 "여호와의 명령대로 신 광야에서 떠나 그 노정대로 행하여 르비딤에 장막을 쳤다"(출 17:1) 그러나 또 그들은 마실 물이 없었다. 르비딤은 시내 산으로 들어가는 중요한 길목에 있었으며 홍해 수에즈만의 중앙과 시내 반도 동편에서 북쪽으로 이어지는 아카바만 곁 산맥이 시작되는 초입에 있었다. 과거 마라는 해안가라 염분이 강하고 유황 성분이 있어 쓴 물이었다면 이곳은 해안에서 먼 광야 사막과 산악 지대라 아예 물이 없었다. 이제는 대놓고 지도자 모세와 다투며 원망하였다. "우리와 우리 자녀와 우리 가축이 목말라 죽게 하느냐!"(17:3) 그저 '우리', '우리', '우리'라며 이기심을 드러낸다. 인간은 단 한 번도 우리란 울타리를 벗어나지 않고 이기적인 욕심에 사로잡혀 하나님을 원망한다. 얼마나 여호와 하나님을 시험해야 그분의 피조물임을 자각하고 그의 나라 백성이 될 수 있는지, 성경도 끊임없이 질문한다.

그런데 성서에서의 두 구문이 관심을 끈다. "여호와의 명령대로"와 "그 노정대로"란 구절이다. 이는 출애굽의 성격을 보여 주는 중요한 단서가 된다. 출애굽의 전 과정은 야훼 하나님의 명령대로 진행되었으며 40년 광야 행진과 일정도 하나님이 설계한 예정대로 진행되었음을 가르치는 대목이다. 그러므로 하나님은 인간의 불평과 그 심리의 변화까지 이미 파악하고 계신 것이다. 백성들이 목이 말라 모세를 원망하며 "우리를 모두 죽게 하려느냐"하고 부르짖었다고 성서는 기록하였다. 이때 다시 등장한 것이 '모세의 지팡이'였다. 이 지팡이는 때론 하나님의 지팡이로, 때론 모세의 지팡이로 묘사되어 나온다. 즉 지팡이는 하나님과 함께 하는 '공동 운명체' 또는 '신격의 대유' 또는 '상징물'로서의 역할을 하고 있다. 그리고 '호렙 산에 있는 반석'을 그 지팡이로 치자 물이 나오기 시작하였다. 이 과정에서 상징적 언어들이 여럿 언급되고 있다. '호렙 산' '반석' '장로들' '맛사'

'므리바' 등의 단어들이다. 호렙 산(시내 산)은 모세가 하나님을 만나 자신의 정체성을 찾게 된 장소이며, '반석'은 야훼 하나님의 힘과 능력을 그리고 구원의 터를, '장로들'은 백성의 대표이자 하나님의 인도하심을 증언할 증인 역할을 위해 예비되었다. '맛사'는 '다투다', '시험하다'라는 히브리어 원문 뜻을 지니고 있다. '므리바'는 지명이지만 '다툼의 물'이란 뜻으로 '맛사'와 함께 '여호와를 시험하여 얻은 물'이란 약간 불명예스러운 의미로 사용되고 있다. 문제는 인간이 하나님을 시험하였다는 데 있다. 신의 입장에서 인간의 필요를 채우는 것은 전적으로 자신의 의지나 계획에 의한 부분인데 인간은 순간의 아쉬움으로 그분의 존재 여부까지 의심하였다. 이는 그야말로 시험이다. 또 믿음의 문제이다. 인간의 근원적 나약함, 미성숙을 적나라하게 보여 준 대목이다.

여호와께서 우리 중에 계신가 아니 계신가 하였음이더라(출 17:7).

이 보다 더 신의 노여움을 살만한 표현이 어디 있겠는가? 이는 이후에 드러나는 아말렉과의 싸움에서 여호와 하나님은 자신의 존재를 그대로 똑같이 드러내 보이는 계기가 되었다. 즉 신은 모세의 팔을 사용하여 인간의 무지와 나약함 그리고 의심에 대한 댓가를 보여 주셨다. 지도자 모세의 팔을 시각적 효과로 사용하신 것이다.

모세가 팔을 들면 이스라엘이 이기고 팔을 내리면 아말렉이 이기더니 (출 17:11).

이런 만화 같은 상황이 어디 있겠냐 하겠지만 이는 여호와 신의 존재 양식을 증명하는 방법일 뿐이다. 하나님은 때론 인간과 같은 방식으로 자신의 존재를 보응 또는 증명해 보이신다는 사실을 알게 된다. 그리고 이런 본질적인 사안에 대해서는 언제나 기록하여 후대에 전하라고도 하셨다 (출 17:14).[27] 여기서 또 하나의 신의 속성을 이해하게 된다. 그것은 여호와 하나님은 중요한 인간과의 관계나 사역에 관하여 이를 기록하여 기억하게 하신다는 사실이다. 하나님은 역사적 교훈을 매우 중시하신다는 사실과 역사적 교훈을 후대에 널리 전하여 알게 하신다는 사실도 알게 된다.

신약 성서 고린도전서 10장 4절에 보면 예수께서는 스스로 반석이라고 언급하신 부분이 있다. 이는 ('광야 반석→하나님의 인도와 능력→구원의 생수→예수 그리스도→십자가 구원') 으로 연결되는 '구원 방정식'을 성서학적으로 풀이한다.

> 형제들아 나는 너희가 알지 못하기를 원하지 아니하노니 우리 조상들이 다 구름 아래에 있고 바다 가운데로 지나며 모세에게 속하여 다 구름과 바다에서 세례를 받고 다 같은 신령한 음식을 먹으며 다 같은 신령한 음료를 마셨으니 이는 그들을 따르는 신령한 반석으로부터 마셨으매 그 반석은 곧 그리스도시라, 그러나 그들의 다수를 하나님이 기뻐하지 아니하셨으므로 그들이 광야에서 멸망을 받았느니라(고전 10:1-5).

기독교의 이론적 틀을 구축한 바울은 모세의 므리바 반석과 구원의 생수 사건을 인용하면서 "형제들아 나는 너희가 알지 못하기를 원하지 아니

---

27 이런 식으로 "기억하여 기록하여 후대에 전하라고 하는 하나님의 가르침은 요단강을 건너가고 난 이후와 여리고와 아이성을 점령한 후에도 언급하고 있다. 출애굽기 17장 14절, 여호수아 4장 1-24절, 예레미야 51장 54-64절 등에 기록되었다. 아픈 역사와 승리의 역사를 다 기록하여 기억하라 하셨다. 시내 산 광야에 도착한 이스라엘 백성에게 하나님은 "너는 이 말을 이스라엘 자손에게 전할지니라"(출 19:6)하여 역시 후손에게 전할 것을 요구하셨다.

하노니”라 하여 역시 역사적 사건의 기록과 기억을 상기시킨다. 고난과 어둠의 절망 가운데서 므리바 반석을 쳐서 물을 내신 여호와 하나님을 기억하라고 하였다. 그리고 그 물 곧 생수는 구원의 상징이요, 신약 시대 오늘날 예수그리스도를 상징한다고 설명한다. 즉 구약과 신약의 ‘예언적 동치’를 말하고 있다. 나아가 신학적 설명으로 생수는 성령을 상징한다고 가르친다. 충분한 설득력을 얻는다. 예수 자신도 누구든지 “나를 믿는 자는 성경에 이름 같이 그 배에서 생수의 강이 흘러나오리라 하시니”(요 7:38)라고 말씀하셨다. 생수를 먹으므로 살아나게 된 출애굽 백성들, 생수를 먹으므로 얻게 된 새 생명 이는 대구(對句)를 넘어 상징의 일치성을 보여 준다. 그러므로 ‘반석=생수=구원’이란 등식은 이를 믿는 믿음의 자손들에게 약속한 하나님의 구원 약속을 출애굽기 과정을 통하여 보여 준 것이며, 이는 역사의 교훈을 넘어 신의 섭리 속에 신약 시대의 예수그리스도로 예표 되었다.

죽음과 같은 목마름에서 해갈된 이스라엘 백성들은 설상가상으로 이민족 아말렉의 침입을 당하였다. 모세는 후계자 여호수아에게 병사를 뽑아 아말렉과 싸우라고 명하였다. 여기서 또 한 번 야훼 하나님의 위대한 힘과 능력이 발휘된다. 모세가 하나님의 지팡이(여기선 하나님의 지팡이라고 성서에 기록되어 있다.)를 들고 산꼭대기에 서서 지팡이로 팔을 들면 이스라엘이 이기고 내리면 아말렉이 이기는 기이한 장면이 연출된다. 그리하여 아론과 훌이 모세의 팔이 내려오지 못하도록 받쳐 들고 있어 승리하게 하였다. 앞서도 언급하였지만, 이스라엘 백성들의 믿음 없음을 가장 가시적인 방법으로 깨우쳐 주는 대목이다. 팔을 든다는 것을 ‘기도하는 행위’라고 일부 학자들이 해석하지만, 필자는 이를 조금 달리 보고 있다. 아론과 훌이 팔이 내려오지 못하도록 강제적으로 받쳤다고 하였는데 기도가 강제적인 물리력으로 연장할 성질은 아니라고 본다. 이는 여호와 하나님에 관한 믿음, 그분을 신뢰하지 못하고 존재 자체를 의심하여 "계신가 아니 계신가" 하였던 우매한 백성들을 가르치기 위한 교훈이라 생각된다. 근본적이고 본질적인 문제가 해결되지 않은 상태에서는 출애굽도 아무 의미가 없다. 그러므로 므리바 전투는 '여호와 하나님에 대한 존재의 신뢰와 믿음의 행위'라고 보며 승리는 부차적으로 주어진 믿음의 결과라고 여겨진다.

'여호와 닛시'는 '여호와의 깃발'이란 뜻이지만 그것이 바로 '존재'를 뜻하는 표식(깃발) 임을 알 수 있다. 기도는 신뢰 이후에 오는 의지의 표현이다. 여호와와 모세는 백성들에게 이것을 가르치려고 한 것이다. 출애굽기 기자도 이를 목적으로 기술하였다고 본다. 아론과 훌이 모세의 팔을 부축하여 들었으므로 두 사람을 기도의 동역자로 해석하는 것이 일반적이지만 기도 이전에 존재의 증명이 우선이라는 사실을 잊으면 안 된다. 지극히 교훈적이다. 만약 기도의 현장으로만 해석되면 우매한 백성들은 기도하면 무조건 들어주실 것이라는 어리석음을 가질 수밖에 없다. 이는 오늘날에도 잘 못 인식된 신앙의 모습이다. 만약 잘 못 기도하여 하나님이 들어주시지 않았다면 또 배신할 수 있는 것이 인간이다. 이런 모습을 출애굽기에서는 수없이 반복하여 기술하였다. 출애굽기는 이스라엘 백성(인간)과 하나님과의 관계를 설정한 교훈의 역사서이다.

광야 행진기를 통하여 얻게 된 네 가지 교훈은 다음과 같다.

첫째, 마라에서의 물 사건에서는 샘을 변화시켜 쓴 물을 단물로 만든 것처럼 인간의 눈을 변화시켜 구원의 하나님을 바라보게 하신 교훈이다.

둘째, 신 광야에서는 만나를 내려주어 일용할 양식으로 삼게 하신 것은 안식일을 지켜 하나님의 인도하심을 기념하며 예배하고, 계명과 율법을 지켜 거룩하게 살아갈 것을 대대 손손 기억하게 하라 하신 교훈이다.

셋째, 르비딤에서 모세가 반석을 쳐 물을 내심으로 구원의 생수를 주셨고 반석이신 예수 그리스도를 인류에게 보내시어 구원에 이르게 할 하나님의 약속을 이루어 주신다는 교훈이다. 르비딤을 맛사 또는 르비딤이라고 하는 이유도 출애굽 백성들이 모세와 다투었기 에 붙여진 별칭이었다.

넷째, 아말렉과의 싸움에서 모세의 팔을 통하여 보여 주신 하나님의 메시지는 여호와 하나의 '존재'에 대한 인식과 그를 인정하는 믿음의 법칙을 가르쳐 주기 위한 교훈이다.

승리한 그곳에 제단을 쌓고 '여호와 닛시'라고 한 것도 깃발처럼 존재와 권위를 대신한 곳이라는 의미를 알게 하신 것이다. 아울러 아론과 훌이 함께 모세의 팔을 들어 지탱한 것은 중보 기도의 동역보다 하나님 존재의 증명으로 보면 더 이해가 간다. 결론적으로 광야 행진에서 접한 네 가지 사건과 교훈의 공통점은 하나님의 약속과 구원의 실천이었다.[28]

(4) 시내 산 언약(법) 수용

시내 광야 도착과 여호와의 강림

출애굽기의 광야 행진은 르비딤을 거쳐 하나님의 산 곧 시내 산 아래 광야에 진을 치는 것으로 마무리되었다. 이곳까지 약 3개월이 걸렸다. 이곳에서 모세는 반가운 가족과 만나게 되었다. 장인 이드로의 방문이 있었고 모세가 친정으로 돌려보냈던 아내 십보라와 큰아들 게르솜, 둘째 아들

---

28 '여호와 닛시'는 히브리어로 여호와 깃발이라는 뜻이지만 이는 승리를 뜻하는 의미로 사용되었다. 즉 출애굽을 통하여 보여 준 하나님의 구원 계획은 이스라엘 백성에게만 국한된 것이 아니라 인류 전체에 대한 구원 계획을 보여 주신 것이다. 그러므로 인류 구원 계획은 예수그리스도를 통하여 예언의 성취를 보여 주셨고 실제로 약속하셨다. 여수란 이름의 뜻으로 구속 주, 대속 제물로 보내셨다.

엘리에셀도 함께 모이게 되었다. 바로의 추격을 피해 안전한 곳으로 인도하신 하나님의 능력과 그동안의 이적과 기사를 이들에게 들려주었다. 가족이 한자리에 모인 모세도 비로소 가정을 이루게 된 것이다. 모든 일이 하나님의 도우심으로 이루어진 것임을 자녀의 이름에서 확인할 수 있다. '게르솜'은 '나그네 되었음'을 '엘리에셀'은 '하나님의 도우심과 구원'을 뜻하는 이름이었다.

야훼 하나님은 이스라엘 백성들을 자신이 약속한 땅 가나안에서 자신의 백성으로 살아가게 할 계획과 훈련을 시키셨고 거듭나게 하셨다. 그러면서 지속적으로 인식시키는 말씀은 다음과 같다.

> 세계가 다 내게 속하였나니 너희가 내 말을 잘 듣고 내 언약을 지키면 너희는 모든 민족 중에서 내 소유가 되겠고 너희가 내게 대하여 제사장 나라가 되며 거룩한 백성이 되리라 너는 이 말을 이스라엘 자손에게 전할지니라(출 19:5-6).

핵심어는 언약, 민족, 제사장 나라, 거룩한 백성, 전하라, 하는 내용이다. 역시 출애굽의 목적이 하나님 나라 백성 되게 하기 위함이라는 사실과 언약의 성취라는 계약 이행을 확인시켜 주고 있다. 여기서 하나님은 "내 말을 잘 듣고 내 언약을 지키면"이라는 단서 조항을 달았는데 이에 대한 목적어, 곧 실체가 '십계명'이다.

출애굽의 의미를 앞 장에서 다루며 이는 히브리 민족, 그 가운데서도 '이스라엘 민족과 야훼 하나님의 직접적인 만남'을 언급하였다. 하지만 시내 산 아래 장막을 치기까지 하나님을 만나되 모세를 중매자로 하여 간접적인 만남을 이어왔다. 하지만 하나님께서는 이스라엘 백성들을 직접 만나겠다는 약속을 하셨다. 이는 굉장히 중요한 순간이었다. 출애굽기 기자가 이 장소를 선택한 것이 아니라 여호와께서 지정하셨고 예정된 순간에 등장하셨다. 이것이 '신학적 예정'이다.[29] 이 장소는 모세가 처음 여호와 하나님을 만난 장소이기도 하다.

> 모세가 하나님 앞에 올라가니 여호와께서 산에서 그를 불러 말씀하시되 너는 이같이 야곱의 집에 말하고 이스라엘 자손들에게 말하라 내가 애굽 사람들에게 어떻게 행하였음과 내가 어떻게 독수리 날개로 너희를 업어 내게로 인도하였음을 너희가 보았느니라 세계가 다 내게 속하였나니 너희가 내 말을 잘 듣고 내 언약을 지키면 너희는 모든 민족 중에서 내 소유가 되겠고 너희가 내게 대하여 제사장 나라가 되며 거룩한 백성이 되리라 (출 19:3-6).

역시 하나님의 계획, 예정은 '야곱의 집' '이스라엘의 민족'으로 '하나님 나라 백성' 되게 하며 '제사장 나라의 거룩한 백성' 되게 하신다는 약속의 성취였다. 그러므로 그 나라 백성들이 주인 된 하나님을 모른다는 것은 어불성설이다. 백성들은 그의 하신 일들과 그분의 말씀을 잘 듣고, 그분과의 약속을 잘 지키면 그분 '하나님 나라의 백성' 된다는 것을 주지시키셨다. 성서는 이를 매우 강조하고 있다. 이 부분이 성서의 핵심이며 기본이기 때문이다. 곧 '관계의 설정'이다. 그리고 다음과 같이 약속하셨다.

> 여호와께서 모세에게 이르시되 너는 백성에게로 가서 오늘과 내일 그들을 성결하게 하며 그들에게 옷을 빨게 하고 준비하게 하여 셋째 날을 기다

---

29 '신학적 예정'은 구속사의 핵심이다. 하나님께서 구원받을 백성을 미리 정하시고 그들을 하나님이 인도하셔서 약속된 장소에 들어가게 함이다. 그곳이 천국이든 가나안이든 여호와 신께서 정하신 '하나님의 나라로 들어감'을 뜻한다(필자 주).

리게 하라 이는 셋째 날에 나 여호와가 온 백성의 목전에서 시내 산에 강
림할 것임이니(출: 19:10-11).

신적인 권위는 만남 이전에 경계가 있었다. 이는 에덴에서도 마찬가지였
다. 하나님 됨과 인간 됨, 이는 엄격한 창조주와 피조물의 관계, 하나님과
백성의 관계 설정이었다. 그러므로 애굽에서 보는 것처럼 만신전의 신들
과 인간관계와는 다른 질서였다. 출애굽기 기자는 이를 매우 엄숙하고도
거룩하게 표현하였다. "빽빽한 구름, 나팔 소리, 불과 연기, 산의 진동"으
로 여호와 하나님의 임재를 설명하고 있다. 백성의 흥분을 자제시키고 경
계를 넘지 말라 하신다. 신성성에 대한 언급이다.[30] 이 경계가 무너지면 신
학도 신앙도 설 자리가 없어진다. 오직 신의 대리자인 모세와 대제사장 격
인 아론에게만 접근을 허락하였다. 백성들에게는 음성으로만 강림과 임
재를 알게 하였다. 심지어 여호와의 산에 오르거나 경계를 침범하는 자는
돌로 쳐 죽이거나 화살로 쏘아 죽이라고까지 하였다. 성서에는 여호와의
강림을 다음과 같이 묘사하고 있다. 그리고 백성들이 밀고 들어 와 "나 여
호와를 보려고 하다가는 죽을 것이다"라고 경고하였다.

셋째 날 아침에 우레와 번개와 빽빽한 구름이 산 위에 있고 나팔 소리가
매우 크게 들리니 진중에 있는 모든 백성이 다 떨더라 모세가 하나님을 맞
으려고 백성을 거느리고 진에서 나오매 그들이 산기슭에 서 있는데 시내

---

[30] 이 부분은 신의 영역 곧 신성 구역에 관한 고대의 관습법에서도 찾을 수 있다. 신이 거
주하는 곳은 인간이 함부로 범접하지 못하게 하였다. 일종의 '소도'와 같은 지역이다.
제사장만이 들어갈 수 있으며 만약 범죄자가 도망하여 이곳에 들어가더라도 함부로
들어가지 않는 금기 조항으로 설정하였다. 하물며 구약 시대 엄존한 여호와의 신성성
을 감안할 때 이런 경계는 매우 엄격하다는 것을 보여 준다. 유대교뿐 아니라 이슬람교
와 힌두교 등 고등종교에는 다 적용되는 법이다. 이 원칙이 현대에도 어느 정도 지켜지
고 있다(필자 주).

산에 연기가 자욱하니 여호와께서 불 가운데서 거기 강림하심이라 그 연기가 옹기 가마 연기 같이 떠오르고 온 산이 크게 진동하며(출 19:16-18).

이 광경은 출애굽기 내에서도 비교적 상세하게 묘사되어 있다. 이는 성서가 인간에 의해 기록되었다 하더라도 하나님의 존재와 존엄에 대한 신성성을 크게 부각하기 위함이라고 생각한다. 이스라엘 민족에게는 출애굽을 이끄신 하나님께서 직접적 강림, 현현하신 자체만으로도 큰 의미가 있다. 또한, 이 모습은 모세에게 "바로에게로 가서 내 백성을 인도하여 출애굽 하라"고 명령할 때처럼 하나님의 영원한 법인 십계명을 내려주시기 직전의 강림 장면, 모세 혼자 만날 때와 비교하여 유사하면서도 장엄한 면이 있다.

또 하나 유념해야 할 부분은 "이 말을 이스라엘 자손에게 전할지니라" 하는 명령문이다. 곧 '관계 설정'과 '신학적 예정'이 지속성을 가질 수 있도록 '영구 계약'을 체결한 것으로 볼 수 있다. 이미 여호와께서는 역사 기록과 보존, 전달에 깊은 관심을 가진 신이란 사실을 앞에서 다루어 보았다. 이를 가르치기 위하여 이스라엘 백성들에게 직접 강림하셨다. 얼마나 중요호기에 직접 말씀하시고자 하였을까.

"하나님 말을 잘 듣고 언약을 지키면 하나님의 소유가 되고, 제사장 나라가 되며, 거룩한 나라 백성이 될 것이다"

마치 부모가 자식에게 주는 유훈처럼 들린다. 실제로 유훈과 마찬가지였다. 당대와 다음 세대를 넘어 영원히 유효한 '가훈'이 되고 '전가의 보도'처럼 내려오는 '가보'라는 사실이다. 그런데 이 가보는 이스라엘 백성만 누리는 혜택이 아니라 언약을 믿는 모든 백성에게 동일하게 적용될 수 있다는 데 그 위대성이 있다.

십계명(시내 산 율법)

이스라엘 백성들은 1월 15일(아빕월 15일) 무교절 첫날에 애굽을 출발하여 "3개월이 되던 날" 시내 산 아래 광야에 도착하였다. 이 부분은 3개월이란 시간을 무교절 이후 3개월로 치면 4월 15일이지만 3개월이 시작되는 날이라면 4월 1일로도 볼 수 있고 3월(시완월) 1일로도 볼 수 있다. 그러므로 작게는 46일에서 멀게는 90일 사이쯤 시내 산 아래 광야에 도착한 셈이 된다. 당시는 음력

을 사용하였다. 또한, 그곳에서 3일 동안 여호와 강림을 보기 위하여 거룩하게 하는 성결 예식을 거행하였으므로 49일이거나 93일에 이른 것이다.[31]

다음 날 모세는 하나님을 만나 십계명을 받게 된다. 즉 오순절이 될 수도 있다. 하지만 이런 절기와 십계명을 받은 날이 꼭 일치하여야 할 이유는 없다. 중요한 것은 십계명을 받음으로 하나님이 말씀하신 "모든 민족 중에서 내 소유가 되겠고 너희가 내게 대하여 제사장 나라가 되며 거룩한 백성이 되리라"고 한 언약의 징표가 이루진 것에 주목해야 한다. '하나님의 소유' '제사장 나라' '거룩한 백성' 이처럼 하나님의 나라 백성을 제대

---

31 이 부분에 대한 해석은 학자들에 따라 다양하게 제시된다. 특별한 의미를 부여하고자 하는 신학자들은 '3개월이 되던 날'을 3월이 되는 날로 계산하여 46일로 보려는 경향이 많다. 그러면 3일간의 성결 예식을 지난 후이니 49일로 보고 다음 날 모세가 시내 산으로 올랐으니 50일이 된다는 것이다. 그러면 칠칠절에 도착하여 오순절에 십계명을 받았다고 설명한다. 이는 십계명을 받은 때를 지나치게 이스라엘 절기에 맞추려고 한 듯한 인상을 받는다(필자 주).

로 표현한 말이 없다. 쉽게 말하면 십계명 돌판은 하나님과 인간, 하나님의 백성 사이에 맺어진 계약 원본이다. 어쩌면 두 개의 돌판은 두 장의 계약서로 하나님과 백성이 하나씩 나눠 가지는 의미와 같다고 본다.

십계명의 내용은 다음과 같다.

1. 제 일은 "나 외에는 다른 신들을 네게 두지 말라."

2. 제 이는 "너를 위하여 새긴 우상을 만들지 말라."

3. 제 삼은 "너는 네 하나님 여호와의 이름을 망령되게 부르지 말라."

4. 제 사는 "안식일을 기억하여 거룩하게 지키라."

5. 제 오는 "네 부모를 공경하라."

6. 제 육은 "살인하지 말라."

7. 제 칠은 "간음하지 말라."

8. 제 팔은 "도둑질하지 말라."

9. 제 구는 "네 이웃에 대하여 거짓 증거 하지 말라."

10. 제 십은 "네 이웃의 집을 탐내지 말라"(출 20:3-17).[32]

제1-2계명을 통하여 하나님 여호와는 질투하는 하나님이심을 직접 밝히셨다. 신이 스스로 질투하는 신이라는 사실을 밝히지는 않는 데 매우 이례적이다. 이는 존재의 유일성과 인간을 창조하신 창조자이심을 강조하기 위한 '차별성'의 언급이라고 본다. 그리고 십계명은 하나님이 직접 가르치고 말씀하신 내용이다. "하나님이 이 모든 말씀으로 말씀하여 이르시되"라는 단서를 두고 기술하셨다. 단서란 하나님 자신이 스스로를 백성들에게 소개하면서 역시 "나는 너를 애굽 땅, 종 되었던 집에서 인도하여 낸

---

[32] 개혁개정판 성경, 2009.

네 하나님 여호와라"고 한 말씀이다. 즉 애굽의 종 되었던 백성들에서 이제 하나님의 백성으로 거듭나기 위한 준비임을 가르쳤고 그 '분기점'이 십계명의 수용임을 분명히 하였다. 아울러 자신을 "하나님 여호와"라고 명시하였다.[33] "I am the Lord thy God"는 "나는 너의 구원 주 하나님" 정도로 번역이 된다. 즉 Yahweh는 여호와로 번역되었지만, 야훼는 이스라엘 민족의 고유 유일신이기 때문에 삼위일체와 보편성의 하나님으로 가르치기 위하여 'Lord'를 사용한 듯하다. 그러므로 보편 신(神), 개념인 야훼 즉 여호와보다 하나님이란 이름이 구원 주라는 의미에 적합하여 여호와가 직접 가르친 이름이 되었다.

애굽 땅, 종 되었던 집에서 인도하여 낸 하나님이 십계명을 주어 완전한 하나님의 백성으로 거듭나게 만들기 위하여, 가장 기본적인 그의 나라 법을 가르쳐 주었다. 이는 헌법에 준(準)하는 법을 일컬음이다. 헌법은 한 나라의 정신이다. 이로써 나라의 기본 요건이 갖추어졌다. 내용과 형식에 관해서는 이미 앞 장에서 다루었다. 한 가지 주목할 부분은 "나를 미워하는 자의 죄를 갚되 아버지로부터 아들에게로 3-4대까지 이르게 한다"는 대목이다. 질투하는 하나님, 신의 노여움이 미치는 기간이 4대까지 라면 무섭다. 이는 법의 엄격함도 엄격함이지만 하나님의 존엄이, 사람의 필요에 따라 만든 신(인간 신)과 다르다는 사실을 대대로 인식시키기 위함이었다. 애굽의 만신전에 있는 신들은 인간의 욕망을 대변하여 만든 인위적 신이었다. 그런데 하나님은 그들과 다른 신이다. 뿐만 아니라 하나님을 사랑하고 계명을 지키는 자에게는 천대까지 은혜를 베푼다고 약속하셨다. 그러

---

33 King James Version에는 다음과 같이 번역되어 있다. "And God spake all these words, saying, I am the Lord thy God, which have brought thee out of the land of Egypt, out of the house of bondage" Yahweh 야훼라는 단어는 사용하지 않고 Lord라는 단어를 사용하고 있다. 『HOLY BIBLE』, KING JAMES VERSION, American Bible Society, NEW YORK, 1816.

므로 십계명은 시대에 따라 다르게 적용될 것이 아니라 하나님 나라에서 영원토록 지켜야 할 법이며 하나님의 계명이 존속되는 한 지켜져야 할 법으로, 하나님이 직접 서명날인 한 시내 산 법이었다.

십계명 가운데 가장 긴 부연 설명을 추가한 조문이 2계명과 4계명이다.[34] 2계명이 우상 문제와 법의 준행에 관한 문제라면 4계명은 안식일에 관한 문제를 다루고 있다. 이는 인간에게 계명이 적용되었을 때 다양한 오해가 나올 수 있는 부분이기에 그만큼 구체적인 규정과 설명이 필요하였기 때문이라고 생각된다. 하나님과 관계된 법에서 '안식일을 거룩하게 지키라'하는 내용은 성서에서도 다른 이유로 설명될 때가 있다. 출애굽기를 통하여 하나님께서 직접 설명한 내용으로는 다음과 같다.

> 엿새 동안은 힘써 네 모든 일을 행할 것이나 일곱째 날은 네 하나님 여호와의 안식일인즉.. 이는 엿새 동안에 나 여호와가 하늘과 땅과 바다와 그 가운데 모든 것을 만들고 일곱째 날에 쉬었음이라 그러므로 나 여호와가 안식일을 복되게 하여 그날을 거룩하게 하였느니라(출 20: 9-11).

즉 창세기 2장에서 보는 것처럼 하나님이 세상 만물의 창조를 마치고 쉬셨고 그날을 복 주고 거룩하게 하셨으므로 안식일을 거룩하게 지키라고 하신 것이다. 시내 산 십계명에서 언급하신 내용과 같다.[35] 즉 하나님이 안식하셨으므로 피조물 인간도 안식해야 한다는 것이다. 그리고 그날을 축

---

34 십계명 전체를 일일이 분석하지 않는다. 이는 신학적으로 풀어야 할 내용이라 보기 때문이다. 단지 역사적으로 주목하거나 저술 목적에 부합하기 위함이다. 필요에 따라 큰 특징만 살폈다.

35 "하나님이 그가 하시던 일을 일곱째 날에 마치시니 그가 하시던 모든 일을 그치고 일곱째 날에 안식하시니라 하나님이 그 일곱째 날을 복되게 하사 거룩하게 하셨으니 이는 하나님이 그 창조하시며 만드시던 모든 일을 마치시고 그 날에 안식하셨음이니라"(창 2:2-3), 『개혁개정판 성경』, 대한성서공회, 2009.

복하셨다. 인간을 위한 최고의 선물이다. 그러나 신명기 십계명에서는 애굽 땅 종 되었던 곳에서 인도하여 낸 그날, 그 일을 기억하여 안식일을 지키라고 말씀하신다.

> 너는 기억하라 네가 애굽 땅에서 종이 되었더니 네 하나님 여호와가 강한 손과 편 팔로 거기서 너를 인도하여 내었나니 그러므로 네 하나님 여호와가 네게 명령하여 안식일을 지키라 하느니라(신 5:15).

한 마디로 안식일을 거룩하게 지켜야 할 이유가 '창조에서 구원의 상징'으로 발전하였다. 그런데 자세히 보면 창세기에서 안식은 하나님이 세상을 창조하시고 쉬신 안식일이었다. 하지만 신명기에서 계명을 정리하며 언급한 내용은 자기 백성을 종의 상태에서 구원하여 자유를 주시고 새로운 하나님 나라 가나안으로 인도하여 하나님 나라를 다시 만드신 그날을 안식일로 지키라 하셨다. 그러므로 창세기적 안식일과 신명기적 안식일은 상통한 면이 있다. 그것은 '하나님 나라의 완성'이라는 공통점이다. 가나안 입성은 제2의 창조 즉 하나님이 실패한 에덴을 가나안에서 다시 구현하고자 하는 뜻이 있었음을 보여 주신 사건이다. 그러므로 출애굽의 역사는 제2의 에덴, 하나님 나라 재창조를 위한 하나님의 장엄한 계획 속에 이루어진 사건이었음을 알 수 있다. 역사적 우연과 필연이 신학적 가르침으로 성취된 사건이었다.

마지막 열 번째 계명은 "네 이웃의 집을 탐내지 말라"고 하였다. 여기서 집은 건물뿐 아니라 이웃의 아내나, 종이나, 가축이나, 재물을 다 포함한 내용이다. 출애굽 하여 광야에서 진을 치고 거주하고 있는 백성에게 내려 준 계명 가운데 재물의 사적 소유를 인정하며 빈부의 차가 있었음을 암시하는 이런 내용은 당시의 상황으로서는 이해하기 어려운 대목이다. 그러므로 십계명은, 출애굽 광야 생활에서 하나님이 장차 세워질 나라를 생각하며 헌법처럼 내려준 사회 구성과 국가 운영의 기본이었지만, 출애굽기가 쓰여진 이스라엘의 역사 속에서(바벨론의 포로기)의 환경이 반영된 법으르 보여진다. 그리고 이는 당대보다는 후대, 이스라엘 민족보다는 인류 전체를 위해 가르쳐 준 기본 도덕률이라고 보는 것이 옳다.

그런데 하나님의 현현과 십계명을 받은 백성은 두려워 떨며 "하나님이 우리에게 말씀하시지 말게 하소서 우리가 죽을까 하나이다"라고 호소하였다. 왜일까? 애굽의 노예 상태에서 인도하여 낸 하나님을 보고 싶은 마음은 출애굽 백성들 누구나 가지고 있었던 궁금증이었을 것이다. 그들이 상상한 여호와 하나님은 과거 애굽에서 형체를 가진 만신전의 신들과 유사한 모양이라 생각한 듯하다. 하지만 그들이 직접 보기도 전에 우레와 번개와 나팔 소리와 산의 연기를 보고는 그 큰 권위와 아우라에 음성을 듣기도, 직접 보기도 두려워 떨었다. 그러자 모세가 "두려워하지 말라 하나님이 임하심은 너희를 시험하고 너희로 경외하여 범죄 하지 않게 하려 하심이라"(출 20:20)고 위로하였다. 여호와 하나님의 현현이 백성을 시험하고, 하나님을 경외하며, 범죄 하지 않게 하기 위함이라는 목적을 출애굽기 기자는 성서에서 밝혀놓았다. 경험과 실제 역사에서 인지한 하나님을 바라며 고난과 역경(바벨론 포로기 같은 시간) 가운데서 극복할 힘을 얻고자 하였다는 데서 하나님과 하나님의 법이 지니는 권위와 의미를 생각해 볼 수 있게 한다.[36]

---

36 이집트를 떠난 이스라엘 백성들이 어떤 경로를 통해서 시나이 반도로 들어갔고 거기서 어떻게 헤매다가 마침내 가나안으로 들어가는 입구인 모압 평원까지 이르게 되었는가에 대해서는 먼저 성경에는 출애굽기 12:37, 13:17-20, 14:2 등에 그에 관한 언급이 보이고, 민수기 33장에 모세와 출애굽 백성들의 상세한 리스트가 기록되어 있다. 특히 그 리스트에는 모두 42개의 지명이 나오는데 그것이 후대에 편집되어 삽입된 것이라는 비판도 있지만, 그중에서 20개의 지명은 『모세오경』 그 어디에도 보이지 않기에 설득력이 떨어진다. 김호동, 위의 책, 105.

이론상으로 이스라엘 백성 한 사람이 율법을 무시하거나 위반했을 경우 하나님의 임재가 이스라엘 백성 전체로부터 떠나는 결과를 초래할 수 있기에 율법은 이스라엘 백성 각자에게 의무로 지워졌다고 볼 수 있다.[37] 그런 의미에서 모든 개개인은 하나님의 임재를 지속시키는 일에 나름의 역할을 가지고 있으며 하나님의 임재는 전 우주와 특히 이스라엘 백성에게 자유와 질서를 가져다준다는 것을 깨닫게 한다. '속죄제'와 '속건제'의 구성 요소인 피의 제의(blood ritual)는 신성한 공간에서 부정을 제거하고 정결을 유지하기 위해 고안된 것이었다. 만약 부정이 제거되지 않고 축적된다면 야훼 하나님의 임재가 그들을 떠나거나 공동체가 위험에 처하는 결과를 초래할 수 있기 때문이다. 이처럼 특별한 기능을 가진 피의 제의는 고대 근동에서 좀처럼 찾아볼 수 없는 제도지만 이스라엘의 성전 신학에서는 핵심적인 역할을 감당한다고 볼 수 있다.[38]

2) 생활의 법을 정하다

(1) 제단에 관한 법

십계명을 헌법처럼 내려주신 여호와 하나님은 그에 따르는 구체적인 삶

---

[37] 이 원칙은 여호수아 7장에 나오는 아간의 이야기를 통해 확인되는데 모든 이스라엘 사람들이 아간의 계명 위반으로 고통을 받게 되었다.

[38] 피 뿌리는 제의는 고대 근동 다른 지역에서도 행해졌지만, 이스라엘에서처럼 신성한 공간을 정화하기 위하여 시행한 것은 아니었다. 히타이트의 피 뿌리는 의식, 특히, 신전 우상을 정화하기 위해 피를 이용한 '주르키'(*zurki*)의식에 관해서는 수메르 제의에서도 제물로 드려진 황소의 피를 구덩이에 뿌리고 신들이 그 냄새를 맡게 한다. 신성한 공간을 보전하는 것과는 관계가 없다. H. Vanstiphout, *Epics of Sumerian King*, SBLWAW (Atlanta: SBL. Press, 2003),123, lines 358-359.존 H. 월튼, 왕희광 역,『교회를 위한 구약성서 신학』, 새물결 플러스, 2021, 266.

의 명령을 하나하나 가르쳐주셨다. 이것이 성서 출애굽기 21-24장까지 기술되어 있다. 첫째 명령이 "나를 비겨서 은이나 금으로 너희를 위하여 신상을 만들지 말라"고 말씀하셨다. 이는 거듭 반복되는 주문이다. 주목할 말은 "나를 비겨서"라는 표현이다. 하나님은 인간이 손으로 만드는 신상이 아니다. 그리고 손으로 만든 다른 신상에 비길 수도 없다. 스스로 존재하는 하나님은 다른 신과 비교되는 것을 매우 싫어하신다고 하였다. 더구나 피조물 인간과는 거리를 들 수밖에 없음을 이미 설명하였다. 인간 신은 인간 욕망의 산물이다. 인간이 하나님을 창조할 수 없음을 천명한 것이다. 근본은 창조 하나님과 피조(被造) 인간의 관계이다. 그리고 번제와 화목제를 위한 토단을 쌓으라고 하였다. 다듬은 돌 제단도 안되며 층계도 만들지 말라고 하였다. 토단 제사(예배)를 드리는 모든 곳에서 복을 내리리라는 약속을 하였다. '다듬다'는 동사는 인위, 인공을 의미한다. 하나님은 결코 인간의 손으로 만든 신이 아니라고 하였다. 마찬가지로 인간이 다듬은 돌은 인위가 들어가기에 싫어하셨다고 본다. 그리고 불순한 모습도 싫어하셨다. '인위'와는 섬김 자체가 성립되지 않음을 표방한 것이다. 하나님은 우상 근접 자체를 거부하셨다. 유일신 신앙의 원리라고 생각한다.

(2) 종에 관한 법

이스라엘 백성들 광야 생활 가운데 종에 관한 법(출 21:1-11)을 이렇게 세밀하게 가르치고 지시한 이유가 무엇일까? 종의 신분은 계급사회와 사유재산제도, 빈부차가 있는 사회였음을 방증한다. 그런데 이 법을 내려 준 곳이 이스라엘 백성들이 시나이반도의 동남쪽 시내 산 아래 진을 쳤을 때였다. 어찌 보면 이제부터 여호와의 시간이며 훈련의 시간이다. 이런 훈련의 시간에 십계명 이후 법률의 하나로 종에 관한 법을 가르쳤다는 것은 출애굽 이스라엘 백성들의 신분적 구성이 복잡했다는 사실을 말해준다. 만약 가나안 입성 이후에 지켜야 할 내용이었다면 출애굽기의 저자는 기술(記述) 자체를 나누어 썼을 것이고 후대에 다시 결합 편집했을 가능성도 있다.

주목할만한 내용은 종을 사더라도 6년 동안 일을 시키고 7년째에는 자유인의 신분으로 몸값을 물지 않아도 속량 한다는 규정이다. 안식년의 규정이 사람에게 적용된 사례다. 원래 안식년은 농경문화에서 땅을 6년 동안 경작한 다음에는 7년째에 안식년을 두어 휴경하는 데서 시작되었다. 상전과 종의 관계를 농부와 경작지의 관계로 보고 있다는 것은 하나님 나라의 법으로 '경제적 공공성의 원리'를 적용한다는 것이다. 역사적으로 고대 노예제 사회에서 신정정치의 단계로 진입하는 과정에서 신적 통치 원칙이 적용된 사례를 보여 준 내용이다. 그 외 '노비종부법'[39] '노비종모법'[40]이 지켜지며 안식년이 되어도 종이 스스로 자유인이 되기를 거절하고 계속 상전을 모시기를 원하면 반드시 재판장에게 가서 허가를 받는다는 것이 특이하다. 재판장이란 당시 제사장이 겸임했을 가능성이 크지만, 의사 표현의 공증이 필요했다는 것은 분쟁을 사전에 방지하고자 했던 고려(考慮)에서 시작되었다고 본다.[41] 단지 종의 매매 규정이나 종의 가족 구성을 인정하고 기본적인 생활 영위하도록 인정한 것 등은 봉건제 사회에서 다루었던 종의 신분보다 훨씬 인격적 대우를 했던 모습으로 보인다.

그런데 왜 수많은 민법 가운데 종의 법을 가장 먼저 가르쳤을까? 이는 이전 애굽에서 종살이하였던 경험과 살아왔던 방식을 유지하고 있었던

---

39 아버지가 종의 신분이면 자식도 자연 종이 된다는 법이다.

40 어머니가 종의 신분이면 자식도 자연 종이 된다는 법이다.

41 성서는 "백성 앞에 세울 법규"(출 21:1)라고 지칭하셨다. 앞서 십계명은 헌법 형식으로 인간에게 주신 섬김의 대원칙을 세운 법이었기에 이제는 민법적 성격의 가르침을 시내 산에 와서 모세를 통하여 내려주고 있음이 의미 있다고 여겨진다.

이스라엘 백성과 함께 출애굽 한 잡족들과의 관계를 살펴서 제시하였기 때문이라고 생각한다. 성경에도 이 부분은 포괄적인 '히브리 종'(출 21:2)이라는 표현을 썼는데 이것이 이를 뒷받침하는 부분이다. 히브리인들은 안정과 음식을 얻기 위해서는 종의 신분도 불사하는 경향이 있었다. 신분의 자유는 둘째 문제였다. 하지만 여호와 신의 생각은 달랐다.

> B.C. 13세기경 이집트에서 이주한 사람들을 히브리인이라고 하는데 이 말의 의미는 '국경을 넘나드는 사람들'로 요즘 용어를 빌리면 '불법 체류자'들이다. 이들은 메소포타미아와 팔레스타인 그리고 이집트로 이어지는 '비옥한 초승달 지역'에서 정착하지 못하고 경제적인 자유를 찾아 떼를 지어 돌아다니던 사람들이다. 히브리인이란 인종적이거나 민족적인 개념이 아니다. 출애굽기 12장 38절에 언급된 온갖 잡족들은 경제적인 안정과 음식을 찾기 위하여 비옥한 초승달 지역을 배회하던 사람들이다. 모세는 광야에서 오랫동안 지내며 이들을 신앙공동체로 만들었다.[42]

아무튼, 안식년 제도가 농업 경영과 생산방식, 소출을 늘리기 위한 법에서 인간의 신분과 위계질서에 적용하여 신분의 자유를 허용한다는 원칙은 참으로 아름다운 하나님의 방식이라고 생각된다. 역사 사회학적으로 '원시 공산사회'를 언급하기도 하는데 이는 맥락의 기원이 조금 다르다고 본다. '원시 공산사회'는 계급이 없이 살아가던 구석기 시대나 신석기 시대, 사회 진화 중 가장 낮은 시대의 모습이지만 출애굽 당시로서는 이집트의 강력한 전제 왕권을 경험하였고 정복과 피정복민의 처우도 경험하였기에 히브리 노예들이 가졌던 상당한 수준의 사회 경제 수준에서 다루었

---

42 배철현, 위의 책, 229.

으리라 생각한다. 그러므로 민법상 가장 이슈(Issue)가 될 수 있었던 민감한 부분이 '종에 관한 규정' 아니었나 여겨진다. 즉 '인간과의 관계' 법으로 종, 몸값, 자유인, 장가, 아내, 상전, 종의 처자. 재판장, 귀 표식, 종신, 여종, 남종, 속량, 외국인, 매매, 속전 등의 단어들을 사용하여 아무리 종이라도 일정한 가정을 꾸리고, 최소한의 인간적 대우를 받을 수 있도록 규정하고 있다. 한 가지 "사람이 자기의 딸을 여종으로 팔았으면"(21:7)이라는 성경의 기록이 주목되는 부분이다. 아마 이스라엘인들은 동족 개념으로 자신의 딸을 남의 집에 판다거나 하지는 않았을 것 같고 히브리 종 즉 잡족과의 사이에서 일어나는 실례가 있었기 때문이 아닌가 생각된다. 그러므로 히브리인의 출애굽 사건은 하나님 나라를 위한 종족 통합의 의미를 지니고 있다고 여겨진다.

(3) 폭행에 관한 법

1조. 살인자는 사형에 처한다.

2조. 부모를 치는 자도 사형에 처하며 부모를 조롱한 자도 사형에 처한다.

3조. 사람을 납치한 자도 사형에 처한다.

4조. 분쟁 중, 남에게 상해를 입힌 자에게는 배상하고 완치하도록 돕는다.

5조. 남종이나 여종을 때려죽이면 형벌을 받고 잠시라도 살아있다면 벌을 면한다.

6조. 분쟁 중 임신부(妊娠婦)를 쳐 낙태하게 하면 남편의 청구대로 벌금을 내되 재판장의 판결대로 한다. 분쟁 중 다른 해가 있으면 눈은 눈으로, 이는 이로, 손은 손으로, 발 은 발로, 덴 것은 덴 것으로, 상하게 한 것은 상함으로, 때린 것은 때림으로 갚는다.

7조. 남종이나 여종의 한 눈을 쳐서 상하게 하면 보상으로 그를 자유케 한다. 또 종

의 이를 쳐서 빠지게 하면 보상으로 그를 놓아주어야 한다(출 21: 12-27).[43]

전체적으로 폭행에 관한 법은 형법으로 'Tario의 법칙'이 적용되고 있음을 알 수 있다. 이는 함무라비 법전에서도 확인할 수 있는 것처럼 보복을 원칙으로 하며, 인간의 생명을 존중하는 휴머니즘이 상당히 확보되어 있음을 알 수 있다. 고대 사회에서 Tario의 법칙은 메소포타미아 지방이나 문명의 발원지 국가들에서 공통적으로 보이는 형법 원칙이었다.[44] 그러므로 이러한 형법의 원칙을 통하여 당시 고대 근동 지방을 관통하는 보편적 사회 질서를 어느 정도 가늠할 수 있다. 특별히 부모를 때린 자도, 부모를 조롱한 자도 사형에 처하였다는 점은 부모를 각별히 섬겼다는 단순한 판단을 넘어 십계명의 제5조 "네 부모를 공경하라 그리하면 네 하나님 여호와가 네게 준 땅에서 장수하리라" 명한 법칙의 연장이라고 생각한다. 부모를 공경하라는 효(孝)의 가르침은 동서고금을 막론하고 동일하게 적용되고 있다. 그러나 구체적으로 내용을 적시한 것이 인상적이다. "부모를 조롱한 자는 반드시 사형에 처한다"라고 하는 확실한 법적 장치를 두었다. 포괄적인 구문이지만 '반드시'를 강조한 것은 부모 공경의 준엄함을 확실히 가르쳐준 내용이다.

(4) 가축 임자의 책임과 배상에 관한 법

가축 특히 소가 일반 사람을 받아 다치게 하거나 죽게 하였을 경우 또 남의 집 종을 받았을 경우 등을 기록하였다. 여기서도 생명 존중 사상이

---

43 성서의 내용에 이해를 돕기 위하여 편의상 구분하여 조와 넘버를 붙였다.

44 Tario의 원칙은 우리나라 역사 최초의 국가였던 고조선의 8조 법에서도 보인다. 살인자는 사형에 처한다, 남을 다치게 한 자는 곡물로 배상한다. 도둑질한 자는 노비로 삼고 배상하려는 자는 50만 전을 내야 한다. 중국의 『한서 지리지』에 3조만 전해지고 있다.

나타나 있다. 특히 소가 사람을 받아 죽이면 그 소와 임자를 같이 죽인다는 규정이다. 가축에 대한 단속을 강화하고 규정도 엄격히 하였다. 남의 종을 받아 죽였을 경우 은 30 세겔을 그 상전에게 보상한다거나 길의 구덩이 관리문제, 소끼리 싸워 한쪽을 죽였을 경우 소를 팔아 반을 준다거나 사고 소가 본래 받는 버릇이 있는 소였다면 단속하지 않은 임자가 자기 소로 갚게 한다는 등 매우 세밀한 내용을 담고 있다. 이로써 알 수 있는 것은 당시 사회가 민법적 소송 문제가 빈번하게 일어나고 공동생활이나 집단생활 등으로 서로 간의 사생활 침해 문제가 심각했음을 알 수 있다.

소를 도둑질하면 1마리에 5마리로 배상하고, 양은 네 마리로 배상한다. 도둑이 침입한 것을 보고 쳐 죽이면 죄의 유무가 해진 후와 해 돋은 후로 분간하였다. 즉 밝은 날은 도둑이라도 정당방위를 인정하지 않고 있음이 특이하다. 이처럼 인간의 사회생활 가운데 일어날 수 있는 다양한 사례를 일일이 명기하여 사람과 사람, 동물과 동물, 사람과 동물, 사람의 재물, 유무형의 자산, 절도와 담보 배상 등에 관한 규정으로 '죄형법정주의'에 준하는 성문법의 형식을 취하고 있다는 것이 당시로서는 상당히 선도적인 형법과 민법의 내용을 보여 주고 있다고 설명할 수 있다. 이런 법의 규정이 출애굽의 연대 추정인 B.C. 16세기 또는 B.C. 13세기에 이뤄졌을 수는 상당히 어렵다. B.C. 6세기 바벨론 포로 시대에 제사장(재판관)에 의해 문서화(성서사본) 되었으리라 보는 이유이다. 어쨌든 한 가지 주목할 내용은 하나님께 피의자의 양심을 맹세케 하였다는 사실이다.

사람이 나귀나 소나 양이나 다른 짐승을 이웃에게 맡겨 지키게 하였다가 죽거나 상하거나 끌려가도 본 사람이 없으면 두 사람 사이에 맡은 자가 이웃의 것에 손을 대지 아니하였다고 여호와께 맹세할 것이요 그 임자는 그대로 믿을 것이며 그 사람은 배상하지 아니 하려니와(출 22:10-11).

자신의 말이 거짓인지 아닌지를 하나님 앞에서 맹세하였다는 사실은 자신의 내면까지 들여다보고 계신 분이 하나님이라는 것을 고백하는 것이며 그분을 전적으로 신뢰한다는 사실을 보여 주는 대목이다.

(5) 도덕에 관한 법

1. 사람이 처녀를 꾀어 동침하였으면 납폐금[45]을 주고 아내로 삼을 것이며 만일 처녀의 아버지가 딸을 그에게 주기를 거절하면 그는 처녀에게 납폐금으로 돈을 내어야 한다.

2. 무당을 살려두지 말라

3. 짐승과 음행 하는 자는 반드시 죽인다.

4. 여호와 외에 다른 신에게 제사를 드리는 자는 멸한다.

5. 가난한 자에게 돈을 꾸어주면 그에게 채권자같이 하지 말며 이자를 받지 말라

6. 재판장을 모독하지 말며 백성의 지도자를 조롱하지 말라

7. 거짓된 풍설을 퍼뜨리지 말며 악인과 연합하여 위증하는 증인이 되지 말라

8. 원수의 길 잃은 소나 나귀를 보거든 반드시 그 사람에게 돌려주어야 한다.

9 가난한 자의 송사라도 정의를 굽히지 말아야 한다(출 22:16-31).[46]

너는 이방 나그네를 압제하지 말며 그들을 학대하지 말라 너희도 애굽 땅에서 나그네였음이라(출 22:21).

---

[45] 납폐금은 남편이 아내 될 처녀를 데려가기 위해 신부 측에 지급하는 돈을 말한다. 일종의 인신 매매혼이라고도 하는데 우리나라 옥저에서도 예부제라고 하여 여자아이를 데려다 키운 후 아내로 만들기 위해 일정한 돈을 지급하고 데려가는 풍속이 있었다.

[46] 도덕에 관한 법 역시 이해를 돕기 위하여 번호를 붙였다.

이 문제는 중요한 의미를 지니고 있다. 출애굽 한 이스라엘 백성들에게 나그네 대접하기를 혈육이나 이웃 같이 대접하라고 한 이유가 이스라엘 백성들이 애굽 땅에서 나그네 생활을 하였기 때문이라고 하였다. 이 교훈은 십계명을 내려준 이후 수많은 법과 계율을 가르쳐 주면서 종에 관한 법을 가장 먼저 내려준 이유와도 같다. 왜냐하면, 이스라엘 백성들이 애굽의 종살이를 하였기에 종의 처지를 알고 종의 신분을 분명히 하여 안식년을 적용하여 자유의 신분으로 만들어 주거나 종의 인격을 보장해주어야 한다는 이유와도 상통한다.

여호와 하나님은 세상에서 유일하게 낮은 자와 가난한 자, 고아와 과부, 눌린 자와 하층민을 위해서 존재한 신이다. 그러므로 출애굽 백성들에게 내려준 법에는 십계명과 같은 하나님의 존재와 섬김, 인간의 기본적인 도리를 가르친 이외에 전체적으로 어려운 사람들에 대한 권익 보장을 위한 법을 가르쳐 주었다. "너는 이방 나그네를 압제하지 말라 너희가 애굽 땅에서 나그네 되었은즉 나그네의 사정을 아느니라"(출 23:9) 거듭하여 나그네 사정을 언급하고 있다. 하나님은 필경 약자의 하나님임을 천명하였다. 이처럼 계명 이후의 법들은 현대사회 자유 민법과 인간 존중 사상의 기원이 이에 기원함을 보여 주고 있다. 그리고 다양한 사례를 적시함으로 죄형법정주의 사상이 기초함도 보여 주고 있다.

윤동주의 시 가운데 '쉽게 씌워진 시'라는 작품이 있다. 9-10연에 보면 나약한 인간이 할 수 있는 최소한의 몸부림을 소망으로 표현하였다.

등불을 밝혀 어둠을 조곰 내몰고/ 시대처럼 올 아침을 기다리는 최후의 나/ 나는 나에게 적은 손을 내밀어/ 눈물과 위안으로 잡는 최초의 악수.[47]

---

47 윤동주의 '쉽게 씌워진 詩' 전문은 다음과 같다. 窓밖에 밤비가 속살거려/ 六疊房은 남의 나라/ 詩人이란 슬픈 天命인줄 알면서도/ 한줄 詩를 적어 볼가/ 땀내와 사랑내 포

출애굽 한 백성들이 광야에서 생활하며 광야에서 나라를 세워보려 했는지도 모른다. 하지만 여호와 하나님은 그들을 소망이 있는 땅, 젖과 꿀이 흐르는 땅 가나안으로 인도하고자 하였다. 그들에게는 한 사람 한 사람이 다 소중한 존재였다. 무엇보다 스스로 이를 느끼는 것이 중요하였다. 그리하여 종이 아닌 자유인으로서 그리고 거룩한 하나님의 백성으로 살아가는 법을 터득하도록 깨닫는 것이 중요한 과제였다. 그러므로 여호와 신은 거듭하여 "너희가 애굽에서 나그네(또는 종) 되었은즉 나그네 사정을 아느니라"고 강조한다. 앞서 윤동주의 시를 상기한 것도 피 식민지인으로 살아가면서 그 무엇도 할 수 없는 무력감을 떨쳐버리고자 하는 간절함을 보기 위함이었다. 새로운 시대를 준비하며 스스로 다짐하는 악수라도 필요하였듯이 작은 행동이라도 해야 한다는 것을 여호와 하나님은 가르치고 있다. 이것이 약속 관계를 구성하는 절실한 백성의 책임감이다. 무엇보다 법이 있고 법으로 보장되는 제도가 있고 자신들의 신께 제사할 수 있는 정체성을 갖도록 법과 제도와 절기를 마련해 주었다고 본다.

출애굽기는, 노예 생활을 하던 이스라엘 백성들을 하나님의 무한한 능력으로 모세의 영도하에 애굽에서 시내 산 광야까지 나오게 된 과정이 반(1/2)이며, 나머지는 십계명과 언약 법규 그리고 성소와 성막 제사 규정이 반(1/2)이다. 이렇게 보면 출애굽기의 가장 큰 비중은 스펙터클 하게 홍해를 건너고 광야를 거치며 있었던 미스테릭 한 사건이 아니었다. 핵심은 하나님의 인도하심, 십계명과 법규 그리고 성막과 제사를 통하여 인간에게

근히 품긴 보내주신 學費封套를 받어/ 大學 노-트를 끼고/ 늙은 敎授의 講義 들으러 간다./ 생각해 보면 어릴 때 동무를/ 하나, 둘, 죄다 잃어 버리고/ 나는 무얼 바라/ 나는 다만, 홀로 沈黙하는 것일가?/ 人生은 살기 어렵다는데/ 詩가 이렇게 쉽게 씨워지는 것은/ 부끄러운 일이다./ 六疊房은 남의 나라,/ 窓밖은 밤비가 속살거리는데,/ 등불을 밝혀 어둠을 조곰 내몰고,/ 時代처럼 올 아침을 기다리는 最後의 나,/ 나는 나에게 적은 손을 내밀어/ 눈물과 慰安으로 잡는 最後의 握手/ 1942년 6월 3일
2행 1연 총 10연의 시

말씀하시고자 하는 영원한 나라의 법칙을 깨닫게 하고자 함이었다. 신과 인간의 관계법이기도 하지만 아름답기까지 하다. 그렇다면 출애굽기란 책의 제목이 조금 부족하단 생각도 든다. 눈으로 보고 듣는 피상적 이해가 아니라 성서의 목적이 하나님과 인간의 직접적 계약 체결 과정, 또는 영원한 '언약 체결 과정'이란 주제에 천착되어야 한다고 본다. 하지만 출애굽이란 피상적 해석 경향에 맞추어진 이유는 다음과 같은 사실 때문이었다.

첫째, 구약성경 최초의 헬라어 번역인 70인 역이 이 책에 대하여 '출애굽기'(Exodus)라는 명칭을 붙인 이후로 거의 모든 성경 번역이 이 전통을 따라 명명하고 있기 때문이다.

둘째, 출애굽기를 근거로 만든 영화나 드라마들이 이적 기사를 더 강하게 부각하고 있기 때문이다. (모세, 십계, 이집트 왕자 등) [48]

출애굽기를 뒤이어 모세오경으로 편집된 레위기와 민수기도 출애굽기 후반부의 언약 관계를 더 구체화시켜 가는 과정들이다. 그러므로 엄격히 보면 출애굽기, 레위기, 민수기는 하나의 책이 되어야 맞고 굳이 제목을 정한다면 '시내 산 관계 형성기' 또는 '시내 산 언약기'[49]가 되어야 하지 않을까 생각한다.

만약 광야 생활의 경험이 없었다면 오늘날 이스라엘이 존재할 수 있었을까? 다시 말하면 이스라엘 백성들이 더 오랜 기간을 이집트에서 종살이하다가 우연히 국제 정세에 따라 가나안으로 이주하여 독립 국가로서 이스라엘을 건국할 수 있었겠냐는 의문이다. 역사적 사례와 2차 세계대전 이후 독립한 우리나라의 경우처럼 될 수도 있지만 적어도 하나님의 나라

---

48   송제근,『아주 오래된 날마다 새로운 구약성경 이야기1』(서울: 언약나라, 2017), 232.
49   이렇게 본 이가 있다. 송제근,『아주 오래된 날마다 새로운 구약성경 이야기1』(서울: 언약나라, 2017), 233. 송제근도 '시내 산 언약기'라는 용어를 사용하고 있다.

와는 상관이 없었을 것이란 말이다. 그리고 그것은 하나님의 구속사 관점에도 부합되지 않는다. 그러므로 광야 생활은 이스라엘 백성에게 누에고치와 같은 생활이며 반드시 거쳐야 병사로서 완성될 수 있는 훈련소와 같은 곳이었다. 결코, 시련기가 아니었다. 모세가 여호와 하나님을 만나기 위해 미디안 광야의 40년 숙려기간이 필요하였듯이 이스라엘 백성에게도 40년의 훈련기 또는 숙려기가 필요했던 것이다. 이를 마치고 나서야 하나님은 이스라엘 백성들에게 계약 도장을 찍어 주셨고 계약서는 십계명이며 원본은 증거판이었다.

> 모세가 언약서를 가져다가 백성에게 낭독하여 듣게 하니 그들이 이르되 여호와의 모든 말씀을 우리가 준행하리이다. 모세가 그 피를 가지고 백성에게 뿌리며 이르되 이는 여호와께서 이 모든 말씀에 대하여 너희와 세우신 언약의 피니라(출 24:7-8).

위의 성서 본문에도 기록된 것처럼 여호와께서 이 모든 말씀에 대하여 "너희와 세우신 언약서"라고 직접 명명하였다. 그리고 이를 인류 역사 속에서 지키기 위하여 피로써 맹세하고 있음을 보게 된다.

만약 인간이 하나님의 창조물임을 고백하고, 출애굽 당시 야훼 하나님을 우일한 신앙 대상으로 고백한다고 하면 하나님과 인간은 어떤 관계에 놓이게 될까? 고백하고 믿기만 하면 하나님의 백성이 되는 것일까? 앞서 출애굽 과정은 제2의 에덴, 하나님의 새로운 창조 계획이었다고 하였다. 이는 하나님이 아담과 하와에게 주신 축복을 출애굽 백성에게 똑같이 주신 것으로 성서를 통하여 확인하였다.

새로운 하나님 나라에 들어가기 위한 조건 가운데 나라(영토)는 이미 가나안으로 정해졌고 주권은 하나님에게 있음을 모세를 통하여 알게 되었으며 이스라엘 백성들도 동의하였다. 문제는 나라 백성이다. 하나님 나라의 백성이 되기 위해선 하나님 나라의 법과 원칙을 준수할 의무가 있고 언약 속에 자신을 두어야 한다. 여호와는 이를 명확히 하였다. 그리고 피로써 맹세하고 돌판에 새겨 영원히 보관케 하였다. 이것이 '시내 산 율법'이며 '시내 산 언약'이었다. 그리고 이는 일종의 쌍무계약이라기보다 '일방 계약'이었다. 인간은 계약(약속)을 지켜 행하기만 하면 된다. 신의 의무는 걱정할 필요가 없다. 이미 눈으로 본바 그 신뢰를 확인시켰다. "너희는 삼가 그의 목소리를 청종하고 그를 노엽게 하지 말라 그가 너의 허물을 용서하지 아니할 것은 내 이름이 그에게 있음이라"(출 23:21) 하여 여호와 신이 사자를 통하여 자신의 마음을 전달하고 있다. 이어서 "네가 그의 목소리를 잘 청종하고 내 모든 말대로 행하면 네 원수를 내 원수로 여길지라"(출 23:22) 약속한다. 이는 약속의 문서인 '계명'을 지켜 행하면 "너희는 내 백성이 되고 나는 너희 하나님이 되리라"(출 6:7) 한 언약의 재확인이었다. 인간은 계명의 이행이 자격요건이었지만 하나님은 그냥 하나님이 된다는 존재의 확인만 있으면 그만이었다. 이것이 신과 인간의 관계이다. 하나님은 그냥 하나님으로 존재 자체가 권위며 신앙 대상이다.

이로써 하나님 나라의 조건인 영토와 주권과 국민의 3요소가 갖추어진 것이다. 성경을 통하여 가장 마지막까지 체크하신 요소가 '백성'이었다. 광야는 하나님 나라 백성들을 연단하기에 아주 좋은 장소였다. 생존의 조건을 초월한 믿음의 조건이 필요하였다. 인간의 기본 욕구인 물과 빵과 고기를 초월한 '믿음', 그것을 가장 중요한 요소로 인식하게 하는 장소였다.

(6) 안식년과 안식일에 관한 법

안식년은 원래 자연을 위한 법이며 인간과 짐승이 공생하라고 가르친 법이었다.

> 너는 여섯 해 동안은 너의 땅에서 파종하여 그 소산을 거두고 일곱째 해에 는 갈지 말고 묵혀 두어서 네 백성의 가난한 자들이 먹게 하라 그 남은 것 은 들짐승이 먹으리라 네 포도원과 감람원도 그리 할지라(출 23:10-11).

원래 식물을 생산하는 땅(토지)도 자체는 무생물이지만 거기엔 각종 생명체를 머금으며 식물의 성장에 필요한 영양소를 공급한다. 그러므로 일정 기간 작물을 생산한 연후엔 휴경기를 두어 쉬게 해 주는 것이 상식이다. 하지만 이런 상식도 원래는 성경적이었다는 사실을 가르쳐주고 있다. 정확히 말하면 신이 부여한 자연의 섭리라는 사실이다. 이것이 안식년제도이다. 모든 생물은 계속된 생산으로 인하여 본래 가진 기력을 상실할 수 있다. 그러므로 쉬어야 한다. 성경에서 말하는 창조의 원리도 창조주께서 6일 동안 일하시고 제7일 째는 쉬셨다. 여호와 하나님께서 쉬신 것처럼 인간도 토지도 쉬라 하는 것이 성서의 가르침이다. 그런데 안식일의 의미가 구약성경을 통해서도 변화하고 있음을 보여 준다.

> 안식일은 창조에서 구원으로 의미가 확장되었고 사망 권세를 이기고 인간에게 영원한 안식을 주신 안식 후 첫날은 초실절이자 부활절인 주일이 진정한 안식일이다. 오순절도 주일이다. 이날 성령의 임하심으로 진정한 안식일은 주일로 바뀌게 되었다.[50]

---

50 이문범, 『역사지리로 보는 성경-구약편1-』, 두란노서원 2018, 144.

이렇게 절기와 안식일을 인과관계로 보는 것이 신학계의 일반적 인식이다. 땅도 안식년을 두어 쉬게 하라 하신 것처럼 사람도 6일 동안 힘써 일하고 이레째 되는 날은 하나님의 날로 쉬라고 하셨다. 심지어 소나 나귀, 여종의 자식까지 그리고 나그네까지 쉬라 하셨다. 그런데 왜 십계명에는 있는 남(男)종은 언급되지 않았을까?[51] 아마 단순한 누락이거나, 여종만을 언급한 것은 아무래도 남종을 아우르는 표현이 아닐까 생각된다. 왜냐하면, 번역 당시 사회 인식이 여종이 남종에 비해 더 낮은 대우를 받았기 때문이지 않을까. 가장 하층민까지 언급한 셈이 된다. 여기서 "네 일을 하고"(출 23:12)라는 문구의 주체에 남종도 포함 시켰을 수도 있지 않을까. 하지만 앞서 종에 관한 법을 언급할 때는 분명 "종이 장가들었으면 그의 아내도 나가려니와"(21:3)라는 문구로 보아 남종이 존재하여 신분을 언급하고 있다. 하지만 안식일 문제에서는 '남종'이란 단어가 빠진 이유는 모호하다.

여기서 생각할 문제는 안식이란 말을 '숨을 돌린다'란 표현과 같이 사용하고 있다는 점이다. 왜 안식을 다른 두 표현으로 했을까? 힘써 엿새 동안 일하면 하루는 숨을 고를만하다. 즉 쉬어야 한다. 당연한 일이다. 오늘날도 쉰다는 말을 '숨을 돌린다'란 표현으로 쓰기도 하지만 동사 '숨을 돌리다'의 주체가 '여종의 자식과 나그네'라고 명기하고 있다. 말하자면 가장 약자인 셈인데 이들까지 숨을 돌리며 쉼에 동참하라고 하였다. 또 안식은 그냥 아무 일도 하지 않고 쉬라는 뜻이 아니라 여호와 신을 찬양하며 그를 즐거워하고 제사(예배) 드리는 일에 동참하라는 가르침이었다. 이를 "내가 네게 이른 모든 일을 삼가 지키고 다른 신들의 이름은 부르지도 말며 네 입에서 들리게도 하지 말지니라"(출 23:13)라고 기록하였다. 즉 아예 우상은 언급도 말라고 지시하였다. 여호와 신에 대한 존재감의 확립이

---

51 히브리어 원어 성경에도 "네 여종의 아들과"라고 기록되어 있다.

며 정체성의 조건이기도 하다. 이처럼 안식일의 개념엔 쉼을 넘어 숨을 고르며 여호와를 만나며 신앙하는 거룩성, 이스라엘 민족의 정체성, 나아가 인간의 기본 양식이란 뜻이 있음을 가르쳐 주고 있다.

앞서 십계명에서도 안식일 규정은 제4 계명으로[52] 하나님에 대한 계명과 인간에 대한 계명 사이에 있어 전후 하나님 존숭(尊崇)과 인간 존중(尊重)을 동시에 아우르는 연결고리 역할과 예배를 통하여 소통할 수 있음을 가르쳐준 바 있다.

(7) 세 가지 절기(節期)에 관한 법

무교절, 맥추절, 수장절 세 절기에 관한 수용을 여호와께서 법으로 지킬 것을 명령하고 있다. 법은 가르침보다 일종의 명령규범이다. 서술어가 동일하게 '-지니라'라는 종결어미로 기록되어 있다. 이는 -해라 할 자리에 쓰여 '마땅히 그렇게 할 것이니라'는 뜻을 나타내는 종결어미로, 명령의 의미를 띠며 장엄한 어감을 나타내기도 한다. 물론 번역 과정에서 선택한 단어이지만 그래도 원어에 가깝게 명령의 의미를 담고 있는 것은 분명하다.[53] 하나님은 왜 세 가지 절기 수용을 명령하였을까? 십계명을 주신 하나님은 구체적인 삶의 명령을 출애굽기 24장까지 가르쳐주고 있다.

이를 정리하면,

---

[52] 제4계명 "안식일을 기억하여 거룩하게 지키라 엿새 동안은 힘써 네 모든 일을 행할 것이나 일곱째 날은 네 하나님 여호와의 안식일인즉 너나 네 아들이나 네 딸이나 네 남종이나 네 여종이나 네 가축이나 네 문 안에 머무는 객이라도 아무 일도 하지 말라" 그리고 하나님은 이날을 거룩하게 하셨다.

[53] King James 번역 성경에는 "Three times thou shalt keep a feast unto me in the year"라고 번역하였다. 'shalt keep'을 고어 thou와 결합하여 17세기 이전에는 "너는 -하여야 할지니라" 정도로 번역하였고 주로 기독교 신앙과 관련하여 신의 가르침 또는 명령으로 인식하였다.

첫째, 제단에 관한 법

둘째, 삶에서 겪게 될 각종 민사, 형사사건과 법규

셋째, 각종 송사와 도덕적 책임 문제와 법

넷째, 안식년과 안식일의 규정

다섯째, 절기에 관한 법

여섯째, 우상 파괴

이 같은 법은 무엇을 말하는가? 가나안 즉 하나님 나라의 백성 만들기, 자격요건 아닌가 생각된다. 일종의 소프트웨어(software)인 것이다. 교육일 수도 있고 훈련일 수도 있다. 절기를 순서대로 생각해 보자.

첫째, 무교병(無酵餅)의 절기 무교절(無酵節)이다.

왜, 언제부터 우리나라에서 '無酵節'이라 쓰고 '무교절'이라고 발음했는지는 알 수가 없다. 물론 두 가지 음가가 있어 '효'로도 '교'로도 읽히지만, 우리나라에서는 처음부터 '무교절'이라 한 듯하다. 절기의 수행은 아예 "명령한 대로"라고 하여 신의 명령임을 명확히 한다. 아빕월은 니산월 이라고도 하며 히브리력 1월에 양력으로 4월쯤이다. 애굽에서 나온 기념으로 지키며 7일 동안 지내라고 하였다. 원래 무교절은 농경민들의 축제 중 하나였다. 하지만 이스라엘 백성들에게는 이날이 각별한 의미를 지닌다. 출애굽의 기억과 더불어 고난의 상징적 의미가 부여되었다. 마치 우리나라의 3.1절과 같은 아픔이 담겨 있는 역사였다. 애굽의 바로 왕은 출애굽을 허락하였지만 아홉 번이나 그랬던 것처럼, 그 마음이 또 완악하여져 허락을 취소할 수도 있었기에 급히 발효되지도 못한 반죽 그릇을 들고 나왔다. 그리고 배고픈 행진을 이어갔다. 광야 생활의 아픈 추억이 담긴 절기였다.

그런데 이스라엘 민족의 3대 절기라면 유월절, 맥추절, 초막절을 이른다. 왜 무교절이 유월절에 흡수되어 버렸을까? 어떻게 보면 무교절은 고난의 형진 기념, 유월절은 해방의 축제 기념일과 같다. 물론 역사는 두 절기가 '희망과 구원'이라는 가치를 지닌다고 가르치지만 분명 두 절기는 다르다. 유월절은 한해의 첫 달 니산월 10일부터 14일까지 지내고 보름부터는 21일까지 7일 동안 무교절을 지내게 된다. 성경을 통해서도 유월절(출 12:2-14)과 무교절(출 12:15-20)이 분명 다르게 지내는 의미와 가치를 기록하고 있다. 그러나 유월절은 무교절과 달리 집안 축제로 이행되었으며 유월절 예식 중 쓴 나물과 누룩을 넣지 않은 빵을 먹어야 한다는 규정으로 말미암아, 즉 유월절 안에 무교절의 특성이 함께 공유됨으로 두 축제를 결합한 것으로 보인다. 아무튼, 해의 첫 달에 '유월절'도 지킨다. 이스라엘 백성들에게 출애굽은 민족 최대의 기념일이었다. 종살이 노예 상태에서 해방된 날은 새로운 출발, 새로운 나라의 시작이었다. 마치 우리나라의 광복절에 버금가는 축제일이었다. 그러나 그것이 단순한 전쟁이나 투쟁으로 이루어진 것이 아니라 야훼 하나님의 전적인 인도하심과 보호하심으로 이루어졌기에 기억하라는 절기다. 그러므로 절기는 '섬김'과 '약속'의 징표가 된다.

이스라엘의 축제는 신학적이고 예표적이고 모형적이다. 그리고 언약 공동체적이고 절기를 기념하는 특징이 있다. 즉 이스라엘은 동일한 신앙의 근원과 출발 그리고 동일한 약속의 경험을 가진 백성임을 기억하는 방편으로, 자신을 택하여 주신 하나님께 축제와 예배를 드린다. 그것도 국가적 단위로 시행한다. 즉, 하나님은 유월절 어린 양 피의 공로로 애굽에서 해방의 감격과 광야 체류 동안의 복음 이야기를 절기를 통해 지속적으로 기억하고 기념하게 하신다. 이스라엘은 절기에 참여한 자에게 죄, 심판, 용서, '하나님을 향한 감사와 신뢰의 절대성'을 주지시킨다. 나아가 재산 축적보다 하나님을 신뢰하고 의지하는 믿음이 더 중요하다는 것을 가르친다.

그런데 왜 무교병을 먹으라고 했을까? 이는 '기억의 역사'(memory history)이기 때문이다. 조상들이 출애굽 할 당시 야훼 하나님께서 재앙을 내려 바로 왕의 자식을 비롯한 애굽의 모든 처음 난 자식과 가축의 새끼까지 죽게 한 후 바로는 그 땅에서 이스라엘 백성을 속히 내보내려 하였다. 물론 이스라엘 백성은 화를 면하였다. 이에 백성들은 발효되지 못한 반죽 담은 그릇을 옷에 싸서 어깨에 메고 나온 그날을 기억하여 기념하기 위함이었다. 앞 장에서도 언급하였지만, 여호와는 역사와 기억을 매우 소중히 여기신다. 새로운 역사가 시작된 출애굽 사건, 새 나라 에덴의 건설을 목표로 한 하나님은 이날을 기념하여 무교병을 먹으며 무교절을 지키라 명하셨다. 이는 가끔 우리나라에서 일제 식민생활과 6.25전쟁을 기념하여 주먹밥을 만들어 먹는 이벤트와 비슷한데 이스라엘 백성은 이날을 절기로 정하고 국경일처럼 지내라는 '명령규범'을 내리고 있다.

둘째, 맥추절이다.

이는 네가 수고하여 밭에 뿌린 것의 첫 열매를 거둠이니라(출 23:16).

성경에 기록한 대로 맥추절은 밭에 뿌린 식물의 첫 수확을 감사함으로 하나님께 제사드리는 일이다. 일반적으로 이스라엘의 3대 절기는 유월절, 맥추절, 초막절이다.[54] 맥추절은 그중 하나로서 유월절 다음으로 중요한 절기였다. 밀을 수확한 후 하나님께 첫 열매를 드리는 추수 감사 절기

---

54 이스라엘의 3대 절기는 분명 유월절, 맥추절, 초막절인데 시내 산 언약을 맺고 난 후에 여호와 하나님은 안식년과 안식일 규정과 함께 세 가지 절기를 법으로 정해주었다. 무교절, 맥추절, 수장절이었다. 그러면 무교절이 유월절과, 수장절이 초막절과 일치 내지 동일한 성격을 지녀야 한다는 결론에 이르게 된다.

인 섬이다. 특히 이날은 유월절을 지난 지 7주째에 지켜졌다고 해서 '칠칠절'(七七節)이라고도 불렀다(출 34:22, 신 16:10).[55] 그리고 신약 시대에 소개된 '오순절'(五旬節)이라는 말도(행 2:1) 유월절 기간 중 누룩 없는 떡을 먹는 둘째 날에서 계산해 50일째 되는 날 지켰으므로 오순절이라고도 불렀다. 양력으로는 5-6월 경에 해당된다. 그런데 굳이 신약 시대를 다루지 않더라도 맥추절은 처음 수확한 곡식이나 열매를 거둔 데 대한 감사예절이며 이는 광야 생활과 밀접한 연관이 있다. 출애굽 한 이후로 이스라엘 백성들은 식량 문제를 해결하지 못하여 여러 차례 야훼 하나님께 무례를 저질렀다. "우리를 이 광야에서 죽게 하려는가", "묻을 곳이 없어 광야로 데려 왔는가", "차라리 애굽에서 종으로 사는 것이 나았을 것"이라고 푸념하며 신을 원망하였다. 그러므로 심은 곡식의 첫 열매는 그만큼 중요하고 희망의 상징이었다. 이스라엘 민족에게 제사의 기본은 처음 것을 드리는 초생물 제의 행위였다. 더구나 귀한 것일수록 처음 난 것을 하나님께 드리는 제사를 기뻐하셨다. 성서의 기준에 의하면 창세기의 아벨 제사도, 아브라함에게 이삭을 바치라 한 것도 처음 난 것의 소중함과 그 소중한 것을 바친다는 '행위의 신앙'을 가르치고 있다.[56]

> 여호와께서 모세에게 일러 이르시되 이스라엘 자손 중에서 사람이나 짐승을 막론하고 태에서 처음 난 모든 것은 다 거룩히 구별하여 내게 돌리라

---

55 그런데 성경에는 "칠칠절 곧 맥추의 초실절을 지키고 세말에는 수장절을 지키라"고 기록하였다. 원어는 본래 '밀의 초실절'이라 하였으며 영어로는 wheat harvest 밀 수확으로 기록되어 있다. 그러므로 '밀 수확 후에는 칠칠절을 지키고' 밀 수확은 5월 중순쯤이다.

56 초생물을 드린다는 것은 자신의 전부를 드리는 것과 같다. 하나님이 가인의 제사가 아닌 아벨의 제사를 받은 것은 제사 물질의 종류가 아니다. 가인은 '땅의 소산으로 제물을 삼아' 여호와께 드렸고, 아벨은 양의 첫 새끼와 그 기름으로 제사를 드렸다. 성서에는 차이를 기록하였다. '첫 새끼와 그 기름'이라고. 그냥 땅의 소산과, 첫 새끼와 그 기름은 분명 차이가 있다. 자신의 전부냐 아니냐, 마음이 전부냐 아니냐의 차이이다.

이는 내 것이니라 하시니라(출 13:1-2).

'처음 난 모든 것은 하나님의 것'이란 원칙은 신의 요구이자 절대적 선이었다. 이를 따르는 것은 도리이며 신앙의 본질이었다. 야훼 하나님을 믿는 종교며 신앙이었다. 성서에 의하면 인간이 처음 난 것을 드릴 때 하나님은 인간을 기뻐하셨다.

가나안까지의 여정은 광야 사막을 지나는 척박한 통과의례였다. 그러므로 양식의 소중함은 더욱 각별한 것이었다. "절기를 지키라"는 명령은 기억과 역사, 감사와 전통을 동시에 가르치는 말이었다. 일회적인 행사가 아니었다. 제사는 마음을 드리는 것이다. 마음은 정신의 표상이며 인간의 본질이다. 이스라엘 민족은 야훼 하나님과의 언약을 맺은 계약 백성이다. 그러므로 생산물을 주심에 대한, '감사와 계약 존중의 표식'이 절기요 제사였다.

셋째, 수장절이다.

이는 네가 수고하여 이룬 것을 연말에 밭에서부터 거두어 저장함이니라(출 23:16).

성서의 기록대로라면 수장절은 한 해의 소출을 거두어 저장하고 감사하라는 절기다. 추수감사절과는 또 다른 의미를 띠는데 이는 수확보다 저장에 중요한 의미를 두고 있기 때문이다.

수장절은 한 해 농사를 마무리 짓고 곡식을 저장하면서 지키던 절기였다(출 23:16; 34:22). 본래 곡식을 자라게 하시고 추수할 수 있게 도우신 하나님께 감사하는 의미로 지킨 절기였으나, 이스라엘 민족의 구원 역사와 연관되면서 출애굽과 광야 생활 동안 지키고 보호해 주신 하나님의 은혜에 감사하는 절기로 지켜졌다. 유대 종교력 7월 15일부터 1주일간 지켰는데, 장막을 짓는 절기라 하여 '장막절', 풀로 장막을 만든다 하여 '초막절', 또 추수가 끝난 뒤 갖는 감사절의 성격이 강하다 하여 '수장절'로 불린다. 수장절 절기를 지키는 방법으로는

1. 7일 동안 광야에 초막을 짓고 기거한다.
2. 초막생활하는 동안 매일 화제를 드리고 8일째는 절기를 마감하는 대성회를 갖는다.
3. 1년 동안 수고하여 거둔 곡식과 과일을 하나님께 드리고 함께 나누며 즐기는 추수 감사 제의 성격이 강하다. 이런 수장절은 성도들이 장차 주님께서 친히 다스리는 나라에서 평화와 기쁨의 삶을 살아가게 될 것을 예표 하는 절기라 할 수 있다.[57]

세상의 어느 나라나 한 해 농사의 결실은 가을이며 이를 기념하는 일이 추수 감사제이다. 수장절은 분명 추수 감사제의 성격에 한 해의 마무리 송년의 개념도 들어있다. 이스라엘의 유일신 여호와 하나님께서 한 해를 이끌어 보호해 주신 데 대한 감사의 제사이다. 광야 생활 40년은 성숙의 시간이며 하나님 나라 백성 되기 위한 준비의 시간이었음을 수차례 다루었다. 세상적 유행이나 관습을 벗어버리고 환골탈태한 시간이었다. 더구나 애굽의 종으로 살면서 상전인 애굽인들이 주는 고기 부스러기나 그들의 풍속, 만신전 인간 신들에 대한 숭배에 길들여진 이스라엘 백성들이 편하

---

57 수장절(收藏節, feast of ingathering), 『라이프성경 사전』, 2006. 8. 15., 가스펠서브.

게 젖어들었던 모든 인위로부터 벗어 나는 시간이었다.

절기도 이를테면 코스웍(course work) 중의 하나였다. 수장절(收藏節)이 초막절(草幕節) 또는 장막절(藏幕節)이란 의미로 함께 쓰이는 절기라면 분명 조상의 내력과 '기억의 역사' 의미가 크다. 광야에서 초막을 짓고 거처하면서 야훼 하나님의 인도와 축복의 은혜에 감사한다는 기억을 후손들에게 상기시키기 위함이다. 애굽 바로 왕의 추격이 있을 때는 초막을 지을 새도 없었다. 그리고 시내 산 아래 거주를 정할 때까지도 집은 사치일 뿐이었다. 단지 시내 산 광야와 가데스 바네아에 정착하였을 때 비로소 장막을 짓고 거주하기 시작하였으며 농사를 지어 수확하기 시작하였다.

초실절, 맥추절, 수장절 다 농경과 밀접한 관련이 있는 행사이다. 절기는 하나님께 대한 감사와 제사를 곁들이는 행사인데 이들 행사는 농업 생산물을 주신 데 대한 제사로 지내는 절기였다. 어쩌면 이스라엘 백성들은 고난의 행진을 멈추고 시내 산 아래 광야나 가데스 바네아 광야에 새로운 나라를 건설하려 했는지 모른다. 하지만 하나님은 결코 이를 용납하지 않으셨다. 창세기에 기록된 아브라함과 후손에게 약속한 땅으로 이끌기 위해, 오직 그곳으로만 인도하기 위해 훈련시키셨다.

더 정확히 말하면 약속을 이루기 위하여 기다리셨다. 시내 반도가 인간의 땅이라면 가나안은 신의 땅이었다. 그러므로 가나안은 이스라엘 백성과 하나님 사이에 맺은 약속의 무한성과 보편성이 이루어진 곳이었다.

> 네가 번성하여 그 땅을 기업으로 얻을 때까지 내가 그들을 네 앞에서 조금씩 쫓아내리라 내가 네 경계를 홍해에서부터 블레셋 바다까지 광야에서부터 강까지 정하고 그 땅의 주민을 네 손에 넘기리니 네가 그들을 네 앞에서 쫓아낼지라 너는 그들과 그들의 신들과 언약하지 말라(출 23:31-32).

여기서 홍해는 시내 반도의 동쪽 아카바만을 일컬음이며 블레셋 바다는 지중해를 가리킨다. 한 마디로 '가나안'이다. 이처럼 인간과 하나님 사이에 맺은 약속은 가나안에 새로운 에덴, 하나님 나라를 성취시키는 데 있었다. 그리고 그것은 하나의 표상, 곧 성취될 하나님 나라의 모델 하우스가 된 것이었다. 이를 위해 절기가 필요하고 법이 필요하고 약속 계약서인 십계, 언약궤가 필요했던 것이다. 아무튼, 이상의 세 절기는 모두 이스라엘 백성의 출애굽 사건과 광야 생활을 되돌아보는 '기억의 역사'에 관한 절기임을 알 수 있다.

3) 새로운 다짐

(1) 금송아지 사건

모세는 과거 자신이 여호와 하나님, 신을 만났던 장소 모압 산(시내 산)에 다시 올라 하나님을 만나고 40일을 머물렀다. 그리고 직접 신이 돌판에 써서 내려준 율법과 계명의 기초, 인간과의 계약서인 십계명을 받았다(출 20장). 이는 여호와 하나님과의 약속으로 이미 교육받은 내용이다. 이처럼 성서는 신과 인간의 직접적인 관계로 설명한다. 그리고 그 관계는 조건 계약이었다. 여호와 신의 절대적 힘은 이스라엘 백성, 나아가 모든 인류에게 보편적으로 베푸는 사랑의 원리라고 하였지만, 반드시 인간이 약속의 조건 즉 계명을 지킬 때만 능력을 베풀어주신다는 약속이었다. 시내 산에서 신의 현현과 십계명 돌판의 수용은[58] 가장 신비롭고 거룩한 신화적 요소

---

[58] 돌판에 새긴 법은 모세가 받은 십계명 이외에도 고바빌로니아의 함무라비 법전이 있다. 돌판에 새긴다는 것은, 후세에 오랫동안 기억되고 기념되게 하기 위함이다. 성경은 하나님의 직접 통치 모습으로 돌이나 벽에 직접 기록하는 장면이 몇 군데 등장한다. 신바빌

가 깔려있다. 하지만, 이스라엘의 유일신 신앙과 신관으로는 신의 지존성을 보다 친화적으로 수용한 형태였다. 앞서 십계명의 특성과 의미를 누차 살펴보았듯이, 이는 하나의 법 또는 약속으로 하나님과 인간 사이에 맺어진 계약 법이었다. 아울러 헌법적 권위를 가진 법이었다.

그런데 모세가 자릴 비우자 인간은 금방 불안함을 느꼈다. 이 불안은 여호와 신에 대한 신뢰가 부족했기 때문에 드러난 현상이었다. 출애굽 과정과 마라에서, 신 광야에서, 르비딤에서 여호와의 직접적 현현과 구원의 증거를 보여 주었건만 아직도 인간은 불안해하였다. 이는 무엇 때문일까? 400여 년 가까이 인간 신을 섬긴 습성 때문일까? 아니면 여호와 하나님이 보여 준 엄청난 자연의 변화와 두려움, 기적의 현상들이 부족했기 때문일까? 아니면 모세에 대한 신뢰와 권위가 부족했기 때문일까? 필요를 채워 종에서 자유를 준 하나님의 권능을 잊고 그들이 아는 생산과 풍요의 신 금송아지를 만들어 하나님을 대신하고자 하였다. 한 마디로 모세의 지팡이르 보았지 모세와 지팡이 되에서 역사하시는 하나님의 존재를 보지 못하였다.

400여 년 종살이에서 자유를 주었건만 자유와 희망의 가치를 잊는 데는 40일이 채 걸리지 않았다. 40일의 시간은 상징적인 시간 개념으로 쓰인 것이 틀림없지만 인간의 조급함을 지적하기엔 충분한 시간이었다. 과거 야훼 하나님은 모세를 단련시키기 위한 시간으로 40년, 인간을 깨우치게 하기 위한 시간으로 40년을 사용하였다. 하지만 인간은 40일을 견디지 못하였다. 신은 인간을 단련하기 위한 최적의 시간적 공간적 기회를 부여하지만, 인간은 늘 한계를 극복하지 못하였다. 성서의 기록에 의하면 창세기의 실낙원 이후 인간은 유한의 삶을 살게 되었고 이는 죄의 결과임을

로니아의 2대 왕 느부갓네살의 부복함을 하나님께서는 벽에 직접 모자란다고 썼다.

가르치고 있다(롬 6:23). 인간은 잠시도 절대자의 도움 없이는 불안해하는 존재이다. 단지 아닌 척하며 살아갈 뿐이다.

> 여호와께서 시내 산 위에서 모세에게 이르시기를 마치신 때에 증거 판 들을 모세에게 주시니 이는 돌판이요 하나님이 친히 쓰신 것이더라 백성이 모세가 산에서 내려옴이 더딤을 보고 모여 백성이 아론에게 이르러 말하되 일어나라 우리를 위하여 우리를 인도할 신을 만들라 이 모세 곧 우리를 애굽 땅에서 인도하여 낸 사람은 어찌 되었는지 알지 못함이니라(출 31:18, 32:1).

성서의 기록에 의하면 여호와께서 친히 말씀하셨고 분명 여호와께서 모세를 시내 산으로 부르실 때 아론도 함께 있었다.

> 또 모세에게 이르시되 너는 아론과 나답과 아비후와 이스라엘 장로 70명과 함께 여호와께로 올라와 멀리서 경배하고 너 모세만 여호와께 가까이 나아오고 그들은 가까이 나아오지 말며 백성은 너와 함께 올라오지 말지니라(출 24:1-2).

이처럼 아론과 나답과 아비후 세 부자와 이스라엘 장로 70명이 함께 시내 산에 올랐다. 그런데 모세만 여호와께 가까이 나아가고 그들은 대기하고 있었다. 그리고 40일 이 흘렀다. 분명 아론 부자(父子)와 장로들이 있었기에 백성들도 여호와께서 모세를 불렀다는 것을 알고 있었다. 그리고 말씀과 율례를 받고 있었다. 이런 과정이 성경에 기록되어 있다. 그런데 모세가 더디 내려옴을 보고 아론에게 자신들을 인도할 신을 다시 만들라고 요구한다. 여기서 "신을 만들라" 여호와 하나님이 십계명을 가르치며 언급했던, 재차 모세를 통하여 가르쳤던, 자신이 가장 싫어하며 금하였던 금기를 요구한 것이다. 이 생각이 인간의 한계다.

인간에 대한 여호와 신의 평가는 '부패'였다. 타락이나 배신이 아니라 '부패'라는 인식이 출애굽 백성에 대한 하나님의 결론이었다.

> 여호와께서 모세에게 이르시되 너는 내려가라 네가 애굽 땅에서 인도하여 낸 네 백성이 부패하였도다(출 32:7).

이 표현은 매우 중요하다. 타락과 배신은 정신적인 문제로 개조를 위한 훈련을 더 지속시키면 될 수도 있다. 여호와의 능력 앞에 백성들이 환호하며 감동하였던 것처럼. 하지만 부패는 못 먹게 된 만나처럼 썩었다는 뜻이며 버려야 한다는 것을 의미한다. 출애굽 백성들이 하나님의 나라 가나안에 들어가지 못한 이유를 미리 밝힌 셈이다. 왜 출애굽 백성들이 가나안에 들어가지 못하였나 하는 의문을 어느 정도 이해할 수 있는 대목이다. 부패하지 않은 새로 난 자만 들어갈 수 있었던 이유이기도 하다. 여호와 신이 '부패'라고 정의한 근거는 네 가지로 기록되어 있다(출 32:8).

첫째, 그들이 하나님이 명령한 길에서 속히 떠난 점
둘째, 자기들을 위하여 금송아지를 부어 만든 점
셋째, 그것에 예배하고 제물을 드린 점
넷째, 금송아지를 두고 이스라엘을 애굽 땅에서 인도하여 낸 신이라고 한 점

내용대로 여호와 하나님이 가장 싫어한 금기만 골라서 저질렀다. 부패한 백성은 목이 뻣뻣하여 여호와의 진노를 샀고 방자하여 원수에게 조롱거리가 되었다. 그리하여 모세는 분노하여 십계명이 적힌 돌 '증거판'을 산

아래로 던져 부숴버렸다. 그리고 레위 자손을 데리고 백성 중 금송아지 제작에 앞장선 3,000명가량을 처형하였다. 그런데 의문은 금송아지를 만들고 절하게 한 앞잡이가 아론인데 아론은 죽이지 않았고 그를 탓하는 신의 음성도 성경에 기록하지 않았다는 점이다(출 32장). 분명 모세가 하나님을 만나고 있다는 사실을 알면서 백성들을 왜 설득하지 못했을까?

고대 근동에서는 금송아지가 신이 임하는 영매물이었으나 이집트에서는 신 자체였다. '아피스'(Apis, Hapis)는 고대 이집트 멤피스에서 숭앙받던 신이었다. 황소 뿔을 한 하토르 여신은 태양신 '라'(Ra)의 딸이며 사랑, 아름다움, 모성, 광업, 음악의 신이기도 하였다. 이스라엘 백성들이 황금 소를 만들고 여호와라 칭한 뒤 춤추고 노래한 것을 보면 아피스와 하토르 여신 그리고 여호와를 혼합하여 신앙하고자 한 것 같다(출 32:1-18).[59] 이 일 곧 여호와를 모독하고 계명을 어긴 백성의 죄에 대한 분노로 모세는 동족 살상의 징계를 내린다. 과도하다고 할 수 있는 징계에 순종한 사람들이 레위의 후손들이었다.[60] 금송아지 제작 범죄는 처음 여호와 신께서 직접 써서 내려 준 두 개의 돌판을 파괴하게 만들었다. 이후 용서를 비는 모세의 기도로 인하여 여호와는 다시 언약을 세우고 새 돌판을 만들어 주었다. 하지만 거룩한 하나님의 법을 지키지 못한 이스라엘 백성들을 보고 여호와 신은 창세기의 아담과 하와를 상기하셨는지 모른다. 하나님 나라 낙원을 스스로 차버린 최초의 인간과 현재 출애굽 백성의 금 송아지 사건은 일맥상통한 바가 있다. 그리고 모세도 경책 한다. 중요한 메시지를 담고 있는 금 송아지 사건은, 시내 산 아래 새로운 나라를 건설하고자 했던 인

---

59 이문범, 위의 책, 150.

60 레위 자손들은 창세기 49장에서 야곱에게 저주를 받은 지파인데 모세를 따른 헌신으로 저주에서 축복으로 전환되었음을 출애굽기 32장에 기록하였다. 이 일로 제사장 지파로서의 역할을 확실히 부여받았음을 알 수 있다.

간의 계획을 닫고 하나님의 원래 계획이었던 가나안으로 올라가게 하는 동기를 확실하게 하였다.

여호와께서 모세에게 이르시되 너는 네가 애굽 땅에서 인도하여 낸 백성과 함께 여기를 떠나서 내가 아브라함과 이삭과 야곱에게 맹세하여 네 자손에게 주기로 한 그 땅으로 올라가라(출 33:1).

성서에서는 이 부분을 의미심장하게 기록하고 있다. "여기를 떠나서" 즉 시내 산을 떠나라 명하셨다. 이어 조상들을 재소환하여 약속을 상기시켰고 '맹세'라고까지 하여 약속의 엄중함을 기억케 하였다. 그런 후 야훼 하나님이 출애굽 백성에게 주기로 한 '그 땅'이라고 지적한 내용으로 보아 모세의 마음을 읽은 듯하다. 시내 산 아래 광야는 하나님 나라를 세울 땅이 아니었다. 비록 가나안에는 이미 6개 족속이 자리 잡고 있었지만 "내가 그 사람들을 쫓아내고 너희를 젖과 꿀이 흐르는 땅에 이르게 하려니와 나는 너희와 함께 올라가지 아니하리니"(출 33:2-3)라고 하였다. 이 성경의 구절은 신의 의지가 굳고 이스라엘 백성에 대한 실망이 컸음을 보여 주는 대목이다.

(2) 다시 세운 언약

① 그 땅의 주민과 언약을 세우지 말라

내가 사자를 네 앞서 보내어 길에서 너를 보호하여 너를 내가 예비한 곳에 이르게 하리니 너희는 삼가 그의 목소리를 청종하고 그를 노엽게 하지 말라 그가 너희의 허물을 용서하지 아니할 것은 내 이름이 그에게 있음이니라(출 23:20-21).

대명사로 처리된 나는 하나님을, 너는 이스라엘 백성 그는 모세를 지칭한다. 하나님은 성서 본문을 통해 모세를 자신의 대리인이자 질서와 약속을 수행하는 집행관임을 분명히 하였다.

"내 이름이 그에게 있음이니라"

쉽게 말하면 모세가 신의 특사로서 신분증명서를 지니고 있다고 밝힌다. 출애굽의 전 과정을 통하여 여호와 신은 이스라엘 백성들에게 나타나 역사(役事) 하셨지만, 나라를 세우려는 입장에서 대리인을 통하여 신정정치의 모범을 보이고자 하였다. 그리하여 재차 삼차 십계명과 시내 산 언약을 상기시키셨고 들어가 거주할 땅 곧 가나안에서 행할 일과 처리할 일도 가르쳐 주었다. 그리고 가나안에 이미 거주하고 있는 아모리 사람, 헷 사람, 브리스 사람, 가나안 사람, 히위 사람, 여부스 사람들을 쫓아내어야 할 이유도 일러주었다.

> 그들이 네 땅에 머무르지 못할 것은 그들이 너를 내게 범죄하게 할까 두려움이라 네가 그 신들을 섬기면 그것이 너의 올무가 되리라(출 23:33).

이처럼 오직 한 가지 염려는 그곳 거주민의 영향으로 이방 신을 섬기는 우를 범하게 될까 염려한 것이다. 이는 수없이 상기되어 온 약속의 원칙 곧 '우상 숭배 금지 조항'을 재확인한 것이다. 이스라엘 백성이 살아갈 길 또는 하나님 나라 백성이 되기 위한 첫째 조건이 십계명 제1, 2계명인 "나 이외 다른 신을 섬기지 말라"는 조항이며 "다른 신을 만들지도 말고 다른 신에게 절하지도 말라"는 법이었다. 이를 재차 명령하고 있다. 왜 이렇게까지 강조하고 있을까 하는 점은 이후에 전개된 이스라엘 역사 『열왕기서』

를 통하여 명징하게 확인할 수 있다.[61]

출애굽기를 통하여 하나님을 이해하고자 하는 평신도 역사학자, 입장에서는 아무래도 성서 속에 담긴 신학적 해석보다 시대 상황을 눈여겨보는 경향이 크다. B.C. 16세기에서 13세기에 걸친 이집트와 근동의 역사, 적어도 B.C. 13세기 현재[62] 출애굽 한 백성들은 가나안 땅으로의 이주라는 하나님의 약속보다 현실적인 문제인 일용할 양식의 해결이나 식수의 발견, 또 자식의 출산이나 양육 그리고 가정을 꾸려가는데 필요한 도구들이 급하였다. 그런데 여호와 신은 모세를 통하여 지속적으로 하나님의 법을 가르치고 제사와 절기 나아가 성막과 성소를 세우는 일에만 몰두하였다. 고대 근동 특히 이집트를 벗어나 시나이반도와 인근 미디안, 아라비아, 그리고 지중해(대해) 연안인 가나안 지역은 수많은 민족이 혼재하여 살고 있었으며 유목민과 대상(隊商), 농경문화의 전통 속에서, 부침을 거듭하고 있는 지역이었다. 그런데 출애굽기 서를 보면 하나님의 법과 원칙 그 가운데서도 '우상 숭배 금지' 명령이 수차례 반복되고 있다.

가령 파라오와의 대치 국면, 십계명 수용 이후, 세 가지 절기 법 이후, 시내 산 언약서 체결 후, 금송아지 사건 후, 성소와 회막 건립 계획 후, 두 번째 돌판 이후 등 모든 법과 원칙, 명령규범이 내려질 때는 반드시 우상 문제를 언급하고 있다. 그런데 이유는 명확하다. 위의 법과 원칙, 명령 상황에 부합하는 공통점 또는 교집합의 핵심이 '약속' 또는 '언약'이란 말이 있었기 때문이다. 그러므로 여호와 하나님과 이스라엘 백성, 나아가 여호

---

61 성경에서도 열왕기서를 통하여 북이스라엘과 남 유다 왕들이 멸망하게 된 원인을 살펴보면 전부 이방 신을 섬기거나 우상을 숭배하여 망하게 된 내력이었음이 자세히 기록되어 있다.

62 이 일대는 이집트, 수메르, 악카트, 히타이트, 바빌로니아, 페니키아와 가나안의 6 부족인 아모리족, 헷족, 브리스족, 가나안족, 히위족, 여부스족 등이 명멸하고 있었다. 이 지역은 하나의 단일민족국가를 유지하기가 지정학적으로 대단히 어려운 지역이었다.

와 하나님과 인간과의 계약이 지속성을 유지하기 위해서는 첫째가 '우상 금지 조건'을 지키는 것이었다.

심지어 여호와 신은 스스로 질투하는 하나님임을 천명하고 있다(출 20:5, 34:14).[63] "너는 다른 신에게 절하지 말라 여호와는 질투라 이름하는 질투의 하나님임이니라 너는 삼가 그 땅의 주민과 언약을 세우지 말지니"(34: 14-15상)라며 심지어 '여호와의 이름=질투'라는 등식 관계로 하나님 자신을 규정하고 있다. 그리고 "보라 내가 언약을 세우나니"(34:10)라고 하여 언약 주체가 전적으로 하나님임도 천명하였다. 이것이 신정국가 곧 하나님 나라의 모습이다. 에덴에서는 하나님과 인간의 관계가 '창조주와 피조물의 관계'로 출발하였다면, 출애굽과 가나안 정착 상황에서는 '왕(통치자)과 백성의 관계'로 정립하였다(창조주와 피조물 관계→왕과 백성의 관계).

이집트 문명과 메소포타미아 문명이 충돌하는 임계지역, 지중해에서 일어나는 해양 문명과 크레타 미노아 미케네 문명까지 동서양 문명이 충돌하는 지역에서, 유일하게 유일신을 섬기는 신정국가 이스라엘에서 나라를 버텨낼 힘은 '구별됨'이었다.

이는,

첫째, 자기 정체성의 확립,

둘째, 투철한 자립심,

셋째, 역사의식 으로 정리할 수 있다.

---

[63] 이는 매우 강한 어조로 기록되어 있다. 하나님 스스로 언약을 세우고 다시 언약을 세우면서 거듭 질투의 하나님임을 강조하고 있다.

이 세 가지를 아우르는 것이 신앙 정신, 곧 여호와 하나님께 모든 간구를 맡기는 생활이며 그 법과 통치 아래 순종하는 모습이었다. 이를 위하여 수없이 반복하신 말씀이 "내가 언약을 세우나니"라는 구문과 "여호와는 질투라 이름하는 질투의 하나님이노라" "너희가 이 계명을 지켜 행하면 너희는 내 백성이 되고 나는 너희 하나님이 되리라"였다. 구체적 표현을 성경은 다음과 같이 기록하고 있다.

> 너는 삼가 그 땅의 주민과 언약을 세우지 말지니 이는 그들이 모든 신을 음란하게 섬기며 그들의 신들에게 제물을 드리고 너를 청하면 네가 그 제물을 먹을까 함이며 또 네가 그들의 딸들을 네 아들들의 아내로 삼음으로 그들의 딸들이 그들의 신들을 음란하게 섬기며 네 아들에게 그들의 신들을 음란하게 섬기게 할까 함이니라 너는 신상들을 부어 만들지 말지니라 (출 34:15-17).

후대 북이스라엘의 7대 왕인 아합왕(B.C. 871-851)은 오므리 왕가의 두 번째 왕으로 강력한 통치력을 발휘하여 국력이 성하였다. 하지만 이방 신 바알과 아세라 신을 섬기는 시돈의 왕이자 바알 제사장인 엣바알의 딸 이세벨을 아내로 맞이하면서 바알 신전과 제단을 쌓아 섬기다가 망하였다. 이 사례는 성서의 기록에 부합하는 대표적 사례라고 할 수 있다.[64] 이처럼 하나님이 세우신 새 언약의 핵심은 '우상 숭배 금지'라고 "여호와께서는 언약의 말씀 곧 십계명 그 판들에 기록하셨다"(출 34:28)

---

[64] 성경, 왕상 16:32-33, 왕하 3:4, 왕상 21:1-26, 아합의 악행은 열왕기상 18장에 상세히 기록되어 있다. 바알 선지자 450명, 아세라 선지자를 400명이나 두고 가나안 신을 음란하게 섬기며 이방 여인과의 사이에 자식을 낳아 그들도 이방 신을 섬겼다.

② 질투의 하나님(안식일을 지키라)

> 엿새 동안 일하고 일곱째 날에는 쉴지니

밭 갈 때에나 거둘 때에도 쉬어야 한다고 규정하였다. 그런데 무교절, 맥추절, 수장절을 지키며 안식일을 지키라고 명령한 다음 매우 독특한 약속을 여호와 신은 하고 있다.

> 너희의 모든 남자는 매년 세 번씩 주 여호와 이스라엘의 하나님 앞에 보일지라 내가 이방 나라들을 네 앞에서 쫓아내고 네 지경을 넓히리니 네가 매번 세 번씩 여호와 네 하나님을 뵈려고 올 때에 아무도 네 땅을 탐내지 못하리라(출 34:23-24).

성경은 '모든 남자'의 범위를 일절 언급하지 않고 있다. 보통 고대 사회에서 사회 참여의 범위를 20세 이상의 성인 남자로 한하는 경우가 많다. 하지만 하나님의 법과 명령규범 가운데도 모든 남자는 20세 이상의 남자만을 가리키는지는 알 수 없다. 그런데 성서에는 다음의 구절로 인하여 연유를 어느 정도 짐작케 한다. 연중 세 번씩 절기(제사)를 지킬 때에 이민족들이 아무도 하나님 나라 이스라엘 나라를 침범하지 못하게 하신다고 약속하였다. 국방과 관계된 일이라면 성인에 해당하는 일이 아닐까?

이스라엘 역사에서 매우 중요한 내용이다. 그런데 이스라엘은 오랫동안 외부 이민족의 침략에 시달렸다. 이민족들도 이스라엘의 약점을 알고 있었다. 이는 침략전쟁을 감행할 경우 반드시 절기(제사)나 안식일을 택하여 침략하였다는 기록이 있다. 그러면 안식일을 오히려 침략 일로 정하여 침범하였다는 것이다. 이는 하나님의 통치와 현실의 문제가 상충하는 부분이다.

이스라엘 백성에게 하나님의 법은 인간의 상식으로 이해할 수 없는 신적 통치의 영역이었다. 그러므로 인간은 하나님의 법과 언약(계명)을 지켜 행할 때 그의 백성이 되고 하나님은 권능의 하나님으로 인간의 모든 필요를 채우시는 유일신이심을 거듭 강조하였다. 이 약속은 일방계약 형식으로 그 모형을 이스라엘 백성과 맺으셨다. 그런데 이방 민족은 유독 안식일, 전쟁도 일도 일상의 모든 수고를 쉬고 하나님께 예배드리는 그날 침략하곤 하였다. 신앙과 신학적 관점을 떠나 어떻게 바라보아야 할지는 답을 정할 수가 없다. 신의 관점과 인간의 관점은 다르기 때문이다. 이스라엘의 역사에서 중간사 시대 '유다 마카비' 혁명은 하나님의 법을 어기고 안식일 외적의 침입에 맞서 싸운 역사로 기록되어 있다. 그리고 지금은 이스라엘도 안식일에 적이 침입하면 전쟁을 하고 있다.

> 너는 이 말들을 기록하라 내가 이 말들의 뜻대로 너와 이스라엘과 언약을 세웠음이니라(34:27).

즉 하나님과 모세와 이스라엘의 언약이며 계약서는 십계명이었다.

> 여호와께서 모세에게 말씀하여 이르시되 너는 이스라엘 자손에게 말하여 이르기를 너희는 나의 안식일을 지키라 이는 나와 너희 사이에 너희 대대의 표징이니 나는 너희를 거룩하게 하는 여호와인 줄 너희가 알게 함이라 너희는 안식일을 지킬지니 이는 너희에게 거룩한 날이 됨이니라 그 날을 더럽히는 자는 모두 죽일지며 그날에 일하는 자는 모두 그 백성 중에서 그 생명이 끊어지리라(출 31:12-14).

와 시내 산 언약의 핵심이 안식일 성수(聖守)에 있었을까? 기회만 되면, 시간만 나면 여호와 하나님은 이 약속을 명령하고 다짐하고 상기시킨다. 이는 약속 수행의 표식이기 때문이다. 계명을 지킨다는 것을 어떻게 증명할 수 있겠는가? 약속(계명)은 이스라엘 백성을 넘어 전 인류와 맺은 약속이었다. 그러므로 약속의 성취를 위하여 1,200여 년이 지난 후 예수 그리스도를 보내어 하나님의 자기 약속에 대한 유효성과 불변성을 확증하셨다. 그러므로 인간은 역사 속에서 이미 약속한 것을 상기하며, 계명을 지켜야 할 의무를 잊지 않았음을 보일 필요가 있었다. 그 의무의 표식이 안식일 성수였다. 이것이 약속 이행 인간이 지녀야 할 대대의 표징이다.

안식일은 거룩의 상징, "안식일에 일하는 자는 누구든지 반드시 죽일지니라"(출 31:15), 이보다 준엄한 명령은 어디에도 없다. 여호와 하나님의 유일성과 존재적 지존성을 확인하고자 하였다. 이를 성경은 '질투의 하나님'으로 표현한 것이다.

③ 세 가지 절기를 지켜라

출애굽기는 반복된 명령이 많다.

너는 매년 세 번 절기를 지킬지니라(출 23:14).

무교병의 절기, 맥추절, 수장절을 지키라고 또 명령하고 있다. 이미 시내 산 광야에 정착한 이스라엘 백성에게 법으로서 절기를 가르쳐 주었다. 그런데 재차 여호와 하나님은 새로운 명령규범으로 안식일과 함께 절기를 지키라고 하였다.

왜 이렇게 반복하는 것일까?

출애굽기의 저자가 기록의 오류를 범한 것인가?

앞 장의 내용은 교육이며 뒷장의 내용은 법으로 확정한 내용이었다. 절기는 제사며 예배다. 하나님과 이스라엘 백성이 영원히 지켜야 할 계약이었다. 절기는 감사와 언약의 상징이며 하나님 나라 백성이 지녀야 할 정체성이었다. 우리가 우리만의 국경일을 갖는 것처럼.

3. 성막과 성소 규정

1) 성막과 성소의 의미

무릇 너희 중 마음이 지혜로운 자는 와서 여호와께서 명령하신 것을 다 만들지니(출 35:10).

출애굽기의 40% 이상이 성막과 성소 제작에 관한 이야기다. 그리고 제사를 위한 모든 규정과 준비물, 제사장의 복장까지 규정하였다. 성서는 출애굽기라 이름하였지만 약 30% 가까운 부분이 제사 규정이며 50% 이상이 법과 언약에 관한 내용이다. 엄밀히 말해 출애굽기 전체 40장 가운데 모세와 출애굽 전 과정을 15장에 불과하다. 절기에 관한 규정이 3장, 모세와 미리암의 기도 1장, 십계명과 법 규정이 5장, 성막과 성소 제사 규정이 16장이다. 순수 모세와 출애굽 과정이 37.5%, 십계명과 법이 12.5%, 기도문 2.5%, 성막과 성소, 회막과 제사 규정이 47.5%다. 그러므로 출애굽기란 명명 자체가 무색한 감이 있다.

아무튼, 왜 이렇게 많은 부분을 제사를 위한 성막 규정으로 기록하였을까? 이스라엘 백성이 광야를 헤쳐 나오는 길에 보여 준 여호와 하나님과 맺은 약속과 인도하심이 함축된 정신작용이며 그 집합체가 성막과 성소 제도였다. 그리고 여호와 신의 함께 하심에 대한 교훈과 상징이었다. 그리고 이는 인간의 종말, 천국의 비밀을 기록한 신약 시대 계시록에까지 이어져 있음을 본다. 출애굽기의 하나님이 성막과 성소의 모형을 통하여 하늘나라의 이상을 보여 준 것이라고 할 수 있다.

인간이 생각하는 하나님 나라와 하나님께서 직접 구상하신 그의 나라는 근본적으로 달랐다. 아무리 하나님 나라 백성으로 살기를 원하셨고 제2의 에덴을 이루어 주고자 하였지만, 인간은 자신의 한계로 인하여 하나님을 실망시켰다. 하나님의 인도하심과 신의 존재를 확인하는 방법은 거주의 형태를 지닌 처소였다. 이는 모세의 부재 40일을 견디지 못하고 금송아지를 만든 이후 하나님이 성막 규정을 내려준 데서 그 이유를 찾을 수 있다. 인간은 유한하며 언제나 신을 배신할 수 있는 개연성을 지닌 존재이다. 그러므로 하나님의 나라 가나안으로 들어가기 전에 현시적으로 여호와 신이 존재한다는 사실과 그와 함께라면 어떤 적도 어떤 난관도 두렵지 않다는 사실을 여실히 가르쳐 주기 위함이었다. 이런 교훈의 연장선에서 가나안의 성들과 여섯 족속을 물리칠 때도 법궤를 앞세웠으며 이 전통은 후대의 왕들에까지 이어지게 되었다.

40년 광야 생활과 출애굽 전 과정은 역사이자 전통이 되었고, 하나님과 이스라엘 백성이 맺은 언약의 성취와 약속의 민족이라는 정체성도 깨닫게 하였다. 이는 전 인류와 맺은 약속이기도 하며 상징적 의미로 연결되고 있다.

이를 하나의 도표로 정리하면 다음과 같다.

<5-7> 광야 인도의 교훈과 성막의 형상화 의미

성경(출)	위치	사건	호칭과 축복	의미/삼위	성막 요소
15:22-26	마라	쓴 물을 단물로 바꾸심	여호와 라파	치료하시는 하나님/ 성부	언약궤
16:1-36	신 광야	식량과 과일 등 먹거리	만나	말씀/ 성자	떡상
17:1-7	르비딤	물부족, 바위를 쳐 샘물 나게 함	맛사/므리바	여호와께서 계신가? 안계신가?/ 성령	촛대

| 17:8-16 | 르비딤 | 아말렉과의 전쟁, 모세가 손을 들면 이기고 내리면 짐 | 여호와 닛시 | 합심 기도, 하나님 믿음 | |

이스라엘 백성이 여호와의 인도하심으로 광야를 행진하며 곳곳에서 느꼈던 하나님의 능력과 보호하심을 통하여 '약속의 하나님' '관계의 하나님' 임을 확인하였다. 출애굽기의 하반부 거의 전부를 차지하고 있는 성막과 성소, 제사 규정 등은 진부한 레위적 사고의 이식이 아니라 지나온 과정에서 하나님이 행사한 모든 계획이 '하나님 나라의 성취와 백성'이라는 관계를 정립하기 위한 하나의 가치 설정이었다. 다시 말하면 시간적 하나님이 공간적 하나님으로 형상화된 모습이었다. 인간이 의식할 수 있는 이차원 또는 삼차원의 세계가 아니라 '시공을 초월하는 하나님의 존재 양식' 임을 가르쳐 주는 모습이 광야 생활과 성막 성소 제도 그리고 제사였다.

2) 다시 세운 언약

> 여호와께서 이르시되 보라 내가 언약을 세우나니 곧 내가 아직 온 땅 아무 국민에게도 행하지 아니한 이적을 너희 전체 백성 앞에 행할 것이라 네가 머무는 나라 백성이 다 여호와의 행하심을 보리니 내가 너를 위하여 행할 일이 두려운 것임이니라(출 34:10).

핵심어는 언약, 국민, 이적, 백성이다. '시내 산 금 송아지' 사건을 통하여 진노하고 배신감을 느낀 하나님은 십계명 돌판을 부순 모세를 불러 이스라엘 백성과의 사이에 다시 언약을 맺는다. 스스로 걷어차 버린 하나님 백성을 '언약 백성'으로 다시 자격을 부여하기 위함이었다.[1] 그런데 여호

---

1   이 부분은 신약 시대 예수님 비유 곧 '탕자의 비유'의 원관념이라고 할 수 있다.

와 신은 '새 언약'이란 표현이나 '다시 언약을 세우다'란 표현을 하지 않는
다. '다시'나 '새'란 부사나 관형사를 사용하지 않으셨다. 단지 성서 편집자
가 붙인 소제목일 뿐이다. "보라 내가 언약을 세우나니"라고 성서에 기록
되어 있다.

> 모세가 와서 여호와의 모든 말씀과 그의 모든 율례를 백성에게 전하매 그들
> 이 한 소리로 응답하여 이르되 여호와께서 말씀하신 모든 것을 우리가 준행
> 하리이다 모세가 여호와의 모든 말씀을 기록하고...모세가 언약서를 가져다
> 가 백성에게 낭독하여 듣게 하니 그들이 이르되 여호와의 모든 말씀을 우리
> 가 준행하리이다 모세가 그 피를 가지고 백성에게 뿌리며 이르되 이는 여호
> 와께서 이 모든 말씀에 대하여 너희와 세우신 언약의 피니라(출 24:4-8).

이는 앞서 모세를 통하여 하나님과 이스라엘 백성이 맺은 언약이다. 율
례와 계명을 주신 하나님, 이를 백성들은 한 목소리로 "준행하리이다"로 응
답하므로 계약이 성립되었다. 이를 여호와께서 직접 '언약의 피'라고 하시
며 가나안까지 인도하실 것을 약속하였다. 그리고 가나안의 여섯 부족을[2]
다 쫓아낼 것이며 그곳에 나라를 세우게 할 것이라고 약속하였다. 그러므
로 출애굽기 24장의 하나님 약속과 34장의 언약은 크게 다를 바 없다.

　① "너희를 인도하여 낼 것"

　② "광야에서 이적을 보일 것"

　③ "가나안의 여섯 족속을 쫓아낼 것"

　④ "그들 주상을 깨뜨릴 것"

2　아모리족, 가나안족, 헷족, 브리스족, 히위족, 여부스족

⑤ "그 땅의 주민과 언약을 세우지 말 것"

⑥ "너희를 새 나라의 백성 국민 되게 할 것"

⑧ "명령한 대로 절기를 지키고 안식일을 지킬 것"

이런 기본적인 언약의 내용을 성서는 반복적으로 언급하고 있다.

> 너는 내가 오늘 네게 명령하는 것을 삼가 지키라 보라 내가 네 앞에서 아모리 사람과 가나안 사람과 헷 사람과 브리스 사람과 히위 사람과 여부스 사람을 쫓아내리니 너는 스스로 삼가 네가 들어가는 땅의 주민과 언약을 세우지 말라 그것들이 너희에게 올무가 될까 하노라(출 34:11-12).

아예 그 땅의 주민들과는 상종하지 말라고 명령하였다. 이것은 순혈주의라기보다 단지 하나님과 다른 신을 함께 섬기지 못한다는 절대적 차별성, 이스라엘 백성의 하나님 유일성을 강조한 것이라고 보여진다. 그리고는 성막과 제사 예물과 언약궤, 증거대, 번제단, 물두멍, 성막 재료 그리고 제사장의 옷까지 일일이 정하여 가르치고 있다. 그런데 누가 이 규정을 만들었을까? 물론 출애굽기의 기자가 환상과 영감에 의하여 기록하고 여호와 신이 가르친 내용이라 하여도 성막 제작 규정은 어떤 근거가 있다고 생각한다.

결국, 다시 세워도 언약의 핵심은 여호와 하나님에 대한, 경배와 순종, 우상 숭배 금지, 안식일과 절기(제사) 이행이었다. 유일신(唯一神)이라는 관념이 보편화된 오늘날의 관점에서 보면 그렇게 이상할 것은 없지만 당시의 이스라엘과 메소포타미아는 물론 이집트 사람들, 입장에서는 아주 낯선 것이라고 할 수 있다. 그러므로 출애굽 백성들에게도 이는 낯선 여호와 신의 요구였다. 그들에게 인간의 생사화복(生死禍福)에 영향을 미치고 주관하는 초자연적 존재들은 매우 많았고 만신전의 다양한 신들도 인간 사회처럼 위계가 있어 서열화 체계가 있다고 생각하였다.[3] 당시의 이런 분위기 속에서 여호와 신께만 순종, 우상 숭배 금지, 안식일과 절기를 철저히 준행하라는 요구는 쉽게 이해하기도 수용하기도 어려웠을지 모른다. 하지만 다시 여호와의 산에 오른 모세에게 재차 이를 가르치고 강조하였다. 하나님이 약속한 땅 가나안에 하나님 나라를 만들고 하나님 백성으로 삼기 위한 자격은 유일신 하나님 경배와 순종하는 '차별성'에 있었다.

어찌 보면 까다롭고 형식처럼 보일 수 있는 성막과 성소의 규정은 하나님 나라에서 체계화된 사회조직의 일환임을 가르치는 필수적 행위였다. 하나님의 뜻대로 이루어지는 신정정치라고 하여도 기본적인 형태의 사회제도나 통치체제가 없다면 이는 가상의 나라에 지나지 않는다. 아무리 조상 아브라함, 이삭, 야곱과 맺은 언약의 이행과정이라고 하여도 하나님의 존재를 가시적으로 드러낼 수 있는 성막이 없으면 이스라엘 백성들은 또 다른 금송아지를 만들었을지 모른다. 이것이 인간의 한계이다. 십계명 율례와 명령규범 그리고 성막 규정은 과거 믿음의 조상과 맺은 언약의 보편성과 확장성을 의미한다.

3) 성막의 구조와 상징성

출애굽기 25장에서 마지막 40장에 이르는 약 16장에 걸친 성소, 성막 규정은 전체 약 2/5가 넘는 상당한 분량이다. 성소에 드려지는 예물부터 증거궤, 진설병, 진설상, 증거대와 기구, 성막, 제단, 성막의 뜰, 등불, 제사장의 옷, 판결 흉패, 도장과 관, 속옷, 회막, 물두멍, 향과 향 기름, 회막 기

---

3   김호동,『한 역사학자가 쓴 성경 이야기』, 까치, 2016, 117-118.

구, 증거판, 성막 일꾼, 번제단, 성막 울타리, 성막 재료와 물자까지 상세히 기록하였다. 여호와 하나님의 신성과 인간의 의무를 규정한 '관계의 현시적 증거'가 하나의 형태로 등장한 것이다. 제사장들이 관리하기도 벅찬 내용을 세세히 지적하고 준비케 한 것은 쉬운 하나님이 아니라는 사실과 하나님의 임재가 이스라엘 국가 존위의 첫걸음임을 가르친 것이다. 대체적인 성막의 구조는 다음과 같다.[4]

<표 5-8> 성막의 평면 구조

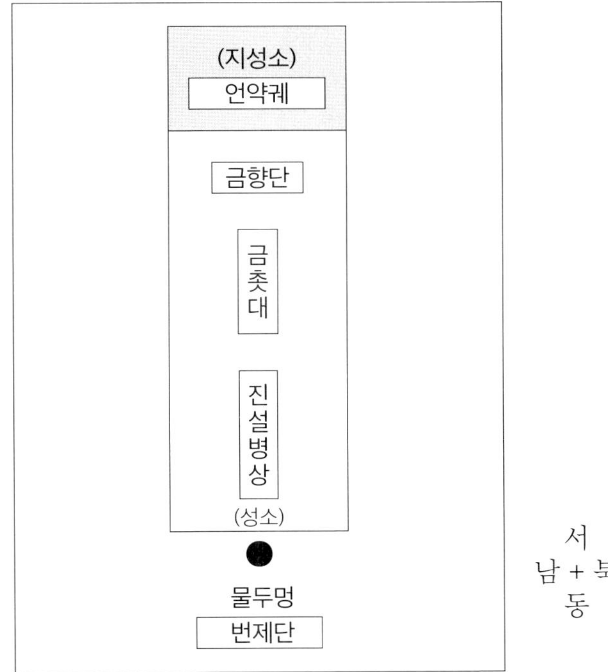

4　성소와 성막 규정 그리고 제사와 제물에 대한 상세한 설명은 출애굽을 B.C. 13세기로 보더라도 시대 문화와 상당한 차이가 있다. 다시 말하면 청동기 문화 시대 산물이라기보다 바벨론 포로시대 B.C. 6세기경의 문화 산물이라면 이해가 간다. 그러므로 출애굽기가 문서로 기록된 때는 바벨론 포로시대 혹은 그 전후 선지자 또는 제사장에 의해서 쓰였을 가능성이 크다.

성막(聖幕, Tabernacle)은 회막(會幕, Tent of Meeting)이라고도 하는데 여호와 신이 자기 백성들을 만나는 장소라는 뜻이다. 하나님이 광야에서 이스라엘 백성들에게 나타나실 때도 주의해야 할 행동까지 일러 주었다.

> 여호와께서 모세에게 이르시되 내려가서 백성을 경고하라 백성이 밀고 들어와 나 여호와에게로 와서 보려고 하다가 많이 죽을까 하노라 또 여호와에게 가까이하는 제사장들에게 그 몸을 성결히 하게 하라 나 여호와가 그들을 칠까 하노라(출 19:21-22).

한 마디로 백성들은 하나님을 직접 대면할 수가 없었다. 광야에서는 하나님을 특별히 만나는 장소가 없었으므로 하나님의 산 곧 시내 산에서 만날 수밖에 없었다. 하지만 그들은 가나안을 향하여 행진하여야 하고 하나님을 특별히 만날 수 있는 곳이 없었으므로 성막이란 이동식 성소를 만들 수밖에 없었다. 그러므로 성막은 작은 시내 산이라고 할 수 있다. 시내 산을 그들 가운데 옮겨 놓을 수 없었기에 백성들은 하나님을 멀게 느낄 수밖에 없었고 잠시 모세마저 보이지 않자 무지한 인간은 금송아지를 만들어 하나님이라 절하는 우를 범하고 말았다. 인간의 한계였다. 그리하여 하나님은 자신의 존재와 권위를 느낄 수 있는 성막을 만들게 한 것이다.

이는 후대 하나님의 백성들이 예배하기 위하여 예루살렘 성전까지 가야 하는 수고를 들어주신 예수 그리스도의 십자가 사건을 상징적으로 보여 준 과거 원형이었다고 할 수 있다. 또한 성막을 '시공을 초월한 하나님의 존재 양식'이며 '언약의 보편적 확장성'이라고 하였는데 한 마디로 하나님을 만날 수 있는 장소를 말한다. 이동할 때는 성막이었고, 거처할 때는 회막이었다. 출애굽 이후 광야 이동 생활 중에도 자신들과 시종 함께하신 하나님을 생각하고 모세에게 직접 써서 내려 준 증거 판(십계명)을 보관하여 하나님의 임재와 제사할 성스러운 장소가 필요했던 것이다. 곧 '기억의 역사'며 '동행의 역사'가 성막과 회막이었다.

성막은 이스라엘 백성들의 정신적 바탕이며 핵심일 뿐 아니라 하나님을 바라는 장소이며 오랜 세월이 지나 다윗이 시작하고 솔로몬이 완성한, 이스라엘 나라와 왕 그리고 백성의 정신적 바탕인, 성전의 원형이었다. 성서는 출애굽기 25장에서부터 일일이 성막의 구조와 규모 시설의 내용까지 상세히 기록하여 오늘날에도 그대로 복원할 수 있도록 해두었다. 이는 우리나라 역사에서도 조선 시대 '왕실의궤'가 있어 모든 행사나 참여 인원과 복장 심지어 상차림 내용물까지 그림으로 그려둔 자료와 아주 흡사하다.[5]

성막은 동서가 100 규빗, 남북이 50 규빗으로 기록되어 있다. 1 규빗이 대략 46㎝ 정도이니 4600×2300㎝, 46×23㎝ 규모다. 둘레에 청동 기둥을 세우고 천막으로 가려서 진을 쳤다. 출입구는 동쪽으로 두는데 고대 이스라엘 사람들은 항상 천막의 문을 동쪽으로 열어놓았다. 천막으로 가려진 공간은 다시 반으로 나누었다. 출입문으로 들어가서 처음 나오는 앞마당에는 동물을 희생으로 잡는 번제단이 중앙에 자리하고 있었다. 뒤쪽에 물두멍이 있고 이를 지나면 뒷마당에 30×15 규빗 크기의 성소가 자리한다. 성소는 다시 두 부분으로 나누어져 있는데 휘장을 열고 들어가면 처음 나오는 곳이 성소이다. 성소에는 진설상과 금 촛대가 있고 안쪽에 금 향단이 있다. 그 안에 또 휘장이 나오며 그 안쪽에 있는 것이 지성소(至聖所,

---

5 우리나라는 조선 시대 모든 행사나 제사 모습 왕실에서 진행된 각종 행사를 일일이 그림으로 그려 재생할 수 있도록 만들어 두었다. 한때 병인양요와 신미양요 때 외규장각에 보관하였던 이들 자료를 프랑스와 미군이 약탈하여 갔다가 현재 일부가 영구임대 방식으로 돌아왔다. 프랑스 학자들은 한국인의 기록 문화에 대해 놀라움을 금할 수 없다고 감탄하기도 하였다. 심지어 유교 제사법에 관해서도, 중국은 신문화운동과 문화대혁명으로 파괴한 공자묘 제사법으로 기록이 사라졌지만, 우리나라 성균관에 유지 보관되어 있어 오히려 우리나라에 배우러 왔던 적이 있다.

sanctuary) 공간이다.[6]

이 지성소의 중앙에 언약궤(言約櫃, ark of the covenant)를 두게 된다. 언약궤는 금으로 만들어지며 사람들이 어깨에 멜 수 있도록 좌우에 고리를 만들어 채를 끼워 놓았다. 그 위에는 날개를 펴서 언약궤를 덮고 있는 상상의 동물인 그룹(cherub)이 양쪽 귀퉁이에 하나씩 조각되어 있다. 언약궤는 조각 목으로 짰다. 그 이유는 광야에 싯딤나무라는 조각목 밖에 없었기 때문이다. 광야에서 구할 수 있는 재료를 사용하여 만들었다. 성소 안에 있는 물건은 모두 금으로 만들었다. 이 금들은 금송아지 만들 때부터 이스라엘 백성들이 출애굽 할 때 애굽 인들로부터 받아 나온 것이었다. 결코, 금송아지 만들었던 금을 녹여 만들지 않았다. 언약궤를 둔 이유는 그 속에 하나님의 법궤 증거 판인 십계명을 새긴 두 돌판을 넣어두기 위함이었다. 그리고 아론의 싹 난 지팡이, 1오멜의 만나를 넣은 항아리도 같이 두었다. 이렇게 해서 성막은 일단 완성되었다.

언약궤에서 중요한 곳은 언약궤의 덮개 부분이다. 그곳에 천사 둘이 날개를 펴 언약궤를 향하고 있는데 그 덮개 부분을 '속죄소'라 불렀다. 하나님은 이곳에서 이스라엘과 만나고 명령하리라 하셨다. 그리고 이를 '시은소' 즉 은혜의 보좌 또는 은혜를 베푸는 장소라고도하였다. 속죄일마다 이스라엘과 재계약하려 하였으며 이 위에 어린 양의 피를 뿌린다.

순금으로 속죄소를 만들되 길이는 두 규빗 반, 너비는 한 규빗 반이 되게 하고 금으로 그룹 둘을 속죄소 두 끝에 쳐서 만들되 … 거기서 내가 너와 만나고 속죄소 위 곧 증거궤 위에 있는 두 그룹 사이에서 내가 이스라엘

---

6 사실 지성소 공간은 하나님의 성막에만 있는 형식이 아니었다. 옛 이집트 신전이나 왕묘에도 보이는데 신전 왕묘의 가장 깊고 은밀한 장소를 지성소라고 이름한다. 하지만 하나님의 성막 지성소와는 그 통념이 다르다.

성막이 완성된 때는 모세가 애굽에서 나온 지 꼭 1년이 지났을 때였다. 그리고 한 달 후에 여호와 신은 모세에게 시내 광야 온 이스라엘 백성들을 대상으로 인구조사 할 것을 지시하였다. 이때의 인구조사는 군대식 편재를 위한 목적이 크다. 반면 다윗과 솔로몬 때의 인구조사는 국가 세금을 징수하기 위한 목적으로 하나님이 원하는 일이 아니었다. 어쨌든 조사 대상은 12지파였는데 이는 정확하게 말하면 야곱의 12 아들이 아니었다. 즉 모세와 아론이 속한 레위 지파는 제외되었고, 11명의 아들 중에서 요셉 대신 그 아들 므낫세와 에브라임을 각각 하나의 지파로 채워 12개의 지파로 구성하였다. 어찌 보면 요셉 지파는 두 지파가 참여한 셈이 된다. 이는 애굽에서 이스라엘 백성이 요셉 덕택에 살았고 번성했음을 인정해 주는 지분율이라 할 수 있다. 모세는 이들 12지파에서 한 사람씩 대표를 임명하고 이들 대표가 자기 지파에서 20세 이상 싸움에 나갈 수 있는 남자의 수를 세도록 하였다. 조사 결과 12지파에서 총 603,550명이었다. 이들이 전쟁에 참여할 수 있는 전투 요원으로 광야 이스라엘의 중심이었다. 이를 기준으로 백성들의 숫자를 추정하면 대략 200만-250만 정도로 볼 수 있다.

4) 제사장 직분

레위 지파는 전투에는 참여하지 않았다. 앞서 모세와 함께 금 소를 만든 자들을 처형하는 데 앞장섰으며 행진 이동 시 성막의 철거와 설치, 기구와 부속품, 제단 물품 등을 보관 관리하는 책임을 맡고 있었다. 그리하여 이들의 수를 계수할 때는 20세 이상이 아닌 난 지 1개월 이상 된 남자들을 모두 헤아리니 전부 22,000명이었다. 그러면 여자를 합친 전체 수효는 약 두 배가 조금 더 되리라고 볼 때, 적어도 44,000명 이상으로 볼 수 있다. 모세와 아론과 사제들이 성막 주위의 한 면에 자리 잡았고 나머지 3면은 레위의 세 아들 게르손, 고핫, 므라리에게서 나온 후손들로 배치되었다.[7] 이제 하나님의 백성들은 그들의 나라를 이루기 위하여 광야 1년의 이동 생활을 통하여 하나님이 상존하는 상징적 성소인, 성막을 중심으로 구성된 하나의 거대 군대 조직으로 변모시켰다.

성막과 12지파의 배치는 다음과 같다.

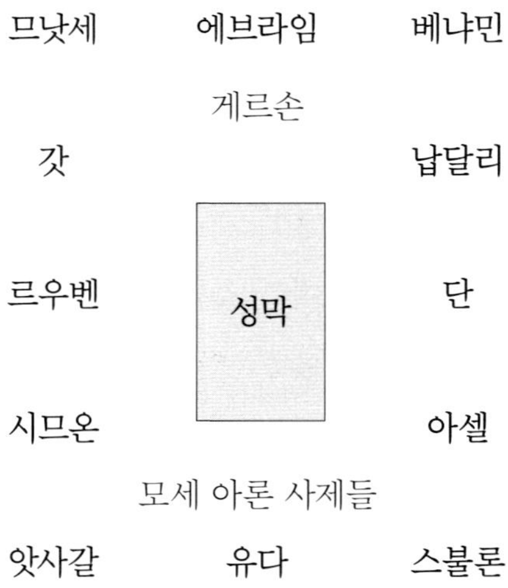

여기서 성막의 구조나 형태 그리고 크기 등 일일이 살피고 오늘날의 도량형으로 검증하고자 하지는 않는다. 또 성물이 지니는 신학적 의미를 살

---

7 현재 이스라엘에 가면 검은 모자에 검정색 긴 외투를 입고 귀 옆으로 머리를 땋아 내린 사람들을 볼 수 있는데 이들을 하레데(Hare야)라 부른다. 즉 제사장 집단이다. 이들은 군대를 면제 받는대신 여호와 신에 대한 봉사를 전담하고 있다. 나머지 12지파는 각각의 깃발을 지니고 별동의 진영을 유지하였다.

피는 일은 신학자들의 몫으로 하기로 한다. 단지 성막과 성소를 만들게 된 배경과 역사적 상황을 살펴보고자 하는 것이다. 이는 출애굽의 당위성과 역사적 의미를 이스라엘의 민족사와 견주어 살펴볼 필요가 있기 때문이다. 이스라엘의 민족사는 우리 민족의 역사와 닮은 구석이 많다. 지정학적 위치나, 끊임없는 이민족의 침입, 그리고 주변 강대국의 식민지배와 분열 등 굴곡진 역사가 많은 유사성을 가지지만 단지 여호와 하나님 유일신을 섬기는 신탁통치(神託統治) 국가라는 점이 아주 다를 뿐이다. 이스라엘 민족에게 하나님과의 관계는 아주 각별하다. 인류의 기원에서부터 아브라함이라는 정신적, 신앙적 조상의 뿌리라는 점과 그가 하나님과 맺은 약속의 성취라는 민족 정체성이 유일신 하나님을 섬기는 신앙의 힘과 연계되어 국가 체계를 만들어 놓았다. 그러므로 모든 이스라엘 민족사 서사구조 속에는 신과의 언약 관계라는 원형질이 삽입되어 있다. 이를 유지 보수(保守)하는 일이 이스라엘의 존립 이유가 된다.

성각과 성소, 지성소는 여호와 신을 만나는 장소다. 출애굽 백성의 믿음 속에는 오직 하나님이 함께할 때만 살아갈 수 있다는 체험을 실감하게 되었다. 므리바에서 아말렉과 싸울 때 그들은 모세가 팔을 들면 이기고 내리면 지게 되는 체험, 출애굽 당시 바로 왕과의 대치에서 마지막 열 번째 재앙을 보며 '야훼 신과 함께라면 아무 걱정할 일이 없다'라는 교훈을 절감하였다. 그리하여 신탁(神託)의 상징이 성소며 특히 지성소가 되었다. 이스라엘 백성들은 출애굽의 엄청난 하나님 능력을 실감하면서도 물이 없어 불평, 고기를 못 먹어 불평, 물이 쓰다고 불평, 양식과 과자가 없다고 불평을 털어놓았다. 하지만 인간의 한계와 몰염치의 극한을 보여 준 광야 행진 1년도 못 되어 야훼 신의 노여움을 사는 금 소(송아지) 사건을 저지르고 말았다. 그럼에도 야훼 하나님은 분노를 표출한 모세를 탓하셨지 백성들은 용서하였다. 십계명 돌판을 다시 만들어 주시고 계약을 다시 맺어

주셨다. 돌아보면 광야 행진 동안 단련되고 훈련되었고 만나를 먹으며 매일 하나님의 은혜를 실감하였다. 이 훈련은 일종의 군사훈련이었다. 지파의 대표를 따라 그 지휘를 따르고 대열을 유지하며 성막을 호위하여 행진해 나갔다.

그러나 예기치 못한 일이 벌어졌다. 황금 소를 만든 장본인 중 하나였던 아론을 책벌하지 않은 결과라고나 할까, 아론은 또 누이 미리암과 연합하여 모세를 비난하였다. 이유는 모세가 구스 여인을 취하였다는 핑계였다. 무엇보다 여호와 하나님이 유일하게 소통하며 친견하는 민족 지도자 모세의 권위에 도전했다는 것이 큰 문제였다. 미리암은 이스라엘 민족의 '혼인 성별을 주장하고 있지만, 사실은 누이로서 동생을 시샘한 것이었다. 심지어 미디안 제사장 이드로의 딸 십보라를 아브라함의 후처 그두라 사이에서 난 자손이라고 생각하였기 때문에, 구스는 옛 노아의 둘째 아들 함의 자식이었기에 구스 여인을 더 부정하게 생각하였다.[8] 그리고 미리암과 아론은 모세의 성격이 너무 유하다고까지 생각하고 이를 트집 잡았다. 그런데 여호와 신은 이방 여인을 취한 모세를 탓한 것이 아니라 모세를 비난한 사실에 대하여 진노하셨다. 그리하여 미리암에게 벌을 내려 문둥병이 들게 하고 몸의 살을 반이나 썩게 만들었다. 이를 보고 놀란 아론은 동생에게 빌었다. "슬프도다 내 주여 우리가 어리석은 일을 하여 죄를 지었으나 청하건대 그 벌을 우리에게 돌리지 마소서" 회개하며 동생 모세를 주(主)라고 부르고 비굴할 정도로 용서를 빌었다. 모세에게 빈다는 것은 모세를 통하여 여호와 신의 분노를 삭여 달라는 부탁이었다. 미리암은 나병이 들게 되어 살이 썩었고 이레 동안 진영 밖에 가두어 두었다. 아론은 역시 책벌에서 빠지고 일은 그렇게 마무리되었다(민 12:1-16).

8　"함의 아들은 구스와 미스라임과 붓과 가나안이요"(창 10:6)

모세에게 이르되 슬프도다 내 주여 우리가 어리석은 일을 하여 죄를 지었으나 청하건대 그 죄를 우리에게 돌리지 마소서 그가 살이 반이나 썩어 모태로부터 죽어서 나온 자 같이 되지 않게 하소서 모세가 여호와께 부르짖어 이르되 하나님이여 원하건대 그를 고쳐 주옵소서(민 12:11-13).

이 일은 광야 생활과 모세의 가족사에 매우 특이한 사건이었다. 여전히 이해하지 못할 일은 아론의 행동 양식이다. 여호와 신이 성막과 성소 제작을 가르쳐주었을 때에는 광야 생활을 통하여 하나님 나라의 모형과 예배를 위한 성전 모델을 알려주고자 한 것이었다. 그리고 계명과 언약의 모든 계약 체결에는 하나님께서 모세를 직접 불러 대면하시고 지시하셨다. 아론과 제사장들이 여호와께 가까이 갔어도 하나님을 대면할 때는 모세만 부르셨다. 지성소에 대제사장만 들어갈 수 있었던 하나의 전형이었다. 아론은 이를 견디지 못한 듯하다. 금송아지 사건 때도 하나님이 모세와 아론의 관계를 어떻게 설정하였는지 능히 아론은 인지하고 있었다. 심지어 아론이 동생 모세를 부를 때도 "내 주여"라고 주군처럼 지칭하고 있다. 이를 인지하고 있었던 아론이지만 누이 미리암과 함께 감히 하나님의 종 동생 모세를 비방하였다. 이들은 모세의 권위를 질투한 것이다. 여호와 신이 친히 부르셨고 인정하시고 권위를 허락한 동생 모세를 질투하고 비방하였다는 것은, 여호와 하나님을 질투한 것과 같으며 용납할 수 없는 행동이었다. 그리하여 여호와 신은 먼저 누이 미리암을 문둥병 들게 하였다. 그리고 그녀의 살은 반이나 썩게 만들었다. 이를 보고 놀란 아론은 동생 모세에게 빌었다. 성서 기자는 이 일에 대하여 민수기에 소상하게 기록해 두고 있다(민 12:1-16).

모세가 구스 여인을 취한 것을 비방한 아론과 미리암, 하지만 그들의 내면엔 단지 이방 여인을 취한 것보다 하나님의 대리인으로 백성들을 아우르며 절대적 리더십을 발휘하는 동생이 부러워 질투한 것이라 여겨진다. 미리암은 바로의 손에서 모세를 살리는데 결정적 역할을 한 여 제사장이었고 아론은 모세와 함께 바로에게 나아가 하나님의 능력을 직접 보여 주는 데 큰 힘을 보탠 동반자였다. 그리고 말을 잘못하는 모세의 대변자 같은 구실도 하였다. 그런데 모세만 인정하시고 자신들은 덜 대접받는다는 섭섭함을 가졌다. 하나님의 통치는 인간의 일반적인 판단이나 법적 통치의 일반적인 수준을 벗어난다. 여호와 신은 모세를 "온유함이 지면의 모든 사람보다 더하더라"(민 12:3)고 할 정도로 인정하고 있었다. 모세가 아내 외 이방 여인과 구스 여인을 취한 것보다 아론과 미리암이 모세를 시기한 것이 더 큰 죄라고 본 것이다. 하나님이 모세를 인정한 두 가지 성품은 '충성'과 '온유'였다.

미리암이 벌을 받은 것처럼 아론도 벌을 받아야 마땅한 처지였지만 여기서도 아론은 벌을 받지 않는다. 왜일까? 성서는 뚜렷이 아론이 용서받아야 할 이유를 기록하지 않고 있다. 지난날 모세가 시내 산에 하나님을 만나고 있을 때 아론의 지시하에 금붙이를 내어놓고 금송아지를 만들어 하나님도 모세도 진노케 하였다. 아론이 백성을 방자하게 하여 우상을 만들었고 원수의 조롱거리가 되게 하였다. 그럼에도 "백성의 악함을 당신이 아나이다"라고 자신은 빠지고 모든 책임을 백성에게 돌리고 있다. 우리의 눈으로 보면 백성보다 더 나쁜 사람이 아론이었다. 모세도 "본즉 백성이 방자하니 이는 아론이 그들을 방자하게 하여 원수에게 조롱거리가 되게 하였음이라"(출 32:25)고 하여 분명 아론에게 책임 있음을 언급하였다. 그런데도 아론은 책벌에서 빠진다. 성서의 기록에는 없다. 출애굽기에도 민수기에도 아론의 책벌은 기록되어 있지 않다. 왜일까? 누이는 벌을 받아도 아론은 벌을 받지 않은 이유가 무엇일까? 모세의 형이고 대제사장 격이었기 때문인가? 최초의 민족 지도자는 모세였다. 아론은 분명 모세의 대변인으로, 제사장으로 하나님께서 임명하셨고 하나님으로부터 특별한 권능도 부여받았다. (아론의 지팡이를 뱀으로 만들어 바로 술사들이 만든 뱀을 집어삼킴) 하지만 아론은 두 번씩이나 하나님을 실망시켰고 모세를 비방하였다. 가령 성서 기록은 그 이유를 다음과 같이 설명하고 있다.[9]

> 모세가 구스 여자를 취하였더니 그 구스 여자를 취하였으므로 미리암과 아론이 모세를 비방하니라 그들이 이르되 여호와께서 모세와만 말씀하셨느냐 우리와도 말씀하지 아니하셨느냐 하매 여호와께서 이 말을 들으셨더라 이 사람 모세는 온유함이 지면의 모든 사람보다 더하더라(민 12:1-3).

하나님이 이같이 노한 이유는 모세를 비방한 것, 여호와께서 모세와만 말씀하신다고 질투한 것이었다.

> 너희가 어찌하여 내 종 모세 비방하기를 두려워하지 아니하느냐 여호와께서 그들을 향하여 진노하시고 떠나시매(민 12:8-9).

분명 미리암과 아론의 죄의 명시와 진노를 표하셨다. 그러나 이후에 미리암은 나병이 들게 하였지만, 아론은 어떤 처벌도 받지 않았다. 성서학자들은 모두 아론을 대제사장으로 쓰셨고 최초의 대제사장이라고 하였지만, 성서 어디에도 대제사장이란 표현은 없다. 아론과 그 가문을 제사장 가문 레위인의 조상이 되게 하였지만, 대제사장 가문이라는 기록은 없다.

9　아론은 모세의 형이자 이스라엘의 첫 번째 제사장으로 추앙받았다. 출 6:20) 아론은 레위 사람들의 조상으로서 이스라엘의 종교 후손인 레위인의 창시자였다. (출 4:14) 그는 하나님 앞에서 제사장으로 일하여 이스라엘 사람들의 회막에서 하나님을 섬겼다. (레 8:1-29) 출애굽기 28장에도 아론과 그 아들들이 제사장 직분을 감당하도록 하였다라고 기록되어 있다.

단지 아론이 입을 제사장 의복과 흉패까지 언급한 것으로 보아 그리고 모세와 함께 출애굽 백성들을 지도한 것으로 보아 대제사장으로서의, 역할을 감당했을 것이라 추측을 한 것 같다. 하지만 이를 실재적으로 입증할 내용은 없다. 정황상 대제사장 역할을 한 것처럼 보일 뿐이다. 하지만 여호와 하나님을 직접 만날 수 있는 사람은 모세밖에 없다. 성막을 구성한 것이나 성소와 지성소를 두어 매년 한 번씩 대제사장만 들어가 하나님을 만날 수 있도록 한 것으로 보아 분명 대제사장은 모세였다. 여호와 신이 직접 통치한 시대에 신의 대리인은 대제사장만 할 수 있었고 출애굽 시대에도 여호와 하나님은 모세와만 대면하였기에 모세가 민족의 지도자이자 대제사장이었다.

성서의 내용을 전체적인 흐름으로 검토할 때, 아론이 하나님을 실망시키고 모세를 비방했으며 질투한 데 대한 책벌이 없었던 이유는 모세가 하나님께 형 아론을 용서해 달라고 빈 때문이라고 볼 수밖에 없다. 그리하여 여호와 하나님은 아론과 그의 아들들에게 제사장 직분을 주어 성막에서 제의를 담당하게 하였다.

> 너는 또 아론과 그 아들들을 회막 문으로 데려다가 물로 씻기고 아론에게 거룩한 옷을 입히고 그에게 기름을 부어 거룩하게 하여 그가 내게 제사장의 직분을 행하게 하라 너는 또 그 아들들을 데려다가 그들에게 겉옷을 입히고 그 아버지에게 기름을 부음 같이 그들에게도 부어서 그들이 내게 제사장의 직분을 행하게 하라 그들이 기름 부음을 받았은즉 대대로 영영히 제사장이 되리라 하시매 모세가 그같이 행하되 곧 여호와께서 자기에게 명령하신 대로 다 행하였더라(출 40:12-16).

여호와 신은 모세에게 일러, 성막 봉헌 후에는 아론과 아론의 아들들에게 제사장 직분을 맡기고 그 직책을 대대로 이어가라고 명령하고 있는 대목이다. 이로 인하여 아론의 가문은 레위 자손으로[10] 제사장 가문이 되었다. 그리고 아론은 여호와께서 대제사장이란 직분을 준 적은 없지만, 성막 봉헌 이후 최초의 제사장으로 아들들과 함께 부름을 받았기에 후대에 구별하기 위하여 대제사장이라고 호칭한 듯하다. 그리고 대제사장은 여호와 하나님을 친견할 수 있는 권한이 있었기에 당연히 당대에는 모세가 대제사장이었다고 할 수 있다. 그리고 모세 죽음 이후에는 아론의 후손 제사장 가운데서 한 명 선정되었다.[11] 한 마디로 아론은 동생 잘 만나 용서받았고 제사장 지도자 반열에 오른 케이스다. 그 이상도 이하도 아니다. 후대에 아론 제사장 가문이 어떤 일을 저질렀는지 예수님 시대를 생각하면 아론의 죄과를 떠올리지 않을 수 없다. 또 하나 모세가 이방 여인과 십보라와 구스 여인과 혼인 관계를 유지한 것은 출애굽 당시 잡족과 동행하고 그들도 하나님의 백성으로 동등하게 대한 공평성과 무관하지 않음을 몸소 보여 준 것이라 할 수 있다.

신학적으로는 대제사장의 옷이 성막의 축소판이요 제사장은 걸어 다니는 성전으로 인식되고 있다. 이는 당시 백성을 대표하는 대제사장의 위엄과 영향력이 매우 컸음을 보여 주고 있다. 성서에서 설명하고 있는 대제사

---

[10] "이스라엘의 아들 레위의 아들들의 이름은 그들의 족보대로 이러하니 게르손과 고핫과 므라리요 레위의 나이는 137세였으며 게르손의 아들들은 그들의 족보대로 립니와 시므이요 고핫의 아들들은 아므람과 이스할과 헤브론과 웃시엘이요 고핫의 나이는 133세였으며 므라리의 아들들은 마흘리와 무시니 이들은 그들의 족보대로 레위의 족장이요 아므람은 그들의 아버지의 누이 요게벳을 아내로 맞이하였고 그는 아론과 모세를 낳았으며 아므람의 나이는 137세였으며"(출 6:16-20)

[11] 성경에는 제사장의 의복까지 자세히 규정하여 놓았다(출애굽기 39장). 청색, 자색, 홍색의 실과 금실, 청색실, 자색실, 홍색실을 사용하여 에봇을 만들었으며 또 호마노에 금 테를 둘러 도장을 새겨 에복 어깨 받이에 달아 보석으로 삼았다고 기록하였다.

장은 그의 옷을 입고 성전에 거할 때나 백성 가운데 임할 때 그들은 여호와 하나님의 임재를 경험하였을 것이다. 또한, 12개의 보석이 박힌 흉패와 어깨걸이에 달린 호마노 2개의 도장 보석, 이마의 금빛 성패를 통하여 백성들은 하나님의 존엄과 영광을 느꼈으리라 생각된다. 즉 왕 같은 대제사장이었다.

5) 성막 건설의 의미

앞 장에서 출애굽과 새로운 하나님 나라의 건설은 새 에덴의 건설과 동일하다는 표현을 하였다. 그 근거로 야훼 하나님은 에덴에서 인간을 창조한 후 내린 축복과 동일한 축복을 하고 있음을 보았다. 다시 말하면 하나님은 새로운 창조를 이루어 내고 싶은 의지를 보이셨다. 그 과정에서 두 가지 표상을 보여 주었다. 하나는 시내 산에서의 하나님 임재이며, 또 하나는 성막의 봉헌과 동행이었다. 여호와 하나님이 세상 만물과 인간을 창조한 것처럼 성막을 만들게 하고 제사장을 임명케 하였으며 특별한 옷까지 입게 하였다. 이렇듯 성막 건설은 일종의 새로운 창조 사역 중 일부였다. 이것은 성막 공사가 시작되기 직전에 출애굽기 35장 1절에서 3절에 기록된 안식일 규례가 등장한 이유이기도 하다. 그리고 성막 공사가 하나님의 안식과 깊은 연관이 있는 새로운 창조 사역임을 강조하고 있다.[12]

성막은 하나님의 사역 중 안식과 예배를 모범으로 보여 준 사례였고 여호와 신이 자기 백성들에게 직접 가르친 하나님의 나라 모형이었다. "이스라엘 자손이 이와 같이 성막 곧 모든 역사를 마치되 여호와께서 모세에게 명령하신 대로 다 행하고"(출 39:32)라고 성서에 밝힌 것처럼 여호와 신은

---

12 김경열, 『구약학자가 풀어낸 성막의 세계』(서울: 두란노, 2022), 238.

그가 대리자로 뽑으신 모세에게 명령하고 모세는 그 명령을 받들어 성막을 완성하였다. 여호와의 명령이란 표현을 출애굽기 기자는 여러 차례 언급하여 강조하고 있다.

> 여호와께서 모세에게 명령하신 대로 이스라엘 자손이 모든 역사를 마치매 모세가 그 마친 모든 것을 본즉 여호와께서 명령하신 대로 되었으므로 모세가 그들에게 축복하였더라(출 39:42-43).

이는 무엇을 의미하는가? 역시 성막의 중요성과 더불어 하나님의 나라 사역을 위한 준비로 교회의 모형을 제시하게 된바, 이 교회를 통하여 여호와 신은 수시로 인간들과 만나기를 원하신다는 사실이다. "여호와께서 명령하신 대로" 어떻게 보면 면회 장소가 필요하게 되었고 이스라엘 백성들이 이동 생활을 하는 동안에는 천막의 형식을 취할 수밖에 없었다. 이런 성막을 여호와 하나님의 명령에 따라 철저히 축조할 수밖에 없었던 이유는 이스라엘 백성의 한계, 인간의 본원적 한계인 배신 가능성, 교만이 자리 잡고 있었기 때문이었다. 여호와의 명령에 따른 형식은 제2의 에덴을 건설하고자 하는 마음과 다른 형식의 선악과나무일 수 있다. 만약 이같은 조건과 형식이 없으면 인간은 또다시 교만으로 신을 실망시킬 수 있기 때문이다.

성막은 예배를 통하여 지속될 신과 인간의 영원한 만남을 약속한 모델하우스였다. 이를 위하여 그의 백성들을 자유하게 하였고, 인도하였고, 지키시고, 먹이셨다. 또한, 광야 행진을 통하여 애굽 문화에 젖었던 이스라엘 백성들을 훈련시켰다. 더불어 헌법을 만들고 법을 제정하고 절기와 안식일 규정을 정하였다. 그리고 이제 영원한 존재의 처소인 성막을 만들어 근동과 메소포타미아 그 어떤 나라에 뒤지지 않는 하나의 신정국가의 틀을 완성한 것이다. 그리하여 "이스라엘의 온 족속이 그 모든 행진하는 길에서 그들의 눈으로 보았더라"(출 40:38)라고 출애굽기의 마지막 장, 마지막 절에서 언급한 것처럼 여호와 신과 인간의 '동행'이 현시적으로 완성된 것이다.

> 세상이 창조된 후 하나님이 안식하시며 에덴 성전에 거하신 것처럼, 성막이 완성된 후 하나님은 안식하시며 성막 성전에 거하셨다. 이제 그 하나님의 창조 사역은 교회라는 새로운 하나님의 성전에서 계속되고 있다. 거듭 말하지만, 이렇듯 하나님의 일은 하나님이 주도하시고 성취하시며 인간은 하나님 사역의 조력자요 대행자일 뿐이다.[13]

성막과 성전은 하늘의 영원한 원형 성전이 지상에 일시적으로 머무르는 그림자임을 기억해야 한다. 그 원형 성전의 희미한 계시가 이방의 비슷한 구조를 지닌 신전과 신성한 군용 막사에 드러난 것으로 볼 수 있다. 그러나 그 하늘 성전의 온전한 형태는 성막과 성전에서 구현되었다. 어떻게 보면 성막의 규모는 이방 신들의 신전보다 훨씬 작았고 후대 솔로몬 성전에도 비할 바 없이 작았다. 또 주변 메소포타미아 제국의 거대한 신전들과는 비교할 수 없었다. 약 천년 후 헤롯 성전은 로마 전역에 소문날 정도로 규모가 컸지만, 그것은 헤롯의 정치적 야심에서 비롯된 토목공사였다. 그런데 신약 시대를 지나며 예수는 그 웅장하고도 화려한 헤롯 성전의 파멸을 예언하였다. 그의 말씀대로 화려하였던 거대 성전은 돌 위에 돌 하나도 남김없이 파괴되어 자취를 감추고 말았다. 성막은 후대 역사에 나타난 성전들에 비해 매우 작았던 천막 예배당이었지만 하나님은 바로 그 성막

---

13 김경열, 『구약학자가 풀어낸 성막의 세계』(서울: 두란노, 2022), 238.

에 거하셨고 이스라엘 백성들과 함께 이동하였다. 전체적으로 성서의 기록에 의한 성막 성소 건축 비용으로 들인 금, 은을 현대적 단위로 가늠해 보면 금이 약 1톤(29달란트+730세겔), 은이 약 3.4톤 (100달란트+1775 세겔)로 추산된다(출 38:24-25). 그럼에도 이는 고대 근동의 신전들에 비해 터무니없이 작은 규모이다. 규모보다 중요한 것은 약속과 명령의 준행이며 정확한 여호와 신이 정해준 규정 약속의 이행이었다. 이것이 하나님 나라 신과 백성의 관계인 것이다. 제2의 에덴이 설정되어 가는 것이다.

성각을 이해하고 성막 건설의 의미를 구체적으로 파악하려면 당시의 상황에서 여호와 신과 백성들의 행동 양식을 파악해 볼 필요가 있다. 이를 세 가지 관점에서 분석해 본다면 하나님의 계획과 감동, 백성의 주인의식, 하나님의 임재로 나누어 볼 수 있다.

첫째, 성막은 하나님의 계획과 감동으로 이루어진 건축이었다.

모세가 시내 산에 올라간 후 이스라엘 백성들은 금송아지 신을 만들었고 하나님으로부터 무서운 징계를 받았으며 이를 모세가 집행하였다. 주동자급 약 삼천 명을 처형하였고 이에 레위인이 모세를 도와 활약하였다. 결국, 모세는 진노하여 십계명 돌판을 던져 부수었다(출 32:11-35).

> 모세가 여호와께로 다시 나아가 여짜오되 슬프도소이다 이 백성이 자기들을 위하여 금 신을 만들었사오니 큰 죄를 범하였나이다. 그러나 이제 그들의 죄를 사하시옵소서 그렇지 아니하시오면 원하건대 주께서 기록하신 책에서 내 이름을 지워 버려 주옵소서(출 32:31-32).

하지만 모세는 백성들의 죄를 사하여 주시지 않을 것 같으면 차라리 자신의 이름을 주께서 기록하신 책(생명책)에서 지워 달라고 하나님께 애원하였다. 어찌 보면 애원을 넘어 일종의 딜(deal)을 하고 있다. 생떼를 쓰고 있는 셈이다(출 32:30-32). 그러자 여호와 신은 모세에게 응답하기를 "누구든지 내게 범죄 하면 내가 내 책에서 그를 지워버리리라"고 준엄하게 명령하였다. 그러자 백성들도 하나님의 명령을 듣고 슬퍼하여 한 사람도 자기의 몸을 단장하지 아니하였다. 그리고 자신들이 진멸당할까 하여 몸에서 장신구를 떼 내어 여호와 하나님의 진노를 누그러뜨리기 위한 성의를 보였다. 이런 일련의 과정은 우상을 용납하지 않겠다는 여호와 신의 결연한 의지를 보인 것이며 어리석은 행동을 경고한 장면이다. 이후의 사실은 모세가 다시 여호와의 산(시내 산)에 올라 40일 동안 물과 음식을 끊고 금식하여 하나님이 주시는 새로운 계명 돌판을 받아 내려왔던 일이다. 처음 돌판을 받을 때와 다른 점은 이번에는 하나님의 지시로 모세가 직접 돌판을 준비하여 산에 올라 말씀을 받아왔다는 점이다. 첫 번째 산에 오른 40일과 두 번째 산에 오른 40일은 달랐다. 첫 번째와 두 번째 사이에는 금송아지 사건이 있었고 하나님의 진노와 백성의 회개와 자숙이 있었다는 사실이다. 한 마디로 백성의 깨달음이 있었다. 그리고 성막(회막)을 짓는 공사를 지시하셨다. 하나님과의 만남, 예배, 그리고 교회는 성령의 인도와 회개가 있어야 교감이 가능하다. 교감 없이 예배는 불가능하다. 교감 없는 예배는 하나님이 받지 않으신다. 성막 규정을 인간이 이해하도록 규정한 이유이다. 현장 감독 브살렐과 오홀리압을 비롯한 기술자들도 성령이 임하여 인간의 기술과 지혜를 능가한 신적 능력이 부여되었을 때 성막 건축이 가능하게 되었다.

둘째, 백성의 주인의식이다.

하나님의 계획과 감동 그리고 백성을 사랑하는 인자가 없었다면 성막은 이루어질 수가 없었다. 십계명의 하나도 지키지 못하는 백성들임을 알고 있는 여호와 하나님이지만 이 백성을 사랑하는 마음이 없다면 불가능할 공사였다. 백성은 단순하다. 그러나 성막과 성소, 성물과 제사장 규정은 복잡하고 까다로운 작업이었다. 이처럼 백성들 입장에서 복잡한 신전(성막)의 건축이 이루어질 수 있었던 것은 광야 훈련을 통하여 하나님의 권능과 요구를 알게 되었고 죄와 순종의 도리를 깨닫게 되었기 때문이다. 역사 속 제국들의 거대 신전들은 정복왕들이 강제한 노예 노동으로 이루어지거나 하층민을 값싼 임금으로 부리는 착취 노동으로 축조되었다. 전제 왕권이 강할수록 그 규모는 컸음을 알 수 있다. 한 마디로 백성의 자발적 노력으로 신전이 만들어진 예는 원시사회를 제하면 보기 드물다. 하지만 성막 건설은 백성들의 자발적 참여로 이루어졌다.

성서의 기록에 의하면, 여호와께서 모세에게 이르시기를 "이스라엘 자손에게 명령하여 내게 예물을 가져오라 하고 기쁜 마음으로 내는 자가 내게 타치는 모든 것을 너희는 받을지니라"(출 25:2) 하였다. 하나님은 예물을 가져오라고 간접적으로 명령하였다. 하지만 이는 "기쁜 마음으로 내는 자가 내게 바치는 모든 것을 너희는 받을지니라"(출 25:2下) 즉 작은 것을 바쳐도 바친 모든 것을 받을 것이라 하였다. 분명 기쁜 마음으로 내도록 주지시키고 있다.

성막 건설에 필요한 모든 품목 실, 목재, 가죽, 주요 장식품 소재, 베, 금과 은, 기름, 각종 보석, 제물까지 역시 백성들 스스로 기쁜 마음으로 바치도록 가르치고 있다. 출애굽기의 기록을 보면 20세 이상 장정이 603,550명인데 이들이 모두 성소의 세겔로 각 사람이 은 1베가, 곧 1/2 세겔씩 바쳤다(출 38:26). 이는 성막 건설의 모든 과정이 자발적이며 한 사람 한 사람 모두 주인의식을 가지고 이루어졌음을 보여 주는 장면이었다.

이스라엘 백성들이 출애굽 할 당시 매우 독특한 장면이 있다. 이는 열번째 장자의 죽음이 있고 난 후 바로는 모세와 아론에게 백성들을 데리고 출애굽 하되 즉시 떠날 것을 지시한 부분이다. 한 마디로 항복이다. 이집트 백성들도 장자 죽음 이후에 "우리가 다 죽은 자가 되었도다"고 고백하였다. 장자 죽음의 원인을 분명히 알고 있다는 뜻이다. 이어서 이스라엘 자손이 금은 패물과 의복을 구하는 대로 내어 주었다(출 12:35-36). 종 되었던 이스라엘 백성들을 보내주는 것을 넘어 패물을 달라는 대로 준다는 것은 완전 굴복이다. 마치 정복군에게 목숨을 구하기 위하여 달라는 대로 패물을 다 내어주는 형국이다. 이는 물론 요셉을 알지 못하는 파라오의 등장으로 이스라엘 백성들을 종으로 부린 최소한 100년 이상의 체불 임금을 받은 셈이 되었다. 이처럼 하나님의 판단은 공평하시다. 이들이 받은 밀린 임금인 패물 일부로 시내 산 아래서 '금송아지'를 만들었다가 하나님으로부터 혼쭐이 났고 이제 하나님의 영광을 위해 가진 것들을 내놓아 자발적으로 참여함으로, 그들의 죄를 씻는 **회개의식의 상징성**으로 성막 건설이 이루어졌다. 주목할 점은 금 소(금송아지)를 만들 때 사용한 금은 여인들의 금귀걸이였지만, 하나님의 집 성소를 만들 때는 자발적으로 그들의 금은 패물 전부 또는 일부를 바쳤다. 우상 만든 그 금이 아니었다. 그나마 이런 미세한 부분이 이스라엘 백성들이 여호와 신을 거역하고 배신하고 노하게 하였어도 용서받을 수 있었던 요인이 아닌가 생각된다.

셋째, 여호와 하나님의 임재이다.

하나님이 가르치고 지시한 대로 만들어진 성막은 사실 성전은 아니다. 왜냐하면, 여전히 이스라엘 백성들은 광야에 있고 행진 중이었기에 성전의 축소판인 성막을 만들었을 뿐이다. 단지 그들이 가나안에 들어가 제2 에덴을 건설하고 하나님 나라를 만들었을 때 성전을 짓기 위한 모형이었다. 그래도 여호와 신과의 '동행'을 위해, 여호와 하나님을 경배하기 위해, 역사 속에서 영원히 여호와 하나님을 기억하기 위해 성전을 만들기 위한 준비를 한 것이었다. 다시 말하면 우리가 섬기는 여호와 하나님의 신은 과거 B.C. 16세기 또는 13세기 이스라엘 백성들을 이집트의 종 된 상태에서 해방시키신 바로 그 신이며, 인간의 고통을 친히 보시고 긍휼히 여기사 자유케 한 신과 동일하다. 신은 영원히 인간과 함께 '동행'하며 복을 주시고 '약속의 하나님'이란 사실을 가르쳐 준 가시적 믿음의 존재적 형상이 성막이었다.

> 하나님의 존재적 형상인 성막은 전혀 다른 방식으로 그 영광과 위대함을 표현하였다. 모세는 성막과 제단 주위 뜰에 포장을 치고 뜰 문에 휘장을 다는 것으로 모든 성막 봉헌을 마쳤다(출 40:33). 그러자 여호와의 영광이 그곳에 충만하였다(출 40:34).

> 모세가 회막에 들어갈 수 없었으니 이는 구름이 회막 위에 덮이고 여호와의 영광이 성막에 충만함이었으며 그름이 성막 위에서 떠 오를 때에는 이스라엘 자손이 그 모든 행진하는 길에 앞으로 나아갔고 구름이 떠오르지 않을 때에는 떠오르는 날까지 나아가지 아니하였으며 낮에는 여호와의 구름이 성막 위에 있고 밤에는 불이 그 구름 가운데에 있음을 이스라엘의 온 족속이 그 모든 행진하는 길에서 그들의 눈으로 보았더라(출 40:35-38).

출애굽 백성들에게 여호와는 구름 기둥과 불기둥으로 '동행'의 신성(神聖)한 가치를 사실적으로 보여 주었다. 그리하여 여호와의 영광과 임재를 존재론적으로 깨닫게 하였다. 약 1,000여 년이 흐른 뒤 솔로몬의 성전 봉헌 때에도 그 신현의 구름은 다시 출현하였다. 이처럼 성전 위와 안에 나타난 하나님의 충만한 영광을 유대 전승에서는 '쉐키나'(히브리어로 영광의 '임재'를 뜻하기도 한다)라고 부른다.[14] 이는 신학적으로도 매우 중요하게 인식하는 부분이다. 여호와 신이 함께한다는 것은 승리와 자유의 상징이 된다. 이동 중에 있는 이스라엘 백성에게 만남의 장소인 성소, 성막을 두게 한 것은 '약속의 이행' 상징이며 '존재 증명' 같은 것이었다. 이는 오늘날의 교회에도 의미가 부여된다. 신의 존재는 그를 모신 성전 규모나 치장에 있는 것이 아니라, 그를 바라는 인간의 간절함과 믿음에 있다는 뜻이다. 성막은 당시 성전이랄 수 없는 작고 보잘것없는 모습이었지만, 하나님은 이집트의 만신전 같은 곳에 있지 않고 그가 지시하여 만든 성막에 계셨다. 하나님의 구원 사역을 믿는 신자는 모두 함께 지어져 가는 성전으로 인식하였다. 구약에서는 이스라엘 공동체는 함께 성막을 세우는 공동체였다.

6) 금송아지 사건 전후의 성막

(1) 금송아지 사건 이전의 성막

출애굽기에는 서사 구조로 볼 때 이해하기 곤란한 부분이 나타나 있다. 하나님의 지시와 성막 건설에 대한 설명인데, 25장부터 여호와의 산에 모세를 불러두고 율법과 계명의 돌판을 주리라 한 것과 성소를 지으라 한 것이 거의 동시에 나타난다. 사실 증거판은 20장에 등장하였는데 다시 여호와의 산에 오르라 하였고 금송아지 사건은 그 뒤에 나타난다.

---

14 김경열, 위의 책, 245.

여호와께서 모세에게 이르시되 너는 산에 올라 내게로 와서 거기 있으라
네가 그들을 가르치도록 내가 율법과 계명을 친히 기록한 돌판을 네게 주
리라 모세가 그의 부하 여호수아와 함께 일어나 모세가 하나님의 산으로
올라가며 장로들에게 이르되 너희는 여기서 우리가 너희에게로 돌아오기
까지 기다리라 아론과 훌이 너희와 함께 하리니 무릇 일이 있는 자는 그들
에게로 나아갈지니라 하고(출 24:12-14).

십계명의 돌판과 율법이 24장의 위 내용 다음에 나왔으면 훨씬 흐름이
자연스럽다. 그런데 마치 새로운 돌판을 주기 위하여 모세를 여호와의 산
이 오르라 명령한 듯한 분위기를 준다. 정작 40일 40야를 구름 속 산에
올랐다가 지시를 받은 것은 성소, 성막의 건설에 관한 내용이다. 그러므
로 이를 기승전결의 서사 구조 흐름 속에서 재구성한다면 20장부터 24장
11절까지가 24장 마지막 절인 18절 이후에 연결되어야 훨씬 자연스러운
흐름이 될 수 있다. 그런데 성막 지을 준비를 25장부터 지시하여 가르치고
성막(회막) 규정과 제사장에 관한 규정과 제물, 이어서 안식일에 관한 규
정까지 정하고 있다. 그리고 한 절로 증거판 둘 즉 돌판을 모세에게 주었
다고 기록하고 있다.

여호와께서 시내 산 위에서 모세에게 이르시기를 마치신 때에 증거
판 둘을 모세에게 주시니 이는 돌판이요 하나님이 친히 쓰신 것이더라
(출 31:18).

이를 들고 하산한 모세 앞에 금송아지 사건이 터진 것이다. 그러나 금
송아지 사건이 수습될 무렵 진 바깥에 회막을 지었다고 기록하고 있다. 그
러면 금송아지 사건 이전에 언급된 성막과 사건 이후의 회막은 다른 것인

가? 같은 데 다시 언급하신 것인가?

> 모세가 항상 장막을 취하여 진 밖에 쳐서 진과 멀리 떠나게 하고 회막이라 이름하니 여호와를 앙모하는 자는 다 진 바깥으로 나아가며(출 33:7).

여기서 진 밖이라 함은 이스라엘 백성의 행군 진영 바깥을 말함이며 현재 생활하고 있는 장막과는 떨어진 하나님을 위한 공간을 말한다. 이를 성막 또는 회막이라 하였다. 그러면 성막(聖幕)과 회막(會幕)은 다른 것인가? 성서의 내용으로는 다르다고 볼 수 없지만, 출애굽기에 달리 사용하고 있는 것으로 볼 때 표현의 차이를 통하여 목적 자체를 다르게 표현하려고 한 것이 아닌가 생각된다. 금송아지 사건 이전에 언급된 성막이 모세와 아론 장로와 제사장을 불러 가르친 교과서적 설계라면, 금송아지 사건 이후의 등장하는 회막은 백성들을 동참하게 하기 위한 구체적인 건설 자료며 실측 도면 공간이 아닌가 생각된다. 또 정착 시 사용이냐 이동 시 사용이냐에 따라 달리 한 것이 아닐까 생각된다.

(2) 금송아지 사건 이후의 회막

하나님은 두 번째 돌판을 내려주시고 출애굽 백성과 다시 언약을 맺으셨다. 새 언약도 핵심은 십계명과 연관된 계약이며 가나안에서의 새 나라 건설과 절기 그리고 안식일 준행에 관한 규정이 주류였다. 그러므로 새 언약 자체는 금송아지 사건 이전의 언약과 별 차이가 없다. 하지만 출애굽기 성서를 구체적으로 분석하여 볼 때 한 가지 조금 다른 점을 발견하게 된다. 26장의 성막 건설 첫마디는 다음과 같은 기록으로 시작한다.

　　너는 성막을 만들되 가늘게 꼰 베 실과 청색, 자색, 홍색 실로 그룹을 정교
　　하게 수 놓은 열 폭의 휘장을 만들지니(출 26:1).

그런데 33장의 회막 규정에서는 주목할만한 내용을 추가하였다.

　　모세가 항상 장막을 취하여 진 밖에 쳐서 진과 멀리 떠나게 하고 회막이라
　　이름하니 여호와를 앙망하는 자는 다 진 바깥 회막으로 나아가며 모세가
　　회막으로 나아갈 때에는 백성이 다 일어나 자기 장막 문에 서서 모세가 회
　　막에 들어가기까지 바라보며(출 33:7-8).

　　즉 금송아지 사건 이전, 여호와 신이 성막을 지으라고 할 때는 모세를
불러 "너는 -하라"는 식으로 3인칭 단수나 2인칭 단수로 지시의 대상에게
말을 하고 있다. 이는 '증거궤' '진설병상' '증거대와 기구들' '성막' '제대'
'성막의 뜰' '등불' '제사장의 옷' '판결 흉패' '제사장의 다른 옷' '제단'
'물두멍' '향 기름' '회막 기구' 등을 만들어 준비토록 지시할 때도 동일한
대상을 상대하고 있다. 즉 모세 개인을 통하여 명령하고 지시한다. 그런데
금송아지 사건 이후의 회막 건설 때는 여호와 신이 모세에게(여격) 지시
하거나 또 명령할 때 백성들이 보는 데서 하거나, 회막 건설을 위해 준비
할 것들을 모세가 백성들에게(여격) 지시하고 명령하는 형식으로 간접 목
적어가 바뀌어진다. 이는 성막 일꾼을 정할 때도 마찬가지며, 여호와 신은
빠지고 모세가 브살렐과 오홀리압에게 또는 백성에게 지시하는 형식이다.
　　성각과 언약궤, 등잔대 등을 만들 때는 "그가 - 만들었으니" 하는 형식
으로 실무자들이 주어가 되거나 장인이나 기술자들에게 지시하는 형식으
로 바뀌고 있다. 이는 금송아지 사건 이후 여호와 신의 의지가 다르게 적
용되었다고 볼 수 있다. 즉 앞서 금송아지 사건 이전에는 여호와께서 모세

에게 가르치고 지시한 내용을 받아 수용하였다가 금송아지 사건 이후엔 실제로 제작에 들어갔다고 보며 감독관과 기술자까지 뽑아 일을 하나하나 추진해 나갔다고 여겨진다. 또 하나 성막(회막) 건설 이후 울타리를 추가하여 만든다거나 성막 재료의 목록까지 작성한 것으로 보아 감독과 기술자들이 일을 마무리할 때 실제로 작성하는 형식이 아니었던가 생각된다. 그러므로 출애굽기의 성막(회막)은 결국 하나임을 알 수 있다.[15] 출애굽기의 거의 하반부 전체를 차지하고 있는 성막 규정은 장차 하나님의 나라에 건설할 성전의 모델이며 예배 처소인 교회의 양식임을 알 수 있다. 그리고 출애굽기의 저자가 책을 기술할 때의 역사적 상황이 바벨론의 포로기였다면 이 인식은 훨씬 중요하며 설득력 있게 다가온다.

일반적으로 역사성과 신화가 연결되어 건국 신화로 정립될 때는 몇 가지 주안점이 있다. 민족혼의 상기, 위대성, 신비성, 당위성, 역사성의 다섯 가지 요소가 있어야 한다. 출애굽기에서 이스라엘 민족의 해방과 정착지 가나안에로의 국가 건설 과정은 다섯 가지 건국신화의 요소를 갖추고 있다. 여기에 고난과 역경, 특히 종살이 노예 상황은 애굽에서나 바벨론에서나 똑같은 정황이었다. 무엇보다 이스라엘 국가 건설에는 '하나님 나라'라는 신적 통치가 이루어져야 할 목적이 있었기에 그들이 믿는 여호와 하나님의 임재와 동행이 전제되지 않을 수 없었다. 반드시 고난 속에서 민족의식을 일깨우기 위하여 건국신화가 등장한다는 것은 원리라기보다 매우 자연스러운 지적 욕구이다. 성경 정경 66권을 정한 헬라의 70인 역에서 출애굽기와 에스더서, 에스라 느헤미야 서가 역사성이 강하게 내포된 책으로 선정된 이유는 바로 여기에 있다. 이스라엘의 역사는 하나님의 신적 통치

---

15 신학적으로도 성막과 회막을 어떻게 보느냐 하는 문제는 이슈이다. 하지만 필자는 동일하게 보며 설계도면과 실제 공사와 같은 정도로 보고 있다. 굳이 차이라면 성막은 이동용, 회막은 정착용이 아닌가 생각된다.

가 인간의 역사 속에 내주 하여, 영원한 하나님 나라와 인간이 그의 백성으로 자유롭고 평화롭게 사는 새로운 에덴의 거류민으로 살아가고자 하는 하나의 모델로 보아야 한다. 이를 위해 인간의 손으로 만든 우상은 철저히 배제되어야 한다는 것이 여호와 하나님과 인간이 체결한 약속이었다. 그러므로 그를 믿는 백성은 그의 언약 백성이 되며 그 증거가 두 개의 돌로 된 증거 판이며 신의 임재를 느끼는 가시적 장소가 장막(회막)이었다.

모세가 아론과 나답, 아비후 그리고 장로 70명과 함께 시내 산에 올라 혼자 친견하여 여호와의 말씀을 기록하고 난 후 여호와 신과 이스라엘 백성 간에 계약이 체결되었음을 선포하였다. 이에 백성들은 한 소리로 응답하여 여호와의 모든 말씀을 준행하리라 맹세한다. 그 증거로 12개의 기둥을 세우고 번제와 화목제물의 피를 뿌려 맹세하였다.

> 언약서를 가져다가 백성에게 낭독하여 듣게 하니 그들이 이르되 여호와의 모든 말씀을 우리가 준행하리이다 모세가 그 피를 가지고 백성에게 뿌리며 이르되 이는 여호와께서 이 모든 말씀에 대하여 너희와 세우신 언약의 피니라(출 24:7-8).

성서 본문에 따르면 여호와 하나님과 이스라엘 백성은 이처럼 피로써 맺은 언약서를 체결하게 된다. 핵심 내용은 수없이 반복되어 내려온 것처럼 오직 하나님만 섬기며 그의 계명을 지키면 "너는 내 백성이 되고 나는 너희 하나님이 되리라"하는 약속이다. 이는 신명기를 통하여 재확인되며 '출애굽기의 언약' 또는 '신명기적 약속'이라고도 한다. 출애굽기에서는 명령과 약속을 동시에 이루며 다음과 같은 일종의 거래가 이루어졌음을 기록하였다.

네가 번성하여 가나안 그 땅을 기업으로 얻을 때까지 내가 그들을 네 앞에서 조금씩 쫓아내리라 내가 네 경계를 홍해에서부터 블레셋 바다까지, 광야에서부터 유브라데강까지 정하고 그 땅의 주민을 네 손에 넘기리니 네가 그들을 네 앞에서 쫓아낼지라 너는 그들과 그들의 신들과 언약하지 말라 그들이 네 땅에 머무르지 못할 것은 그들이 너를 내게 범죄 하게 할까 두려움이라 네가 그 신들을 섬기면 그것이 너의 올무가 되리라(출 23: 30-33).

여호와는 이스라엘 언약 백성에게 일정 경계의 땅을 허락하고 거류민을 쫓아내 주겠다는 조건을 걸었고, 대신 백성들은 이방 신들과는 언약하지 않는다는 단 한 가지 약속으로 거래를 튼 것이다. 출애굽 백성(인간)에게는 매우 유리한 조건이었다. 여호와 그분만 섬기면 영토와 나라를 허락받고 이민족도 쫓아내 주겠다는 거래 조건이었다. 이는 여호와 신과 인간의 일대일 동일한 조건에서 맺은 계약이라기보다 여호와 하나님의 일방적인 배려, 또는 사랑이 발현된 조건이었다고 볼 수 있다.

(3) 단일 성막론 이중 회막론

앞서 금송아지 이전의 성막은 성막이고 금송아지 사건 이후의 성막은 왠지 회막으로 표현된 듯하지만, 세밀히 살피면 용어의 차이는 없다. 단지 횟수로 이전보단 회막이란 용어를 사건 이후에 더 많이 사용한 것뿐이다.

성막은 진영의 중앙에 두는 것이 사실이지만 회막을 진영 밖에 설치하라 하시고 모세가 감독 브살렐과 오홀리압이나 백성 기술자들에게 가르치고 명령한다. 직접적인 의문을 정리하면 다음과 같다.

첫째, 25-31장에서 성막을 지시하고 규정을 가르치지만, 공사를 시작하기도 전에 회막이 언급된다. 서로 다른 것처럼 보이는 이 규정과 정황을 어떻게 볼 것인가?

둘째, 35장 이후 진영 밖에 설치 공사하라는 의미는 단순한 위치 이동을 가리킴인지 또 다른 형태를 가리킴인지 모호하다.

셋째, 성막과 회막을 혼용하여 쓰는데 같은 건물인가? 다른 건물인가?

신학자들 사이에서도 이 논쟁은 자주 등장한다. 그리하여 하나의 성막론, 이중 성막론으로 달리 생각하는 경향이 있다. 하지만 대다수 신학자는 이중 회(성)막론을 주장하고 있다. 두 성막 또는 두 회막으로 생각한다는 것이다. 주된 이유는 성막이 본래 진영의 중앙에 있어야 하기에 진영 밖에 설치하라고 한 지시 사항은 또 다른 성막이라는 것이다. 여기서 '성막'은 물론 '회막'과 동일한 이름으로 보고 있다.

단일 성막론은 극히 일부의 학자들이 주장한다. 근거는 진영 중앙에 있어야 할 성막이 특수한 상황으로 인하여 진영 밖으로 이동한 것이라 설명한다.[16] 그렇다면 여기서 특수한 상황은 뭘까? 여러 가지 다양한 견해가 대두될 수 있지만, 단일 성막론 학자의 대부분은 금송아지 사건에서 원인을 찾기도 한다. 하지만 필자는 광야 이동 생활이 주된 원인이라고 본다. 이미 앞에서 단일 성막론에 무게를 두고 서술하였지만, 광야 이동 중, 그리고 이민족과의 투쟁 중에 있었기에 고정된 장소에 성막을 설치할 수 없는 형편으로 실제 공사는 진영의 바깥에 설치하여 행진 시 분해하여 소지가 가능하도록 공사한 것이 아닌가 여겨진다. 성막은 출애굽과 광야 생활의 표본이다. 여호와 신을 만나기 위하여 매번 여호와의 산에 오를 수

16　김경열, 위의 책, 249.

는 없지 않은가? 그러므로 여호와와의 '동행'과 '임재'를 체험할 수 있는 처소가 필요하였다. 여호와 신 그분에 대하여 백성들은 잠시 동안의 부재 인식도 용납하기 어려웠다. 그 적나라한 예가 금송아지 사건이다. 이중 회막론에 대한 견해들은 다양하게 다루어지고 있다. 우선 성경 본문 자체에 금송아지 사건을 전후하여 따로, 그러면서 비슷하게 두 번 언급되고 있음에 주목한다. 그리고 진영 밖 회막에 대한 본문도 여러 군데 다루어진다.

① 출애굽기 33:7-11 금송아지 사건 이후

② 민수기 11:16-17, 24-30 고기를 먹고 싶어 불평하는 백성들을 가르칠 때

③ 민수기 12:4-10 미리암과 아론이 모세의 권위에 대항한 사건 때

④ 신명기 31:14-15 모세가 죽기 전 여호수아를 후계자로 준비케 할 때

이런 다양한 언급이 성서의 여러 군데서 발견된다. 무엇보다 성서는 진영 중간에 두는 성막과 회막의 차이라든가 목적의 차이 등에 대한 언급이 일절 없기에 단일과 이중의 견해차가 생길 수밖에 없다. 아무튼, 이중 회막을 주장하는 신학자들은 두 가지 회막에 대한 인식과 상징을 다음과 같이 구별하기도 한다.

<표5-9> 이중 회막에 대한 차이와 의미[17]

특징	진영 가운데의 성막	진영 밖에 설치한 회막
위치	진영 한복판	진영 바깥
기능	제사	신탁
담당	모세와 제사장들	여호수아
여호와 임재	지성소	회막 입구
표현 어휘	샤칸(머물다)	야라드(내려오심)
크기	대형	소형

---

17 김경열, 위의 책, 249.

이런 구분 자체는 큰 의미는 없다고 생각하지만, 이 가운데 제사의 기능과 신탁의 기능으로 나눈 것은 주목할 필요가 있다. 만약 진영 안에 둔 성막이 제사의 기능이고 진영 밖에 설치한 회막이 신탁의 기능이라면 가나안까지 행진할 때 그리고 가나안의 여러 성을 점령할 때 앞장 세웠던 법궤는 어디에 있던 것인가? 현재 이스라엘 백성들은 국가를 세우기 전이며 아직 여호와께서 정한 정착지에 이르지 못한 상태였다. 그러므로 단일 성막이든 이중 복합 회막이든 출애굽기에서 여호와께서 지시한 성막은 터 위에 고정될 수 없었다. 그러므로 막(幕)이라고 했을 때 이는 천막을 뜻하는 것이므로 사실상 당시로서는 외형 사이즈와 구성보다는 성물과 성기(聖器)에 사실상 더 큰 의미를 둘 수밖에 없다고 본다.

> 모세가 항상 장막을 취하여 진 밖에 쳐서 진과 멀리 떠나게 하고 회막이라 이름하니 여호와를 앙모하는 자는 다 진 바깥 회막으로 나아가며, 모세가 회막에 들어갈 때에 구름 기둥이 내려 회막 문에 서며 여호와께서 모세와 말씀하시니 모든 백성이 회막 문에 구름 기둥이 서 있는 것을 보고 다 일어나 각기 장막 문에 서서 경배하며(출 33:7, 9-10).

분명 진영 바깥 회막에 여호와의 현현이 구름 기둥으로 회막 문에 강림하는 것과 존재에 대한 경배를 설명하고 있는 대목이다. 백성들은 여호와를 직접 친견할 수는 없다고 하였다. 성소처럼 신의 산에 올랐을 때도 모세를 제외한 아론과 장로들도 직접 신을 만날 수는 없었다. 그런데 백성들이 회막 문에 강림한 신의 대리인 구름 기둥을 보기도 하고 경배도 하고 있다. 마치 바깥 회막 백성들이 본 것은 구름 기둥이었지만 모세는 그 뒤에 보이지 않는 여호와 신과 친구처럼 이야기한다고 기록하였다. 이처럼 회막은 백성들도 신을 느낄 수 있는 곳이라는 인상이 짙게 남는다. 이처럼 두 회막론을 주장하는 학자들 사이에서 바깥 회막은, 보다 현실적으로 신을 만날 수 있는 장소라는 인식을 강하게 주장하는 경향이다. 그리하여 이를 '신탁'의 장소라는 표현을 사용하고 있다.

성막을 둘러싼 공간의 규모는 동서 100규빗, 남북이 50규빗이다 1규빗을 대략 46센티미터 정도라면 46×23미터 정도가 된다. 둘레에 청동 기둥을 세우고 천막으로 가려 진을 친다. 동쪽으로 출입구를 두었다. 이는 유대 관습에 의한 것이었다. 천막으로 가려진 공간은 반으로 나누어져 있고 중앙 제단은 앞마당에 있다. 뒷마당에는 30×15규빗(12×6미터)의 성막의 나머지 공간이 자리 잡는다. 이런 성막의 전체적인 구조는 이동을 위한 임시 형태의 성소와 성막이다. 이런 성막이 약간의 크기 차이를 두고 안과 밖에 두 개의 성막이 존재하였다면 이에 대한 관리뿐 아니라 이동을 위한 분해와 조립도 예삿일이 아닐 것이다. 만약 성막이 둘이었다면 출애굽기 기자도 어떤 식으로든 이에 대한 운영 규정을 다루었으리라 여겨진다. 그리고 두 개의 성막이 있었다면 반드시 분쟁의 소지도 있었으리라 생각된다. 성막 관리는 전적으로 레위 지파의 몫이었고 전투에 참여하지도 않았다. 그리고 성막의 모든 기구와 부속품을 관리하는 의무가 그들에게 있었다. 더구나 성막이 둘이라면 이를 관리하는 레위 지파는 전투보다 더 무거운 책임감을 지니고 있었다고 여겨진다.

성서의 기록에만 의존할 수밖에 없는 성막과 회막 즉 두 회막론에 대한 문제점은 출애굽기 33장 7절 이후의 대목인데 9절에 "모세가 회막에 들어갈 때에 구름 기둥이 내려 회막 문에 서며"와 11절 "여호와께서는 모세와 대면하여 말씀하시며 모세는 진으로 돌아오나 눈의 아들 젊은 수종자 여호수아는 회막을 떠나지 아니하니라"하는 대목이다. 즉 성막 또는 회막이 하나라면 성막 공사를 시작하기도 전에 회막이 등장하는가 하는 의문이 생긴다. 또 여호수아가 회막을 떠나지 않은 이유가, 위대한 여호와 구름 기둥을 못 보았을 리 없지만, 보고자 함인지, 모세처럼 여호와를 대면하기 위함인지 본문만으로는 이해하기 어렵다. 모세 수종자라면 모세가 진으로 돌아갔는데도 회막을 떠나지 않았을까? 그리고 히브리어 본문에는 이 부분 단락 동사가 미완료형으로 바뀌어 있다. 다시 말하면 회막을 진영 밖에 지어야 할 것이다고 하는 미래형 뜻을 담고 있다. 이를 금송아지 죄악 사건과 관련할 때 "백성들이 범죄 하면 그때마다 회막은 바깥에 지어야 할 것이다"라는 의미를 주기도 한다. 하지만 이런 추론도 근거가 부족하다. 어쨌든 두 회막론이 성서 본문에 준해 설득력 있게 다가오는 면이 있지만 그러면 가나안으로 들어가 하나님 나라 신정국가가 이루어지고 난 후에도 회막 또는 성전이 두 개가 되어야 맞다. 그렇지 않으면 출애굽기의 기록이 가지는 역사적 흐름의 상징성이 떨어진다. 이것이 두 회막론이 가지는 약점이다.

이미 필자는 단일 회막론을 주장하며 금송아지 사건 이전과 이후의 회막이 설계도면을 실현시켜 공사한 내용이라고 언급하였다. 그리고 히브리어 시제의 차이는 이 회막이 하나의 샘플이며 영구적이고 온전한 회막은 가나안 입성 이후에 하나님의 나라와 제2 에덴을 건설하고 난 후에 설립되어야 할 것으로 보기 때문에 사용한 서술적 시제라고 생각한다. 그러므로 성막과 회막은 이음동의어였다고 여겨진다.

4. 모세 삶의 분절 40년 Code 읽기

1) 하나님의 시간 인간의 시간

출애굽기를 통해 보는 하나님의 시간은 분명 인간의 시간과 다른 개념으로 다가온다. 우선 여호와 하나님은 이스라엘 백성들을 출애굽 시켜 하나님의 방식으로 인도하였다. 즉 여호와 신의 방식이란 인간이 볼 때 아무 대책 없는 방식으로 보였을 수 있다. 출애굽은 지도자 모세가 200만 명 이상의 대중을 이끌고 거대한 자연의 난관 앞에서 무작정 행진하여 나간 엄청난 사건이다. 여기서 '무작정'이라고 한 것은 인간의 시각이다. 물론 여호와 신은 다 계획이 있으셨다. 거대한 자연에 맞선 인간은 아무것도 할 수가 없었지만 신은 신의 방식으로 자기 백성을 인도하였다. 여기서 먼저 살펴보고자 하는 것은 여호와 하나님의 시간 개념이다. 이미 열흘이면 갈 거리를 40년 동안 시내 광야에서 머무르게 하셨다. 이에 대한 의미와 가치는 앞에서 이미 살펴보았다. 왜 40년일까?

성서에서 40이란 시간은 사역의 준비, 시련 또는 연단을 상징하고 있다. 살펴보았듯이 노아의 홍수 40주야, 모세가 살아온 40년, 숙려기간 40년, 광야 40년, 엘리야가 아합왕 시대 경험한 40주야 가뭄과 기근, 여호수아 40일, 에스겔의 40일, 요나 니느웨성 40일 금식, 예수의 40일 금식, 예수 부활 후 40일 등이다. 이를 크게 분류해 보면 첫째 새로운 사역의 준비 기간, 둘째 숙려의 시간, 셋째 훈련의 시간으로 나눠 볼 수 있다. 결국, 여호와 하나님 그분의 뜻을 이해하는 시간이라고 할 수 있다.

하나님의 시간 40년은 어떤 의미가 있을까? 신명기에는 다음과 같은 여호와의 시간에 대한 언급이 기록되어 있다.

> 네 하나님 여호와께서 네가 하는 모든 일에 네게 복을 주시고 네가 이 큰 광야에 두루 다님을 알고 네 하나님 여호와께서 이 40년 동안을 너와 함께 하셨으므로 네게 부족함이 없었느니라 하시기로(신 2:7).

모세를 통하여 함께한 여호와의 시간 40년을 언급하고 있다. 이스라엘 백성에게 이 40년이란 시간은 복 받는 시간이었고, 여호와 신과 함께한 시간이었으며, 백성들에게 부족함이 없는 신을 인식시킨 시간이었음을 가르쳐주고 있다. 여호와 신에게 40년이란 시간은 수명이나 연수(年數)로, 수평적 흐름인 길이로 구분할 수 없는, 점에 지나지 않는다. 다시 말하면 시간이 삶의 길이가 아니라 무엇을 하는 하나의 포인트에 해당한다고 볼 수 있다. 즉 하나님의 존재에 대한 이해, 확인, 그리고 고백의 전환점이 여호와의 주관적인 시간 개념이었다. 그러므로 여호와의 시간은 길이가 아닌 뜻으로 이해해야만, 수용이 가능해진다. 출애굽 이후 여호와는 시종일관 자신의 존재와 인간의 순복(順服)을 요구하고 있다. 출애굽기의 법과 신명기 법을 통하여 여호와는 인간에게 많은 것을 요구하지 않으신다. 만물의 주관자로서의 여호와 신은 단지 인간에게 유일신으로 섬기기를 요구하셨고 그분이 하나님임을 인정하라 하셨다. 이는 "나 외는 다른 신을 섬기지도 말고 다른 우상을 만들지도 말라"는 한 가지에 집약되었다. 이에 대한 반대급부 즉 축복은 인간이 상상할 수도 한정할 수도 없는 무한 가치였다.

이처럼 하나님의 시간은 길이와 넓이와 폭을 규정할 수 없는 가운데 의미의 시간으로만 작용한다. 노아에서부터 예수 그리스도에 이르기까지 자신의 시간 속에 인정한 인물에 대해서도 적절히 의미를 부여한 시간을 사용하셨다. 4라는 숫자는 히브리인들의 숫자 개념 속에 보편성, 균형, 바탕의 완성을 뜻하는 것으로 사용되고 있다. 40은 4의 배수로 역시 숫자 4의 의미를 확대해 보아야 한다. 그러므로 연단의 시간이나 준비의 시간으로 사용하였든 회개의 시간 또는 시험과 성숙의 시간으로 사용하였다. 이 시간을 통하여 여호와 하나님은 그분이 계획하신 보편성과 신과 인간의 관계 설정(균형) 그리고 바탕의 완성 곧 하나님 나라의 완전성을 회복코자 하셨다. 이러한 관계의 틀 속에 성서의 40이란 숫자를 대입하면 해석이 가능해진다. 그러므로 노아의 홍수 40 주야는 타락한 인간 세상을 정화하여 하나님 나라의 완전성을 회복하기 위한 시간, 모세의 미디안 40년은 깊은 숙려의 기간을 통하여 신과 인간의 관계를 재정립하여 새 에덴을 건설하고자 하는 준비시간, 광야 40년 행진은 하나님의 나라 가나안에 들어가 신의 백성으로 그분을 섬기기 위한 관계 설정의 시간이었다. 그리고 예수의 40일 금식 시간도 하나님의 절대성을 확보하기 위한 준비의 시간으로 사용되었다.

출애굽기와 출애굽 백성들의 하나님 나라 입성기는 역사적 배경을 지닌 무용담이 아니라 유일신 여호와와 그의 선택된 백성이 상호관계를 맺는 과정이며, 계명(언약)이라는 약속을 통하여 이스라엘 백성들이 '언약 백성'이며 언약 이행이 상호관계의 중요한 요건임을 보여 준 기록이다. 곧 불완전한 인간을 완전한 상태가 될 때까지 훈련시켜 그의 나라에 들어가게 하는 구속의 모형을 설명하는 책이다. 신약 시대 예수 그리스도의 가르침도 여기에 초점이 맞춰져 있다.

하지만 인간에 있어 40년 또는 40일의 시간이란 단지 시간의 연속성,

나이 듦, 길이의 개념일 수밖에 없다. 그러므로 늘 지루함 내지 힘들고 고통의 시간이란 인식밖에 없다. 그리하여 출애굽 백성들은 광야 생활을 종살이에서 자유의 신분이 되었다는 해방, 구원의 축복이라기보다 지루함, 배고픔, 목마름의 고난의 시간으로밖에 인식하지 못하였다. 노아 홍수의 40 주야는 상상할 수 없을 정도의 막막함과 절멸의 시간, 모세가 도망가서 산 40년은 희망이 없어 보이는 적막의 시간, 이스라엘 백성의 광야 40년은 한 세대가 정화되고 거듭나는 회개와 자각의 시간이었다. 하지만 예수의 40일 금식 기간은 하나님의 보편성이 지상에서 확대 성취될 수 있도록 준비한 시간이었다. 즉 하나님의 영이 온 우주 공간에서 인간 세상으로 왕림하셔서 시내 광야에서 배신한 백성을 버리고 새로 난 백성만 그의 영이 만든 가나안에 들어가게 하였지만, 예수 그리스도는 새로 태어남의 관대한 영성으로 중생 즉 그를 영접하여 회개한 모든 인간까지 신의 나라에 들어가게 하였다. '하나님 사랑의 보편성을 확장하기 위하여' 40일을 기도하며 준비하셨다.

이처럼 하나님의 시간과 인간의 시간은 극명하게 갈린다. 인간의 시간이 고난과 고통 배신과 반역의 시간이었다면 하나님의 시간은 용서와 사랑 그리고 화해와 수용의 시간이었다. 이것이 성서 전체를 관통하는 주제이기도 하다. 그러므로 40이라는 숫자가 가지는 성서적 의미와 중요성은 하나님과 인간의 약속된 시간으로 영속성을 가진다. 절대자와 인간 사이의 언약 관계로 주어졌지만, 하나님 나라의 확장이 차원(次元)을 넘어 '균형감'을 갖게 하는 시간이었다.

2) 모세 생애의 분절

(1) 이집트 왕자로서의 삶- 첫 번째 40년

이스라엘의 민족 지도자 모세는 120년을 살았다. 그런데 그의 생애는 정확히 40년씩 3단계로 나누어진다. 처음 40년은 이집트인으로서의 삶 그것도 세상에서 가장 부유한 나라 왕자로서 아무 부러움도 없이 최고의 인간적 낙을 누리며 산 시간이었다.

그의 조상 야곱이 이집트로 이주해 온 때는 대략 B.C. 1700년 경이었다. 이집트는 야곱이 이주하기 약 100년 전부터 가나안 북쪽에 살던 셈족 계통 힉소스(Hyksos)라는 이민족이 침입하여 북쪽 나일 델타지역을 점령하여 살기 시작하였다. 점차 세력을 키우더니 B.C. 1650년경에는 독자적인 왕조를 건설하였다. 이들은 마침내 이집트 전체를 점령하고 역사상 이집트 15왕조를 열었다. 물론 근거지는 나일 델타지역이며 수도는 아바리스였다. 또한, 이들은 차츰 나일강 중류 지역까지 세력을 확장시켜 나갔다. 이 시기를 역사적으로 이집트 제2중간기라고도 부르는데 중왕조와 신왕조 사이의 시기였기에 이해하기 쉽게 이렇게 일컫는다.[1] 그러다 중왕조를 끝내고 신왕국 시대를 연 것을 18왕조 시대라 부른다. 이 왕조는 순수 이집트인들이 다시 힘을 모아 이민족 국가인 15-17왕조 힉소스인을 몰아내고 자신들의 왕조를 다시 연 시대였다. 그리하여 나일강의 중류, '테베스'라는 곳에 새로운 수도를 세웠는데 이곳은 흔히 '룩소르'라고 부르는 아

---

[1] 이집트 역사에서 고왕조와 중왕조 사이의 시기를 제1중간기라 부르고 중왕조와 신왕국 시대 사이를 제2중간기라 지칭한다. 18왕조를 연 이집트인들은 히타이트인들의 지배를 치를 떨며 싫어하였기에 히타이트인들이 만든 문화 흔적마저 철저히 지워버렸다는 설이 있다.

름다운 역사의 현장이다. 강 건너편에는 '왕들의 계곡'이라 부르는 거대한 파라오의 무덤들이 있다.[2] 이집트 18왕조를 연 '아흐모세 1세'(Ahmose I, B.C. 1539-1514)를 가리키며 성서 출애굽기에 "요셉을 알지 못하는 새 왕이 일어나"라고 할 때의 새 왕을 보통 아흐모세 1세로 보고 있다.

모세가 태어난 때는 요셉이 사망한 뒤 약 250년쯤으로 보며 B.C. 1330년경으로 추정한다. 이때의 이집트 파라오(바로)는 18왕조의 투탕카멘이었다.[3] 하지만 투탕카멘 파라오는 일찍 죽고 모세가 성장할 때는 19왕조로 바뀌었으며 왕은 이집트 역사상 가장 위대한 파라오 중의 한 사람인 '람세스 2세' 시대였다(B.C. 1279-1213). 어쩌면 람세스 2세는 성서의 시대와 맞물리고 모세와 관련이 있기에 역사적으로 더 유명했는지 모를 일이다. 람세스 2세는 주변 지역을 정복하여 그 위세를 떨쳤는데 특히 가나안 북쪽 아나톨리아 고원과 시리아 지역에서 흥기(興起)한 히타이트족(헷 족속)과 자주 전투를 벌였다.[4] 히타이트족은 독자적인 나라를 세우고 강력한 철제 무기를 장착하여 위세를 떨치기도 하였는데 지중해 패권을 두고 이집트와 자주 전투를 벌였다. 그중에서도 B.C. 1,300년경 시리아 카데시

---

2 룩소르는 소설『람세스Ⅱ』에 자세히 소개되기도 하는데 수많은 왕의 무덤과 문화 유적지가 산재한 곳이다.

3 왕들의 계곡에서 발견된 유명한 투탕카멘의 무덤에서는 미이라와 황금가면이 출토되어 세상을 놀라게 하였다.

4 호메로스의 트로이 전쟁도 이 헷족과의 이야기며 성경에서는 아브라함에게 막벨라의 땅을 판 사람들, 에서의 두 아내도 헷 족속이라고 하였다. 여기서 헷 족속은 히타이트 저국을 세운 사람이라기보다 가나안에 거주하는 주민을 일컬은 듯하다. 기원전 18세기어서 13세기 사이 현재 터키를 포함하여 아나톨리아 고원지대를 중심으로 후기 오리엔트 세계를 지배한 나라가 힛타이트 제국이며 수도는 하투샤였다. 제철기술의 발달로 세계 최초로 철제무기를 가지고 오리엔트 세계를 호령하였다. 동시대 강대국들이 황금으로 다스릴 때 힛타이트는 철로써 제국을 다스렸다. 이집트(애굽)에서 출애굽 할 당시에는 시점으로 후기 청동기시대로 출애굽기의 내용과 기록 시점을 가늠할 수 있는 자료가 된다. 이희철,『터키-신화와 성서의 무대, 이슬람이 숨쉬는 땅』(서울, 리수, 2011), 29-42.

에서 벌인 '카데시 전투'는 특히 유명하다. 이와 관련된 벽화나 비석이 현재까지 남아 있다.[5]

민족의식을 강하게 지닌 이집트인들은 다음의 두 가지 이유에서 요셉과 그 민족을 경멸의 대상으로 여겼을 것으로 추정한다. 첫째, 요셉은 주변국 '소아시아' 팔레스타인 유목민으로 유일신을 섬기는 사막의 떠돌이였다는 점이고 둘째, 그들이 싫어하는 정복왕조, 힉소스인들이 세운 왕조(15-17왕조)의 최고 관리였다는 점(총리대신)이었다. 새 왕조인 18왕조부터 이집트인 파라오들은 요셉과 관련된 것이라면 무엇이 되었든 곱게 보아 넘기지 않았을 것이다.[6] 같은 입장에서 이집트 백성들도 당연히 요셉의 후손들인 히브리인들을 대하는 태도가 험악했을 것은 당연하다.

고대 이집트 사회에서 강제 노동이란 어느 정도 규모였으며 이스라엘 백성들이 대규모 건축 프로젝트에서 어떤 역할로 참여했는지는 성서의 내용으로도 어느 정도 짐작할 수 있다. 하지만 '베니하산'에서 대상 그림을 발굴했던 퍼시 A. 뉴베리가 왕도 테베스 서쪽 바위 무덤에서 발견한 '벽화 그림'을 통하여 좀 더 명확하게 짐작할 수 있다.[7] 그림을 보면 진흙을 개고, 벽돌을 지어 쌓아 올리고, 돌을 깨고, 무거운 돌이나 벽돌을 운반하고, 좁은 지하에서 굴을 파며, 쓰러지면 감독관이 회초리로 내려치

---

[5] 이집트의 람세스 2세와 히타이트 군대는 지금의 시라아 중부 카데시에서 시리아와 팔레스타인의 패권을 놓고 전쟁을 치렀는데 이집트는 히타이트 군대를 이긴 것을 기념하기 위해 나일강 변에 아비도스를 건설하였다고 한다. B.C. 1296년 시리아에 대한 패권을 놓고 히타이트의 무와탈리스 군대와 이집트의 람세스 2세 군대가 다시 카데시에서 전투를 벌였는데, 이번에는 히타이트 군대가 이집트 람세스 2세 군대를 대파하였다. 이 전투 이후 히타이트의 하투실리스 3세가 이집트와 평화조약을 체결하였으며 자신의 딸을 람세스와 결혼시켜 히타이트와 이집트 제국 간에 평화조약을 공고히 하였다. 카데시 평화조약 내용은 튀르크에 수도 앙카라의 아나톨리아 문명박물관에 설형문자 점토판으로 남아있다.
이희철,『터키-신화와 성서의 무대, 이슬람이 숨 쉬는 땅』(서울: 리수, 2011), 31-32.

[6] 베르너 켈러, 위의 책, 207-208.

[7] 위의 책, 208.

는 장면 등이 그려져 있다. 이때 노동자들은 거의 맨몸인 채 노역에 종사하였으며 쉴 새 없이 중노동에 시달리고 있었음을 그림을 통해서도 알 수 있다. 아무튼, 혹독한 노예 노동에 시달리고 있었던 것이 사실이다. 심지어 상형문자로 씌어진 글귀 가운데는 "내 손에는 회초리가 들려있으니 게으름 피울 생각은 아예 버려라"는 글귀가 있다.[8] 이런 고난 속에 이스라엘인, 확대하면 히브리 노예들의 고통과 울부짖음이 극에 달했을 때 여호와 신은 모세를 불러내었고 그를 민족 지도자로 만들었으며 신의 대역자(代役者)로 삼았다.

모세가 부름을 받기 전 그러니까 이집트 왕자로 지낸 40년은 같은 히브리 민족의 운명과는 정반대의 삶을 살았다. 그의 이름은 모세 흔히 "물에서 건져 내다"는 뜻이 모세라고 알고 있지만, 물에서 건져 내어서 모세가 아니라 나일강물에서 건져 낸 후 이집트 공주인 양어머니가 왕실의 호칭 '돌림자'인 모세(이집트 말로 낳다(후손)라는 뜻)란 이름을 부여한 것으로 보인다.[9] 왜냐하면, 모세가 태어나기 전후의 왕들 이름 대부분에 모세라는 호칭이 들어있기 때문이다.[10] 후에 양모인 하셉수트 여왕(공주 신분에서 여왕이 됨)은 왕위를 모세의 이복형제인 투트모세 3세에게 물려주었다. 모세와 투트모세 3세는 파라오 계승을 둘러싸고 알력 다툼을 전개한 듯하다. 왜냐하면, 모세가 클 때까지 양모인 하셉수트 여왕은 모세의 신분을 비밀

---

8   우의 책, 208.
9   이집트 18 왕조의 파라오들(B.C. 1540-1327) 통치 연대와 호칭은 다음과 같다.
    1. 아흐모세 1세(B.C. 1540-1515) 2. 아멘호텝 1세(B.C. 1515-1494) 3. 투트모세 1세(B.C. 1494-1482) 4. 투트모세 2세(B.C. 1482-1479) 5. 하셉수트 여왕(B.C. 1479-1425)-모세를 건진 공주(양모) 6. 투트모세 3세(B.C. 1479-1425) 6. 아멘호텝 2세(B.C.1427-1401) 7. 투트모세 4세(B.C.1401-1391) 8. 아멘호텝 3세(B.C. 1391-1353) 9. 아크나톤(아멘호텝 4세 B.C. 1353-1336) 10. 네페르네페루아텐9B.C. 1338-1336) 11. 투탕카멘(B.C. 1336-1327)
10 그런데 모세라는 말은 하필 히브리식으로 해석하면 "물에서 건져 낸"이란 뜻도 가지고 있다. 그런데 이름을 공주가 자식으로 지어 주었기에 왕자의 돌림자로 보는 것이 옳다.

에 부쳤고 차별 없이 똑같이 대했으므로 응당 동생과 왕위쟁탈전을 벌일 수밖에 없었다고 생각된다. 이는 당시 18왕조의 권력 관계를 보면 이해가 가는 대목이다. 이 과정에서 어쩔 수 없이 모세의 신분이 노출된 듯하다. 이는 모세가 40살 무렵 알게 된 히브리 백성이 심히 학대받는 것을 보고 이집트 감독관을 때려죽인 사건에서 힌트를 얻을 수 있다. 즉 무던히 이스라엘 노예 촌을 방문한 것, 생각 없이 이집트 감독관을 쳐 죽인 사건 등은 모세의 신분과 정체성에 혼란을 느낀 듯하고 복잡한 심경의 변화로 인한 분노의 표출일 수밖에 없었음을 추론할 수 있다. 성서 기자는 이 부분을 누이 미리암이 공주에게 접근하여 젖어미로 친모를 추천하여 히브리인의 젖을 먹고 자라게 했다는 신화적인 스토리텔링으로 구성하였다.

모세가 산 왕자로서의 삶이 어떠했는지는 어떤 기록에도 없다. 모세가 출애굽 할 당시의 파라오를 아멘호텝 2세로 보는 설과(B.C. 15세기) 19왕조의 그 유명한 람세스 2세(B.C. 1279-1213) 때로 보는 설(B.C. 13세기)로 나뉘지만, 후자를 좀 더 유력하게 보며 필자도 이에 동의한다. 언급한 대로 람세스 2세는 대외적으로 정복 활동에도 적극적으로 나서 세력과 영토를 확대하였다. 특히 가나안 지역 히타이트족과 자주 전투를 벌였다. 대내적으로는 수도를 테베스에서 나일강의 하류 지역으로 옮기기도 하였다. 그리고 그 땅에 피람세스(Pi-Ramesses, 람세스의 집이라는 뜻)라는 수도를 건설했는데 고고학적 발굴 결과 그 위치는 현재의 나일 델타 동부 아바리스에 가까운 '칸티르' 마을 부근으로 확인되었다. 도성은 당시 세계 최대 규모로 면적이 2,500에이커 정도로 사방 약 10㎢ 정도에 이르렀다.[11] 이런 거대한 수도를 운영하기 위해서는 막대한 물자와 시설이 필요하였고 특히

---

11 아시리아의 니네베가 1,800에이커, 바빌론 제국의 바빌론이 2,250에이커 정도로 확인되었다.
   김호동,『한 역사학자가 쓴 성경 이야기』, 까치, 2016, 94.

식량을 보관하기 위한 거대한 창고가 필요하였다. 성서 출애굽기에도 기록되어 있는 국고성 '비돔'과 '라암셋'의 건설이 이에 해당하는데 람세스의 치세와 일치한다.

> 감독들을 그들 위에 세우고 그들에게 무거운 짐을 지워 괴롭게 하여 그들에게 바로를 위하여 국고성 비돔과 라암셋을 건축하게 하나라(출 1:11).

이처럼 출애굽기 성서의 국고성 '라암셋'과 람세스 2세가 건설한 '피람세스'는 발음도 비슷하지만 동일한 지명이 아닌가 생각된다. 이와 같은 대규모 토목공사에 히브리인들이[12] 건설노동자로 동원되었으며 이들은 양치기가 본업이었지만 극심한 건축 노동으로 인하여 고통에 시달리고 있었다. 이와 같은 시점에 모세는 왕자로서의 삶을 살고 있었다. 그는 때론 왕궁을 떠나 시찰을 나가기도 하였을 것이고, 때론 임무를 부여받고 전투에도 가담하였을 것으로 추정된다. 또 시내 반도 남쪽 시내 산 부근의 광산에서 금은을 비롯한 귀금속 광물을 캐는 현장으로 시찰을 나갔을 수도 있다. 이때 익혀둔 광산길을 이후 출애굽 백성들을 이끌고 행진한 것으로 추정한다. 전혀 알지 못하는 길을 그 많은 백성을 이끌고 무작정 갈 수는 없는 노릇이기 때문이다.

모세는 종종 건설현장도 시찰한 듯하다. 이는 처음으로 애굽의 노동 감독관을 쳐 죽였다는 성서 기록을 보더라도 현장의 막다른 길을 경험해보지 않고서 간다는 것은 무리일 수 있다. 단지 출애굽기의 기록이 전적으로

---

12 히브리 또는 헤브루라고 부르는 이스라엘 민족은 이스라엘뿐 아니라 당시 애굽(이집트)에 잡혀와 함께 노예 노동에 시달린 여러 이민족들을 동시에 부르는 말이었다. 그리하여 모세가 이스라엘 백성을 인도하여 출애굽할 때 같이 따라 나온 '잡족'이 이에 포함된 노예 노동자를 다 '히브리인'이라고 불렀다.

저자에 의해 꾸며진 이야기라 하더라도 스토리 속에 담겨 있는 정서와 상황을 분석하여 당대를 이해할 수 있다.[13] 하지만 성서의 기록이 오늘날에도 고고학이나 역사학에 의해 사실로 입증된 바에야 신화적 사실을 토대로 충분히 역사성을 유추해 나갈 수 있다고 본다. 모세의 생애 처음 40년은 이처럼 이집트 역사 속에서 당대의 왕들과 그 주변 역사를 통하여 희미하게 더듬어볼 수밖에 없다.

　모세는 양모(養母)인 하셉수트 여왕(모세를 나일강에서 건질 때는 공주였음)의 지극한 사랑을 받고 자라며 양육되었다. 당대 최고의 학자들을 모은 학당에서 제왕학을 배웠으며 후계자로서 왕이 되든 못되든 일정 수준의 치수술(治水術)과 통치술(統治術), 산술(算術), 전술, 언어, 지리학, 법률 등을 배웠음에 틀림이 없다. 그리고 이는 하나님의 백성 이스라엘 민족을 거느리고 40년을 광야 행진하는 데 크게 유용했음을 알 수 있다. 이후 민수기나 신명기의 기록을 통하여 그의 재능이 드러나는 부분을 이해할 수 있다. 한마디로 모세의 첫 40년 생애는 철저히 인간적인 삶, 왕자로서의 삶이었지만 이 기간 또한 하나님 나라를 세우는 데 필요한 지도력을 준비케 한 기간이라고 할 수 있다. 앞서도 언급하였듯이 모세의 인간적 시간도 여호와 하나님의 시간으로 변환시켜 보면 하나님 나라의 보편적 확장을 위한 계획 속에 이루어진 균형 있는 기초 작업이었다고 말할 수 있다. 하지만 '하나님 나라 일'을 수행하는 차원에서 초기 40년은 아무리 왕자의 삶이라도 큰 의미가 없다. 그래서 성서 기록도 미미하다.

13　만약 역사적으로 이스라엘 민족이 바벨론에 포로로 잡혀가 민족의 자주의식이 강력히 요구되던 때에 출애굽기가 씌어졌다면 출애굽기의 신화적 요소가 훨씬 의미 있게 이해될 수 있는 것이 역사학자의 생각이다. 마치 고려말 몽고의 지배하에 있을 때 민족의 자주의식을 일깨우기 위하여 '단군신화'가 기록되었다는 것과 유사하다.

(2) 모세의 은둔 시간-둘째 40년 Code

살인자가 된 모세는 애굽의 왕과 순검의 눈을 피하여 시내 광야 미디안으로 도망하였다. 성서는 사건이 전적으로 모세의 성격으로 인하여 이루어졌음을 말한다. 애굽인 공사 감독관을 죽이고, 히브리인으로부터는 조소를 당하면서 아무런 대책 없이 혈혈단신 도망하였다. 그리고 자신이 언젠가 가본 적이 있는 광산길을 통하여 무작정 남쪽으로 향하였다. 문제는 이 일이 왕자 모세에 의해 이루어졌기에 당연히 애굽 왕실에 알려졌다.

그가 이르되 누가 너를 우리를 다스리는 자와 재판관으로 삼았느냐 네가 애굽 사람을 죽인 것 나도 죽이려느냐 모세가 두려워하여 이르되 일이 탄로되었도다 바로가 이 일을 듣고 모세를 죽이고자 하여 찾는지라 모세가 바로의 낯을 피하여 미디안 땅에 머물며 하루는 우물 곁에 앉았더라 (출 2:14-15).

성서에 기록된 본문 가운데 "탄로 되었다" "바로가 이 일을 듣고 모세를 죽이고자 하여" "모세가 바로의 낯을 피하여 미디안 땅에 머물며"라는 구문에 주목한다. 먼저 "탄로 되었다" 하는 말은 감추려고 하던 일이 폭로되었다는 뜻이다. 사실 애굽 관리가 동족인 히브리 사람을 치는 것을 보고 분노하였고, 좌우에 사람이 없어 완전 범죄가 될 수 있으리란 생각에 모세는 애굽 관원을 쳐 죽여 모래 속에 묻어 버렸다. 분명 살인죄요 지금의 법률 용어로 말하면 '살인죄'에 더하여 '사체은닉죄' '불고지죄' '도주죄' 등에 해당한다. 그런데 목격자가 있었고 흔히 체포 명령이 내린 상태였다. 이때는 적어도 B.C. 14세기말이나 '투트모세 3세' 때인 B.C. 13세기 중반에 해당되는 때였다. 만약 모세가 여전히 왕자나 왕자에 버금가는 지위에 있었다면 애굽 사람 한 명 정도 죽였다고 크게 문제 되지 않는 고대 전제 왕조 시대였다. 그런데 바로가 이 일을 듣고 모세를 죽이고자 한 것은 이미 바로에게 미움을 사고 있었다는 증거이다. 이유를 앞 장에서 왕위쟁탈전에서 밀려난 모세가 쫓기는 신세였다는 것으로 언급하였다. 도망할 때 죽이려 했던 왕이 '투트모세 3세'가 맞다면 여러 가지를 추측케 한다. 일단 모세라는 이름의 돌림이다. 투트모세 3세와 모세는 이복형제지간이었다. 이름을 돌림자로 사용하는 왕실 이름이기 때문이다.

또 "바로가 이 일로 모세를 죽이고자"한 것은 살인죄보다 더 크게 작용한 정적 숙청이란 계획하에 놓여 있었다는 사실을 추측케 한다. 애굽의 왕실 왕위쟁탈전에서 모세가 밀린 것인데 결정적인 이유는 애굽의 혈통이 아니라는 것이 폭로되었기 때문일 것으로 본다. 최고 권력을 쟁취하기 위한 암투에서는 상대방의 약점을 잡기 위해 혈안이 된다. 투트모세 3세로서는 모세보다 어리고 카리스마도 부족했지만, 이복형 모세를 공격하기에 이것처럼 유리한 조건은 없었을 것이다. 그리고 모세도 스스로 "바로의 낮을 피하여"라는 피신 동기를 언급하고 있다. 기본 상식으로 살인죄를 저지른 장소가 히브리인들이 고되게 노동하는 현장 근처라고 하였으니 '피람세스' 즉 수도 인근의 건설현장이었을 것이다. 하루라는 시차를 두고 이미 왕이 알게 되었다는 것은 왕의 궁전에서 건설현장이 그렇게 멀지 않다는 사실을 말하고 있다.

그런데 성서에는 또 모세가 바로의 낮을 피하여 도망간 과정은 기록하지 않았다. "낮을 피하여 미디안 땅에 머물며"라고 서술하여 '도망'이라는 단어는 의도적으로 뺀 듯이 보인다. 여기에 출애굽기 서술에 신적인 영감이 작용하고 있음을 본다. 마치 모세를 여호와 신이 미리 계획하에 바로의 눈을 피하여 예비한 장소인 미디안으로 갈 수 있도록 한 것처럼 기록한 때문이다. '우연히'가 아니라 '계획적으로' 미디안 거주를 확정한 것처럼 브인다. 출애굽기가 쓴 기록물이 아니라 씌어진 기록물이라면 충분히 이해 가는 대목이다. 시종일관 여호와 신과 함께한 이스라엘 백성의 출애굽 역사이기에 이해가 된다. '투트모세 3세'를 뒤이어 '투트모세 4세'가 즉위한 때는 강력한 전제 왕권의 시대로 거대한 석조 건축물과 흔히 말하는 '스핑크스의 꿈의 비문'[14]이 만들어질 무렵이다. 그만큼 전제 왕권이 강력한 때였는데, 히브리 노예들을 심하게 부리고 다스렸을 것이다. 그리고 '투트모세 3세'와 '투트모세 4'세 사이에 아멘호텝 2세(B.C. 1427-1401) 왕이 있는데 이 왕이 모세와 싸웠고 출애굽 한 당시의 파라오로 알려지고도 있다. 그렇다면 투트모세 4세는 장자가 아니어야 성서 역사 사실과 맞고 실제로 '투트모세 4세'는 차자로 왕이 된 인물이다.

다시 말하면 성서 출애굽기의 모세 열 가지 재앙 가운데 마지막 장자의 죽음에 예외 없이 '아멘호텝 2세'의 장자도 죽었고 그리하여 둘째 아들이 왕이 되었으니 그가 투트모세 4세인 것이다. 그렇게 보면 출애굽 당시 파라오는 '아멘호텝 2세'가 된다. 이런 사실(事實)이 역사적 사실(史實)과 일치한다. 출애굽기의 신화성이 역사적으로 증명되는 대목이기도 하다.

모세의 도망자 신분, 미디안 40년 생활도 크게 알려진 것이 없다. 단지 미디안 제사장의 일곱 명 딸을 구해준 사건과 양 떼에게 물을 먹여준 일화, 그녀들의 아버지 '르우엘'(이드로)의 초대를 받은 사실, 이를 계기로 르우엘의 장녀 '십보라'와 결혼하게 된 일화가 성서에 기록되어 있다. 그리고 '게르솜'과 '엘리에셀'이라는 두 아들을 낳았으며 장인 이드로의 양떼를 치고 있었다는 사실도 기록되어 있다(출애굽기 2-3장). 이와 같은 사실들

---

14 스핑크스의 거대한 앞발 사이에 작게 서 있는 것이 꿈의 비문이 새겨진 비석이다. 내용을 해석하면 "나는 모래 속에 묻혀 있다. 괴로워 죽겠으니 모래를 파내고 나를 꺼내 다오 그렇게만 해 준다면 나는 너를 이집트의 왕으로 만들어 주겠다." 이런 비문의 내용대로 몇 년 후 스핑크스는 약속대로 투트모세 4세를 왕으로 만들어 주었다.

로 모세의 두 번째 40년을 다 살필 수는 없다. 하지만 이것이 미디안에서
의 모세 40년 기록이기에 이를 토대로 추리할 수밖에 없다.

첫째, 모세는 이 기간에 가장이 되고 한 여자의 남편이 되고, 두 자식의
아버지, 이민족 미디안인 족장 이드로의 사위가 되었다. 한 마디로 가정을
이루어 생활하였다. 어쩌면 모세 생애에서 가장 행복한 시절이었는지 모
른다.

둘째, 늦은 나이에 목동이 되었고 양을 치며 생활하였다. 40-80살 될
때까지 양을 치는 목동이었을 리는 없지만 상당한 기간을 목자로 양을 키
우고 이곳저곳으로 옮겨 다니며 양 떼에게 풀을 뜯게 하였다. 이때 익혀두
었던 지형과 지리 상식이 후일 출애굽 한 후 백성을 이끌고 행진한 길이라
면 이 기간도 여호와께서 준비한 시간임을 알 수 있다.

그런데 여호와의 부름을 받기 직전 양 떼를 몰고 "광야 서쪽으로 인도
하여 하나님의 산 호렙에 이르매"(출 3:1)라는 기록이 있다. 미디안 광야는
홍해의 협만 수에즈만의 좌우에 넓게 퍼진 지역을 말한다. 그렇다면 모세
는 양 떼를 몰고 풀 있는 곳을 찾아 여기저기로 다닌 듯하다. 그런데 호렙
산 주변은 험준한 산악지역으로 양 떼를 인도할만한 곳이 못 된다. 미디안
제사장 이드로의 사위가 되어 아들 둘을 낳기까지 최소 약 5년이라고 가
정한다면 35년 간이란 시간이 남는다. 그런데 여호와의 부름을 받고 이스
라엘 민족의 지도자가 되어 백성을 출애굽 시키기 위하여 애굽으로 돌아
갈 때 여호와께서 모세를 죽이려 함으로 아내 십보라가 돌칼을 가져다 장
남의 포피를 베어 여호와의 신뢰를 얻은 적이 있다. 그렇다면 게르솜이 몇
살이나 되었을 때의 일일까? 어머니가 아들의 포피를 잘랐다면 아무리 나
이가 들어도 10살 미만일 것이라 여겨진다. 결혼하여 아들을 5년 만에 보

았다 치더라도 10살이라면 15년이 경과한 시간이다. 그러면 25년의 공백이 생긴다. 적어도 약 25년간 모세는 미디안에서 무엇을 하며 지냈을까?

다수의 신학자는 모세의 미디안 40년 기간을 숙려의 시간으로 보고 하나님을 대면하기 위한 일종의 준비기 또는 성숙의 시간으로 해석하고 있다. 깊은 고뇌와 침묵을 통하여 여호와 하나님을 만날 준비를 한 시간이었다. 그리고 왕자로 지낸 40년, 애굽인으로 산 40년의 사고를 완전히 씻어낸 시간이었다. 모세는 이스라엘 백성이었다. 하지만 40년을 철저히 그것도 왕실에서 왕자의 신분으로 살았다. 그 정도면 완전히 애굽인이 된 셈이다. 하지만 하루아침에 자신의 정체성을 알고 이스라엘 사람으로 돌아오기는 상식적으로 쉽지 않다. 여호와 신의 생각으로 인간이 완전개조되는 데는 40년이란 시간이 필요하다고 여긴 것 같다. 더구나 만신전의 다신교에 익숙해졌던 인간을 하나님만을 유일신으로 섬기는 신앙의 틀 속에 들어오게 하는 데 걸리는 시간을 40년으로 설정한 것 같다. 모세를 변화시키는 데 40년, 출애굽 한 백성을 여호와의 백성으로 변화시키는 데 역시 40년이란 시간이 필요했던 것이다.

모세가 미디안에서 결혼하여 자식을 낳고 사는 동안에 애굽 왕은 죽었다. 성서에도 "여러 해 후에 애굽 왕은 죽었고"라고 하였다. 여기서 애굽 왕은 '투트모세 3세'이고 새 왕은 '아멘호텝 2세'(B.C. 1427-1401)가 된다. 역사적으로 투트모세 3세는 '므깃도 전투'[15]로 유명한 왕이다. 그는 재위 기간이 54년에 이를 정도로 오래 왕위에 있었다. 이집트 왕실의 부침이 긴박할 때 모세는 침묵만 하고 있지 않았을 것이다. 최소 30여 년

---

15 '므깃도'란 주둔지란 뜻으로 전략 요충지며 요새인 므깃도를 점령하기 위하여 투트모세 3세가 공격한 전쟁이다. 가나안 내륙에서 북방 두로와 시돈, 메소포타미아에서 수리아를 거쳐 애굽으로 갈 때 반드시 통과해야 할 교통 요지가 므깃도였다. '므깃도 전쟁'이 일어난 때는 B.C. 1468년 경이었다.

간 모세는 양을 치면서 또 남편과 사위와 아빠 역할을 하면서 살았다. 무료하고도 답답한 생활 중에 장인 이드로는 모세가 예사 인물이 아니라는 사실을 인지하고 언젠가 사위가 애굽으로 돌아간다고 할 날이 올 줄 짐작하였다. 이는 후에 모세가 말하자 주저하지 않고 허락하였던 것으로 알 수 있다. 시간이란 개념은 인간끼리 정한 약속의 길이를 말하며 기준은 태양이나 달의 주기를 사용하여 정하였다. 흔히 태양력이니 태음력이니 하는 것이 그것이다. 지구에서 살아가는 모든 인간이 어디서나 볼 수 있는 자연물이 태양과 달이었기에 그들의 주기로 정한 것이지만 후대 로마 황제 그레고리나 율리우스가 정한 하루와 일 년의 시간이 정해지기 전 고대 사회에서는 표준시라는 개념을 도입할 수가 없었다. 하지만 늘 어디서나 볼 수 있고 신앙의 대상으로 삼기도 하는 태양과 달의 주기로 계산하는 시간의 개념은 있었다. 성서에서도 창세기의 공간에서 창조주가 셋째 날과 넷째 날에 낮과 밤을 나누시고 궁창에 해와 달과 별을 두어 "저녁이 되고 아침이 되니 이는 셋째 날이니라"(창 1:13-19) 하여 하루의 시간을 기술하고 있다.

이처럼 인간은 서로 약속된 시간 속에서 낮과 밤을 기준으로 하루를 정하고 지구의 공전 주기를 1년으로 잡았다. 하지만 이 기준을 무엇으로 잡느냐 하는 것은 고대 사회에서 문명의 발상지나 고대제국에 따라 다를 수 있다. 아직 표준시 개념이 자리 잡기 전이기 때문이다. 그리하여 성경의 연수를 오늘날의 시간 인식으로 보는 것이 맞는가 하는 논란이 생기게 마련이다. 하지만 시간 인식을 현대적 시간으로 보느냐 아니냐 하는 것을 논하고자 하는 것이 아니다. 이미 여호와 신이 설정한 시간은 인간이 인식하는 시간 개념과 다르다는 사실을 앞에서 언급하였다. 여기서는 모세의 삶 가운데 중간에 해당하는 미디안 40년 숙려의 기간이 어떤 의미이며, 무엇을 하며 보냈을까를 역사학자의 눈으로 추적하거나 추리해보고자 한 것이다.

이 기간에 모세는 한 여인을 만났고 결혼하였으며, 두 아이의 아버지가 되었고, 미디안의 유력한 실력자이며 제사장이었던 르우엘(이드로)의 사위로 살고 있었다. 여기서 장인 르우엘의 인물에 대한 기록은 역사 기록이나 다른 성서에서도 별로 언급되고 있지 않다.[16] 단지 모세가 르비딤에서 아말렉과 싸움 이후에 백성들을 다스릴 때 장인이 그를 방문하는 장면이 등장한다. 장인은 모세가 모든 율례와 법도를 여호와의 가르침대로 행하면서 송사의 재판까지 혼자 담당하고 있는 것을 보고 모세에게 통치의 기술을 가르친다. 광야 생활을 통틀어 그 많은 백성을 다스리면서 정치, 교육, 행정, 재판까지 혼자 처리하는 것을 보고 "옳지 못하도다"(출 18:17)고 지적한다. 그리고 행정, 재판, 군사 업무 목적으로 십부장(十夫長), 오십부장(五十夫長), 백부장(百夫長), 천부장(千夫長)의 직제와 편재를 두어 업무를 분담케 하라고 가르쳤다. 그리고 백성들을 재판할 때도 어려운 일만 모세에게 가져오고 작은 일은 각 직임자들이 처리하도록 재판권을 나누라고 코칭하였다. 이런 내용으로 볼 때 장인 이드로는 상당한 능력과 지도력을 가진 사람이었으며 또 그 이름에서 알 수 있듯이(르우엘-하나님의 친구라는 뜻) 여호와를 알며 그를 믿는 족속이었음을 알 수 있다. 흔히 아브라함 종교의 사람임을 알게 된다. 이민족이지만 아브라함의 후처 그두라의 후손으로 하나님의 축복 속에 아브라함을 떠났지만, 시내 광야와 홍해 수에즈만 남쪽 미디안에 정착한 민족의 지도자였다.

---

16 미디안족은 아라비아 북부와 시나이반도에 거주하는 유목민으로 성경 창세기 25장과 사사기 등에 일부 언급되고 있다. 미디안은 아브라함과 그의 두 번째 후처인 그두라 사이에서 태어난 여섯 아들 중 하나였다. 그러므로 이스라엘 민족과 혈통적 유대감이 있었다. '르우엘'이란 이름의 뜻은 "여호와의 친구"란 뜻이다. 그는 미디안의 제사장이었고 상당한 재력을 소유한 것으로 보인다. 그의 이름은 출애굽기 3장 1절에 '이드로'라고도 되어 있으며 사사기 4장 11절에 '호밥'이라고 모세의 장인이라며 소개하기도 했는데 이는 모세의 처남 즉 이드로의 아들을 잘 못 표기한 것으로 보인다. 그러므로 모세의 장인 이드로는 아들 1명과 딸 7명을 둔 것으로 여겨진다.

아브라함이 후처를 맞이하였으니 그의 이름은 그두라라 그가 시므란과 욕산과 므단과 미디안과 이스박과 수아를 낳고 욕산은 스바와 드단을 낳았으며 드단의 자손은 앗수르 족속과 르두시 족속과 르움미 족속이며 미디안의 아들은 에바와 에벨과 하녹과 아비다와 엘다아이니 다 그두라의 자손이었더라 아브라함이 이삭에게 자기의 모든 소유를 주었고 자기 서자들에게도 재산을 주어 자기 생전에 그들로 하여금 자기 아들 이삭을 떠나 동방 곧 동쪽 땅으로 가게 하였더라(창 25:1-6).

선대로 올라가면 아브라함의 후손이라 할 수 있지만, 후계 구도는 사라와의 사이에서 난 이삭에게 장자 상속권과 재산을 주고 서자들에게는 약간의 재산을 주어 동쪽 땅으로 떠나라 하였다. 이스마엘의 자손이나 그두라의 자손이나 이들은 아브라함의 유업을 받지 못하였다. 엄연히 차별이 존재하였다. 이 모든 혈통과 관계는 하나님의 계획 속에 전개된 것이지만 세월이 흐르며 이질적 요소가 쌓이고 민족이 나뉘며 적대적 관계가 형성되기도 하였다. 보다 구체적 내용은 성서 외 특별한 자료는 없다.[17]

이런 장인 밑에서 제사장의 신분과 백성을 다스리는 통치술도 배웠으리라 생각된다. 물론 양을 치는 일을 하다가 하나님의 산 호렙에 우연히 이르게 된 것처럼 언급되지만 실제 장인 이드로의 양을 친 기간은 그렇게 길지 않았으리라 여겨진다. 왜냐하면, 40살 되었을 때 미디안으로 갔고 아내 '십보라'를 만나 결혼하였는데 양치기로서는 나이가 너무 많았다. 모세가 어떤 인물인지 보기 위하여 장인은 일부러 양치기를 시켰을지 모르며 또 그가 신뢰할만한 사람인지, 잠시 머물다 다시 돌아갈지 알 수 없었기에

---

17 미디안족과 이스라엘 민족과의 관계는 민수기 25장과 31장에 보다 자세하게 언급되고 있다. 모세와 만남은 우호였지만 민수기 31에 등장한 미디안족은 이스라엘 백성과 비극적인 관계로 음행과 보복 등 잘못된 만남 그 자체였다.

상당 기간은 모세를 지켜보았던 듯하다.

미디안 종족은 양치기를 여성에게도 시켰지만 같은 종족의 다른 양치기 무리는 남자였던 것으로 보아 모세 장인 이드로가 딸들을 강하게 키우기 위해서이거나 너무 많은 양 떼를 키우기 때문에 딸들까지 동원된 것 아닌가 생각된다. 아마도 전자일 가능성이 크다. 왜냐하면, 십보라의 오빠인 '호밥'이 있었기에 딸을 애지중지하기만 하는 아버지였다면 결코 험한 목등 일을 시키지 않았으리라 생각된다. 이런 전후의 사실들을 통하여 모세는 미디안 광야 40년 세월 동안 육체적으로 단련되었고, 왕자에서 범부(凡夫)로 살아가는 훈련을 하였으며, 여호와를 경외하는 다른 민족, 같은 뿌리인 미디안 족의 신앙 방법도 터득하였으리라 생각된다. 그러므로 모세의 인생 2기 미디안 40년은 평범한 인간으로 살아가는 방법과 자기 민족 그리고 민족 종교인 유일신 여호와 신앙을 생각하며 자신의 정체성을 확립해 나간 기간이라 할 수 있다. 하지만 하나님의 시간 계획 속에선 이 기간도 중요하지 않았다. 그러므로 성서 기록도 짧을 수밖에 없다.

(3) 지도자 모세의 광야 생활-세 번째 40년 Code

① 여호와 신과의 담판

왜 야훼 하나님은 모세를 선택했을까? 그는 분명 결함이 많은 인물이었다. 우선 마인드 자체가 완전 애굽 사람이었다는 것, 둘째, 같은 이스라엘 백성으로부터도 인정받지 못하는 살인자 신분이었다는 점, 셋째, 언변이 부족하고 히브리어에 능통하지 못하다는 점, 넷째, 급하고 분노조절이 잘 안 되는 성격을 지녔다는 점, 다섯째, 절대적 카리스마와 통치술이 부족하다는 점, 여섯째, 나이가 너무 많다는 점. 그런데도 야훼 하나님은 모세를 택하셨고 그에게 무한한 능력을 부여해 주셨다. 그리고 달라졌다. 하지만 처음부터 신의 부름에 순순히 응한 모세가 아니었다.

> 여호와의 사자가 떨기나무 가운데로부터 나오는 불꽃 안에서 그에게 나타나시니라 그가 보니 떨기나무에 불이 붙었으나 그 떨기나무가 사라지지 아니하는지라(출 3:2).

모세와 여호와의 만남은 여호와의 산 호렙에서였다. 이 출현의 첫 만남은 신비에서 시작하고 있다. 모세를 놀라게도 하고 신비롭게도 하여 관심을 끈 것으로 되어 있다. 모세도 처음에는 "내가 돌이켜 가서 이 큰 광경을 보리라 떨기나무가 어찌하여 타지 아니하는고"(출 3:3), 이처럼 순전히 신비로운 호기심에 끌려 여호와께 다가서게 되었다. 그리고 여호와는 "모세야! 모세야!" 하고 부르셨고 처음부터 거리감을 두고 명령하였다. "네가 선 곳은 거룩한 곳이니 네 발에 신을 벗으라" 고대 근동 지방의 문화에서 신을 벗는 행위는 존경과 복종을 상징하는 행동이었다. 더구나 신성한 곳일수록 신을 벗는 행위는 자신의 불결함과 죄성(罪性)을 인식하고 벗은 몸으로 나아간다는 정결함의 표식이었다. 모세는 스스로 신을 벗은 것이 아니다. 야훼 하나님이 벗으라고 하여 벗었다. 이 첫 장면부터 주도권은 하나님이 쥐고 설계하신다. 신의 요구에 순종하는지 하지 않는지 먼저 체크를 하였고 그제야 자신이 누구라는 사실을 소개하신다. 여기에는 예의 조상의 이름들이 열거된다. 아브라함, 이삭, 야곱, 이 세 조상들은 이스라엘 민족에게는 거의 신적인 존재이다. 그리고 이들이 섬기던 하나님이라고 설명함으로 모세를 안심시키고 있다. 이어서 모세 자신을 부른 목적과 사명도 언급하신다.

야훼 신이 모세를 부르시고 함께 하신다는 증거를 보여 준 순서는 다음과 같다. (신비로운 현상→부름→명령→소개→목적→사명→역할 부여→구체적 일정 제시) 그런데 모세는 아무래도 믿기 어려웠다. 그리고 자신 없는 목소리로 말한다.

> 내가 누구이기에 바로에게 가며 이스라엘 자손을 애굽에서 인도하여 내리이까?

특히 "내가 누구이기에"라는 말은 어떻게 보면 굉장히 불손해 보이는 발언이다. 즉 책임질 일 아니하겠다는 말이며 또 "내가 이스라엘 자손에게 가서 너희 조상의 하나님이 나를 너희에게 보내셨다 하면 그들이 내게 묻기를 그의 이름이 무엇이냐 하리니 내가 무엇이라고 그들에게 말하리이까?"라고 하여 조상까지 들먹여도 백성들은 믿지 않을 것 임을 반문하고 있다. 모든 이스라엘 백성들이 야훼 하나님을 알고 믿은 것이 아님을 알 수 있다. 즉 조상 대대로 내려오며 야훼 하나님을 믿는다고는 하지만 그분이 누구시며, 이름이 무엇이며, 어떤 신인가를 모르고 막연히 믿었음을 알 수 있다. 그리고 신의 형상도 마치 주머니에서 꺼내 보여 주듯 시각적으로 볼 수 있는 신으로 생각하였다는 것을 알 수 있다. 어쩌면 모세를 설득하여 일깨우기가 종살이하고 있는 이스라엘 백성들을 일깨우기보다 더 어렵다고 하나님도 생각한 듯하다. 앞에서 살펴본 모세의 약점 6가지를 생각하면 그럴 만도 하다. 그리하여 여호와 하나님은 자신을 "나는 스스로 있는 자"라고 하며 "스스로 있는 자가 너희에게 보내셨다 하라"고 까지 말을 대본처럼 그대로 일러주었다. 그리고 종살이하는 백성의 기도와 탄식과 하소연을 듣고 보았다고 전하게 하였다.

수없이 많은 가르침과 역사와 내력, 신이(神異)한 일과 그들이 떠나온 가나안의 기억, 약속을 상기시켜도 믿지 못하고 주저한 모세였다. 그러자 모세에게 결국은 하나님의 지팡이를 들려주었다.[18] 야훼 하나님을 직접 대면하고서도 믿지 못한 모세는 신의 능력이 임하지 않으면 할 수 없다는 식의 투정을 한 것이었다. 결국, 여호와는 자신의 지팡이를 모세의 지팡이 삼게 만들어 주었다. 그리고 그것으로 어떤 힘이 솟아나는지를 체험하고서야 수긍한다. 그것도 지팡이를 뱀이 되게 했다가 다시 지팡이로 변화시키는 표적보다, 자신의 손을 나병 들게 하였다가 다시 본래대로 돌아오게 되는 것을 보고서야 여호와의 능력을 수긍한다. 그런데 여기서도 끝이 아니다. 바로에게 가서 대면 투쟁할 때 자신은 입이 뻣뻣하고 혀가 둔하여 말을 잘하지 못한다고 투정한다. 그러자 하나님은 자신이 창조주이기에 너의 입을 누가 만들었겠느냐 그러니 안심하라고 하여도 "오 주여 보낼만 한 자를 보내소서"라고 한다. 인간적인 생각으로는 한 대 때려서라도 가르쳐주고 싶지만, 여호와 신은 결국 모세의 형 아론을 대변인으로 붙여준다. 이런 과정을 보면 모세는 여호와 하나님을 만나지 않았더라면 그저 필부에 지나지 않았을 성정을 지닌 인물이다. 그래도 모세를 선택한 하나님의 계획은 이스라엘 민족과의 약속을 이해하고 이 노예근성에 젖은 백성을 하나님 나라 백성으로 만들기 위해 모세가 지닌 선진 지식이 필요했기 때문이라고 생각한다.

② 바로와의 대결

이 장에서는 열 가지 재앙과 역사적 사실, 또 인과관계와 의문점을 재확인하고자 하는 것은 아니다. 단지 모세의 후반 40년을 이해하고자 하는

---

18 마치 하나의 스토리가 생각나는 대목이다. 한 나무꾼이 숲속에서 신선을 만났다. 신선은 자신의 존재를 들키면 발견한 사람에게 소원을 하나씩 들어주게 되어 있었다. 그래서 신선은 나무꾼에게 소원을 한 가지 말하라고 하였다. 그러자 나무꾼은 금덩어리를 달라고 말했다. 신선이 자신의 지팡이로 돌을 치니 황금으로 변하였다. 그러자 그를 본 나무꾼은 신선에게 소리쳤다. "나 그 금덩이 말고 그 지팡이 주시오!"라고

대목으로 오로지 심리 변화가 어떻게 작용하며 시간의 흐름과 함께 사건이 어떻게 전개되고 있는가를 살펴보기 위함이다.

모세가 아론을 대변인 삼아 바로 앞에 서서 전하고자 하는 말은 다음과 같다.

> 이스라엘의 하나님 여호와께서 이렇게 말하기를 내 백성을 보내라, 그러면 그들이 광야에서 내 앞에 절기를 지킬 것이니라 하셨나이다(출 5:1).

절기는 제사다. 그러므로 "보내라"는 서술어는 현재 종으로 부리고 있는 히브리 백성들을 애굽 밖으로 보내라는 것으로 자유를 의미하며 "절기를 지내게 할 것이라"는 말은 더불어 여호와 하나님께 경배하고 제사 곧 예배를 드리도록 하라는 것이다. 밑도 끝도 없이 어느 날 갑자기 들어와 내 백성을 애굽 땅에서 내보내달라는 것이다. 바로의 입장에서는 계륵 같은 존재가 이스라엘 백성들이었다. 요셉으로 인하여 당당히 애굽에서 이주민으로 살아가는 이스라엘 백성들, 하지만 자녀 생산력이 높아 인구가 점점 불어나 자국민보다 많아질 지경이었고 이들이 가나안의 헷 족과 연합하기만 하면 국가 존립마저 어려워질 형편이었다. 하지만 이들이 없다면 현재 진행 중인 피람세스의 건설, 국고성 비돔과 라암셋 공사가 순조롭게 진행될 수 없으니 그것도 난감할 노릇이었다. 바로는 이스라엘 백성의 인구 증가를 막기 위하여 별별 방법을 다 사용하지만 모두 무색할 뿐이었다. 산파를 이용하여 사내아들을 죽이게 한다거나 일을 고되게 시켜 무기력하게 만든다거나 생활을 괴롭게 하여 부부관계를 힘들게 한다거나 하는 야비한 방법을 동원하였다. 그럴수록 이스라엘 백성들은 신앙심과 가나안 회귀 소망으로 두려움을 극복하곤 하였다. 이런 이스라엘 백성들은 바로의 입장에서 늘 근심의 대상이었고 밉상이었다. 그런데 갑자기 죽은 줄 알았던 왕자 모세가 나타나 이스라엘 백성을 보호하고 자유를 주어 애굽 밖으로 나가게 해달라고 했을 때 어떤 생각을 했을까? 그때의 바로 입장으로 돌아가 본다면 두 가지 생각, 하나는 이들이 반란을 일으켜 애굽을 공격하지 않을까? 또 하나는 이들이 없으면 수많은 공사와 건설현장을 어떻게 꾸려갈까? 하는 생각이 떠오르지 않았을까 생각한다. 전자는 더 민감할 수밖에 없다. 왜냐하면, 이들이 애굽의 내부 사정을 속속들이 다 알고 있기에 더욱 불안했을 것이다. 후자는 내부의 반란을 야기할 수 있는 부분이었다. 애굽인으로 노예 노동을 대신시켜야 하는데 이들이 이를 감당할 수 없을 것은 당연하고 왕으로서는 자신의 치적을 보여 줄 수 없어 민심이반이 뒤따를 것은 자명하였다. 이런 난감한 입장에서 바로는 순순히 모세의 요구를 들어줄 리 만무하다.

모세와 아론의 요구 즉 "보내라"는 도전적 언사에 대하여 바로는 더욱 치졸한 방법으로 백성을 괴롭혔고 노동을 가혹하게 시켰다. 그러자 이스라엘 백성들은 모세와 아론에게 "당신들로 인하여 우리를 죽게 하는도다" 하며 원망하였다. 즉 바로는 모세와 백성들을 이간시키는 고도의 전술을 사용하였다. 모세는 어려움이 닥치면 스스로 해결하려고 하거나 바로와 부딪히는 법이 없다. 무슨 일이든 여호와께 하소연한다. 마치 어린아이가 학교에서 일어난 모든 일을 미주알고주알 고하고 조금이라도 아쉬운 일은 부모에게 투정 부리는 모습과 같다. 여호와의 응대는 한마디로 "이제 내가 바로에게 하는 일을 네가 보리라" 여호와가 직접 바로를 응대하겠다는 약속이다. 즉 모세의 지팡이가 여호와의 지팡이로 바뀌는 순간이다. 야훼 하나님은 출애굽을 앞두고 자신이 계획한 모든 일에 모세를 지팡이처럼 사용할 뿐이다. 그래도 이는 하나님과의 유일한 소통 창구이자 도구가 된다.

모세가 자기 백성을 종 된 상태에서 해방시켜 애굽에서 내보내라고 요구한 것은 목적이 뚜렷하다. "하나님께 절기를 지나게 하기 위함" 임을 분명히 밝혔다. '경배'였다. 다시 말하면 바로가 우려하는 일은 일어나지 않게 하겠다는 말이었다. 나가서 반란을 도모하여 쳐들어온다거나 헷 족과 동맹을 맺어 애굽을 공격한다는 등의 일은 하지 않겠다는 취지였다. 무엇보다 이 행동이 차원이 다른 유일신 여호와를 섬기는 종교적 행위에 있음을 천명함으로써 이스라엘 민족의 하나님 나라 건설에 협조하라는 종교적 강제성이 담긴 메시지였다. 세계 최고 강대국, 세상에서 가장 부유한 나라인 애굽인들이 믿는 그들의 다신(多神)과 종 된 이스라엘 백성들이 믿는 유일신인 하나님과의 대결 상황이 출애굽기였다. 그래서 모세는 처음부터 하나님께 절기, 제사(예배)를 드리겠다고 일차 선언을 하였다. 그러므로 출애굽의 목표가 '하나님 나라의 건설'에 앞서 '예배임'을 밝힘으로 그의 나라 백성 된 자격을 먼저 얻고자 함이었다. 한 마디로 정체성의 확립이 우선적 과제였다.

여호와께서 모세에게 이르시되 이제 내가 바로에게 하는 일을 네가 보리라 강한 손으로 말미암아 바로가 그들을 보내리라 강한 손으로 말미암아 바로가 그들을 그의 땅에서 쫓아내리라(출 6:1).

모세가 여호와께 주의 이름으로 아뢴 후 백성들이 더 학대를 당하게 되었다고 투정 반, 원망 반으로 하소연하자 여호와의 답변이 이와 같았다. 여호와의 강한 손으로 하는 일을 보게 할 것이라는 사실을 확신시켰다. 여호와 신의 약속은 변함이 없으시다. 이스라엘 백성과 그들의 조상 아브라함과 이삭과 야곱과 맺은 약속을 지키시기 위하여 출애굽을 계획하고 계신 여호와께서 지도자 모세 한 사람과 맺은 약속을 어길 리 없는 것이다. '모세와 바로의 대결' 이 대결의 핵심은 열 가지 재앙이라는 신화적 이야기의 다양성에 있는 것이 아니다. 바로의 마음을 완악하게 하시면서까지 열 가지 재앙을 전개시킨 이유는 바로의 마음을 돌리기 위한 수단이라기보다 여호와 신의 광대하시고 강한 손(힘)을 이스라엘 백성들에게 보여주기 위함이었다.

출애굽기가 이스라엘 민족의 건국설화와 관련하여 좀 더 사실성을 띠기 위해서는 역사성을 가미할 필요가 있다. 어쩌면 이집트에 미친 열 가지 재앙이 실제 당대에 일어난 자연 현상을 배경으로 하였을 수 있다. 그리고 이는 앞 장에서 다루었던 출애굽과 동시대 이탈리아 '산토리니 화산 폭발'과 관련 있을지도 모른다. 하지만 이 모든 일이 야훼 하나님의 약속으로 연결될 때 자연 현상이 신의 영역으로 바뀌게 된다. 출애굽의 사실성을 밝히려는 것이 집필 목적이 아니다. 강자, 절대 권력자와의 대결에서 가장 천하고 낮은 종의 신분을 가진 이들이 가질 수 있는 소망을 신앙할 수 있는 방식으로 기술한 책이 출애굽기이다. 모세와 바로의 대결은 그래서 의미가 있다. 그러므로 출애굽기의 내용은 하나님의 구속사를 이해하는 방식뿐 아니라 하나님이 어떤 분이신지를 알게 해 주는 가장 적나라한 책이다. 여호와 하나님은 가장 낮은 자, 가장 천한 자를 위한 하나님이심을 적나라하게 보여 주는 책이다.

③ 광야 행진

모세의 3단계 40년은 대부분 광야 행진의 시간이지만 출애굽기에 기록된 내용은 광야에서 지낸 약 1년 동안의 시간만 기록되어 있다. 나머지 39년 동안의 기록은 모세 5경이라 일컫는 다른 책에 기록되어 있다. 그중 38년여 시간을 가데스-바네아에서 보낸 것으로 되어 있지만 약 1년 동안의 시간 안에서 경험한 내용이 전체 40년 시간 속에서 경험한 내용의 축소판이라고 해도 과언이 아니다. 일종의 '프랙털 구조'로 이해할 수 있다.

광야 행진의 주요 코스는 대체로 다음과 같은 길이었다.

출애굽→라암셋, 비돔→숙곳→홍해→수르 광야→에담 광야길→라마→엘림→
신 광야→르비딤→시내 산→바란 광야→하세롯→가데스 바네아→팀나→세일 산→
부놈→느보산→가나안

이 과정에 모세는 출애굽기의 분위기와 전체적인 백성의 심리를 파악하여, 시내 산까지의 코스를 정하고 시내 광야를 자신이 정한 새로운 나라의 터전으로 삼으려 했던 것이 아닌가 여겨진다. 왜냐하면, 처음부터 책정한 코스가 가나안을 가기 위한 가장 수월한 라암셋에서 지중해 해변 길(약 275㎞)을 가지 않았고 가장 먼 홍해 길을 거쳐 에담 광야 길(광산길)을 돌아 돌아갔기 때문이다. 애굽 나일 하류 고센에서 가장 먼 시내 반도 대각선 방향에 있는 시내 산 아래 광야에 집결하였다. 그리고 여기서 율법의 시작인 십계명을 받았고 40 주야를 산에서 지내며 야훼 신을 만났고 기도하며 구상하였다. 인간의 시간이자 하나님의 시간이 오버-랩(over-lap) 된 순간이었다. 어찌 보면 애굽인 잔재가 남은 이스라엘 백성들을 훈련시키고 하나님의 백성으로 몸만들기를 한 다음에 데리고 가기 위한 40년이었다. 이를 동안(기간), 시간 개념으로 보는 것이 일반적이지만, 모세의 행적과 내면적 심리로 볼 때 무주공산 같은 시내 산 아래 광야에서 멈추고 싶었고 새로운 나라를 건설하기 위한 적격지로 삼았는지 모른다. 모세는 출애굽까지가 자신과 야훼 하나님과 맺은 약속이라고 본 듯하다. 실제적 출애굽기가 시내 산 아래까지의 기록으로 마무리한 데서 '모세의 바람'을 엿볼 수 있다. 앞서 모세가 야훼 신과 일종의 거래를 할 때 "바로 앞에 나가서 내 백성을 인도하여 내라"는 것이 그분의 명령으로 보았기 때문이다. 그래서 이스라엘인 신앙과 믿음의 조상 아브라함, 이삭, 야곱과 맺은 약속의 땅 가나안까지 인도하여 데려가라는 후반의 명령엔 소홀히 했는지 모른다. 하지만 신의 요구 핵심은 반복해서 강조하는 후반 즉 가나안으로 가는 것에 있었다. 모세의 심리와 하나님 요구와의 충돌, 이것이 시내 산 금송아지 사건으로 증폭되어 터졌다. 이후 모세의 행동이 약간 신경질적으로 변한 이유이기도 하다.

야훼 하나님이 모세를 부르시며 말씀하신 내용을 추려보면 다음과 같다.

첫째, 선진 조상(아브라함, 이삭, 야곱)과의 언약을 상기하심

둘째, 이스라엘 자손의 신음소리를 듣고 언약을 기억하심

셋째, 너희를 속량하여 내 백성으로 삼고 나는 너희 하나님이 되리라 약속하심

넷째, 가나안 땅으로 인도하고 그 땅을 기업으로 삼게 하리라 하심[19] (출 6:6-8)

한 마디로 약속의 상기와 약속의 이행에 있다. '가나안으로의 회귀'가 주 목적임을 알 수 있다. 그리고 '하나님 나라의 건설과 백성 삼으심'이 거의 동일한 뜻으로 사용되고 있다. 창세기에서 실패한 에덴의 지속성이 가나안에서 새롭게 이어지기를 바라는 것이 여호와의 생각이라면, 출애굽기 전 과정의 프랙털, 축소판이 광야 행진이라는 거대 역사(役事)를 통해 보여주고 있다. 시내 산 도착까지 백성의 자격을 얻기 위해 겪게 되는 고난을 보여 주었다. 한 마디로 이스라엘 언약 백성들에게 과거 선진 조상과 약속한 그 약속의 성취를 실현시키고자 하는 것이 하나님의 계획이었다. 또 이를 확인시키는 과정이 출애굽기였다. 하나님은 약속의 하나님임을 증명한다.

---

19 (아, 이, 야)는 아브라함과 이삭과 야곱의 약칭이다.

세상의 잡다한 신들은 늘 승자의 신이거나 강자 편에 있는 신들이었다.

여호와께서는 이스라엘 백성에게 시내 산 아래 백성들에게 현현하시기
전에는 '상징과 계시' 속에서 이미지로 자신의 존재를 나타내셨다. 대표적
인 것이 구름 기둥과 불기둥이었다. 애굽의 고센 지방이나, 라암셋과 비돔
에서 출발한 백성들이 식량도 의복도 제대로 챙기지 못하고 심지어 발효되
지 못한 반죽을 들고 황급히 애굽을 빠져나왔다. 물론 거의 뺏다시피 그동
안 스백 년 밀린 임금 몫으로 애굽인 주인의 의복도 패물도 챙겨 나왔지만
40년을 광야에서 방황하리라고는 생각지도 못하였을 것이다. 이런 히브리
백성들이 시내 광야에서 생존할 확률은 그렇게 높지 않았다. 하지만 야훼
하나님은 친히 낮에는 구름 기둥을 내어 그늘 속에서 백성들이 사막 무더
위를 견딜 수 있게 하였고 밤에는 불기둥을 내어 추위를 막고 짐승을 쫓을
수 있게 하였다. 이런 야훼 신의 적극적 개입과 인도가 없었다면 이스라엘
백성들은 성정으로 볼 때 열흘도 견디기 어려웠을 것이다.

네 하나님 여호와께서 이 40년 동안에 네게 광야 길을 걷게 하신 것을 기
억하라 … 이 40년 동안에 네 의복이 헤어지지 아니하였고 네 발이 부르
트지 아니하였느니라(신 8:2, 4).

황량하고 건조하며 돌과 바위가 구르는 사막을 그 많은 무리를 이끌고 행진한다는 것은 섶을 지고 불 속으로 들어가는 것과 마찬가지였다. 하지만 생존을 위해 절대적으로 필요한 그늘을 만드시고 추위와 짐승을 막아 내도록 보호하셨다는 것은 신화의 절대적 요소인 신비감을 주고 있다. 이는 '인도와 보호'라는 여호와의 속성을 현상적으로 보여 주신 것이라고도 할 수 있다. 구름 기둥과 불기둥을 내어 주야로 보호하시고 인도하시며 늘 인간과 함께하겠다는 신비로운 체험 약정은 신학적으로 여호와 하나님이 인간 속에 동행한다는 사실과 '성령의 인도하심'을 상징하는 것이었다.[20]

한편, 마라의 쓴 물 사건은 그 지역이 홍해 수에즈만 인접 지역이라 해안가 우물은 해수가 만조 시 직접 넘어오거나, 지형적 특성으로 인하여 우물에 염분 해수가 유입되었을 가능성이 크다. 해수는 분명 짜고도 쓰다. 홍해의 북쪽 정점으로부터 70㎞쯤 내려온 지점에는 지금도 베두인들이 '아인 하와라'라고 부르는 샘이 있다. 가축 떼를 이끌고 다니는 유목민들이 지금도 그곳에 머물기를 꺼리는데 이는 염분과 유황 성분이 많이 배어 있기 때문이라고 한다. '아인 하와라'가 성서에 기록된 '마라'라는 곳으로 본다. 이곳에서 약 24㎞를 남쪽으로 더 내려가면 '가란델 와디'가 나오는데 이곳에는 울창한 종려나무와 풍성한 샘물의 오아시스 지역이 펼쳐진다. 성서에서 말하는 '엘림'이 이곳이다.

마라에서 쓴 물을 단물로 만든 나무가 무엇이었을까? 아마 중화작용을 한 나무로 이해할 수 있는데 실제 사막의 나무들은 대체로 산성을 띠어 염기성 토양이나 수분을 스스로 중화시켜 생존하는 것으로 알고 있다. 베두인들이 비상시에 사용하는 방법을 신의 가르침으로 돌려 출애굽기 기자가 신령하게 언급하였다. 이른바 스토리텔링이다. 아무튼 '중화작용'이

---

20 이문범, 앞의 책, 131.

란 화학 반응을 생활의 지혜로 활용한 고대인들의 지혜가 놀랍다. 성서에서 물을 변화시킨다는 기록이 많이 등장하는데 이는 '삶의 가치관 변화'를 뜻한다. 홍해를 건너 돌아갈 수 없는 삶을 내딛게 된 것과 쓴 물을 단물로 중화시켰다는 것은 출애굽 백성들이 버림받은 삶이 아니라 선택받은 삶, 종살이 삶이 아니라 여호와 신의 백성으로 자유인의 삶을 누리게 되었다는 것을 상징한다. 그리하여 쓴 물에 던진 나무를 예수와 그의 십자가 희생으로 해석하는 것이 신학계의 일반적인 인식이다. 구속사 관점에서 출애굽기는 새로운 하나님 나라의 완성을 위한 여정으로 보았으므로 이는 예수 그리스도의 십자가 희생이 없이 구속함을 얻을 수 없다고 가르친 바울의 가르침과 일치한다는 해석이다.

신 광야에서 백성들에게 만나를 먹이신 것은 인간의 가장 기본적인 욕구인 식욕을 해결해 주었다는 동행 보호자로서의 하나님이심을 넘어서는 의미를 남겼다. "애굽에서 나온 후 둘째 달 15일" 약 75일이 지난 시간에 출애굽 백성들은 신 광야에 도착하였다. 이때 회중이 모세와 아론을 원망하여 "애굽에서 고기 가마와 떡 시루 곁에 앉아 주인이 남겨주는 고기와 떡을 그래도 배불리 먹던 때가 좋았어! 차라리 그때 죽었더라면 좋았을 것을" 하며 배고픔, 그것도 고기를 먹지 못하는 데 대하여 한 탄식을 늘어놓았다(출 16:3). 인간의 나약함이 적나라하게 표출된 현장이었다.

하지만 여호와 신은 인간에게 화를 내지도 탓하지도 않으셨다. 단지 "백성이 나가서 일용할 것을 날마다 거둘 것이라"고 하여 백성의 요구를 순전히 들어주는 모습으로 성서에는 그려져 있다. "이같이 하여 그들이 내 율법을 준행하나 아니하나 내가 시험하리라"(출 16:4) 하는 여호와 신의 마음을 기록하였다. 어찌 보면 이해하지 못할 대목이다. 먹거리를 해결해 주면서 네 율법을 준행하나 아니 하나 시험하기 위함이라니? 그러면 여호와 신이 하는 모든 일에는 자신의 존재를 인식하는가의 여부, 또는 신이 가르친 율법을 지키나 지키지 않나 하는 인간의 순종, 둘을 전제로 하고 있다는 사실은 쉽게 납득이 가지 않는다. '인간의 배고픔 해결과 율법 이행' 여기에 어떤 상관 관계가 있는가? 신정정치를 위한 신의 나라를 건설하러 가는 마당에 인간의 생각과 야훼 신의 생각이 이렇게 다를 수 있는 것일까? 하지만 복잡하게 보면 복잡한 신적 통치이지만 간단히 보면 '관계의 설정' 외 아무것도 아니다. 인간의 기본 욕구를 다 해결해 주시는 하나님에게 인간이 할 수 있는 일은 하나님이 지키라고 하신 법을 지켜 행하는 일이다. 즉 인간이 신의 백성으로 도리를 다하는 일만 하면 된다는 사실이다. 율법의 준행이라고 기록하였지만 '율법의 준행'이라는 말속엔 굉장히 다양한 의미가 내포되어 있다.

출애굽기 16장의 내용으로 분석하면 다음과 같다.

첫째, 이스라엘 백성들이 자신들을 애굽 땅에서 인도하여 내신 분이심을 아는 것.

둘째, 일용할 양식으로 배 불리시는 분이 하나님이라는 사실을 아는 것.

셋째, 지시한 내용을 알고 이를 준행하는 것.

넷째, 안식일을 준행하여 지키는 것

다섯째, 후대까지 여호와 하나님이 누구신지 전하여 알게 하는 것.

이런 깨달음은 출애굽 이후 신 광야에 이르렀을 때, 여호와 하나님이 아직 십계명을 백성들에게 내려주기 전이었다. 그런데 하나님은 만나와 메추라기를 먹이시면서 율법을 언급하였다. 이는 출애굽을 통한 하나님의 인도하심 자체가 율법과 밀접한 관계가 있다는 뜻을 의미한다. 하나님의 존재는 율법 그 자체임을 말하고 있다. 성서 출애굽기 기자가 이스라엘 민족의 역사와 신화 그리고 언약 관계를 설명하면서 가장 유용하게 사용하고 있는 도구가 '율법'이었다. 그리하여 시내 산에 도착한 후에 여호와 신은 모세를 불러 십계명 율법을 내려 주셨고 인간이 지켜야 할 수많은 법에 앞서 '관계의 원칙'으로 삼게 하셨다. 그러므로 성서에서 출애굽기와 가나안 하나님 나라를 세워가는 과정에 '하나님=율법'이란 등식을 염두에 두는 것은 어긋남이 없다. 그러므로 법궤 속에 십계명의 돌판을 넣어야 하는 이유이다. 그러므로 이후 가나안 정복 과정에서도 승리의 원동력은 법궤를 앞세우는 일이었다. 법궤를 앞세운다는 것은 율법을 앞세우는 일이며 율법을 앞세운다는 것은 하나님을 모시고 나아간다는 믿음을 상징적으로 보여 주었다. 그 사실적인 예가 르비딤에서 아말렉과 싸울 때였다.

성서 출애굽기 17장에 의하면 이스라엘 백성이 르비딤에 장막을 쳤을 때 마실 물이 부족하였다. 이에 또 백성들은 모세에게 대들고 여호와를 원망하였다. 그런데 기자는 원망을 '시험하였다'라고 기록하고 있다. '시험하다'란 표현은 여호와 신이 먼저 사용한 말이다. 앞서 신 광야에서 만나를 먹이실 때 이 표현을 사용하였다. 물론 화자는 모세다. "물이 없다고 어찌 너희가 나와 다투며 어찌하여 여호와를 시험하느냐?" 곧 모세와 다툰다는 것은 지도자 모세에게 따지고 대든다는 표현인데 이는 곧 여호와를 시험한다는 표현이라는 것이다. 왜냐하면, 그렇게 수없이 가르쳐주었던 원칙 곧 그냥 하나님을 따르기만 하면 인간의 모든 민생고는 해결될 수 있다는 '율법=하나님'을 아직도 믿지 못하고 있다는 증거로 보았기 때문이다. 그리하여 적나라한 시각적 효과를 보였다. 단지 물 때문에 "여호와 하나님이 우리 중에 계신가 안 계신가" 하여 시험하였기에 여호와는 아말렉과의 싸움에서 모세가 팔을 들면(계신가?) 이기고 내리면 지는(안 계신가?) 원초적 방식을 사용하였다. 여호와를 시험한다는 것이 얼마나 무모하고 위험한 일인가 하는 것을 널리 알리기 위하여 '맛사' 또는 '므리바'라

고 이름하였다.[21]

또 '여호와 닛시'도 결국 여호와를 시험했기 때문에 생긴 이름이었다. 이스라엘 백성의 끊임없는 불신, 여호와 하나님에 대한 '시험'(試驗)이 인간의 한계를 인식하기에 '여호와 닛시'를 책에 기록하여 기념하게 하고 후손들의 귀에 외워 들리게 하였다. 르비딤은 이스라엘 백성을 위하여 대대로 먹이시고 싸워 이긴 하나님 그 '존재의 의미'를 깨닫게 해 준 곳이었다. '닛시'는 깃발이란 뜻이지만 모세를 통한 하나님의 승리를 뜻한다. 인간 세상은 끊임없는 싸움의 연속이다. 하나님에 대한, 믿음은 승리의 확신이다. 존재 자체가 승리와 연결된다.

④ 시내 산 십계명의 시간

이스라엘 백성이 애굽을 떠난 지 3개월 되던 날 시내 산 아래 광야에 도착하였다. 백성들이 장막을 치는 것을 보고 모세는 여호와의 산 시내 산에 올랐다. 이때 여호와의 부름은 다음과 같았다.

> 너는 이같이 야곱의 집에 말하고 이스라엘 자손들에게 말하라 내가 애굽 사람에게 어떻게 행하였음과 내가 어떻게 독수리 날개로 너희를 업어 내게로 인도하였음을 너희가 보았느니라 세계가 다 내게 속하였나니 너희가 내 말을 잘 듣고 내 언약을 지키면 너희는 모든 민족 중에서 내 소유가 되겠고 너희가 내게 대하여 제사장 나라가 되며 거룩한 백성이 되리라 너는 이 말을 이스라엘 자손에게 전할지니라(출 19:3-6).

---

21 이름의 뜻이 성경에 기록되어 있다. "이스라엘 자손이 다투었음이요 또는 그들이 여호와를 시험하여 이르기를 여호와께서 우리 중에 계신가 안 계신가 하였음이더라"(출 17:7)

말씀처럼 하나님이 모세에게 전하라고 가르친 핵심은 다음 6가지 내용이었다.

① 애굽 사람에게 행한 일
② 독수리 날개로 백성을 지금까지 인도한 일
③ 세계가 다 하나님께 속한 사실
④ 언약 백성으로 하나님 말씀을 잘 듣고 언약을 지킬 것
⑤ 하나님의 소유, 제사장 나라, 거룩한 백성이 될 것
⑥ 이 약속을 자손에게 전할 것

이 6가지 내용을 축약하면 신뢰(信賴), 자부(自負), 유전(遺傳)으로 정의할 수 있다. 이어서 여호와 하나님은 백성들에게 현현하였다. 자연의 소동과 신비 속에서 성결하게 준비한 백성들에게 나타나셨다. 그리고 직접 두 장의 돌판에 십계명을 적어 내려 주었다.

모세의 세 번째 40년인 광야 행진은 일차적으로 시내 산 광야에 도착한 것으로 마무리된다. 앞으로 이어질 39년 9개월은 갈등과 고민을 통해 신에로의 접근 곧 깨달음의 시간으로 이어진다. 모세는 여호와라 일컫는 하나님의 지시로 애굽의 바로와 대결하였고 자기 백성들과 그를 따르는 잡족까지 데리고 애굽을 떠났다. 자신의 손에 200만 명 이상의 목숨이 달려있는 막중한 지도자의 자리에서 오직 보이지 않는 여호와 하나님만 의지하고 광야에 나섰다.

광야로 나선다는 것은 막연함에 발을 디딘다는 뜻이다. 여행을 떠나면서 자신이 어디로 향하는지 모르는 사람은 없다. 우리는 보통 목적지를 정하고 그곳으로 향하는 가장 안전하며 빠른 길을 찾는다. 그러나 대개의 영웅은 남들이 가본 적이 없는 길을 선택한다. 지도에도 없고, 가본 사람

도 없기에 조언을 들을 수도 없다. 찰스 다윈, 헨리 포드, 에이브러험 링컨, 알렉산더, 마리 퀴리, 라이트 형제, 모차르트, 김정호, 장영실, 이순신 등 우리가 아는 다수의 영웅도 그들 스스로 내디딘 한 발짝 한 발짝이 새로 운 길이 되었다. 성서의 아브라함도 모세도 여호수아도 예수도 심지어 이 슬람교의 무함마드도, 불교의 싯다르타도 마찬가지였다. 이들의 공통점은 바로 '부정적 수용 능력'(negative capability)[22]으로 설명되는 불안감, 초조 함, 질시, 외로움, 우울증, 경계성, 모호함을 극복하고 자신이 꿈꾸는 미래 의 굳건한 발판을 만들었다는 데 있다. 그리고 많은 사람을 살리고 행복 하게 만들고자 최선을 다하였다.

'부정적 수용 능력'이란 삶에서 흔히 마주하는 모순들을 기존 질서 안 에서 쉽게 해결하려는 유혹을 뿌리치고 혼돈을 있는 그대로 자신의 삶 일 부로 받아들이는 태도를 말한다.[23] 모세도 마찬가지였다. 아무리 여호와 하나님이 신비의 권능을 보여 주었다 하여도 자신이 인도자가 되어 200만 명이 넘는 백성들을 이끌고 광야로 나선다는 게 얼마나 두렵고 불안하였 을지 짐작이 된다. 그리고 갈등과 현실의 경계에 서서 자신의 정체성마저 올곧게 자리 잡지 못한 채 지도자가 된다는 것은 '부정적 수용' 그 자체였 다. 하지만 이를 극복하고 하나님 나라 건설의 기초를 다진다는 것은 미 래적 초월감 속에 전적으로 그분을 의지하는 수밖에 없다는 것을 깨닫게 한다. 여호와 신은 모세에게 애굽의 바로를 굴복시켜 히브리인들을 해방 시킬 것이라고 장황하게 설명하였다. 자신의 이름까지 밝히면서까지 스케 줄을 구구절절 설명하였지만 모세는 여전히 의심하였다. 하지만 결국 여

---

[22] 배철현, 『신의 위대한 질문』, 21세기북스, 2016, 221.

[23] 위의 책, 222. 부정적 수용 능력이라는 개념을 만들어 낸 사람은 영국 낭만주의 시인 존 키츠(John Keats)였다. 키츠는 셰익스피어가 가진 능력을 부정적 수용 능력이라고 명명 하였다.

호와 신을 '신뢰'하였다. 그분만이 자신과 이스라엘의 하나님 되심을 '자부'하였으며 출애굽 이후의 "모든 역사를 자손들에게 전하고 가르치고 기억하며 기념하라"는 가르침을 받들어 유전하였다.

모세의 3기 광야 40년이란 시간은 산술적으로는 모세 생애 1/3에 해당하는 시간이겠지만 이 시간을 위하여 앞선 80년이란 시간이 예비된 것이었다. 그것도 광야 초기 1년이 모세가 세상을 산 거의 전부를 대변한다고 할 수 있다. 곧 하나님 나라와 그 백성들이 하나의 계약 속에 존재하는 언약 백성으로 자리 잡게 하였다. 그가 여호와 신과 인간을 연결하는 매개인 율법 곧 '하나님 존재의 현재적 형상 문서'인 십계명 율법을 전하였다는 것이 중요하다. 모세는 신의 대리인으로 히브리 백성들에게 자유를 얻게 하였다. 모세의 생 3기 40년은 해방, 자유의 상징적 시간이었다.

5. 고대 근동의 신들과 하나님 Code

1) 고대 근동의 신과 이스라엘의 하나님

고대 근동의 신관은 인간과 교류하며 필요에 따라 선택할 수 있는 통치 수단의 신이란 인식이 크다. 그러므로 이스라엘의 하나님처럼 완전히 섬김의 대상으로서만 존재하지 않고 늘 인간의 삶 속에 피동 한다는 것이다. 영적 관념 속의 동행이 아니라 현실적 요구를 수용하는 피동을 의미한다. 다시 말하면 언제나 볼 수 있고 만날 수 있는 만신전의 신들로 인간이 선택하는 신이라는 사실이다. 이집트의 예만 하더라도 자연과 인간의 삶 속에서 함께 할 수 있는 모든 자연물은 신이 될 수 있었다. 왜냐하면 '피동'이 나약한 인간 삶의 필수였기에 위로와 안위의 시혜가 신의 존재 이유여야만 하였다. 그리고 철저히 지배자를 위해 만들어졌다.

오늘날까지 우리는 이스라엘과 주변 고대 근동 국가들과의 신관(神觀) 차이로, 이스라엘만 유일신을 섬기는 나라이고 나머지 주변 국가들은 여러 신 즉 다신을 섬기는 다신교 국가라는 인식을 지니고 있다. 이는 여러 측면에서 논쟁의 여지가 있다.

첫째는 이 같은 이분법적 주장을 무 비판적으로 수용함으로써 신성(deity)과 관련하여 이스라엘과 주변 국가들 사이에 존재하는 가장 중요한 차이점을 놓칠 수 있다는 것이다. 핵심은 신들의 숫자가 아니라 신을 어떤 존재로 이해하느냐 하는 관점이 중요하다.[1]

둘째는 신이 존재한다는 말이 무엇을 의미하는지 생각해 보아야 한다. 신들은 근원적으로 영적(비물질적) 존재이기 때문에 신의 존재가 육체적, 물리적 현존으로 정의될 수 없다는 점은 분명하다. 그러므로 현대 철학의 관점에서 '신이 존재하는가?'라는 질문은 어떤 영적인 존재가 현실 세계에 실체나 인격, 혹은 힘으로 존재하는가? 라는 질문과 동일하게 보아야 한다. 그러나 고대 사회에서는 이런 접근법을 적용할 수가 없다. 왜냐하면, 고대인들은 현실 세계에 실존하는 영적 존재를 간파하는 인간의 사고와 사회적 구성능력이 지극히 제한적이었기 때문이다. 또한, 영이 자신의 존재를 어떤 식으로든 수용 가능한 방법으로 현시(顯視) 해 주어야 한다고 생각하고 있었기 때문이다. 다시 말하면 고대인들은 영적 존재가 자신의 실체를 그들의 문화적 분위기 속에서 용납할 수 있는 방식으로 보여줘야만 그것이 실재한다고 결론지었다. 사실 그들은 현시(顯視)(manifestation)야 말로 영적 존재의 실존을 확증해 주는 필수불가결한 증거라고 생각하였다. 한마디로 신은 현시 또는 현현(現顯)된 신(manifest -ed god)으로서 역할을 해야만 실제로 존재한다고 간주한 것으로 이해할 수 있다.[2]

현현적 실존에 지나치게 집착한 나머지 인위적 힘이 많이 작용하게 되면서 고대 근동의 신들은 지나치게 과장되거나 인간 친밀도를 강조하는 경향이 많았다. 그러다 보니 만들어진 신들은 신령함과 우월한 거룩성보

---

1   John H. Walton,『Old Testment Theology for Christians-from Ancient Context to Endur -ing Belief』, 왕희광 역,『교회를 위한 구약성서 신학』, 새물결플러스, 2021, 60.

2   John H. Walton,『Old Testment Theology for Christians-from Ancient Context to Enduring Belief』, 왕희광 역,『교회를 위한 구약성서 신학』, 새물결플러스, 2021, 61.

다 해결사로 자처하는 경우가 많았고 지배층의 요구를 우선적으로 들어주는 신들로 변모하였다. '보편적 은총의 결여'는 고대 근동의 신들에게 나타나는 전형적 특징이다. 그들은 신들이 자연계에 작용하는 힘이나 천상계에서 발생하는 현상들을 통하여 현시된다고 믿었다. 아브라함도 이와 같은 인지 환경에서 등장한 인물이며, 이스라엘도 그들의 역사 내내 그 같은 인지 환경의 지배를 받아왔다. 이스라엘을 포함한 고대인들은 이러한 사고방식에서 벗어나지 못하였으며 구약성서에 기록된 바와 같이 창세기와 출애굽기의 인물들도 이와 같은 신관에서 사실 벗어나지 못하였다. 하지만 고대 근동의 신들과 이스라엘의 하나님이 다른 점은 인간이 갈구하고 찾기 이전에 야훼 하나님이 먼저 인간을 찾아오셨다는 사실이다. 이것이 가장 큰 차이점이다. 인간의 필요에 따라 찾는 신이 아니라 신이 필요를 아시고, 하소연과 탄식 소리를 들으시고 먼저 현시하여 보이셨다는 것이다. 출애굽기서를 통해 이를 더욱 명확히 보여 주고 있다.

야훼 하나님이 처음 아브라함에게 찾아왔을 때 신은 세상에 다른 신들이 몇이나 존재하는지 또 아브라함이 자신만 섬겨야 하는지 그 이유를 상기시키지 않으셨다. 성서 창세기에는 셈족, 데라의 족보 소개 이후에 여호와께서 아브람에게 나타나 지시하신다.

> 여호와께서 아브람에게 이르시되 너는 너의 고향과 친척과 아버지의 집을 떠나 내가 네게 보여 줄 땅으로 가라 내가 너로 큰 민족을 이루고 네게 복을 주어 네 이름을 창대하게 하리니 너는 복이 될지라 너를 축복하는 자에게는 내가 복을 내리고 너를 저주하는 자에게는 내가 조롱하리니 땅의 모든 족속이 너로 말미암아 복을 얻을 것이라 하신지라(창 12:1-3).

일방적으로 아브람(아브라함)에게 나타나셔서 "살던 터전을 버리고 내가 정한 땅으로 가라, 그러면 큰 민족을 이루고 이름을 창대하게 하며 복의 근원이 되게 하겠다"라고 약속하셨다. 먼저 찾아오셨고 선택하시고 지시하시고 복을 내리셨다. 이처럼 여호와는 고대 근동의 신들과 다르게 현시적 실존을 넘어, 세상 주관자의 입장에서, 스스로 계획한 인간 삶의 본질에 개입하셨다. 아브람이 찾지도 부르기도 전에 스스로 오신 것이다.

시내 산에서 모세를 통하여 내려 주신 십계명 율법의 첫 번째 조항은 "너는 나 외에는 다른 신들을 네게 두지 말라"는 내용이었다. 그러면 당시 고대 근동과 애굽에는 다른 신들이 분명 있었다는 사실이며, 그들 가운데 여호와만 섬기라는 것이었다. 그리하여 '유일신론'(monotheism), '선택 신론'(henotheism), '일신 숭배'(monolatry)의 다양한 시각적 선택을 가능하게 한다.

원래 '다신론'(polytheism)이란 다수의 신이 공동체를 이루어 활동하며, 그들의 관할권과 권위를 행사하는 영역권도 제각각이라 여기는 사고방식이다. 다신론의 세계에서 숭배자들은 자신들이 처한 상황에 따라 특정 영역이나 구역을 관장하는 신을 선택해서 그와 소통하면 된다고 믿는다. 이집트나 그리스 신들이 이에 해당한다. 그리고 일신 숭배에서는 숭배자들이 여러 신 가운데 특정한 신에게만 초점을 맞추는데 인간은 자신들이 처한 모든 상황에서 택한 신이 반드시 도움을 줄 것이라고 기대하는 면이 있다. 하지만 일신 숭배자들은 다른 신들의 존재도 인정해야 하며 각자 신들은 자신을 택한 인간들에게 도움을 주어야 하고 개인은 각자의 신을 스스로 선택할 권리가 있다고 믿는 신관이다.

'선택 신론'은 유신론의 또 다른 형태인데, 비록 하나의 신을 선택하지만 하나의 신만 존재한다고 주장하지는 않는다. 단지 진정 숭배를 받기에 합당한 신은 한 분뿐이라고 주장하는 신관이다. 다른 신들은 단지 신성을 가장한 사이비 신이며 무능력자들로서 신적 권위를 행사할 능력이 없는 열등한 존재들이라고 본다. 구약성서에서 다른 신들의 무능력에 대해 언급하거나 그들을 숭배하는 것 자체를 금하고 그들을 거짓 신으로 규정하는 것은 텍스트에 스며들어 있는 '선택 또는 택일 신론'의 영향이라고 할 수 있다.

그런데 순수한 철학적 유일신론은 위에 언급한 신론을 서로 비교하여 규명할 필요는 없다. 결국, 구별은 의미론의 영역에서 행해져야 한다고 본다. 구약성서 전반에 걸쳐 야훼는 스스로에게 독보적인 지위를 부여하며 어떤 경쟁 신도 용납하지 않는다.[3] 다른 어떤 존재도 '하나님'으로 불릴 가치가 없으며 하나님과 같은 권위와 지위를 부여할 수도 없고, 존재를 향한 자연스러운 반응으로서 경건한 예배를 받기에 합당하다고 생각하지도 않는다. 출애굽기 성서를 통하여 지속적으로 다루고 있는 여호와 하나님 신관은 오직 그분만이 유일한 하나님으로 경배받기에 합당하시다는 점이다. 그러므로 일체 인간이 만든 신들과는 다를 뿐 아니라 신격 자체도 다르다는 것이다. 한 마디로 비교할 수 없는 유일하신 영적 존재로서 하나님이라는 사실이다. 출애굽도 일방적이고, 십계명과 율법, 하나님 나라 건설을 위한 계획도 일방적이었다. 더구나 모든 관계법도 일방적으로 하달하셨다. 인간은 그저 순종만이 최고의 덕목으로 인정받으며 존경을 넘어 복의 근원으로 축복하신다.

야훼 하나님의 유일성에 관해서는 구약성서 시대를 거치는 동안 다양하게 제시되고 있다. 그중에서도 일관되게 주목되는 내용은 '야훼 같은 신

---

3 이를 '기능적 존재론'으로 설명할 수 있다. 기능적 존재론이란 이스라엘 사람들에게 "어떤 것이 존재한다"라는 말의 의미는 그것이 수행하는 기능이 무엇인지에 달렸다는 것이다. 이와 유사하게, A라는 존재가 B라는 존재와 다르기 위해서는 B와는 다른 무언가를 해야 하며, 어떤 것이 유일무이한 존재이기 위해서는 유일무이한 행위를 해야 한다는 것이다. 이것은 오늘날 우리가 '존재'를 정의하는 방식과는 다르다. 기독교 세계는 존재를 환원 불가능한 원소, 곧 실체(substance)로 이해한 그리스 철학의 전통을 따랐다.

은 없다는 것'이다. 특히 제2 이사야 선지를 통해서 자세히 기록되고 있다.

첫째, 여호와 하나님 이전에도 이후에도 여호와에 버금가는 어떤 신도 만들어지지 않았다.

둘째, 다른 어떤 신도 인간에게 구원을 허락하거나 제시할 수가 없다.

셋째, 다른 어떤 신도 여호와께서 명령하신 것을 뒤집을 수 없으며 여호와가 행하신 것을 되돌릴 수 없다.

넷째, 여호와 같으신 분은 없다. 특히 장차 이루어질 일에 대하여 미리 계획을 말씀하시는 일은 없다(사 43:10-13, 44:6-7, 45:5-6, 21-22).

이처럼 가장 기본적인 유일신 여호와의 속성 또는 신관은 여호와 외 다른 신의 존재를 인정할 수 없으며 여호와의 구원 외 어떤 신도 인간을 구원할 수 없다는 사실이다. 한 마디로 "나는 여호와라 나 외에 다른 이(신)가 없다"는 결론이다. 그러므로 십계명 첫 계명도 "나는 너를 애굽 땅 종되었던 집에서 인도하여 낸 네 하나님 여호와라 너는 나 외에는 다른 신들을 네게 두지 말라 너를 위해 새긴 우상도 만들지 말고 어떤 형상도 만들지 말며 그에게 절하지도 섬기지도 말라"고 하였다.

여호와는 선택하여 숭배할 수 있는 신도, 여러 신 중에 유일하게 섬김을 받을 수 있는 신도 아니라는 사실이다. 우주와 천지 만물을 주관하시는 하나님으로 오직 유일하신 분으로 존재하신다. 이것이 창세기와 출애굽기 성서 속에서 말하고자 하는 압축된 진리 또는 신관이다.

2) 히브리인에서 하나님 나라 백성으로

B.C. 13세기 무렵 이집트에서 집단이주한 사람들을 히브리인이라고 통칭한다. 이 말에는 여러 종족을 포함하여 일컫게 된 말이다. 우리가 '히브리 노예' '하비루의 노래' 또는 '히브리 노예들의 합창'이라고 말할 때 히브리 노예는 실은 이집트(애굽)에 거주하며 이집트 지배층을 위하여 노역에 동원되었던 여러 다양한 피지배층 사람들을 통칭한 말이었다. 요즘 용어로 말하면 '이민자' 또는 '불법 체류자'들이다. 이들은 메소포타미아와 팔레스타인 그리고 이집트로 이어지는 이른바 '비옥한 초승달' 지역에 분포하였지만 한 자리에 정착하지 못하고 경제적인 자유와 풍요를 쫓아 무리 지어 돌아다닌 유목민들이었다. 그러므로 히브리인들은 인종적이거나 민족적인 개념이 아니었다. 성서 출애굽기에는 '온갖 잡족'들이 애굽으로부터 함께 나온 것으로 기록되어 있다. 엄밀히 말하면 이스라엘 민족이 모세의 영도하에 출애굽 할 때 잡족들도 따라 나온 것으로 되어 있다(출 12:38). 광야 40년 행진과 가나안 입성에 함께 한 백성 중에는 당연히 이들도 포함되어 있었다. 성서에는 이스라엘 국가 건설 과정에 이들이 어떤 역할을 했는지 설명되지 않는다. 하지만 모세는 어쨌든 이들을 아울러 하나의 신앙공동체로 만들고자 하였다. 차츰 시간의 흐름에 따라 하나의 이스라엘 백성으로 통합하였다. 모세의 120년 삶 가운데 제3기 40년이 갖는 위대성이다.

히브리인들이 만든 신앙공동체의 핵심은 '나는 나 자신이다'라는 하나님식 명제다. 모세에 의해 전해진 이 독립적인 사고는 그들이 가나안에 정착하면서 문제에 봉착하게 된다. B.C. 11세기 즈음 고대 도시들은 국가라는 새로운 기구를 만들고 있었다. 도시지도자들이 그들을 대표하는 수장을 만들고 왕이라 칭하였다. 왕은 백성을 보호하고 먹고사는 문제를 해결하기 위해 노력하였다. 또 왕은 국가를 수호하기 위하여 적정한 군대를 조직하였으며 주변 국가들의 침입에 맞서 살아 남을수 있는 힘을 비축하였다. 그런데 히브리인들은 자신들이 거부하고 저항한 전제 왕정을 가나안 지역의 국가들로부터 모방할 수밖에 없었다. 왜냐하면, 그들을 선진이라고 생각하였기 때문이다. 사실 전제 왕정은 히브리인들이 추구하는 하나님의 신정국가와는 상반되며 이스라엘 공동체를 훼손하는 제도였다. 하지만 정부 조직과 국민을 보호하는 군대를 갖춘 팔레스타인 왕국, 곧 가나안 거주민 블레셋 민족과 싸우기 위해서는 임시적이더라도 왕 같은 지도자를 내세워야 하였다. 이런 지도자를 '멜렉'(melek)이라 불렀다. '아비멜렉'이 대표적인 인물이다.

멜렉은 히브리어로 '상의하는 사람, 충고를 받는 사람'이란 뜻이다. 히브리인들의 지도자는 절대 권력을 지닌 고대 근동의 통치자들과는 성격이 달랐다. 그들은 가나안에 정착하면서 당시 그곳에 먼저 살던 블레셋 사람들과 전쟁을 감행할 수밖에 없었다. 한편, 히브리인들의 민족 구성이 어떻게 되는지 자세히 알 수는 없다. 절대다수는 이스라엘 민족이었지만 이집트와 히타이트(헷)족과의 전쟁이 빈번하였던 점을 생각할 때 헷족이 다음으로 많은 잡족이었을 것으로 추정한다. 또 성경에 언급된 6개 가나안 족속 즉, 아모리, 헷, 브리스, 가나안, 히위, 여부스 사람 중 헷을 제외하고 일찍 포로가 되었던 사람들도 포함되었을 것으로 추측한다. 이들은 출애굽 과정과 40년 광야 체험을 통하여 여호와 하나님이 자신들도 얼마나 사랑하셨고 먹이시고 지키셨는지 경험으로 알게 되었다. 그리하여 이들 잡족들은 자기들의 본거지로 떠나지 않고 이스라엘 백성들과 동행하기를 희망하였다. 그래야 자신들이 살 수 있다는 사실을 깨달아 알게 되었다. 이는 40년 광야 생활 가운데 홍해와 마라와 및 신 광야, 므리바에서 여호와 하나님이 하신 일을 보면서 모세에게 반역할 수도 있었지만, 끝까지 하나님의 백성으로 남아 가나안까지 동행하기를 원하였다.

모세는 장인 이드로의 방문을 받고 그의 자문으로 재판을 담당하게 될 재판관과 무리를 이끌 십부장, 오십부장, 백부장, 천부장을 임명할 때도 이스라엘 민족만으로 편재를 꾸리지 않았다. 오직 능력에 따라 사람을 편재 사용하였다. 이는 왕정이 아니라도 적들과 대항하면서 하나님 나라를 이끌어 그곳의 주인 되게 한 중요한 요인이었다.

> 모세가 이스라엘 무리 중에서 능력 있는 사람들을 택하여 그들을 백성의 우두머리 곧 천부장과 백부장과 오십부장과 십부장을 삼으매 그들이 때를 따라 백성을 재판하되 어려운 일은 모세에게 가져오고 모든 작은 일은 스스로 재판하더라(출 18:25-26).

성서 본문에서는 "모세가 이스라엘 무리 중에서"라고 전제하고 있지만, 여기엔 출애굽을 함께한 모든 잡족까지 포함해서 지칭한 말이었다. 모세에게 중요한 것은 하나님의 백성 되기 위하여 함께한 사람들이 중요하지, 어떤 종족인가 하는 사실은 중요한 것이 아니었다. 그러므로 원활한 통솔과 인적 조직 편재를 위해서는 여호와 하나님에 관한 믿음과 순종이 중요할 뿐이었다. 능력에 따라 백성을 통솔할 수 있도록 하는 일이야말로 광야를 지나 가나안으로 입성하는데 적절하며 하나님이 바라시는 방법이었으리라 믿는다.

시내 산에서 하나님이 백성들에게 현현하실 때 모세는 하나님의 지시를 전하게 된다. 그때 하나님은 모세에게 "내가 빽빽한 구름 가운데서 네게 임함은 내가 너와 말하는 것을 백성들이 듣게 하며 또한 너를 영원히 믿게 하려 함이니라"고 하였다. 여호와 하나님의 모든 전달 내용은 모세를 통하여 이루어지며 출애굽 백성에 대한 호칭도 전부 "내 백성"이었다. 전혀 이스라엘 백성과 타 백성을 구분 짓지 않으셨다. 하나님 나라에 서는 절대 구분이 있을 수 없는 민족과 종족 개념이다. 앞 장에서 출애굽 은 제2의 에덴을 건설하려는 하나님의 계획이었음을 언급하였다. 에덴에 인간을 만드시고 그들을 축복하며 "생육하여 번성하고 땅에 충만하라"고 축복해 주었다. 출애굽 하며 똑같은 축복을 히브리 백성들에게 한 것은 새로운 나라의 건설이라는 의미도 있지만 새로운 나라에 들어가는 자는 누구나 하나님의 백성이 됨을 언급하신 것이다. 이 부분을 성서는 매우 의 미심장하게 다루고 있다.

> 세계가 다 내게 속하였나니 너희가 내 말을 잘 듣고 내 언약을 지키면 너 희는 모든 민족 중에서 내 소유가 되겠고 너희가 내게 대하여 제사장 나라 가 되며 거룩한 백성이 되리라 너는 이 말을 이스라엘 자손에게 전할지니 라(출 19:5-6).

세계가 다 여호와께 속하였으므로 세계 속에 사는 백성들은 다 하나님 의 백성이 된다는 뜻이다. 단지 언약 준행이 선결 조건이다. 하나님의 백 성이 제사장 나라가 된다는 뜻은 출애굽기 전체를 통하여 다루고 있듯이, 하나님에 대하여 어디서나 제사 즉 예배를 드려야 함을 말한다. 백성의 의 무이자 약속이다. 그리고 거룩한 백성은 '약속 백성'을 의미한다. 또는 '언 약 백성'으로 불린다. 이 약속은, 조상으로부터 가나안까지 때와 장소를 막론하고 적용되는 보편적 진리이다. 출애굽 당시에 함께 나온 잡족을 주 목하는 이유도 여기에 있다. 그들은 고대 근동 지방에 살던 이민족들이지 만 하나님의 백성으로 가나안에 입성하였고 여호와의 율법과 약속 현장 에도 함께 있었다. 여호와 신은 시공을 초월하는 존재이다. 그러므로 하나 님의 말씀을 듣고 언약을 지켰던 그들이나 이스라엘 국가 건설에 함께하였던 그들, 이스라엘의 분열과 멸망의 근저에 있었거나 지금도 하나님의 언약을 지키는 그들, 앞으로 언약을 지켜나갈 모든 백성들이 다 그들이 된다. 또 동일하게 지켜질 하나님 약속이다.

"하나님 소유가 되겠고 거룩한 백성이 되리라"는 미래형 시제를 사용한 이유를 신학과 성서적 해석이 아니더라도 이해할 수 있다. 여호와 신은 그의 현현과 형상, 사역과 약속을 언급할 때 반드시 후손들에게 기록하여 기억하게 하고 기념하게 하라 하셨다. 이는 여호와 신의 축복이 이스라엘 민족에게만 미치는 게 아님을 밝히는 중요한 선언이다. 출애굽기 전체를 통하여 여호와 하나님이 계획한 내용을 종합하면 '출애굽'이 중요한 것이 아니라 '입(入)가나안' 즉 '하나님 나라에 들어가는 것'이 중요한 사역(事役)이며 역사(歷史)라는 사실을 알게 된다. 이를 증명하는 성서 구절이 또 있다.

> 여호와께서 모세에게 이르시되 너는 이스라엘 자손에게 이같이 이르라 내가 하늘로부터 너희에게 말하는 것을 너희 스스로 보았으니 너희는 나를 비겨서 은으로나 금으로나 너희를 위하여 신상을 만들지 말고 내게 토단을 쌓고 그 위에 네 양과 소로 네 번제와 화목제를 드리라 내가 내 이름을 기념하게 하는 모든 곳에서 네게 임하여 북을 주리라(출 20:22-24).

"우상을 만들지 말며 하나님이 주신 산물로 제사를 드리고 여호와 하나님을 기념하는 모든 곳에서 신이 임하여 복을 주리라"고 약속하였다. "내 이름을 기념하게 하는 모든 곳"은 광야나 가나안만은 아닐 것이다. 출애굽기 내내 강조하는 여호와의 존재는 이스라엘 백성에게만 아니며 이스라엘 백성이 원하는 장소만도 아니었다. 심지어 바로의 마음까지 주장하여 스스로 깨닫고 여호와의 존재를 인정하게 한다거나, 바로의 마음을 완악(고)하게 하여 유일신의 존재적 위력을 깨닫게 하였다. 이는 바로와 애굽 백성들마저 여호와를 인정케 하기 위함이었다. 이와 같은 계획은 세계와 땅끝까지 하나님의 나라와 세계 모든 열방과 민족을 자신의 나라와 자신의 백성으로 만들기 위한 계획이며 약속(언약) 임을 천명한 것이었다.

출애굽 백성들이 시내 산에 도착하였을 때, 모세에게 이르시되 아론과 나답과 아비후와 이스라엘 장로 70명과 함께 여호와께 올라와 경배하게 하고 백성들은 올라오지 못하게 하였다. 여호와는 모세만 가까이 부르셨고 모세 또한 "여호와의 모든 말씀과 모든 율례를 백성에게 전하매 그들이 한 소리로 응답하여 이르되 여호와께서 말씀하신 모든 것을 우리가 준행하리이다"라고 응답하였다. 율법을 전하고, 준행한다는 것 이것이 모세와 백성이 할 일이었다. 성서의 이 부분을 서술어로만 정리하면 -전하다. -다짐하다, -기록하다 이다. 한 마디로 율법의 행위적 성격이 시제를 초월하여 표현되었다. 이런 성서의 기록을 통하여, 종의 신분 히브리인들을 하나님 나라 백성으로 만들어가는 과정이 때론 이적(異跡)으로, 때론 명령으로, 때론 가르침으로, 때론 돌판 기록으로 나열되고 있다.

성서 출애굽기의 기록은 여호와 신과 모세와의 만남을 특히 주목한다. 여호와 하나님을 직접 만난 사람도 그의 기운을 본 사람도 모세뿐이다. 그러므로 우리는 모세가 묘사한 대로 여호와를 기억할 뿐이다. 필자도 성서에서 가장 많은 사료로 인용하였듯이 모세가 그린 하나님을 이해하려고 노력하였다.

신과 인간의 만남은 다양한 Code로 읽히는 '상징의 만남'이라고 할 수 있다. 가령 정의가 아쉬워 만날 때는 정의의 신이고, 몸이 아플 때 만난 신은 치유의 신이다. 여호와 이레와 여호와 라파도 마찬가지다. 그러므로 신은 인간의 온갖 정황을 다 드러내면서 어떤 것이든 될 수 있는 존재였다. 그런데 인간 편에서 보면 이는 인간이 자기 뜻대로 신을 형상화하는 것과 다르지 않다는 것이다. 신의 이미지를 인간 스스로가 구축하고 있는 것이었다. 다시 말하면 신을 그렇게 '이해'한다기보다 그러한 신을 '요청'하고 '설정'한다. 또 설정해도 좋을 만큼 인간이 신을 만나려는 의도의 적극성을 보여 준 것이다. 그러므로 그런 신을 우리는 '사람다운' 신이라고 부를 수밖에 없다. 신과 인간의 소통이 '신적'이지 않고 결국 '인간적'이 되어버린 셈이다. 그렇다면 신을 절대적이고 보편적이며 무한하고 전지전능한 존재로 이해한 것도 인간이 신을 무한 해석 가능한 존재, 곧 상징적인 존재로 여긴 결과라고 할 수 있다. 한편, 신이 신적이기만을 주장하는 존재라면 그러한 신은 인간과는 아무런 상관이 없을 것이다. '사람다움이 없는 신'은 아득히 먼, 인간이 접근할 수 없는 곳에만 계신 '신다운 신'이거나 '공허한 존재'로만 머무를 수밖에 없을 테니까. 인간은 그런 신을 요청하지 않는다. 하지만 인간이 신을 기술할 때는 여전히 그를 초월적인 존재로 그릴 수밖에 없다. '신의 신다움'이란 의미다. 만약 그렇게 하지 않는다면 만남의 동기, 곧 자신의 문제를 풀기 위해서 자기를 넘어선 존재를 전재해야 한다는 논리를 스스로 부정하는 것이기 때문이다.[4]

그런데 인간은 신을 이러한 상징적인 존재로 만나면서도 막상 그를 만나면 그를 다양한 의미를 지닌 열린 존재로 놓아두지 않는다. 삶은 구체적이고 실제적이고 현실적이다. 신과 만나는 자신의 실존적 정황에 맞춰 신은 특정한 모습을 지닌 것으로 '선택'된다. 이것이 인간 신의 모습이다. 하지만 여호와 하나님은 선택되기 전에 스스로 찾아오셨다. 모세에게 찾아오신 신은 스스로 존재하는 신이었다.

모세는 성서 출애굽기를 통하여 자신이 만난 여호와 신을 묘사하고 있다. 어느 날 신이 먼저 찾아오셔서 모세를 부르시고 대화하고 가르치고 통

---

4   정진홍,『신 이야기』, EBS Books, 2022, 87-88. 인문학적 관점에서 인간과 신, 신의 신다움을 풀어놓았다. 모세의 여호와 하나님 이해를 인문학적으로 풀어보고자 하였다. 성서도 마찬가지다. 인문학적 신 이해는 출애굽기의 하나님을 이해하는 데 도움이 된다.

제하셨다. 여호와 하나님은 하늘에만 계시지 않았다. 인간을 찾아오셨고 만나고 동행하셨다. 그분의 지존하심이 워낙 크고도 높아 감히 접근조차 불가능한 존재였지만 상징(Code)으로 보이시고 '관계의 신'으로 자처하셨다. 히브리인들이 종살이 고통 속에서도 그렇게 찾았던 '야훼' 하나님은 소통으로 인간을 찾으셨다. 그래서 이런 하나님은 잃어버렸던 에덴을 다시 일으키고 나라를 세우고자 하는 일에 출애굽 한 히브리 백성을 사용하였다. 단 이들을 신의 나라 백성으로 만들기 위해서는 40년이란 시간이 필요하다고 보았다.

3) 언약과 약속

(1) 언약 Code

히브리 성서에서 인간에 대한 하나님의 관심을 표현하는 가장 포괄적이며 신학적인 개념은 '베리트'(berit)라는 낱말이다. 이는 독일어에서는 '언약'으로 번역되기도 한다. '쌍무성'의 성격을 내포하기도 하지만 기독교 신학에서는 인간에 대한 하나님의 특별한 관계를 잘 표현한 단어이다. 더 유념해야 하는 사실은 이 언약이 항상 하나님으로부터 시작되고 그의 주도권에 근거하고 있다는 점이다.[5]

언약과 약속은 동일한 뜻을 가진 언어로 이해하지만, 성서에는 특히 출애굽기에서는 성격이 다른 뜻으로 사용되고 있는 듯하다. 하나님과 이스라엘 백성 사이에 맺어진 계약 관계 즉 '언약 관계'는 하나님 나라가 새

---

5   렌토르프, 하경택 역,『구약정경 신학』(서울: 새물결프러스, 2012), 58-59.

롭게 시작하는 제2 경륜[6]에 이르러서야 비로소, '언약'이 '인격 당사자 간에 공적 관계를 합법적으로 맺는 것'이라는 의미로 사용되고 있다. 그런데 이 의미는 원리적으로는 하나님과 한 개인 사이의 관계가 아니라, 하나님과 인간 공동체 사이에 맺어진 관계를 말한다. 물론 개인이 "내가 하나님과 언약 관계를 맺었다"라고 표현할 수는 있지만, 근본적으로는 삼위일체 하나님과 우주적 인간 공동체가 맺은 언약 관계에 개인이 포함된 것에 불과하다.[7] '인격 당사자 간에 공적 관계를 합법적으로 맺은' '언약'은 창세기에서 보인 제1 경륜의 하나님에게서는 나타나지 않았다. 오직 제2 경륜 즉 출애굽기 때부터 사용하고 있다. 창세기의 하나님은 하나님의 일방적인 창조와 인간의 전적 타락이라는 시종을 보여 주었기에 '언약'은 의미가 없었다. 하지만 출애굽기에서 하나님과 인간은 새로운 하나님의 나라를 만들기 위한 '관계 맺기'부터 시작하였기에 이를 하나님의 제2 경륜이라고 하며 '언약 관계'로 설명한다.

언약 관계를 위해 여호와 신께서 준비한 자료는 십계명 율법이었다. 이는 언약을 유지 보전하기 위하여 돌판에 새겨 지성소 법궤에 보전케 했으며 언약의 주체인 하나님 자신으로 간주하였기에 언약궤로 불리고 있다. 족장언약, 시내 산 언약, 모압(세겜) 언약의 목적을 표를 통해서 보면 다음과 같다.

---

[6] '하나님의 경륜'이라고 할 때, 경륜이란 사전적 의미는 "일정한 포부 아래 어떤 일을 조직적으로 계획하는 것을 말한다. 하지만 성경적 의미는 하나님께서 모든 구속적 역사를 계획하시고 진행하시는 내용을 말한다. 본문에서도 하나님께서 인류를 구원하기 위하여 친히 일하시고 말씀하시고 이끄시며 가나안 하나님 나라에 들어가기까지 행하신 모든 사역을 통칭하여 사용하고 있다. 그리고 제1 경륜은 창조의 경륜을, 제2 경륜은 출애굽을 통하여 새로운 하나님 나라를 만들기 위한 계획을 지칭한다.

[7] 송제근, 『아주 오래된 날마다 새로운 구약성경 이야기』, 언약 나라, 2017, 77-78.

<표5-10> 언약과 하나님 나라 성취 목적[8]

언약들	성서의 기록	하나님 나라의 성취된 목적
족장언약	창세기	'씨'와 '땅'의 준비
시내 산 언약	출애굽기, 레위기, 민수기	'씨'의 완성
모압(세겜) 언약	신명기	'땅'의 완성

여호와 하나님은 성서 출애굽기 19장에서 이스라엘 백성이 애굽을 떠난 지 3개월 자신의 언약 관계를 위해 강림, 초청하시고 24장 1절부터 8절에 걸쳐 그 언약을 공식적으로(피를 뿌려) 확증하셨다.

또 모세에게 이르시되 너는 아론과 나답과 아비후와 이스라엘 장로 70명과 함께 여호와께로 올라와 멀리서 경배하고 너 모세만 여호와께 가까이 나아오고 그들은 가까이 나아오지 말며 백성은 너와 함께 올라오지 말지니라 모세가 와서 여호와의 모든 말씀과 그의 모든 율례를 백성에게 전하매 그들이 한 소리로 응답하여 이르되 여호와께서 말씀하신 모든 것을 우리가 준행하리이다. 모세가 여호와의 모든 말씀을 기록하고 이른 아침에 일어나 산 아래에 제단을 쌓고 이스라엘 12지파대로 12 기둥을 세우고 이스라엘 자손의 청년들을 보내어 여호와께 소제로 번제와 화목제를 드리게 하고 모세가 피를 가지고 반은 여러 양푼에 담고 반은 제단에 뿌리고 언약서를 가져다가 백성에게 낭독하여 듣게 하니 그들이 이르되 여호와의 모든 말씀을 우리가 준행하리이다. 모세가 그 피를 가지고 백성에게 뿌리며 이르되 이는 여호와께서 이 모든 말씀에 대하여 너희와 세우신 언약의 피니라(출 24:1-8).

---

[8] 위의 책, 79.

이 언약 관계가 체결될 때 증인으로 참여한 면면을 보면 아론, 나답과 아비후, 70명의 장로이며 모세가 백성의 대표로 여호와의 말씀을 직접 기록하여 백성에게 전하였다. 그러자 백성들도 한 목소리로 "여호와의 모든 말씀과 율례를 우리가 준행하겠습니다"라고 외쳤다. 그리고 그 증거로 소제인 번제와 화목제를 드리고 제물의 피를 뿌려 어기지 않을 것을 맹세하였다. 그야말로 피로 맹세한 것이다. 이 피를 '언약의 피'라고 하였다. 제사를 드린다는 것은 고대 이스라엘 백성들에게 있어 신에 대한 경외감과 순종의 의미를 담고 있으며 결단코 맹세를 어기지 않겠다는 혈맹의 의미를 내포하고 있다. 이 피를 희생 제물로만 보지 않고 생명과 바꿀 수 있는 전환을 의미하며 '언약'이란 여호와 하나님과 출애굽 백성 사이에 맺어진 그야말로 '의무 조항의 수용'을 뜻한다.

이스라엘 백성들에게 있어 '언약'은 단순한 약속이나 계약보다 더 진한 '혈맹'을 뜻하고 있다. 쌍무계약보다 백성에게 '의무의 실천과 축복'이란 신적 통치와 구원이란 '보장성 보험'을 드는 것과 같은 계약이었다. 이 언약 자체가 이스라엘을 하나님의 백성으로 이끄는 것은 아니다. 그들은 출애굽 한 순간부터 이미 하나님의 백성이었다(예 3:7, 10 5:1). 언약 이행만이 여호와 하나님과 이스라엘(인간)을 결속시키고 더욱 친밀한 관계로 인도하신다. 아울러 구체적으로 하나님 나라 백성들에게 주는 축복 또는 특권으로 '하나님의 소유', '제사장의 나라' '거룩한 백성' 즉 소유와 나라와 백성이 되게 해 주셨다.

출애굽 한 백성들이 시내 광야에 도착한 것은 세 번째 달이었다. 그리고 그들은 둘째 해 둘째 달 스무날까지 시내 광야를 떠나지 않았다(민 10:11). 약 1년 동안 무슨 일이 일어났을까? 성서를 통하여 한 가지 명확히 알 수 있는 사실은 이곳에 하나님의 현현 또는 신현(theophany)이 있었고 십계명 율법으로 나타나셨으며, 백성들의 배신과 모세의 분노 사건이 있었다. 그럼에도 이 언약은 깨지지 않았고 여호와 신의 관용으로 재확립되었다. 또 언약 조항이라고 하는 다양한 율법을 내려 주었다. 이는 '문자로 나타난 하나님'이다. 여호와 신은 한번 택한 언약 백성들을 관용으로 다스리신가는 것을 보여 주신 장면이다. 결국, 이스라엘 백성은 거룩을 이루어 하나님의 선하신 은혜를 입고[9] 가나안을 지향하게 되었다.

성서 출애굽기에는 재미있는 하나의 내러티브나 원칙을 제공한다. 성서를 역사 자료로 생각하고 유물을 발굴하듯이 하나하나 찬찬히 살펴보면 재미있는 법칙(Code)을 발견할 수 있다. 이스라엘 백성들은 애굽을 떠나 가나안으로 들어가기까지 가다 섰다를 반복하였다. 이를 단계별로 나누어 보면 다음과 같다.

<표5-10> 출애굽 백성들의 이동원칙과 사건 개요

	1차 이동	1차 멈춤	2차 이동	2차 멈춤
위치와 경로	출애굽에서 시내산 광야까지	시내 산과 시내 광야	가나안으로 행진과 가데스 바네아	가나안 동편 모압 평원
주요 사건 언약	마라, 신 광야, 르비딤 사건	시내산 언약의 수용과 금송아지 사건	가데스 바네아 사건	모압 언약

하나님께서는 이스라엘 백성들이 이동 가운데 있을 때는 동행하여 사역하시고, 군중이 멈추었을 때만 언약을 내리셨다. 이 언약은 율법이 되고 하나님 존위의 상징적 이미지가 되었다. 또 이 언약은 인간과 하나님 사이의 영원한 약속이 되었으며 단순한 약속이 아니라 구원의 쟁취라는 '구속사적 언약'이 되었다. 그러므로 굳이 성서에서 언약이라 언급하는 것은 '인류 구원을 염두에 둔 연속성을 전제로' 하기에 한 말이었다.

송제근 교수의 다음 언급은 상당히 주목할만하다.

9　빅터 P. 해밀턴, 박영호 역,『출애굽기』, 솔로몬, 2017, 486.

즉 하나의 국가나 절대 군주가 주변의 국가나 왕과 맺은 약속은 '조약'이며 약속의 국가적 요식이다. 하지만 성서의 언약은 하나님과 출애굽 백성 또는 하나님과 피조된 인간의 관계 형성을 의미하는 것이므로 언약은 상호 동등 또는 계약 관계가 아니었다. 창조와 신앙을 전제로 한 본질이었다. 구약성서에서 가장 근본적인 언약은 세 가지로 '족장언약' '시내 산 언약' '모암(세겜) 언약'이다. 모두 오경에 언급되었다. 오경 이후에 표현된 언약들은 모두 이 근본 언약들을 적용한 것에 불과하다. 이 근본적 목적은 하나님 나라를 이 땅에서 이루기 위한 '명백한 목적'을 달성하기 위함이었다.

아브라함(족장) 언약

아브라함을 불러내심으로 하나님 나라를 새롭게 출발하시려는 하나님은 아브라함을 비롯한 족장들과 언약을 맺음으로 제2 경륜의 문을 여셨다. 그런데 이 '족장언약'은 언약 당사자 쌍방의 균형이 잘 맞지 않았다. 그 이유는 창조주이신 하나님과 피조물인 족장들 사이에서 맺은 것이기 때문이다. 하지만 족장언약에서 족장들은 하나님과의 언약 관계를 시작하

---

10 송제근, 위의 책, 78.

는 존재로서 꼭 필요했던 사람들이다. 이들이 없으면 언약의 당사자인 이스라엘 민족의 씨가 사라지기 때문이다. 이 족장언약은 본격적인 하나님 나라가 우주와 역사 속에 성취되는 일에 있어 예비적 성격을 띤다고 할 수 있다. 여호와 하나님은 이스라엘 민족이 새로운 나라의 언약 파트너가 되기까지 기다리셨고 인도하셨고 훈련시켰다.

하나님 나라를 위한 땅은 약속으로만 주어졌지 족장들의 손에는 실제로 한 뼘의 땅도 주어지지 않았으므로 족장언약은 '잠정적 언약'이라고 할 수밖에 없었다.[11] 이 약속의 원천을 소망으로 믿었기에 하나의 씨가 되었고, 이스라엘 백성들이 애굽에서 종살이할 때도 이 소망을 믿고 기다려 왔다. 아울러 야훼 하나님이 모세에게 나타나 그에게 사명을 말씀하실 때도, 자신을 소개할 때도, 이 씨에 근거한 믿음의 조상들과 맺었던 약속을 배경으로 장차 이어질 '율법 언약' 즉 '시내 산 언약'을 준비할 수 있었다.

다시 말하면 본 언약의 '준비 언약' 또는 '예비 언약'의 성격을 띤 것이 '아브라함 언약'이었다. 이 아브라함 언약은 본 언약의 등장과 함께 소멸 시효를 다 하는 것이 아니라 하나의 연속성 위에서 '하나님 나라의 역사'로 연결되어진다. 언약은 1:1의 상호 평등 관계로 이루어진 약속이 아니라 하나님의 전적인 뜻과 계획에 따라 이루어진 것이기에 반드시 그분의 뜻이 반영되어야만 하였다. 아브라함-이삭-야곱-요셉으로 이어진 '예비 언약' 당사자들은 일반화된 원칙이 없다. 즉 장남도 아니고 정직하지도 않았으며 순종도 아니었다. 오직 하나님의 계획만 있을 뿐이었다. 인간다움이 배제된 가운데 오직 하나님의 경륜 계획만 있을 뿐이었다. 하나님 나라의 백성과 하나님 나라의 영토(가나안)를 준비하셨고 이를 약속하였다. 이제 필요한 것은 질서를 유지하기 위한 법이 있어야 한다. 그래야 나라 성립의

---

11 송제근, 위의 책, 80.

요소가 완비된다.

출애굽 사건과 십계명으로 이루어지는 하나님의 제2 경륜은 가나안이란 예비된 땅에 들어가는 것으로 완성되었다. '아브라함 언약'은 여호와가 아브라함에게 약속하였던 '복의 근원'이 되며 모든 '민족의 기원'이 될 것을 약속한 인간과 맺은 언약의 시작이었기에 이 '기초언약'은 모든 아브라함을 조상으로 받드는 민족 종교의 시원(씨)이 되었다. 그러므로 유대교나 기독교 심지어 이슬람교도 십계명의 기본원칙은 유사한 종교법으로 준수되고 있다.

> 내가 너로 큰 민족을 이루고 네게 복을 주어 네 이름을 창대하게 하리니 너는 복이 될지라 너를 축복하는 자에게는 내가 복을 내리고 너를 저주하는 자에게는 내가 저주하리니 땅의 모든 족속이 너로 말미암아 복을 얻을 것이라(창 12:2-3).

시내 산 언약

"땅의 모든 족속이 너로 말미암아" 기원이 되고, 삶의 가치가 변화된다는 나라와 민족의 씨가 된다는 기초언약은 유태교, 기독교, 이슬람교 모두 신앙의 뿌리가 되었다. 그런데 기초언약 또는 예비 언약은 동일할 수 있지만 '시내 산 언약'은 오직 이스라엘 백성들과만 맺은 '축복 언약'이며 '구별된 언약'이었다. 언약이 완성되기 위해서는 가나안 땅에 들어가서 하나님 나라를 만드는 것으로 완결되겠지만 아브라함과 맺은 축복의 씨는 출애굽 사건을 통하여 현장감 있게 발아하여 봉오리를 맺었다. 여호와는 자기 백성들이 좀 더 자신의 뜻에 부합하는 백성들이 되기를 원하였지만 시내 산 언약을 체결한 뒤에도 자신을 실망시켰다. '구별된 언약'으로 언약의 완결을 보고자 하였지만, 노예근성에 젖은 이스라엘 백성들은 관념의 신을 역사 속에서 체험했으면서도 언약의 제1계명마저 실천하지 못하였다. 십계명은 시내 산 언약의 축약된 '헌법 전문'과 같은 것이다. 그러므로 언약의 총체적 완성을 위해서라면 먼저 '전문'(前文)이라도 외우고 실천해야만 하였다. 마치 민주주의를 배우던 중고 시절 민주주의 헌법을 이해하지 못했더라도 '전문'은 외웠던 것처럼, 그런데 출애굽 백성들은 '전문'도 외우지 않고 모세가 추가 언약법을 받으러 간 사이 우상을 만들어 여호와 신을 노엽게 만들었다. 모세도 노하여 돌판 십계명을 던져 깨버렸다. 모세의 행위는 매우 지능적인 분노표출이었다. 여호와 신은 언약의 내용대로 출애굽 백성을 멸절하려 하였으나 모세의 중재로 주동자 일부만 정죄하는 것으로 마무리하였다.

여호와 신과 백성들은 '회복 언약'을 위하여 다시 언약법 십계명을 수립하였으며 이를 공고히 하기 위한, 또 신에게 제사하기 위한 '성막, 회막'과 '제사법'까지 완성하였다. 그리고 가나안까지 신과의 약속을 잊지 않기 위하여 이동식 성막을 만들고 법궤를 만들었다. 이는 여호와 신의 증거와 함께 이동한 것으로 신에 대한 인간 신앙의 최고 존경을 표현한 행위였다.

> 그 때에 여호와께서 내게 이르시기를 너는 처음과 같은 두 돌판을 다듬어 가지고 산에 올라 네게로 나아오고 또 나무궤 하나를 만들라 네가 깨뜨린 처음 판에 쓴 말을 내가 그 판에 쓰리니 너는 그것을 그 궤에 넣으라 하시기로(신 10:1-2).

하지만 '언약의 완성'은 인간의 불순종과 미성숙으로 인하여 시내 산 언약 당사자들에게서가 아니라 새로 태어난, 노예 생활을 경험치 않은 자유인 2세대들에게서 완성케 하였다. 그리하여 장차 체결될 '모압 언약'으로 하나님 나라는 완성되었다. 이로써 주권과 백성과 영토(땅)가 마련된 신정정치 이스라엘이 성립된 셈이다.

모압(세겜) 언약

이른바 약속된 땅에 들어가 새롭게 체결된 언약을 '모압'(세겜) 언약이라고 한다. 이로써 약속 백성과 하나님 사이에 체결된 언약의 완성이 이루어졌다. 이를 '하나님 나라 땅의 완성'이라고 설명하기도 한다.[12] 앞서도 언급하였지만 시내 산 언약은 여호와 하나님이 이스라엘 믿음의 조상 아브라함, 이삭, 야곱과 맺은 기초언약이 완결되는 목적으로 주어진 것이었다. 하지만 이스라엘 백성의 배신으로 파기되고 새로운 시내 산 언약으로 씨의 언약이 재수립되게 되었다. 그리하여 확실한 동행과 순종을 위하여 '성막' 규정이 제시되었고 법궤를 준비하게 하였다. 하나님 나라를 완성하기 위한 준비로 '하나님의 주권', 자유를 되찾은 이스라엘 백성과 영토 곧 가나안 땅이 필요하였다. 그리고 국가를 유지하기 위한 필수 조건인 헌법 이외 법률이 필요하였기에 시내 산 법률보다 세밀한 모압 언약이 필요했던 것이다. 출애굽과 광야 행진의 궁극적 목적이 가나안 땅에 들어가는 것이었고 들어가서는 하나님 나라로서 인간 세상에서 보는 형식적 요소가 필요하기도 하였다. 그것이 모압 법률이었다. 이는 시내 산 언약과 전혀 다른 새로운 법이 아니라 시내 산 언약과 법에 세밀한 조항을 추가 적용한 내용이었다. 특이한 점은 '불순종에 관한 법'과 '이스라엘이 차지한 아름다운 땅'에 대한 언급이 추가되었다.

내가 오늘 명하는 모든 명령을 너희는 지켜 행하라 그리하면 너희가 살고 번성하고 여호와께서 너희의 조상들에게 맹세하신 땅에 들어가서 그것을

---

12 송제근, 위의 책, 86.

차지하리라 네 하나님 여호와께서 이 40년 동안에 네게 광야 길을 걷게 하신 것을 기억하라 이는 너를 낮추시며 너를 시험하사 네 마음이 어떠한 지 그 명령을 지키는지 지키지 않는지 알려 하심이라(신 8:1-2).

이 말씀 속에 언약에 필요한 요소들이 들어있다. "명령을 지켜 행하라", "조상들에게 맹세한 땅을 차지하리라", "40년 광야 길 걷게 하신 것", "명령을 지키는지 지키지 않는지 너를 시험하사", 간단히 여호와의 명령, 조상, 땅, 광야 40년, 시험 다섯 단어로 압축할 수 있다. 여기에도 '땅'이 언급된다. 그러므로 모압 언약은 땅과 떼어서 설명할 수 없다. 이스라엘의 역사를 이야기할 때 이 다섯 가지 단어를 사용하지 않을 수 없으며 역사의 동인이기도 하다. 하나의 원칙이 출애굽 순간부터 가나안에 정착할 때까지 동일하게 적용되었다. 그것은 여호와 명령, 조상, 땅, 광야 40년, 시험이란 역사 속 5가지 단계를 거쳐 이루어진 '언약의 결과를 역사로 기억해야 할 것' 임을 가르쳐 주고 있다.

이처럼 출애굽 백성 곧 하나님 나라 백성이 되려고 하는 민족에게 역사는 일관되게 지속되고 있음을 발견할 수 있다. 가나안을 목전에 두고 하신 여호와 하나님의 가르침은 이를 잘 설명한다.

내가 오늘 네게 명하는 **여호와의 명령**과 법도와 조례를 지키지 아니하고 네 하나님 여호와를 잊어버리지 않도록 삼갈지어다. 네가 먹어서 배부르고 아름다운 집을 짓고 거주하게 되며 또 네 소와 양이 번성하며 네 은금이 증식되며 네 소유가 다 풍부하게 될 때에 네 마음이 교만하여 네 하나님 여호와를 잊어버릴까 염려하노라 여호와는 너를 애굽 땅 종 되었던 집에서 이끌어내시고 너를 인도하여 그 광대하고 **위험한 광야** 곧 불뱀과 전갈이 있고 물이 없는 건조한 땅을 지나게 하셨으며 또 너를 위하여 **단단한**

반석에서 물을 내셨으며 네 조상들도 알지 못하던 만나를 광야에서 네게 먹이셨나니 이는 다 너를 낮추시며 너를 시험하사 마침내 네게 복을 주려 하심이었느니라- 네 하나님 **여호와를 기억하라**(신 8:11-16, 18上).

이처럼 모압(세겜) 언약은 여호와의 명령이 이루어진 땅에서 조상들에게 약속하였던 축복을 광야에서 조상들도 알지 못하였던 방식으로 시험하여 이루어 주시고자 만드신 법이었다. 그러므로 백성들은 여호와를 기억해야 할 의무가 생겼다. 과거와 현재와 미래의 역사적 과업과 상징이 이루어진 것이다. 모압 언약 가운데 주목할 법이 있다. 안식년 규정이나 전쟁과 관련된 법이다. 그리고 이방인과 관련된 땅의 문제가 등장한다. 이는 약속한 땅 가나안에 들어가 하나님의 나라를 만들고 하나님 나라의 백성이 되었기에 이루어질 수 있는 다양한 법을 가르치기 위함이었다. 나아가 여호와 하나님께서 만들고자 하셨던 제2의 에덴 즉 하나님의 나라가 영원히 지속되도록 하기 위함이었다. 그리고 그 방법은 이웃과 더불어 평화하는 것이었다.

출애굽기를 연구하면서 가진 역사학적 접근법은 끊임없는 물음과 이에 대한 답을 찾아가는 과정이라고 밝혔다. 야훼 하나님이 애굽에서 자기가 선택한 자신의 백성들을 찾으셨고 그들의 탄식을 들으셨고 직접 인도해 내셨다. 이 모든 과정을 자신의 방식으로 이루시면서 자신은 "스스로 존재하는 이"라고 명백히 밝혔다. 그리고 자신만이 처음부터 존재한 신(God)임을 누누이 밝혔다. 그러므로 이 모든 과정이 일관된 계획(Schedule)에 따라 이루어졌음을 가르치고 있다. 그것이 바로 언약이다. 각각의 특성이 있지만 앞서 살펴본 가나안 정착까지 조상, 광야, 땅으로 대표되는 목표는 '아브라함 언약' '시내 산 언약' '모압 언약'의 공통된 핵심이었다. 그리고 방향성 있는 지침이었고 법이며 살아가는 방편이었다. 인간은 이를 기억해야 한다. 그것이 하나님의 백성으로 사는 길이고 역사이다. 한마디로 출애굽기의 역사는 야훼 하나님의 정체성이 인간 삶의 노정 가운데 현실로 드러난 책이며, 하나님과 인간의 계약이 문서로 공증된 책이었다. 과거 하나님이 만드신 그의 나라 에덴은 자신의 일방적인 창조로 주어졌다. 그런데 '계약 일방'인 피조 인간은 창조의 축복을 이해하지 못하고 순종만 있으면 되는 특권을 스스로 차버리고 그 나라에서 쫓겨나고 말았다. 하지만 죄와 벌 속에서 살아가던 인간을 다시 자기 백성으로 삼고자 언약 법을 통해 '상호 계약 당사자'로 참여하게 하였다. 또한, 책임지도록 하였다. 그리하여 가나안에 하나님 나라를 만들고 그의 백성으로 살아가도록 특권을 즈신 하나님은, 대신 **책임 백성**으로 살아갈 의무도 주었다. 그것이 **성막 규정**이며 지금까지 지켜나가는 우리의 **교회와 예배**이다. 그러므로 **교회와 예배**는 언약 법이란 큰 틀 속에서 이뤄지고 있다. 이것이 **하나님과 인간관계의 역사**, 역사의 흐름이다. 한 마디로 출애굽기서는 하나님의 제2 경륜 속에 이 관계의 역사를 알고 이해하도록 가르친 책이었다.

(2) 약속

출애굽기의 시작 부분에서 기자는 아무런 설명도 없이 창세기의 족장과 맺은 '약속'을 꺼내 기록하고 있다(출 2:24-25, 3:7, 3:10). 하나님은 이를 근거로 히브리 백성들을 '나의 백성'이라고 부르며 그들을 가나안 땅으로 인도할 것임을 선포하셨다. 그러므로 창세기의 족장 신앙과 출애굽 신앙의 연결고리가 확보된 것이다. 기억해야 할 출애굽기의 말씀은 다음과 같다.

> 하나님이 그들의 고통 소리를 들으시고 하나님이 아브라함과 이삭과 야곱에게 세운 그의 언약을 기억하사 하나님이 이스라엘 자손을 돌보셨고

하나님이 그들을 기억하셨더라(출 2:24).

여호와께서 이르시되 내가 애굽에 있는 내 백성의 고통을 분명히 보고 그들이 그들의 감독자로 말미암아 부르짖음을 듣고 그 근심을 알고(출 3:7).

이제 내가 너를 바로에게 보내어 너에게 내 백성 이스라엘 자손을 애굽에서 인도하여 내게 하리라(출 3:10).

세 군데 말씀을 연결지어 보면 하나의 서사 구조가 완성된다. 2장 24-25절의 말씀은 이스라엘 백성을 구원할 동기에 해당되며, 3장 7절은 이유, 3장 10절은 목적이 된다. 또는 서론 본론 결론에 해당 된다고 볼 수 있다.

"약속을 기억하여 그 근심을 알고 이스라엘 백성들을 인도하여 내려 하시니라."

한 마디로 약속의 목적이 이스라엘 백성을 애굽에서 인도하여 내겠다는 사실이다. 앞서도 언급하였듯이 이는 여호와 하나님의 인류 구원에 대한 표상으로 설명될 수 있다. 여호와 하나님이 인간과 맺은 약속이 언약이 될 수밖에 없었던 이유는 계약에 근거하여 문서를 만들었고 이를 법이라는 이름으로 지키게 하였기 때문이었다. 물론 여호와 신도 이를 언약이라고 지칭하였다. 이 언약은 신과 인간의 동등한 입장에 의해 이루어졌다기보다 여호와 신의 일방적인 의도에 의하여 이루어졌다.

창세기에서 인간과 맺은 약속은 계약이 아닌 전적인 구두 약속이었다. 이는 인간 편에서 이행 여부를 따질 수 없는 일종의 축복이었다. 그러므로 실현이 되지 않았다고 하더라도 받아들일 수밖에 없는 내용이었다. 하지만 여호와 신은 이 약속을 결코, 잊지 않았고 처음부터 인간의 역사 속에서 성취를 염두에 두고 있었다. 왜냐하면, 이는 구속사의 한 줄기로 처음부터 계획한 과정이었기 때문이다.

성서학적으로 또 신학적으로는 언약과 약속을 구분 지어 설명하려 하고 있다. 결론은 법이다. 법의 원칙은 강제성이다. 여호와 신이 아브라함을 선택하여 종족과 민족의 조상, 종교의 출발점으로 삼았다. 또한, 그 자손으로 '택한 백성' 삼으셨으며 이스라엘 나라와의 출발점으로 삼은 것은 법이 적용되는 나라의 건설이라는 목적 때문이었다. 그리하여 출애굽기에 조상의 족보가 언급되었으며 이들과의 약속을 기억하여 '내 백성' 삼았음을 목적어로 설정하였다. 그러므로 '내 백성으로 삼는다'는 것은 일종의 직접목적어가 되고 '인도하여 낸다'는 것은 간접목적어에 해당한다. 이를 위한 기초는 '약속'이었다.

애초에 아브라함에게 약속하지 않았다면 장대한 출애굽기의 역사도 일어나지 않았을 것이다. 소위 아브라함 종교는 모두 약속의 종교라 할 수 있다. 유태교, 기독교, 심지어 이슬람 종교도 약속의 종교다. 구원과 구제라는 측면에서 모든 종교가 약속의 종교라고 할 수 있지만, 구약과 신약의 성서에 근거한 유대교와 기독교는 '약속'의 의미가 특별하다. 이는 약속이 구원의 줄기며 시제를 초월한 여호와 하나님의 계획으로 설명될 수 있기 때문이다. 성서의 약속은 여호와 신에 의해서, 신을 대리한 선지자들에 의해서, 구속자 예수 그리스도에 의해서, 그리고 그의 제자들에 의해서 끊임없이 언급되었다. 종래에는 새 하늘과 새 땅이라는 미래 종말론적 소망에 이르기까지 언급되었다.

야곱과 함께 각각 자기 가족을 데리고 애굽에 이른 이스라엘 아들들의 이름은 이러하니 르우벤과 시므온과 레위와 유다와 잇사갈과 스불론과 베냐민과 단과 납달리와 갓과 아셀이요 야곱의 허리에서 나온 사람이 모두 칠십이요 요셉은 애굽에 있었더라 요셉과 그의 모든 형제와 그 시대의 사

람은 다 죽었고 이스라엘 자손은 생육하고 불어나 번성하고 매우 강하여
온 땅에 가득하게 되었더라(출 1:1-7).

출애굽기의 시작이다. 야곱과 12 아들 그리고 야곱의 허리에서 나온 사
람의 숫자가 70명에서 생육하고 번성하고 매우 강하여 온 땅에 가득하게
되었다고 성서에 기록되어 있다. 시작이지만 이는 여호와 하나님의 '약속
의 영원성'을 구체적으로 보여 준 대목이다. 야곱(이스라엘)의 후손들이
번성하게 된 기간은 430년 정도이다. 이 기간 동안 야곱의 후손이 이민자
신분에서 노예로 전락하여 살면서도 생육하고 번성한 것은 그냥 저절로
된 것이 아니었다. 야훼 신의 특별한 보호하심이 없었으면 불가능했을 것
이라고 믿는 것이 이스라엘 민족의 믿음이었다. 하지만 이를 깨닫게 된 계
기가 출애굽과 광야 40년 행진을 통해서였다.

다시 말하면 인식에서 체험으로, 유전적 믿음에서 고백적 믿음으로 바
뀌게 되었다. 그리고 이 믿음은 광야에서 끝난 것이 아니라 약속의 땅에
들어갈 때까지, 나아가 이스라엘과 그 나라가 영원할 때까지 지속되리라
믿고 있다.

성서를 관통해 볼 때 하나님의 약속과 그 시제는 제한적 시제가 아님을
알게 된다. 창세기에 이어 연결된 출애굽기의 시작은 마치 선언처럼 분명
한 메시지를 던진다. 야곱과 12지파 아들의 이름이 창세기에 이어 다시 소
개되고 에덴에서 인간에게 내린 축복이 언급된 것은 짧지만 선언문이 가
지는 상징성이 크기 때문이다. 이는 여호와 신의 약속이 지니는 역사성과
영원성을 동시에 보여 준다. 그러므로 이 약속은 창세로부터 흘러 출애굽
시대를 지나고 가나안을 거쳐 오늘에 이르기까지 유효하다. 나아가 이 약
속은 유일신 여호와 하나님, 곧 창조주와 인간이 맺은 불변의 약속으로
시대를 초월함을 보여 주고 있다. 마치 인간의 기본권과 같은 것이라면 언

약은 기본권을 유지하기 위한 의무와 같은 것임을 알 수 있다. 출애굽기를 통하여 본 여호와 하나님과 인간 사이에 맺어진 약속은 인간의 역사와 함께 존립한다는 것을 강조하고 있다. 그러므로 출애굽기에서 히브리 민족이 체험한 하나님은 한정된 민족과 시간으로 국한 지울 수 없는 역사 속의 하나님이라는 사실을 말해준다.

> 하나님이 그들의 고통 소리를 들으시고 하나님이 아브라함과 이삭과 야곱에게 세운 그의 언약을 기억하사 하나님이 이스라엘 자손을 돌보셨고 하나님이 그들을 기억하셨더라(출 2:24-25).

"하나님이 그들을 기억하셨다."

가장 단순한 3인칭의 이 서술이 하나님과 이스라엘 민족과의 관계를 설명한다. 왜 무엇 때문에 야곱(이스라엘)의 후손을 기억한다고 하였을까? 기억의 내용은 무엇일까? 그것은 창세기에서 아담과 하와 곧 인간에게 내린 축복의 약속이다.

> 하나님이 그들에게 복을 주시며 하나님이 그들에게 이르시되 생육하고 번성하여 땅에 충만하라, 땅을 정복하라, 바다의 물고기와 하늘의 새와 땅에 움직이는 모든 생물을 다스리라 하시니라(창 1:28).

이것이다. 야훼 하나님은 창세기에서 최초의 인간에게 하신 약속을 창세기 내내 지키셨고 출애굽기에 와서 시작과 더불어 이를 기억하셨다. 즉 창세기와 출애굽기는 하나의 서사를 둘로 나눈 2부작 책이라 볼 수 있다.

"언약을 기억하셨다."

이 언약은 창세부터 맺은 인간과의 약속이었고 기본적인 관계 맺음이었다. 이 관계 맺음으로 영속할 것 같던 하나님과 인간의 관계는 인간이 스스로 파기함으로 끊어진 줄 알았다. 하지만 신은 스스로 떠난 인간이 또 스스로 깨닫고 돌아오기를 기다리셨다.[13] 하지만 욕심과 무지로 인하여 가까이 오지 못한 인간을, 그것도 아브라함을 어여삐 보신 하나님은 그 민족을 통하여, 자신의 힘과 능력을 보이고 깨우쳐 주기를 계획하셨다. 그러므로 여호와 하나님의 구원 계획은 목적이 인간이며 시범적으로 선택된 인간이 이스라엘 백성이었다. 출애굽기의 시작을 알린 언약은 과거 하나님이 인간에게 한 약속의 연장이며 그 유효성이 무한한 것은 여호와의 시제로 확인할 수 있다.

'약속'은 출애굽기의 '언약'과 구별된다. 앞서 본 언약이 약속을 증명할 문서화된 헌법이라면 약속은 이행을 전제로 한 사회화된 규범이다. 이 약속은 확인할 수 있는 법이 아니라 부모와 자식의 관계처럼 일방적으로 주어진 도리와 같은 것이었다.

> 하나님이 또 모세에게 이르시되 너는 이스라엘 자손에게 이같이 이르기를 너희 조상의 하나님 여호와 곧 아브라함의 하나님, 이삭의 하나님, 야곱의 하나님께서 나를 너희에게 보내셨다 하라 이는 나의 영원한 이름이요 대대로 기억할 나의 칭호니라(출 3:15)[14]

---

[13] 이를 비유적으로 잘 설명하고 있는 내용이 신약 시대 예수께서 말씀하신 '탕자의 비유'이다. 여기서 아버지는 스스로 떠난 탕자 아들을 하루도 잊지 않고 기다리셨다. 그리고 환대하였다.

[14] 대한성서공회,『개역개정판 성경전서』, 2005, 4판.

이 부분의 말씀을 히브리어 원문 직역 성서는 다음과 같이 기술하고 있다.

하나님께서 다시 모쉐에게 말씀하셨다. "이렇게 너는 이스라엘 자손에게 말하여라 '여호와 너희 조상의 하나님', 곧 아브라함의 하나님, 이쯔학의 하나님, 야아콥의 하나님께서 너희에게 나를 보내셨다. 이것이 영원한 내 이름이며, 이것이 대대로 내 기억이다(이름들 3:15)."[15]

한글 개역 개정판 성서는 조상 아브라함, 이삭, 야곱의 하나님이 영원한 하나님의 이름이며 대대로 기억할 칭호라고 못 박는다. 이름이 곧 칭호이니 조상과 맺은 약속의 당사자가 하나님임을 강조한다. 그런데 히브리어 성경 원문은 "이것이 대대로 이름이며 내 기억이다"라고 하여 기억에 강한 방점을 찍는다. 기억이 왜 칭호가 되었을까? 한글 개역 개정판은 번역의 큰 오류라고 생각한다. 하나님 자신이 화자이기에 스스로가 필요에 의한 사실을 가르치면서 자신의 칭호(이름)를 재차 확인시키는 것은 아무래도 어색하다. 하지만 모세에게만 가르쳐주었던 이름을 다시 모세를 통하여 이스라엘 백성에게도 가르치기 위해 이런 전달 방법을 사용하였다고 본다 개역 개정판 번역문장에서는 또한, 자신을 들먹인 이유(목적)가 빠졌다. 목적어는 기억이다. 즉 이스라엘 조상의 하나님 자신과 '기억'은 동일시된다. 그리고 기억의 내용은 무엇인가? 바로 '약속'이다. 다시 말하면 하나님은 이스라엘과 맺은 약속을 기억하고 있다는 뜻이다. 그래야 이론이 성립된다. 그래야 성서 전체의 문맥이 맞다. 이처럼 약속은 하나님의 기억이며 하나님 자신이다.

---

15 허성갑 역,『히브리어 헬라어 직역 성경』, 말씀의 집, 2020, 4판.

‘여호와 하나님의 이름이 기억이 되는 원리’ 이것이 출애굽기의 원리며 구속사의 원리다. 언약이 하나님의 한정적 존재 방식이라면 약속은 하나님의 포괄적 존재 방식이다. ‘하나님=약속=기억’ 이 등식은 치환하여 구속사의 해를 구하기 위한 단서를 제공한다. “이것이 영원한 내 이름이며, 이것이 대대로 내 기억이다” 이 말을 좀 더 이해하기 위하여 앞에 나온 내용을 검토할 필요가 있다.

하나님이 모세에게 이르시되 “나는 스스로 있는 자이니라 또 이르시되 너는 이스라엘 자손에게 이같이 이르기를 스스로 있는 자가 나를 너희에게 보내셨다” 하라 하나님이 또 모세에게 이르시되 너는 이스라엘 자손에게 이같이 이르기를 너희 조상의 하나님 여호와 곧 아브라함의 하나님, 이삭의 하나님, 야곱의 하나님께서 나를 너희에게 보내셨다 하라 이는 나의 영원한 이름이요 대대로 기억할 나의 칭호니라(출 3:14-15).

하나님께서 모쉐에게 말씀하셨다. “에흐예 아쉐르 에흐예” 그리고 그가 말씀하셨다. “이렇게 너는 이스라엘 자손에게 말하여라. ‘에흐예가 너희에게 나를 보내셨다.’” 하나님께서 다시 모쉐에게 말씀하셨다 “이렇게 너는 이스라엘 자손에게 말하여라 여호와 너희 조상의 하나님 곧 아브라힘의 하나님, 이쯔학의 하나님, 야아콥의 하나님께서 너희에게 나를 보내셨다. 이것이 영원한 내 이름이며, 이것이 대대로 내 기억이다(히브리어 직역, 이름들 3:14-15).

두 본문 중 14절까지의 번역은 거의 완벽히 일치한다. 그러면 다음 문장의 ‘이는’과 ‘이것이’란 지시대명사는 두 가지 명제를 나열한 것일 수도 있다. 즉 앞의 개역 개정 ‘이는’은 이름과 칭호를 지칭하고 후자 히브리어 직역 성서 '이것이'는 대대로 내 기억이라고 명료하게 서술하고 있다. '에흐예 아흐 에흐예' '스스로 있는 자'가 영원한 내 이름이며,[16] "아브라함의 하나님 이삭의 하나님 야곱의 하나님으로 그들과 함께하고 그들에게 한 약속 그것이 내 기억이다" 이렇게 보면 두 명제 '이름과 기억'이 별개로 보이나 하나이다. 그리고 마치 등식관계인 것처럼 기술하였다. 그렇다 하여도 '약속=기억'이란 정의는 교집합처럼 확실하다.

출애굽기를 관통하는 내내 '하나님의 약속'은 한 가지 내용으로 일관한다. 앞서 언약이 출애굽기 언약과 신명기 언약으로 구분되는 것처럼 구분되는 약속이 아니었다. 오로지 한 가지로 변함없는 약속은 이스라엘 백성을 구원하신다는 것, 이스라엘 백성을 애굽의 노예 상태에서 구하여 가나안으로 인도하겠다는 것이었다.

> 하나님이 모세에게 말씀하여 이르시되 나는 여호와이니라 내가 아브라함과 이삭과 야곱에게 전능의 하나님으로 나타났으나 나의 이름을 여호와로는 그들에게 알리지 아니하였고 가나안 땅 곧 그들이 거류하는 땅을 그들에게 주기로 그들과 언약하였더니 이제 애굽 사람이 종으로 삼은 이스라엘 자손의 신음소리를 내가 듣고 나의 언약을 기억하노라(출 6:2-5).

이 부분 성서의 내용은 몇 가지 주목해 볼 점이 있다. 이스라엘 백성들이 오랜 전통 가운데 유일신으로 섬기는 하나님의 이름이 여호와란 사실

---

16 성서에 하나님은 자신의 이름을 히브리어로 '에흐에 아쉘 이흐에(ehye asher ehye)fh 소개하고 있다. 한글로는 '나는 스스로 있는 자'라고 번역하였다. 흠정역 영어성경은 'I am that I am'으로 번역하였다. 이는 문법적으로 성립할 수 없는 문장이다. 문장에서 술어는 주어의 일부분으로 그것을 수식하거나 서술해야 한다. 하지만 이 문장에서는 주어와 술어가 일치하기 때문이다. 신은 이름보다 속성을 말했다고 볼 수 있다.
배철현, 『신의 위대한 질문』, 21세기 북스, 2016, 219.

을 아브라함과 이삭과 야곱에게도 알리지 않았다는 사실이 첫째요, 애굽 사람의 종이 되어 신음하는 가운데 그 신음소리를 듣고서야 조상들에게 가나안 땅을 주기로 한 약속을 기억하셨다 하는 점이 둘째다. 접속사 '이 제'라는 단어가 인과관계로 설정되어 있다. 이 부분 히브리어 원어 직역 성서를 보면 조금 다른 의미 관계를 발견할 수 있다.

> 하나님께서 모쉐에게 말씀하셨다. "나는 여호와다. 나는 아브라함과 이 쯔학과 야아콥에게 '전능의 하나님'으로 나타났다. 그러나 내 이름 여호 와로는 그들에게 알려지지 않았다. 또한, 나는 그들이 우거하던 땅 곧 크 나안 땅을 그들에게 주기로 그들과 내 언약을 세웠고 또한 나는 미쯔라임 인들이 종으로 삼은 이스라엘 자손의 신음소리를 듣고 내 언약을 기억했 다"(히브리어 원문 직역성경, 이름들 6:2-5).

개역 개정판 성서는 4-5절로 연결되는 부분에서 "가나안 땅을 그들에 게 주기로 언약하였더니 이제"라는 접속 관계가 이루어져 '-더니 그로 인 하여 -으므로'라는 인과관계, 나아가 결과론의 문장 구조로 기술하였다. 이를 풀어보면 "조상들과 언약을 하였는데 이제 백성의 신음소리를 들으 므로 언약을 기억하게 되었다"라는 일반적인 문장으로 설명할 수 있다. 그 러나 히브리어 직역 성경을 보면 '이제'가 '또한'이라는 새로운 문장의 시 작임을 보여 주고 있다. 다시 말하면 앞서 조상들에게 여호와를 알려주지 않았던 것과 가나안 땅을 그들에게 주기로 약속하였다는 내용이 하나의 절이고 또한 (새로운 절의 시작) "애굽의 종이 된 이스라엘 백성의 신음소 리를 들었을 때 (과거 이스라엘 조상들과 맺은) 약속을 기억하게 되었다" 즉 언약한 것과 기억하게 된 것이 별개의 사실처럼 구성되었다. 그런데 국 역 개역 개정판은 언약한 것과 기억하게 된 것이 인과관계인 것처럼 서술되어 있다. 전체적인 흐름은 히브리어 직역이 훨씬 성서 본래의 뜻, 하나님의 의도에 맞다고 생각한다.

하나님이 이스라엘 조상과 맺은 약속(언약)이 있었기 때문에 기억하게 된 것은 아니다. 핵심적인 뜻은 과거에 하나님이 이스라엘의 조상들과 약속을 맺었고 세월이 지나 그들의 후손이 애굽의 종이 되어 고통의 신음소리를 낼 때 신은 과거의 약속을 기억하게 되었다는 것이다. 하나님의 약속은 결코 시의적절한 때에 따라 상기되는 약속이 아니다. 하나님은 변함이 없으신 분이셨다. 창세기에서 하나님을 떠난 인간이 애굽의 종살이로 전락하게 된 것도 인간의 책임이었다. 하지만 그런 신분에 처하였을 때도 변함없으신 하나님은 약속을 기억하고 있었다. 단지 깨달음의 때를 기다리신 것이다. 이것이 본문의 의미다. 이처럼 하나님의 약속은 변함이 없으시다.

그런데 전능한 하나님은 자신의 이름 '여호와'를 왜 아브라함, 이삭, 야곱에게도 가르쳐주지 않았을까? 그리고 이제야 이스라엘 자손에게 여호와란 이름을 알게 하셨을까? 살펴보면 믿음의 조상 아브라함과 이삭과 야곱에게는 하나님에 대한 신뢰가 투철하였으므로 이름이 중요하지 않았다. 그냥 '전능하신 하나님'이면 족한 것이었다. 하지만 이스라엘 자손들은 애굽에서처럼 하나님도 인간이 만든 만신전에 있는 신들과 같은 류(類)인 줄 알고 있었다. 야훼 곧 여호와는 영원한 조상의 신으로 알고 있었기에 하나님과 다른 신인 줄 알았다. 하지만 야훼 곧 여호와가 유일하신 하나님이란 사실을 이제 가르칠 때라고 여기신 듯하다. 앞서도 출애굽기는 구속사의 해결 방정식 곧 '근의 공식'으로 풀어 볼 수 있다는 표현을 하였다. 부모로부터 배워 자신들을 구원해 줄 야훼가 곧 하나님이며 여호와란 사실을 알게 함으로 해(구속)를 구할 수 있도록 가르쳐 주었다. 이처럼 너무도 위대한 진리가 성서 속에 숨어 있다.

그런데 개역 개정 성경은 "아브라함과 이삭과 야곱에게 전능의 하나님으로 나타났으나 나의 이름을 여호와로는 그들에게 알리지 아니하였고”라 기술하였다. 즉 그들에게 알리지 않은 주체는 여호와인 것으로 되어 있다. 그러나 히브리어 원어 성경에는 “아브라함과 이쯔 과 야아콥에게 전능의 하나님으로 나타났다. 그러나 내 이름 여호와로는 그들에게 알려지지 않았다”라고 되어 ‘알려지지 않게’ 된 주체가 그들이거나 최소한 여호와는 아니라는 의미로 기술되어 있다. ‘알리지 않은 것이냐, 알려지지 않은 것이냐’ 이 부분은 논란이 있을 수밖에 없다. 히브리어 원어처럼 알려지지 않았다면 그건 이스라엘 민족에게 문제가 있을 수밖에 없다. 이는 창세기 이후 수많은 세월이 흐르면서 그들의 신앙적 행위로 말미암아 또는 타락으로 말미암아 여호와를 잊게 되었다는 뜻이다. 역시 히브리어 원문 직역이 성서 본래적 의미에 좀 더 접근해 있다고 생각된다. 여호와란 이름이 “-한 이유로 인하여 알려지지 않게 되었다.” 정도로 해석되어야 맞다. 이때 -한 이유란 뭔가? 이는 하나님과의 약속을 어기고 스스로 하나님을 떠난 것이 이유가 될 수밖에 없다. 그리하여 이스라엘 백성들이 애굽의 종살이로 전락하게 된 것도 그 원인의 일단이 여기에 있다고 할 수 있다. 그리하여 이제 하나님이 야훼라는 사실을 백성에게 가르치고 과거 약속을 토대로 그들을 인도하여 내기로 작정하셨다. 이처럼 출애굽기는 하나님의 약속이 현실화되는 현장 설명문이다.

VI.

출애굽기의 하나님과 우리의 하나님

1. 역사 속의 하나님 기다리는 하나님

1) 역사 속의 하나님

출애굽기의 광야 행진 기간은 40년이다. 하지만 모세와 떼어놓을 수 없는 40년이기에 모세의 삶 전체 120년을 살펴보았다. 그런데 출애굽기 전체를 보아도 모세의 삶 가운데 왕자로 산 40년과 미디안 광야 생활 40년은 극도로 미미하게 서술되었다. 단지 맛만 보여 주고 만 정도로 거의 언급되지 않고 있다. 모세의 삶 속에서 출애굽 전 80년은 야훼가 그를 부름으로 쓰시고자 하는 목적에서 도구의 시간으로 작용될 뿐이었다. 다시 말하면 왕자로 살게 한 40년과 미디안 광야 양치기 40년은 여호와께 그렇게 중요한 시간이 아니었다. 여호와 신의 생각은 인간의 생각과 크게 다르다. 인간이 보기에 당대 최고의 강국 이집트 왕자로 살았다면 부러워할 만한 일이었지만 하나님 계획으로는 단지 장식적 시간일 뿐이었다. 미디안에서 즉장이자 제사장이었던 '이드로'의 사위로 산 시간도 드라마로 치면 주인공이 휴게소에서 잠시 쉬어간 시간에 지나지 않았다. 인류의 구원 계획 속에 출애굽기의 하나님은 40년이란 이스라엘 백성 광야 행진을 통하여 연속성을 지닌 역사 속의 하나님으로 오늘날까지 기능하여 오셨다.

출애굽기를 통하여 본 여호와 하나님과 인간 사이에 맺어진 '언약'은 인간의 역사와 함께 존립한다는 것을 강조하고 있다. 그러므로 출애굽기에서 히브리 민족이 체험한 하나님은, 한정된 민족, 한정된 시간으로 국한 지울 수 없는 역사 속의 하나님이라는 사실을 말해준다. 이 사실은 이미 앞장에서 판명하였다. 일정한 시간과 민족으로만 한정 지을 수 없는 하나님이시면서 인간의 역사 속에 내주해왔음을 가르쳐 주셨다. 단지 이를 어떻게 확인할 수 있는가? 이를 어떻게 증거 할 수 있는가 하는 문제가 남는다. 신앙의 차원이 아니라 역사 인식으로 이해 가능할 때 역사 속의 하나님을 받아들일 수 있다. 인간 역사(歷史) 속에서 이해 가능한 신의 역사(役事)를 살펴보자.

첫째, 하나님의 구원 방정식으로 이해

창세기 50장 20절과 요한복음 3장 16절을 통하여 구속의 원리를 역사적으로 규명하기 위하여 하나님은 예수그리스도를 통하여 자신을 확증하셨다.

당신들은 나를 해하려 하였으나 하나님은 그것을 선으로 바꾸사 오늘과 같이 많은 백성의 생명을 구원하게 하시려 하셨나니(창 50:20).

하나님이 세상을 이처럼 사랑하사 독생자를 주셨으니 이는 그를 믿는 자마다 멸망하지 않고 영생을 얻게 하려 하심이라(요 3:16).

심지어 글자 수까지 유사한 하나님의 구원 원리는 구약 시대에서 신약 시대까지 연결되었다. 출애굽기의 구원 공식에 신약의 구원 공식의 근을 대입시켜도 등식이 성립됨을 알 수 있다. 구약과 신약의 두 말씀을 합성하여 보자.

하나님이 이스라엘 백성을 그처럼 사랑하사 요셉을 총리로 보내셨으니 이는 그를 보내신 하나님을 믿는 자마다 멸망치 않고 종에서 해방되어 그의 나라에 들어가게 될 것이라 하셨느니라.

이것이 구원 공식이다. 요한복음 속에 구약 창세기 50장 20절의 말씀을 대입시켜 보았다. 반대로 창세기의 말씀에 요한복음을 대입시켜 보자

세상은 예수그리스도를 해하려 하였으나 하나님은 세상을 사랑하사 독생자을 보내시기까지 그것을 선으로 바꾸셨으니 이는 저를 믿는 많은 자마다 생명을 구원하게 하시려 하셨나니.

이처럼 거꾸로 대입시켜 보아도 구원의 원리는 똑같이 적용된다. 그러므로 엄청난 시간을 초월한 성서 속 예언이 일란성쌍둥이처럼 일치한다. 이는 약 1,300년의 시차를 두고도 하나님의 약속과 성취가 증명되고 있음을 알 수 있다. 다시 말하면 이 기간 속 역사 가운데 하나님은 여전히 일관되게 일하고 계셨다.

둘째, 하나님 언약의 항존성으로 이해

하나님의 약속이 일회적이었다면, 다시 말해 아브라함과 맺은 약속이 아브라함에게만 통용되는 것이었다면 요셉을 팔려가게도 하지 않았을 것이고 총리로 만들지도 않았을 것이다. 그전에 요셉이 꿈을 꾸게 하지도 않았을 것이다. 요셉이 총리로 있었기 때문에 그 아버지 야곱과 형제들 70명이 애굽으로 이주해 오게 되었다. 아무리 아브라함과 그 자손을 연결 짓

기 위한 알고리즘(algorism)[1]을 만들고자 하여도 여기에 이스라엘 민족의 구원이라는 약속으로 통일성 원칙을 만들기는 어려웠을 것이다. 앞서 구원을 위한 근의 공식이란 표현을 사용한 것도 연결성과 일관성을 위한 것이기 때문이다. 하나님의 약속은 '여호와 하나님의 이름=기억'이 되는 원리로 정의된다. 이것이 출애굽기의 원리이며 구속사의 원리다. 언약이 하나님의 한정적 존재 방식이라면 약속은 하나님의 보편적 존재 방식이라고 할 수 있다. 그러므로 보편적 존재 방식은 어디서나 어떤 식으로든 통용될 수밖에 없다. 하나님이 인간과 약속한 구원의 원리는 시간이 흐르고 장소가 어디라도 변할 수 없고 변하지도 않는다. 이 약속이 일관성을 유지하지 못한다면 우린 하나님을 성서 속의 하나님으로만 묶어 둘 수밖에 없을 것이다. 시제를 초월하시는 하나님의 약속은 영원히 인간과 유효할 것이고 예수그리스도 당시뿐 아니라 미래의 역사 속에서도 영원히 지속될 것이다. 그리고 지속되어야 한다.

아브라함은 믿음 인류의 표상이며, 구속 주 예수그리스도는 다시 올 것을 제자들에게 약속하였다. 이는 미래지향적 종말론과 연관된다. 종말론은 단지 세상의 끝이 아니라 미래 지향, 인류의 생존까지 여호와 하나님의 약속이 영원할 것이라는 관계의 설정이다. 이것이 일관성이며 지속성이다.

이를 이해하기 위하여 모세의 삶을 추적해 볼 필요가 있다. 모세의 출애굽 광야 행진 40년을 현재라고 보면, 히브리인 이민자 아들로 태어나 기적같이 생존하여 애굽의 왕자로 살았으며, 다시 살인자가 되어 사막에서 도망자로 40년을 살았던 것은 과거였다. 이 기간에 모세는 여호와 하나님을 만났고 조상과의 약속을 들었으며 신의 계획을 들었다. 그리고 그 약속

1　어떤 문제 해결을 위하여, 입력된 자료를 토대로 하여 원하는 출력을 유도해 내는 규칙의 집합. 이는 여러 단계의 유한 집합으로 구성된다(필자 주).

이 광야 행진 내내 작용하고 있음을 직접 체험하였다. 문제는 모세의 인식과 백성들의 인식이 다른 데 있었다. 그리하여 과거 조상들 즉 아브라함과 이삭과 야곱에게도 알려주지 않았던 이름을 가르쳐주었고 하나님이 스스로 있는 자이며 여호와란 사실도 가르쳐 주었다.[2] 이는 조상과 맺은 약속이 현재도 유효하며 가나안에 들 때까지 그리고 가나안 입성과 국가 건설 이후에까지 영속할 것임을 가르쳐 준 것이었다. 모세가 광야 시내 산에 올라 하나님을 만났을 때 신이 모세에게 준 최고의 가르침은 "네가 선 곳은 거룩한 곳이니 네 발에 신을 벗으라" "바로 네가 서 있는 그 장소, 네가 40년 동안 지겹도록 다녔던 그 먼지 나고 더러운 그 장소가 바로 천국이다"라는 생각의 전환을 가르쳐 준 것이다.

유대인들은 히브리어로 '네가 서 있는 그곳'이라는 의미의 단어로 '마콤'(maqom)이라는 말을 사용하는데 이는 거룩한 장소, 천상의 장소라는 뜻으로 사용된다. 그곳은 특별한 장소가 아니라 희로애락을 경험하는 내 삶의 현장이었다. 모세가 이스라엘 백성들을 구원할 때 사용한 장비는 별것이 아니라 그가 40년 동안 가지고 다닌 지팡이였다. 신은 우리에게도 "네가 손에 지니고 다니는 것이 무엇이냐"라고 묻는다.[3] 그리고 이 물음은 영원히 지속될 것이다. 신의 약속은 인간이 삶 가운데 온전히 함께함을 느낄 때 의미가 있는 것이다. 이를 이스라엘의 조상으로부터 모세, 그리고 새로 태어난 자손들, 가나안에 들어간 백성들, 여호와 하나님을 부르는 모든 인간에게 신의 약속은 유효하다는 것을 증명한다. 모세에게 손에

---

2   "하나님이 모세에게 말씀하여 이르시되 나는 여호와이니라 내가 아브라함과 이삭과 야곱에게 전능의 하나님으로 나타났으나 나의 이름을 여호와로는 그들에게 알리지 아니하였고 가나안 땅 곧 그들이 거류하는 땅을 그들에게 주기로 그들과 언약하였더니"(출 6:2-4) 즉 보편적 신관이 구체적 신앙 대상으로 바뀌게 되었다. 엘 또는 엘로힘이라고 부르는 막연한 신앙 대상에서 우리와 함께 계신, 말씀하시는 그분이 곧 야훼 여호와이심을 모세(우리)에게 처음으로 가르쳐 주셨다.

3   배철현, 위의 책, 224-225.

지닌 것이 무엇이냐고 묻는 이유였다. 이것이 역사 속에서 하나님과 하나님의 약속이 인류에게 유효한 이유이다. 여호와 하나님의 속내를 보여 주신 것이다.

셋째, 하나님의 보편성으로 이해

엄밀히 말해서 하나님 사랑의 보편성이다. 이를 단적을 보여 준 사실이 출애굽 당시 잡족과의 동행이다. 잡족은 상당수가 함께 출애굽 하였지만, 광야 40년과 이후의 가나안 입성까지 단 한 번도 재 언급된 적이 없다. 이스라엘 백성들은 자신들만의 하나님이라고 하였지만, 하나님은 한 번도 그들만의 하나님임을 말하지 않았다.

> 이스라엘 자손이 라암셋을 떠나서 숙곳에 이르니 유아 외에 보행하는 장정이 육십만 가량이요 수많은 잡족과 양과 소와 심히 많은 가축이 그들과 함께하였으며(출 12:37-38).

정확한 수치를 논하기보다 잡족이 함께 출애굽 하여 해방되었고 자유를 향한 행진에 동참하였다. 이스라엘 백성들과 전혀 다른 야훼 신의 인도하심에 자신들만의 하나님이라 여겼던 어리석은 이스라엘 자손들은 때론 원망을, 때론 배신을, 때론 집단 행동을 하였다. 하지만 그럼에도 야훼 신은 끄떡도 하지 않았다. 왜냐하면, 잡족들도 그의 백성이었기 때문이다. 심지어 바로와 애굽 백성까지 당신의 자녀로 삼고자 하였다. 그리하여 갖은 방법으로 그들을 품으신다는 사실을 인정케 하고자 하였다. 이들 잡족이 행진하는 과정 중 문제를 일으켰다거나 이스라엘 민족과 갈등을 겪었다는 기록은 성서나 역사 기록 어디에도 보이지 않는다. 심지어 광야에서 가나안을 들어가기까지 행진과 통제의 효용성을 위하여 천부장, 백부장, 오십부장, 십부장을 세우고 군사적 편재를 대신하고자 하였을 때도 잡족에게 불이익을 주거나 따로 편재했다는 기록도 없다. 이는 잡족들이 출애굽한 이후 그리고 가나안에서 이스라엘 나라를 세웠을 때도 온전히 12지파에 편입되고 하나님의 백성으로 융화하여 동등한 생활을 하였음을 말하고 있다.

이처럼 이스라엘 공동체는 혈연적 공동체가 아니라 약속(언약) 공동체였음을 역설한다. 아브라함에게 한 약속 "너를 통해 모든 민족이 복을 받게 될 것이다"처럼 모든 민족이 하나님의 백성으로 축복 속에 있기를 바란 것이 여호와 신의 뜻이었다. 이 가르침은 예수그리스도에게도 그대로 적용된다. "너희는 가서 모든 민족으로 제자를 삼고" 축복과 전도의 대상이 이스라엘 민족에게만 국한된 것이 아니었다. '모든 민족' '어디서나' 이 원리가 '하나님의 보편성 원칙'이다.

심지어 성서는 애굽의 요술사나 바로 왕을 통해서도 유일하신 하나님 그리고 이방 민족까지 보듬는 하나님임을 가르치고 있다.[4]

> 요술사들도 자기들의 술법으로 이를 나오게 하려고 똑같이 행하였으나 그들은 할 수 없었다. 그 이가 사람과 가축에게 있었다. 요술사들이 파르오에게 말하였다. "그것은 하나님의 손가락입니다." 그러나 파르오의 마음이 완고하여 그들의 말을 듣지 않았으니 여호와께서 말씀하신 그대로였다. (히브리어 직역 성경, 이름들 8: 14-15, 출 8:18-19).

---

4   야훼 신은 인간이 손으로 만든 각종 만신전의 잡신들과 다르다는 사실을 출애굽기 기자는 강조하고 있다. 하지만 인간이 만든 신을 아우르고 이민족까지 돌아오기를 기다리셨다.

요술사의 고백, 여덟 번째 재앙인 메뚜기의 범람과 우박으로 곡식뿐 아
니라 채소의 부족을 겪은 바로의 고백에서 이를 확인할 수 있다.

> 파르오가 모쉐와 아하론을 급히 불러 말하였다. "나는 너희 하나님 여호
> 와와 너희에게 죄를 지었다. 그러니 이제 제발 내 죄를 용서하고 너희 하
> 나님 여호와께 간구하여라 그래서 이 죽음만은 내게서 떠나게 하여라"(히
> 브리어 직역 성경, 이름들 10:16-17).

> 바로가 모세와 아론을 급히 불러 이르되 "내가 너희의 하나님 여호와와
> 너희에게 죄를 지었으니 바라건대 이번만 나의 죄를 용서하고 너희의 하
> 나님 여호와께 구하여 이 죽음만은 내게서 떠나게 하라"(개역개정 한글성
> 경, 출 10:16-17).

두 번역이 거의 일치하는데 중요한 것은 "내가 너희 하나님 여호와와
너희에게 죄를 지었다"라는 고백이다. 자신이 야훼 하나님께 죄를 지었다
고 한 고백은, 한편 죄를 용서해 주실 분도 하나님이란 사실을 알고 있다
는 사실이다. 이전의 바로는 구할 것을 만신전에 가서 적당한 신에게 달라
고만 하면 그만이었다. 하지만 전능한 하나님을 인정하고 죄를 고백한 것
이다. 이는 하나님께서 스스로 신이라고까지 자처한 바로마저 자신에게로
돌아와 엎드리기를 참고 기다리신다는 사실을 보여 준 예다.

이처럼 여호와 하나님은 이스라엘과 그 민족에게만 국한된 하나님이
아니라 모든 나라 모든 민족의 하나님이란 사실을 성서는 일관되게 가르
치고 있다. 이 또한 인간의 역사 속에 계시는 보편성을 지닌 하나님임을
가르친 예다.

넷째, 하나님의 역행성(歷行性)으로 이해

하나님은 역사 속에 존재하시는 분이 아니라 역사와 동행하시는 분이시다. 나아가 역사와 동일하신 분이다. 왜냐하면 기억=역사=하나님이란 등식이 성립하기 때문이다. 출애굽의 역사는 '야훼의 이해'에 머물렀던 택한 백성이 '야훼와 동행'한다는 신의 현존을 경험하는 과정이라고 할 수 있다. 창세기에서 약속된 땅으로 '하나님과 인간이 함께 행진'하여 귀환하는 거대한 축제이기도 하였다. 그래서 인간은 지금도 하나님과 동행하며(marching with Jesus) 세상을 살아가야 하는지 모른다. 왜냐하면, 우리도 현재 약속의 땅을 향해 가는 성도이기에. 이는 앞 장에서도 밝힌 내용이다. 하지만 역사적 하나님을 이해하고자 할 때 이 부분은 매우 중요하다. 흔히 역사 속의 하나님을 말하지만, 이 표현으로는 역사와 하나님을 매치(match)시키기가 막연하다. 역사 속에 여호와 하나님이 계신다면 존재의 의미는 있을 수 있지만 체험하기는 어렵다. 현실의 인간과 하나님은 존재로서 가치가 있는 것이 아니라 끊임없는 교제가 있어야 의미가 있다. 이를 동행하는 하나님으로 받아들여야 한다. 인간의 사고와 생활과 인격 가운데 일거수일투족 동행할 때 하나님의 구속사의 계획도 지속성을 가지게 된다.

시간과 공간을 초월하여 하나님이 인간과 행하신 약속은 출애굽 사건으로 1차 확인되었고, 가나안에서 이스라엘 나라 건설로 2차 확인되었으며, 예수그리스도의 삶과 죽음으로 인하여 3차 확증되었다. 그리고 약속은 심판과 재림 때까지 연결되고 있다. 그 날짜와 기한은 하나님의 고유 권한에 두셨다는 말로 약속의 일방성을 암시하고 있다. 하나님 신과 인간의 약속은 처음부터 일방적인 선택과 축복으로 시작되었다. 그리고 역사 속 하나님의 백성과 일일이 동행하면서 이를 확증시켜 주셨다. 인간의 행위처럼 계약과 재계약의 지속이 아니더라도 신의 유일성과 전능함 속에 약속은 유효하게 작용하고 있다. 유효는 체험적 유효였다. 역사에서 관계의 유효성을 제하면 관념적 시간에 지나지 않는다. 하지만 인간이 하나님의 이름을 알고, "스스로 계신 자" 엘로힘 여호와가 하나님이란 사실을 알았다는 것 자체로 관계의 긴밀성을 말하고 있다. 막연히 알고 조상이 가르쳐 준 이름으로 알 때와 존재를 알고 직접 가르쳐 준 이름을 부를 때는 느낌이 너무 다르다. 가령 김춘수 시인의 '꽃'이라는 시에서 표현한 "내가 그의 이름을 불러주기 전에는 그는 다만 하나의 몸짓에 지나지 않았다. 내가 그의 이름을 불러주었을 때 그는 나에게로 와서 꽃이 되었다"라고 한 표현처럼 하나님이 인간을 알고 인간이 하나님을 알아 이름을 부를 때 그 관계는 전혀 새로운 관계로 돌입한 것이다. 출애굽기에 와서야 인간도 하나님의 이름이 여호와란 사실과 스스로 존재하는 전능하신 하나님이란 사실을 알게 되었다. 이 점이 '존재적 하나님이 아니라 인간의 역사 속에 밀접하게 동행하는 하나님'으로 다가오신 것이다. 한 마디로 인간이 머리로 알던 하나님을 몸으로 알게 되었고 가슴에 담아두었던 하나님을 동행하여 보게 되었다.

앞 장에서 출애굽기를 통해 느낀 하나님은 다음과 같은 하나님이셨다.

① 일과 예배를 동일하게 보신 하나님

② 순종을 절기보다 중하게 보신 하나님

③ 약속을 중히 여기신 하나님

④ 늘 백성들의 목소리와 숨소리에 귀 기울이신 하나님

⑤ 우상을 철저히 금하신 하나님

⑥ 어떤 방식으로든 자신을 알게 하신 하나님

이와 같은 내용들은 출애굽기 속에서 여호와 하나님이 하신 일들을 통하여 분석 요약한 내용이다. 오늘날 하나님을 신앙하는 신자로서는 당연히 여길 수 있는 내용이지만, 하나님이 여호와란 사실을 처음 말씀하셨고 출애굽 광야 행진을 통하여 인간에게 어떻게 다가오신 분이란 사실을 알게 되었다. 역사 속에서 인간과 함께하신 하나님은 만신전의 신처럼 섬김을 받되 아무런 행동을 하지 못하는 우상이 아니라 인간과 더불어 행동하며 가장 필요로 하는 요구를 하나님의 방식으로 채워주시는 분이셨다. 그리고 시간을 초월하여 인간 역사에 깊이 개입하신다는 사실도 알게 된다.

다섯째, 하나님의 형평성으로 이해

하나님 나라의 성립과 정의의 실현은 하나님의 일차 목표였다. 이스라엘에 대한 하나님의 특별한 관계는 "내 계명을 지켜 행하면 나는 너희의 하나님이 되고, 너희는 내 백성이 될 것이다"라는 이 명제로 정의된다. 이를 명하여 신학자 렌토르프는 '언약 형식구'[5]라 하였다. 이는 하나의 법적 효력을 지니며 시대와 세대를 초월하여 동일하게 적용된다는 것을 의미한다. 단순하고 명료한 이 법칙성 구문은 어느 민족 누구에게나 공평하게 적용되는 구원의 방정식이다. 여호와 신은 창세기에서 보여 준 아브라함과 함께한 '역사의 법칙성'으로 시작하여 '구별되고' '선택된' 그리고 '큰 민족'을 만들고자 하는 '약속'으로 자신의 정의와 공평성을 표방하셨다. 해를 구하기 위한 미지수의 값이 '약속'인 셈이다. 분명 이스라엘의 족장들과 맺은 약속이었다. 하지만 역사의 주관자요 동역자이신 여호와 신은 구별되고 선택되어 큰 민족을 이룬다는 기대와 소망을 이스라엘 민족의 후손에게만 국한시키지 않으셨다. 정의와 공평성의 원칙은 인간이 손으로 만

---

5   롤프 렌토르프, 하경택 옮김,『구약정경신학』(서울: 새물결플러스, 2012), 72.

든 우상 신에게서는 구할 수도 없고 구해지지도 않는 하나님만의 속성이
다. 형평의 원칙은 피조 인간이 누려야 하는 최상의 원칙이다. 하나님 나
라 백성이라면 누구나 누릴 수 있는 권리와 자유다. '자유의지'를 부여받
은 에덴 인간은 단 하나의 규정을 지키지 못하고 낙원을 상실하였다. 하지
만 야훼 하나님은 분명 생육하고 번성하여 땅에 충만할 것이라 인간에게
미리 축복하였다. 땅에 충만하기 위해선 이스라엘 민족만으론 부족하다.
어느 민족 누구에게나 적용되는 원칙이 공평성이다.

출애굽을 위해서 바로를 훈련시킬 때와 스스로 깨닫게 한 방식도 이스
라엘 백성을 깨닫게 한 방식과 일맥상통한다.

> 내가 너를 세웠음은 나의 능력을 네게 보이고 내 이름이 온 천하에 전파되
> 게 하려 하였음이니라(출 9:16).

히브리어 원어 번역본을 보면 좀 더 명확해진다. 모세를 통하여 전해진
하나님과 바로의 대화 장면이다.

> 그러나 이것 때문에 내가 너를 세웠으니 네게 내 힘을 보여 주고 내 이름
> 이 온 땅에 전해지기 위함이다.

여기서 이것이란 "전염병, 돌림병을 펴서 온 애굽 백성을 다 죽게 할 수
도 있지만 너 바로 왕이 깨닫고 나의 능력을 알아 나를 인정하도록, 하기
위하여 지금 너를 있게 하는 것이다." 물론 여기서 나란 '야훼 하나님'이
다. 세상의 왕들도 존재하게 하는 이유가 하나님을 깨닫게 하는 것, 그리
고 결론은 여호와의 이름이 온 천하에 전파되게 하려 하는 것이었다. 여
호와의 이름이 온 천하 온 땅에 전파되는 것이라면 세상 사람들이 모두

하나님의 백성이 되어야 한다는 것이다.[6]

여호와 하나님이 공평하다는 것은 이스라엘만 특별히 사랑하지 않았다는 것과 심지어 사랑하는 백성들에게 더 큰 고통과 고난을 안겨주기도 하였다는 사실이다. 물론 자신들의 죄과로 인하여 그 같은 결과를 낳은 것으로 인식하지만 인과응보의 법칙을 굳이 하나님이 인간을 대하는 법칙으로 대입할 수 없는 것은 하나님만의 방식이 있기 때문이다. 그리고 모든 죄와 벌을 인과응보의 법칙대로 할 수 없다는 것을 신약 시대 예수그리스도를 통하여 인류에게 가르쳐 주었다.

출애굽기 기자는 여호와께서 애굽 왕과 애굽 백성에게 행한 열 가지 재앙들을 두고 스스로 "애굽 백성들을 갖고 놀았다"라고 까지 표현하고 있다. 이를 한글 개역 개정판은 "행하신"이라고 하였지만, 히브리 원어로는 "갖고 놀았어"라는 뜻을 지닌 의외의 말로 기록하였다. 약간 속된 표현처럼 여겨지지만, 이 또한 의미 있는 기술(記述)이라고 본다. '전능한 하나님'으로서는 자신을 흉내 내어 도전해보려 하는 바로 왕과 요술사들을 볼 때 얼마나 가소로워 보였을까? 이런 원칙은 세상 모든 민족과 나라와 백성들에게 공평하게 적용되는 원리라고 생각된다.

여섯째, 하나님의 정밀성으로 이해

'정밀성'은 엄격성과 다른 의미를 지닌다. 출애굽기의 전체 내용을 보더라도 여호와 신은 인간의 삶 속에 깊이 내주 하면서 의식과 행동의 세밀한 부분까지 간섭한다는 사실을 발견하게 된다. 마라의 쓴 물 사건에서도

---

6 마치 알렉산더가 세상을 정복하고 자신의 이름을 딴 도시와 도서관을 건립한 다음 표방한 슬로건이 "세계동포주의"였던 것은 우연이 아니다. 이는 왕을 가르친 아리스토텔레스가 성경의 가르침대로 온 천하에 하나님의 이름을 전파하고 보편성의 하나님, 공평성의 하나님을 알아 이를 알렉산더를 통해 주입하려 한 것이었다. 물론 아리스토텔레스의 이런 사상도 그의 스승 플라톤에게서 기인한 것이었다.

하나님의 정밀성을 가늠할 수 있다.

출애굽 한 백성들이 사흘 길을 걸어 광야 남쪽 마라에 이르러 목말라 하였지만, 그곳이 해안에서 가까운 곳이라 샘물은 염분으로 인해 몹시 짜 마실 수가 없었다. 백성들은 투정을 부리는 것이다. "우리가 무엇을 마시며 이 광야를 돌아다녀야 할까"라는 넋두리였다.

이 원망 섞인 투정에는 그들의 심리가 포함되어 있다.

① 모세는 믿을 수 있는 민족 지도자인가?
② 이 막막한 광야로 나왔지만 무슨 대책이 있는 것이냐?
③ 과연 하나님이 우리를 기억하며 재앙에서 구원한 것으로 끝난 거 아닌가?

이런 의구심은 모두 인간적인 욕심과 믿음의 부족에서 기인한 것으로 보인다. 하지만 하나님은 쓴 물을 단물로 만들어 먹게 한 후 더 큰 원칙성 계약을 하신다. 즉 '말 잘 듣기' '순종하기' '의를 행하기' '계명에 귀 기울이기' '규례 지키기' 다섯 가지 조건을 내걸고 쉬운 말로 딜을 하고 있다. 위의 다섯 가지를 지킬 때, 애굽 사람들에게 보였던 재앙의 어떤 질병도 당하지 않게 하겠다는 것이었다. 광야에서는 애굽에서와 같은 질병과 재난이 똑같이 올 리는 없다. 지리와 환경이 다르기 때문이다. 이는 단지 그와 비슷한 어떤 고난도 없애주겠다는 내용으로 보면 된다. 앞서 출애굽 당시 열 가지 재앙은 인간이 당시 역사와 시대 상황 속에서 당할 수 있는 모든 질고였다. 한마디로 말 잘 듣고 순종 잘하고, 바르게 행하고 일러준 교훈 잘 새기고 준법정신을 실천하라는 훈계인데 이는 당시 출애굽 백성들이 가진 소양의 부족분을 일일이 통칭한 것이라 할 수 있다. 이처럼 여호와 하나님은 세밀하고 정밀하신 분이셨다.

인간의 나약한 부분을 더 절실히 보여 준 때는 행진한 지 두 달 반이 지났을 때다. 신 광야에 이르렀을 때였다.

> 이스라엘 자손이 모세와 아론에게 이르되 우리가 애굽 땅에서 고기 가마 곁에 앉아 있을 때와 떡을 배불리 먹던 때에 여호와의 손에 죽었더라면 좋았을 것을 너희가 이 광야로 우리를 인도해 내어 이 온 회중이 주려 죽게 하는도다(출 16:3).

하나님은 이들의 필요를 채워 이른바 만나를 먹이셨다. 상황에 맞게 딱 필요한 만큼 인간에게 베푸시고 인간이 못된 짓 한 만큼 충격을 주어 느끼게 하시는 하나님이셨다. 세상의 인간이 만든 신들은 모두 기복을 위하여 만들어졌기에 만든 이, 특히 지배자에게 벌을 내리고 그들을 믿는 인간에게 벌을 내리는 신은 없다. 그런데 복을 받지 못한 상황에 직면하여도 신이 응답하지 않았다거나 그 보다 믿는 인간이 정성이 부족하였다고 생각할 뿐이었다. 다시 말하면 인간의 손으로 만든 신은 기복을 위해 존재할 뿐 진심으로 인간의 필요를 채워주지 못한다. 진정한 신앙의 대상이며 참 신이라면 부모처럼 인간을 일깨워 주어야 한다고 생각한다. 여호와 하나님이 인간을 다스리는 방식 바로 그것이다. 이를 위해서는 인간의 다양한 성정만큼이나 세밀하시고 정밀한 하나님이셔야 한다. 이런 모습을 출애굽 행진 내내 여호와 하나님은 보여 주셨다. 부모처럼 다독이시고, 가르치시고, 야단치시고, 투정을 받아주셨고, 벌도 내리셨다. '하나님과 백성'의 관계는 '부모와 자식'에 비견해도 오히려 부족할 뿐이다.

> 하나님 앞에서는 그 하나도 잊어버리시는 바 되지 아니하는도다 너희에게는 심지어 머리털까지도 다 세신 바 되었나니 두려워하지 말라 (눅 12:6-7).

인간 한 사람, 한 사람의 머리털까지 세신 바 되시는 하나님, 그를 만드신 분이기에 얼마나 속속들이 그를 알고 계실까.

> 모세가 또 이르되 여호와께서 저녁에는 너희에게 고기를 주어 먹이시고 아침에는 떡으로 배 불리시니 이는 여호와께서 자기를 향하여 너희가 원망하는 그 말을 들으셨음이라 우리가 누구냐 너희의 원망은 우리를 향하여 함이 아니요, 여호와를 향하여 함이로다(출 16:8).

애굽에서 종살이할 때의 고기와 떡이라야 주인의 밥상에서 부스러기로 주어지는 것이었을 텐데, 고기 가마 곁에 앉아 곁고기 얻어먹는 것이었을 텐데, 이를 그리워한 백성의 푸념을 들었을 때 여호와의 심정은 어떠했을까? 이 마음을 부모가 자식에 대한 마음이라고 생각한다면 조금은 이해할 만하다. 그 세밀한 심정은 다 표현할 수 없을 정도이다. 여호와는 자기 백성들이 종으로 살면서 배불리 고기와 빵을 먹는 것과 자유인 신분으로 광야에서 '만나'로 배 불리는 것 중에 어느 편이 행복한지를 스스로 알게 되기를 원하였다. 미세하고 섬세한 하나님의 마음을 인간이 알지 못하였다. 저녁에는 고기를 아침에는 떡을 먹게 하신 여호와의 심정과, 이를 배불리 먹으며 욕심을 부리는 인간의 모습이란 화가 렘브란트의 그림으로도 표현하기에 한계가 있어 보인다.

일곱째, 하나님의 친밀성으로 이해

만약 하나님이 창조하신 세계, 그중에서도 가장 보시기에 좋았던 인간에 대한 사랑이 공평하며 세밀하다 하여도 친밀하지 못하다면 무섭고 두려운 신일 수밖에 없다. 하지만 여호와 하나님은 매우 섬세하시면서도 친밀하신 분이셨다. 인간적 표현이 가능하다는 자체만으로도 그분이 인간 가까이 계시고 인간과 친밀하다는 증거를 말하고 있다. '여호와 이레' '여호와 샬롬' '여호와 라파' '여호와 닛시' '여호와 삼마'라는 이름이 왜 등장하였을까? 이는 이름의 배경이 되는 사건과 그로 인한 기억을 오래 간직하기 위한, 뜻만은 아닐 것이다. 무엇보다 여호와 하나님의 인간에 대한 사랑과 친밀성을 내포한 단어이다. 인간이 필요한 곳에 거하신다는 '여호와 삼마'가 대표적이다.

출애굽을 위한 바로와 그의 술사들이 모세와의 대결 상황에서 보인 열 가지 재앙이 이스라엘 백성의 마을에는 일체 적용 되지 않았다. 바로는 자기 백성들의 고난보다 이스라엘 백성의 마을에 재앙이 내리나 내리지 않나 라는 사실이 더 궁금하여 조사부터 시키는 행동을 보인다. 바로는 시기와 질투, 자존심을 두고 이 문제를 다루어 인식하고 있다. 그런데 하나님의 친밀성을 인간이 어떻게 인식할 수 있을까? 동행, 불평, 요구, 필요, 수용과 용서 등 이런 일련의 일상 속에 거하시는 사역이 여호와의 친밀성인가? 오히려 가장 친밀한 부모처럼, 가장 친절한 스승처럼 하나하나 자세히 가르쳐 주시는 신은 아마도 여호와 하나님 외는 없으리라 생각한다. 인간이 만든 신은 인간에게 필요한 부분만 채워주는 기복의 신이다. 하지만 유일신 여호와는 인간을 창조하였기 때문에 인간의 미세한 부분까지 헤아리시고 인간의 길흉화복에 모두 관여하신다. 이는 여호와의 특성이기도 하다. 인간이 여호와 신과 맺은 계약 관계를 어기고 율례를 지키지 않았을 때는 벌을 내리는 신이다. 이 점이 세상 신과 다른 특성이다. 기복적 신의 모습이 아니라, 때론 채찍을 때리시기도 하시며, 약속 규범을 지켰을 때는 무한 축복으로 보응하시는 신으로 존재하였다. 또한, 창세 전부터 미리 아신 분으로 신을 그렸다.

친밀한 신이란 인간을 잘 아는 신이란 이미지를 가진다. 성서는 인간을 하나님의 형상을 따라 창조하였고 세상 만물보다 보시기에 좋았다고 기술하였다. 창세기의 각 장별 등장인물 즉 족장들과의 관계 설정이나 '약속' 또는 '계약'의 인과관계, 또는 역사성은 신의 형상을 닮은 인간에게만 내린 축복이었다. 극단적 이기심에 사로잡힌 인간의 본성을 누구보다 잘 아시는 하나님이었다.

> 우리가 애굽에서 당신에게 이른 말이 이것이 아니냐 이르기를 우리를 내버려 두라 우리가 애굽 사람을 섬길 것이라 하지 아니하더냐. 애굽 사람을 섬기는 것이 광야에서 죽는 것보다 낫겠노라(출 14:12).

추적하는 바로의 병거와 군대 말발굽 소리를 듣고 히브리 백성들은 '차라리'란 부사어를 남발한다. 이는 '차라리-하는 것이 낫다'는 비교 구문을 사용함으로 여호와의 권위와 힘을 무시하는 언동을 한 것이다. 자유를 주었지만, 그 자유가 지니는 무한한 힘과 가치를 인지하지 못하는 백성이었다. 오죽하면 '매장지'까지 운운하며 금방 모세의 공력 곧 하나님의 권위와 능력을 무시하였을까.

여호와께서 오늘 너희를 위하여 행하시는 구원을 보라 너희가 오늘 본 애
굽 사람을 영원히 다시 보지 아니하리라 여호와께서 너희를 위하여 싸우
시리니 너희는 가만히 있을지어다(출 14:13-14).

이 장면 내러티브만 하여도 굉장히 친숙하고 친밀한 단면을 보여 주고
있다. 극도로 불안해하는 인간에게 보여 준 최상의 친밀감이다. 앞에는 홍
해 뒤에는 애굽의 추격군, 모두 죽음을 생각할 때 "너희는 가만히 여호와
의 하는 일을 보라" 이는 "너희는 아무 걱정하지 말아라, 그리고 아버지가
하는 일을 보아라"는 메시지와 같다. 이보다 더 친밀한 신의 목소리를 들을
수 있겠는가? 모세를 통하여 말씀하신 것이지만 여호와 신의 음성이었다.

이스라엘 백성은 애굽의 노예민족으로서 히브리 족속이란 이름으로 통
칭하여 불리고 있었다. 하지만 모세가 '하나님의 산' '시내 산'에서 하나님
을 만난 후에야 이스라엘 백성은 '내 백성'으로 불리기 시작하였다. 즉 십
계명 '언약 관계'가 체결된 후에야 백성이 되었다. 이는 앞장에서 몇 번 언
급하였듯이 하나님 나라의 조건을 갖추어 가기 위한 준비를 본격적으로
전개하기 시작한 때이기 때문이다. 영토, 백성, 주권이 모두 이루어지기 위
한 준비를 시작한 때이기도 하였다. 히브리 민족이란 선을 넘는 사람들,
이민자들이란 뜻을 가지는데 이들은 아직 정체성을 지니지 못한 그냥 출
애굽 한 무리에 지나지 않았다. 하지만 시내 산에서의 관계 맺기로 필경은
하나님의 품으로 들어와 '내 백성'이라 불리는 '하나님의 백성'이 되었다.

2) 역사 밖의 하나님(다스리시는 하나님)

(1) 역사의 주관자로 역사하시는 하나님

필자는 Ⅲ장에서 출애굽기 전 과정과 광야 생활을 통해 보이신 하나님의 속성을 다음과 같이 파악하였다.

첫째, 일과 예배를 동일하게 보신 하나님

둘째, 순종을 절기보다 중하게 보신 하나님

셋째, 약속을 중히 여기신 하나님

넷째, 늘 백성들의 목소리에 귀 기울이신 하나님

다섯째, 우상을 철저히 금하신 하나님

여섯째, 어떤 방식으로든 자신을 알게 하신 하나님

이제는 오늘을 사는 우리가 기다리고 기대하는 하나님은 어떤 분이신가 하는 것을 출애굽기의 교훈을 통하여 접근해보고자 한다. 이 책을 쓰게 된 목적 또는 주제와 상관된 부분이다.

먼저 역사의 주관자 되시는 하나님으로 지금도 역사하심을 믿는다. 애굽의 속박으로부터 이스라엘 백성을 인도하여 낸 사건들과 그 사건들의 전 역사가 매우 극적인 방식으로 서술되었다. 그것은 모세와 바로의 날카로운 대립으로 시작되었지만, 머잖아 바로와 이스라엘 하나님 사이의 대결로 드러나고 있다.[7] 그런데 이런 대결 국면 가운데서도 하나님은 바로와

---

7   롤프 렌토르프, 하경택 역, 위의 책, 126.

그의 백성들까지 자신에게 돌아오기를 기다리고 있었다. 대결은 자존심 싸움처럼 보였다. 모세를 통한 하나님의 능력을 바로 왕국의 요술사들도 할 수 있다고 믿거나, 꼬투리를 찾기 위하여 재앙을 언급한 시간이 정확히 언제인가를 따져 그것이 일어난 시간을 따졌다. 심지어 재앙이 이스라엘 백성의 거주지에서도 일어났는지 일어나지 않았는지를 알아보도록 지시한다. 자기 백성들의 피해를 먼저 살펴야 할 왕이 할 일을 제쳐두고 "저들의 집에는 과연 재앙이 내리지 않았는지 알아보라" 하는 명령은 정상적이지 않다. 이는 바로 자신이 애굽의 만신전 신들과 모든 잡신을 대표하는 대표성을 지니면서 아직 잘 알지 못하는 야훼에 대하여 자존심을 내세우고 싶었기 때문이다. 한마디로 자존심 싸움이다.

점점 고조되고 증가하는 재앙 속에서 더욱 첨예화되는 투쟁은 무엇보다 한 가지 목표 때문이었다. 그것은 바로 자신도 야훼를 인정하게 만들기 위함이었다. 성서의 기록에도 바로는 모세와 아론에게 야훼를 알지 못한다고(출 5:2) 신경질적으로 답한다. 이 순간 사용한 단어는 '히브리인의 하나님'이었다. 즉 이민족들 또는 선을 넘는 이민자, 주변인 또는 이방인이란 개념이 포함된 단어가 히브리인이었다. 그러므로 하나님은 이스라엘 조상의 하나님을 넘어 다양한 민족과 백성들, 주류가 아닌 비주류 민족들의 하나님 되심을 지속하여 가르치고 있다. 심지어 역사 속 주류 국가와 민족까지도 회개 또는 깨달음을 통해 야훼 인정을 말하고자 함이 출애굽기 속 부가적 주제로 사용되고 있다. 낮은 자들의 하나님이 강한 자들의 하나님도 된다는 사실이다.

다음으로 애굽으로부터 이스라엘 백성을 이끌어 내신 사건이 히브리 성서의 전통 속에 보존되어 온 '가장 중요한 측면'은 이와 같다. 이스라엘 역사 속 일어난 사건들 가운데 이런 약자의 하나님이 강자의 하나님도 된다는 기본적인 사실이다. 이를 통하여 야훼 한 분만이 하나님이시며, 그는 자기 백성을 언제 어디서든 이끄시며 모든 곤경 속에서 건지신다는 사실이다. 그리하여 역사의 주관자 되신 하나님은 오늘날에도 우리 인간과 함께 계셔 환란(죄) 중에 우리를 구하는 분이시라는 사실을 확인하며 살기를 원하신다. 역사의 기억 속에 있는 하나님이 아니라 역사와 함께 존재하는 하나님으로 기억될 때 인류에게 보편의 하나님이 되신다.

출애굽 사건은 이스라엘 민족에게 애굽에서의 종살이 탈출만을 의미하지는 않는다. 민족 개념의 시작으로서의 역사가 지속된 사실을 내포한다. 과거 조상들이 살았던 하지만 그들의 소유가 되지 못하였던 그 땅이 신의 '약속' 가운데 그들의 땅이 되어야 한다는 소망으로 그곳을 향하게 하였다. 이스라엘 백성의 신앙 고백적 표현 속에 하나님의 행동은 다음과 같이 묘사되고 있다. 하나님은 이스라엘을 '강한 손과 펴신 팔' 그리고 '큰 표징과 이적들'로 고통 가운데서 건져내셨고 미리 약속한 그 땅에 들어가게 하셨다.

> 여호와께서 모세에게 이르시되 이제 내가 바로에게 하는 일을 네가 보리라 강한 손으로 말미암아 바로가 그들을 보내리라 강한 손으로 말미암아 바로가 그들을 그의 땅에서 쫓아내리라 하나님이 모세에게 말씀하여 이르시되 나는 여호와이니라 내가 아브라함과 이삭과 야곱에게 전능의 하나님으로 나타났으나 나의 이름을 여호와로는 그들에게 알리지 아니하였고 가나안 땅 곧 그들이 거류하는 땅을 그들에게 주기로 그들과 언약하였더니 이제 애굽 사람의 종으로 삼은 이스라엘 자손의 신음소리를 내가 듣고 나의 언약을 기억하노라(출 6:1-5).

성서의 내러티브를 요약하면 (하나님의 존재감→확신→여호와의 백성됨→조상과 맺은 언약의 실천→구원)이란 흐름을 이해하게 된다. 문단의 주제는 '구원'이며 제재는 '언약'과 '이름'이다. 출애굽기의 주제와 제목이 이에 담겼다.

필자가 본서를 쓰게된 목적도 출애굽을 경험한 역사와, 기자(記者)가 정리하여 기술한 시점의 역사가 다를 수 있다는 점에 착안한 것이다.[8] 그리하여 결론처럼 얻게 된 가치는 출애굽의 역사가 오늘의 우리에게도, 주제가 오늘을 사는 우리에게도, 동일하게 적용될 수 있다고 보는 것이다. 한마디로 '역사 속 하나님이 존재의 하나님으로' 우리 가운데 거하신다는 사실이다.

> 내가 너희를 여러 나라 가운데서 인도하여 내고 여러 민족 가운데서 모아 데리고 고국 땅에 들어가서 맑은 물을 너희에게 뿌려서 너희로 정결하게 하되 곧 너희 모든 더러운 것에서와 모든 우상 숭배에서 너희를 정결하게 할 것이며 또 새 영을 너희 속에 두고 새 마음을 너희에게 주되 너희 육신에서 굳은 마음을 제거하고 부드러운 마음을 줄 것이며 또 내 영을 너희 속에 두어 너희로 내 율례를 행하게 하리니 너희가 내 규례를 지켜 행할지라 내가 너희 조상에게 준 땅에서 너희가 거주하면서 내 백성이 되고 나는 너희 하나님이 되리라(겔 36:24 –28).

---

8   이스라엘의 역사 가운데 위기와 환란의 순간 그들을 지켜내고 용기를 준 것은 여전히 하나님의 약속을 상기하는 일이었다. 바벨론 포로 시기는 이를 상기할 수 있는 유력한 기회였다. 예레미야와 에스겔은 이 시대를 대변하는 선지자라 할 수 있다. 그리고 여호와께서 자기 백성을 위하여 계획하셨던 종말론적 구원이었다.
"이스라엘의 하나님 여호와께서 이와 같이 말씀 하시니라 내가 이곳에서 옮겨 갈데아인의 땅에 이르게 한 유다 포로를 이 좋은 무화과 같이 잘 돌볼 것이라 내가 그들을 돌아보아 좋게 하여 다시 이 땅으로 인도하여 세우고 헐지 아니하며 심고 뽑지 아니하겠고 내가 여호와인 줄 아는 마음을 그들에게 주어서 그들이 전심으로 내게 돌아오게 하리니 그들은 내 백성이 되겠고 나는 그들의 하나님이 되리라"(렘 24:5-7).

예레미야와 에스겔을 통하여 보여준 예언의 전승과 연결성은 여호와의 언약이 언제 어느 때나 동일하게 보편적으로 적용된다는 사실이다. 그리고 출애굽기 문서화 기록의 시점도 이해하는 단서를 제공한다. 시내 산에서 토라 신앙의 기본인 십계명을 선포하는 첫머리에 하나님은 자신을 다음과 같이 소개한다.

나는 너를 애굽 땅, 종 되었던 집에서 인도하여 낸 네 하나님 여호와니라.

이 말씀의 취지를 애굽 땅에서 '인도하여 낸'이란 동사에만 주목하기 쉽다. 하지만 우리가 주목해야 하는 핵심 중의 핵심 된 구절은 "나는 네 하나님 여호와니라"고 한 단호하고도 선언적인 역사적 명제이다. 이 명제가 역사적이라는 사실은 역사 속에서 한 번도 제외되거나 어긋난 적이 없기 때문이다. 애굽에서도, 로마에서도, 골고다에서도, 아우슈비츠에서도, 일제 치하 나아가 지금 우리가 선 자리에서도 동일하게 적용되는 역사적 명제라는 사실이다.

요셉의 삶 속에서 예수그리스도의 생애를 미리 경험한 바가 있지만 약 1300여 년의 시차를 뛰어넘는 형상기억처럼 떠올리게 한다. 인간의 역사 가운데 거하시는 하나님은 오직 한 가지 뚜렷한 목적을 위하여 초월하는 희생을 선보이셨다. 이는 역사의 주관자로서 인간의 죄악마저 사하신다는 사실을 강조하고 있다.

바로가 그의 신하들에게 이르되 이와 같이 하나님의 영에 감동된 사람을 우리가 어찌 찾을 수 있으리요 하고 요셉에게 이르되 하나님이 이 모든 것을 네게 보이셨으니 너와 같이 명철하고 지혜 있는 자가 없도다. 너는 내 집을 다스리라 내 백성이 다 네 명령에 복종하리니 내가 너보다 높은 것은 내 왕좌뿐이니라(창 41:38-40).

요셉에게서 본 인생의 굴곡은 그가 원해서 누린 것이 아니었다. 그의 꿈, 그의 고난, 그의 영광도 그가 원해서 이루어진 것은 하나도 없다. 종으로 팔려가기를 원하는 사람도 없을 것이며 억울하게 강간미수죄의 누명을 쓰고 감옥에 갇히기를 원하는 사람도 없을 것이다. 하지만 역사의 주관자인 하나님은 그의 설계대로 요셉을 살게 하였다. 예수그리스도도 마찬가지다. 채찍에 맞고, 십자가를 지고, 못 박히기를 원하는 사람은 없겠지만 역사의 주관자이신 하나님은 예수그리스도를 죽게 함으로 인류를 살리는 구원 계획을 이루셨다. 이 모든 사실은 역사의 설계자이신 하나님의 뜻이었다. 그러므로 출애굽 사건은 일회성 사건이 아닌 상징과 대표성을 띤 신과 인간의 '관계 맺기' 사건이며 예수그리스도의 십자가 사건도 하나님 나라 확장을 위한 공동체 형성의 과정으로 '새로운 언약' 체결 방식이었다. 한 마디로 프랙털 구조로 이해가 가능하다.

노아 홍수 사건, 소돔성 사건, 그리고 출애굽 사건 등에서 보인 하나님의 구원 방식과 예수 십자가 사건 이후의 구원 방식은 완연히 달랐다. 현대적 표현으로 아날로그 방식에서 디지털 방식으로 바뀐 것이다. 과거 역사 속에서 함께 하시되 무한 능력으로 인간의 접근을 허락지 않으며 거리감이 있어 보였다면, 예수그리스도의 오심으로 신과 인간의 동거가 시작되었다. 그리하여 당연히 신의 구원 방정식이 고차원에서 이차방정식 정도로 훨씬 단순해졌다. 굳이 수학적 이해로 접근한다면 근의 공식을 쓰지 않아도 완전제곱 꼴 형식의 방정식으로 해가 도출되도록 이루어졌다. $(x-s)^2=0 \therefore x=s$ 라는 등식으로 단순화된 것이다. 구원(S)은 예수그리스도(X)를 믿으면 된다는 단순 논리로 인간에게 확신을 주었다. 그러므로 인간은 여호와 하나님을 만나기 위하여 굳이 신의 산인 '시내 산'을 찾아 올라갈 필요가 없어졌고, 법궤가 있는 예루살렘 성전까지 갈 필요가 없어진 것이다. 역사 속에 내주 하신 그분(X)을 주로 시인하여 믿으면, 또 가까이 있는 교회에서 예배하며 예수가 구주심을 믿으면 언약 백성이 되는 것이다. 그분 하나님이 역사 속에 지금도 계시고 역사의 주관자이기 때문에 가능한 일이다.

(2) 공평과 정의를 실현하시는 하나님

하나님은 처음으로 자신이 여호와란 사실을 출애굽 과정에서 이스라엘 백성들에게 가르쳐 주었다(출 6:6). 인연의 고리로 계속 이야기하는 그들의 조상 아브라함과 이삭과 야곱에게도 가르쳐 주지 않은 이름이었다(출 6:2-3).

> 그러므로 이스라엘 자손에게 말하기를 나는 여호와라 내가 애굽 사람의 무거운 짐 밑에서 너희를 빼내며 그들의 노역에서 그들을 건지며 편 팔과 여러 큰 심판들로써 너희를 속량하여 너희를 내 백성으로 삼고 나는 너희의 하나님이 되리니 나는 애굽 사람의 무거운 짐 밑에서 너희를 빼낸 너희의 하나님 여호와인 줄 너희가 알지라(출 6:6-7).

인간은 모두 하나님의 백성이다. 히브리 노예들도 하나님 백성임을 천명하셨다. 세상의 모든 종교는 지배층을 위한 종교다. 그러므로 그들의 신도 지배층을 위한 신일 수밖에 없다. 하지만 여호와 하나님은 분명 낮은 자의 하나님이셨다. 하지만 그 사실만으로 굳어졌다면 하나님도 공평하신 하나님이 아니라 일부를 위한 하나님이었을 것이다. 하지만 출애굽기 성서 내내 보여 주신 그분은 모두의 하나님으로 자처하셨다. 모두의 하나님으로 불리기를 원하셨다. "세상이 여호와께 속한 줄 바로 왕도 알게 하는 것”(출 9:29)이었다. 열 가지 재앙이 애굽 왕과 백성에게 내릴 때, 애굽이라 함께 거주하는 도시에서도, 애굽 백성들의 마을에만 임하고 이스라엘 백성들의 마을에는 임하지 않았다는 사실은 무엇을 말함인가? 애굽 백성은 야훼 신이 사랑하지 않았기에 재난을 당하였다고만 생각하면 답이 없다. 하나님이 하시는 일의 의미를 찾는 것이 아니라 선악의 논리로 단죄하는 것 외 아무것도 아니기 때문이다. 여호와 하나님은 기복 신이 아니라 공평하신 하나님이다. 다른 방식으로 나라와 민족을 다스리신다.

하나님 나라의 통치 원리는 '공평'(미슈파트)과 '정의'(체다카)로 이야기할 수 있다.[9] 그리고 하나님께서 아브라함을 택하신 이유도 하나님의 공평과 정의를 실행하게 하려 함이었다.[10] 이는 매우 중요한 분석이다. 아브라함을 택하신 것은 이스라엘 민족의 구원과 하나님 나라를 위한 근거지 마련이라고 할 수 있지만, 아브라함과 맺은 언약 자체가 공평과 정의의 언어로 채워져 있다.

> 내가 네게 보여 줄 땅으로 가라 내가 너로 큰 민족을 이루고 네게 복을 주어 네 이름을 창대하게 하리니 너는 복이 될지라 너를 축복하는 자에게는 내가 복을 내리고 너를 저주하는 자에게는 내가 저주하리니 땅의 모든 족속이 너로 말미암아 복을 얻을 것이라 하신지라(출 12:1-3)[11]

메소포타미아의 약소한 족장 아브라함에게 내린 언약과 축복의 언어는 단지 약소 부족만을 사랑해서가 아니라 그들을 중심으로 복과 구원의 진리를 가르치려 함이었고, 복의 근원인 예수그리스도를 나게 하실 것을 계

---

9   개역 개정판, 시 97:2, 렘 9:23.
10   개역 개정판, 창 18:18-19.
11   개역 개정판, 창 12:1-3.

획하였기 때문이었다. 또한 "땅의 모든 족속이 아브라함으로 말미암아 복을 얻을 것이라", 축복한 사실이 공평을 실천하기 위한 하나님의 뜻이었음을 선언하고 있다. 이런 사실은 성서 전체를 관통하는 가르침이다. "너를 축복하는 자에게는 내가 복을 내리고 너를 저주하는 자에게는 내가 저주하리니", 이 말씀처럼 정의로운 표현도 드물 것이다. 인과응보의 원리며 평화를 유지하기 위한 기본 원리이다.

다윗 왕의 통치 원리도 공평과 정의였고[12] 수많은 선지자의 경고도 화려한 예배가 아닌, 하나님 나라의 통치 원리인 공평과 정의가 사라진 신앙공동체에 대한 질타였다.[13] 아울러 구약의 예언대로 예수께서는 인간의 몸을 입고 세상에 오셔서 공평과 정의를 실천하셨다.[14] 예루살렘의 화려한 성전에 수많은 이스라엘 백성이 모여들었지만, 하나님 나라의 통치 원리인 공평과 정의와 사랑이 무너지고, 성전에서 돌봐야 할 과부의 마지막 생활비까지 탈탈 털어가는 예루살렘 성전 종교지도자들의 탐욕과 불의를 질타하였다. "돌 하나도 돌 위에 남지 않고 다 무너뜨려지리라"[15]고 경고하신 예수의 말씀을 기억해야 할 것이다.

> 주의 성령이 내게 임하셨으니 이는 가난한 자에게 복음을 전하게 하시려고 내게 기름을 부으시고 나를 보내사 포로된 자에게 자유를, 눈먼 자에게 다시 보게 함을 전파하며 눌린 자를 자유롭게 하고 주의 은혜의 해를 전파하게 하려 하심이라(눅 4:18-19).

---

12 개역 개정판, 삼하 8:15.

13 개역 개정판, 사 1:16-17; 5:7; 미 6:6-8.

14 개역 개정판, 렘 23:6-7.

15 개역 개정판, 눅 20:45-21:6.

예수의 가르침은 복음의 원리인 공평과 정의를 이 땅에 실현하기 위한 것이었다. 형태는 조금 다르지만 이런 원리 이런 말씀은 이미 성서 창세기와 출애굽기에서도 기술되어 있다. 요셉의 유언도 의미는 같다.

> 당신들은 나를 해하려 하였으나 하나님은 그것을 선으로 바꾸사 오늘과 같이 많은 백성의 생명을 구원하게 하시려 하셨나니 당신들은 두려워하지 마소서 내가 당신들과 당신들의 자녀를 기르리다"(창 50:20-21).

> 세계가 다 내게 속하였나니 너희가 내 말을 잘 듣고 내 언약을 지키면 너희는 모든 민족 중에서 내 소유가 되겠고 너희가 내게 대하여 제사장 나라가 되며 거룩한 백성이 되리라(출 19:5-6).

축복의 메시지이지만 결국은 공평과 정의를 가르치는 '은혜의 해'를 주고자 하였다.

공평과 정의를 이 땅에서 실천하는 구체적인 방법은 여러 가지가 있겠지만 부채 탕감, 노예해방, 토지에 대한 권리 회복 등을 들 수 있다. 이것이 바로 일곱 번째 안식년과 함께 선포되는 '희년'(Jubilee)에 행하는 '주의 은혜의 해'다. 이에 대한 원리를 가르친 것도 출애굽기서의 시내 산 언약과 안식일과 안식년 규정에서부터였다.

> 너는 여섯 해 동안은 너의 땅에 파종하여 그 소산을 거두고 일곱째 해에는 갈지 말고 묵혀 두어서 네 백성의 가난한 자들이 먹게 하라 그 남은 것은 들짐승이 먹으리라 네 포도원과 감람원도 그리할지니라 너는 엿새 동안에 네 일을 하고 일곱째 날에는 쉬라 네 소와 나귀가 쉴 것이며 네 여종의 자식과 나그네가 숨을 돌리리라(출 23:10-12).

안식은 단순한 쉼을 의미하는 것이 아니었다. 사람이든, 가축이든, 땅이든 그리고 사람도 자식이든, 종이든, 나그네든 차별을 두지 말고 모두 같은 입장이 되어 안식하게 하라는 것이다. 심지어 땅을 경작하지 않아 저절로 자라서 맺은 곡식도 절대로 거둬들이지 않았으며, 가난한 이들이 먹을 만큼 가져가도록 하였다. 이처럼 참된 안식은 공평과 정의로 광야 생활을 하는 히브리 민족, 이스라엘 민족과 잡족, 모두 하나가 되는 장치를 마련하였다. 나아가 몸과 마음을 안식하게 하기 위해서는 부채가 탕감되며 종도 자유 함을 얻고, 인간적인 권리가 회복될 때라야 진정한 안식을 얻게 된다고 보았다. '공평'과 '정의' 곧 은혜의 해가 완벽하게 해결되는 하나님의 방법이 출애굽 백성들로부터 실현되었다. 이처럼 우리가 기다리는 역사의 주관자 하나님은 공평과 정의를 실현하시는 하나님이다. 이 시대에 너무나 필요한 전능하신 하나님의 모습이다.

(3) 작은 호흡도 기억하시는 하나님

-이어령 '어떤 개인 날' 전문 -

태양은 혼자의 힘으로 빛나는 것은 아니다

비나 구름 그리고 어둠과 함께 있을 때

빛은 비로소 빛이 된다

사막의 모래알을 비출 때 태양은 저주지만

풀잎 이슬 위로 쏟아지면 축복이다

태양이 이슬에 젖는 순간마다 태양빛은 새로워진다

하나님은 우리에게 밤을 주신 것이 아니라

밤을 통해서 새벽의 빛을 주신 것이다

하나님은 우리에게 홍수를 주신 것이 아니라

홍수로 인해 아름다운 무지개를 주신 것이다

하나님은 우리에게 죽음을 주신 것이 아니라

죽음으로 하여 아름다워지는 생명을 주신 것이다

태양은 흑점의 어둠이 있어 빛나는 것이다

하나님을 안다는 것은 물음표의 삶에서 느낌표의 삶으로의 전환이라고 하였다. 이를 다양하게 해석하여 변용하는 경우가 많다. 이어령 교수는 말년의 신앙고백을 이처럼 하였다.

> 의문은 지성을 낳고, 믿음은 영성을 낳는다고 했다. 그는 "질문은 의문이다. 그러나 물음표에 느낌표가 따르지 않으면 빈 깡통이 된다. 그리스인들은 그 느낌표를 얻기 위해 철학을 했다. 그리스 말로 '타우마제인'이라는 게다. 물음표는 지성이고 느낌표는 감성이요 영성이다. 나는 물음표와 느낌표 사이를, 그 문지방 사이를 아직도 헤매고 다닌다"[16]

출애굽 백성의 광야 행진 중에 가장 감동적인 장면은 개인적으로 다를 수 있지만, 하나님께서 모세의 기도로 노여움을 풀고 백성들에게 재차 십계명 돌판을 내려 주시는 부분이다. 출애굽기 내러티브가 드라마틱하고 장엄한 감동을 주고 있지만, 말씀이 다수의 약소민족 국가 백성들에게 희

---

16 이어령,『메멘토 모리』(서울: 열림원, 2022), 93.

망을 주었던 것은 분명하다. 우리 민족도 마찬가지다. 출애굽의 감동이 한으로 응어리진 한민족에게 일제의 박해를 견딜 수 있게 하는 힘을 주었다. 그리하여 일제는 아예 출애굽기 설교를 못 하게 강요하였다. 첫 번째 십계명을 내려 주시며 하나님은 "나는 너를 애굽 땅, 종 되었던 집에서 인도하여 낸 네 하나님 여호와니라"고 하셨다. 이 말씀만으로도 벅찬 감동을 받는다. 하지만 히브리 백성들은 하나님이 가장 싫어하는 금송아지 우상을 만들었다. 종 되었던 그들에게 자유를 주고 사람답게 살 수 있도록 하였지만 신을 배신하였다. 모세는 노하여 여호와 신이 직접 쓴 언약의 돌판을 던져 부숴버렸다. 그럼에도 변함없으신 여호와 하나님은 다시 언약을 세워주셨다.

> 여호께서 이르시되 보라 **내가 언약을 세우나니** 곧 내가 아직 온 땅 아무 국민에게도 행하지 아니한 이적을 너희 전체 백성 앞에 행할 것이라 네가 머무는 나라 백성이 다 여호와의 행하심을 보리니(출 34:10).

백성이 반역하고 모세가 던져 깨뜨려버린 언약의 돌판을 다시 써 만들어 주시면서도 처음처럼 언약을 '다시 세운다' 하지 않았다. 출애굽기 기자의 의도일지라도 주목해 볼 만한 대목이다. "내가 언약을 세우나니" 즉 처음처럼 말씀하였다. 용서하고 부담도 주지 않으면서 변함없는 사랑으로 백성을 가르치고 있다. 출애굽 후 백성들이 직면하게 되는 다양한 상황에서 하나님이 일하시는 방식과 내용을 보면 인간의 미세한 행동과 생각까지 헤아리시고 처방하신다는 것을 알 수 있다. 홍해를 건너가기 전 장면에서도 드러난다.

바로가 가까이 올 때에 이스라엘 자손이 눈을 들어 본즉 애굽 사람들이 자기들 뒤에 이른지라 이스라엘 자손이 심히 두려워하여 여호와께 부르짖고 그들이 또 모세에게 이르되 애굽에 매장지가 없어서 당신이 우리를 이끌어 내어 이 광야에서 죽게 하느냐 어찌하여 당신이 우리를 애굽에서 이끌어 내어 우리에게 이같이 하느냐 우리가 애굽에서 당신에게 이른 말이 이것이 아니냐 이르기를 우리를 내버려 두라 우리가 애굽 사람을 섬길 것이라 하지 아니하더냐 애굽 사람을 섬기는 것이 광야에서 죽는 것보다 낫겠노라(출 14:12).

이 장면에서 드러난 인간의 심리는 유치하고도 진득하지 못하며 이기적이다. 물론 바로와 그의 군대가 추격하여 와 두려웠겠지만 이미 열 가지 재앙을 통하여 하나님이 어떻게 역사하는지 생생히 보았다. 하지만 10회에 걸친 하나님의 권능 체험으로도 확신이 서지 못한 백성들을 어떻게 보아야 할까? "매장지가 없어 우리를 끌어내어 이 험한 광야에서 죽게 하느냐?" 이게 할 소린가. 흔한 말로 어이가 없다. 하나님의 권능에 비해 의심과 불평은 일순간이고 원초적이다. "그냥 내버려 두지 차라리 종살이하는 것이 광야에서 죽는 것보다 낫겠어" "그러게 애굽에서 말한 것이 바로 이 말 아니야?" 이스라엘 백성들의 인간적인 미숙함은 '묏자리' 운운하며 "나가면 종살이보다 나아?" 하는 따위의 한계였다. 또 이는 참을성 없는 인간의 극치다. 이에 대해 모세도 약간 신경질적인 반응을 보인다. "너희는 두려워하지 말고 가만히 서서 여호와께서 오늘 너희를 위하여 행하시는 구원을 보라, 오늘 본 애굽 사람을 영원히 다시 보지 아니하리라", 그러면서 여호와의 능력 있는 지팡이로 모든 백성이 똑똑히 보는 가운데 홍해를 갈라지게 하였다. 이미 앞 장에서 이에 대한 서사구조와 홍해의 사실성에 대한 논의는 마쳤다. 홍해가 바다냐 호수냐 하는 문제가 아니라 얼마나 하나님께서 인간의 세밀한 심리까지 헤아리시고 대처하는 신이신가 하는 사실을 살필 필요가 있는 부분이다. 하나님은 변함없으신 신이란 사실을 '언약의 일관성'을 통하여 이미 경험하였다.

시내 산에서 십계명 돌판을 받은 직후 백성은 그 거룩함과 신성함에 무서워 떨었다. 모세를 통하여 내린 지시 사항은 백성이 스스로 성결하게 하고 옷을 빨고 여호와 신이 산에 강림할 때, 모세를 통하여 경계를 정하고 오르지도 말고 침범도 하지 말라고 하였다. 그리고 여인도 가까이하지 말며 여호와를 보겠다고 경계를 넘어 오르지도 못하게 하였다. 이는 여호와의 신성과 신비를 보존하기 위함이라기보다 백성들에게 하나님을 섬기는 법을 가르치기 위함이었다고 볼 수 있다. 십계명을 내려주는 시내 산 광야에서 우레와 번개와 나팔 소리와 산의 연기를 보며 떨고 있었을 때 하나님을 두려운 존재로 인식하였다. 이때 하나님은 "두려워하지 말라 너희를 시험하고 너희의 존재를 경외하여 서로 범죄 하지 않게 하려 하노라"고 모세를 통하여 가르치고 있다. 하늘로부터 자신의 신적 존재를 확인시킨 다음 "금이나 은으로 우상을 만들지 말고 번제와 화목제를 드리며 여호와를 기념하게 하는 모든 곳에서 백성들에게 복을 내릴 것"(출 20:23-24)임을 약속하였다. 그리고 그 약속은 어김없이 지켜진다. 이것이 출애굽기를 통하여 파악할 수 있는 하나님의 속성이다. 번제의 진실성과 화목제의 관계성은 인간에 대한 여호와 하나님의 세밀한 관심이며 사랑의 표현이었다. 그리고 이를 광야에서 체험케 하였다.

(4) 인류애를 보이시는 하나님

출애굽기에 나타난 하나님의 표상 가운데 오늘날까지 역사 속에 변함없이 간직하는 기억은 인간 가운데서 인간을 찾으시고 동행하시는 야훼 하나님이다. 과거 이스라엘 족장 아브라함과 동행하셨고 가나안에 정착케 하였으며, 위기와 환란 때마다 피할 길을 마련해 주셨고 살아갈 방도를 마련해 주셨다. 창세기와 출애굽기가 하나의 책으로 연결되는 긴 내러티브(서사)로 이어지며 얻게 되는 교훈은 '약속'과 '동행'이라고 하여도 과언이 아니다. 이는 책의 기자가 이스라엘 민족의 환란기에 기술하였을 가능성이 크다는 사실을 의미한다. 학자들은 대략 B.C. 6세기 바벨론 포로기를 상정하는데 어쨌든, 민족의 수난기에 민족의 단합과 왕조의 회복을 꿈꾸며 정신적 지주 역할을 할 역사적 사건을 여호와 하나님의 섭리와 함께 신앙하도록 서술하였다고 본다. 물론 모세에 의해 구술 되어진 내용을 자녀 교육용과 제의용으로 재구성하여 문서화하였다고 본다. 출애굽기의 전체 40장 가운데 절반 이상, 20장 넘게 회막(성막)과 제사 규정으로 이루어져 있다. 이는 포로기 바벨론에 잡혀간 최고 지식인 제사장 그룹에 의해 완성되었음을 말해주고 있다. 또 제사와 성막 규정의 수많은 도구와 소재, 물품들이 바벨론에서 보았거나 당시에 사용되었던 소재로 구성되었음을 통하여 알 수 있다. 출애굽 당시의 물품과는 거리가 있다.

성서의 시작에서 이름들에 이르기까지 가장 자주 사용된 서술어 중 하나는 "함께 하시니"라는 어구이다. 신과 인간의 관계는, 절대적인 힘과 권위로 필요를 채우시는 분과 순종하는 인간의 상호존중이다. 안식일을 거룩하게 지키라고 명한 것도 상호존중의 관계 설정을 위해 필요한 최소한의 규정이었다.

> 이같이 이스라엘 자손이 안식일을 지켜서 그것으로 대대로 영원한 언약을 삼을 것이니 이는 나와 이스라엘 자손 사이에 영원한 표징이며 나 여호와가 엿새 동안에 천지를 창조하고 일곱째 날에 일을 마치고 쉬었음이니라 하라(출 31:16-17).

하나님과 이스라엘 백성 사이에 맺은 언약의 표징이 '안식일'이라고 하였다. 애초에 창세기에서 하나님과 인간이 맺은 '에덴 언약'의 상징은 선악과나무 열매였다. 이를 먹고 안 먹고는 전적으로 피조 인간의 의지에 따른 것이었지만 야훼 신은 자유의지를 준 대신 선악과나무 열매는 먹지 말라는 조건을 두었다. 야훼 신은 인간과 관계 맺기를 하면서 가장 쉬운 조건을 주지만 인간은 스스로 언약 관계를 무색하게 하였다. 그 모습 가운데 가장 적나라한 사실이 '시내 산 금 송아지 사건'이었다. 창세기에서 에덴 언약을 어기고 영원히 추방당한 인간의 한계와 시내 산 광야에서 여호와를 배신한 인간을 보면서 여호와께서는 수시로 언약의 표징을 확인할 필요를 느꼈다. 이를 위한 다짐이 안식일과 예배였다. 안식일 규정을 둠으로써 인간은 여호와께서 늘 함께, 동행함을 확증하고, 하나님은 인간의 순종과 약속 이행이라는 믿음을 확인할 수 있었다. 일주일 단위의 표징, 그 약속의 신뢰성이 안식일이었다. 그러므로 안식일 규정과 오늘날 성수 주일은 하나님의 백성이 지녀야 할 의무이며 관계 맺기의 징표라고 할 수 있다. 그리고 하나님의 의지와 동행을 깨닫는 시간이기도 하다. 두 번째 돌판을 받기 전 모세는 여호와와 대화하는 장면이 나온다. 주목할 필요가 있다.

> 모세가 급히 땅에 엎드려 경배하며 이르되 주여 내가 주께 은총을 입었거든 원하건대 주는 우리와 동행하옵소서 이는 목이 뻣뻣한 백성이니이다 우리의 악과 죄를 사하시고 우리를 주의 기업으로 삼으소서 여호와께서 이르시되 보라 내가 언약을 세우나니 곧 내가 아직 온 땅 아무 국민에게도 행하지 아니한 이적을 너희 전체 백성 앞에 행할 것이라 네가 머무는 나라 백성이 다 여호와의 행하심을 보리니(출 34:8-10).

성서의 본문에서 모세의 간구는 백성들을 대신한 간구로 동일한 소원을 여호와께 아뢰고 있다. "주는 우리와 동행하옵소서", 어쩌면 이 말은 큰 죄를 저지른 출애굽 백성을 대신해 드릴 기도는 아니다. "이 백성을 용서하여 주옵소서"라고 해야 맞다. 하지만 이미 이 기도는 금송아지 사건 직후 드렸다. 그리고 '동행'을 이야기한다. '동행'은 백성들이 길이 살길이기 때문이다. 그리고 하나님의 응답은 "아무에게도 행하지 아니한 이적을 너희에게 행할 것이다. 그리고 네가 머무는 나라 백성이 다 여호와의 행하심을 볼 것이다"

이처럼 미래지향적으로 '동행'과 '함께함'을 동시에 언급하고 있다. 여호와는 그의 백성 이스라엘 민족에게 동행을 약속하였지만, 이는 모든 세상 사람을 사랑하시는 하나님의 약속이었다. 우리가 바라는 하나님이며 우리가 현재도 함께 하는 하나님이다. 여호와 하나님이 이스라엘 백성들을 평가한 표현은 "목이 뻣뻣한 백성"이었다(출 32:9). 이는 그들만이 아니라 인간에 대한 평가이기도 하다. 목이 뻣뻣하다는 말의 뜻은 '교만하여 고집이 세고 마음이 완고하다'는 뜻을 내포하고 있다. 이미 애굽 왕 바로에게서 파악한 여호와의 평가이기도 하다. 이런 평가가 이스라엘 백성들에게도 동일하게 적용될 수 있다는 것은 인간의 기본 소양이라는 것을 말하고 있다. 그러면서 "네가 머무는 나라 백성이 다 여호와의 행하심을 보리라"는 축복의 메시지도 매우 중요하다. 이스라엘 백성이 아니라 이들이 머무는 나라 백성들이 모두 여호와의 행하심을 보게 될 것이라는 약속은 매우 포괄적이다. 이스라엘 백성과 관계하는 모든 나라 백성들이 다 여호와의 행하심을 보게 될 것이라는 약속은 이 세상 모든 나라와 백성을 대신하는 대유법적 표현이다. 결국, 인류와의 동행을 의미한다. 인류애다.

시내 산을 떠나라고 명하시면서 하나님은 모세에게 용기를 주기 위하여 여러 말씀으로 위로를 주었다. 어리석은 백성을 인솔하는 것이 힘들어

포기하고 싶었던 모세와 언약의 성취를 위하여 백성을 가나안으로 인도하고자 하는 하나님 사이의 대화는 동행의 단적인 면을 보여 주고 있다.

이 족속을 주의 백성으로 여기소서(출 33;13).

내가 친히 가리라 내가 너를 쉬게 하리라(출 33:14).

이 두 문장은 하나님과 인간 사이의 가장 아름다운 관계와 영속할 언약의 결론이다.

2. 우리가 기다리는 하나님

1) 우리도 잡족 아닌가?

세상에 잡초라는 것이 어디 있나요. 인간이 필요하면 이름 붙이고 필요 없으면 잡초라고 부릅니다. 나에게 중요한 새는 새 이름을 붙이고, 아닌 새는 잡새라고 하죠. 잡(雜)이라는 게 인간의 입장에서 그렇다는 거지요.[1]

이미 본서의 전문에서 모세와 함께 출애굽 한 잡족을 언급하며 다룬 내용이다. 랄프 에머슨(Ralph W. Emerson 1803-1882))[2] 시인의 표현은 자연과 인간의 가치를 발견하여 신이 허락한 피조물의 본질을 살피라는 귀한

---

1   이어령,『메멘토 모리』(서울: 열림원, 2022), 158.
2   7대에 걸쳐서 성직(聖職)을 이어온 개신교 목사의 집안에서 태어나 8살 때 아버지를 여의고 고학으로 하버드 대학 신학부를 졸업하였다. 1821년, 하버드 대학교 졸업반 때, 그는 새로운 독일 철학자들을 반박하고 토머스 리드와 듀갈 스튜어트를 옹호함으로 상을 수여 받았다. 졸업 후 1829년 반 삼위일체적 개신교회인 유니테리언 보스턴 제2교회의 목사가 되었으나, 에머슨의 자유스런 입장에 대해 교회가 반발하여 1832년 사임하였다. 그는 성찬의식이 성경에 따른 그의 해석의 결과로 보아 현대 교회가 지켜야 할 의무사항이 아니라고 주장하며 목사직을 사임하였다. 에머슨은 동양 사상에 밝아 청교도의 기독교적 인생관을 비판하는데, 편협한 종교적 독단이나 형식주의를 배척하고, 자신을 신뢰하며 인간성을 존중하는 개인주의적 사상을 주장하여, 자연과 신과 인간은 궁극적으로는 하나로 돌아간다는 범신론적인 초월주의 철학 입장에 섰다. 그는 세속을 싫어하고 구애되지 않은 자연 속에서 사색을 쌓아 '문학적 철인'이라고 추앙받기도 하였으며, 그의 이상주의는 젊은 미국의 사상계에 큰 영향을 끼쳤다.

가르침을 주고 있다. 잡초는 쓸모없는 풀이 아니라 단지 '가치가 아직 발견되지 않은 식물'이라는 정의는 인간에게도 그대로 적용될 수 있는 미덕 (virtue) 임에 틀림이 없다. 세상에 잡초가 어디 있겠는가. 인간과의 관계성이 아직 발견되지 않아 이름을 붙이지 않았을 뿐이다.

　애굽에서 이스라엘 백성들과 함께 출애굽 한 잡족들의 구체적인 민족 구성은 성경 어디에도 역사적 자료에도 언급되지 않고 있다. 단지 이집트 18왕조 당시 이집트에 잡혀 온 전쟁 포로들로서 히타이트족이나 팔레스타인 부족 등으로 추정할 뿐이다. 왜 이들이 잡족인가? 성서 출애굽기 기자는 출애굽기가 하나님과 이스라엘 민족의 약속 이행이라는 입장에서 민족의 수난기에 제사장직을 가진 학사나 지식인에 의해 문서화된 구전 스토리텔링이기에 이스라엘 백성이 아닌 이민족에 대해 잡족이라 표현한 듯하다. 하지만 여호와는 결코 이들을 잡족으로 취급하지 않으셨다. 즉 아웃사이더가 아니라 인사이더로 인정하셨다. 이는 계명의 전달이나 법의 적용 심지어 군사적 편재를 할 때와 중간 지도자를 선발할 때도 이들은 이스라엘 백성과 똑같은 대접을 받았다. 심지어 능력에 따라 모세에게 발탁되었다. 역사나 성서의 기록에 가나안에 들어가 하나님 나라 백성으로 살아갈 때도 갈등하여 문제 되었다는 기록도 없다. 하나님의 구속 사역에 이스라엘 백성은 하나의 모델이었을 뿐 '오직'이란 말은 성립되지 않는다.

　'선민 이스라엘 백성'이란 말도 이스라엘 민족이 자존감을 위해 스스로 붙인 말일뿐이다. 선민(選民)은 약속을 대신한 표현이다. 출애굽 시점에서 이스라엘을 제외한 열방의 민족들은 잡족에 불과했다고 볼 수 있다. 하지만 차츰 다른 민족 백성들도 하나님으로부터 '내 백성'으로 불림을 받는 하나님의 백성이 되었다. 그러므로 하나님을 알기 전에는 우리도 잡족에 지나지 않았다. 하지만 복음을 받고 하나님의 축복 속에 있게 되었을 때 우리는 하나님의 백성 하나님의 꽃이 되었다.

출애굽기는 공동체에 관한 이야기다. 여기에는 하나님 나라의 복된 소식이 어떻게 고대 근동의 작은 공동체를 변화시켜 열방을 섬기게 했는지에 관한 이야기를 서술하고 있다.[3] 광야 행진의 전체적인 서술어는 '이어내어' '들어가게 하셨다'로 정리될 수 있다. 그러므로 '사동'으로 처리될 수밖에 없는 것은 여호와께서 전적으로 주도하셔서 이끄셨고, 여호와께서 약속한 장소로 들어가게 하셨기 때문이다. 히브리 백성들은 목적어일 뿐이다. 그런데 히브리인들 속에는 잡족이 포함되어 있었다. 마치 복 있는 사람과 함께 있으면 덩달아 복을 받는 것처럼 잡족들도 이스라엘 백성과 동일한 자유를 얻었고 동일한 하나님의 백성이 되었다. 이들은 조상을 통해서도 여호와를 제대로 알지 못한 백성들이었으며 이방 신을 섬기던 사람들이었다. 하지만 모세의 지도에 동참하였을 때, 나아가 여호와 신을 알게 되었을 때 잡족에서 하나님의 백성으로 거듭나게 되었다(원래는 아브라함의 뿌리일 수도 있다).

140년 전 우리나라는 소위 구한말 정치의 격동과 이양선의 출몰 등 격랑에 휩싸여 있었다. 강화도 조약 이후 점차 외세는 이권을 얻기 위해 호시탐탐 무지몽매한 국왕을 간섭하고 경제침탈을 일삼고 있었다. 안으로 세도정치로 인한 부패와 타락이 극에 달하였으며 개화당과 수구당, 친일파와 친청파 등으로 나뉘어 대립만 치열하였다. 백성들의 생활은 빈한하기 짝이 없었으며 마음 둘 곳 없이 방황하였다. 1832년 귀츨라프의 내한 이후 1885년 4월5일 언더우드와 아펜젤러 선교사가 제물포에 첫발을 디뎌 본격적인 개신교 선교의 장을 열었다. 암흑 속에 있는 조선을 일깨우고 복음을 전파하기 위하여 자신의 몸을 던졌다.

---

3   마크 글랜빌, 송동민역『하나님의 가족으로 해방 되다』(서울: 이레서원, 2023), 20.

간절한 기도 속에 작은 불씨처럼 말씀에 귀 기울이는 백성들이 늘어나기 시작하였다. 그들이 가르친 근대 학문, 그들이 고쳐 준 질병과 근대 의료, 그리하여 조선 백성은 질곡에서 깨어나기 시작하였다. 조선의 근대화, 대한제국의 광무개혁, 일제의 침탈 속에서 살려낸 국민의식도 선교사들이 전한 복음과 신문명의 덕택인 것을 인정하지 않을 수 없다. 당시 무엇보다 지구상에서 알려지지 않은 세계사의 변방 잡족에 지나지 않았던 한국을 하나님의 백성 되게 하여 기독교와 선교의 중심 국가 되게 한 것도 복음의 힘이 지대하였다. 출애굽과 광야 행진은 시내 광야에서만 이루어진 것이 아니다. '이끌어 내야 할' 대상은 지구상에 아직도 존재한다.

2) 금송아지는 아직도 만들어지고 있다

백성이 모세가 산에서 내려옴이 더딤을 보고 모여 백성이 아론에게 이르러 말하되 일어나라 우리를 위하여 우리를 인도할 신을 만들라 이 모세 곧 우리를 애굽 땅에서 인도하여 낸 사람은 어찌 되었는지 알지 못함이니라 (출 32:1).

---

4 필자는 등단 시인이기도 하다. 백령도를 방문하여 선교사의 내방 감동을 시로 썼고 이를 작곡가 임긍수("강 건너 봄이 오듯"의 작곡가)가 곡을 써 "백령도의 꿈"이란 합창곡으로 만들었다. 2024년 롯데 타워 콘서트장에서 초연하였다.

성경 말씀에서 백성들이 저지른 죄 또는 판단의 오류가 무엇인가?

첫째, 기다리지 못하는 조급함

모세는 백성을 아론에게 맡기고 여호와의 산에 올라 40일을 머물렀다. 430년을 종살이 이민자의 신분으로 살았지만 40일을 참지 못하고 인간은 불안해하였다. 그들은 모세의 지팡이 보다 기도하던 모세는 보지 못하였고, 모세 뒤에 역사하시는 하나님을 보지 못하였다. 만약 모세가 산에 올라간 뒤 모세의 지팡이를 장막 안에 꽂아두고 갔다면 금송아지를 만들지 않았을 것이란 생각이 든다. 어리석은 백성들은 여호와께서 그들을 사랑하여 인도하였다고 믿기보다 모세 한 사람을 사랑하여 모세의 힘으로 출애굽 하여 시내 산 아래까지 오게 되었다고 믿었다. 그러므로 모세가 보이지 않게 되었을 때 목자를 잃은 양처럼 우왕좌왕 갈 바를 못 찾고 불안해한 것으로 보인다. 육체적 욕구는 그것이 채워지면 해소된다. 하지만 영적 욕구는 믿음이 전제되지 않을 때 해소되기가 어렵다. 그러므로 믿음이 없이는 보이지 않는 하나님을 바라볼 수 없으며 믿음이 없이는 하나님의 시간을 살아볼 엄두를 내지 못한다. 여호와의 권능을, 라암셋을 떠나는 순간부터 아니 열 가지 재앙을 통하여 역사하시는 하나님이심을 보았음에도 그들 눈에는 오직 모세의 지팡이만 보였을 뿐이었다. 눈을 들어 하나님을 보아야 할 텐데 모세가 든 지팡이만 보고 있었던 것이다. 그런데 그 모세의 지팡이가 보이지 않았다. 이들은 견딜 수가 없었다. 그리고 신을 대신할, 엄밀히 말하면 모세의 지팡이를 대신할 그들이 애굽의 만신전에서 본 가장 강해 보이는 신 금송아지를 만든 것이었다. 고대 이집트에서 가장 숭배받은 신 중 하나는 검은 소 하피(Hapi)였다.[5] 황금 소 신화는 고대 근동

---

5   그리스인들은 하피를 아피스(Apis)라고 불렀다. 이 아피스가 프타(Ptah)의 화신이고 나

의 여러 나라에서 최고 신으로 숭배하였으며 예술과 문학과 풍습 가운데 자주 등장하고 있었다. 백성들은 인간이 만든 강력한 신을 만들고자 하였다. 심지어 아론의 생각도 다르지 않았다.

둘째, 이기심의 인간 오류

"우리를 위하여 우리를 인도할 신을 만들라."

이 문장 속에서 무엇을 더 생각할 수 있을까? 아브라함 족속으로 조상의 하나님이시며 종 되었던 이스라엘 백성들을 인도하여 내신 하나님은 조상들에게도 가르쳐 주지 않았던 '여호와'란 이름을 백성들에게 가르쳐 주었다. 그리고 마라와 신 광야, 므리바에서 인간의 기본 욕구에 응답해 주셨다. 홍해 도하와 구름기둥 불기둥은 차치하고서라도 현현하여 하나님의 존재와 권능을 보여 주었어도 인간은 여호와 하나님을 인간이 만든 신들과 동일하게 느끼고 있었다. 오직 인간 자신을 위한 인간에 의한 인간이 만든 신으로 위안과 길잡이로 삼고자하는 소망으로 여호와 신의 형상이라고 금송아지를 만든 것이다. 사실 송아지도 아니다 황금 소 형상 신을 만든 것이다. 마치 쓰고 버리는 물건처럼.

여호와는 인간의 헛된 요구를 다 들어주시는 신이 아니다. 자신의 욕망대로 이루어지면 "하나님께서 내 기도를 들어주셨다"라고 고백하고 자신의 욕망대로 이루어지지 않으면 기도 응답이 이루어지지 않았다고 표현하는 인간의 위선과 같은 맥락이다. 내가 잘못된 기도를 드렸다고 생각지 않는 것이 인간이다. 결국, 인간은 자신이 신을 만들려 하지 하나님의 뜻에 따르려 하지 않는다. 하나님은 인간이 손으로 만들 수 있는 신이 아니다. 스

중에 오시리스가 되었다. 숭배받는 황소는 헬리오폴리스(Heliopolis)에서 태양신 아톰, 라(Atum-Ra)의 화신이었다.

스로 먼저 계신 분이다. 모세를 만나며 제일 먼저 주지시킨 하나님의 속성이었다. 인간은 이기심을 버리지 못한다. 그러므로 지금도 끊임없이 금송아지를 만들어 숭배코자 한다. 금송아지는 '하나의 대유적 형상'이다. 금송아지에 필적하는 인간 신을 필요할 때마다 만드는 경향이 있다. 이른바 다양한 형태의 물신주의다. 그것이 보이지 않는 여호와 하나님을 섬기는 것보다, 쉽고 즉흥적인 응답을 준다고 믿기 때문이다. 이기심은 교만으로 연결된다. 그러므로 이기심은 교만의 다른 이름이며 여호와 앞에서 철저히 금해야 할 품성이다. 그런데 이스라엘 백성들이 이를 어기고 자행하였다.

셋째, 존경과 신뢰를 잃어버린 인간

여호와 하나님은 시내 산기슭에서 성결하게 몸과 마음을 준비한 백성들에게 친히 번개와 우레와 나팔 소리와 산의 연기 가운데 강림하셔서 모습을 직접 보여 주셨다. 백성들은 여호와 신의 존재를 직접 느꼈다. 그리고 40일이 겨우 지났을 뿐이다. 이때는 애굽 땅을 떠난 지 삼 개월이 지났을 때이다. 90+40=130일 거대한 변화와 이적을 경험한 지 겨우 넉 달 남짓 사이에 벌인 배신치고는 너무 엄청난 배신을 하였다. 이 부분의 히브리어 직역 성서는 다음과 같이 서술하고 있다.

> 그 백성은 모쉐가 산에서 내려오는 데 지체하는 것을 보았다. 그 백성이 아히론에게 모여서 말하였다. 일어나서 우리를 위하여 우리 앞에서 걸어가실 하나님을 만드십시오. 왜냐하면 미쯔라임 땅에서 우리를 올라오게 한 그 사람 모쉐에게 무슨 일이 일어났는지 우리가 모르기 때문입니다 (이름들 32:1).

히브리어 성서에는 인간의 욕심과 신의가 여실히 드러난다.

"우리를 위하여 우리 앞에서 걸어가실 하나님을 만드십시오."

한글 성서는 '우리를 인도할 신'을 만들라고 요구한 것으로 서술되었다. 히브리어 직역 성서에는 '우리 앞에서 걸어가실 하나님'이라고 표현하였다. 훨씬 구체적이고 가시적 욕구를 표현한 방식이다. 하나님이 어떤 분이신가를 좀 전에 목도하고 체험한 그들이지만 신뢰와 존경을 잃어버렸다. 잃어버린 정도가 아니라 완전 배신이다.

여호와께 이럴진대 모세에 대한 감정은 어땠을까? "이 모세 곧 우리를 애굽 땅에서 인도하여 낸 사람" 인도하여 낸 사람이라는 표현은 전혀 존경이 담기지 않은 표현으로 들린다. '지도자 모세'나 '여호와의 사람 모세' 또는 '대제사장 모세'라고 호칭해야 맞다. 하지만 그냥 '그 사람'이라고 말한다. 자신들과 똑같은 일반인 모세라고 지칭하였다. 전혀 신뢰와 존경의 마음이 없다. 여호와의 산에서 하나님이 친히 백성들 앞에 현현하실 때 유일하게 모세와만 대화하시는 것을 보았다. 그럼에도 불구하고 이런 행동은 용납하기 어렵다. 인간에게 얼마나 크고 많은 능력을 보여 주어야 신뢰할 수 있을까? 보고도 믿지 못하는 인간이 보이지 않는 신을 믿기 위해서는 얼마나 많은 시간과 수양이 필요한지를 보여 준 장면이었다.

여호와에 대한 존경과 신뢰를 잃어버리고 조급한 마음에 눈앞의 이익에만 급급한 인간은 지금도 끊임없이 금송아지를 만들어대고 있다. 수시로 하나님을 배신한다. 심지어 믿노라 고백하고 매주 교회에 출석하고 있어도 이기심 앞에서 무너지는 것이 인간이다.

3) 우리는 지금 떠나고 있는가?

> 여호와께서 모세에게 이르시되 누구든지 내게 범죄하면 내가 내 책에서
> 그를 지워버리리라 이제 가서 내가 네게 말한 곳으로 백성을 인도하라 내
> 사자가 네 앞서 가리라 그러나 내가 보응할 날에는 그들의 죄를 보응하리
> 라(출 32:34-35).

우리나라 문학 작품 가운데 문체의 새로운 시도로 주목받은 김승옥의
『무진기행』이란 소설이 있다. 윤희중이란 주인공은 가정과 직장에서 만족
을 느끼지 못하고 불안한 가운데 도피하듯이 '무진'이란 도시를 가게 되
고 안개가 자욱한 방죽을 걸으며 심리적 일탈을 꿈꾸게 된다. 그리고 시
골 음악 선생과 실제로 일탈을 자행하였다. 그 사이 서울의 아내로부터 전
보를 받고 안개 도시를 떠날 때 "당신은 지금 무진을 떠나고 있습니다"란
교통 안내판을 보게 된다. 인간의 불안과 내적갈등 그리고 욕망을 벗어나
현실의 세계로 돌아간다는 것을 상징적으로 표현한 문학적 수사였다. 마
찬가지로 시내 산에서의 인간의 타락과 배신, 일종의 일탈 행위는 여호와
신이 가장 싫어하고 금하는 행동이었다. 그리고 이튿날 여호와는 모세와
백성들에게 '이제 가라 떠나라'고 명하셨다. 죄악으로부터 배신으로부터
이기심으로부터 떠나라 명하셨다.

앞서 하나님과 히브리 백성 사이의 관계성은 하나의 대표 단수로 취급
해야 한다는 표현을 한 적이 있다. 즉 히브리 또는 이스라엘 백성은 전 인
류의 대표로 작용한 것이다. 그러므로 여호와 하나님의 "떠나라"는 명령
은 오늘 우리에게 주시는 명령으로 받아들이는 것이 옳다. 이를 굳이 종
교적이거나 신앙적으로만 해석할 필요는 없다. 인간의 한계를 인정하고 유
한한 존재라는 사실을 인정한다면 신의 '떠나라'는 명령에 귀를 기울여야

한다. 큰 죄를 저지른 인간이다. 하지만 신은 인간을 용서해 주셨고 지시한 땅, 가야 할 곳, 약속된 땅으로 가라 하셨다. 흔히 '본향 찾아가는 순례자'란 표현으로 신자를 상징하는, 경우가 있다. 그만큼 인간의 삶은 죄의 속박과 타락에서 벗어나지 못한다는 한계를 지적한 말이다. 여호와 하나님이 떠나라고 한 것은 어둠을 벗어나 광명한 곳으로 나아가란 명령이다. 인간의 한계를 알기 때문에 한 말이다. 본향은 신이 약속한 땅이지만 우리에겐 본질이나 근본을 상징한다. 인간다움을 일컫는다. 그러나 알면서도 떠나지 못하는 게 인간이다. 출애굽기는 인간의 한계를 깨닫게 하는 성서이다. 우린 지금 떠나고 있는가? 스스로 질문한다면 자신 있게 답할 수 있는 사람이 누구일까?

히브리 백성에게 시내 광야는 거쳐 가는 여정이며 연병장일 뿐이다. 출애굽기의 전체 내용을 살펴보면 시내 산 광야에 모세는 하나님 나라를 세웠으면 하는 바람이 분명 있었다. 다시 말하면 약 3개월의 광야 행진으로 지칠 대로 지쳤다. 그래서 허락하신 땅이 이곳인가 하여 안주하려고도 하였다. 장인 이드로와 아내 십보라 그리고 두 아들 게르솜과 에벤에셀을 만난 곳도 시내 산 광야 평원이었다. 그리고 십부장, 오십부장, 백부장, 천부장의 편재를 짠 곳도 이곳이었다. 이는 이만하면 하는 안도의 심정과 정착의 의지가 있었다고 보여진다. 하지만 여호와는 결코, 용납하지 않으셨다. 출애굽기에서 가장 많이 사용한 문구는 "네 조상 아브라함과 이삭과 야곱에게 맹세한" 이란 말과 '약속'(언약)이란 단어였다. 귀에 못이 박이도록 되풀이하는 이유는 변함없는 언약이 '여호와'와 '언약 백성' 사이에 이루어지는 계약으로, 상실한 하나님의 나라를 다시 세우고자 하는 신적 신뢰를 바탕으로 하기 때문이었다.

여호와께서 히브리 백성들에게 십계명을 내리시고 하나님 나라 백성으로 살아가는 관계법을 규정한 것이 출애굽기 20장부터 33장까지였으며 두 번째 십계명과 더불어 거의 똑같은 법을 34장부터 40장까지 반복하고 있다. 전체 출애굽기 40장 가운데 1/2이 계명과 법 그리고 안식일과 성막 규정, 제사와 제물에 관한 이야기다. 제목처럼 출애굽 기사는 19장까지로 끝난다. 그것이 시내 산 평원까지였다. 결국, 하나님 나라 백성으로 살아가는 법을 일러준 다음에는 떠나라는 지시 사항이었다.

언약이 일회성이 아니라 오늘날 우리에게 주어진 진행형의 명령으로 유효하다면 역시 우리에게 명하는 신의 음성에 귀 기울여야 한다. "떠나라" 자아와 아집 그리고 욕심으로부터 떠나야 한다. 우리는 아직도 시내 산 언저리 광야를 헤매고 있는지 모른다. 그리고 마음대로 신을 만들려 하고 인간의 뜻대로 신을 조정하려 하고 있다. 아직도 무진기행의 안개 낀 무진 방죽을 서성이고 있는지 모르겠다.

4) 아직도 과거에서 벗어나지 못하는 삶

430년 애굽에서 이민자로 정착한 이스라엘 백성들은 4-5대를 이어오며 완전히 애굽 백성으로 동화되어 살았다. 시민으로 살아보기도 하고 하층민 종살이로 살기도 하였다. 하지만 변함없는 사실은 애굽에서 그들은 이방인이었다는 것이다. 그리하여 요셉을 기억하는 바로와 기억하지 못하는 바로 사이에서 정체성의 혼란을 겪으며 살았다. 히브리인이란 말 자체가 이방인, 이민자, 체류자란 뜻을 가진 단어인 것처럼 이들은 제3국 백성으로 권력자의 통치 방법에 따라 희로애락을 겪으며 살았다. 특히 종교적 구별성을 띤 이스라엘 백성들도 체류 후반기에는 애굽의 종교나 문화에 동화되어 살았으리라 본다. 조상의 하나님으로 야훼를 유일신으로 배웠지만, 이들의 생각엔 야훼도 애굽의 만신전에 안치된 석상이나 목상처럼 형체를 가진 신이라 생각한 듯하다. 이는 시내 산 광야에서의 금송아지 사건으로 여실히 드러난다.

　이스라엘 백성들은 열 가지 재앙 사건이 아니었다면, 그중에서도 장자의 죽음을 목도하지 않았다면 움직이지 않았을 가능성도 있다고 본다. 사실 여호와께서 바로의 마음을 '완악' 또는 '완고'하게 하여 열 번째 재앙을 당할 때까지 히브리 백성의 출애굽을 용납했다가 번복을 계속하였는데 완고했던 것은 히브리 백성들도 마찬가지였을 것이다. 왜냐하면, 애굽에 있으면 비록 신분은 하층민 종살이였지만 의식주 걱정은 하지 않아도될 수 있었으니까 ….

　히브리 백성들이 모세를 따라 나왔으면서도 조금만 아쉽고 어려운 국면에 봉착하면 모세와 야훼를 원망하기 일쑤였다. 이는 출애굽이 썩 내키지 않는 일이라 여겼기 때문이다. 이들에게 하나님에 대한 신뢰와 믿음이 아직 성숙되지 못하였기 때문이었다. 이들에게 중요한 일은 '하나님이 하시는 일' 보다 먹고 마시는 일이 더 중요하였다. 보이지 않는 하나님을 신뢰하는 믿음이 얼마나 어려운 일인지 보여 준다. 모든 재앙이 애굽 안에서도 애굽 왕궁과 애굽인 마을에는 임하되 이스라엘 사람의 마을에는 내리지 않는다는 사실을 인지하고서도 여전히 하나님의 권위와 권능을 의심하고 있었다. 하나님의 사람과 인간 편에 선 사람을 표로 보면 다음과 같다.

<6-1> 출애굽기 서에 드러난 하나님의 사람과 인간 편에 선 사람

비교	하나님 편에 선 사람	인간 편에 선 사람	비교
지도자	모세	아론과 미리암, 바로 왕	지도
백성	따라 나온 잡족, 일부 술사(인정)	대다수의 애굽 백성과 이스라엘 백성	민중
후계자	여호수아와 갈렙	제사장들	지도

　당연히 하나님 편에서 그분의 뜻에 따라 행동할 줄로만 알았던 아론과 미리암 그리고 제사장들까지 사람의 생각으로 여호와 신을 노엽게 하였다는 것은 깊이 생각해 볼 문제이다. 반면에 이스라엘 백성들을 얼떨결에

따라 나온 잡족들은 광야 행진 중에 본 위대하고 놀라운 여호와의 권능을 보며 하나님의 백성으로 동화되어 그 어떤 말썽이나 문제도 일으키지 않았다. 하나님을 섬긴다는 것은 지위와 신분에 상관없이 진심에 작용한다는 것을 알 수 있다. 자유를 얻어 해방된다는 것보다 인간의 기본 욕구를 더 중하게 여긴 행동은 인간이 얼마나 나약한 존재인가를 적나라하게 보여 주었다. 그리고 이 공식은 현재까지 지속되고 있다.

홍해를 맞닥뜨렸을 때 바로의 말들과 병거, 마병과 군대가 추격해오는 것을 보고 "애굽에 매장지가 없어서 우리를 이끌어 내어 이 광야에서 죽게 하느냐"고 외쳤다. 마라에서는 "우리가 무엇을 마실까"하고 원망하였다. 이어 신 광야에서는 "우리가 애굽 땅에서 고기 가마 곁에 앉아 있던 때와 떡을 배불리 먹던 때에 여호와의 손에 죽었더라면 좋았을 것을"고 푸념하며 원망을 넘어 출애굽 자체를 탄식하였다. 르비딤에서는 마실 물이 없음을 보고 "당신이 어찌하여 우리를 애굽에서 인도하여 내어서 우리와 우리 자녀와 우리 가축이 목말라 죽게 하느냐"며 아우성을 하였다.

축약하여 정리하면 다음과 같다.

① 우리를 끌어내어 광야에서 죽게하느냐
② 둘째마실 물이 없어 죽을 지경이다.
③ 차라리 애굽에서 고기와 떡을 배불리 먹고 그곳에서 죽었더라면 좋았을 것을,
④ 우리와 자녀와 가축까지 목말라 죽게하느냐

한 마디로 무엇을 먹을까 무엇을 마실까 염려하는 이스라엘 백성들이었다. 자신들을 자유롭게 하기 위한 자유를 주었건만 인간들은 여전히 먹고 마시는 일에 몰두하였다. 먼저 구해야 할 것과 먼저 이루어야 할 일이

무엇인지 분간을 못 하는 인간 심리를 표출하였다. 이는 신약 시대에 와서 예수께서도 "그러므로 염려하여 이르기를 무엇을 먹을까 무엇을 마실까, 무엇을 입을까 염려하지 말라 이는 다 이방인들이 구하는 것이라 그런즉 너희는 먼저 그의 나라와 그의 의를 구하라 그리하면 이 모든 것을 너희에게 더하시리라"(마 6:31-33)고 가르치셨다.

예수는 인간의 욕구와 심리를 이미 알고 말씀하신 것이다. 먹고 마시는 문제는 인간의 기본 욕구이다. 하지만 예수는 더 중요한 것이 하나님 나라와 백성의 공의를 이루는 것이라고 말씀하신다. 이미 하나님은 출애굽으로 하나님 나라를 예비해 두셨으며 그 나라 백성으로 살아가기를 바라는 마음에 광야 생활을 통하여 준비코자 하셨다. 그럼에도 출애굽 백성들은 과거 애굽의 종살이에서 헤어 나오지 못하고 먹고 마시는 기본 욕구가 해결되는 그 생활을 그리워하였다. 과거를 버리지 못하고 과거를 잊지 못하고 있었다. 그들은 그 나라는 구하고자 하였지만, 그 나라 백성이 되기 위한 자격과 준비는 미흡하였다. 한 마디로 그 나라는 구하려고 하되 그 의는 구하려 하지 않았다. 나약하기 그지없는 인간의 모습이다. 지금의 우리도 크게 다를 바가 없다.

그런데 예수께서는 '인간의 욕구'와 '하나님 나라와 의'를 '하나님 나라 백성'과 '이방인'이라는 이분법적 기준으로 나누고 있다. 이는 출애굽기를 통하여 보여 주신 하나님의 구원 방정식에서 이방인은 근의 공식으로 대입해도 답이 똑 떨어져 나오지 않는 미지수와 같은 존재로 보았기 때문이다. 예수께서 언급한 이방인은 잡족처럼 이스라엘 민족이 아닌 타민족이 아니라 하나님을 알더라도 그 나라의 존재도 백성이 되어야 하는 의미도 제대로 깨닫지 못하는 사람들을 말한다. 오직 인간의 기본 욕구인 먹고 마시는 일에만 연연하는 출애굽 백성과 이기적 욕심으로 예수를 따르는 무리들, 행함이 없이 율법만 잘 안다고 자부하는 인간들 스스로 믿음이 있는 체하는 무리가 모두 해당된다. 예수께서 말씀하신 이방인은 출애굽기의 '목이 곧은 백성'과 일맥상통한다. 곧 종 되었던 과거에서 벗어나지 못한 인간을 지칭한다.

5) 변함없으신 하나님

출애굽 현장에서 하나님께 드린 모세의 기도는 노래라는 제목으로 알려져 있다.

> 여호와는 나의 힘이요 노래시며 나의 구원이시로다 그는 나의 하나님이시니 내가 그를 찬송할 것이요 내 아버지의 하나님이시니 내가 그를 높이리로다. 여호와는 용사시니 여호와는 그의 이름이시로다(출 15:2-3).

> 여호와여 주의 오른손이 권능으로 영광을 나타내시니이다 여호와여 주의 오른손이 원수를 부수시니이다(출 15:6).

이는 모세의 노래라기보다 진심 어린 기도며 찬가였다. 하나님 자신이 가르쳐 준 이름 여호와를 우러름으로 받들며 영원히 함께 해주실 것을 간구하는 기도였다. 그런데 의외의 책에서 모세의 간절한 기도를 다시 보게 된다. 이 기도문이 시편 90편이다. 시편의 편집자에 의하여 모세의 기도가 시적 운율로써 기능하는 면이 크기 때문에 실렸겠지만, 이 기도문은 모세의 말년에 작성되었을 가능성이 커 보인다. 광야 40년, 그의 나이 120세 즈음에 회한과 감사와 영광으로 자신의 삶을 돌아보며 간절한 마음으로 하나님께 아뢰는 기도였다.

주여 주는 대대에 우리의 거처가 되셨나이다. 산이 생기기 전 땅과 세계도 주께서 조성하시기 전 곧 영원부터 영원까지 주는 하나님이시니이다. 주께서 사람을 티끌로 돌아가게 하시고 말씀하시기를 너희 인생들은 돌아가라 하셨사오니 주의 목전에는 천 년이 지나간 어제 같으며 밤의 한순간 같을 뿐임이니이다(시 90:1-4).

주께서 우리의 죄악을 주의 앞에 놓으시며 우리의 은밀한 죄를 주의 얼굴 빛 가운데 두셨사오니 우리의 모든 날이 주의 분노 중에 지나가며 우리의 평생이 순식간에 다하였나이다(시 90:8-9).

기도는 찬양과 고백 그리고 용서를 구하는 내용으로 이스라엘과 앞으로 세워질 하나님 나라에 대하여 자신이 들었던 지팡이가 되어 주시고 광야 행진 도중에 있었던 죄과를 용서해 달라며 간구하고 있다. "우리의 모든 날이 주의 분노 중에 지나가며"라는 말속에 지금부터 앞으로 영원까지 함께 해 달라는 간곡한 바람을 담아 기도로 표출하였다. 영원이란 의미는 "하루가 천년 같으며"란 표현 속에 함축되어 있다. 모세는 가나안이 내려다보이는 느보산에서 숨을 거둔다. 하나님의 계획은 광야에서 새로 난 자들로 자신이 세운 법과 가르침에 따라 다스려지는 나라의 백성 삼고자 하셨다. 그의 나라는 이처럼 죄 가운데서 해방되고 깨끗하며 그가 보시기에 합당한 자만이 들어갈 수 있음을 암시하신다. 물론 모세는 여호와 하나님이 선택하셨고 인정하셨고 함께 하셨지만 합당한 자로 칭함에는 부족함이 있었던 것으로 보인다.

출애굽기 성서의 본문에만 입각하여 하나님을 이해하고자 하였을 때 우리가 기다리는 하나님은 역시 모세가 만난 그 하나님이시고 약속하신 바로 그 하나님임을 고백하게 된다. 히브리 백성들의 성정과 오늘날 우리가 결코 다르지 않다고 이미 언급하였다. 우리가 출애굽 백성이 되고 가나 안에 입성한 여호수아와 갈렙이었다면, 아니 다시 태어나 가나안에 입성 하게 되었다면 여호와를 기념하고 기억하라 하신 조상의 가르침을 받아 어떤 하나님을 기대하며 기다릴 것인가? 역시 그 답은 모세의 기도 속에 있다고 본다. 한마디로 '변함없으신 하나님'을 기다릴 것이다. 너무 많은 허물과 부족함 속에 살아가는 인간들이기에 차마 기대할 것도 없지만 한 마디로 고백하자면 '변함없으신 하나님'을 나의 하나님으로 고백하지 않 을 수 없다는 것이다. 이는 시제를 초월하여 인류의 소망이 되어야 하며, 될 수밖에 없다. 모세는 "우리 손이 행한 일을 우리에게 견고하게 하소서 우리의 손이 행한 일을 견고하게 하소서"(시 90:17)라며 기도의 말미에 반 복해서 고백한다. 미래지향적으로 말하되 '영원토록'이란 단어가 암시되어 있다. 심지어 우리에게 우리의 날 계수함을 가르쳐 달라고까지 당부한다. 이를 히브리어 원문 성경은 다음과 같이 기록하였다.

> 주 우리 하나님의 은혜가 우리에게 있어 우리를 위해 우리 손의 행위를 견
> 고하게 하십시오 우리 손의 행위를 견고하게 하십시오(찬양들 90:17).

한마디로 변함없이 우리를 사랑하되 우리 마음이 여호와 하나님을 향 하여 변치 않게 하소서란 소망을 담고 있다.

우리가 기다리는 하나님, 출애굽기 역사를 통하여 이미 하나님이 어떤 분이시고 인간에게 어떻게 역사하셨는가를 보았기에 우리가 하나님을 기 다린다는 말 자체가 어색할 수 있으나 우리 인간이 바라는 하나님은 변함 없으신 하나님이며 이를 믿는 믿음이 간절해야 한다는 것을 가르치고 있 다. 완전하신 하나님을 더 나은 방향으로 바라는 것이 아니다. 우리가 하 나님을 신뢰하며 바라보는 하나님, 소망의 하나님을 품는 하나의 이미지

로 언급한 것이다.

아더 핑크(A. W. Pink)는 "하나님은 더 나은 방향으로 변화될 수 없다. 그분은 이미 완전하시기 때문이다. 그리고 완전하시기 때문에 더 못한 방향으로 변화될 수도 없다" 하였다. 단순한 것 같아도 깊은 성찰임을 알 수 있다. 창조주와 피조물의 첫 번째이자 근본적인 차이점은 피조물은 변하기 쉽고 그들의 본성은 변화를 허용하지만 하나님은 변하지 않으시고 현재의 모습에서 변하는 법이 절대로 없으시다.[6] 하나님의 성품도 하나님의 진리도, 하나님의 방식도, 하나님의 목적도 심지어 하나님의 구원 방정식도 변함이 없으시다. 출애굽기 3장에서 야훼 하나님은 자신을 "스스로 있는 자"라고 가르쳐 주셨다. 이 이름은 하나님에 대한 묘사가 아니라 하나님의 자존하심과 영원토록 변함없으심에 대한 절대적인 선포였다.[7]

하나님께서 시내 산에서 두 번째 돌판 십계명을 모세에게 내려주실 때 구름 가운데 강림하시어 여호와의 이름을 선포하시면서 친히 "여호와라 여호와라 자비롭고 은혜롭고 노하기를 더디 하고 인자와 진실이 많은 하나님이라 인자를 천대까지 베풀며 악과 과실과 죄를 용서하리라 그러나 벌을 면하지는 아니하고 아버지의 악행을 자손 삼 사대까지 보응하리라" 말씀하셨다. 이를 정리하면 다음과 같다.

첫째, 나 여호와는 현재로부터 영원까지 인자를 베풀 것이라.

둘째, 너희의 악과 죄를 용서할 것이라.

셋째, 잘못에 대한 회개가 없다면 벌을 줄 것이며 조상의 죄과는 후손에게 미칠 것이라.

6　James I. Packer, 정옥배 옮김, 송인규 해설,『하나님을 아는 지식』(서울: IVP, 2011), 120-121.

7　위의 책, 121.

모세에게 직접 말씀하신 여호와 하나님의 선포는 '변함없음'이다. 다른 모든 속성은 모두 '변함없음'에 포함된다고 할 수 있다. 이를 예수님의 형제 야고보는 "그는 변함도 없으시고 회전하는 그림자도 없으시니라"(약 1:17)라고 고백하였다. 우리의 바람과 진배없다.

VII.

결론

출애굽기서는 구약성서 가운데 가장 문학적 수사와 내러티브가 잘 짜여진 이스라엘 백성의 해방사라 할 수 있다. 그런데 출애굽기서는 전체적인 스토리 구성상 창세기와 뗄 수 없는 긴밀성을 지니고 있으며 마치 창세기와 출애굽기의 합본으로 편의상 둘로 나눈 연속성을 가진다. 이는 여호와 신이 가장 사랑하셨던 아브라함, 이삭, 야곱으로 이어지는 믿음의 계보를 중심으로 서술하고자 하였고 그들로 말미암아 이루어진 이스라엘 백성의 수난사를 가르치고자 서술한 흔적이 역력하다.

출애굽기서는 히브리 원어 직역 성서로는 『이름들』이란 명칭으로 기록되어 있다. 누구의 어떤 이름인가? 딱히 이름이 많이 등장하지도 않지만, 이는 야곱의 열한 번째 아들 요셉을 위시한 야곱의 12 아들과 모세의 형제자매를 중심으로 엮어가고자 하는 의도가 아닌가 생각된다. 아무튼, 출애굽기서란 제목은 책의 전체적인 분량과 내용으로 볼 때 약간 어색함을 느끼게 한다. 그래서 필자는 "구속사 이해서"나 "언약 성취서" 또는 간단히 "언약서" 등으로 부르는 게 더 합리적이라 생각하였다. 전체 40장 가운데 정작 출애굽 기록은 19장에서 그친다. 나머진 하나님이 지어 준 절기와 예배와 성막 성소, 제사의 규정들이다. 19장 가운데서도 1장-4장까지는 지도자 모세의 기록이다. 그러므로 엄밀히 따지면 출애굽 스토리는 5장-19장 14장이 전부인 셈이다. 그런데도 "이름들"이란 타이틀을 붙인 이유는 야곱의 12 아들 중심의 12지파가 하나님 나라인 제2에덴 가나안에서 백성의 근간을 이루게 되고, 종살이하던 히브리 백성을 인도하여 낸 데는 모세의 공력을 무시할 수 없었기에 "이름들"이란 제목을 붙였을 것이라 생각한다.[1]

출애굽기는 단순한 애굽(이집트) 탈출기가 아니었다. 하나님과 인간의 약속 이행이라는 '영적 경과의 기록'으로 출애굽기의 역사는 전적으로 하나님과 인간의 관계 설정에 대한 고증 기간이며 약속이 현실화되는 공간이었다. 그리하여 출애굽의 과정과 이해는 하나님을 가장 근거리에서 이해할 수 있는 실생활 '체험 삶의 현장'이었다고 할 수 있다. 출애굽기는 이처럼 하나님의 구원 계획 속에서 하나의 목표를 향하여 가는 거대한 '구원 방정식'이었고 하나님이 자기 백성 속으로 직접 들어가셔서 임마누엘 예수를 각인시킨 현장이었다. '구원 방정식'이라는 다소 생소한 용어를 사용하였지만, 출애굽기를 통하여 역사하시는 하나님의 인도하심은 단순한 이끄심이 아니었다. 전 과정이 철저한 계획 속에 이루어지고 있음을 보게 된다. 그리고 차츰 그의 백성들을 자신의 나라 백성으로 만들어가신다는 것을 알게 된다. 그 계획은 모세에 의한 일회성 사건으로만 볼 내용이 아니다. 하나님은 온 인류가 그의 '거룩한 백성'이 될 때까지 훈련과 행진을 지속하기를 원하신다. 그러므로 출애굽은 시작에 불과하다. 오늘 우리가 살고 있는 현재와 미래까지 지속되고 있는, 지속되어질 명령 이행으로 보아야 한다. 하나님이 사용하시는 서술어는 시제가 없다. 그러므로 그분이 하신 명령도 시제를 초월하여 작용됨을 인식해야 한다. 출애굽기를 통

---

1   히브리어 성경에 창세기는 "처음에"라는 제목을 붙이고 있다. 오경의 제목이 특이하다. 레위기는 "그가 부르셨다", 민수기는 "광야에서" 신명기는 "말씀들" 이를 연결하면 "하나님께서 처음에 이름들을 기억하시어서 친히 부르시고 광야에서 말씀들(계명)을 내려주셨다. 라는 하나의 문장이 된다.

하여 "기억하라" "지켜 행하라" "떠나라" "올라가라" "기록하여 기념하게 하라"는 말씀이 약속으로 또는 명령 규범으로 인류 전체에 지금도 앞으로도 영속할 것임을 깨닫게 해 주셨다.

창세기와 출애굽기는 같은 책 다른 챕터와도 같다. 연속성을 가진다. 창세기에서 다룬 주제를 출애굽기로 이어간다. 한마디로 말한다면 '구원에서 구속에로의 전향'이다.

이런 원칙을 인간에게 보여 주신 하나님은 어떤 분이신가?

첫째, 야훼 하나님은 분명 이스라엘 민족만의 하나님이 아니라는 사실이다.

둘째, 야훼 하나님은 인간이 만든 신들과 다른 절대적인 권위와 힘을 보여 주고자 하셨다.

셋째, 야훼 하나님은 결정적인 순간에는 인간사에 직접 개입하신다.

넷째, 야훼 하나님은 약속을 기억으로 역사 속 역사의 주관자이신 분이시다.

출애굽기는 하나님의 기획으로 이스라엘이라는 상징이 가문에서 민족으로 그리고 나라로 구체화되어 새로운 역사로 출발하려 하는 준비 과정의 기록이다. 이스라엘 민족의 출애굽은 탈출이 되었든 귀환이 되었든 이스라엘 민족에게도 그리고 애굽 백성에게도 야훼 하나님이 어떤 분이신가를 분명히 알게 한 기록이다. 이는 철저히 하나님의 주도하에 이루어졌다. 인간이 머리로 알던 하나님을 몸으로 알게 되었고 가슴에 담아두었던 하나님을 동행하여 보게 되었다. 생생한 현장의 기록을 통하여 하나님이 인간과 어떻게 내주 하시며 삶에 관여하시는가를 체험적으로 보여 주었다. 아무튼, 하나님이 선택한 백성은 이스라엘 민족이었지만 이 백성은 모든 민족의 대표 단수일 뿐이다. 그리고 그들이 들어가 세운 나라는 예비된 나라라기보다 하나님의 백성이 만들어갈 나라의 표본이었다. 한 마디로 샘플이었던 셈이다. 출애굽기의 전체 맥락에서 보면 하나님의 계획은 가나안이 다가 아니었다. 그러므로 출애굽 백성의 최종 종착지는 가나안이 아니라 가나안 너머 새로운 나라 건설에 있다는 사실을 여호와 하나님은 지속적으로 말씀하고 계신다.

출애굽기서는 왜 그렇게 많은 분량을 성막(회막) 건설과 제사에 관해서 기록하였을까? 이는 출애굽기의 저자와 기록 구성 시점을 가늠케 하는 단서를 제공한다. 모세가 기록하였다고 하여도 이는 구전으로 전해진 유전이었고 이를 문서화시킨 때와 시점은 바벨론 포로기 민족의 수난기에 제사장 그룹의 지식인에 의해 씌었음을 짐작케 한다. 제사 곧 예배가 얼마나 중요한지를 깨달았기 때문이며 민족의식이 오직 하나님 섬김에 있음을 가르치기 위함이었다. 성막은 안식과 예배를 모범으로 보여 준 사례였고 여호와 신이 자기 백성들에게 직접 가르친 신의 나라 모형이었다.

40년 광야가 회막이라면 호렙 산은 성소이며 떨기나무는 지성소다. 대제사장이 1년에 한 번 대 속죄일에 유일하게 하나님을 만날 수 있는 장소이다. 그러므로 이 시간 이후부터 모세는 대제사장으로, 모세가 만난 하나님은 이스라엘 백성의 하나님으로, 호렙 산과 떨기나무는 "너와 함께 할 것"임을 약속받는 회담 체결 장소로 작용하였다. 지성소는 사회가 부여한 '페르소나'(persona)를 벗어야만 들어갈 수 있는 곳이다. 그러면 성막의 존재적 의미는 무엇인가?

첫째, 성막은 하나님의 계획과 감동으로 이루어진 신적 구조물이었다.
둘째, 하나님이 백성을 사랑하는 인자가 없었다면 성막은 이루어질 수가 없었다.
셋째, 여호와 하나님이 임재하는 곳이다. 신은 영원히 인간과 함께 '동행'하며 복을 주시고 '약속의 하나님'이란 사실을 가르쳐 준 가시적 민음의 존재적 형상이 성막이었다.

넷째, 성막은 예배의 전형(典型)이다.

하나님은 인간의 손에 의해 조종당하시고 필요에 따라 만들어지시는 신이 아니다. 그분은 스스로 존재하시고 세상을 주관하시는 분이시다. 세상 신들과 다르며 모든 신 위에 뛰어나신 분이다.

이것이 모세의 '신앙고백'이었다. 그래서 모세는 "이는 나의 영원한 이름이요 대대로 기억할 나의 칭호"라는 신의 목소리를 자기 신앙으로 고백할 수 있었다. 이를 하나님이 모세에게 가르쳐 주었다고 성서는 기록하지만, 사실은 모세가 기억하고자 하는 하나님이요 믿음이라고 보는 것이 옳다. 마찬가지로 이런 믿음에 우리를 적용하여, 출애굽 백성에 우리도 포함돼야 하는 것이 우리가 믿는 종교요 신앙이다. 아울러 여호와께서 함께한다는 것은 승리와 자유의 상징이 된다. 이동 중에 있는 이스라엘 백성에게 만남의 장소인 성소, 성막을 두게 한 것은 '약속의 이행' 상징이며 '존재 증명' 같은 것이었다. 이는 오늘날의 교회에도 의미가 부여된다. 신의 존재는 그를 모신 성전 규모나 치장에 있는 것이 아니라. 그를 바라는 인간의 간절함과 믿음에 있다는 뜻이다.

출애굽기의 내용은 하나님의 구속사를 이해하는 방식뿐 아니라 하나님이 어떤 분이신지를 알게 해 주는 가장 적나라한 책이다. 여호와 하나님은 가장 낮은 자, 가장 천한 자를 위한 하나님이심을 적나라하게 보여 주는 책이다. 40년 광야 행진은 하나님 나라를 위한 최소한의 시간으로 광야 행진을 통하여 얼마나 단련이 되었나를 따지기보다 하나님을 인식에서 체험으로, 유전적 믿음에서 고백적 믿음으로 바뀌게 한 시간과 장소였다. 모세는 처음부터 하나님께 절기, 제사(예배)를 드리겠다고 일차 선언을 하였다. 그러므로 출애굽의 목표가 '하나님 나라의 건설'에 앞서 '예배임'을 밝힘으로 그의 나라 백성 된 자격을 먼저 얻고자 함이었다. 한 마디로 정체성의 확립이 우선적 과제였다. 출애굽기 전체를 통하여 여호와 하나님이 계획한 내용을 종합하면 '출애굽'이 중요한 것이 아니라 '입 가나안' 즉 '하나님 나라에 들어가는 것'이 중요한 사역(事役)이며 역사(歷史)라는 사실을 알게 된다.

서두에 출애굽기를 연구하면서 가진 역사학적 접근법은 끊임없는 물음과 이에 대한 답을 찾아가는 과정이라고 밝혔다. 야훼 하나님이 애굽에서 자기가 선택한 자신의 백성들을 찾으셨고 그들의 탄식을 들으셨고 직접 인도해 내셨다. 이 모든 과정을 자신의 방식으로 이루시면서 자신은 "스스로 존재하는 이"라고 명백히 밝혔다. 그리고 자신만이 처음부터 존재한 신(God) 임을 누누이 밝혔다. 그러므로 이 모든 과정이 일관된 계획(Schedule)에 따라 이루어졌음을 가르치고 있다. 그것이 바로 언약이다. 각각의 특성이 있지만 앞서 살펴본 가나안 정착까지 조상, 광야, 땅으로 대표되는 목표는 '아브라함 언약' '시내 산 언약' '모압 언약'의 공통된 핵심이었다. 그리고 방향성 있는 지침이었고 법이며 살아가는 방편이었다. 인간은 이를 기억해야 한다. 그것이 하나님의 백성으로 사는 길이고 역사이다.

출애굽기란 역사의 장 속에서는 하나님을 어떻게 규정하고 있는가를 밝혔다.

첫째, 하나님의 구원 방정식으로 이해하였다.

창세기 50장 20절과 요한복음 3장 16절을 통하여 구속의 원리를 역사적으로 규명하기 위하여 하나님은 예수그리스도를 통하여 자신을 확증하셨다. 심지어 글자 수까지 유사한 구약과 신약의 두 말씀은 하나님의 구원 원리가 시간을 초월하여 연결되고 있음을 알려주었다. 출애굽기의 구원 공식에 신약의 구원 공식의 근을 대입시켜도 등식이 성립됨을 알 수 있다. 또 거꾸로 대입시켜 보아도 구원의 원리는 똑같이 적용된다. 그러므로 엄청난 시간을 초월한 성서 속 예언이 일란성쌍둥이처럼 일치한다. 이는 약 1,300년의 시차를 두고도 하나님의 약속과 성취의 증거가 이루어지고 있음을 말하고 있다. 다시 말하면 이 기간 속 역사 가운데 하나님은 여전히 일관되게 일하고 계셨다.

둘째, 하나님 약속의 항존성으로 이해하였다.

'구원을 위한 근의 공식'이란 표현을 사용한 것도 연결성과 일관성을 위한 것이기 때문이다. 하나님의 약속은 '여호와 하나님의 이름=기억'이 되는 놀라운 원리로 정의된다. 기억은 역사다. 그리고 역사는 영속성을 지닌다. 그러므로 여호와 이름=기억=역사=항존성이란 원칙이 성립된다. 이것이 출애굽기의 원리이며 구속사의 원리다. 언약이 하나님의 한정적 존재 방식이라면 약속은 하나님의 보편적 존재 방식이라고 할 수 있다. 그러므로 보편적 존재 방식은 어디서나 어떤 식으로든 통용될 수 있어야 한다. 하나님이 인간과 약속한 구원의 원리는 시간이 흐르고 장소가 어디라도 변할 수 없고 변하지도 않는다. 이 약속이 일관성을 유지하지 못한다면 우린 하나님을 성서 속의 하나님으로만 묶어 두는 어리석음을 범하는 꼴이 된다.

셋째, 하나님의 보편성으로 이해하였다.

엄밀히 말해서 하나님 사랑의 보편성이다. 이를 단적을 보여 준 사실이 출아굽 당시 잡족과의 동행이다. 잡족은 상당수가 함께 출애굽 하였지만, 광야 40년과 이후의 가나안 입성까지 단 한 번도 재 언급된 적이 없다. 이 스라엘 백성들은 자신들만의 하나님이라고 하였지만, 하나님은 한 번도 그들만의 하나님임을 말하지 않았다. 이스라엘 공동체는 혈연적 공동체가 아니라 약속(언약) 공동체였기 때문이다. 아브라함에게 한 약속 "너를 통해 모든 민족이 복을 받게 될 것이다"처럼 모든 민족이 하나님의 백성으로 축복 속에 있기를 바란 것이 야훼 하나님의 뜻이었다. 이 가르침은 예수그리스도에게도 그대로 적용된다. "너희는 가서 모든 민족으로 제자를 삼고" 축복과 전도의 대상이 이스라엘 민족에게만 국한된 것이 아니었다. '모든 민족' '어디서나' 이 원리가 '하나님의 보편성 원칙'으로 적용되어야 한다. 그것이 구속사다. 심지어 출애굽기는 애굽의 요술사나 바로 왕을 통해서도 유일하신 하나님 그리고 이방 민족까지 보듬는 하나님임을 말해주고 있다

넷째, 하나님의 역동성(歷同性)으로 이해하였다.

하나님은 역사 속에 존재하시는 분이 아니라 역사와 동행하시는 분이시다. 나아가 역사와 동일하신 분이시다. 곧 하나님은 기억이시다. 출애굽의 역사는 '야훼의 이해'에 머물렀던 택한 백성이 '야훼와 동행'한다는 신의 현존을 경험하는 과정이라고 하였다. 창세기에서 약속된 땅으로 '하나님과 인간이 함께 행진'하여 귀환하는 거대한 축제이기도 하였다. 그래서 인간은 지금도 하나님과 동행하며 세상을 살아가야 하는지 모른다. 왜냐하면, 우리도 현재 약속의 땅을 향해 가는 성도이기에. '존재적 하나님이 아니라 인간의 역사 속에 밀접하게 동행하는 하나님'으로 우리에게 다가오신 것이다. 한 마디로 인간이 머리로 알던 하나님을 몸으로 알게 되었고 가슴에 담아두었던 하나님을 동행하여 보게 되었다.

다섯째 하나님의 형평성으로 이해하였다.

하나님 나라의 성립과 정의의 실현은 하나님의 일차 목표였다. 이스라엘에 대한 하나님의 특별한 관계는 "내 계명을 지켜 행하면 나는 너희의 하

나님이 되고, 너희는 내 백성이 될 것이다"라는 이 명제로 정의된다. 모든 인간을 저울에 달아도 동일하게 적용된다. 선민(選민)이라거나 택함 받은 백성, 구별된 민족이라는 말은 하나님 앞에 무색한 말이다. 하나님은 구별하지 않으셨다. 단지 자신의 계명을 지키나 지키지 않는가를 보셨고 인도하심에 순종하는 백성을 자신의 나라 백성 삼으셨다. 그 어떤 나라 어떤 민족이라도 하나님의 백성이다. 회복을 바라시는 신이시다. 그러므로 신분, 남녀노소, 피부 색깔, 인종의 차이를 두지 않으신다. 세상에 유일한 잡족, 고아, 과부, 노예, 종, 피지배민, 병자까지 살피시는 약자의 하나님이시다.

여섯째, 하나님의 정밀성으로 이해하였다.

'정밀성'은 엄격성과 다른 의미를 지닌다. 출애굽기의 전체 내용을 보더라도 여호와 신은 인간의 삶 속에 깊이 내주 하면서 의식과 행동의 세세한 부분까지 간섭한다는 사실을 발견하게 된다. 작은 목소리 작은 호흡도 기억하시는 하나님임을 알게 되었다.

일곱째, 하나님의 친밀성으로 이해하였다.

만약 하나님이 창조하신 세계, 그중에서도 가장 보시기에 좋았던 인간에 대한 사랑이 공평하며 세밀하다 하여도 친밀하지 못하다면 무섭고 두려운 신일 수밖에 없다. 하지만 여호와 하나님은 매우 섬세하시면서도 친밀하신 분이셨다. 인간적 표현이 가능하다는 자체만으로도 그분이 인간 가까이 계시고 인간과 친밀하다는 증거를 말하고 있다. '여호와 이레' '여호와 샬롬' '여호와 라파' '여호와 닛시' '여호와 삼마'라는 이름이 왜 등장하였을까? 이는 이름의 배경이 되는 사건과 그로 인한 기억을 오래 간직하기 위해서만은 아닐 것이다. 무엇보다 여호와 하나님의 인간에 대한 사랑과 친밀성을 표현하기 위한 이름으로 이해하는 것이 옳다.

끝으로, 민족의 대서사시로만 이해하던 출애굽기를 하나님이 자신을 드러내고 일찍이 이스라엘 조상들과 약속한 언약을 지켜내기 위한 임재의 기록으로 이해하게 되었다. 결론은 '하나님 나라의 성취와 승리'였음을 알게 되었다. 필자가 제시한 '구원 방정식'은 보편성을 지닌다. 그러므로 어느 민족 누구에게나 그리고 어느 때나 적용될 수 있으며 동일한 근(해답)을 얻을 수 있다. 동일한 해를 구하기 위해서 공식 속 a, b, c에 해당하는 그림표를 좌표 속 X축과 Y축에 그릴 수 있어야 한다는 사실을 알게 되었다. 함수 그래프 속에 그려질 하나님 이해를 위해 현재의 내가 스스로에게 던지는 마지막 질문이다.

첫째, 나도 한때 잡족 아니었던가?
둘째, 나는 아직 과거의 종살이에서 벗어나지 못하고 있는 건 아닌가?
셋째, 나도 수없이 금송아지를 만들거나 만드는 일에 동참하지 않았던가?
넷째, 나는 하나님의 속히 떠나라는 말씀에 떠날 수 있는가?

| 에필로그 |

작가 이문열 소설 가운데 『약속』이란 단편소설이 있다. 하도 오래전에 읽은 소설이라 전체적인 줄거리는 잘 생각나지 않지만, '약속 이행'이란 주제는 뚜렷이 기억할 수 있다. 3인칭 관찰자 시점의 액자소설로 기억한다.

주인공은 한만운 검사, 성공 가도를 달리던 그가 어느 날 밤, 서재에 앉아 눈을 휘둥그레 뜬 채 뭔가 두려움과 공포에 사로잡힌 듯한 표정으로 죽는 데서부터 소설은 시작한다. 한 검사는 어린 시절 부지런하고 성실했지만 아주 영민하지는 않은 범생이 소년이었다. 국민학교를 졸업하고 집안 사정에 따라 그저 아버지의 농사일을 하며 5년을 보내던 어느 날 조용하던 시골 마을이 발칵 뒤집혔다. 살인사건을 위장한 자살 사건이 벌어졌기 때문이다. 마을이 속한 군에서 유지요 교회의 장로로 행세를 하던 황 장로란 사람이 매사 호락호락하지 않던 인심 좋은 윤 영감과의 경쟁의식과 논둘 대는 문제로 다툼을 벌이다 부자(父子)가 윤 노인을 곡괭이로 찍어 살해하였다. 그리고 보릿단 속에 시체를 감추었다.

그런데 잠시 뒤 죽은 줄 알았던 윤 영감이 의식을 찾아 기어 나오자 다시 황 장로가 재차 목을 졸라 살해하고 시신을 뒷산 소나무에 매달아 자살로 위장한 사건이었다. 동네 청년들과 마을 주민들은 평소 소행으로 황 장로가 죽였을 것으로 믿지만 증거가 뚜렷하지 않은 데다 황 장로의 재력과 위세에 눌려 쉬쉬하는 형편이었다. 그 중 한만운 청년은 윤 노인의 이웃으로 유독 노인과 가까웠고 평소 검소하며 인심 좋은 윤 노인도 한만운 청년을 아끼고 살갑게 대하였다. 그리하여 심중에 황 장로가 범인일 것으로 믿으며 분한 마음을 갖고 있었다. 사건은 그렇게 유야무야 흘러 경찰도 검시관도 판사도 모두 피의자 황 장로에게 유리한 판결을 내려 한 달 만에 무죄로 석방되게 하였다.

그날 밤 한만운 청년이 윤 노인 가족 못지않게 분한 마음을 먹고 늦게 잠자리에 들었는데 생시처럼 윤 노인이 꿈에 나타나 "지금부터 만운 청년을 내가 무슨 수로든 출세시켜 법조인이 되게 해 줄 터이니 반드시 살인죄 공소시효가 끝나기 전에 나의 억울함을 풀어달라" 하였다. 단 약속 조건은 성공 보장과 사회적 명성을 얻게 해 주는 대신 이를 지키지 못했을 때는 한 청년의 목숨을 내놓아야 한다는 그런 내용이었다.

아무튼, 그 날 이후 기적 같은 일이 벌어져 한 청년은 서울 삼촌 댁에 살게 되었고 삼촌의 도움으로 검정고시를 거쳐 명문대 법대에 들어가게 되었다. 스토리 구성은 황당할 정도의 그야말로 꿈 같은 이야기였다. 어쨌든 법대 졸업 후 고시 3수 끝에 만운 청년은 윤 노인이 약속한 대로 사법고시 합격하게 되어 말 그대로 개천에서 용이 되었다. 윤 노인 꿈과 약속한 지 9년째 되는 해였다. 그 사이 사법연수원에서 알게 된 20년 선배 유력 법조인도 알게 되고 결국 그 선배의 눈에 들어 그의 딸과 결혼도 하게 되었다. 사법기관 최고 수장 자리를 다투는 이의 사위가 되어 모두가 부러워하는 자리에 검사로 임직 되는 영광도 얻게 된다. 하지만 가끔씩 꿈에 나타나 약속을 상기시키는 윤 노인의 말에 요직을 버리고 고향 관할 검찰청으로 임지를 옮기게 된다. 이런 시골 고향 지검 임지 요구를 장인에게 말했을 때 장인은 너무도 곤혹스런 표정을 짓는다.

드디어 고향의 검사로 부임했을 때 과거 윤 노인 죽음 사건을 재수사한다는 말을 듣고 장인은 극구 말린다. 이미 모든 대세가 결정지어진 데다 황 장로의 위세가 더욱 커졌고 만약 재수사로 재심에 들어가 판결이 뒤집혀 진다면 다칠 사람이 한두 명이 아니라는 것이다. 놀라운 사실은 당시 사건의 담당 판사가 바로 자신의 장인이었고 심지어 과거 한 검사의 아버지도 증거 조작에 도움을 주고 황 장로로부터 돈을 받았다는 사실도 알게 되었다. 한 검사는 깊은 고뇌에 빠졌다. 많은 증거 수집과 새로운 증인도 만나게 되어 황 장로가 범인이라는 사실이 확실하다는 결론을 얻었지만 재심에 부치지 못하고 세월만 죽이고 있었다. 그리고 여러 날이 지난 다음 구속영장을 찢어버린다. 바로 이날은 살인죄 공소시효가 끝나는 날이었다. 그날 밤 한만운 검사는 서재에서 자정까지 자신의 삶과 행운 그리고 사회적 지위를 돌아보며 근자에 윤 노인 꿈도 꾸어지지 않아 만족하며 윤 노인을 잊기로 작정하였다.

의자에 앉은 채 깜빡 잠이 들었을 때 윤 노인이 나타나 원망과 탄식으로 분노하며 한 검사의 손을 잡고 약속대로 저 세상으로 데려가려 하였다. 아무리 뿌리치고 사정하고 그럴 수밖에 없었다는 것과 지금까지 얻은 모든 명성과 지위와 부와 가족까지 포기할 테니 살려달라 애원해도 윤 노인은 한만운 검사의 목숨을 끌고 약속을 이행하지 못한 대가를 치르게 하였다. 깊은 밤 유리 깨지는 소리를 들은 이웃이 있었는데 그것은 오래 간직한 윤 노인의 빛바랜 사진 액자였던 것이다. 한 검사를 장사한 지 49일 동안 서재에서는 귀신이 탄식하며 울부짖는 듯한 이상한 소리가 들렸다는 유가족의 증언이 있었다고 한다.

이상이 필자가 기억하는 이문열의 소설 '약속'의 대략 줄거리다. 제목처럼 약속 이행이 한 사람의 운명과 관련되어 생사의 갈림으로 나타날 수 있다는 것과 인간의 간사함은 수시로 약속을 파기하며 이기적인 모습으로 변할 수 있다는 것을 말하고 있다. 일장춘몽과 같은 이야기지만 우리는 언제 어느 때 절대자와 나름 약속을 하며 살고 있다는 자기 암시에 빠질 수 있다는 것을 생각한다. 그것을 신의 목소리로 듣건 조상의 당부로 듣건 부모님의 다짐으로 듣건 내 믿음의 수준과 신뢰를 돌아볼 때가 있다.

출애굽기를 쓰고, 에필로그를 쓰면서 왜 소설 '약속' 이야기가 떠올랐는지 모르겠지만 본인도 지난날 희망 없고 실패를 경험할 때 내가 믿는 하나님과 한 '약속'이 떠올랐다. 장티푸스로 다 죽어가던 어린 시절과 자아 상실감으로 괴로워할 때 "하나님 저를 살려주신다면 하나님이 기뻐할 일을 하겠습니다"라고 기도하였던 기억이 아직 생생하다. 어쨌든 약속이 체결되었는지 살아났고 존재의 상실감에서도 회복하였다. 그런데 본인도 그 약속을 지켰는지 돌아보면 크게 자신할 수가 없다. 출애굽 백성들보다 결코 나은 삶을 살았다고 자신할 수 없다.

아주 현명하지도 못한 본인을 박사로 만드시고 대학 강단에 서게 하셨고 귀한 가정도 일구게 하였으며 교회의 장로가 되게 하셨다. 하나님의 도움 아니었으면 아무것도 할 수 없었을 존재였다. 하지만 아직도 난 하나님이 기뻐하시는 일을 하고 있는지 자신할 수 없다. 그리고 일찍 아내가 세상 떠난 일도 약속 이행에 문제가 있는 것은 아닌지 아프게 찔러온다. 신앙과 삶을 숙명론이나 인과관계로 인식하는 것은 잘못된 생각이다. 삶에는 다 뜻이 있지만 지나치게 인과관계로 해석하면 인간은 사슬에서 헤어 나오지 못한다. 하나님은 우리가 세상에서 행복하게 살아 이 땅이 하늘나라 되도록 하셨다. 뜻이 하늘에서 이루어진 것 같이 땅에서도 이루어지기를 바라는 것이 예수 그리스도의 마음이었으며 우리가 따르는 마음이다. 이 책을 쓴 것도 하나님을 기쁘시게 하고자 하는 마음이었다. 교회사를 가르치면서 역사책만 써 왔었지만, 이젠 성서에 가깝게 다가가 역사학자의 눈으로 출애굽기를 찬찬히 다시 읽어보고 역사학적 접근방식으로 다양한 질문을 가져보고자 하였다. 하나님께 영광이 돌아가기를 믿으며.

BC 13세기 출애굽기 동일 시대를 관찰할 사료는 너무도 부족하다. 하지만 성서는 너무도 훌륭한 지침서이자 사료 구실을 해주었다. 이를 토대로 당시를 비추어 보았고 동시대 역사학 자료를 찾아보고자 하였다. 역사학만 필요한 것이 아니었다. 고고학, 지리학, 인류학 외 지질학, 식물학 등 다양한 자연과학 분야의 지식도 필요하였다. 그리하여 후반부에는 출애굽기 성서를 대하는 일종의 Essay, 필자의 신앙고백도 많이 들어갔다. 주석서는 조금도 참고하지 않았다. 하지만 우리가 엣세이를 읽고 공감하는 것처럼 독자가 조금이라도 공감하고 자신의 견해도 견주어 주었으면 하는 것이 필자의 작은 바램이다.

이 책이 완성되어 갈 즈음 벚꽃이 흐드러지게 피었다가 강풍 비바람에 잎들이 삐라처럼 떨어지고, 무수한 잎들은 땅바닥과 호수에 점묘화처럼 또 다른 아름다움을 연출하였다. 거의 세 계절에 걸쳐 생각하고 쓰고 또 생각한 바를 쓴 작업을 이제 마치려 한다. 어제 문득 아들이 차에 문제가 생겼다고 하여 용인 내 거처 연구실을 떠나 아들이 있는 서울을 다녀왔다. 늘 기도하지만 아파도 문제가 생겨도 자식들에겐 풀이 죽어 다녀온다. 왜냐하면, 아이들에겐 엄마가 필요한데 엄마는 이미 하늘나라로 떠났기 때문이다. 아빠가 아무리 잘해도 엄마가 할 일을 대신하지 못한다는 것을 안다. 쓸쓸하고 고독한 마음을 책을 쓰며 시를 쓰며 달래었다. 시는 2012년도에 등단하였고 책은 앞서 다섯 권을 썼다. 이런 넋두리가 현재의 처지를 하소연하고자 하는 것이 결코 아니다. 나름 외로움을 극복하는 과정이며 내게 다짐한 약속의 이행이라고 생각하고 있을 뿐이다. 하나님이 기뻐하실지 아닌지는 그분의 일이시지만 기뻐하실 줄 믿고 소망한다.

또 하나 이 책의 완성에는 많은 분의 기도가 있었음을 고백하지 않을 수 없다. 유일한 취미 활동으로 봉사하고 있는 솔리데오 장로 합창단 장로님들의 기도와 사랑, 특히 T1 파트의 단원들과 지휘자 석성환 장로님, 박남필 단장 겸 이사장님, 이영철 단장님, 이경철 전 단장님, 강철순 부이사장님께 깊은 감사를 드린다. 또한, 출석하는 교회 남광현 목사님과 부목사님들 그리고 저를 도와주시고 염려와 기도를 아끼지 않으신 장로님들과 성도님들, 김정녕 장로님 부부, 식사를 못하고 일찍 교회 출석하는 제게 아침을 제공하시는 봉사부 권사님들 한 분 한 분 진한 감사를 표하고 싶다.

무엇보다 숭실대학교의 김회권 교수님과 권연경 교수님의 은덕을 잊을 수 없다. 부족한 제게 눈을 열어주신 분들이시다. 그리고 함께 연구하며 공부한 김윤정, 박기형 박사님, 임정아 목사님, 강종경 권사님께도 감사할 뿐이다.

늘 생각만 해도 아프고 저린 딸 아롬이와 아들 이레에게 지면을 빌어 고마움을 전한다. 아프지 않고 직장에서 제 몫을 다해주는 것만으로도 너무 고맙다. 엄마가 있었으면 얼마나 좋았을까. 보고 싶어 할 마음을 생각만 해도 가슴이 저린다. 하늘나라 부모님, 그리고 형님 누나들 그리고 형제 같은 친구 최우갑 교수 외 동료와 친구들 마음에 남아 있는 고마움은 이루 말할 수 없다.

해마다 연말 방송 각종 시상식에서 수상자가 나와 마이크 앞에 서서 울며 감사할 분들 이름을 쭉 들먹이면서 온갖 분야에 감사할 분들이라며 길게 언급할 때, 나중엔 이름이 생각나지 않아 머뭇대면서도 기어코 이름을 들먹일 땐, 왜 저렇게 일일이 나열할까 하며 속으로 흉을 보았는데 지금 이 순간 딱 그런 기분이다. 미처 이름을 밝히지 못한 수많은 기도 동역자와 지인들께도 머리 숙여 감사를 표한다.

떠난 지 벌써 7년 아내 박미애 권사가 많이 보고 싶다.

2025. 4. 15 용인 석성산 자락 연구실에서

광야에서

김정일(인후)

감각에 지각을 더하여도
알 수 없는 우연과 필연 그곳은 남의 나라
몸어 익은 자리를 털고 사십 년 광야 걸어
찾을 수 있을까

먹을 것 없는 거친 돌사막
시나이에선 풀도 나지 않았다
끝이 보이지 않는 가축 울음 흙먼지 길
단 하나 진실은 기억한다는 그분의 약속

그 먼 가나안은 야훼의 나라
실낙원 인간은 나락으로 떨어지고
진흙 벽돌에 허리 굽어 더 무엇을 할 수 있으랴
행진 또 행진 벗어나 보자

발효되지 않은 반죽 한 움큼
몸에 젖은 종의 흔적을 털고 자유 믿고 떠나자
출애굽 그것은
나를 버려 나를 찾는 역설의 행진

신의 나라는
젖도 꿀도 흐르지 않건만 가슴이 벅차다.

| 참고문헌 |

Arthur Walkington Pink, 『Gleanings in Exodus』, 지상우 역, 『출애굽기 강해』, 크리스천 다이제스트, 2016.

David A. Falk. *Biblical Archaelogy Society.* 2020.

E. H. Carr, 『What is History』, University of Cambridge, 1963.

Fred Gladstone Bratton, *The First Heretic: The Life and Times of Ikhnaton the King*(1961). Leslie A. White, "Ikhnaton: The Great Man vs. the Cultural Process," *Journal of the American Oriental Society 68*(1948).

Gerhard von Rad, 김광남 옮김, 『예언자들의 메시지』, Vision Book, 2011.

Harvey Cox, 『How to read the Bible』,김동혁 역, 『성서 어떻게 읽을 것인가』, RH Korea.

H. Vanstiphout, *Epics of Sumerian King*, SBLWAW (Atlanta: SBL. Press, 2003).

John H. Walton,『Old Testment Theology for Christians-from Ancient Context to Enduring Belief』, 왕희광 역, 『교회를 위한 구약성서 신학』, 새물결플러스, 2021.

King James Version Bible. 1972.

Miller, J. Maxwell & Hayes, John H. 박문재 역, 『고대 이스라엘의 역사』, 크리스찬 다이제스트, 1996.

Werner Keller, 『The Bible as History』, 조원영, 장병조 역, 중앙북스, 2010.

강문호, 『미드라쉬2 출애굽기』, 더드림, 2016.

공희준, "통일의 반대말은 죽음이다", <시민일보>, 2016년 12월 24일자.

김경열, 『구약학자가 풀어낸 성막의 세계』, 두란노, 2022.

김기석, 『광야에서 길을 묻다』, 꽃자리, 2017.

김재구, 『출애굽기 로드맵』, 홍림, 2019.

김호동, 『한 역사학자가 쓴 성경 이야기: 구약편』, 까치글방, 2016.

김회권, 『모세 오경1』, 대한기독교서회, 2005.

대한성서공회 편,『개역 개정판 성경전서』, 2005.

데이티드 포먼, 김구원 역,『출애굽 게임』, 홍성사, 2022.

렌토르프, 하경택 역,『구약정경신학』, 새물결플러스, 2012.

롤랑 드보, 이양구 역,『구약시대의 생활 풍속』, 대한기독교서회, 1983.

마크 글랜빌, 송동민역,『하나님의 가족으로 해방 되다』, 이레서원, 2023.

만프레트 뤼츠, 오공훈 역,『기독교 콘서트』, 더봄, 2022.

맥컬리 R. 포스터, 주원준 역,『고대근동의 신화와 성경의 믿음』, 감은사, 2024.

박양규,『인문학은 성경을 어떻게 만나는가』, 샘솟는 기쁨, 2021.

박철현,『출애굽기 산책』, 솔로몬, 2014.

______ ,『신의 위대한 질문』, 21세기북스, 2016.

베리 벤드스트라 외, 서경의 역,『바이블 아틀라스』, 예경, 2013.

브루스 월트키, 김귀탁 역,『구약신학』, 부흥과 개혁사, 2012.

빅터 P. 해밀턴, 박영호 역,『출애굽기』, 솔로몬, 2017.

______ , 강성열 역,『역사서 개론』, 크리스찬 다이제스트, 2001.

성경 죠션경셩 셩셔공회 발행, 1938.

성기문,『모세의 고별설교』, 도서출판 솔로몬, 2009.

송제근,『아주 오래된 날마다 새로운 구약성경 이야기1』, 언약나라, 2017.

송제근,『오경과 구약의 언약신학』, 두란노, 2003.

시로 트레비사나토, 김회권 역,『이집트 10가지 재앙의 비밀-고고학, 역사, 과학이 밝혀
　　　낸 출애굽의 비밀』, 새물결 플러스, 2011.

아더 핑크, 지상우 역,『출애굽기 강해』, 크리스천 다이제스트, 2016.,

야로슬라프 펠리칸, 김경민 양세규 역,『성서 역사와 만나다』, 타임교육, 2019.

양진일,『구약성경, 책별로 만나다』, 비아토르, 2023.

요세푸스,『유대 고대사 1』, 생명의말씀사, 2019, 1장과 5장.

이강근, "만나는 지금도 내리고 있다" 이스라엘 유대학 연구소, <한국기독공보>
　　　2021.11.09.

이문범,『역사 지리로 보는 성경 구약편1』, 두란노, 2018.

______ ,『역사 지리로 보는 성경 구약편3』, 두란노, 2018.

이어령,『메멘토 모리』, 열림원, 2022.

이형기,『교회론의 패러다임 전환』, 여울목, 2016.

이희철,『터키-신화와 성서의 무대, 이슬람이 숨 쉬는 땅』, 리수, 2011.

정진홍, 『신 이야기』, EBS BOOKS, 2022.

제임스 패커, 정옥배 역, 『하나님을 아는 지식』, IVP, 2011.

존 D. 커리드, 신득일, 김백석 역, 『고대 이집트와 구약성경』, CLC, 2020.

존 H. 월튼, 왕희광 역, 『교회를 위한 구약성서 신학』, 새물결 플러스, 2021.

존 브라이트, 박문재 역, 『이스라엘 역사』, 크리스챤 다이제스트, 1981.

존 쿠퍼, 김재영 역, 『철학자들의 신과 성서의 하나님』, 새물결플러스, 2012.

차하순, 『서양사 총론1』, 탐구당, 2006.

허성갑 역, 『히브리어 헬라어 직역 성경』, 말씀의 집, 2020.

홍성방, 『헌법학』, 현암사, 2007.

『히브리어 헬라어 직역 성경』, 허성갑 역, 말씀의 집, 2020.

『라이프성경 사전』, 가스펠서브, 2006.

한국기독교 재건교회사 1

김정일 지음 | 464쪽 | 신국판 | 25,000원

신사참배는 국가의식인가? 기독교인은 이에 대해 어떤 생각을 해야하는 가? 일제가 강요한 신사참배에 불복하며 신앙의 지조를 지킨 사람들과 공동체의 이야기가 펼쳐진다.

한국기독교 재건교회사 2

김정일 지음 | 460쪽 | 신국판 | 25,000원

해방 전후 한국교회의 위기를 목격한 신사참배 반대 지도자들과 일부 평신도가 쓴 찬송가 가사를 수집 분석하여 해방 전후의 혼란기 기독교와 교회의 문제점을 파헤친 독자적 관점의 교회사

탁사 최병헌의 개화사상과 민족운동

김정일 외 지음 | 314쪽 | 신국판 | 15,000원

구한말 서구 열강이 한반도 주변에 난립하고, 일제가 우리나라를 삼키려 하는 상황에서 종교는 어떤 역할을 했는가? 이 책은 목사이지만 민족독립운동가, 사회운동가로서 그의 모습은 어떠했는가를 다섯 편의 글을 통해 살펴 본다.

최병헌과 그의 시대 (탁사 최병헌 한문 약전 전문 번역과 해설)

최병헌 지음 | 김정일 번역 | 290쪽 | 신국판 | 20,000원

정동교회의 초대 한국인 담임목사라는 직분은 교회사적 측면에서 연구해야 할 당위를 부여하지만, 탁사약전을 통해 우리는 개인 최병헌, 그리고 민족사 속 최병헌을 만날 수 있다. 하여 이 책을 개인, 교회, 민족의 세 가지 측면으로 나누어 소개한다.

해방 전후사의 교회 인식

김정일 지음 | 440쪽 | 신국판 | 22,000원

이 책에서 한국교회 재건운동의 본질이 무엇인지, 일반 평신도들이 내세운 신앙과 요구가 무엇이며 기성의 장로교회 지도자들과 어떤 차이가 있는지, 왜 재건교회가 탄생해야 했는지, 재건교회가 분립하며 제시한 표어와 강령은 한국교회사에 어떤 의미가 있는지를 밝히 알 수 있다.